2023
中国乡村振兴发展报告

许 涛 主编

上海财经大学出版社
上海学术·经济学出版中心

图书在版编目(CIP)数据

2023中国乡村振兴发展报告 / 许涛主编. -- 上海：上海财经大学出版社，2024.11. -- ISBN 978-7-5642-4439-2

Ⅰ.F320.3

中国国家版本馆CIP数据核字第2024EV9054号

□ 特约编辑　刘冬晴
□ 责任编辑　王　芳
□ 封面设计　诸绍阳　贺加贝

2023中国乡村振兴发展报告
许涛　主编

上海财经大学出版社出版发行
(上海市中山北一路369号　邮编200083)
网　　址:http://www.sufep.com
电子邮箱:webmaster@sufep.com
全国新华书店经销
上海锦佳印刷有限公司印刷装订
2024年11月第1版　2024年11月第1次印刷

787mm×1092mm　1/16　28.75印张(插页:2)　629千字
定价:98.00元

本书由中央高校建设世界一流大学(学科)和特色发展引导专项资金、中央高校基本科研业务费专项资金资助(Supported by the Fundamental Research Funds for the Central Universities)、上海璞慧公益基金会、浙江泰隆慈善基金会、上海市慈善基金会"比心-玩出梦想"专项基金、中信兴业投资集团有限公司、上海财经大学教育发展基金会"千村调查"专项基金资金资助

编委会

主 编

许 涛

编 委
（以姓氏笔画排序）

丁 晶　王 体　朱鸣雄　庄 美
刘兵勇　刘 凯　刘福忠　齐 宁
杨 鸿　沈亦骏　林 华　金晓茜
周 巧　周 燕　赵 蔚　姜国敏
倪志兴　秦文佳　黄 莎　韩明辉

序

2023年，上海财经大学"千村调查"再出发！

2023年是不平凡的一年，是全面贯彻党的二十大精神的开局之年，也是千村调查恢复常态化建设的第一年。从孙冶方经济调查、马寅初人口调查到连续开展16年的千村调查，我们始终在传承和发扬调查研究的优秀传统，坚持用调研数据讲好中国故事，引导师生走千村、访万户、读中国，将论文写在祖国大地上。

2023年6月，经过为期半年的精心筹备，2023年千村调查正式出征！在出征仪式上，我们不仅邀请了过去15年曾经参加千村调查的师生代表分享了他们的经历和收获，还邀请了学校对口帮扶的云南省红河州元阳县委书记张喆以及"全国脱贫攻坚楷模""当代愚公"重庆市巫山县下庄村毛相林书记到现场来进行主题分享，数字技术在世界文化遗产千年哈尼梯田保护发展中的实践运用让人激动振奋，毛书记带领下庄村数十年不改初心，苦干实干，用一条"天路"开辟下庄村数辈人梦寐以求的向生之路、向上之路，其中故事让人热泪盈眶，一个个鲜活生动的案例不仅形象地展现了新时代中国农村推进乡村振兴、脱贫攻坚工作的艰苦奋斗精神，更让师生们进一步体会到了开展千村调查的初心使命。

2023年，开展学习贯彻习近平新时代中国特色社会主义思想主题教育，我们也将千村调查纳入主题教育专项调研，推进大兴调查研究之风，实现调查研究主题调研和专项调研相结合，既为千村调查项目注入了新动力，打造集主题教育、社会实践、国情教育、劳动教育、科学研究、学科建设六位一体的融合式育人模式，也高质量推进主题教育进一步走深走实。2023年，又逢学校中层干部换届，学校进一步将千村调查作为学校中层干部队伍培养教育实践的重要组成部分，许涛书记和刘元春校长带头，全校党政领导班子、学院党政正职干部、新任处级干部、教师全覆盖式参与，刘元春校长带队河北保定，徐飞常务副校长带队四川巴中，2023年是上海财经大学历年来前往定点调查的干部人数最多的一年。

2023年7月10日至12日，许涛书记带队前往江西上饶开展千村调查。在余干县瑞洪镇上西源村农户家中的木板凳上，许涛书记和学生一起与村民聊家常，向村民了解农村实际发展情况，与村干部一起就数字技术赋能乡村振兴的教育路径探索进行交流。在上饶高铁经济试验区，我们真正看到了数字经济产业服务平台如何推动产业转型升级，助力建设"江西数字经济区域中心"。在方志敏纪念馆和方志敏干部学院，我们开展主题式爱国主义教育，共上一堂微党课，表达对革命先烈的深切哀思和崇高敬意。在瑞洪镇蔬菜基地的大棚中，我们拿起锄头和篮筐，与村民一起除杂草、采辣椒，深入田间地头开展劳动实践。虽然大家汗如雨下,但看到收获的劳动果实时,每个人都洋溢着喜悦的笑容。

2023年7月26日,刘元春校长一行赴河北保定开展千村调查活动。在高碑店市泗庄镇宋辛庄伙村,刘元春校长与随行师生深入农户家中开展问卷调查,刘校长和学生一起与被调研户主围坐在桌子旁,不时地指导学生。在苹果园种植基地,在种植专家指导和示范下,刘元春校长带领师生们一起除草、拉幼枝、采摘苹果,体验劳动的快乐和丰收的喜悦。调查结束后,刘校长亲切地和户主拉起了家常。在张六庄革命烈士陵园,师生们学习了解高碑店地区抗日战争及解放战争期间的革命斗争历史,全体师生向革命烈士敬献花篮,肃立于纪念碑前并三鞠躬,表达对革命先烈的深切哀思和崇高敬意。

围绕着"数字技术赋能乡村振兴"这个2023年千村调查年度主题,全校师生2 072人组建727支队伍奔赴全国31个省级行政区、230个地级市、512个区县的991个村开展了14 953户农村调研。行走在乡村田野,我们用脚步丈量祖国大地,用眼睛发现中国精神,用耳朵倾听人民呼声,用内心感应时代脉搏。我们看到了农民利用布满茧子的双手,熟练操作智能手机,开展农产品直播带货,洋溢在农民兄弟脸上的幸福感和自豪感。我们还看到,农村一线党员干部和驻村干部晒得黝黑的脸庞,这是祖国大地最美的风景,也更明白了全面建设社会主义现代化国家,最艰巨最繁重的任务仍然在农村。走千村、访万户,一个个乡土中国的发展故事铺展在我们面前,乡村振兴对当代大学生而言,不再是宏观的数据和字面的口号,而是党的思想伟力的生动体现,是党与人民情感的真实表现。

这本书起名为《2023乡村振兴发展报告》,从788篇"我心目中的千村调查"学生征文中遴选30篇优秀征文收录出版,深刻展示了上财学习在调研过程中的所见、所闻、所思、所感,诠释了上财学子将青春写在祖国大地上的生动图景,让青年学生在实践中讲好最美中国故事。

编　者
2024年10月

目　录

001　全面推进乡村振兴背景下农村居民数字素养研究
　　　——基于贵州省道真县农户调查数据的分析　　　张子航　叶俊杰

012　数字乡村视角下农村留守老人数字鸿沟的影响因素分析
　　　——基于永州市东安县十村的调研数据　　　杜丰宁　徐伊婷

023　家庭资产、乡村公共服务与数字乡村耦合协调发展研究
　　　——基于2023年安徽桐城十村的调研数据　　张盛武　王际尧　汪静远

036　基层数字化治理对乡村精神文明建设的影响
　　　——基于村风民俗角度　　　卢星雨　夏树清　谢立成

054　数字文旅扬帆起，乡村振兴展宏图
　　　——数字文旅产业赋能乡村高质量发展的可行性分析　　李筱钰　姚　越

079　数字乡村发展水平评价体系构建研究
　　　——基于甘肃省康县调研数据　　　何　源　朱志南

103　村民数字素养测定及其影响因素
　　　——基于广东普宁九村的调研数据　　　李嘉鑫

113　乡村数字化对农户收入水平的影响因素分析
　　　——基于河北省保定市高碑店市三镇十村的调研数据
　　　　　　　　　　　　　　　李孟禹　刘珈企　魏紫涵

121　赞皇县乡村数字化水平评估
　　　——基于赞皇县黄北坪乡石咀头村的调研数据　　刘忻坤　王劭昕　苗冰妍

135　乡村治理过程中的数字化程度与乡村发展的协同性研究　　曾昶旸

154　跨越乡村数字鸿沟
　　　——探究衡东县村民数字生活参与度影响因素　　　刘及雨　晏如熹

172　数字普惠金融能否激发乡村内在活力
　　　——基于桔子洲街道天马村调研情况的思考　　刘家成　胡誉耀　吴宇亮

187	乡村振兴背景下数字技术对农村劳动力再配置的影响		
	——基于吉林省松原市乾安县的调研数据	王非凡	李侑娜
202	数字乡村发展对农村居民消费升级的影响研究		
	——基于吉林乾安十村的调查研究	刘佳雯	钱 盈
214	乡村振兴背景下仪征市重点村发展水平评价指标体系与实证评价		
	——基于熵权的 TOPSIS 综合评价法与案例分析法	徐春晓	于凡添
228	在乡望城：数字技术如何影响农村居民留乡意愿		
	——基于江西省萍乡市 6 村 292 户居民的实证探究	时盛文 张健安	张育硕
255	数字金融服务对农村金融包容性的影响		
	——以移动支付为例	辛 甜 肖子禾	万书瑜
270	以"农业＋扩产模式"为指导的农旅结合型发展解决方案		
	——上海市宝山区罗泾镇新陆村调研报告	陈莫凡 徐奕阳	朱志刚
293	数字化浪潮下，民宿产业赋能乡村振兴的研究分析		
	——以上海市崇明区建设镇虹桥村为例	邬心怡 谷益冰	王宇乐
308	数字媒体使用与动机如何影响村民幸福感		
	——基于上海浦东新区"千村调查"调研数据	姜皓文 王云昊	吴 昊
318	数字化视域下普宁市乡村旅游发展路径研究		
	——基于广东省普宁市千村调查的调研数据	翁 悦 程 果	达妮亚
333	数字经济对城乡收入差距的影响		
	——以湖北省荆州市为例	方馨瑶 裴华程	包 涵
346	"祥和村"田园综合体		
	——构建数字化美学乡村	李 想 蔡天祎	肖学阳
362	数字技术在乡村治理中面临的困境及解决方案		
	——以瓦子坝村村级事务管理为例	张竞兮 张懿杨	陈博宇
375	智能手机使用对农户收入影响实证分析		
	——基于四川内江十村的调研数据	吴沁钰	杨珂凡
387	情系椒梓，辣味沙湾		
	——"互联网＋"助力沙湾破解特色辣椒产业销售困局	丁古丽 王思茹	陈 嘉
400	乡村振兴视角下农村数字技术普及影响因素分析		
	——基于浙江省嘉兴市嘉善县十村的调研数据	戴佳琪 张楚玥	张怡萌

413	探寻数字经济背景下"网红村"发展的正确道路	
	——永康市大陈村数字化建设调查报告	李坤洁　胡月榕
422	农村数字化生存的变与困	
	——基于重庆市巫山县十村的调研数据	匡　峡　丁柯伊　蓝一涵
437	自贸港建设背景下的海南农村电商发展问题与对策	
	——基于永德村、三更村、荣邦乡的调研数据	李若曦　邱宝谊

全面推进乡村振兴背景下农村居民数字素养研究
——基于贵州省道真县农户调查数据的分析

张子航[①] 叶俊杰[②]

摘　要： 本研究旨在基于农民的数字素养水平，探讨如何提升道真县农村居民的数字素养，以推动乡村振兴战略的实施。借助问卷调查，探究了道真县农村居民数字素养的现状和问题，并提出了相应的解决方案。研究发现，该地区数字化创业意识相对其他农村地区有较大增强，但在数字化办公、沟通和娱乐方面仍存在一定的差距。教育资源不足、缺乏数字化设备和网络条件、数据备份和系统管理不足等问题也制约了数字素养的提升。基于此，本文提出加强数字化培训教育、发展数字农业示范项目、提供数字平台和应用支持、加强基础设施建设、加强网络安全教育、提供数字化社区服务等几点建议。希望通过以上措施，促进道真县农村居民数字素养的提升，推动乡村振兴和农村农业的全面发展。

关键词： 数字素养　农村居民　乡村振兴

一、引　言

自党的二十大以来，农业农村农民问题依旧是关系国计民生的根本性问题。2017年10月，习近平总书记在党的十九大报告中提出了"乡村振兴战略"，强调必须始终把解决好"三农"问题作为全党工作的重中之重。2021年习近平总书记提出，要围绕立足新发展阶段、贯彻新发展理念、构建新发展格局带来的新形势、提出的新要求，坚持农业农村优先发展。2022年10月，党的二十大报告指出，全面建设社会主义现代化国家，最艰巨、最繁重的任务仍然在农村。全面实施乡村振兴战略"必须加强顶层设计，以更有力的举措、汇聚更强大的力量来推进"。《中共中央国务院关于做好2023年全面推进乡村振兴重点工作的意见》明确指出，必须坚持不懈把解决好"三农"问题作为全党工作重中之重，举全党全社会之力全面推进乡村振兴，加快农业农村现代化，加快发展数字经济，促进数字经济和实体经济深度融合。

---

① 张子航，上海财经大学公共经济与管理学院2021级劳动与社会保障专业本科生。
② 叶俊杰，上海财经大学公共经济与管理学院2022级公共管理类专业本科生。

在乡村振兴战略的背景下,农村居民的数字素养意义深远,提升农村居民的数字素养是实现乡村振兴的必然要求,也是夯实我国数字经济发展社会基础的务实举措。数字素养帮助农村居民更好地融入数字乡村建设中,从而推动乡村产业振兴、人才振兴、生态振兴和文化振兴。具有高水平数字素养的农民能通过数字技术推动智慧农业、众筹农业、共享农业等新业态的发展,实现农村产业的智能化和创新发展。数字素养还有助于推动农村人才振兴,提升农民在数字时代的适应能力,将数字技术应用于农业现代化建设,可以推动农业的数字化转型和高质量发展。此外,数字素养对于农村生态振兴也具有重要作用,可以协助农民更好地管理和保护生态环境,推动农村生态系统的建设和生物多样性保护。同时,可以助推农村社会文化的振兴,促进农民参与形式多样的群众文化活动,推动科学知识的普及和农村精神文化生活的丰富,为加强农村思想道德建设和弘扬社会主义核心价值观提供助力。

中国社科院发布的《2021年乡村振兴战略背景下中国乡村数字素养调查分析报告》显示,我国农村居民数字素养水平与城市居民数字素养水平存在较大差距。城乡居民在数字素养水平上存在37.5%的差距,农村居民的数字素养平均得分为35.1分,低于城市居民的平均得分56.3分。报告还指出,农民群体的数字素养得分仅为18.6分,相较于其他职业类型的群体明显较低。此外,农村居民在数字安全意识、电脑使用、数字化增收等方面与城市居民也存在明显差距,差值高达43.2%、31.7%和27.7%。这一数字鸿沟也反映出乡村数字素养发展不均衡的问题。虽然智能手机在农村地区普及程度较高,但仍有超过1/3的农村居民将其仅用于娱乐消遣。报告认为要提升农村居民的数字素养水平,就需要制定行动规划,并推广个人电脑设备和多样化的数字服务。

随着数字技术的发展与普及,数字素养成为21世纪公民工作与生活的必备技能,与此相关的研究也逐步开展。国际上,早在1994年以色列学者阿尔卡莱(Yoram Eshet-Alkalai)即从五个维度对"数字素养"作出界定,提出包括图片-图像素养、再创造素养、分支素养、信息素养、社会-情感素养在内的概念框架。1997年,Paul Gilster 出版了《数字素养》(*Digital Literacy*)一书,将数字素养界定为一种理解和使用来自各种数字资源的信息的能力。在这一经典定义的基础上,以后的学者们分别从社会文化、计算机科学、教育学等视角对"数字素养"的概念加以丰富和完善。有学者将数字素养界定为在数字环境下利用一定的信息技术手段和方法,能够快速有效地发现并获取信息、评价信息、整合信息、交流信息的综合科学技能与文化素养。在教育政策层面,联合国、欧盟、美国等国际机构与国家也对数字素养作出界定,作为其进行素养评估、比较以及提升的依据。

二、研究设计

(一)研究目的

本研究对标数字乡村建设与乡村振兴战略的目标与任务,以农村居民的数字素养为切入点,选取贵州省遵义市道真县农村居民为研究对象,旨在进一步了解道真县农村居民的数字素养水平,并分析其对数字乡村建设和乡村振兴的影响。通过调查和研究,探究道真县农村居民在数字技术应用、数字技能掌握和数字意识等方面的现状和问题,并提出针对性的解决方案和改进措施。同时,本研究也分析了农村居民数字素养与乡村产业振兴、人才培养、生态保护和社会文化发展等方面的关系,为推动道真县数字乡村建设和乡村振兴战略的实施提供决策参考。

(二)研究方法

本研究采用调查问卷的方式进行数据收集。调查对象为道真县农村居民,问卷涵盖了多个方面的问题,包括性别、与户主关系、是否参加过千村调查等。研究团队制定了结构完整的问卷,并由访员进行调查记录。对调查数据进行整理和分析,采用统计方法和定性分析方法进行统计描述和解读。此外,研究团队还综合国内外经验和文献资料,分析数字素养与乡村振兴的关系,并在此基础上提出促进农村居民数字素养提升的对策和建议。通过以上方法的运用,本研究旨在全面了解农村居民的数字素养现状,并为乡村振兴战略的实施提供支持和指导。

三、道真县农村居民数字素养现状

(一)道真县农村居民基本情况

样本村庄分布如表1所示。共有来自10个村庄、200个村民的样本。

表1　　　　　　　　　　　　样本村庄分布

村庄名称	样　本　数	样本率(%)
磜坝村	20	10
五八村	20	10
文家坝	20	10
梅江村	20	10
三坝村	20	10
大塘村	20	10
鹰咀村	20	10
爱国社区	20	10
浣溪村	20	10
淞江村	20	10

贵州省遵义市道真县农村居民中,男性人数为135,女性人数为65,男性占比约为67.5%,女性占比约为32.5%(见图1)。

贵州省遵义市道真县农村居民中,贫困户有38户,非贫困户有162户(见图2)。贫困户占比约为19%,非贫困户占比约为81%。说明贫困户占比较高,贫困问题仍然存在。

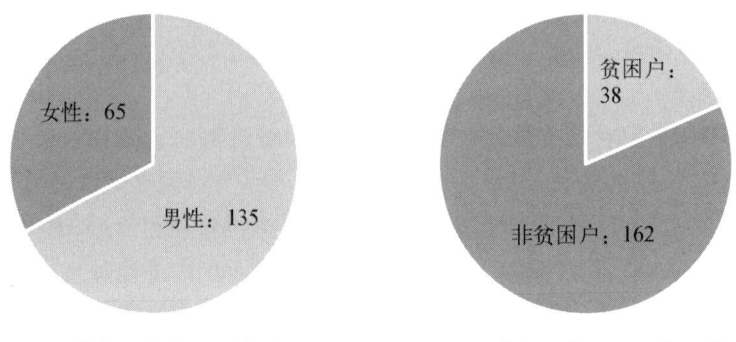

图1　道真县农村居民性别比　　　图2　道真县农村居民贫困情况

贵州省遵义市道真县农村居民调研中,有40户家庭中至少一个孩子在上学,占71.4%,其中有19户家庭有两个孩子在上学,占32.1%;有16户家庭中没有孩子在上学,占28.6%(如图3所示)。

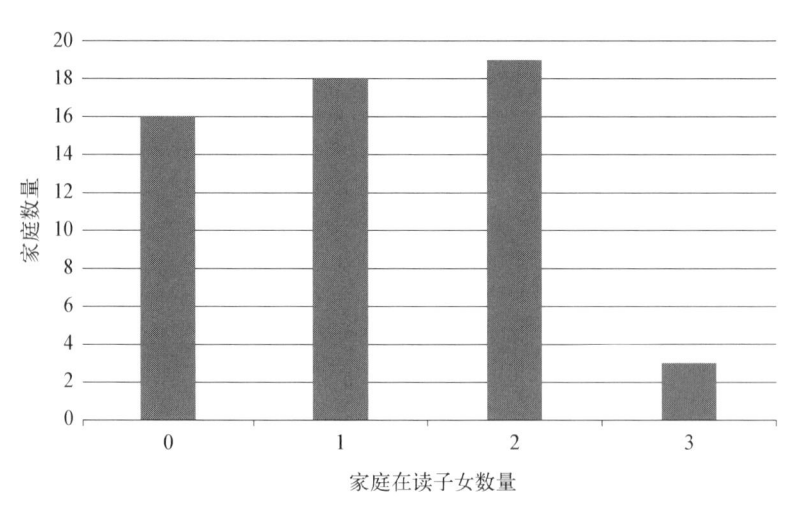

图3　道真县农村居民子女受教育情况

道真县农村居民子女的文化水平存在一定的差异(如表2所示)。相对较高的占比是本科及以上毕业的人数,占总人数的26.3%。其次是高中/职高毕业人数,占总人数的18.8%。而文化水平较低的是小学以下和小学毕业人数,分别占总人数的10.5%和16.2%。

表2　　　　　　　　　道真县农村居民子女文化水平情况

文化程度	人　数	占　比
小学以下	20	10.50%
小学	30	16.20%

续　表

文化程度	人数	占比
初中/中专毕业	25	13.50%
高中/职高毕业	35	18.80%
大专毕业	20	10.50%
本科及以上	50	26.30%

收入在1 000元以下的家庭共有15个,介于1 000元至3 000元的家庭共有46个家庭,介于3 000元至8 000元的家庭共有38个,收入超过8 000元的家庭共有21个(详见图4)。

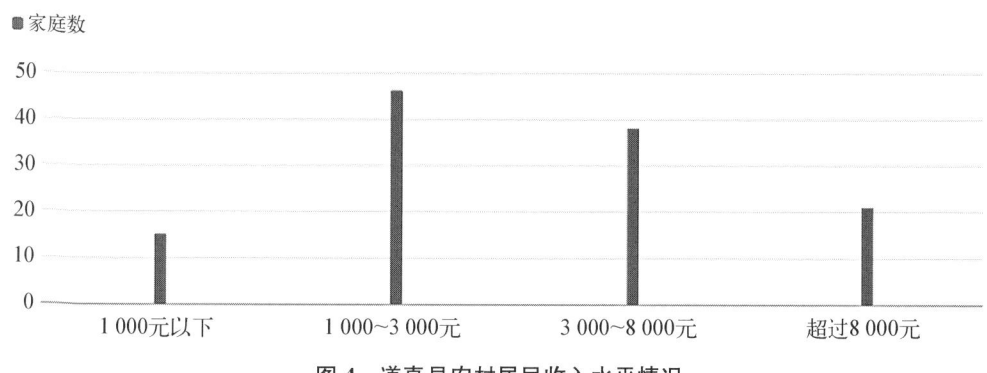

图4　道真县农村居民收入水平情况

高中学历人数较为普遍,大部分村庄的高中学历人数在100人以上。大专学历的人数相对较少,但爱国社区和浣溪村的大专学历人数较多,分别达到300人和800人。本科及以上学历的人数相对较少,大部分村庄的本科及以上学历人数在100人以下,但鹰咀村的本科及以上学历人数较多,达到450人(详见图5)。

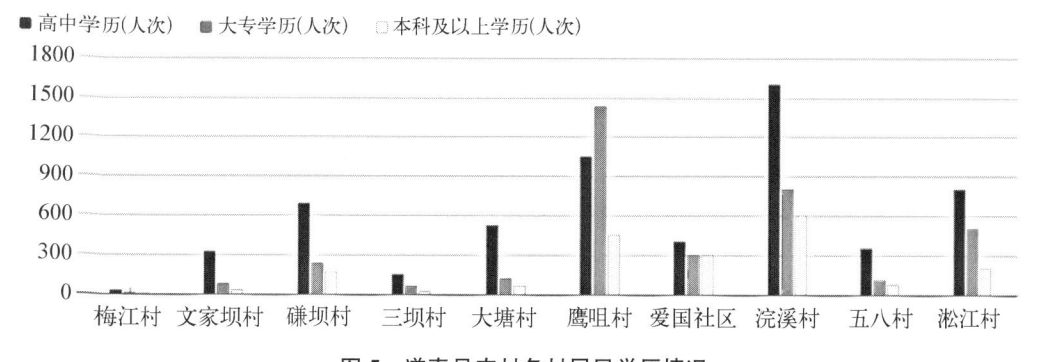

图5　道真县农村各村居民学历情况

只有三坝村和淞江村参加过上海财经大学千村调查,其他村庄均未参加过,据此可以着重对这两个村进行数据分析(见表3)。

表3　　　　　　　　　　　道真县农村各村参加千村调查情况

村庄名称	本村是否参加过上海财经大学千村调查
梅江村	否
文家坝村	否
磙坝村	否
三坝村	是
大塘村	否
鹰咀村	否
爱国社区	否
浣溪村	否
五八村	否
淞江村	是

(二)道真县农村居民数字素养现状

1. 数字化创业意识兴起

调查显示,50%的村庄有村民通过开网店或者利用网络进行创业,这说明一部分农村居民已经具备了一定的数字化创业能力和意识。随着互联网的普及和电子商务的发展,农村居民越来越意识到数字化创业的机会与潜力。70%的村庄通过网络提供与乡村振兴相关的服务。这表明有相当比例的农村居民正在利用互联网和数字技术参与农村发展和农业产业的提升。在这些村庄中,通过网络平台,农村居民能够直接将自家种植的农产品上架销售,搭建起与城市消费者的连接桥梁。

2. 提升数字化办公环境下的沟通效率

完全不会使用网页浏览应用的居民占比40%,熟练使用的居民占比40%,精通的居民占比20%。在Office等办公软件方面,占比40%的村庄居民已经达到了精通水平,而有30%的村庄居民能够熟练使用,显示出一定的数字化办公能力。然而,仍有30%的村庄居民完全不了解该类软件,表明在数字化办公方面存在较大的差距。对于电子邮件的掌握程度,有30%的村庄居民完全不了解该应用,而20%的村庄居民能够熟练使用,一部分居民对数字化沟通具备一定的掌握能力。仅有10%的村庄居民达到了精通水平,可见在数字化沟通方面仍存在较大的提升空间。在娱乐音视频应用方面,有30%的村庄居民完全不了解该类应用,而20%的村庄居民能够熟练使用,表明一部分居民对数字化娱乐具备一定的掌握能力。仅有10%的村庄居民在该应用方面达到了精通水平,数字娱乐方面的发展仍有待加强。就教育教学类应用而言,有20%的村庄居民完全不了解该类应用,仅有

10%的村庄居民能够熟练使用,数字化教育领域存在较大差距。值得注意的是,占比70%的村庄居民已经在这一领域达到了精通水平,表明数字化教育对于这部分村庄来说已经取得了一定的进展。

3. 数据备份和系统管理较为不足

在定期备份和管理村庄数据资料方面,有20%的村庄进行每天备份,10%的村庄每周备份,10%的村庄一年备份一次,还有60%的村庄没有定期备份和管理数据资料。对于村民对村务信息管理系统的意见,有20%的村民认为提供的有用信息较少,40%的村民觉得操作烦琐,30%的村民表示占用太多时间,20%的村民觉得交互功能较少。另外,40%的村民认为村务信息管理系统能提高获取信息的效率,20%的村民表示系统方便补贴发放和突发事件应急处理,还有20%的村民认为系统对农业生产有帮助。在数字平台解决村庄问题或诉求的能力方面,只有10%的村庄认为能够及时解决问题,30%的村庄认为处理速度较慢,而有50%的村庄认为数字平台基本无法解决村庄的问题或诉求。在金融知识方面,有10%的村庄没有普及任何金融知识,20%的村庄普及了线上消费支付和线上借款的金融知识,30%的村庄推广了线上投资理财知识,还有20%的村庄进行了金融消费者教育。对于使用线上金融服务与产品后的积极变化,40%的村庄反馈支付更便捷和消费更容易,还有10%的村庄表示企业经营资金有保障和产品市场更广阔,另外有10%的村庄在就业和收入上有增加,农业经营更稳定和收入差距在缩小,还有20%的村庄表示并没有出现积极变化。在村委会组织培训和承保动员工作方面,只有10%的村庄村委会经常有相关的工作,10%的村庄时常有,10%的村庄偶尔有过,而有70%的村庄从来没有进行过培训和承保动员工作。当前乡村地区数字化应用存在数据备份不足、村务信息管理系统使用体验有待提升以及数字平台解决问题能力不足等问题,在乡村地区的数字化应用方面,仍存在一些挑战和改进的空间。

4. 数字化借贷显著流行

对于本村金融服务的提供机构,占比最高的是传统农村金融机构(占比50%),其次是新型农村金融机构(占比30%),再次是各种线上平台(占比20%)。而在提供贷款的线上平台方面,占比最高的是银行线上渠道(占比80%),其次是网络借贷平台(占比40%),还有一部分村庄借款来源于金融科技公司(占比20%)。就企业借款的使用情况而言,占比最高的是满足日常经营相关的支出(占比80%),而线上借款在企业资金来源中的占比较低(占比30%以下)。此外,无法偿还网络借贷的情况相对较少(占比20%以下)。由此可看出,数字化金融服务在本村取得的成果较为显著,传统农村金融机构和银行线上渠道是主要提供金融服务的机构,而网络借贷平台和新型农村金融机构等也逐渐得到应用。对于企业借款的需求主要集中在日常经营方面,虽然线上借款占比不高,但无法偿还网络借贷的情况相对较少。

5. 数字化保险理赔的局限性与发展需求

保险公司未为本村村民开通互联网保险服务(占比80%)。在保险理赔中,使用数字化技术的情况较为有限。部分村民(占比30%)使用了手机拍照技术进行理赔申请,而其他数字化技术(如无人机、卫星遥感、数字标识技术)的使用较少(占比10%)。大部分情况下,在保险理赔中仍采用传统的人工方式进行估算、目测、丈量承保和定损(占比70%)。综合来看,本村的保险服务和理赔过程仍需进一步推进数字化技术的应用,以提高效率和便利性。

四、道真县农村居民数字素养问题及不足

(一)缺乏相关培训和教育机会

缺乏相关培训和教育机会是道真县农村居民数字素养问题的一个重要原因。只有三坝村和淞江村参加过上海财经大学千村调查,其他村庄均未参加。这表明大部分村庄缺乏参与数字化培训和调研的机会。缺乏相关培训和教育机会导致农村居民无法获得系统和全面的数字化知识和技能。在数字化办公和沟通方面,一些村庄居民对网页浏览和办公软件的使用熟练程度不高,仍存在一定的技术障碍。此外,对电子邮件、娱乐音视频和教育教学类应用的掌握程度也有待提高。

(二)教育资源不足

部分村庄居民的文化水平较低,小学和初中学历占比相对较高。这反映出部分村庄的教育资源相对匮乏,教育质量和师资力量有限。教育资源的不足使农村居民无法获得高质量的数字化素养教育。缺乏优质的教师和教育设施,使得农村居民无法接触到先进的数字化技术和教育资源。缺乏良好的教育环境和培养机制,也限制了农村居民对数字化技术的学习和应用。

(三)缺乏数字化设备和网络条件

缺乏先进的电脑、平板电脑等办公设备限制了农村居民的数字化办公能力。从数据中可以看出,有一部分居民对办公软件和网页浏览应用的熟练程度较低,这可能与缺乏数字化办公设备和接触机会有关。缺乏智能手机、电视等设备和高速稳定的网络限制了农村居民对数字娱乐的体验和接触。有部分村庄居民对娱乐音视频应用的了解和使用程度较低,这可能与数字化设备和网络条件的不足有关。农村居民由于缺乏数字化设备和网络条件,无法充分体验和利用线上金融服务。数据显示,有部分居民对金融知识的了解不足,网络借贷等数字化金融产品的使用和理解有待提高,这也与数字化设备和网络条件的不足有关。

(四)缺乏数字化技术意识与兴趣

部分农村居民对数字化技术的意识和兴趣相对较低,缺乏主动学习和应用的动力。这可能与缺乏数字化乡村发展的信息宣传和有效引导有关。在乡村地区,数字化技术的应用和价值可能并未得到很好的宣传和普及。村民对数字化技术的潜力和好处了解甚少,缺乏对数字化技术的信任和兴趣。同时,农村地区可能缺乏配套的数字化服务和应用实例,使得居民难以认识到数字化技术对其生活和发展的重要性。

五、提升道真县农村居民数字化素养建议

(一)加强数字化培训教育

开展线上线下的培训课程,向农民介绍智慧农业和农产品电子商务等数字技术的应

用。培训课程可以包括数字化农业管理、农业物联网技术、农产品电商平台的使用等内容，帮助农民了解数字技术在农业生产和经营中的重要性，以及如何利用数字技术进行农业创新和精细化管理。培训组织专业人员、农业科研机构和数字技术企业来进行讲座和实际操作，通过案例分析和现场指导，帮助农民掌握相关的数字技术知识和实践技能。其次，建立数字农业示范基地，为农民提供实践和学习的平台。通过与农业科研机构和数字技术企业的合作，基地提供先进的数字农业设备和技术，让农民亲自参与数字农业的实际操作和管理。基地可以开展示范和示教，让农民亲眼见到数字技术在农业生产中的效果和价值。同时，基地可以提供培训课程和研讨会，与农民共同探讨数字化农业的发展思路和应用场景。另外，还可以组织实地考察和交流活动，让农民有机会参观其他地区的成功案例和先进经验。通过与其他乡村的交流和学习，农民可以了解不同地区的数字化农业模式和运作方式，启发他们的创新意识和想象力。同时，交流活动也为农民提供与专家和专业人士的面对面交流机会，让他们能够获得更多的指导和建议。

（二）发展数字农业示范项目

在道真县建立数字农业示范基地，打造一个集数字技术应用、农业科学研究和培训交流为一体的平台。这个基地可以引进智能化农业设备，如精准喷灌系统、智能喂养系统等，帮助农民实现农业生产过程的自动化和智能化。同时，利用无人机和遥感技术，采集农田的数据，进行精准施肥和病虫害监测，提高农作物的产量和质量。此外，基于大数据分析，通过对气象、土壤和作物生长等数据的综合分析，为农民提供科学农耕的建议和指导，帮助他们做出更好的农业决策。为了促进农民对数字技术的认识和运用，可在示范基地组织培训活动，邀请专家和技术团队进行现场指导，教授农民如何正确使用数字农业设备、收集和分析农田数据、利用数字技术进行农业管理等。

（三）提供数字平台和应用支持

建立农村居民数字化培训平台，以提供专门针对农业、金融、健康等领域的数字应用案例和培训材料。该平台可以提供农田管理、作物种植技术、气象信息、市场行情等相关内容，帮助农民了解和学习使用数字技术来提高农业生产效率和经济效益。此外，开发适用于农村居民的手机应用程序，使农民能够方便地获取农业相关信息和进行在线交易。这样的应用程序可以提供定制化的功能，例如农作物生长周期管理、农药施用提醒、市场价格查询、在线销售等，使农民能够更加高效地管理和运营农业生产。培训平台和手机应用程序的建设可以与当地政府、教育机构、科研机构和企业合作共同推进。相关机构可以提供培训师资、技术支持和资源共享，确保培训内容和应用程序的质量和有效性。同时，还可以通过举办技术培训班、组织推广活动和开展农村居民数码技能竞赛等形式，进一步推动农民对数字技术的学习和应用。

（四）加强数字基础设施建设

应优先提升宽带网络覆盖率，确保农村居民能够稳定地接入互联网。这可以通过建设光纤网络、增加基站覆盖等方式实现。同时，需要解决农村电力供应不稳定的问题，确保数字设备正常运行和使用。此外，为了提高农村居民的数字素养，道真县政府可以考虑更新设备，提供更现代化的数字工具和设备，例如电脑、手机、平板等。这样，农民可以更加便捷地使用和学习数字技术。另外，为了充分发挥数字基础设施的作用，还需要提供相应的技术支持和服务，包括技术培训、维修服务等，确保农民能够充分利用数字技术的优势。

（五）加强农村居民网络安全教育

首先，政府可以组织网络安全专家和教育机构开展网络安全培训和宣传活动，向农民普及网络安全知识和技巧。培训内容可以包括密码安全、网络欺诈防范、个人信息保护等方面的知识，帮助农民了解网络安全的重要性，并掌握应对网络威胁的方法。其次，设立网络安全咨询热线或网站，提供农民咨询和投诉服务，解答他们在网络安全方面的问题，并提供相关资源和指导。同时，鼓励农村居民参加网络安全知识竞赛和培训班，通过实践和交流提升网络安全意识和技能。最后，在农村学校开设网络安全课程，培养学生的网络安全意识和技能，从小培养网络安全的习惯和行为。

（六）提供数字化社会服务

首先，建立数字化社区服务平台，为农村居民提供多样化的便民服务。该平台可以整合各类公共服务信息，如健康医疗、教育培训、就业信息等，让农民能够便捷地获取所需的服务和信息。其次，推广数字化支付和金融服务，方便农民进行交易和金融操作。通过提供移动支付、电子银行、保险等服务，提高农民的金融包容性，促进农村经济的发展。再次，推进农村互联网＋政务服务，让农民能够通过网络渠道办理政务手续，如土地确权、户籍登记、社保缴纳等，减少农民因距离和时间的限制而面临的困难。同时，加强数字化农业支持和培训，通过数字化农业技术、智能设备等，提高农业生产效率和质量。为农民提供农田管理、作物种植技术、市场行情等信息，帮助他们更好地农业经营。最后，加强数字化社区建设：通过建设数字化社区平台，提供社区资讯、社交交流、公共服务等功能，促进农村居民的互动和参与。

（七）加强数字化社区建设

首先，建立数字化社区互联网平台，提供在线信息和服务，方便农民获取最新的农业、经济、健康等领域的信息。该平台可以提供在线教育资源、数字化服务和社交互动功能，帮助农民学习和交流数字化技能。其次，加强数字化对接服务，将政府、企业、教育机构和农民联系起来，促进信息共享和合作。例如，通过数字化平台提供农产品上行通道，链接农民和消费者，实现农产品线上销售和物流配送。同时，鼓励组建农村数字化社区协会，促进农村居民的合作和共享，协助农民解决数字化问题，提供技术支持和经验交流。最后，加强数字化社区的管理和安全，建立数字化社区治理体系，加强网络安全监测和风险评估。

六、总　结

本研究选择道真县农村居民为研究对象，以农民数字素养为切入点，旨在推动乡村振兴战略的实施。通过调查和分析，发现农村居民在数字化创业、数字化办公和沟通、数字化教育等方面存在一定的差距和发展空间。此外,教育资源不足、缺乏数字化设备和网络条件、数据备份和系统管理等问题也制约了数字素养的提升。为了解决这些问题,本研究提出了加强数字化培训教育、发展数字农业示范项目、提供数字平台和应用支持、加强基础设施建设、加强网络安全教育、提供数字化社区服务等方面的建议。希望通过以上措施的实施,可以促进道真县农村居民的数字素养提升,推动乡村振兴和农村发展的全面推进。

未来的研究应该致力于解决农村居民在数字化领域面临的挑战和问题,以促进乡村振兴战略的实施。此外,还应考虑长期跟踪观察和探究数字素养对乡村振兴的影响,以及推动数字化培训和教育的实施,为农村居民的数字化发展和乡村振兴提供更具体的建议和支持。通过这些努力,期待农村居民的数字素养水平得到提升,乡村振兴战略得到持续推进,乡村经济焕发新的活力。

参考文献

[1] 李优柱,杨鸿宇,姜庆志,等.我国数字乡村研究前沿热点与建设特征分析[J].华中农业大学学报,2022,41(3):9.

[2] 陈玲.数字乡村实景三维民情管理系统分析[J].测绘与勘探,2022,4(1):1-3.

[3] 车辉,苗碧舟,马春跃,等.湖州市吴兴区数字乡村顶层规划设计[J].新电脑,2022(001):054.

[4] 柳清,钱若楠.数字乡村振兴的分享农业模式推进策略研究[J].知识经济,2021.

[5] 胡卫卫,卢玥宁.数字乡村治理共同体的生成机理与运作逻辑研究——基于"中国大棚第一村"数字乡村建设的实证考察[J].公共管理学报,2023,20(1):12.

数字乡村视角下农村留守老人数字鸿沟的影响因素分析

——基于永州市东安县十村的调研数据

杜丰宁[①] 徐伊婷[②]

摘　要：党的二十大报告指出,全面推进乡村振兴,最艰巨最繁重的任务仍然在农村,亟待通过数字化赋能,以数字乡村建设为引擎增强农村内生动力和活力。笔者实地走访了湖南省永州市东安县十村,了解农村留守老人数字鸿沟现状,分别统计了有智能手机使用习惯的农村留守老人的智能手机使用情况和所有老人参与使用数字技术的情况,并基于此展开数字化生活融入度的影响因素分析。进一步地,为了观察农村数字鸿沟长期存在发展的动态过程,了解下一代农村留守老人数字生活的融入度,笔者统计了 50~60 岁农村中老年人样本数据,发现数字鸿沟在下一代老年人中具有弥合趋势,但智能手机使用熟练度仍不理想。最后,针对本次调研实际情况提出相应对策建议,争取建立农村数字赋能良性循环及适老化建设。

关键词：农村留守老人　数字鸿沟　数字乡村　影响因素

一、引　言

随着数字技术的快速发展和相关基础设施建设的完善,传统的信息传播工具几乎被取代,人们的生活方式也发生了翻天覆地的变化,移动支付、网络购物、网络医疗挂号、智慧出行等给人们的生活带来了巨大的便利。然而,数字技术的快速发展给农村留守老人带来了巨大的挑战。

截至 2022 年 12 月,我国非网民规模为 3.44 亿。从年龄来看,60 岁及以上老年群体是主要的非网民群体,我国 60 岁及以上非网民群体占非网民总体的比例为 37.4%,较全国 60 岁及以上人口比例高出 17.6 个百分点;从地域来看,我国非网民地区仍以农村地区为主,农村地区非网民占比为 55.2%(中国互联网络信息中心,2023)。由此可见,农村留守老人是跟不上信息时代步伐的主要人群。

[①] 杜丰宁,上海财经大学会计学院 2021 级会计专业本科生。
[②] 徐伊婷,上海财经大学金融学院 2022 级银行与国际金融专业本科生。

近年来，国家不断出台相关文件和政策，促进数字鸿沟弥合。2019年5月，中央办公厅和国务院办公厅发布的《数字乡村发展战略纲要》明确提出，将数字乡村视为数字中国建设的关键领域，促进乡村网络文化的繁荣发展，努力弥合城乡之间的"数字鸿沟"，培养适应信息时代的新农民。2022年9月，中央网信办等四部门联合印发《数字乡村标准体系建设指南》，明确了信息无障碍和适老化标准作为乡村公共服务数字化标准之一。国家发展改革委、国家卫生健康委牵头建立部际联席会议机制，推动相关部门出台老年人出行、就医、缴费等方面文件二十余个，带动各地积极主动解决老年人面临的"数字鸿沟"问题（中华人民共和国国家卫生健康委员会，2023）。

农村留守老人多，农村信息基础设施的缺乏（陈潭和王鹏，2020），老年信息化教育难以普及到农村地区（戚志明，2021）……使得数字鸿沟难以弥合，数字乡村建设缺乏动力，加剧了社会贫富差距和社会不平等。因此，研究农村留守老人数字鸿沟问题，治理农村留守老人数字鸿沟，对于我国建设数字乡村，促进乡村振兴具有重大的理论意义和现实意义。

二、东安县简介及调研基本情况

东安县位于湖南省西南部湘江上游，是千里湘江之源，德武文化之乡，国家重点生态功能区，是湖南通往广西、海南的重要门户。东安地处南岭山地向湘中丘陵过渡带，为中亚热带季风湿润气候区，光照充足，温暖湿润，四季分明，南北气候差异明显。近年来，东安县持续扩大数字技术在基层党建、乡村综合治理、自然灾害防护等方面的应用，通过数字治理跑出乡村振兴加"数"度，让乡村管理有"数"可依。

东安县下辖13个镇、2个乡。此次调研覆盖石期市镇蒋家村、白牙市镇鸡井塘村、芦洪市镇赵家井村、新圩江镇中田社区、大盛镇斗山村、花桥镇青塘村、紫溪市镇五一村、大庙口镇新溪村、鹿马桥镇天堂村、端桥铺镇端桥铺居委会等，共8个村、1个社区、1个居委会，覆盖10个镇。各村、社区、居委会分别分发1份入村问卷、20份入户问卷，合计发放入村问卷10份、入户问卷200份。笔者将入户问卷依照年龄层进行分类，删除59份与调研分析无关的年龄层（50岁以下）问卷，将4份部分数据与事实有严重偏差的问卷视作问题问卷作废，最终得到137份有效问卷。

笔者根据调研需要就相关主题对部分村民开展进一步访谈，以此补充调研内容。最终，笔者在问卷中选取17个与调研主题相关的问题进行数据分析，并结合相关访谈，根据60岁以上老人智能手机使用情况以及访谈所获取的信息，分析可能影响60岁以上老人使用智能手机的因素，明确农村留守老人数字鸿沟现状及找出可能的影响因素，最后给出对策建议。

21世纪的我们，正亲历着互联网迅猛发展的时代。随着中国人口问题日益凸显，人口结构波动与科技飞速进步的两大洪流交汇，涌现出一系列亟须解决的新情况、新问题。首先，我国目前处于中度老龄化社会，老年群体的增加使其成为社会发展中不可忽视的一大群体。其次，我国城镇化的现实发展需求迫使老年人接触新技术，也迫使我们在技术发展的大环境中积极迎接老龄化的挑战（罗文悦，2023）。在新媒介技术的语境下，"数字鸿沟"再度成为社会热议的话题，而老年人群体受其影响最为广泛和深刻。数字鸿沟的弥合必然是一场持久战,因此笔者对收集到的问卷中50~60岁老年人群也进行了相关分析,希望一定程度上对农村留守老人数字鸿沟的问题作出分析。

三、农村留守老人数字鸿沟调研情况

60岁以上农村留守老人的问卷数据共有71份,其中,有使用智能手机习惯的问卷数据共有40份,占比56.34%,其余31份均为不使用任何智能终端的问卷数据。需要特别说明的是,由于71份问卷数据中,家庭电脑平均拥有数仅0.32台,因此本次调研主要针对智能手机这一智能终端的使用情况进行分析。

（一）有使用智能手机习惯的60岁以上老人的使用情况

为进一步研究60岁以上老人样本的智能手机使用习惯与数字智能生活参与度,笔者对该40份问卷进行了数据分析。

首先,我们统计了60岁以上老人最常用的手机应用及内容(如图1和图2),由图1可知抖音短视频与微信的使用比例几乎各占一半。进一步地,我们统计了老人观看短视频的频率与发布短视频和朋友圈的频率,得到图3,容易看出相较于发布个人内容,更多老人会选择只观看短视频。

图1　60岁以上老人常用手机应用

图2　60岁以上老人手机使用习惯

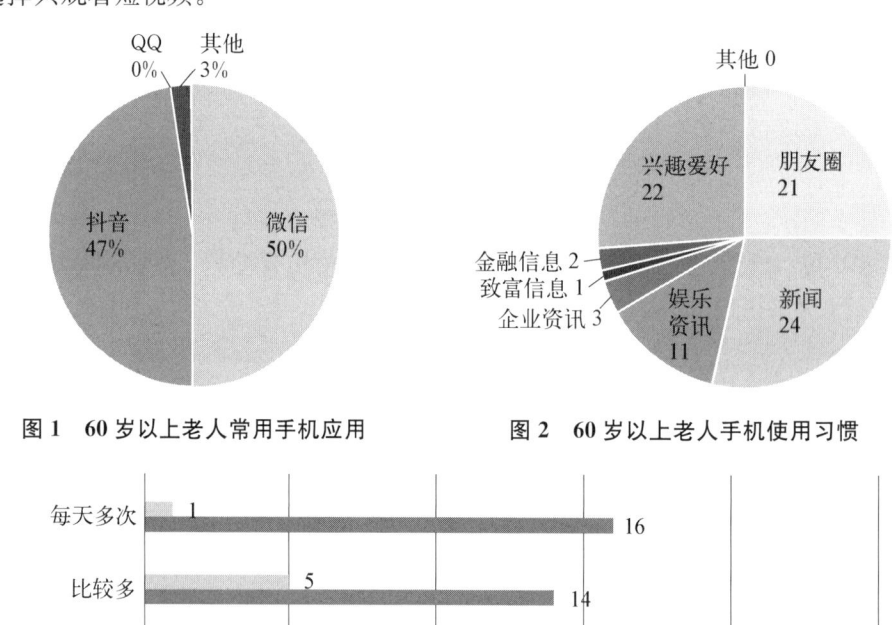

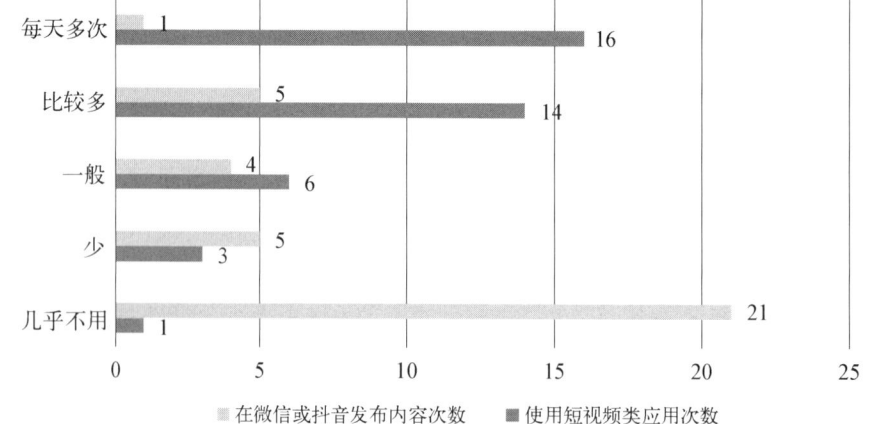

图3　60岁以上老人短视频观看与发布内容频率

除了微信、抖音这些普及率高的大众化社交应用，我们希望了解老人对于办公软件、网页使用、教育软件等应用的使用熟练程度，结果如图4所示。

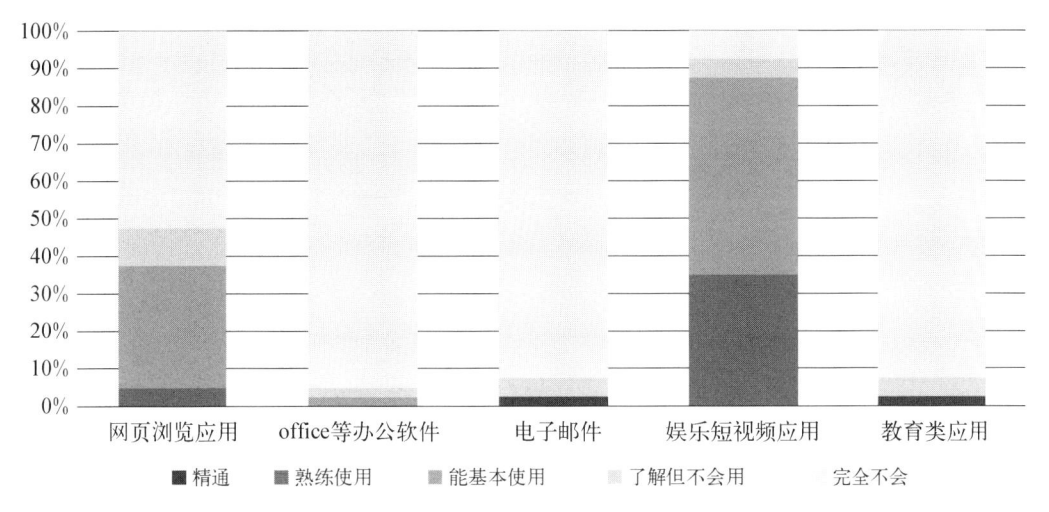

图4　60岁以上老人使用不同类型应用熟练度

图4中，从上方的蓝色系方块到下方的红色系方块表示对应用从不熟悉到熟悉的渐变，容易看出，娱乐短视频应用的使用熟悉度遥遥领先，少部分人会使用网页搜索应用，但样本中的60岁以上老人群体几乎不使用办公、电子邮件、教育类等效率应用。

（二）所有60岁以上老人参与使用数字技术的情况

在数字乡村方面，我们同样统计了60岁以上村民获取村务信息的方式，结果如图5所示。

其中，干部走访、公示栏、村民口口相传三种信息获取方式占比最大。

老年人愿意接触互联网和有求知欲，这种开放包容和再学习的心态会大幅提高弥合数字鸿沟的效率，也是全社会积极应对老龄化的生动体现（王俊怡，2022）。老年人数字融入的主观能动性是弥合数字鸿沟的重要一环，因此笔者对60岁以上村民对于"您是否认为网络是现实生活的一部分？"的问题答案进行了统计，结果如图6所示。

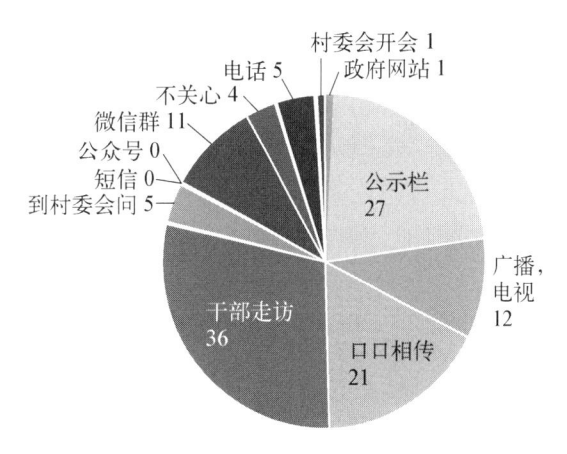

图5　60岁以上老人村务信息获取方式

由图6数据的百分比中可以看出明显的区别，对互联网重要性的意识与60岁以上老人是否使用智能终端（可被视作数字化参与度），有着很强的联系。赞成"网络是生活的一部分"的老人近90%数字化参与度高，不赞成"网络是生活的一部分"的老人近80%不使用智能终端，即与新媒体时代完全脱节。

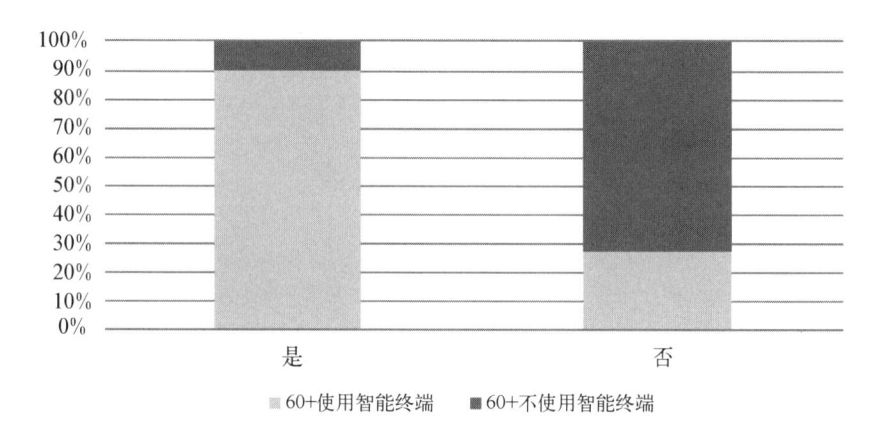

图 6　60 岁以上老人是否认为网络是生活的一部分

四、影响因素分析

在 60 岁以上老人的 71 份问卷中，仅有 40 位老人有使用智能手机的习惯，笔者希望探究影响老人是否使用智能手机的影响因素，因此首先将 71 份样本分为两组：有使用智能手机习惯的 60 岁以上老人为 A 组，不使用智能手机的 60 岁以上老人为 B 组。在这两组样本中，笔者收集了部分可能影响老人使用智能手机的因素的 11 组数据。受限于本次调查的深度及资源调集能力，此 11 组数据仅涵盖到个人、家庭与村集体三个方面。

（一）个人层面

在图 7 的年龄统计中，笔者将老人从 1 至 71 进行了编号，其中 1 至 40 号老人为 A 组，使用智能终端用蓝色标出，其余不使用智能终端的 B 组老人用橙色标出，横坐标代表老人的编号，纵坐标代表老人出生年份，数据点的纵坐标位置越偏上代表年龄越小。在图 8 的文化程度统计中，不同色块从左到右代表文化程度由低到高的变化，A 为使用智能终端组，B 为不使用智能终端组。

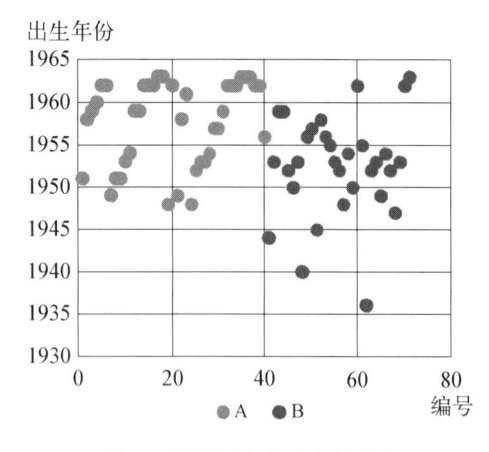

图 7　60 岁以上老人年龄分布

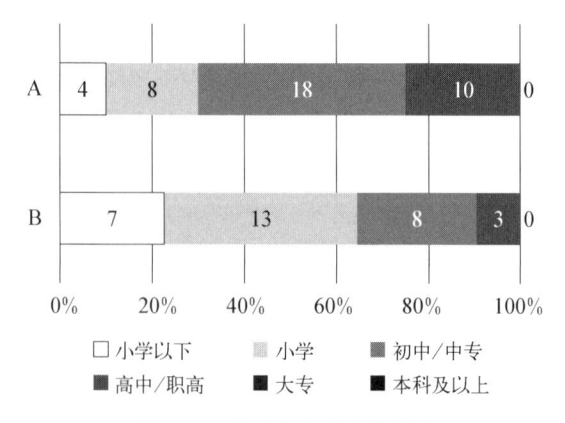

图 8　60 岁以上老人文化程度

在年龄分布与文化程度方面,由图7和图8可以明显看出年龄相对较大、文化程度更低时,不用智能终端的老人偏多,而年龄相对较小、文化程度更高的人群中用智能终端的老年人占比大。

接下来,我们对是否外出务工,以及是否考虑过自主创业进行统计(单位:人),见表1。

表1

	是否曾外出务工		是否考虑过自主创业	
	是	否	是	否
A(100%)	21(52.5%)	19(47.5%)	8(20%)	32(80%)
B(100%)	8(25.8%)	23(74.2%)	2(6.5%)	29(93.5%)

由表1可以看出,有过外出务工的经历或自身有过自主创业考虑的老人,对智能终端的使用及数字化融入有积极作用。

(二)家庭层面

数字鸿沟可以分为接入沟、使用沟、知识沟三个层面。而通过家庭的收入与网费支出可以间接体现家庭网络硬件设施条件(接入沟),通过家人是否网购、子女是否长期在外等因素可以反映家庭的数字化使用氛围(涉及数字反哺,与使用沟、知识沟相关联)。表2为对这六个因素的数据统计。

表2

	A		B	
	和	均值	和	均值
家庭年收入	—	69 081.7	—	38 845.1
家人不网购	9	0.225	16	0.52
子女外出	—	0.79	—	0.77
家庭每月网费支出	42 114	602.9	7 736	259.5

由表2可以推知,高家庭年收入、更高的网费支出(较好的网络硬件条件)对老年人数字化融入有积极影响;有家人使用网购对老年人数字化融入也有一定的积极影响。

(三)村集体层面

在村集体层面,笔者统计了村子是否通过互联网帮助销售农产品,意在观察村集体的网络使用氛围是否带动老年人的数字生活融入,结果如表3所示。

表3

	借 助	不借助	不了解/不关心
A(100%)	11(27.5%)	23(57.5%)	6(15%)
B(100%)	5(17.2%)	14(48.3%)	10(34.5%)

鉴于有关村集体对老人数字化参与度影响的数据较少,笔者对60岁以上老人进行了额外访谈。首先,当问及村务信息平台、村内评比活动形式、政府对农业保险补贴制度时,老人普遍都是不知情与不关心的状态,对于本应由村委负责的公共设施管护也没有清晰的维权意识,对生活环境随遇而安。更进一步地,为了解村集体观念相对薄弱的老人收入来源,笔者通过问问了解到大部分老人以自给自足的农业生活为主,年收入与农作物收成关系较大且没有固定的月收入,个体独立性较强,更倾向于关注自家生计。

数字乡村建设需要新鲜血液与活力的加持,结合访谈以及表3,我们可以看出大多数农村老人生活及收入方式较为单一,处在"做减法"的迟暮之年,将其作乡村数字化建设主力军培养成本高效益低,这一代人数字鸿沟弥合投入的性价比有待进一步考量。

五、50～60岁群体智能手机使用情况及分析

农村留守老人是目前我国主要的非网民群体之一,培育信息时代新农民、弥合数字鸿沟是一场持久战,不应停留于静态的分析。为了预测农村数字鸿沟的发展趋势,了解下一代老年人的数字生活融入度,笔者对此次调查中50～60岁的老年人的智能终端使用情况也做了统计及对比分析。

在本次调查的200份问卷中含有70份50～60岁的问卷数据,剔除2份问题数据后,笔者用与"有使用智能手机习惯的60岁以上老人的使用情况"同样的统计方式绘制了4张50～60岁的老年人智能终端使用习惯的图表,包括:如何获取村务信息、常见应用熟练程度、常用功能、发布短视频和朋友圈频率(如图9至图13所示)。

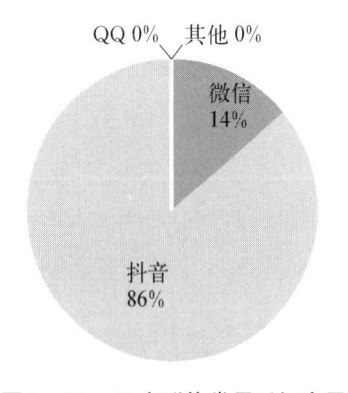

图9 50～60岁群体常用手机应用

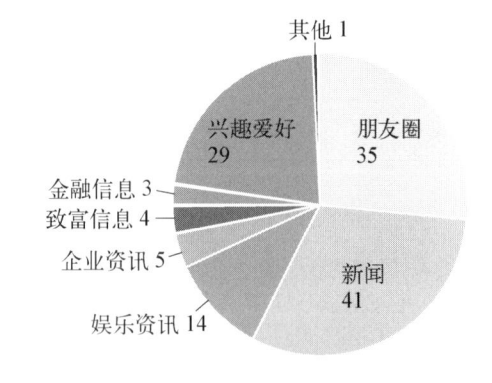

图10 50～60岁群体手机使用习惯

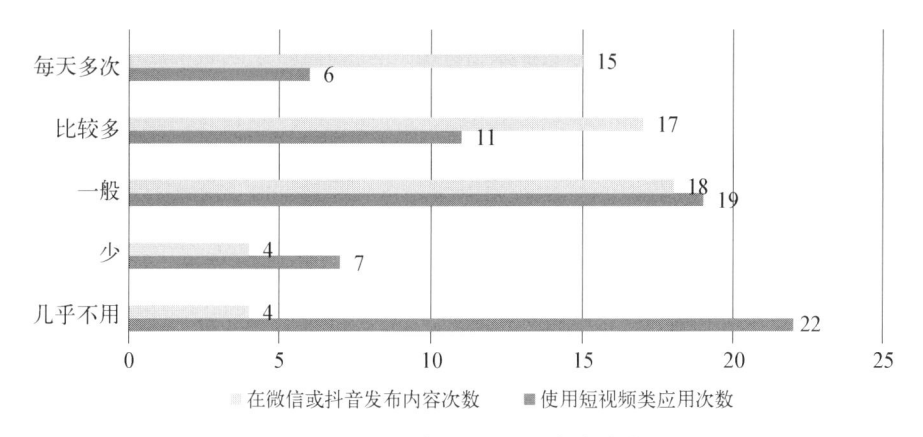

图 11　50～60 岁群体短视频观看与发布内容频率

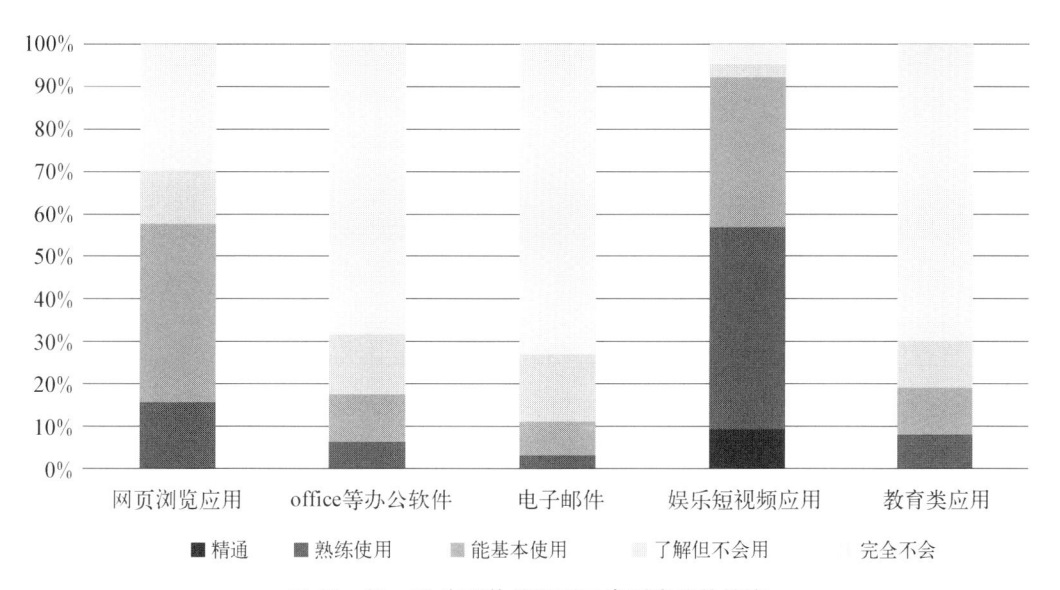

图 12　50～60 岁群体使用不同类型应用熟练度

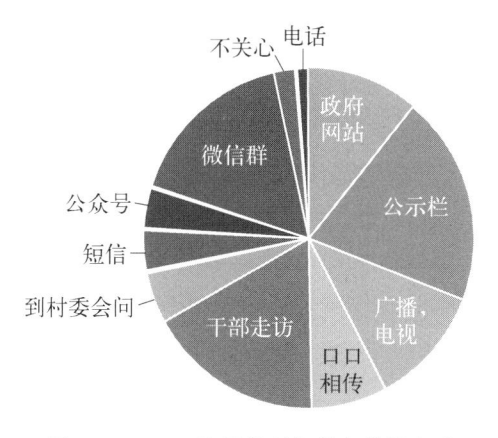

图 13　50～60 岁群体村务信息获取方式

由以上图表我们可以发现如下规律：

（1）50～60岁群体手机的常用功能集中在聊天、朋友圈、短视频、新闻上，但刷视频比例有所减少，微信的社交功能占比升高。

（2）与有使用智能手机习惯的60岁以上老人相比，50～60岁的老年人在观看短视频的同时发布个人短视频、朋友圈的频率明显更高，数字生活融入度更高，更善于运用网络媒介来分享个人生活与实时动态。与此同时，"几乎不使用短视频"选项也有比较大的比例，由此可见除了短视频外，该年龄层还有更多样化的智能终端娱乐方式。

（3）在办公、网页、教育和短视频应用的熟练程度上，50～60岁年龄段使用各应用的熟练度相比于有使用智能手机习惯的60岁以上年龄段有整体提升。针对短视频应用的熟练程度仍远高于其他应用，网页应用熟练度位居第二。由此可见，50～60岁人群网络使用能力有整体的提升，但主要使用的应用类型基本不变。

（4）在如何获取村务信息上，相较于60岁以上人群比较单一的方式，50～60岁人群的获取方式显然更加多元，在公示栏、干部走访、口口相传等常见方式占比减少的同时，公众号、政府网站、微信群、广播电视等与互联网相关的渠道占比上升。

由以上统计数据及对比分析我们能隐约看出数字鸿沟在未来有一定的弥合趋势，未来老年人的数字化融入度及网络使用能力将进一步提升。但仍应注意到村民们的常用应用类型仍主要为短视频类的娱乐应用，更多数字技术带来的便利和机会尚未触及，另外，笔者走访的十个村子中村民对于互联网宣传农产品的意识相对单薄，数字农村与信息时代农民的培养潜力无限，任重道远。

六、对策建议

数字乡村建设是数字中国建设的重要组成部分，农村留守老人数字鸿沟问题则是数字乡村建设的沉疴顽疾，亟待解决。

在本次调研数据分析结果的基础上，我们不难看出农村留守老人是农村人口数字化覆盖的缺口，但是从数字乡村的视角来看，农村留守老人并非建设数字乡村的主力军。因此，笔者认为，对农村留守老人融入数字化时代的要求应低于一般人，相应的对策也不应复杂而难以执行，"让农村留守老人学会运用智能终端和互联网以满足日常生活需要"才是最接地气、最具有实际意义的目标。在此前提下，笔者对如何解决农村留守老人数字鸿沟问题提出相应的对策建议。

（一）为农村留守老人提供适老化智能终端

推出适老化智能终端是缩小农村留守老人数字鸿沟的重要手段。数字技术的发展旨在为老年人提供更多便利，而非制造新的障碍。

首先，可以简化智能终端的操作步骤。智能终端厂商，尤其是智能手机制造商，在设计产品时应考虑老年人的实际情况，推出安装简便、界面清晰、操作简单的老年智能手机，以满足老年人的认知需求。

其次，对智能产品进行适老化改造。应国家"防止未成年人沉迷网络游戏"的要求，市面上诸多App都开发了对青少年年龄需求和适宜使用时长量身设计的"青少年模式",这为笔者在数字应用的年龄层个性化设计上提供启发。我们是不是也可以开发针对老年人的"老年人模式"呢?为了满足农村留守老人的需求,可以在智能终端应用中进行适老化改造,包括但不限于出行、就医、日常消费、文体活动、办事服务、支付安全等程序,将数字无障碍应用纳入日常更新维护中,涵盖字体大小、界面简洁程度、操作使用教程等功能。这样可以让农村老年人更加方便、快捷地获取信息和服务,不断向数字生活的融入靠拢(黄德桥和路耀,2022)。

(二)形成家庭、政府、社会帮扶合力

帮助农村留守老人跨越数字鸿沟是全社会共同的责任,需要形成合力,为老年人融入数字社会提供可持续的社会帮扶。

政府要发挥宏观调控和引导作用,在进行数字乡村建设的过程中兼顾农村留守老年群体,制定相关政策,积极推进"数字扫盲"活动以加强老年人在数字时代的身份认同(中华人民共和国中央人民政府,2020)。

村委会作为农村社区的中坚力量,需要发挥政府政策发布和最终落实落地的中介作用,充分发挥资源、渠道和动员机制的优势,开设老年人"数字智能课堂""数字助老"等公益性活动,帮助农村留守老人掌握日常生活中必要的数字技能。村委会也是农村留守老人在没有家庭成员辅助"数字反哺"的情况下,对老人数字启蒙的最后保障。

家庭成员应主动帮助留守老人克服数字技术障碍。一方面,子女被父母养育成人,有责任帮助年长的父母融入快节奏的现代化生活、掌握数字化时代必备技能;另一方面,子女的"数字反哺"可以借助血缘关系的亲近感,更快速地克服老年人面对新鲜事物的陌生和恐惧,也有利于拉近子女和父母之间的距离。

(三)激发农村留守老人自驱动力,建立良性循环

不可否认,没有上述的政府、村委会、家庭的先行努力而单靠留守老人的力量,数字鸿沟的弥合将举步维艰,然而,全社会的一致合力最终落脚于成功激发老年人融入数字生活的内驱力。在建立起老年人融入数字化生活自我驱动的良性反馈机制之前,数字鸿沟的弥合行百里而半九十。

因此,首先需要打破农村留守老人的传统守旧思维。只有革新思想,引导他们接受新事物,才能潜移默化地淘汰老人的固有观念。在政府和村委开展相关公益活动时不应仅停留于形式主义的举办,而更应重视活动对于老年人数字生活态度的转变。

其次,"数字扫盲"工作是为了培养数字技术应用能力,关键在于在此过程中让老人得到成就感,鼓励其进一步接纳新的数字生活理念和接收信息方式。通过多方面的兴趣培养,让农村留守老人多"触网""用网",将数字化融入日常,逐渐形成信息时代生活习惯。

参考文献

[1] 中国互联网络信息中心.第51次中国互联网络发展状况统计报告[R/OL].(2023-03-02)[2023-08-17]. https://cnnic.cn/n4/2023/0302/c199_10755.html.

［2］中华人民共和国国家卫生健康委员会.2020年度国家老龄事业发展公报［R/OL］.(2021-10-15)［2023-08-17］.http：//www.nhc.gov.cn/lljks/pqt/202110/c794a6b1a2084964a7ef45f69bef5423.shtml.

［3］陈潭,王鹏.信息鸿沟与数字乡村建设的实践症候［J］.电子政务,2020(12)：2-12.

［4］戚志明.信息化背景下老年教育的发展对策及实践——以广东老年大学为例［J］.广东开放大学学报,2021,30(06)：7-11.

［5］罗文悦.老年群体智能手机媒介使用的家庭数字反哺行为研究［D］.安徽大学,2023.

［6］王俊怡.路径·嬗变·弥合：新媒体语境下老年"数字鸿沟"探析［J］.新闻研究导刊,2022,13(19)：133-136.

［7］黄德桥,路耀.农村老年人"数字鸿沟"的形成及弥合路径［J］.当代职业教育,2022(06)：22-30.

［8］中华人民共和国中央人民政府.国务院办公厅印发关于切实解决老年人运用智能技术困难实施方案的通知［EB/OL］.(2020-11-24)［2023-09-03］.https：//www.gov.cn/zhengce/content/2020-11/24/content_5563804.htm.

家庭资产、乡村公共服务与数字乡村耦合协调发展研究

——基于2023年安徽桐城十村的调研数据

张盛武[①]　王际尧[②]　汪静远[③]

摘　要： 数字经济是推动乡村振兴的重要动力。本文根据上海财经大学千村调查安徽桐城十村的调研数据,通过测算耦合协调度,分析了农村家庭资产积累、公共服务建设和数字化进程之间的协同发展关系。统计结果显示,三者之间的协调程度基本处于勉强或濒临失调状态。数字农村建设滞后常见于失调农户,而协调农户家庭资产积累相对滞后。此外,不同类型农户在数字化应用和资产积累方面存在差异。研究结论对于指导乡村振兴战略实施具有重要参考价值。

关键词： 公共服务　数字乡村　耦合协调

一、引　言

当前,随着以5G、大数据、物联网、云计算等为代表的现代信息技术迅猛发展,数字经济逐渐被人们重视。2022年我国数字经济规模达到50.2万亿元,在GDP中总占比达41.5%。埃森哲公司曾分析指出,数字化程度每提高10%,人均GDP增量将达0.5%~0.62%。到2025年,数字经济对全球经济贡献将超50%。全面跟上数字化转型浪潮,以数字信息为要素、互联网技术为载体,优化资源配置,降本增效,数字经济正在成为新时代我国从全面小康迈向共同富裕的关键抓手和重要一环。

从2018年中央一号文件首次提及"数字乡村"概念开始,中央就针对数字乡村战略做出了明确规定。如何利用好数字经济,实现农业生产智能化、数字化,农村治理信息化、透明化,农民生活普惠化、便捷化,成为新时代三农问题的新形势。把握好数字经济在乡村振兴发展中的重要地位,将乡村振兴"产业兴旺、生态宜居、乡风文明、治理有效、生活富裕"的20字方针与数字经济全面深度结合起来,对实现共同富裕、城乡贫富差距缩减、打

[①] 张盛武,上海财经大学中国石油大学(北京)克拉玛依校区2021级交流生。
[②] 王际尧,上海财经大学会计学院2022级财务管理专业本科生。
[③] 汪静远,上海财经大学会计学院2022级ACCA专业本科生。
[④] 数据来源:中国数字经济发展研究报告(2023年)。
[⑤] 数据来源:中国数字乡村发展报告(2019年)。

造乡村特色产业有重要作用。

由于数字乡村仍处于试点阶段,目前学术界对于数字经济与乡村振兴关系的研究相对较少,且主要从理论层面研究其实现路径和耦合协调现状。在内、外部环境的共同作用下,数字经济与乡村振兴通过关键活动的交叉耦合实现互动和融合,其中数字经济包含农业数字化、数字基础设施和农业数字产业化,乡村振兴包含"产业兴旺、生态宜居、乡风文明、治理有效、生活富裕"五方面(张旺等,2022)。学者们普遍认为数字经济能带动乡村产业转型升级,实现农业现代化建设,有利于实体经济发展、区域协调发展(王资程等,2023),对实现城乡融合发展有显著作用(Man J. C., 2023;Hou X. F., 2023)。也有学者从新媒体赋能农民自身的角度出发,认为数字乡村能够促进激发农民主体意识、普及新兴农业技术(Sun Y., 2023;Wang H., 2023)、释放农业产能,实现乡村的善治与共治(Shu H., 2023)。但与此同时,还有学者发现由于信息不对称、村民信息素养薄弱等原因,数字乡村建设常常受到阻碍(Wang Y., 2023;Zhang C. K., 2023)。

而从耦合协调现状上来看,相较于乡村振兴系统,我国数字经济系统的整体发展进度较弱(姚毓春等,2023),目前数字经济系统发展速度逐渐超过乡村振兴系统,两者并未达到最优耦合状态,尚不能实现高质量的协调互补发展(张旺等,2022),但其耦合协调度正在由失调衰退逐渐转为初级协调发展(李燕凌等,2022),且呈现明显的空间相关关系,东部地区呈现空间联动格局,但中西部地区中则不显著(谭燕芝,2021),其中耦合协调度高的区大多位于胡焕庸线以东(王恒等,2023)。对数字经济-乡村振兴系统的耦合协调度产生正向作用的因素主要包括经济发展水平、人力资源水平、财政支出水平和农村消费水平(王资程等,2023),同时也受农村产业数字化、农业生产水平、农村生活环境和农民收入水平影响较大(邓熙舜等,2023)。

综上,数字经济赋能乡村振兴的过程受到多方因素制约,尤其以村、村民两级单位的经济、管理水平为主,而现有文献大多从理论出发分析推导可能的耦合协调路径。本文依托2023年上海财经大学"千村调查"项目安徽省桐城市定点项目组实地调研考察,综合不同经济水平层次,遴选当地10个有代表性的村,从更为实际可靠的视角出发,将家庭资产与乡村公共服务两项通过问卷数据分析进行量化考察,首次将数字经济与乡村振兴耦合协调度结合起来研究,从而弥补该领域过于理论化的不足,提供优化的理论依据和实践依据,并提出更多有针对性的政策建议。

二、指标体系、研究方法及数据来源

（一）指标体系构建

依据村民家庭资产、乡村公共服务、数字乡村三者之间的相互作用关系,遵从数据可获得性、数据可靠性等研究需求,参考了其他学者的研究后,我们认为,调研数据中的村民家庭资产相关内容能较好代表村民的生活水平,"乡村公共服务"的评价应当来源于村民自身的看法,"数字乡村"则应由多个涉及互联网及电子设备的指标构成。

本文列出村民家庭资产、乡村公共服务、数字乡村三个系统的综合测度指标,如表1所示。

表1　　家庭资产、公共服务、数字乡村协调发展评价指标体系及其标准

系统名称	评价指标	正/负	平均权重
村民家庭资产	除正在居住的房子,家里是否还有别的住房?	正	0.117 88
	家用汽车数量	正	0.233 05
	家用助动车数量	正	0.114 15
	家用电脑数量	正	0.286 44
	家用移动电话数量	正	0.053 49
	家用智能手机数量	正	0.042 86
	建筑面积	正	0.124 20
	家用厕所类型	正	0.027 93
乡村公共服务	污水处理方式	负	0.023 39
	当地农业社会化服务能否满足农业规模经营的需要	负	0.013 67
	村民对村规民约等各项规章的遵守执行情况如何?	正	0.020 99
	对于本村当前的村容村貌和生态环境满意吗?	负	0.019 24
	村内公共基础设施管护效果如何?	负	0.023 49
	是否参与过村内公共基础设施管护?	负	0.038 71
	认为本村村务公开透明吗?	负	0.034 63
	对本村的财务情况都清楚吗?	负	0.140 45
	对村里信息公开及更新的频率的满意程度如何?	负	0.017 43
	村实行红黑榜、积分制管理的作用效果如何?	正	0.254 18
	是否参加了居民养老保险?	负	0.055 36
	您家买过保险吗?	负	0.182 13
	是否了解政府为农业保险提供的补贴政策?	负	0.176 32
数字乡村	各类评比活动是否采用微信等应用进行投票、计票?	负	0.033 07
	使用支付宝、微信支付等主要用于?	负	0.020 48
	是否使用过手机银行	负	0.049 68

续 表

系统名称	评价指标	正/负	平均权重
数字乡村	使用本地的在线政务服务平台的频率如何？	负	0.038 99
	对县级以上政府的政务应用平台（政务微博等）是否满意？	负	0.003 58
	有通过网络来销售农产品或其他产品吗？	负	0.186 51
	有没有通过网络提供与乡村振兴相关的服务？	负	0.049 98
	是否经常使用电脑？	负	0.098 05
	平均每天的使用智能手机或iPad的时长是？	负	0.017 21
	感觉到手机使用过程中网络速度如何？	负	0.015 15
	通常如何解决网络故障问题？	负	0.012 39
	认为自己在解决网络及软硬件故障问题上能力如何？	负	0.035 46
	对网页浏览应用的掌握程度	负	0.043 02
	对office等办公软件应用的掌握程度	负	0.087 31
	对电子邮件的掌握程度	负	0.088 81
	对娱乐音视频应用（如抖音、快手等）的掌握程度	负	0.017 43
	对教育教学类应用（如中国大学、MOOC等）应用的掌握程度	负	0.114 82
	每周使用短视频类网络社交工具（如抖音/快手等）次数？	负	0.019 85
	在微信或抖音快手上发表视频或分享内容频率如何？	负	0.068 21

注：对系统"村民家庭资产"，其每个指标的值都是问卷原始值/户籍人口后的结果。除"建筑面积"项是用问卷原始值/常住人口得到的。平均权重通过熵权法测得，具体由下文阐述。

由于不同指标间存在量纲差异，因此，为了有效衡量并构建评价体系，我们对各指标进行归一化处理。若以 x_{ij} 表示第 i 户第 j 项指标值，则归一化公式表示为：

$$\text{正向指标：} x_{ij} = \frac{x_{ij} - \min(x_{ij})}{\max(x_{ij}) - \min(x_{ij})}$$

$$\text{负向指标：} x_{ij} = \frac{\max(x_{ij}) - x_{ij}}{\max(x_{ij}) - \min(x_{ij})}$$

（二）研究方法

1. 熵权法

熵权法认为，对于某指标，其信息熵值越大，指标值的变异程度越大，由此可以确定各系统及其构成要素的权重,以避免主观赋值法的缺陷。

熵权法可以以如下方式计算各系统的综合水平:

(1) 计算比重: $s_{ij} = x_{ij} / \sum_{i=1}^{n} x_{ij}$;

(2) 计算指标熵值: $e = -k \sum_{i=1}^{n} s_{ij} \ln(s_{ij} + 1 \times 10^{-15})$, $k = 1/\ln(n)$;

(3) 计算第 j 项指标的信息效用值: $g_j = 1 - e_j$;

(4) 计算指标 x_j 的权重: $w_j = g_j / \sum_{j=1}^{p} g_j$;

(5) 计算各户各系统综合水平: $U_i = \sum_{j=1}^{p} w_j x_{ij}$。

2. 耦合协调度

耦合,指至少两个系统之间通过各种相互作用而彼此影响以至协同的现象,耦合度正式对这种协调的度量。对于三元系统的耦合度 C 值,我们使用如下的公式以测算耦合度:

$$C = \frac{3\sqrt[3]{U_1 U_2 U_3}}{U_1 + U_2 + U_3}$$

式中,U_i 为各系统值,其分布区间为[0,1],故耦合度 C 值区间为[0,1]。C 值越大,系统间离散程度越小,耦合度越高;反之,系统间耦合度越低。我们定义 U_1 为家庭资产系统,U_2 为乡村公共服务系统,U_3 数字乡村系统。

此外,为确保研究成果的稳健,本文同时参考王淑佳等[1]的观点,也使用修正的耦合协调模型测算 C_{adj} 值,以确保研究结果的稳健性。公式如下:

$$C_{adj} = \sqrt{\left[1 - \frac{\sqrt{(U_3 - U_1)^2} + \sqrt{(U_2 - U_1)^2} + \sqrt{(U_3 - U_2)^2}}{3}\right] \times \sqrt{\frac{U_1}{U_3} \times \frac{U_2}{U_3}}}$$

在测算出耦合度后,可以计算家庭资产、乡村公共服务和数字乡村三系统总的综合评价得分,如下式所示:

$$T = a_1 U_1 + a_2 U_2 + a_3 U_3, \quad a_1 + a_2 + a_3 = 1$$

式中,a_i 为待定系数,作为综合评价得分的权重。考虑到村民家庭资产、乡村公共服务与数字乡村三者之间存在的交互关系,本文认为这三者同等重要,因此三者系数均设定为1/3。

耦合度可以显示各系统间相互作用的强弱,但不能反映系统总体协调的水平。因此引入协调度 D 和修正协调度 D_{adj} 来测算三者的耦合协调度。计算公式如下:

$$D = \sqrt{C \times T}, \quad D_{adj} = \sqrt{C_{adj} \times T}$$

(三) 数据来源

笔者作为上海财经大学"千村调查"项目组成员前往安徽省桐城市调研了十个村庄,

共调查 200 户。剔除一户数据不完整的样本后,本文以 199 份有效入户问卷作为分析样本。

三、实证结果分析

(一)耦合协调度分析

我们参考廖重斌的分类方法,首先,对于协调度 D 和修正协调度 D_{adj},不难证明,$0 \leqslant D \leqslant 1$,$0 \leqslant D_{adj} \leqslant 1$,最大值即为最佳耦合状态,越小则越不耦合。本文设定如下耦合度的等级及其划分标准,如表 2 所示。

表 2　　　　　耦合协调发展的分类体系及判别标准

第一层次		第二层次		第三层次
	D	类　型	U_1,U_2,U_3 的关系	类　型
协调发展类	0.90~1.00	优质协调	$U_{i\min}=U_1$ $U_{i\min}=U_2$ $U_{i\min}=U_3$	优质协调类家庭资产滞后型 优质协调类乡村公共服务滞后型 优质协调类数字乡村滞后型
	0.80~0.89	良好协调	同上	良好协调类家庭资产滞后型 良好协调类乡村公共服务滞后型 良好协调类数字乡村滞后型
	0.70~0.79	中级协调	同上	中级协调类家庭资产滞后型 中级协调类乡村公共服务滞后型 中级协调类数字乡村滞后型
过渡类	0.60~0.69	初级协调	同上	初级协调类家庭资产滞后型 初级协调类乡村公共服务滞后型 初级协调类数字乡村滞后型
	0.50~0.59	勉强协调	同上	勉强协调类家庭资产滞后型 勉强协调类乡村公共服务滞后型 勉强协调类数字乡村滞后型
	0.40~0.49	濒临失调	同上	濒临失调类家庭资产滞后型 濒临失调类乡村公共服务滞后型 濒临失调类数字乡村滞后型
失调衰退类	0.30~0.39	轻度失调	同上	轻度失调类家庭资产滞后型 轻度失调类乡村公共服务滞后型 轻度失调类数字乡村滞后型
	0.20~0.29	中度失调	同上	中度失调类家庭资产滞后型 中度失调类乡村公共服务滞后型 中度失调类数字乡村滞后型

续　表

第一层次		第二层次		第三层次	
	D	类　型	U_1, U_2, U_3 的关系	类　型	
失调衰退类	0.10~0.19	严重失调	同上	严重失调类家庭资产滞后型 严重失调类乡村公共服务滞后型 严重失调类数字乡村滞后型	
	0~0.09	极度失调	同上	极度失调类家庭资产滞后型 极度失调类乡村公共服务滞后型 极度失调类数字乡村滞后型	

按照上文所给步骤及方法，我们测算出了所访问的199户村民的家庭资产、乡村公共服务、数字乡村三者间的耦合协调度。限于篇幅，我们仅展示对各类型样本数量的统计。如表3和表4所示。

表3　　　　　　　　　基于 D 的耦合协调发展类型统计

类　型	样本数量统计	占总样本比重
优质协调类家庭资产滞后型	0	0%
优质协调类乡村公共服务滞后型	0	0%
优质协调类数字乡村滞后型	0	0%
良好协调类家庭资产滞后型	1	0.5%
良好协调类乡村公共服务滞后型	0	0%
良好协调类数字乡村滞后型	1	0.5%
中级协调类家庭资产滞后型	18	9.05%
中级协调类乡村公共服务滞后型	0	0%
中级协调类数字乡村滞后型	0	0%
初级协调类家庭资产滞后型	43	21.61%
初级协调类乡村公共服务滞后型	3	1.51%
初级协调类数字乡村滞后型	1	0.5%
勉强协调类家庭资产滞后型	32	16.08%
勉强协调类乡村公共服务滞后型	1	0.5%

续 表

类　　型	样本数量统计	占总样本比重
勉强协调类数字乡村滞后型	20	10.05%
濒临失调类家庭资产滞后型	21	10.55%
濒临失调类乡村公共服务滞后型	1	0.5%
濒临失调类数字乡村滞后型	21	10.55%
轻度失调类家庭资产滞后型	9	4.52%
轻度失调类乡村公共服务滞后型	1	0.5%
轻度失调类数字乡村滞后型	20	10.05%
中度失调类家庭资产滞后型	0	0%
中度失调类乡村公共服务滞后型	0	0%
中度失调类数字乡村滞后型	5	2.51%
严重失调类家庭资产滞后型	0	0%
严重失调类乡村公共服务滞后型	0	0%
严重失调类数字乡村滞后型	1	0.5%
极度失调类家庭资产滞后型	0	0%
极度失调类乡村公共服务滞后型	0	0%
极度失调类数字乡村滞后型	0	0%

表 4　　基于 D_{adj} 的耦合协调发展类型统计

类　　型	样本数量统计	占总样本比重
优质协调类家庭资产滞后型	0	0%
优质协调类乡村公共服务滞后型	0	0%
优质协调类数字乡村滞后型	0	0%
良好协调类家庭资产滞后型	0	0%
良好协调类乡村公共服务滞后型	0	0%
良好协调类数字乡村滞后型	0	0%

续　表

类　型	样本数量统计	占总样本比重
中级协调类家庭资产滞后型	0	0%
中级协调类乡村公共服务滞后型	0	0%
中级协调类数字乡村滞后型	1	0.5%
初级协调类家庭资产滞后型	4	2.01%
初级协调类乡村公共服务滞后型	1	0.5%
初级协调类数字乡村滞后型	1	0.5%
勉强协调类家庭资产滞后型	44	22.11%
勉强协调类乡村公共服务滞后型	2	1.05%
勉强协调类数字乡村滞后型	1	0.5%
濒临失调类家庭资产滞后型	43	21.61%
濒临失调类乡村公共服务滞后型	2	1.01%
濒临失调类数字乡村滞后型	12	6.03%
轻度失调类家庭资产滞后型	30	15.08%
轻度失调类乡村公共服务滞后型	1	0.5%
轻度失调类数字乡村滞后型	31	15.58%
中度失调类家庭资产滞后型	3	1.51%
中度失调类乡村公共服务滞后型	0	0%
中度失调类数字乡村滞后型	21	10.55%
严重失调类家庭资产滞后型	0	0%
严重失调类乡村公共服务滞后型	0	0%
严重失调类数字乡村滞后型	2	1.01%
极度失调类家庭资产滞后型	0	0%
极度失调类乡村公共服务滞后型	0	0%
极度失调类数字乡村滞后型	0	0%

如上所示，可以明显看到，对于失调类的住户，数字乡村滞后的状况比较常见；对于协调类的住户，家庭资产滞后的状况比较常见。从总体看，受访户的家庭资产、受访村公共

服务、数字乡村三者间基本处于勉强协调与濒临失调之间。相比较于使用 D 测算，D_{adj} 的结论会使得三者间的协调程度进一步下降。

（二）异质性分析

为了进一步深入研究，我们考虑了干部身份与贫困户身份对这一协调度可能存在的影响。我们发现，"曾经是否是贫困户"和"家里是否由成员是村干部或政府干部"对协调度的确存在一定影响（如表5所示）。

表5 异质性分析

异 质 性	D 均值	D_{adj} 均值
家里有成员是村干部或政府干部	0.655 180	0.515 137
家里无成员是村干部或政府干部	0.496 892	0.395 063
曾经是贫困户	0.480 357	0.372 179
未曾是贫困户	0.545 387	0.433 982

如表5所示，可以明显发现，对于家庭中有成员是干部的，其协调度 D 比家庭中无成员是干部的要高大约 0.158 3，D_{adj} 高了大约 0.12。对于曾是贫困户的，其协调度 D 比未曾是贫困户的家庭要低约 0.065，D_{adj} 低大约 0.062。

由此，我们可以认为，干部家庭由于其自身文化水平较高等因素，可以更好地接受并使用数字化手段方便自己家庭的生活与增收，同时推进村庄公共服务的现代化。对于曾有贫困户经历的家庭，应当继续增强政策投入，鼓励其通过数字化手段进一步改善自身生活水平并参与村庄公共服务管理，以适应经济活动高度数字化的社会。

四、研究结论与发展对策

（一）结论

本文通过测算耦合协调度的指标，研究了家庭资产、受访村公共服务和数字乡村之间的关系。对于失调类农户，数字农村建设滞后的情况较为常见；而对于协调类农户，家庭资产积累滞后的情况更为普遍。整体而言，受访农户家庭资产积累、受访村庄公共服务建设和数字农村建设三者之间的协调程度基本处于勉强协调或濒临失调的状态。使用修正协调度进行计算，三者间的协调程度有进一步下降的趋势。

该结论表明，当前农村家庭资产积累、公共服务建设和数字化进程之间存在协同发展问题，三者之间的协同互动关系较为疏远，无法形成有效的正向互动。这可能导致农村社会可持续发展的内生动力不足，进而难以实现乡村振兴目标。

同时，异质性分析发现不同类型农户在数字化应用和资产积累方面存在明显差异。村干部家庭更擅长运用数字化手段，而贫困户则资产积累相对滞后。由于村干部家庭具有较高的文化素养与认知水平,因此他们更易于利用数字化手段改善家庭生活和增加收入,同时推动村庄公共服务现代化,达成良性循环。这表明数字农村建设有可能加剧贫富差距,不利于共同富裕。

而家庭资产积累与公共服务和数字化本应关系密切,计算结果显示受访村庄公共服务建设和数字农村建设三者之间的协调程度基本处于勉强协调或濒临失调的状态。这反映出当前发展机制存在系统性缺陷:

(1) 数字化进程与家庭资产积累之间缺乏正向互动,未能形成数字化促进资产增值、资产回流又促进数字化发展的良性循环。

(2) 公共服务建设同家庭资产和数字化之间也缺乏有机衔接,未能将公共资源转化为提升农户福祉的动力。

(3) 三者间均未建立良好信息共享与资源整合的协调联动机制,发展处于分割状态。

(二) 对策

针对上述结论中存在的问题,本文提出以下对策:

(1) 系统性地深入研究三者发展规律和互动机理,并针对性地完善政策,增强数字化、资产积累和公共服务建设之间的协同效应,打通发展堵点。政府应营造良好的制度环境,发挥政府对农村基础设施建设和公共服务的供给作用,鼓励社会资本通过 PPP 等模式广泛参与其中。同时推进农村基础设施和公共服务领域的立法工作,形成良好的政策环境。发挥政府在项目规划、资金筹措等方面的主导作用,并通过市场化手段广泛调动社会资本投入农村建设。以此建立农村家庭资产、公共服务和数字化发展之间的协调联动机制,形成资源共享、相互促进的良性循环。

(2) 结合精准识别贫困户信息的大数据平台,因户制宜制定政策,强对农村弱势群体的政策倾斜。通过技能培训等帮助贫困户掌握数字技能,使其享受数字化红利,避免数字鸿沟进一步扩大,实现精准扶贫。通过提高他们参与公共事务和使用数字工具的积极性,帮助他们走上富裕道路。同时,设立专项助农资金,通过提供小额信贷等方式,帮助贫困农户进行资产积累。这对缩小城乡差距和实现共同富裕具有重要意义。

(3) 构建适合中国国情的农村区域协同发展理论框架,为乡村振兴战略提供决策依据。在农村建立跨部门、跨区域的数字化联合服务平台,打通数据壁垒,实现家庭资产、公共服务和数字化发展中的信息资源共享,提高资源配置效率。并建立监测机制,及时通报协调发展存在的问题。

(4) 完善农村产权制度,充分调动农民主体地位,激发内生动力推进乡村发展。这要求我们进一步完善农村土地确权和承包经营权流转制度,保障农民对生产资料的控制力,并推广家庭农场和农民专业合作社等新型经营主体,培育现代农业生产经营模式。在此基础上加强农业科技创新与推广,发展特色产业,促进产业链上下游协同发展;加大科技和数字化人才支撑,培育新型农业经营主体,构建精细化、智能化的农业产业体系。

(5) 设立农村区域协同发展研究基地,联合高校、科研院所以及政府部门力量,开展大规模的案例调研和模型构建,形成系统化的协同发展理论框架,为国家乡村振兴战略提供决策支持。并定期发布研究报告,推动形成区域发展的良好范例。

综上所述,本文全面解析了家庭资产、乡村公共服务与数字乡村耦合协调发展,并从系统性、协同性等多个角度提出政策建议,为制定科学的乡村振兴战略提供了具有时效性的依据。本文分析结论综合运用定量和定性方法,强调多方合力推进乡村振兴,既要发挥政府作用,也要调动市场活力和社会参与,具有一定的科学性和指导意义。

参考文献

［1］HOU X，ZHANG D，FU L，et al. Spatio‐Temporal Evolution and Influencing Factors of Coupling Coordination Degree between Urban-Rural Integration and Digital Economy［J］. Sustainability，2023,15(12)：9718.

［2］MAN J，LIU J，CUI B，et al. Coupling and Coordination between Digital Economy and Urban-Rural Integration in China［J］. Sustainability，2023,15(9)：7299.

［3］SHU H，ZHAN L，LIN X，et al. Coordination Measure for Coupling System of Digital Economy and Rural Logistics：An Evidence from China.［J］. PLoS ONE，2023,17(4)：1-25.

［4］SUN Y，ZHAO Z，LI M. Coordination of Agricultural Informatization and Agricultural Economy Development：A Panel Data Analysis from Shandong Province，China.［J］. PLoS ONE，2022，17(9)：1-20.

［5］WANG H，TANG Y. Spatiotemporal Distribution and Influencing Factors of Coupling Coordination between Digital Village and Green and High-Quality Agricultural Development—Evidence from China［J］. Sustainability，2023,15(10)：8079.

［6］WANG Y，HUANG Y，ZHANG Y. Coupling and Coordinated Development of Digital Economy and Rural Revitalisation and Analysis of Influencing Factors［J］. Sustainability，2023,15(4)：3779.

［7］ZHANG C，ZHANG Y，LI Y，et al. Coupling Coordination between Fintech and Digital Villages：Mechanism，Spatiotemporal Evolution and Driving Factors—An Empirical Study Based on China［J］. Sustainability，2023,15(10)：8265.

［8］王淑佳.国内耦合协调度模型的误区及修正［J］.自然资源学报.2021.36(03)：793-810.

［9］廖重斌.环境与经济协调发展的定量评判及其分类体系——以珠江三角洲城市群为例［J］.热带地理.1999(02)：76-82.

［10］王资程,于小兵,吴雪婧.经济发展水平对数字经济与乡村振兴耦合协调度的影响［J］.统计与决策,2023(14)：27-32.

［11］谭燕芝,李云仲,叶程芳.省域数字普惠金融与乡村振兴评价及其耦合协同分析［J］.经济地理,2021,41(12)：187-195.

［12］姚毓春,张嘉实.数字经济与城乡融合发展耦合协调的测度与评价研究［J］.兰州大学学报(社会科学版),2023,51(01)：54-67.

［13］张旺,白永秀.数字经济与乡村振兴耦合的理论构建、实证分析及优化路径［J］.中国软科学,2022(01)：132-146.

［14］李燕凌,温馨,高维新.数字乡村与乡村振兴耦合协调发展的时序适配性分析［J］.农业经济与管理,2022(04)：1-12.

[15]邓熙舜,罗利平,蒋勇.数字乡村与乡村振兴耦合协调及其障碍因子研究[J].世界农业,2023(06):93-108.

[16]王恒,方兰.中国农业数字化与绿色化时空耦合协调关系及驱动力分析[J].长江流域资源与环境,2023,32(04):868-882.

基层数字化治理对乡村精神文明建设的影响
——基于村风民俗角度

卢星雨[①] 夏树清[②] 谢立成[③]

摘 要：乡村精神文明建设是美好乡村建设的重要内容，也是实现共同富裕的必然要求。为了进一步了解基层数字化治理对乡村精神文明建设的影响，本文基于上海财经大学2023年千村调查安庆市桐城市定点调查实地调研数据，采用实证分析的方法考察了基层数字化治理对村风民俗的影响。研究发现：以"村官微"为代表的基层数字应用平台有助于规范村风民俗，加强乡村精神文明建设。该结论经过替换被解释变量以及更换计量模型后的一系列稳健性检验后依旧成立。在异质性分析部分，通过区分乡村特点以及村民个体特点发现在拥有较高数字素养的个体、高素质的村委领导团体，以及低收入、低教育水平的乡村中这一效应更加显著。本文为数字技术在基层治理中的效应提供了经验证据，从而为推进乡村振兴、缩小城乡差距提出了针对性建议。

关键词：基层治理 数字化应用 乡村精神文明 村风民俗

一、引 言

实现共同富裕是社会主义的本质要求，是中国共产党以人民为中心宗旨的体现，也是实现中国式现代化的必然要求。2021年，我国完成了脱贫攻坚艰巨任务，又顺势提出了乡村振兴这一重大战略，事实上，全面推进乡村振兴和推动共同富裕，在本质上是有机统一、紧密结合的。近年来，随着新一轮科技革命席卷全球，数字化技术也逐渐在我国实现普及。习近平总书记指出，运用大数据提高国家治理现代化水平。根据《中共中央国务院关于加强基层治理体系和治理能力现代化建设的意见》，基层治理是国家治理的基石，是实现国家治理体系和治理能力现代化的基础工程。如何更好地将数字化技术服务于乡村振兴事业，尤其是提升整体乡村精神文明建设成为研究的热点。

乡村文明是乡村社会发展水平与状态的外显，在规范人们行为、维护乡村秩序中起着不

---

① 卢星雨，上海财经大学商学院2021级世界经济学专业硕博连读生。
② 夏树清，上海财经大学经济学院2022级经济学专业本科生。
③ 谢立成，上海财经大学公共经济与管理学院2022级财政学专业博士研究生。

可替代的作用(唐兴军和李定国,2019)。而一个良好的乡村风貌与基层的治理水平有着密不可分的关系(蔡文成,2018)。我国乡村治理还面临着基层组织涣散、村民参与不足、服务效能不高、不良风气盛行、治理决策科学性待提升等问题(秦中春,2020),而造成这一治理困境的关键在于缺乏有效的治理工具与手段。大数据等数字化技术作为促进社会治理现代化和精细化的重要手段得到了社会各界的广泛关注,为乡村"治理有效"的目标实现提供了重要驱动力(戴长征和鲍静,2017)。放眼全球,世界各国也在通过数字化政府服务平台的建设,突破公共治理面临的瓶颈和难题,意在为实现乡村和谐,经济发展创造更多价值(Carlos Santiso,2022)。

然而,中国农业农村信息化发展水平相对较低,整体进展和成效还有待进一步加强,农业农村信息化发展不平衡不充分的问题较为突出,城乡数字经济"接入鸿沟"(王胜等,2021;Sun and Wang,2005)、"应用鸿沟"(张蕴萍和栾菁,2022)依然显著存在,各行业各领域各环节各地区间的发展差距相对较大(陈文和吴赢,2021;Agrawal and Shybalkina,2023)。即使是发达国家,城乡间、高低收入群体间数字接入与使用程度差异问题依然未得到妥善解决(Reddick et al.,2020;Salemink et al.,2017),进一步挤压农村地区创新空间,加剧高素质人才的外流(Bowen and Morris,2019)。在这种情况下,农村的数字化治理就面临着无法满足治理需要的问题,限制于传统信息传递方式的局限性,这有可能会导致农村村民与当代社会主义思想文化脱节,阻碍乡村精神文明建设的进程(王胜等,2021)。在基层治理过程中,必不可少的组织团体是村(居)民委员会,其在村民自治、农业发展和民主监督方面的作用得到了学者的广泛研究与认同(罗猛,2005;孙宪忠,2016)。同理,在数字技术的应用方面,村(居)委员会也是发挥着不可替代的先驱作用。尤其是体现在乡村的日常治理中。随着通信技术在乡村的普及,村委会越来越不局限于日常的广播通知,更多的是选择以微信公众号的推文宣传,电子媒介取代了传统的纸质媒介,在降低村集体宣传成本的同时,也提高了效率。

结合现有的文献研究来看,在乡村的数字化技术应用场景中,基层治理是一个较为常见应用。但是,总的来看,现有的文献多数文献从农业数字化角度出发,探讨数字化技术对农村带来的生产力和经济发展模式的积极影响(阮俊虎等,2020;刘海启,2019;殷浩栋等,2020)进步,对数字化技术的其他乡村建设应用尤其是乡村文明建设的探究文献较少,缺乏其在乡村文明建设治理方面的深入研究与讨论细致全面的阐述。鉴于此,本文将系统描述数字化技术在乡村治理中的应用场景,并进一步讨论当前乡村数字化治理对乡村精神文明的影响,从不同角度探究其异质性,以求进一步完善和发展乡村数字化治理面临的困难和挑战,从而为推进乡村振兴、实现中国式现代化做出有益借鉴。

本文基于上海财经大学的千村调查安庆市桐城市定点调查实地调研数据,在广泛查阅相关文献资料和筛选数据的基础上,选取相关指标,研究基层数字化应用对于乡村精神文明建设的影响。在理论分析的基础上,进行相关的计量模型回归分析。本文研究发现,以"村官微"为代表的基层数字技术应用平台更新与推送有助于规范村风民俗,加强乡村的精神文明建设。该结论经过替换被解释变量以及更换计量模型等一系列稳健性检验后依旧成立。在异质性分析部分,本文按照乡村层面的特点以及村民个体的特点进行了探讨,回归的结果表明,基层的数字技术对乡村精神文明的影响在拥有较高数字素养的个体、高素质的村委领导团体,以及低收入、低教育水平的乡村中更加显著。

本文可能存在的贡献:(1)在数据来源方面,本文的数据源于上海财经大学"千村调查"安徽省桐城市定点入户调研数据,数据为小组成员亲身访谈询问村民以及村委会人员,数据具有极高的可信度。(2)在研究视角上,本文基于基层治理的数字化应用探讨其对乡村精神文明建设的影响,丰富了现有的文献。(3)在研究方法上,立足于实地调研数据,本文采用数据分析法和文献分析法,从定性与定量相结合的角度进行探究,且在后续进行了稳健性检验以及异质性分析,在此基础上得到本文的结论以及由此提出具有针对性的建议。

本文的后续结构安排如下:第二部分为调研基本概况,主要是介绍调研村庄的基本信息和调研问卷的发放情况;第三部分为样本介绍与变量定义,主要是介绍样本的选取和说明变量及描述性统计;第四部分为研究设计与实证分析,主要是介绍构造的回归模型并验证结果;第五部分为结论与政策建议,主要是得出结论并根据所得出的结论提出相关建议。

二、调研基本状况

(一)调研情况概述

本次千村调查,作者前往安徽省安庆市桐城市,开展以"数字技术赋能乡村振兴"为主题的调研活动。大兴调研之风,用脚步丈量祖国大地,本次调研聚焦于产业兴旺、生活富裕与生态宜居、乡风文明、治理有效等乡村振兴模块和数字乡村治理、数字金融、数字素养等数字技术赋能乡村模块,通过对村委和村民的一对一走访,观察乡村振兴战略实施以来发生的巨大改变和数字乡村的崭新面貌。此次共走访调研了十个村庄,包括桐城市范岗镇杨安村、万元村、棋盘岭村、新渡镇老梅村、永久村、徐河村、嬉子湖镇蟠龙村、唐湾镇蒋潭村、唐湾村。每个村庄分别发放了20份入户问卷和1份入村问卷,共计发放入户问卷200份,入村问卷10份,全部有效填写,相关数据得到充分整理统计。

(二)调研村基本情况概述

本文的重点是问卷的数字技术使用模块,通过对问卷中对数字技术使用情况的分析,探究数字技术在乡村基层治理中发挥的关键作用。基于此,本文对选取样本的基本信息进行了汇总统计,包括受访者性别、年龄、家庭收入、是否经常使用电脑,每天使用手机时长等个人与家庭信息(详见表1)。可以看出,受访者年龄多在50岁以上,收入大多在10万元以下,使用电脑的较少但大部分会使用手机,使用时长大多集中在3小时左右。

表1　　　　　　　　　　　桐城入户问卷样本统计

受访者性别	样本数	百分比(%)
女	76	38
男	124	62

续　表

受访者性别	样本数	百分比(%)
合计	200	100
受访者年龄		
20岁及以下	3	1.5
21～30岁	12	6
31～40岁	30	15
41～50岁	38	19
51～60岁	69	34.5
61岁及以上	48	24
合计	200	100
受访者家庭收入		
5万以下	60	30
5万～10万	61	30.5
10万～20万	55	27.5
20万～30万	17	8.5
30万以上	7	3.5
合计	200	100
是否经常使用电脑		
是	66	33
否	134	67
合计	200	100
使用手机时长		
大于等于8小时	21	10.5
5～7小时	30	15
2～4小时	91	45.5

续　表

受访者性别	样本数	百分比(%)
小于等于1小时	36	18
不使用	22	11
合计	200	100

根据调查结果,调研对象中有超过1/3的是50~60岁,只有不到1/10的是在30岁以下,且根据入村问卷统计显示,调研地区约五成常住人口超过60岁,体现出当前乡村严重的老龄化与青壮年劳动力流失现象。但在智能手机使用方面,超九成村民表示经常使用手机,且老龄化并没有明显阻碍调研对象手机的熟练使用,也没有降低村民家庭宽带接入程度,这意味着"接入鸿沟"已不是调研村庄发展数字经济的主要障碍,也为数字平台在基层治理中发挥作用提供可能性。此外,在家庭收入方面,符合正态分布,且平均数在13万元左右,平均至家庭里3~5名成员,每人大概在3.5万元左右,略高于2022年安徽省人均可支配收入的3.27万元,符合实际情况。由此可见,样本各项数据反映情况真实,具有一定的典型性和代表性(详见表2)。

表2　　　　　　　　　　　桐城入村问卷样本统计

村庄名	常住人口	60岁以上常住人口占比	人均年收入	"村官微"更新频率	村两委人数	村两委平均年龄	村两委本科及以上学历占比
棋盘岭村	1 200	37.50%	25 000	每周	6	50.5	50.00%
唐湾村	865	47.98%	25 000	每周	5	41	0.00%
蒋潭村	800	43.75%	15 000	每天	6	38	0.00%
蟠龙村	960	52.08%	23 000	每周	6	35	33.33%
徐河村	1 500	36.60%	25 000	每周	6	35	50.00%
云水村	1 028	75.88%	17 000	每月	6	36	16.67%
永久村	2 000	33.00%	13 700	每天	6	37	33.33%
老梅村	1 200	50.00%	14 000	每天	4	29	50.00%
万元村	1 263	47.51%	16 500	每周	8	36	25.00%
杨安村	2 900	34.00%	22 000	每月	8	34	25.00%

从村落来看，目前农村部分陋习虽然得到一定缓解和改善，但仍然有包括人情份子钱过重、宴席铺张浪费的现象存在，这说明新时代乡风文明建设任重而道远。而社交媒体平台（如微博、微信）大部分能做到一周一到两次的信息更新频率，并且每个村庄都完善了本村的信息平台，在信息平台上及时公布乡村政策和村内重要事项，提高村落财务状况信息透明度，使乡村治理向更加高效、透明、便民的方向发展。

三、样本介绍与变量定义

（一）数据与样本来源

为了探究村民委员会数字平台宣传对村民感知的乡村精神文明的影响，本文根据户主所在村庄名称，将上文所提及的安徽省桐城市各村的入村问卷以及对应的入户问卷数据相匹配，构造成样本量为200份的截面数据。

（二）变量说明与描述性统计

本文在相关研究的基础上，结合调研实践，将影响乡风民俗和乡村治理的因素划分为个人特征、家庭特征、村庄特征三大方面。其中个人特质包括村民以及村委会受访者的性别、年龄、受教育水平、收入状况、是否使用过电脑、是不是党员等具体指标；家庭特征具体包括健康状况、家庭年收入、是不是干部家庭、是否曾是贫困户家庭、子女教育状况等；村庄特征则选取村庄地形、在该市的经济地位和是不是脱贫村指标。具体变量说明与描述性统计结果见表3。

表3　　　　　　　　　　变量说明与描述性统计

变　量	变量说明	样本量	均值	方差	最小值	最大值
因变量						
是否有不良风气	访谈对象认为村中存在不良风气=1,不存在=0	200	0.245	0.431	0	1
封建迷信	访谈对象认为村中存在封建迷信问题=1,不存在=0	200	0.0350	0.184	0	1
重男轻女是否严重	访谈对象认为村中重男轻女现象严重=1,反之=0	200	0.0300	0.171	0	1
自变量						
"村官微"更新频率水平	本村官方微博、微信群内容更新频率，每天更新=4,每周更新=3,每月更新=2,每年更新=1	200	3.100	0.702	2	4
控制变量						

续 表

变　　量	变量说明	样本量	均值	方差	最小值	最大值
个人特征						
性别	男＝1,女＝0	200	0.620	0.487	0	1
年龄	单位：岁	200	51.53	13.69	18	85
教育程度	小学以下＝1,小学毕业＝2,初中/中专毕业＝3,高中/职高毕业＝4,大专毕业＝5,本科及以上＝6	200	3.260	1.346	1	6
月收入	受访者上一年月平均收入,单位:元	200	5 781	13 123	0	150 000
是否经常使用电脑	是＝1,否＝0	200	0.325	0.470	0	1
是否中共党员	党员或预备党员＝1,反之＝0	200	0.310	0.464	0	1
家庭特征						
家人是否健康	过去一年家中无人生病或受伤＝1,反之＝0	200	0.660	0.475	0	1
家庭总收入	过去一年家庭总收入,单位：元	200	116 440	110 295	0	800 000
是不是干部家庭	家中有成员是或曾经是村干部或国家干部	200	0.235	0.425	0	1
是否曾是贫困户家庭	是＝1,否＝0	200	0.170	0.377	0	1
家里是否有孩子上学	是＝1,否＝0	200	0.560	0.498	0	1
村庄特征						
村庄是不是平原或丘陵	村庄的地势为平原或丘陵＝1,山地＝0	200	0.900	0.301	0	1
该村经济地位	本村经济发达程度居所在县/区(县级市)水平,下等＝1,中下等＝2,中等＝3,中上等＝4,上等＝5	200	3.400	0.919	2	5
是否当地脱贫村	是＝1,否＝0	200	0.300	0.459	0	1

四、研究设计与实证分析

（一）模型构造

为了探究政府的数字化治理，尤其是在数字化平台宣传方面的努力是否对村风民俗产生影响，本文采用最小二乘法构造如下回归模型：

$$Y_{i,c} = \alpha_1 Digital\ Governance_c + Person\ Controls_i + Family\ Controls_i + Village\ Controls_c + U_{i,c}$$

其中下标 i 表示受访者，c 表示村庄。因变量 $Y_{i,c}$ 是一个 0~1 的变量，1 表示受访者认为所在村庄存在不良风俗，否则为 0，反映了该村的乡风文明程度。关键自变量"村官微"更新频率水平是一个分级变量，数值越大表明更新频率越高，该变量衡量了村委会在数据治理方面的努力程度。为了排除个人因素、家庭背景和村庄情况的干扰，我们进一步加入了如下控制变量：个人年龄、教育程度、月平均收入、性别、电脑使用状况、是不是党员、家庭总收入、家庭健康状况、子女教育情况、是不是干部家庭、是否曾是贫困户家庭、村庄经济水平、村庄是不是脱贫村、村庄地形特征，并在村庄层面控制聚类方差。

本文关注的是变量"村官微"更新频率水平前系数 α_1，该系数显著为负表示"村官微"更新数字平台内容越频繁，越有助于该村的乡风文明治理；显著为正则表示数字平台宣发反而助长了村内的不良风气；不显著则表明数字平台的宣传并不能对社会风气产生明显影响。

（二）基准回归结果

表 4 报告了村官方数字平台内容更新频率水平对村风影响的回归结果。第（1）列仅加入关键变量，我们发现关键变量前系数为负，但该效应在统计学上并不显著。第（2）至第（5）列分别加入个人层面、家庭层面、村庄层面控制变量，关键变量前系数依然为负数，且在控制村庄层面控制变量后，该系数在 10% 的水平上显著。第（5）列同时加入所有控制变量，关键变量前系数在 5% 的水平上显著为负，意味着村官方数字平台频繁更新内容有助于降低村内不良风气，村委会的数字化治理在乡风文明建设方面发挥了作用。今后村委会可以加强数字平台的宣传与教育，充分发挥其低的成本和高效率，以数字经济赋能乡村治理，指导农村地区精神文明建设。

表 4 基准回归

变量	是否有不良风气				
	（1）	（2）	（3）	（4）	（5）
"村官微"更新频率水平	−0.060 2 (0.084)	−0.066 8 (0.080)	−0.041 1 (0.078)	−0.091 7* (0.043)	−0.086 1** (0.030)
年龄		−0.000 3 (0.002)			0.001 2 (0.002)

续　表

变　量	是否有不良风气				
	(1)	(2)	(3)	(4)	(5)
教育程度		−0.040 0 (0.037)			−0.029 6 (0.033)
月收入		0.000 0 (0.000)			0.000 0 (0.000)
性别		0.030 6 (0.030)			−0.013 7 (0.043)
是否经常使用电脑		0.108 6 (0.084)			0.211 1** (0.069)
是否中共党员		0.101 9 (0.071)			0.131 0* (0.067)
家庭总收入			−0.000 0*** (0.000)		−0.000 0*** (0.000)
家人是否健康			−0.060 6 (0.057)		−0.060 8 (0.061)
家里是否有孩子上学			0.101 4* (0.051)		0.081 7 (0.057)
是不是干部家庭			−0.021 7 (0.111)		−0.128 8 (0.116)
是否曾是贫困户家庭			−0.153 7** (0.049)		−0.109 6 (0.069)
该村经济地位				−0.106 4*** (0.030)	−0.105 9*** (0.025)
是否当地脱贫村				−0.006 7 (0.097)	−0.015 5 (0.083)
村庄是否平原或丘陵				0.102 3 (0.090)	0.065 4 (0.081)
常数项	0.431 6 (0.285)	0.504 3 (0.353)	0.469 6 (0.260)	0.801 2*** (0.137)	0.897 1*** (0.230)
观测值	200	200	200	200	200
R^2	0.010	0.033	0.070	0.060	0.162

注：表格中括号里汇报标准差，并在村庄层面控制聚类方差；*** 表示在1%的显著性水平下显著，** 表示在5%的显著性水平下显著，* 表示在10%的显著性水平下显著。

(三) 稳健性检验

为了检验本文基本结果的稳健性,本小节首先更换乡村文明的衡量指标,再更换回归模型,对基准回归结论进行稳健性验证,并将结果展示在表5中。

表5的第(1)、第(2)列的检验思路分别是改变乡风文明衡量指标,分别以"是否存在封建迷信""重男轻女观念是否严重"为因变量,采用(1)式的方程进行回归。根据回归结果可以发现,关键变量的系数依然在5%的水平上负向显著,证实了村两委数字平台宣传治理在破除封建迷信、促进男女平等思想方面的积极作用。由于基准回归的线性概率模型的局限,本文分别采用 Logit 和 Probit 模型进行替换,并将结果展示于表5的第(3)至(4)列。结果表明,变量"村官微"更新频率水平前系数依然在5%的水平显著为负,进一步对基准回归的结论进行验证。

表5　　　　　　　　　　　稳健性检验

变　量	(1)	(2)	(3)	(4)
	更换因变量		更换模型	
	封建迷信	重男轻女严重	Logit	Probit
"村官微"更新频率水平	−0.076 7*** (0.013)	−0.021 3** (0.009)	−0.385 9** (0.171)	−0.242 8** (0.103)
常数项	0.381 7*** (0.097)	0.240 6*** (0.064)	2.504 0* (1.474)	1.483 0* (0.887)
个人控制变量	是	是	是	是
家庭控制变量	是	是	是	是
村庄控制变量	是	是	是	是
观测值	200	200	200	200
R^2	0.153	0.076		
Pseudo R^2			0.160	0.160

注:表格中括号里汇报标准差,并在村庄层面控制聚类方差;*** 表示在1%的显著性水平下显著,** 表示在5%的显著性水平下显著,* 表示在10%的显著性水平下显著。

(四) 异质性分析

基准回归部分发现"村官微"更新频率越高,越有利于降低该地区的不良风气,提高乡村的整体精神文明风貌。但不同的居民特点差异,将影响村委会基层数字化治理的效果。为此,我们需要进一步加以探究。本节作者选取村民个人层面的数字素养,村委会治理特征,乡村教育状况与乡村的富裕程度四个方面特征,对基层数字化治理下乡村精神文明建设的异质性效果予以探究。其中异质性选用的代理变量分别涉及以下的问卷内容。

1. 村民个人的数字素养

结合问卷内容,本文以"是否使用移动设备学习""是否使用移动设备观看新闻""是否使用手机超过 2 小时"等问题来衡量村民个体的数字化素养。将各代理变量与"村官微"更新频率水平的交互项加入基准回归模型中,最终回归结果分别显示于表 6 的第(1)至(3)列。

表 6 显示,三个变量交叉项的系数均显著为负,表明"村官微"频繁更新,主要通过影响数字化素养比较高的村民,以减轻村民感知到的不良风气的程度,达成提升乡村文明程度的结果。这可能是因为村民数字素养高的人对"村官微"的更新更加敏感,更容易受到"村官微"推送的影响,在文化潜移默化的作用中,会注重提升自身的言行与行为规范,从而降低乡村整体的不良风气氛围。

表 6　　　　　　　　　　异质性分析——村民个人的数字素养

变　量	(1) 是否有不良风气	(2) 是否有不良风气	(3) 是否有不良风气
"村官微"更新频率水平	−0.060 4 (0.041)	−0.001 3 (0.064)	−0.005 5 (0.052)
是否使用移动设备学习×"村官微"更新频率水平	−0.222 0* (0.116)		
是否使用移动设备学习	0.539 7 (0.441)		
是否使用移动设备观看新闻×"村官微"更新频率水平		−0.148 4* (0.072)	
是否使用移动设备观看新闻		0.425 5* (0.227)	
是否使用手机超过 2 小时×"村官微"更新频率水平			−0.112 4* (0.056)
是否使用手机超过 2 小时			0.434 9* (0.203)
常数项	0.808 9** (0.254)	0.705 7** (0.257)	0.563 4* (0.279)
个人控制变量	是	是	是
家庭控制变量	是	是	是
村庄控制变量	是	是	是

续　表

变　量	(1) 是否有不良风气	(2) 是否有不良风气	(3) 是否有不良风气
观测值	200	200	200
R^2	0.186	0.177	0.175

注：表格中括号里汇报标准差，并在村庄层面控制聚类方差；*** 表示在1％的显著性水平下显著，** 表示在5％的显著性水平下显著，* 表示在10％的显著性水平下显著。

2. 村委会与治理特质

村委会在乡村建设中起到了重要的引领作用，我们推测基层治理组织的数字化应用程度以及教育水平，都对村中的精神文明建设以及风俗人情起到了重要的引导和宣传作用。为此需要进一步分类探讨与考察。考虑到问卷的问题设置，本文依次选用了入村问卷中的村支书微信群数量以及村两委中学历层次指标作为村委会治理特质的代理变量。

(1) 村支书数字化办公程度

村委会领导集体的数字化程度在极大程度上影响着村民数字应用水平水平，因此我们从村两委中的一把手，即村支书的角度数字应用程度，考察村委会治理的作用。我们以村支书微信群数量衡量村支书的数字治理热情，将微信群数量高于样本均值的村庄视为村支书数字化办公程度较高的村庄，据此进行分组回归，得到如表7所示的结果。

表7结果显示，在村支书数字化办公水平较高的组别，关键变量前系数在10％的水平显著为负，然而在村支书数字化办公水平较高的组别，关键变量前系数不显著。这表示如果乡村的村支书具有较高数字办公素养，官方微信微博平台的经常更新可以降低村民对不良风气的感知程度。上述现象可能被解释为村支书享受到了数字化应用带来的便利，提升了村务工作中的数字化使用频率，并鼓励更多的村委会组织者以及村民就会参与其中，积极发布以及关注相关精神文明宣传内容，最终取得乡风文明治理结果。

表7　　　　　　　　异质性分析——村支书数字化办公程度

变　量	(1) 村支书数字化办公程度高	(2) 村支书数字化办公程度低
"村官微"更新频率水平	−0.123 8* (0.047)	−0.088 3 (0.046)
常数项	0.973 1*** (0.153)	1.131 3** (0.310)
个人控制变量	是	是
家庭控制变量	是	是

续 表

变 量	(1) 村支书数字化办公程度高	(2) 村支书数字化办公程度低
村庄控制变量	是	是
观测值	80	120
R^2	0.196	0.215

注：表格中括号里汇报标准差，并在村庄层面控制聚类方差；＊＊＊表示在1%的显著性水平下显著，＊＊表示在5%的显著性水平下显著，＊表示在10%的显著性水平下显著。

(2) 村两委学历层次

除了村委会的数字应用程度外，村两委的学历层次也是决定村集体建设的重要因素。人力资本理论认为，随着参与者素质的提高，会更加有助于提高其对新事物的敏感度和应用推广度。为此，我们将村两委中本科及以上人员占比高于样本均值的村庄视为高学历两委村庄，进行分组回归，得到如表8所示的结果。

表8结果表明：领导团队里高素质人才越多的村庄，官方微信微博平台的经常更新无法明显降低村民对不良风气的感知程度；但领导团队高学历人员占比较低的村庄，经常更新官微内容可以有效发挥降低村民对不良风气感知程度的作用。这说明精神文明建设相关推文的宣传有利于发挥其引导和带动作用，有助于提升低文化程度所在乡村的精神文明面貌。

表8　　　　　　　　　　异质性分析——村支书学历高低

变 量	(1) 高学历领导团队村庄	(2) 非高学历领导团队村庄
"村官微"更新频率水平	0.014 7 (0.054)	−0.048 7＊＊ (0.015)
常数项	1.057 2＊＊＊ (0.185)	0.640 4 (0.405)
个人控制变量	是	是
家庭控制变量	是	是
村庄控制变量	是	是
观测值	100	100
R^2	0.229	0.245

注：表格中括号里汇报标准差，并在村庄层面控制聚类方差；＊＊＊表示在1%的显著性水平下显著，＊＊表示在5%的显著性水平下显著，＊表示在10%的显著性水平下显著。

3. 乡村教育状况

前文考虑了村民个人数字素养和村委会的治理特征的影响,但除了村委会成员的组织和领导外,村民的教育水平也影响了乡村数字应用的普及度和精神文明风貌。高素质的村民,一方面对新事物的接受程度比较高,会更多的关注微信公众号等消息;另外一方面,其本身就具有一定的良好行为规范以及道德约束,通过自身思想以及行为模式影响到周围其他村民的行为规范。故本文以村庄常住人口中高中及以上学历占比是否高于样本均值,将村庄分为高人才比例和低人才比例两组进行分组回归,得到表9的回归结果。

根据表9的结果,我们可以发现在村民学历较高的村庄里,增加"村官微"更新频率对村内的不良风气的影响程度不明显;但是在高学历人才占比较少的村里,村委会的经常宣传可以有效发挥风俗治理,提高乡村精神文明的作用。这可能是因为高学历人才的素质普遍较高,且自身具有良好的道德规范,故村委会的宣传在低人才占比的乡村更为明显。

表9　　　　　　　　　　　异质性分析——村民学历高低程度

变　　量	（1）高人才比例村庄	（2）低人才比例村庄
"村官微"更新频率水平	0.014 7 (0.054)	−0.048 7** (0.015)
常数项	1.057 2*** (0.185)	0.640 4 (0.405)
个人控制变量	是	是
家庭控制变量	是	是
村庄控制变量	是	是
观测值	100	100
R^2	0.229	0.245

注：表格中括号里汇报标准差,并在村庄层面控制聚类方差；*** 表示在1%的显著性水平下显著,** 表示在5%的显著性水平下显著,* 表示在10%的显著性水平下显著。

4. 村庄贫富程度

乡村收入的高低影响了当地村民的首要追求。根据马斯洛的需求层次结构理论,人们需要动力实现某些需要,在不同的阶段,有些需求优先于其他需求。我们认为如果当地村民存在衣食等基本诉求难以满足的情况,则村民自身精神文明以及地方不良风气的改变存在一定的难度,需要更大程度借用相关数字平台进行乡村文明宣传;反之,如果当地整体收入比较高,村民在满足基本衣食诉求之后,会更加注重精神文明的提高,从而"村官微"宣传带来的效果影响较小。为此,有必要考虑乡村贫富状况的异质性影响。接下来,我们选用问卷中的是否属于脱贫村指标,以及上一年各村人均收入的高低来进行分组回归分析。

首先,我们根据是不是当地脱贫村对样本进行分组,得到表 8 所示的结果。表 10 的结果发现,在脱贫县中,"村官微"的频繁宣传可以有效发挥村风治理作用。这在一定程度上可以理解为在前期脱贫攻坚决策中,虽然各村实现了绝对贫困的消除,但相应的村民的部分落后观念并没有同步提升,因此"村官微"的频繁宣传可以起到一定的治理作用。

表 10　　　　　　　　　异质性分析——是否属于脱贫村

变　　量	(1) 当地脱贫村	(2) 非当地脱贫村
"村官微"更新频率水平	−0.107 8** (0.015)	−0.056 5 (0.036)
常数项	1.085 5* (0.333)	0.885 6** (0.292)
个人控制变量	是	是
家庭控制变量	是	是
村庄控制变量	是	是
观测值	60	140
R^2	0.269	0.192

注:表格中括号里汇报标准差,并在村庄层面控制聚类方差;*** 表示在 1% 的显著性水平下显著,** 表示在 5% 的显著性水平下显著,* 表示在 10% 的显著性水平下显著。

为了进一步验证收入带来的异质性,我们根据入村问卷中上一年各村人均纯收入是否高于均值,将样本分为高人均收入村庄和低人均收入村庄两组,进行分组回归。得到表 11 的回归结果。

表 11 的回归结果显示村委会官方微博频繁更新助力乡村精神文明建设的效应在高收入乡村中不明显,反而在低收入乡村较为明显,这与我们的预期假设一致。表明基层数字治理在低收入的村庄更能发挥对不良风气的规范作用。

表 11　　　　　　　　　异质性分析——人均收入高低

变　　量	(1) 高人均收入村庄	(2) 低人均收入村庄
"村官微"更新频率水平	−0.097 1 (0.046)	−0.093 1** (0.031)

续 表

变　　量	（1）高人均收入村庄	（2）低人均收入村庄
常数项	0.649 1 (0.432)	1.046 4** (0.266)
个人控制变量	是	是
家庭控制变量	是	是
村庄控制变量	是	是
观测值	100	100
R^2	0.195	0.240

注：表格中括号里汇报标准差，并在村庄层面控制聚类方差；*** 表示在1%的显著性水平下显著，** 表示在5%的显著性水平下显著，* 表示在10%的显著性水平下显著。

综合以上异质性分析部分的结果，我们发现"村官微"的更新频率对乡村不良风气的影响在乡村和村民个体层面存在较大的异质性。具体来看，主要体现在拥有较高数字素养的个体中。在乡村层面，该效应更加明显体现在具有高素质的村委领导团体，以及低收入、低教育水平的乡村中。这说明基层数字技术的应用具有引导和规范乡村精神文明创建的作用，有助于提高基层治理效果，建设美丽乡村。

五、结论与政策建议

本文利用2023年上海财经大学千村调查的入村和入户数据，采用定量与定性相结合的方法，研究了基层治理的数字化技术应用对于乡村精神文明建设的影响。文章的数据来源于本次的入户问卷和入村问卷。经过一系列探讨，研究发现，"村官微"的更新与推送有助于规范村规民俗，提高乡村的精神文明面貌。该结论经过一列的稳健性检验后依旧成立。在异质性分析部分，本文按照乡村层面的特点以及村民个体的特点进行了探讨，回归的结果表明，基层的数字技术对乡村精神文明的影响在拥有较高数字素养的个体、高素质的村委领导团体，以及低收入、低教育水平的乡村中更加显著。

据此，本文提出以下相关建议：

（1）创新多种方式，利用数字技术加强基层的党建宣传工作，移风易俗，提高乡村的整体精神文明面貌。根据基准回归部分的结果可以发现，"村官微"的推送有助于提高乡村的精神文明，这不仅仅归功于村委会的积极宣传，而且得益于微信等数字宣传平台。因此，对于基层治理单位，尤其是村（居）委会来说，积极利用相关数字平台进行党建宣传，有助于丰富基层宣传方式，增加受众覆盖面，进一步移风易俗，促进乡村精神文明建设。

（2）发挥村委会模范带头示范作用。从异质性分析部分，可以看出村委会数字化办公水平越高，对乡村精神文明建设的影响就越发显著。这在一定程度上可以理解为村委会成员是村民日常最接近的主体，其对数字技术的宣传与推广更容易被村民接受与应用。同时，村委会成员对数字技术的接受与应用程度直接影响了"村官微"的推送内容与推送频率，反之，也进一步规范了村风民俗和促进了乡村的精神文明建设。

（3）发挥数字技术在乡村振兴中的作用，增加居民收入。数字技术的应用不仅可以改变乡村的精神文明，其主要的带动作用还体现在乡村的产业发展与农民增收方面。根据马斯洛的需求层次结构理论，当村民的收入增加时，人们会追求更高层次的精神需求，这在一定程度上会提高乡村整体的文明风貌，移风易俗。数字经济赋能传统产业的发展，极大地提高了辖区内的经济发展。同理，数字技术的应用在农村市场中也是大有可为。随着乡村振兴战略的实施，数字技术的应用更是为农产品市场打开了销售市场，电子商务、直播带货等模式方兴未艾，这都可以促进地方的产业发展和增加居民收入，从而提高居民的幸福感与获得感。

参考文献

［1］蔡文成.基层党组织与乡村治理现代化：基于乡村振兴战略的分析［J］.理论与改革，2018(03)：62-71.

［2］陈文,吴赢.数字经济发展、数字鸿沟与城乡居民收入差距［J］.南方经济，2021(11)：1-17.

［3］陈秀红.整合、服务与赋能：党建引领基层治理的三种实践取向［J］.学习与实践，2023(08)：96-105.

［4］戴长征,鲍静.数字政府治理——基于社会形态演变进程的考察［J］.中国行政管理，2017(09)：21-27.

［5］范炜烽,白云腾.何以破解"数字悬浮"：基层数字治理的执行异化问题分析［J］.电子政务：1-12.

［6］傅瑶,韩芳.乡村振兴战略下农村精神文明建设路径探究［J］.农业经济，2022(04)：59-61.

［7］盖宏伟,张明欣.基层治理现代化的数字赋能机制——以技术赋能和制度赋能为分析框架［J］.学术交流，2023(06)：146-161.

［8］贺雪峰.地方政府视角中的基层治理［J］.江苏行政学院学报，2022(05)：74-81.

［9］黄合.区块链赋能基层治理的多维框架及实现路径［J］.学习与实践，2023(08)：33-42.

［10］孔祥利.数据技术赋能城市基层治理的趋向、困境及其消解［J］.中国行政管理，2022(10)：39-45.

［11］李重,林中伟.乡村文化振兴的核心内涵、基本矛盾与破解之道［J］.北京工业大学学报（社会科学版），2022,22(06)：39-48.

［12］刘海启.以精准农业驱动农业现代化加速现代农业数字化转型［J］.中国农业资源与区划，2019,40(01)：1-6.

［13］龙文军,张莹,王佳星.乡村文化振兴的现实解释与路径选择［J］.农业经济问题，2019(12)：15-20.

［14］卢福营,沈费伟.中国基层治理的空间格局：历史演变与影响维度［J］.河南师范大学学报（哲学社会科学版），2023,50(05)：63-69.

[15] 罗猛.村民委员会与集体经济组织的性质定位与职能重构[J].学术交流,2005(05):51-55.

[16] 马怀德.基层治理数字化的重要意义及完善路径[J].浙江学刊,2023(05):5-11.

[17] 蒙象飞.农村社会主义精神文明建设现状探析[J].毛泽东邓小平理论研究,2021(11):17-24+108.

[18] 彭勃,刘旭.破解基层治理的协同难题:数字化平台的条块统合路径[J].理论与改革,2022(05):42-56.

[19] 秦中春.乡村振兴背景下乡村治理的目标与实现途径[J].管理世界,2020,36(02):1-6.

[20] 阮俊虎,刘天军,冯晓春,等.数字农业运营管理:关键问题、理论方法与示范工程[J].管理世界,2020,36(08):222-233.

[21] 孙宪忠.推进农地三权分置经营模式的立法研究[J].中国社会科学,2016(07):145-163.

[22] 王蓉,李婷,王健鹏等.新冠疫情防控中乡村基层治理效能的实证研究[J].农业经济,2022(09):57-58.

[23] 王胜,余娜,付锐.数字乡村建设:作用机理、现实挑战与实施策略[J].改革,2021(04):45-59.

[24] 邬家峰.数字协商民主与基层治理民主化——基于江苏淮安"码上议"协商平台的实践考察[J].新疆社会科学,2022(05):1-9.

[25] 杨宏杰.加强新时代农村精神文明建设若干思考[J].农业经济,2022(05):70-72.

[26] 杨露,周建国.基层治理创新的实践样态、生成逻辑与优化路径——基于"制度-行为"融合视角的分析[J].云南民族大学学报(哲学社会科学版):1-10.

[27] 殷浩栋,霍鹏,汪三贵.农业农村数字化转型:现实表征、影响机理与推进策略[J].改革,2020(12):48-56.

[28] 于君博.支撑数字中国的基层干部数字素养——底线、底数和底气[J].理论与改革,2023(04):90-100.

[29] 张建军.中国要美 农村必须美[J].中国财政,2015(13):25-26.

[30] 张蕴萍,栾菁.数字经济赋能乡村振兴:理论机制、制约因素与推进路径[J].改革,2022(05):79-89.

[31] Agrawal D R, Shybalkina I. Online Shopping Can Redistribute Local Tax Revenue from Urban to Rural America[J]. Journal of Public Economics, 2023, 219, 104818.

[32] Bowen R, Morris W. The Digital Divide: Implications for Agribusiness and Entrepreneurship. Lessons from Wales[J]. Journal of Rural Studies, 2019, 72: 75-84.

[33] Reddick C G, Enriquez R, Harris R J, and Sharma B. Determinants of Broadband Access and Affordability: An Analysis of A Community Survey on The Digital Divide[J]. Cities, 2020, 106: 102904.

[34] Salemink K, Strijker D, Bosworth G. Rural Development in the Digital Age: A Systematic Literature Review on Unequal ICT Availability, Adoption, and Use in Rural Areas[J]. Journal of Rural Studies, 2017, 54: 360-371.

[35] Sun Y, Wang H. Does Internet Access Matter for Rural Industry? A Case Study of Jiangsu, China[J]. Journal of Rural Studies, 2005, 21(2): 247-258.

数字文旅扬帆起，乡村振兴展宏图
——数字文旅产业赋能乡村高质量发展的可行性分析

李筱钰[①]　姚　越[②]

摘　要：文化旅游产业发展作为乡村振兴战略中不可或缺的一项，近年来备受关注。本文以福建省泉州市实地调研数据为依据，在整合、梳理福建省泉州两镇十村调研数据的基础上，结合泉州文旅数据，探究泉州乡村现存的问题、文旅产业的发展现状，预测未来产业走向，探讨数字化如何赋能乡村文旅产业发展，剖析文旅产业对乡村振兴的带动作用，并结合有关政策和文献，从发展特色产业、金融业务、教育三个维度提出对策，助力当地乡村经济发展。

关键词：泉州　乡村振兴　文旅产业　数字化　时间序列

一、引　言

实施乡村振兴战略，是党的十九大作出的重大决策部署，是决胜全面建成小康社会、全面建设社会主义现代化国家的重大历史任务，是新时代"三农"工作的总抓手。中共中央、国务院在《关于做好2023年全面推进乡村振兴重点工作的意见》中指出，党的二十大擘画了以中国式现代化全面推进中华民族伟大复兴的宏伟蓝图，而全面建设社会主义现代化国家，最艰巨最繁重的任务仍然在农村。党中央认为，必须坚持不懈把解决好"三农"问题作为全党工作重中之重，举全党全社会之力全面推进乡村振兴，加快农业农村现代化。强国必先强农，农强方能国强。

准确把握中国乡村振兴战略，关系到乡村振兴战略实施的效率。其中，文化旅游产业发展是不可或缺的一项。党的二十大报告高度重视文化旅游发展，明确了社会主义文化建设的指导思想、原则目标、战略重点和工作任务。文化产业和旅游业成为满足人民美好生活需要、推动经济高质量发展的重要支撑，在党和国家工作全局中的地位和作用日益突出。国家出台了一系列政策支持文旅融合发展，为文旅产业发展奠定了政策基础。各地

[①] 李筱钰，上海财经大学统计与管理学院2022级统计学专业本科生。
[②] 姚越，上海财经大学外国语学院2022级商务英语专业本科生。

推出大量的文旅融合产品和项目,为文旅产业提供了更多的发展和创新空间。"十四五"期间,我国既要突出重视文化和旅游融合发展的必要性,也要重视旅游业发展的内在规律,加快推动文旅产业高质量发展。

同时,数字化作为乡村振兴的关键部分,需加强农村电子商务、数字农业、数字教育等方面建设,提高农村地区的发展水平。文化和旅游部在《关于推动数字文化产业高质量发展的意见》中指出,顺应数字产业化和产业数字化发展趋势,实施文化产业数字化战略,加快发展新型文化企业、文化业态、文化消费模式,改造提升传统业态,提高质量效益和核心竞争力,健全现代文化产业体系,促进消费升级,促进满足人民文化需求和增强人民精神力量相统一。

我们于2023年暑期参与上海财经大学"千村调查",前往福建省泉州市,对当地进行实地调研。作为宋元时期"东方第一大港"和"海上丝绸之路"起点城市的泉州,融合了生态旅游与乡村建设的优势。近年来,得益于宏观经济的发展以及泉州市政府的支持,泉州市乡村旅游业实现了快速发展并取得了一定的成绩。其中,在旅游目的地打造上,成功开发了南安市香草世界度假村与皇旗尖休闲茶庄园、晋江市金井镇围头村、永春县北溪村等知名景点。此外,成功建设或提升29个省级休闲农业示范点,50个市级休闲农业示范点。同时,从全省来看,泉州市省级休闲农业示范乡镇的数量已经达到9个,在全省位居第一,即使是在全国地级市中也居于前列。得益于政府支持与当地丰厚的文旅资源,泉州文旅产业发展迅猛,潜力巨大。

中国特色社会主义进入新时代,社会主要矛盾已经转化为人民日益增长的美好生活需要和不平衡、不充分的发展之间的矛盾。其中最大的不平衡是城乡发展不平衡,最大的不充分是农村发展不充分。泉州的乡村文旅产业也呈现发展不平衡、不充分的问题,同时,泉州的迅猛发展、快速城镇化和人口非农化,在促进农民就业和增收的同时,加快了农村空心化发展。如何吸引人才、留住人才,如何发展文旅产业,如何普及数字化技术,从而赋能泉州乡村经济高质量发展,使文旅产业作为泉州乡村振兴的重要抓手,是有待解决的重要问题。本文将通过整合、梳理实地调研所得的数据,系统分析泉州乡村现存的问题以及其文旅产业的发展现状,并结合有关政策和文献提出对策。

二、数据分析

(一)数据来源

我们于2023年暑期参加了上海财经大学"千村调查"的定点返乡,与老师和同学们一起前往了福建省石狮市进行实地调研,共计前往两镇十村:祥芝镇和永宁镇,祥渔村、古浮村、莲坂村、大堡村、湖西村、新沙堤村、西偏村、郭坑村、沙堤村、梅林村。

本次一共收集回200份入户问卷和10份入村问卷,由于收集问卷的形式为调查员入户面访,因此问卷质量较好,虽然部分问卷存在答案缺失的情况,但并非本次研究的关键因素,因此不予剔除。综上,本文将以200份入户问卷作为分析的样本,各个村包含20份有效问卷。

本次调查的村庄在当地具有一定的代表性和普遍性,祥芝镇具有独特的渔村文化和渔业观光文化,拥有丰富的渔港资源,同时,独特的地理优势造就了它独特的渔港风情;永宁镇具有丰富的文化和旅游资源,是福建省著名的文化古村落,有大量的精美古建筑,同时是福建省重要的文化遗产保护单位,著名的黄金海岸旅游区,每年吸引大量游客前来,为当地创造了巨大的营收。因此,我们认为通过分析10个村的共性问题,可以为"数字化赋能乡村振兴"在旅游产业上提出一点建设性意见。

(二)变量的选取与数据预处理

1. 变量的选取

在本次的调查过程中,我们发现,当地的教育比较落后,因此,许多家庭选择将孩子送到镇上读书,这导致孩子的父母也随着孩子一起到城镇中,这些因素造成了村中青年劳动力的流失,不利于村中新产业的提升和发展。受访者的年龄、文化程度、数字素养会影响数字化的推广程度;村民的经济能力、就业情况、未来期望等方面也会影响村民的决策,从而影响数字化赋能旅游产业政策的落地。因此,我们根据问卷的设计,挑选了六个变量,每个变量通过相应的指标来反映。

本次调查问卷分为 $A\sim L$ 模块,我们根据选题,仅从其中选取部分题目,剔除剩余关系较小的题目,在此基础上进行数据分析,具体参照表1。

表1　　　　　　　　　　数据分析的变量和指标

变量	指标	选项数量
家庭基本信息 $A1$	$B1$ 性别	2
	$B2$ 家庭成员是村干部或政府干部	2
	$B3$ 您家是否曾经是贫困户	2
	$B4$ 目前您家户籍人口数	/
	$B4a$ 常住人口数	/
	$B5$ 几个孩子在上学	/
	$B6$ 孩子现处于什么义务教育阶段	3
	$B7$ 本村有与城市同等质量的学校	2 * 3
	$B8$ 本村有与城市同等质量的学校和就业机会	2 * 3
受访者基本信息 $A2$	$C1$ 年龄	/
	$C2$ 文化程度	6
	$C3$ 是否担任或担任过村干部	2
受访者就业经历 $A3$	$D1$ 该工作的行业是	20
	$D2$ 是否曾经外出务工过	2

续 表

变 量	指 标	选项数量
受访者就业经历 A3	D3 从未离家务工的主要原因	/
	D4 外出务工的原因	6
	D5 在外务工遇到的困难	9
	D6 过去三年的新冠疫情对您就业的影响	10
家庭收支情况 A4	E1 过去一年家庭总收入	/
	E2 过去一年家庭总支出	/
产业兴旺 A5	F1 通过网络提供与乡村振兴相关的服务	3
	F2 是否考虑自主创业	2
	F3 希望本村什么产业得到进一步发展提升	7
数字素养 A6	G1 是否经常使用电脑	2
	G2 使用智能手机或 iPad 的时长	5
	G3 通常如何解决网络故障	4
	G4a 网页浏览掌握程度	5
	G4b 娱乐音视频掌握程度	5
	G5 常使用的网络社交工具	5
	G6 每周用短视频的次数	5
	G7 微信或抖音上发表内容的频率	5

2. 数据预处理

问卷中有多道填空题,并且得到的数据比较分散,我们将其分为一定的范围,便于后续进行绘图和分析。对于 B4 户籍人口数,在样本中的取值为 1~10 人,因此,将其划分为三个范围,分别为 1~3 人、4~5 人、6 人以上;对于 B4a 常住人数同上;对于 B5,范围为 0~4 人,由于孩子在家庭决策中起到重要作用,因此我们将其细分为 0 个孩子、1 个孩子、2 个孩子和 3 个以上;将年龄划分为 25 岁以下、26~35 岁、36~45 岁、46~60 岁和 60 岁以上。同时,对于问卷中的多选题,将其拆分开来,用 0 表示不选择、1 表示选择。在 A4 中,相比于年收入与年支出,我们更关注年结余,因此对家庭结余情况进行了计算,并分为五个范围。除此之外,对问卷中的跳转题设置缺失值选项。具体划分见表 2。

表 2　　　　　　　　　　　　　　部分数据划分范围

变　　量	选　　项
B4 户籍人口数	1～3 人
	4～5 人
	6 人以上
B4a 常住人口数	1～3 人
	4～5 人
	6 人以上
B5 上学孩子数	0 个孩子
	1 个孩子
	2 个孩子
	3 个以上
C1 年龄	25 岁以下
	26～35 岁
	36～45 岁
	46～60 岁
	60 岁以上
A4 家庭收支情况	入不敷出
	收支相抵
	年结余 0～2 万元
	年结余 2 万～5 万元
	年结余 5 万元以上

注：家庭收支情况采用"收入-支出"的方式来计算年结余。

（三）调查样本基本特征分析

描述性统计分析是一种统计方法，通过绘制数据图表等方法，可以帮助研究者对样本有总体的把握和认知，用于描述数据的分布。因此，为了解此次受访者的总体情况，接下来对样本进行描述性统计，我们将通过频数分析的方法来描绘受访者群体的人口学指标，并给出相应的图表。

1. 家庭基本信息

根据回收的问卷进行频数分析,本次调查的对象中,56%为男性,44%为女性,男女比例较为均衡;受调查的家庭中,有34%的家庭中的成员是村干部或者政府干部,干部群体占比较高;在贫困户的调查中,仅有6%的家庭曾经是贫困户,94%的家庭不是贫困户,因此可以推断当地的脱贫效果较好,经济基础较好;大部分的家庭有1~2个孩子正处于义务教育阶段,占比达到了63%,这部分家庭抚养孩子的开销可能较多,更加需要一个稳定的工作岗位来保障生活(详见图1至图4)。

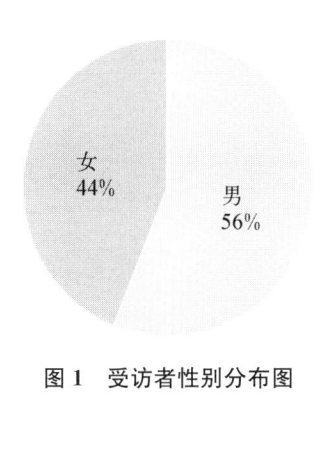

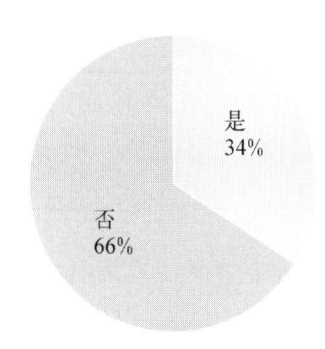

图 1　受访者性别分布图　　　图 2　家庭成员为干部分布图

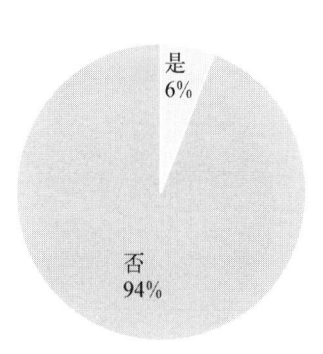

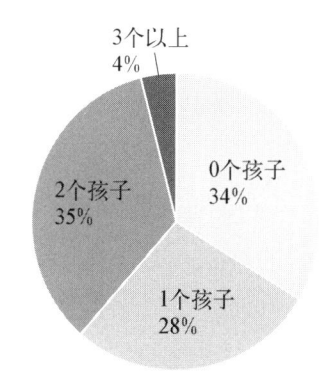

图 3　贫困户分布图　　　图 4　家庭中孩子上学分布图

对受访对象的户籍人口数、常住人口数和上学孩子数进行分析,可以发现受访家庭的主要类型为"4~5口之家",同时对比户籍人口数和常住人口数的差别,可以发现,常住人口数在4~5人和6人以上的比例均小于户籍人口数,可以推断出,在家庭成员比较多的情况下,成员不在本地常住的可能性更大,而在1~3人的组合中,常住人口的比例高于户籍人口的比例,可能的原因是家庭中的年轻人回家赡养老人或者照顾孩子(详见图5)。

2. 受访者基本信息

在受访者基本信息中,我们选取年龄、文化程度两个维度进行频数分析。根据统计结

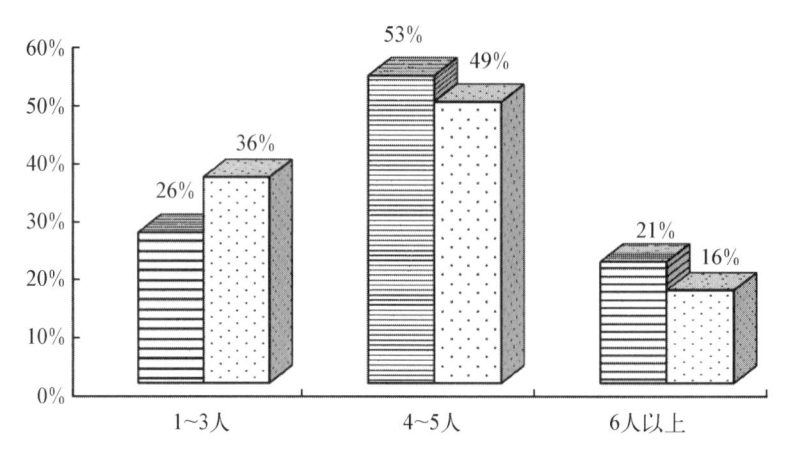

图 5　户籍人口数和常住人口数比例差异

果,本次调查对象的年龄主要集中在36~60岁,占比达到了72%,除此之外,各个年龄段的人群均有覆盖,比例较为均衡,其中覆盖率最大的是46~60岁的年龄段,占比达到44%。受访者的文化程度主要分布在初中/中专毕业上,具备一定的学习和理解能力,能够有效沟通,有利于新技术的引进和新产业的发展提升(详见图6和图7)。

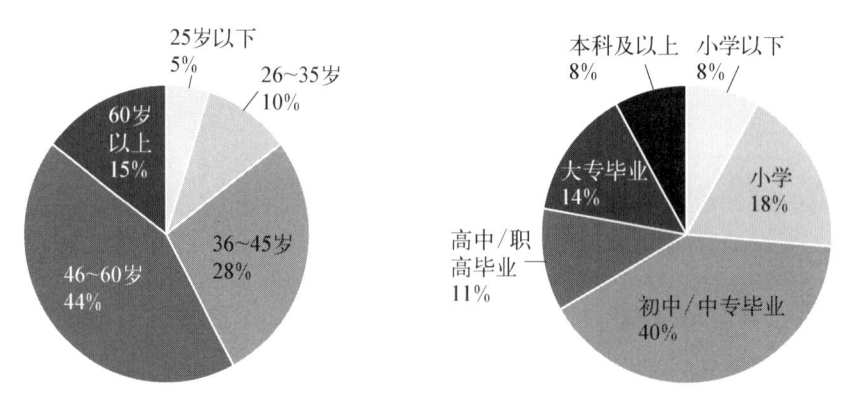

图 6　受访者年龄分布图　　　　图 7　受访者文化程度分布图

3. 受访者就业经历

图8仅绘制了百分比在2%以上的行业,2%以下的9个行业,由于样本数量过少,这里不做具体展示,将其归为"其他"一类。根据统计数据,受调对象中大部分人从事传统的农林牧渔行业,比例达到21%,其次,有20%的人表示他们没有工作,有18%的人从事制造业,在访谈中,我们了解到当地的制造业主要是纺织工厂,并且提供的工作岗位十分有限。除此之外,受访对象中有许多人在村委会、政府部门工作,该比例一共达到了20%。综上可以推断当地的就业情况并不是很乐观,同时现有产业需要一定的改变,以适应劳动力的需求。受访对象中,有68%的人并未外出工作过,32%的人有外出务工的经历。

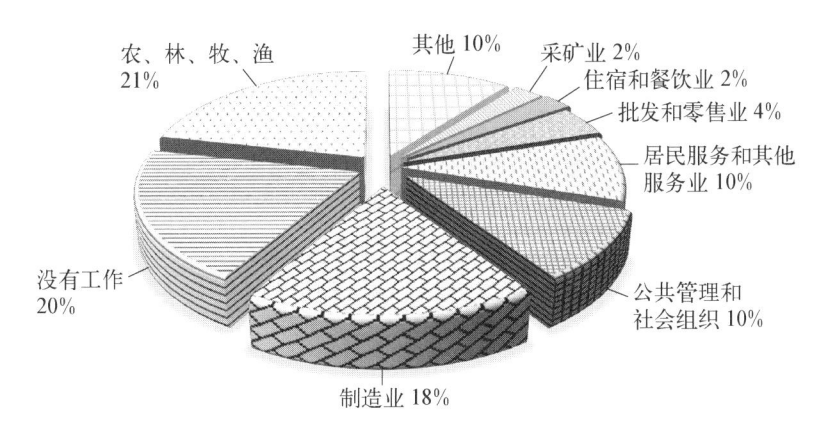

图 8　受访者从事行业分布图

4. 家庭收支情况

我们将家庭的收支情况进行一定的计算,采用"收入-支出"的形式计算年结余,并将年结余分为五个范围,分别为:入不敷出、收支相抵、年结余0～2万元、年结余2万～5万元、年结余5万元以上,对应的比例分别为15%、15%、30%、24%和17%,其中占比最大的是年结余0～2万元的群体。月收入分布图详见图9,可以看出,去年一年有结余的家庭占大多数,村民手中有较为充足的资金进行产业的投资和开发,但结余的金额较小,有可能是因为疫情时期,收入降低、支出增多导致的,所以在后续的建议中,应当充分考虑村民的经济情况。

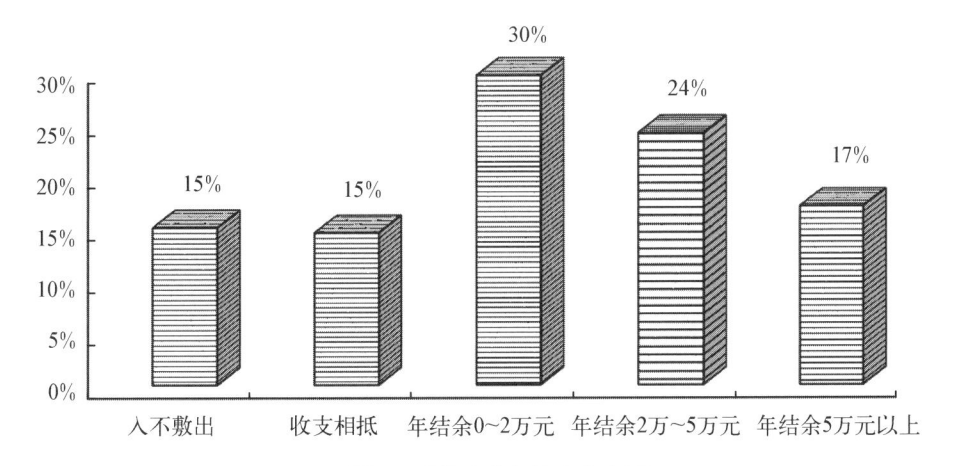

图 9　受访家庭年结余分布图

三、受调村庄乡村振兴现状分析

(一)务工现状分析

在调查过程中,我们发现当地曾经外出务工的人数占到了32%,未曾外出务工的人数占到了68%,为了探究他们外出/不外出务工的原因,我们根据D3和D4进行了词云图分析。

由于D3为开放性问题,因此我们将受访者的答案进行了分类,其中包括:当地有工作机会、照顾家庭、地域原因、外地没有工作机会、其他,一共五个类别,其中我们将"无法适应外地的环境、无法融入""生活不习惯水土不服""外地生活成本较高"等回答归类到地域原因之中。

根据问卷的数据,我们进行了词云图的分析,结果如图10、图11和表3所示。

图10　不外出务工的原因词云图　　　　图11　外出务工的原因词云图

在词云图中,词语出现的频率越高,字号越大,通过观察词云图的文字大小可以看出,在不外出务工的对象中,大部分的人是因为"照顾家庭""地域原因";在外出务工的对象中,大部分人更加关注是否能增加收入、是否能为子女教育提供更好的条件。

表3　　　　　　　　　　　　　D5和D6频数分析

变量	选项	频数	百分比
在外务工遇到的困难【多选】	工作不好,工资低、工作时间长、拖欠工资、不安全等	88	30%
	子女教育问题	61	21%
	户口问题	11	4%
	老人需要照料	31	11%
	农村土地等权益得不到保障	8	3%
	没有医疗养老等社会保障	9	3%
	生活费用高	29	10%
	生活不习惯	11	4%
	其他	45	15%

续 表

变　　量	选　　项	频数	百分比
过去三年新冠疫情三年对您就业的影响【多选】	外出工作机会减少	54	20%
	外出工作机会增多	6	2%
	外出工作时间减少	18	7%
	外出工作时间增加	7	3%
	工作岗位缺失	26	10%
	就业方式发生了变化	24	9%
	工资下降	37	14%
	工资增多	1	0%
	无影响	80	30%
	其他	13	5%

数据来源：作者根据千村调查问卷整理计算所得。

从访问过程中，我们了解到当地的村民已经很少从事农业了，农业已经转化为承包的形式，个体户多数从事渔产养殖或者在当地的纺织厂工作，与此同时，许多受访者不约而同地提到薪资太低、工作机会少、因照顾家人而无法离开本地，这些都指向了一个问题——本地就业问题。

在年龄调查中，我们发现当地的青年劳动力外流问题较为严重，很少能在村中看到年轻人的身影，在同受访者谈话过程中，我们也了解到现在家庭中的青年人大多数已经外出务工，只留下年纪较长者和女性在当地，所以，我们先分析外出务工者的动机。外出务工者主要是为了增加家庭的收入以及为了子女的教育而选择离开本地，因此，如果当地能够为这些劳动者提供足够的就业岗位、较高的薪酬和高质量的教育资源，则有望吸引这部分外出的青壮劳动力返乡就业、助力乡村振兴。而且，对于不外出工作者，他们的选择主要受家庭的影响，因此如何兼顾家庭和工作，成为他们的第一大难题。

综上可以看出两个镇的务工现状：供需不平衡，供小于需，导致大量劳动力外流。因此，如何发展新产业、吸引人才就业亟待解决。

（二）村民创业意愿分析

1. 卡方独立性检验

我们在调查过程中，了解到一些村民有在当地进行创业的意愿。为了探究村民创业意愿受什么因素的影响，我们先对多个变量进行卡方独立性检验，最终找出五个显著相关的因素。表 4 为文化程度与是否自主创业的交叉表分析,其余因素以此类推。

表 4　　　　　　　　文化程度与是否考虑自主创业的卡方检验

		文化程度					
		小学以下	小学	初中/中专毕业	高中/职高毕业	大专毕业	本科及以上
是否考虑自主创业	是	0.0%	16.7%	25.6%	36.4%	42.9%	25.0%
	否	100.0%	83.3%	74.4%	63.6%	57.1%	75.0%
卡方检验	Pearson	215.96					
	df	12.00					
	Sig.	0.00					

我们将文化程度和是否创业构建交叉列联表,并且由表 4 的数据可以看出,两者之间的渐进 Sig 值无限趋近于 0,显然小于 0.05,因此可以拒绝原假设,我们可以认为文化程度和创业之间具有显著性差异,二者之间存在关系。

依据相同的方法,我们找出了影响村民创业意愿的其他因素,包括:性别、家庭成员是否为干部、文化程度、是否外出务工、本村是否有通过网络提供与乡村振兴相关的服务。

2. 结果分析

从卡方独立性检验的结果可以看出,当地村民参与创业的意愿较好,是未来新产业的提升和发展的强大动力。

根据卡方检验的结果可以看出影响村民创业的因素,如果未来要在当地进行旅游产业的规划,则一定需要村民的参与,也需要当地的村民贡献创业的力量,因此,可以从以下五个方面来努力。第一,出台相关优惠政策和补贴政策,吸引年轻人返乡创业;第二,鼓励以家庭为单位,男女搭配的创业组合,更好发挥性别的优势;第三,鼓励村干部带领村民共同努力,让村干部发挥更大的作用;第四,对有外出务工经验的对象进行集中培训,让经验转化为实际可执行的策略;第五,本村要积极推动数字化和互联网普及化,让更多的村民能够通过互联网来了解与乡村振兴相关的服务与政策,同时,村里也要做好宣传工作,让乡村振兴的优惠政策更好地普惠村民。

除此之外,在"您最希望本次发展的产业"中,有 37% 的受访者选择了"乡村旅游业",在所有选项中占比最高,如图 12 所示。因此,结合村民的创业意愿,我们认为可以在当地发展数字化乡村旅游产业。

(三)村民数字素养分析

在当下数字化应用极其广泛的背景下,乡村振兴的路上也离不开数字化的运用,用数

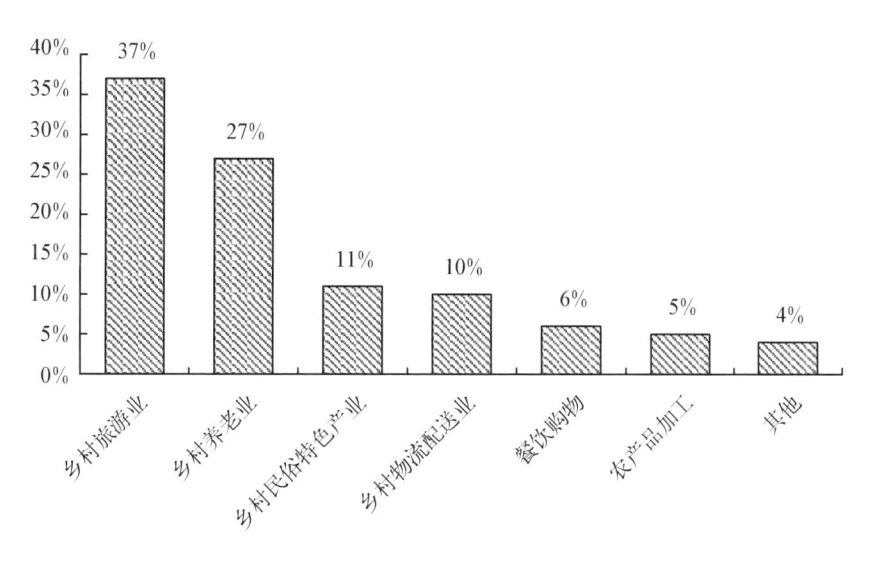

[图表：最希望发展的产业频率分布]
- 乡村旅游业 37%
- 乡村养老业 27%
- 乡村民俗特色产业 11%
- 乡村物流配送业 10%
- 餐饮购物 6%
- 农产品加工 5%
- 其他 4%

数据来源：作者根据千村调查问卷整理计算所得。

图 12　最希望发展的产业频率分布图

字化赋能乡村振兴，先需要了解当地村民的数字素养，再根据其数字素养的水平制定合适的政策。

我们将村民的数字素养分为五个维度来测评，分别是使用时长、处理故障的能力、网页浏览的掌握程度、娱乐音视频的掌握程度、互联网内容创作的能力，然后对选项进行赋值（1~5分），分值越高则代表在这一维度上的能力越强。通过回收的问卷数据，我们得到了如下的雷达图（见图13）。

[雷达图：村民数字素养能力]
- 使用时长 3.37
- 处理故障的能力 2.75
- 网页浏览的掌握程度 2.91
- 娱乐音视频的掌握程度 2.96
- 互联网内容创作能力 2.59

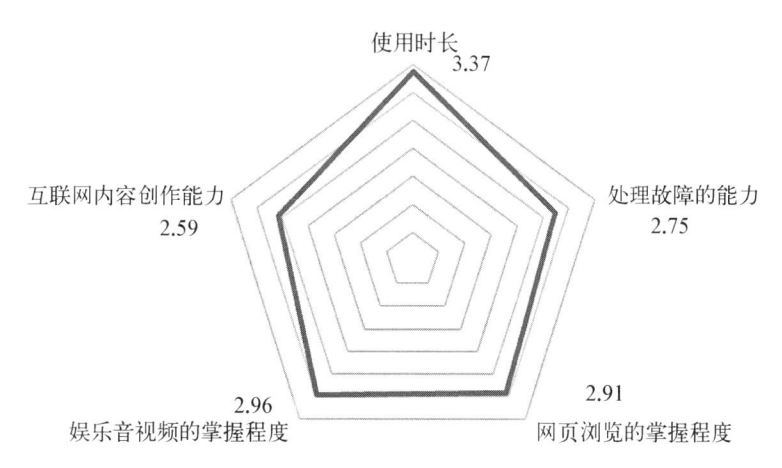

图 13　村民数字素养能力雷达图

综合来看，受调查村落的村民素质素养处于中等偏下的水平，因此，数字化在当地进行推广可能会遇到一些阻碍，因此，在推广过程中，要注重结合村民喜闻乐见、比较熟悉的数字化手段。

四、数字化赋能乡村旅游产业预测——基于时间序列模型

（一）研究现状

受过去三年疫情的影响，许多人被迫居家隔离，从而被困住了外出旅行的脚步。随着疫情的逐步放开，旅游业的需求逐渐回暖。根据国家统计局的资料，2020 年是旅游业遭受重创的一年，2020 年国内游客人次为 28.8 亿人次，较 2019 年的 60.1 亿人次下降 52.1%；2021 年，疫情得到良好控制，旅游人次逐渐上升，较 2020 年上升了 12.8%，但在 2022 年又迎来了下降，说明虽然旅游业的需求依然存在，但仍存在巨大阻力（详见图 14）。

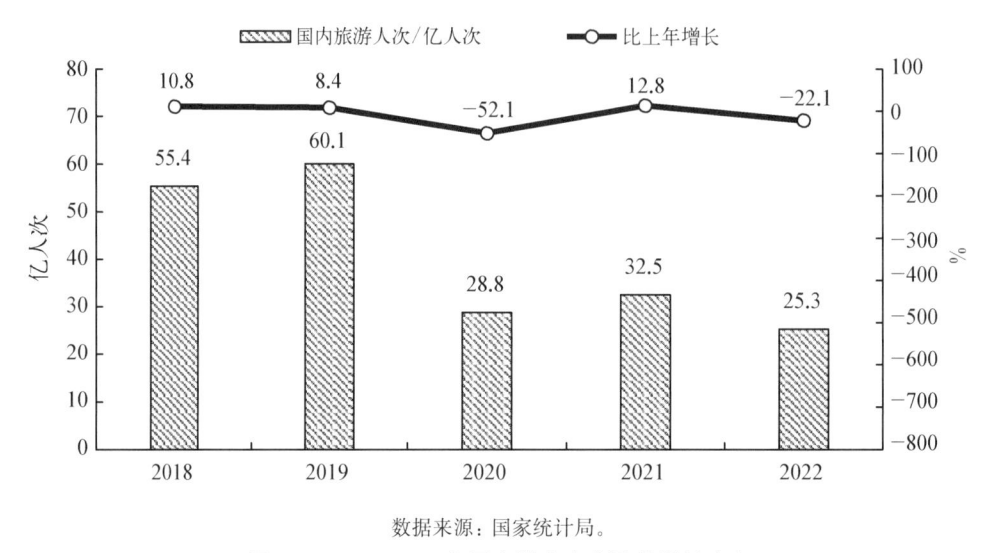

数据来源：国家统计局。

图 14　2018—2022 年国内游客人次及其增长速度

泉州是福建省的沿海城市，拥有丰富的海洋物产，同时拥有历史悠久的渔业文化，截至 2022 年，泉州已经拥有各级文物保护单位 945 处，其中，全国重点文物保护单位 44 处，更有"福建安溪铁观音茶文化"被列入全球重要农业文化遗产名录。作为泉州下属直辖县的石狮，它是中国著名的纺织鞋类产业基地，拥有众多古建筑和文化遗址，如姑嫂塔、五里桥，更有沿海的美丽风景，如石狮的黄金海岸线，每年吸引众多游客前来游玩打卡。

由图 15 可以看出，旅游业为泉州当地创造了巨大营收，其旅游业的发展潜力巨大。

当下，泉州石狮当地已经采用部分数字化技术来赋能旅游产业。例如，推出智慧旅游平台，整合门票预订、线路规划、餐饮住宿等信息；依托 VR 技术，开展虚拟旅游体验，致力于给游客提供沉浸式的体验……同时，数字化赋能旅游产业对乡村振兴有多方面的积极作用：第一，旅游业的发展能够为当地提供大量的创业和就业机会，有利于吸引优秀人才的回流，促进经济发展；第二，可以提高当地的品牌形象，通过旅游的视角，可以提高石狮的知名度和美誉度；第三，能够改善当地居民的生活质量，由于旅游业十分依赖基础建设，因此，在大力发展旅游业的同时，城市和乡村的基础建设也会得到发展，有利于为当地居民提高更好的生活条件。

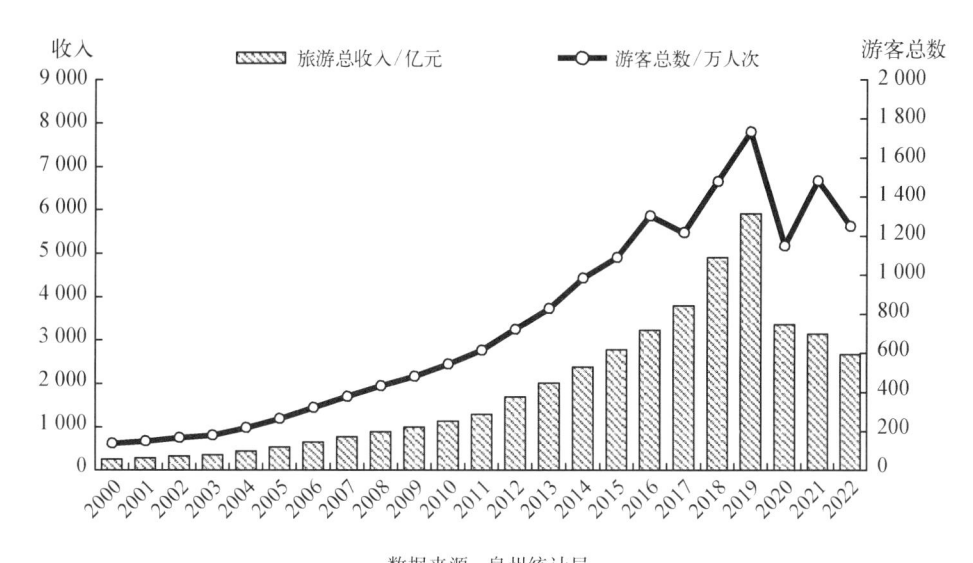

数据来源：泉州统计局。

图 15　2000—2022 年泉州旅游总收入和游客总数

（二）研究方法

我们将基于 2000—2022 年泉州市游客总数的数据，通过时间序列分析的方法，构建 ARIMA 模型，以预测未来旅游行业的游客数。该模型可以进行短期的预测，为政府的决策提供一定的数据支持。

1. 基本概念

（1）时间序列

时间序列是指将同一统计指标的数值按照时间顺序排列形成的数列。时间序列是基于随机过程理论和数理统计方法，根据现有的历史数据对未来进行预测。

（2）平稳化

运用时间序列进行分析和预测的前提是数据的平稳化，因此，对于非平稳数列，首先要进行平稳化处理。平稳时间序列具有的特征包括：均值、方差不随时间变化而发生改变、自相关结构在时间上保持不变。通过平稳化处理，我们可以减少随机性和趋势性的影响，使序列更具有可预测性和稳定性，有助于构建更加可靠的预测模型。

常用的平稳化方法有：差分法（Differencing）、对数变换（Log Transformation）、移动平均（Moving Average）、季节差分（Seasonal Differencing）、分解（Decomposition）。针对不同的时间序列，要根据序列的特点和实验的需求，选择合适的方法。

（3）差分

差分是时间序列平稳化的一个常用方法，通过计算时间序列中相邻时间的统计值的差值，可以有效消除序列中的趋势成分，让序列变得更加平稳。原理上差分的阶数越多，序列越平稳，但多阶差分会丢失数据，因此不建议进行多次差分处理，一般来说，在 ARIMA 模型中，差分的阶数为 1 或 2，高阶差分使用较少。一阶差分的公式为：

$$\mathrm{d}y_t = y_t - y_{t-1}$$

其中 y_t 表示时间序列在 t 时刻的观测值，$t=1,2,3,\cdots,n$，$\mathrm{d}y_t$ 表示在 t 时刻一阶差分值。

2. ARIMA 模型

（1）ARIMA 模型的概念

ARIMA 模型被称为自回归差分移动平均模型（Autoregressive Integrated Moving Average Model，ARIMA），主要由自回归模型、差分过程和移动平均模型三个部分组成。

ARIMA 模型由三个重要参数构成：ARIMA(p,d,q)，其中 p 代表自回归系数，表示序列值之后 p 阶；d 代表差分阶数，表示原始序列变成平稳序列需要进行的差分次数；q 是指滑动平均系数，表示误差项滞后 q 阶。

（2）ARIMA 模型的数学公式

自回归模型（AR）的 p 阶公式定义为：

$$y_t = \varphi_0 + \varphi_1 y_{t-1} + \varphi_2 y_{t-2} + \cdots + \varphi_p y_{t-p} + \varepsilon_t$$

其中，y_t 表示时间序列在 t 时刻的观测值，y_{t-i} 表示 y_t 的第 i 个滞后期，φ_0 为模型的截距，$\varphi_1,\varphi_2,\cdots,\varphi_p$ 为模型的自回归系数，ε_t 为误差项。

滑动平均模型（MA）的 q 阶公式定义为：

$$y_t = \mu + \varepsilon_t + \theta_1 \varepsilon_{t-1} + \theta_2 \varepsilon_{t-2} + \cdots + \theta_q \varepsilon_{t-q}$$

其中，μ 表示模型的均值，ε_t 为在 t 时刻的残差，ε_{t-i} 表示 t 时刻的第 i 个滞后期的误差项，$\theta_1,\theta_2\cdots\theta_q$ 为模型的滑动平均系数。

因此，自回归-滑动平均模型（ARMA）的公式定义为：

$$y_t = \mu + \sum_{i=1}^{p} \gamma_i y_{t-i} + \varepsilon_t + \sum_{i=1}^{q} \theta_i \varepsilon_{t-i}$$

（3）参数的确定

参数 d 的确定：需要观察原始序列，如果存在明显的趋势，则需要进行差分来消除趋势成分，进行差分后，使用自相关函数（ACF）和偏自相关函数（PACF）来分析时间序列的自相关性和部分自相关性，观察 ACF 图和 PACF 图是属于拖尾或截尾，如果不是这两种类型，则需再进行差分，直到通过平稳性检验，确定 d 的取值。

参数 p、q 的确定：通过差分使序列平稳之后，根据表 5 可以确定参数 p,q 的取值。

表 5　　　　　　　　　　参数 p,q 和模型的确定

模　型	ACF	PACF
AR(p)	拖尾	p 阶后截尾
MA(q)	q 阶后截尾	拖尾
ARMA(p,q)	q 阶后截尾	p 阶后截尾

(三)建立模型

1. 数据来源及预处理

由于受"新冠"疫情的影响,旅游业遭受严重损失,2020 年之后的旅游人数出现较大的异常,因此本次建模采用的数据为 2000—2019 年泉州市旅游总人数(如图 16 所示)。本次实验数据来自泉州市统计局,数据真实可靠。本次数据没有缺失值,因此不需要进行缺失值替换。对原始数据定义时间和日期,第一个个案开始的年份为 2000 年。

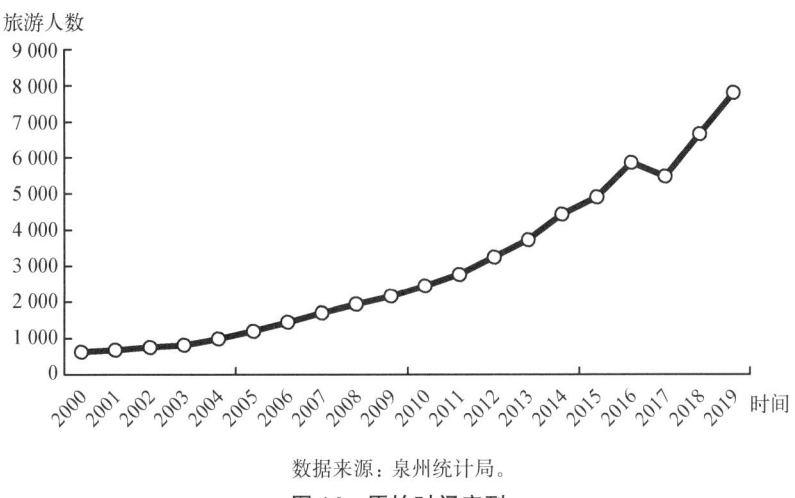

数据来源:泉州统计局。

图 16　原始时间序列

2. 原始数据平稳性分析

根据时序图,泉州市在这 20 年间,旅游人数呈现稳定上升的趋势,仅在 2017 年出现短暂的下落,随后又逐渐上升,对其进行 ACF 和 PACF 图像检验,结果如图 17 和图 18 所示,由于 ACF 图一开始的走向为拖尾,但随后的数据呈现增大的趋势,而不是趋近于 0,同时,PACF 图表现为一阶截尾,因此是一个非平稳序列。接下来将对原始序列进行平稳化处理,方法采用差分法。

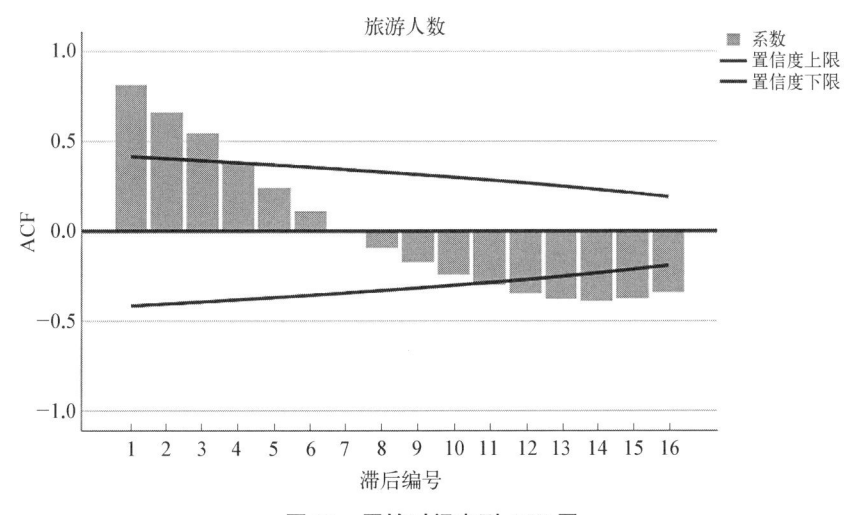

图 17　原始时间序列 ACF 图

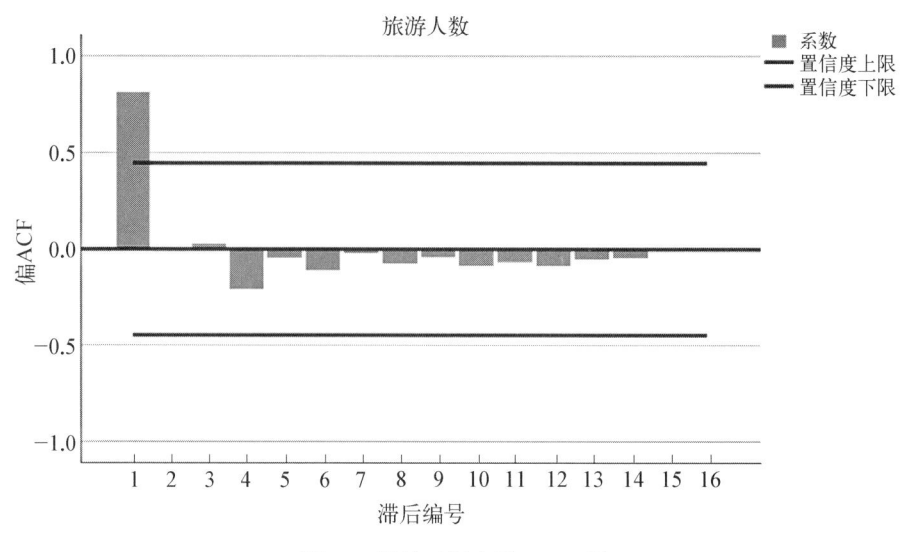

图 18　原始时间序列 PACF 图

3. 差分平稳化处理及参数确定

(1) 差分平稳化处理

先创建新的时间序列,对原始数据一阶差分后的数据绘制序列图,再检验该序列的自相关性,结果如图 19 所示。原始时序图经过一阶差分后增长趋势已经明显减弱,但对数据进行 ADF 检验,p 值为 0.933,显然大于 0.05,因此无法拒绝原假设,一阶差分序列仍然是不平稳序列,所以接下来对其进行二阶差分。

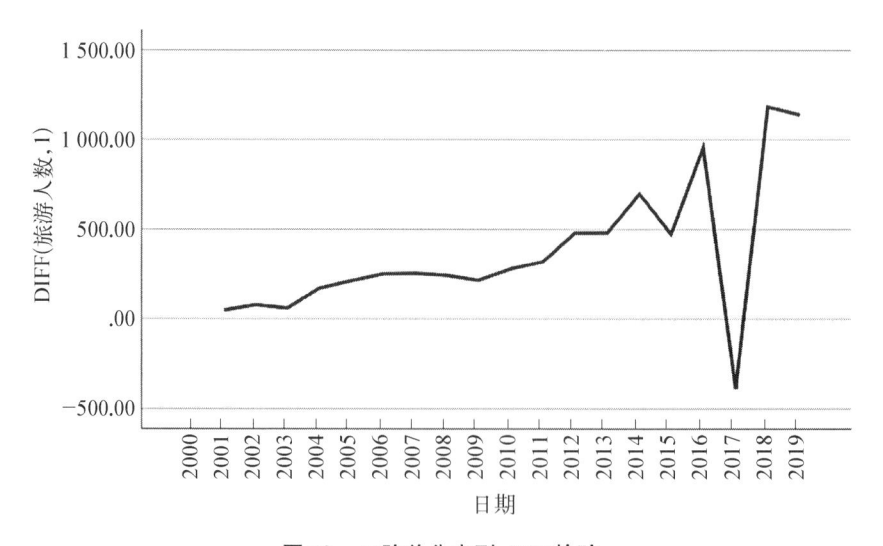

图 19　二阶差分序列 ADF 检验

同理,可以绘制出二阶差分后的时序图、ACF 图和 PACF 图,并且通过了平稳性检验,结果如表 6 所示。可以看出,经过二阶差分之后,p 值已经显著小于 0.05,可以拒绝原假设,二阶差分后的序列为平稳序列,因此 $d=2$。

表6　二阶差分序列 ADF 检验

		t	p
迪基-福勒检验统计量		−4.009	0.001***
测试临界值	1%水平	−4.223	
	5%水平	−3.189	
	10%水平	−2.73	

（2）参数的确定

确定了 d 值之后，接下来根据 ACF 和 PACF 图确定 p、q 值。由二阶差分的时序序列两张图可以看出，ACF 是 1 阶截尾，PACF 是 1 阶拖尾，因此 $p=1$，$q=1$。构建模型 ARIMA(1,2,1)。

4. 模型估计

根据上述的过程确定的 d，p，q 值，构建出 ARIMA(1,2,1)模型，在 SPSS 统计软件中进行时间序列建模，我们预测了从 2020 开始，未来十年的旅游人数，拟合的效果如下图所示，统计量如下表所示。通过观察下图和下表，可以看出，本次拟合的效果较好，同时平稳 $R^2=0.971$ 和 $R^2=0.998$ 的值都很高，正态化的 BIC 值为 10.047。我们同时通过 SPSS 的专家建模器进行建模，发现平稳 $R^2=0.616$，$R^2=0.981$，正态化 BIC=11.802，由于手动建模的平稳 R^2 和 R^2 都大于专家建模，手动建模的 BIC 小于专家建模，因此可以认为本次模型建立结果为手动建模 ARIMA(1,2,1)。

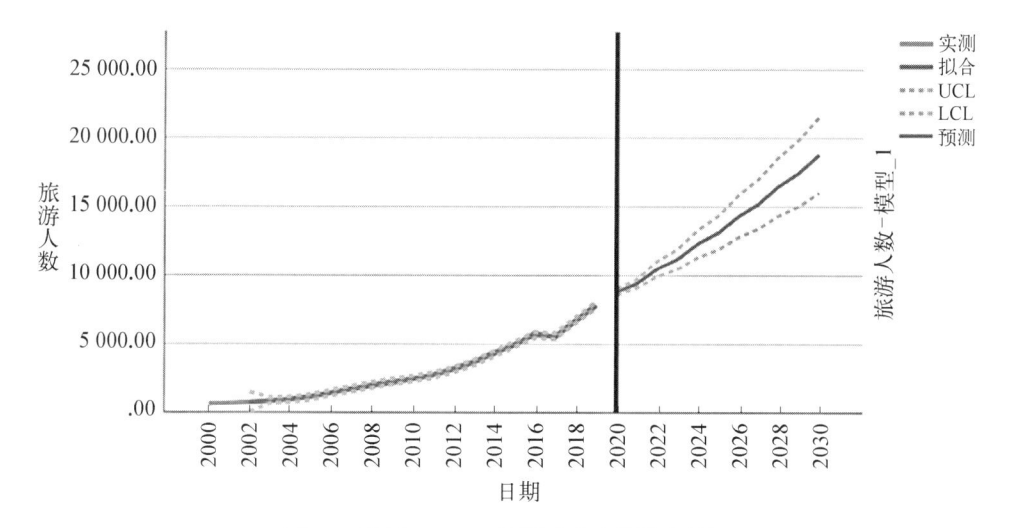

图 20　使用 ARIMA 模型手动建模拟合效果

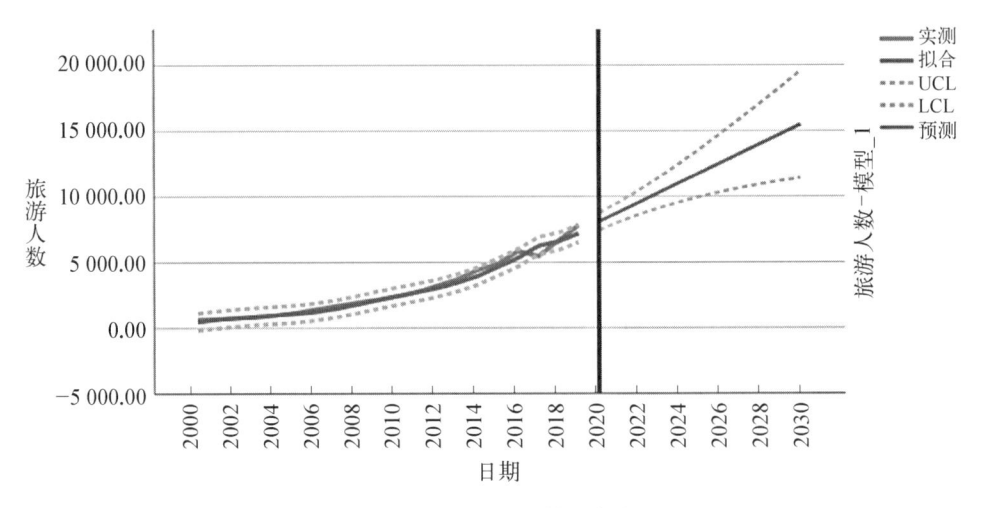

图 21　专家建模器建模拟合效果

表 7　建模后的统计量

模　型	预测变量数	模型拟合统计量			杨-博克斯 Q(18)			离群值数
		平稳 R^2	R^2	正态化的 BIC	df	Sig.	
ARIMA(1,2,1)	0	0.971	0.998	10.047	0	0	2

5. 残差白噪声检验

目前已经选定模型为 ARIMA(1,2,1)，接下来对设计的模型进行白噪声检验，以确定模型是否具有研究意义。

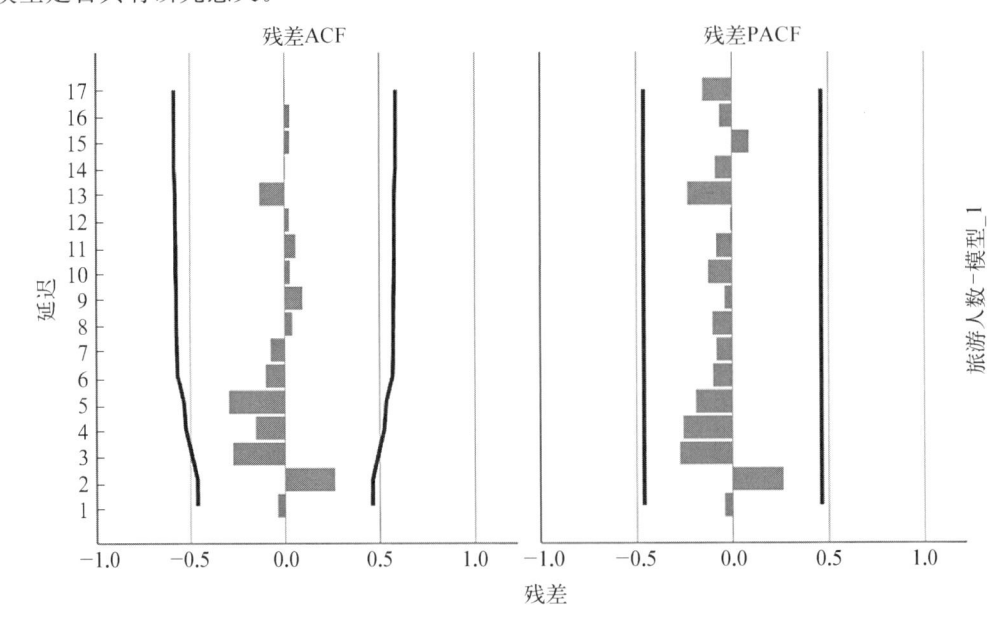

图 22　残差自相关函数和残差偏自相关函数

表 8　　　　　　　　　残差 ACF 和残差 PACF 的自相关系数、标准误差

滞后	残差 ACF 自相关	残差 ACF 标准误差	残差 PACF 自相关	残差 PACF 标准误差
1	−0.041	0.236	−0.041	0.236
2	0.265	0.236	0.264	0.236
3	−0.274	0.252	−0.275	0.236
4	−0.154	0.268	−0.258	0.236
5	−0.296	0.273	−0.190	0.236
6	−0.103	0.290	−0.101	0.236
7	−0.075	0.292	−0.084	0.236
8	0.041	0.293	−0.103	0.236
9	0.094	0.294	−0.039	0.236
10	0.029	0.295	−0.124	0.236
11	0.060	0.295	−0.084	0.236
12	0.024	0.296	−0.007	0.236
13	−0.131	0.296	−0.232	0.236
14	0.004	0.299	−0.087	0.236
15	0.026	0.299	0.091	0.236
16	0.028	0.300	−0.064	0.236
17	0.003	0.300	−0.153	0.236

从上面的分析结果可以确定残差为白噪声,因此该模型有意义,接下来将用该模型进行预测。

6. 数据预测

我们使用 ARIMA(1,2,1) 的模型预测泉州市未来 10 年的旅游人数,结果如表 9 所示。

表 9　　　　　　　　　　　泉州市旅游总人数预测（2020—2030 年）

ARIMA (1,2,1)	2020	2021	2022	2023	2024	2025	2026	2027	2028	2029	2030
预测	8 812	9 424	10 496	11 203	12 336	13 137	14 333	15 226	16 488	17 472	18 799
UCL	9 032	9 747	11 047	11 929	13 328	14 355	15 851	17 013	18 603	19 893	21 577
LCL	8 592	9 102	9 944	10 476	11 344	11 918	12 816	13 440	14 372	15 050	16 020

注：对于每个模型，预测从所请求估算期范围内的最后一个非缺失值之后开始，并结束于最后一个所有预测变量都有可用的非缺失值的周期，或者在所请求预测期的结束日期结束，以较早者为准。

未来十年间，泉州市的旅游人数保持持续上涨趋势，旅游可能迎来新的经济增长点（如图 23 所示）。

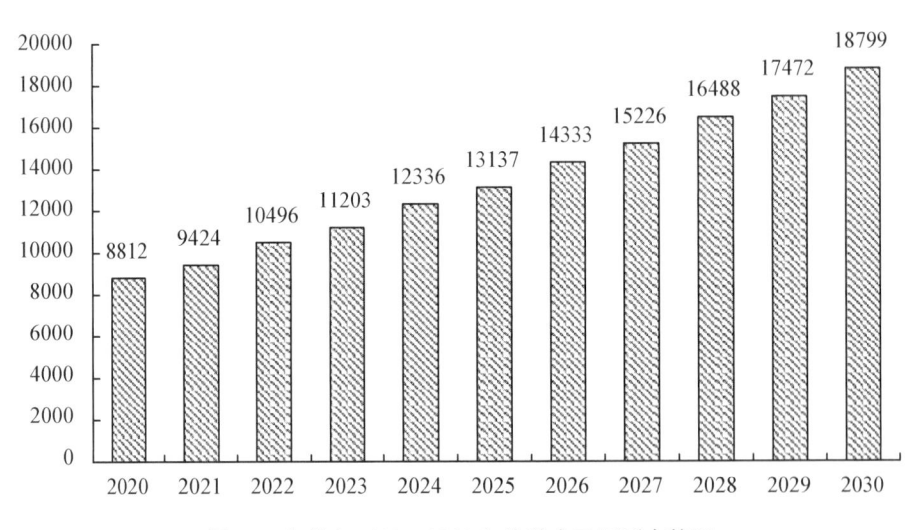

图 23　泉州市 2020—2030 年旅游人口预测走势图

7. 结论

疫情三年封住了人们的脚步，如今我们迎来后疫情时代，出门看看，外出走走，是许多人的心愿，未来旅游有望成为拉动当地经济的一大产业。同时，我们通过上述的预测分析可以看出，在未来，泉州市的旅游人口总数将会持续上升，将为当地带来巨大的营收，如图 24 所示，在 2000—2019 年间，旅游总收入不断上升，并在 2018 年突破 1 000 亿元。通过上述实证分析，考虑到调研村庄的现状和条件，我们决定从乡村旅游业入手，用数字化赋能旅游业，助力乡村振兴。

五、对　策

本文在实地走访泉州市十个乡村的基础上，与当地村民展开问卷访谈，深入田间地头，了解群众生活现状，并结合相关政策措施，基于上述实证分析，考虑中国农村现状及特数据来源：泉州市统计局。

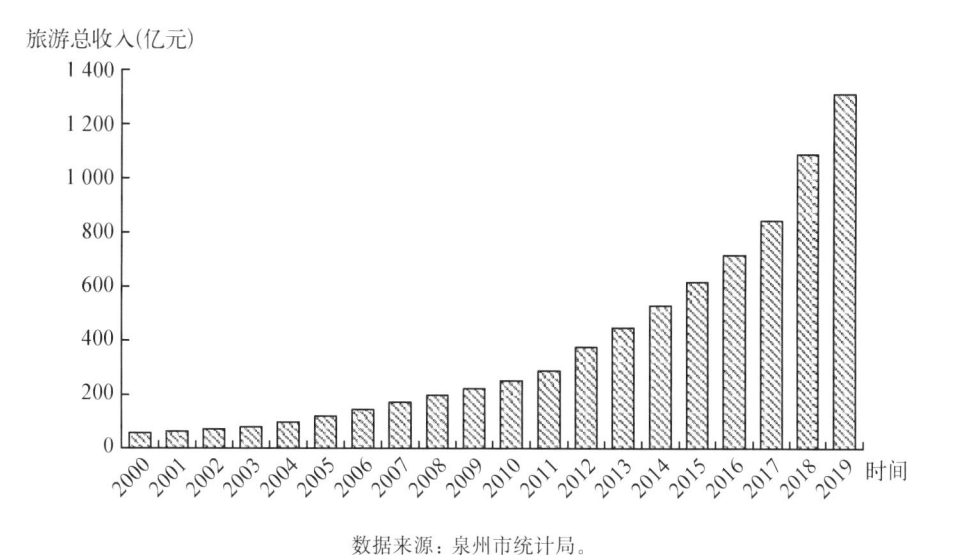

图 24　2000—2019 年泉州市旅游总收入

征，我们从数字化、金融服务以及人才建设三个方面给出了具体的建议及解决方案。

（一）因地制宜，依托数字化技术，加强文旅融合发展

因地制宜，加强文旅融合发展，是新时代中国特色社会主义思想的新目标和新使命的一部分。文旅融合的核心在于解决文化旅游"两张皮"的问题，以推动文化和旅游的深度融合，实现高质量的发展。当前，泉州乡村文旅产业发展的积极性很高，但也存在一些问题，例如"炒概念"和"赶时髦"的盲目发展现象。大量务工人员纷纷前往城镇寻找工作机会，而不是留在自己的村庄。民营经济主要以小卖部等同质化产业为主，缺乏特色，缺少正确的发展理念和明确的发展思路、策略。其根本原因在于，当地对把握自身在文旅产业方面的优势、发展规律的准确度问题上存在短板。

要解决这些问题，我们首先需要尊重文化和旅游产业各自的发展规律。文旅融合应该是一种灵活的、因地制宜的策略，旨在最大限度地发挥文化和旅游的优势，实现互补和共赢。文旅融合的目标是以实现理念、智能、资源、产业、科技全方位融合为基础，依托数字化技术，实现泉州乡村文旅产业的高质量发展。这将成为当地经济发展的重要抓手，为提升泉州乡村的综合竞争力和可持续发展能力提供有力支持。

首先，文旅融合要基于正确的发展理念。我们必须树立正确的发展观念，不仅要注重经济效益，而且要注重文化传承和生态环境保护。只有这样，才能真正实现文化和旅游的融合，让游客不仅欣赏美丽的风景，还能了解和体验当地的文化传统。村干部要发挥带头作用，积极发动村民，主动组织村民，充分利用本地人才资源和当地特色产业。

其次，文旅融合需要智能化的支持。现代科技的发展为文旅融合提供了丰富的可能性，但同时我们也要看到在当地推行的难度和阻碍。调查对象中有 40% 居民的学历是初中/中专毕业，其数字素养也处于中等偏下水平。因此，智能化的运用还需要多方的合力。通过智能化技术，可以提高文化和旅游的互动性和体验性，为游客提供更多个性化的服

务。同时，智能化也可以帮助管理和监控旅游资源的利用，确保文旅融合的可持续发展。此外，科技的应用也是文旅融合的重要手段。数字文旅产业需要科技的支持，现代科技如虚拟现实、人工智能等可以为文化和旅游提供更多的可能性。各级政府和相关部门要积极进入先进技术，充分利用各种数字化平台。通过虚拟现实、增强现实、虚实结合等技术的应用，可以实现文化和旅游的深度互动和体验，为游客带来全新的感受。同时，科技也可以帮助管理和监控旅游资源的利用，确保文旅融合的可持续发展。

另外，资源整合是文旅融合的关键一环。泉州乡村拥有丰富的文化和自然资源，但这些资源目前没有得到充分的整合和开发利用。文旅融合要求各方共同努力，将各种资源整合起来，形成互补性和协同性。不仅要实现村内资源的协调，更要达成村与村之间的合作，取长补短，合作共赢。只有这样，才能实现文化和旅游的深度融合，提升泉州乡村的整体吸引力和竞争力。在资源整合的基础上，实现产业升级也是文旅融合的一个重要方面。目前，泉州乡村的文旅产业主要以小卖部等为主，缺乏特色和竞争力。文旅融合要求对产业进行升级，引入更多创新元素和高附加值的产品和服务，推出特色农业体验项目和农产品。这不仅可以提高产业的盈利能力，还可以为当地创造更多的就业机会。

总之，文旅融合是泉州乡村文旅产业发展的重要战略。通过因地制宜，尊重产业规律，实现理念、智能、资源、产业、科技全方位融合，可以推动泉州乡村文旅产业实现高质量发展，为当地经济发展注入新的活力，提升乡村的综合竞争力和可持续发展能力。只有这样，才能真正实现文化和旅游的深度融合，让数字化技术赋能乡村文化和旅游产业发展，让泉州乡村成为人们向往的旅游胜地和宜居之地。

（二）健全数字金融服务，助力文旅产业发展

文旅产业作为一种前期高投入的产业，要实现持续发展就离不开充足的资金支持。无论是建设文化创意村庄还是景区升级改造，投入资本都是必不可少的。然而根据调查结果显示，当地63％的家庭表示有1~2个孩子处于义务教育阶段，这将造成较大的生活压力；同时，疫情的余波也在持续影响家庭的收入。在2022年，有30％的家庭入不敷出或者收支相抵。由于家庭经济压力较大，从事旅游产业的个人和小型企业的资金相对有限，如果要真正实现文旅产业的壮大和升级，就必须得到金融行业的积极支持与创新。因此，金融与文旅产业之间必须建立紧密的合作关系，相互促进，以文旅发展为金融市场注入新的活力，同时促进金融创新，以金融工具合理配置资源，支持和推动文旅产业的发展。

首先，金融行业应当深刻认识到文旅产业的潜力和重要性。文旅产业不仅可以创造就业机会，而且能推动当地经济发展，促进旅游业的繁荣。因此，当地的金融机构应该积极寻找投资机会，将资引导到文旅产业中，帮助项目的启动和发展。此外，金融创新是支持文旅产业的关键。金融创新可以帮助解决文旅产业发展过程中的资金瓶颈问题。例如，可以开发出适合文旅项目的金融产品，如旅游项目贷款、文化创意产业信用贷款等。同时，金融科技的应用也可以提高金融服务的效率，降低融资成本，为文旅产业提供更多选择。

一方面，金融与文旅产业的协同发展需要建立起多方合作的生态系统。金融机构、政

府部门、文旅企业、投资者等各方应该加强沟通与合作,共同推动文旅产业的发展,根据分析结果,村民在数字和金融方面的素养处于较低水平,因此,在普及过程中要注重方式方法,以村民乐于接受的形式来推广。政府可以提供政策支持,鼓励金融机构为文旅项目提供融资支持,降低融资门槛。文旅企业可以积极寻找合适的金融伙伴,与金融机构合作,共同推动项目的实施。

而另一方面,金融服务也应该考虑文旅产业的特点和需求。由于文旅项目通常需要较长的回报周期,金融机构应该具备一定的风险容忍度,愿意为文旅产业提供长期的资金支持。此外,金融机构还可以根据不同文旅项目的特点,提供个性化的金融解决方案,以满足其发展的具体需求。

总之,金融服务的创新与文旅产业的发展密切相关。金融机构应该深入理解乡村文旅产业的特点和需求,积极寻找投资机会,提供多样化的金融工具,针对现有问题找到数字化解决方案,推动文旅产业的发展。与此同时,政府、文旅企业和投资者也应积极参与,建立起多方合作的生态系统,共同促进文旅产业的繁荣。通过金融服务的创新与协同发展,文旅产业将能够获得更多的资金支持,实现可持续发展,为当地经济增长和社会进步作出更大贡献。

(三)普及数字教育,培养相关人才

在乡村振兴的过程中,培训与人才引进成为关键的一环。这一举措不仅为乡村发展注入了新的动力,而且为文旅产业的高质量发展提供了坚实的基础。

首先,提供培训机会对于乡村居民来说至关重要。根据此次调研结果,村民在数字素养方面较为欠缺。乡村旅游作为一个充满潜力的领域,需要居民具备一定程度的数字化素养,以提高其在相关领域的就业竞争力;同时,这也是提高游客的满意度的重要途径,从而增强泉州乡村在文旅产业中的整体竞争力。因此,通过开设培训课程,在为乡村居民提供餐饮、导游、手工艺等领域的专业知识和技能培训的同时,也应当为他们普及数字教育,包括以在线教育平台、远程教育和培训等形式,使他们更好地融入产业的发展进程中。

同时,吸引有经验的文旅专业人才来到乡村也是一项重要的策略。这些专业人才通常在旅游管理、酒店管理、文化传媒等领域有着丰富的经验和专业知识。通过实地走访各个乡村,我们发现当地以老人群体居多,许多青年为了增加收入等原因外出务工,造成了空巢老人、留守儿童等情况。因此,此举可以有效吸引劳动力的回流,让乡村注入新的血液,而这些专业人才可以担任项目经理、顾问或培训师,与当地居民合作,共同推动乡村文旅的高质量发展。

人才引进不仅仅是为了填补人才短缺的缺口,更是为了引入新的理念和思维方式。文旅专业人才数字化素养和综合素质较高,通常拥有丰富的市场经验和创新意识,他们可以帮助乡村项目更好地适应市场需求,推出具有竞争力的产品和服务。他们的专业知识和经验可以成为乡村发展的宝贵财富,为当地文旅产业的高质量发展提供有力支持,还可以协助乡村项目建立品牌形象,提高项目的知名度和美誉度,从而推动乡村文旅的高质量发展。

总之，培养与引进人才在乡村振兴、文旅产业和高质量发展的背景下扮演着至关重要的角色。这一策略不仅有助于提升乡村居民的就业机会和竞争力，而且能为文旅产业的高质量发展提供专业支持和创新思维。通过培训和引进有经验、高质量的专业人才，乡村数字文旅产业将迎来更加光明的未来，为乡村振兴贡献更多的力量，让乡村成为吸引游客的璀璨明珠。

参考文献

［1］中华人民共和国中央人民政府.中共中央国务院关于做好 2023 年全面推进乡村振兴重点工作的意见[EB/OL].(2023-02-13)[2023-08-13].https：//www.gov.cn/zhengce/2023-02/13/content_5741370.htm

［2］中华人民共和国中央人民政府.关于推动数字文化产业高质量发展的意见[EB/OL].[2023-05-05].https：//www.gov.cn/zhengce/2020-11/27/content_5565316.htm

［3］郑群明,洪心妍."申遗"让游客感知到世界遗产地哪些变化？——基于泉州市 UGC 网络数据[J].中国生态旅游,2023,13(03)：438-452.

［4］王建英,谢朝武,陈帅.景区智慧旅游设施的优化布局——以泉州古城为例[J].经济地理,2019,39(06)：223-231.

［5］陈李鹏.泉州海上丝绸之路文化资源数字化发展研究[J].襄阳职业技术学院学报,2020,19(06)：81-84.

［6］何增炎.泉州市旅游景区数字化导向系统设计研究[J].美术大观,2017(02)：138-139.

［7］张翊.基于 ARIMA 模型的山东省入境旅游人数预测研究[J].西部旅游,2023(07)：10-12.

［8］秦宏瑶,胡丹,杜晓希.后疫情时代四川入境旅游趋势与渐进式应对[J].北方经贸,2023(02)：150-152.

［9］刘彦随,刘玉.中国农村空心化问题研究的进展与展望[J].地理研究,2010,29(01)：35-42.

［10］谢桂花,王林萍.星创天地对乡村创业活动影响分析——以三农互联网星创天地为例[J].福建农业科技,2020(05)：51-56.

［11］赵一帆.产业集群齐发力"农文旅"融出乡村振兴新图景[N].济南日报,2023-8-31.

［12］费孝通.江村经济——中国农民的生活[M].北京：商务印书馆,2001：15.

数字乡村发展水平评价体系构建研究

——基于甘肃省康县调研数据

何　源[①]　朱志南[②]

摘　要：全面实施乡村振兴战略,是确保实现第二个百年奋斗目标的重要保障。我国农业农村现代化发展存在巨大的数字赋能空间,数字技术将成为实现乡村振兴的有效引擎和持续动力。在此背景下,基于上海财经大学2023年"千村调查"甘肃省康县的问卷数据,我们充分借鉴前人的研究成果,并根据实际情况加以创新,建立了一套数字乡村发展水平评价模型。我们整理出十个村庄五个方面的衡量指标,利用层次分析法和基于熵权法的TOPSIS建模,最终得出十个村庄数字乡村发展水平的排序,并根据分析有针对性地提出深化发展的政策性建议。

关键词：乡村振兴　数字技术　层次分析法　熵权法　TOPSIS建模

一、研究背景及意义

（一）研究背景

随着新一代数字技术的快速发展和广泛应用,数字化已成为推动社会经济发展和提高人民生活水平的重要力量。数字技术是指以互联网、物联网、大数据、人工智能等为代表的新一代信息技术,具有高速率、低时延、大连接等特点。乡村振兴战略作为国家发展战略之一,也需要以数字技术为支撑,从而实现农业农村各领域的数字化转型,提升乡村综合竞争力和发展潜力。我国政府高度重视数字乡村建设,将其作为"十四五"规划和2035年远景目标纲要的重要内容,并在2022年中央一号文件中强调"大力推进数字乡村建设"。

然而,我国乡村数字化发展水平还存在较大差距和不平衡的情况,不同地区、不同类型、不同规模的乡村在数字基础设施、数字产业、数字治理、数字金融、数字生活等方面存在显著差异。目前我国在数字赋能助推乡村振兴的实践进展上,仍面临基础设施薄弱、应

[①] 何源,上海财经大学统计与管理学院经济统计学2021级本科生。
[②] 朱志南,上海财经大学信息管理与工程学院数据科学与大数据技术2021级本科生。

用水平较低、专业人才匮乏、政策供给不足等问题。如何科学评价乡村数字化发展水平，找出存在的问题和不足，提出改进措施和建议，是当前亟待解决的重要课题。

（二）研究意义

1. 理论意义

本文以数字技术和乡村振兴为研究对象，参考已有文献并结合实际情况，创新性地运用层次分析法与基于熵权法的 TOPSIS 模型，分析了 210 份入村和入户的问卷数据，构建了一个科学合理、系统全面、操作简便的数字乡村发展水平评价体系。该评价体系可以从多维度、多层次、多指标对乡村数字化发展水平进行定量化和客观化的评价，为后续相关研究提供了参考和借鉴。

2. 现实意义

本研究采取实地调研和问卷调查结合的方式，通过对问卷数据进行分析，揭示了各村庄在数字乡村建设方面的优势和劣势，并根据评价结果提出了针对性的政策建议和改进措施。这些政策建议和改进措施可以为各级政府部门制定更加科学合理和精准有效的数字乡村发展规划和投入资源提供一定的依据和指导。

二、文献综述

自党的十九大报告提出实施乡村振兴战略以来，各地在探索乡村振兴路径的过程中，形成了不同的治理模式。其中主流的有以广东云浮乡贤治村为代表的乡村精英治理模式、以浙江仙居生态旅游发展为代表的区域资源开发模式、以江苏睢宁党建统领为代表的基层党建引领模式等。这些治理模式虽然能够有效地统筹地方资源，推动乡村社会发展，但仍面临城乡发展相对孤立、党建引领基层治理动力欠缺等发展桎梏。沈费伟等（2021）认为，数字乡村建设凭借数字化治理优势，具有强大的乡村治理价值，构建数字乡村建设新体系，着力弥合城乡数字鸿沟，成为符合时代发展趋势与我国乡村治理客观规律的必然选择。

在建设数字乡村的过程中，沈费伟等（2021）认为数字乡村建设的重点领域主要在于数字生产、数字生活、数字生态和数字治理。张蕴萍等（2022）认为要将数据要素纳入农业生产，要将数字产品和服务融入农民生活，要将数字化思维融入农村政务服务。秦秋霞等（2021）提出数字赋能助推乡村振兴的内涵特征要以以数字化基础设施为硬件基础，要以数字技术创新为核心驱动力等。

关于数字乡村指标体系的构建，崔凯（2020）等提出要考虑可行性，根据各地乡村数字经济发展实践，基于典型代表的指标，尽可能筛选较容易收集和广泛接受的指标，更加便于开展乡村数字经济的考核与评价工作。张鸿（2020）等指出，相较于模糊综合评价法、灰色关联分析法等方法，熵权法具有客观赋权、人为干预少的特点，通过信息熵来确认指标权重，更能客观反映原始数据本身的信息。

综上所述，研究数字技术赋能乡村振兴的定性分析的文献已较为成熟，且已达成较为一致的共识。但以定量分析的方式，从指标体系构建与实证的角度研究数字乡村发展水平的文献较少。而且东西部发展具有一定的差异，部分已有的指标体系并不能完全适用于西部欠发达地区。所以本文通过对甘肃省康县十村的实地调研和问卷数据收集,借鉴前人经验,结合实际情况,建立了适用于西北乡村地区的数字乡村发展水平的评价指标体系,从而能够提出更加切实可行,更具有针对性的建议。

三、研究区域村庄特征描写

我们团队此次调研的地点在甘肃省陇南市康县。康县位于陇南市东南部,地处秦巴山区和川陕黄土高原的交界处,气候温和,风景秀丽,生态环境优美。康县拥有三百里生态旅游风情线,将317个美丽乡村串联起来,沿线栽植了各种绿化树木,形成了一条绿色景观带。康县还拥有阳坝国家4A级生态旅游景区和花桥国家4A级乡村旅游景区,以及康南自然生态游、康中休闲度假游和康北历史文化游三大片区,构成了"一轴两翼三片"的全域旅游新格局。这些景区内有无数的山水奇观,如月牙潭、天鹅湖、海棠谷、海棠瀑布等,吸引了众多游客前来观光赏景、休闲养生。

综合考虑调研实际情况与发展水平差距、政策帮扶力度等因素,我们选取了康县岸门口镇的贾家坝村、街道村、杨家河村、严家坝村、张家河村和王坝镇的鸡山坝村、李家庄村、苟家庄村、左家庄村、何家庄村共十个村庄作为调研地点。为了进一步区分各个村庄的具体特征,我们根据各村庄的最主要行业进行划分,大致可分为餐饮旅游业、种植养殖业和建材产业三个主要产业。

(一)餐饮旅游业

何家庄村、鸡山坝村、苟家庄村和李家庄依靠丰富的生态自然资源与红色人文资源,以发展优美生态环境资源、拓宽各自特色产业、融合浓郁民俗风情为要点,盘活了各自的特色旅游产业。

其中最具代表性的何家庄村位于王坝镇东部,紧邻陕西省略阳县郭镇,是一个具有浓郁民俗风情的古老山寨。何家庄村按照"田园观光、休闲度假、宜居宜游宜业"的发展思路,对村庄进行了整体打造提升,以全村脱贫攻坚、美丽乡村建设、乡村旅游三个方面齐头并进,最终成为全县后进变先进的典型村。2017年12月17日,何家庄村获评2017中国最美村镇生态奖。2019年12月25日,何家庄村被评为国家森林乡村。2020年8月26日,何家庄村入选第二批全国乡村旅游重点村名单。2021年11月12日,何家庄村入选农业农村部办公厅公布的2021年中国美丽休闲乡村名单。

苟家庄村位于王坝镇西部,靠近碾坝乡,是一个风景秀丽的山区小镇。该镇有一处天然水库,水面宽阔,环境优美,是当地的一大特色。该水库周围有许多农家乐和民宿,为来往的游客提供了休闲垂钓、野餐烧烤、住宿观景等服务。按照县委县政府"123335"总体工作思路,在乡党委政府的安排部署下,苟家庄以"三个共同"促振兴示范村创建为契机,充分发掘消费市场需求,利用地理区位优势资源,新建大型综合超市,以超市为依托开办集市,推行积分制管理,实行积分换物,打造"党建+村办企业+招商引资+积分制+群众"的产业发展链条,最终被打造为全乡的政治、经济、文化中心,激发了村镇经济的发展潜力。

（二）种植养殖业

贾家坝村、街道村、杨家河村、严家坝村和张家河村分别依靠村庄的地势特征与传统产业格局种植小麦、玉米等粮食作物，以及核桃、花椒等经济作物。部分村落还利用当地的优质水源和草场资源发展了养猪业和养蜂业。

其中，贾家坝村位于岸门口镇以南18公里，全村辖11个合作社289户1 032人，耕地1 731亩。群众主要收入以劳务输转为主，经济作物以猕猴桃、小麦、玉米、大豆为主。今年以来，按照"123335"总体发展要求，贾家坝村充分发挥村内资源优势，以"52生态农场"项目建设为依托，因地制宜发展猕猴桃、生态鸡养殖、小金黄玉米、老品种黄豆、油菜、高粱等特色种植产业；开办猕猴桃加工车间、酒坊、豆腐坊、榨油坊、磨坊等小作坊延长产业链；通过自己种植、自己加工，开办农家乐及民俗客栈的方式自产自销，同时建设儿童乐园，采取线上线下两种渠道，不断带动群众和村集体增收，探索强产业、促增收、共致富的新路径。

（三）建材产业

左家庄村位于王坝镇西部，靠近城关镇，是一个以建材产业为主的工业村。该村有一家名为"东城建材厂"的大型企业，主要生产水泥、砖瓦、沙石等建筑材料，产品质量优良，市场需求旺盛。该厂为当地提供了大量的就业机会和税收收入，同时带动了周边的物流、餐饮、服务等行业的发展。

四、不同村庄在数字乡村重点领域的对比分析

（一）数字基础设施

数字基础设施是乡村数字化发展的基础和前提。没有网络覆盖、数据传输、信息安全等条件，其他方面的数字化就无法实现或者效果有限。数字基础设施也是连接乡村与外部世界的桥梁，是支撑乡村各项事业发展的重要物质保障。

在数据资料呈几何级增长的同时，数据资料的安全备份是一项非常重要的工作内容。我们选取入村问卷中村庄数据备份情况，如表1所示。

表1　　　　　　　　　　　　村庄数据资料备份

村　名	贾家坝村	街道村	杨家河村	李家庄村	严家坝村	张家河村	鸡山坝村	苟家庄村	左家庄村	何家庄村
村庄数据资料备份	一年一次	每天备份	每月备份	每周备份	每月备份	每月备份	每月备份	每月备份	每周备份	每天备份

资料来源：作者根据千村调查甘肃省康县村庄和农户问卷整理计算所得。

可以看出，十个村庄都有定期对村庄数据资料进行备份。除贾家坝村一年备份一次之外，其他村庄最少有一月备份一次，最多有每天备份一次。

备份较少的村庄应该重塑工作流程，提升流程的简便性和合理性。而备份较多的村

庄则可以创新工作思路,实施精准备份战略。

除村庄数据资料备份情况之外,村庄的网速、村民每日使用手机的时长也能够反应村庄数字基础设施的建设程度。我们将入村问卷中每个村二十户每日使用手机时长平均后进行对比,如图1所示。

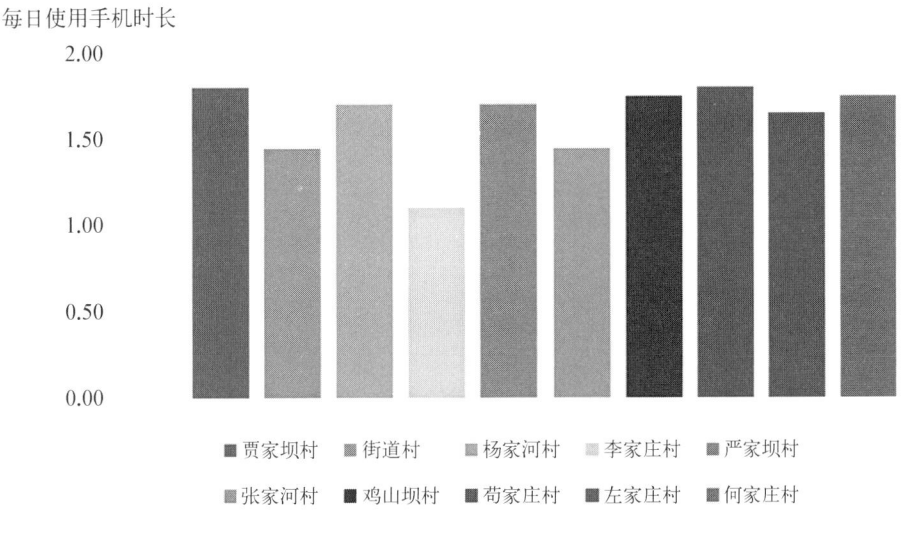

资料来源:作者根据千村调查甘肃省康县村庄和农户问卷整理计算所得。

图1 每日使用手机时长

可以看出,除李家庄村、街道村和张家河村的村民每日使用手机时长明显较短之外,其他七个村庄的村民每日使用手机时长都在1.5小时至2小时。当村户层面的网络接入条件已经充分具备时,手机使用与文化程度、村民年龄等因素息息相关。低教育群体和老龄群体对手机的适应能力不足,较难通过网络来获取日常需求信息。因此,村庄应结合农村留守人口的信息使用特点,通过手机等方式来畅通农村信息传播渠道,打破信息差,强化数字红利的普惠包容,将数字基础设施的建设落实到每家每户。

(二)农业生产信息化

农业生产信息化是乡村数字化发展的核心和重点。农业是乡村的主要产业和支柱,也是国家的战略性产业。通过数字技术提高农业生产效率、质量、安全和可持续性,是实现乡村振兴和农业现代化的关键。

我们从入村问卷中选取信息化对村主要产业影响,如图2所示。

可以看出,仅有两个村认为信息化对村主要产业没有影响,其他村则有例如提供更多帮助种植农产品

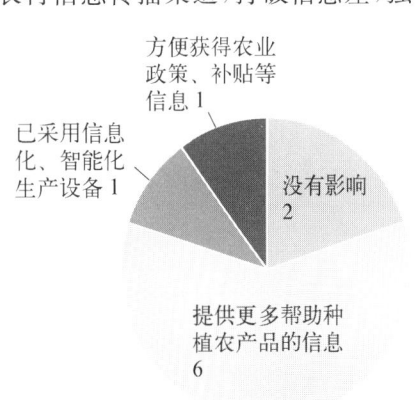

资料来源:作者根据千村调查甘肃省康县村庄和农户问卷整理计算所得。

图2 信息化对村主要产业的影响

的信息,方便获得农业政策、补贴等信息的看法。由此可见,信息化对村内例如农业相关产业有显著的影响,对于村民进行农业生产有极大的便利。

信息化为农村产业发展带来了新的机遇,村庄应该在村民之间大力宣传相关政策,鼓励村民利用信息化的发展来实现产业的新突破。

(三) 乡村治理信息化

乡村治理信息化是乡村数字化发展的保障和推动力。通过网络平台、大数据分析、智能监控等手段,可以提高乡村治理水平、效率和透明度,增强群众参与度和满意度,促进乡村社会稳定和民主法治,推进乡村公共服务均等化和便捷化,提升乡村治理能力和水平。

数字平台解决问题的能力是乡村治理信息化中一个重要组成部分。我们选取入村问卷中数字平台解决问题能力,如表2所示。

表2 数字平台解决问题能力

村　名	数字平台解决问题能力
贾家坝村	基本无法解决
街道村	能够及时解决
杨家河村	基本无法解决
李家庄村	能够解决,但比较缓慢
严家坝村	能够解决,但比较缓慢
张家河村	能够解决,但比较缓慢
鸡山坝村	能够解决,但比较缓慢
苟家庄村	基本无法解决
左家庄村	能够解决,但比较缓慢
何家庄村	基本无法解决

资料来源:作者根据千村调查甘肃省康县村庄和农户问卷整理计算所得。

可以看出,仅有街道村一个村庄能够及时解决数字平台的相关问题,而基本无法解决和解决缓慢的村庄则各占一半。由此说明村庄数字平台解决问题的能力还有所欠缺,主要原因在于村庄内缺少能够解决问题的专业人才。数字平台的问题如果不能及时解决,就可能引起村庄数据资料丢失等重大问题,从而影响乡村治理的秩序。所以不能及时解决和解决较慢的村庄应当及时与上级政府进行沟通,配备专业人才,提升数字平台解决问题能力,保障村庄数据资料的安全。

（四）数字金融

数字金融是乡村数字化发展的重要支撑和服务。通过移动支付、网络借贷、电子商务等方式，可以拓宽农民收入渠道、降低金融成本、提高金融普惠性和便利性，激发乡村创新创业活力。

其中，线上金融服务大大方便了村民的金融活动。我们选取了入村问卷中线上金融引起的积极变化，如图3所示。

可以看出，仅有一个村庄认为线上金融服务与线下金融服务没有太大差距，其他村庄则提出了支付更便捷、消费更容易，就业和收入增加等看法。对于村民来说，有应用线上金融服务的行为，首先得接受金融知识的普及。表3展示了不同村庄金融知识普及的情况。

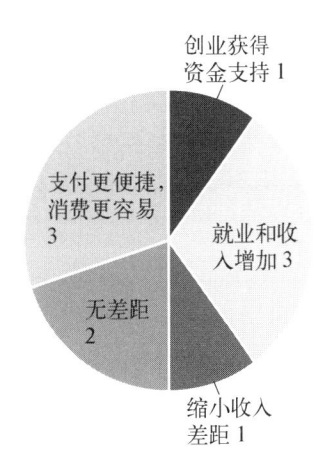

资料来源：作者根据千村调查甘肃省康县村庄和农户问卷整理计算所得。

图3 线上金融服务引起的积极变化

表3　　　　　　　　　　　金融知识普及情况

村　名	金融知识普及情况
贾家坝村	没有
街道村	没有
杨家河村	没有
李家庄村	没有
严家坝村	没有
张家河村	没有
鸡山坝村	线上投资理财（如微信、支付宝等）
苟家庄村	线上借款（如网商贷、旺农贷等）
左家庄村	线上投资理财（如微信、支付宝等）
何家庄村	金融消费者教育

资料来源：作者根据千村调查甘肃省康县村庄和农户问卷整理计算所得。

可以看出，大多数村庄的金融知识普及情况较差且较为单一。金融知识的普及不仅能够方便村民，节约村民花费在前往各项金融机构以及排队等候的时间，而且能够普及金融基础政策和法律法规，降低村民被欺骗诈骗的可能性，维护自身合法权益。因此，各个村庄应该大力普及金融知识，提高村民的金融素养，有效防范化解金融风险，助力广大村民维护自身合法权益，享受金融优惠政策。

（五）数字生活

数字生活是乡村数字化发展的结果和体现。通过网络教育、网络医疗、网络文化等服务，可以提高农民生活质量、健康水平和文化素养，缩小城乡差距，增强乡村吸引力。数字生活可以丰富农民的精神文化需求，培养农民的创新意识和能力，提升农民的幸福感和自豪感。其中，村民网络行为规范遵守情况可以有效反应村庄的文明程度和网络普及程度。我们选取了入村问卷中村民网络行为规范遵守情况，如表 4 所示。

表 4　　　　　　　　　　　　　村民网络行为规范遵守情况表

村　　名	贾家坝村	街道村	杨家河村	李家庄村	严家坝村
村民网络规范遵守程度	是	否	是	是	否
村　　名	张家河村	鸡山坝村	苟家庄村	左家庄村	何家庄村
村民网络规范遵守程度	是	是	否	是	否

资料来源：作者根据千村调查甘肃省康县村庄和农户问卷整理计算所得。

可以看到，十个村庄中绝大多数村庄的村民能够自觉遵守网络行为规范，只有个别村庄的村民还未做到。未做到村庄的村民，有可能是对网络行为规范的了解和意识还不够，并非故意不去遵守网络行为规范。因此，对这些村庄应该做好普及和宣传工作，打造文明上网的文明乡村。

五、调研分析

（一）模型方法介绍

1. 一级指标与二级指标的选取

由于本次项目主题为数字技术赋能乡村振兴，所以在一级指标的选取过程中，我们尽可能在较多覆盖问卷收集的数据的基础之下，来确定与主题相关的一级指标。在一级指标的选取过程中，我们阅读了大量文献，并结合调研和问卷设计的实际情况，确定了乡村治理信息化、农业生产信息化、数字基础设施、数字金融、数字生活这五个一级指标。在这五个一级一级指标之下，我们细分出不同的对应的二级指标，如表 5 所示。

表 5　　　　　　　　　　　　　　指标选取情况及分层

目　　标	一级指标	二级指标
数字乡村发展水平评价体系	数字基础设施	数字乡村服务平台建设
		村庄数据资料备份
		金融活动中权益受损的维权
		每日使用手机时长
		网速情况
		识别防范网络谣言与虚假信息情况

续 表

目　标	一级指标	二级指标
数字乡村发展水平评价体系	农业生产经营信息化	农产品销售方式
		信息化对村主要产业影响
		乡村振兴相关服务与帮助
	乡村治理信息化	数字平台解决问题能力
		村务公开频率满意度
		评比活动中互联网工具使用情况
		在线政务服务平台所以情况
	数字金融	金融知识普及情况
		线上金融服务引起的积极变化
		互联网保险服务情况
		金融机构线上业务满意度
	数字生活	网络花销情况
		村民网络行为规范遵守情况
		社交工具使用频率

资料来源：作者根据千村调查甘肃省康县村庄和农户问卷整理计算所得。

2. 层次分析法与结合熵权法的 TOPSIS 模型

由于一级指标的量化难度较大且指标的个数较少，因此我们采取层次分析法，以对一级指标进行更好的定性和定量的分析。对于二级指标，我们采取结合熵权法的 TOPSIS 模型，利用熵权法对各项二级指标赋予权重。最后，通过一级指标和二级指标的权重，以及各项二级指标的得分来计算各村庄最终的得分并给出排名。

(二) 利用层次分析法计算一级指标的权重

1. 建立判断矩阵

判断矩阵是利用一定的信息，来衡量两个变量之间相对重要程度的矩阵。其中第 i 行第 j 列的数值记为 a_{ij}（其中 $i,j=1,2,3,4,5$），a_{ij} 表示相对于 j 指标来说 i 指标的重要程度，表 6 列出了 a_{ij} 的具体含义。由于同一个指标的重要程度是一致的，且两个不同指标相互的重要程度是相反的，所以最终得出的判断矩阵有以下性质：对角线上的数值 $a_{ij}=1(i=j)$，且 $a_{ij} \times a_{ji}=1$。

表6　　　　　　　　　　　　　　　层次分析法的重要程度

数值 a_{ij}	具 体 含 义
1	表示两个因素具有同等重要性
3	表示两个因素相比,一个因素比另一个因素稍微重要
5	表示两个因素相比,一个因素比另一个因素明显重要
7	表示两个因素相比,一个因素比另一个因素强烈重要
9	表示两个因素相比,一个因素比另一个因素极端重要
2,4,6,8	上述两个相邻判断的中值

资料来源:清风数学建模学习笔记。

2. 根据方案层进行打分

在查阅大量文献资料、了解各项政策方针和考虑实地考察的情况下,我们得出了最终的判断矩阵,如表7所示。

表7　　　　　　　　　　　　　　　　判断矩阵

一级指标	数字基础设施	农业生产信息化	乡村治理信息化	数字金融	数字生活
数字基础设施	1	3	4	5	6
农业生产信息化	1/3	1	2	3	4
乡村治理信息化	1/4	1/2	1	2	3
数字金融	1/5	1/3	1/2	1	2
数字生活	1/6	1/4	1/3	1/2	1

资料来源:作者根据千村调查甘肃省康县村庄和农户问卷整理计算所得。

3. 判断矩阵的一致性检验

(1) 一致矩阵

判断矩阵的一致性检验是建立在一致矩阵的基础之上的。一致矩阵满足每个数值 $a_{ij}>0, a_{ij} \times a_{ji}=1$ 且 $a_{ij} \times a_{jk}=a_{ik}$。而在实际情况中,构造出的判断矩阵一般只能满足前两个条件。所以,为了保证构造出的判断矩阵合理可用,必须对其进行一致性检验。

(2) 具体方法

第一步,计算一致性指标 CI, $CI=\dfrac{\lambda_{\max}-n}{n-1}$。其中,$n$ 为矩阵阶数,$\lambda_{\max}$ 为矩阵的最大特征值。

第二步,查找对应的平均随机一致性指标 RI,如表8所示。

表 8　　　　　　　　　　　　　层次分析法指数表

n	1	2	3	4	5	6	7	8	9	10
RI	0.00	0.00	0.52	0.89	1.12	1.26	1.36	1.41	1.46	1.49

资料来源：清风数学建模学习笔记。

第三步，计算一致性比例 CR，$CR=\dfrac{CI}{RI}$。当 $CR<0.1$ 时，则判断矩阵通过一致性检验，否则，要对判断矩阵进行修正。

按以上方法计算得到判断矩阵的一致性比例 CR 为 $0.022<0.1$，所以构造的判断矩阵通过一致性检验。

4. 归一化求权重

利用算术平均法来求权重，为了尽可能用到所有信息，采用以下步骤来求取权重。

第一步，将判断矩阵按照列来归一化，即每个元素除以其所在列的和，如表 9 所示。

表 9

一级指标	数字基础设施	农村生产信息化	乡村治理信息化	数字金融	数字生活
数字基础设施	0.5128	0.5902	0.5106	0.4348	0.3750
农业生产信息化	0.1709	0.1967	0.2553	0.2609	0.2500
乡村治理信息化	0.1282	0.0984	0.1277	0.1739	0.1875
数字金融	0.1026	0.0656	0.0638	0.0870	0.1250
数字生活	0.0855	0.0492	0.0426	0.0435	0.0625

资料来源：作者根据千村调查甘肃省康县村庄和农户问卷整理计算所得。

第二步，将归一化的各列相加，如表 10 所示。

表 10

一级指标	未归一化的权重
数字基础设施	0.5128+0.5902+0.5106+0.4348+0.3750=2.4234
农业生产信息化	0.1709+0.1967+0.2553+0.2609+0.2500=1.1339
乡村治理信息化	0.1282+0.0984+0.1277+0.1739+0.1875=0.7156
数字金融	0.1026+0.0656+0.0638+0.0870+0.1250=0.4439
数字生活	0.0855+0.0492+0.0426+0.0435+0.0625=0.2832

资料来源：作者根据千村调查甘肃省康县村庄和农户问卷整理计算所得。

第三步，将相加后得到的向量中每个元素除以 $n(n=5)$ 得到权重向量，如表 11 所示。

表 11　　　　　　　　　　一级指标最终权重

一级指标	权重
数字基础设施	2.423 4/5＝0.484 7
农业生产信息化	1.133 9/5＝0.226 8
乡村治理信息化	0.715 6/5＝0.143 1
数字金融	0.443 9/5＝0.088 8
数字生活	0.283 2/5＝0.056 6

资料来源：作者根据千村调查甘肃省康县村庄和农户问卷整理计算所得。

除算术平均法之外，还可利用几何平均法和特征值法来求取权重。由于利用后两种方法与算术平均法得到的数值差别较小，因此可直接利用算术平均法得到的数据为一级指标赋予权重。并且为保证计算的一致性和完整性，后续的计算过程中也将统一采用算术平均法。

因此，最后得到五个一级指标的权重分别为数字基础设施占 0.484 7，农业生产信息化占 0.226 8，乡村治理信息化占 0.143 1，数字金融占 0.088 8，数字生活占 0.056 6。

（三）二级指标的评分与赋权——结合熵权法的 TOPSIS 分析

1. 指标的选取

对每个一级指标，我们依据数据的完整性、客观性、总体性特征选取了一系列二级指标作为代表。同时，二级指标必须易于处理、易于加工、代表性强。

运用 TOPSIS 方法进行分析前，需要选取合适的计分指标。其中有一些指标缺乏直观的定量回答（如村庄数据资料的备份与管理等），我们会按照一定标准将这些指标换算成定量数据：村庄数据资料的备份与管理中没有备份记 0 分，每天备份记 4 分，每周备份记 3 分，每月备份记 2 分，一年一次记 1 分；网络速度情况中很快记 5 分，快记 4 分，一般记 3 分，慢记 2 分，很卡记 1 分；农产品销售方式中通过合作社销售与商家上门采购记 2 分，农贸或批发市场销售记 3 分，网上销售记 4 分；数字技术对村主要产业影响中没有影响记 0 分，方便农资采购记 1 分，提供更多信息帮助决定种植何种农产品、获得生产技术指导信息记 2 分，已采用信息化智能化生产设备，获得农产品销售信息并开展网络，销售方便获得农业政策补助等信息记 4 分；金融知识普及中没有记 0 分，线上消费支付记 1 分，线上投资理财记 2 分，线上借款记 3 分，金融消费者教育记 4 分；上线金融与服务产品后的积极变化中支付消费更便捷记 1 分，企业经营资金有保障产品市场更广阔记 2 分，就业和收入增加与创业获得资金支持记 3 分，农业经营更稳定与缩小收入差距记 4 分，无变化记 0 分；这种量化方法在表12中称为"定量化评级"。还有一些指标为极小型指标，一律在进行正向化处理。其他需要特别说明的详见表12。

表12　　　　　　　　　　　　　二级指标数据处理方式

指 标 名 称	处 理 方 式
数字基础设施：	
数字乡村服务平台建设	无
村庄数据资料备份	定量化评级
金融活动中权益受损的维权	村内随机抽样做均值化处理
每日使用手机时长	村内随机抽样做均值化处理
网速情况	定量化评级
识别防范网络谣言与虚假信息情况	无
农业生产经营信息化：	
农产品销售方式	定量化评级做均值化处理
信息化对村主要产业影响	定量化评级
乡村振兴相关服务与帮助	无
乡村治理信息化：	
数字平台解决问题能力	定量化评级
村务公开频率满意度	抽样定量化评级
评比活动中互联网工具使用情况	无
在线政务服务平台情况	定量化评级做均值化处理
数字金融：	
金融知识普及情况	抽样定量化评级
线上金融服务引起的积极变化	定量化评级
互联网保险服务情况	定量化评级
金融机构线上业务满意度	抽样定量化评级并用均值填充空缺
数字生活：	
网络花销情况	抽样

续　表

指　标　名　称	处　理　方　式
村民网络行为规范遵守情况	无
社交工具使用频率	无

资料来源：作者根据千村调查甘肃省康县村庄和农户问卷整理计算所得。

2. 数据的正向化、标准化处理

为保证标度一致，从调查问卷中获得的数据不能直接使用，而应该进行正向化、标准化处理。首先是正向化。对表中提到的极小型数据，应该正向化处理，即形成二级指标分数越高，对应的一级指标得分越高的效果。

对这些数据的处理方式如下：

$$A'_{ij} = \max(A_{ij}) - A_{ij}$$

其中：i 表示第 i 个一级指标，j 表示对应的第 j 个二级指标。

之后，对所有指标进行标准化处理，以保证各指标的标度相同，公式如下：

$$A''_{ij} = \frac{A'_{ij}}{\sqrt{\sum_{i=1}^{5}(A'_i)^2}}$$

通过处理得到所示的结果如表 13 至表 17 所示。

表 13　　　　　　　　各村庄在数字基础设施指标上的得分

村　名	数字乡村服务平台建设	村庄数据资料备份	金融活动中权益受损的维权	每日使用手机时长	网速情况	识别防范网络谣言与虚假信息情况
贾家坝村	0.000 0	0.134 8	0.311 5	0.337 4	0.393 7	0.325 5
街道村	0.333 3	0.539 3	0.328 7	0.271 9	0.313 4	0.325 5
杨家河村	0.333 3	0.269 6	0.346 0	0.318 7	0.337 5	0.344 6
李家庄村	0.333 3	0.404 5	0.311 5	0.206 3	0.281 1	0.306 3
严家坝村	0.333 3	0.269 6	0.311 5	0.318 7	0.353 6	0.287 1
张家河村	0.333 3	0.269 6	0.276 8	0.271 9	0.305 4	0.363 7
鸡山坝村	0.333 3	0.269 6	0.346 0	0.328 0	0.353 6	0.363 7
苟家庄村	0.333 3	0.269 6	0.328 7	0.337 4	0.369 7	0.287 1

续 表

村 名	数字乡村服务平台建设	村庄数据资料备份	金融活动中权益受损的维权	每日使用手机时长	网速情况	识别防范网络谣言与虚假信息情况
左家庄村	0.333 3	0.404 5	0.294 3	0.309 4	0.313 4	0.325 5
何家庄村	0.333 3	0.539 3	0.328 7	0.328 0	0.297 3	0.248 9

资料来源：作者根据千村调查甘肃省康县村庄和农户问卷整理计算所得。

表 14　　　　　　　各村庄在农业生产经营信息化指标上的得分

村 名	农产品销售方式	信息化对村主要产业影响	乡村振兴相关服务与帮助
贾家坝村	0.626 8	0.385 4	0.365 0
街道村	0.171 0	0.275 3	0.292 0
杨家河村	0.285 0	0.165 2	0.306 6
李家庄村	0.114 0	0.055 1	0.365 0
严家坝村	0.114 0	0.165 2	0.365 0
张家河村	0.513 1	0.715 6	0.306 6
鸡山坝村	0.285 0	0.055 1	0.394 3
苟家庄村	0.342 1	0.165 2	0.248 3
左家庄村	0.171 0	0.165 2	0.350 4
何家庄村	0.626 8	0.715 6	0.350 4

资料来源：作者根据千村调查甘肃省康县村庄和农户问卷整理计算所得。

表 15　　　　　　　各村庄在乡村治理信息化指标上的得分

村 名	数字平台解决问题能力	村务公开频率满意度	评比活动中互联网工具使用情况	在线政务服务平台情况
贾家坝村	0.375 0	0.325 7	0.344 6	0.384 4
街道村	0.125 0	0.313 7	0.320 0	0.295 8
杨家河村	0.375 0	0.341 8	0.295 4	0.453 4
李家庄村	0.250 0	0.285 5	0.270 8	0.216 9

续 表

村 名	数字平台解决问题能力	村务公开频率满意度	评比活动中互联网工具使用情况	在线政务服务平台情况
严家坝村	0.250 0	0.305 6	0.295 4	0.335 3
张家河村	0.250 0	0.329 7	0.320 0	0.345 0
鸡山坝村	0.250 0	0.317 7	0.320 0	0.463 7
苟家庄村	0.375 0	0.313 7	0.258 5	0.187 4
左家庄村	0.250 0	0.313 7	0.258 5	0.236 6
何家庄村	0.375 0	0.285 5	0.307 7	0.266 3

资料来源：作者根据千村调查甘肃省康县村庄和农户问卷整理计算所得。

表 16　　　　　　　　　各村庄在数字金融指标上的得分

村 名	金融知识普及情况	线上金融服务引起的积极变化	互联网保险服务情况	金融机构线上业务满意度
贾家坝村	0.085 7	0.091 3	0.452 7	0.370 8
街道村	0.085 7	0.273 9	0.000 0	0.327 4
杨家河村	0.085 7	0.091 3	0.271 6	0.313 6
李家庄村	0.085 7	0.091 3	0.000 0	0.272 8
严家坝村	0.085 7	0.730 3	0.724 3	0.300 0
张家河村	0.000 0	0.273 9	0.000 0	0.327 4
鸡山坝村	0.257 2	0.456 4	0.000 0	0.334 0
苟家庄村	0.342 9	0.273 9	0.633 8	0.311 7
左家庄村	0.257 2	0.000 0	0.000 0	0.303 1
何家庄村	0.857 4	0.547 7	0.271 6	0.339 4

资料来源：作者根据千村调查甘肃省康县村庄和农户问卷整理计算所得。

表 17　　　　　　　　　各村庄在数字生活指标上的得分

村 名	网络花销情况	村民网络行为规范遵守情况	社交工具使用频率
贾家坝村	0.279 4	0.408 2	0.373 4
街道村	0.378 9	0.000 0	0.254 3

续 表

村　名	网络花销情况	村民网络行为规范遵守情况	社交工具使用频率
杨家河村	0.271 3	0.408 2	0.324 7
李家庄村	0.215 4	0.408 2	0.238 1
严家坝村	0.484 1	0.000 0	0.324 7
张家河村	0.477 7	0.408 2	0.265 1
鸡山坝村	0.250 9	0.408 2	0.367 9
苟家庄村	0.357 7	0.000 0	0.276 1
左家庄村	0.318 4	0.408 2	0.324 7
何家庄村	0.554 8	0.408 2	0.324 7

资料来源：作者根据千村调查甘肃省康县村庄和农户问卷整理计算所得。

3. 通过熵权法计算二级指标的权重

传统的 TOPSIS 法赋予各个指标相同的权重。但我们认为各二级指标的权重不应该是相同的，因此这里我们采用熵权法对模型权重的计算进行修正。对某一确定的一级指标，将其一系列二级指标经过正向化、标准化后的数据记录在 z_{ij}（表示第 i 个村庄的第 j 个指标的数据）中。之后计算其概率矩阵 P，公式如下：

$$p_{ij} = \frac{z_{ij}}{\sum_{i=1}^{n} z_{ij}}$$

容易验证，此时得到的概率矩阵满足 $\sum_{i=1}^{n} p_{ij} = 1$。

对第 j 个指标，其信息熵如下：$e_j = -\frac{1}{\ln n} \sum_{i=0}^{n} p_{ij} \ln(p_{ij})$。

信息熵越大，其对应信息量越少，由此我们引入信息效用值 $d_j = 1 - e_j$ 的概念，此时信息效用值越大，其对应的信息也越多。

最后将信息效用值进行归一化处理得到每个指标的熵权：

$$W_j = \frac{d_j}{\sum_{j=1}^{m} d_j}$$

将上述步骤进行计算机处理，得到的结果如表 18 至表 22 所示。

表18　　　　　　　数字基础设施指标在熵权法下的权重分析

二 级 指 标	信息熵值	信息效用值	权重(%)
数字乡村服务平台建设	0.954	0.046	10.013
村庄数据资料备份	0.905	0.095	20.81
金融活动中权益受损的维权	0.927	0.073	16.118
每日使用手机时长	0.943	0.057	12.521
网速情况	0.889	0.111	24.396
识别防范网络谣言与虚假信息情况	0.926	0.074	16.142

资料来源：作者根据千村调查甘肃省康县村庄和农户问卷整理计算所得。

表19　　　　　　农业生产经营信息化指标在熵权法下的权重分析

二 级 指 标	信息熵值	信息效用值	权重(%)
农产品销售方式	0.802	0.198	40.486
信息化对村主要产业影响	0.781	0.219	44.773
乡村振兴相关服务与帮助	0.928	0.072	14.741

资料来源：作者根据千村调查甘肃省康县村庄和农户问卷整理计算所得。

表20　　　　　　乡村治理信息化指标在熵权法下的权重分析

二 级 指 标	信息熵值	信息效用值	权重(%)
数字平台解决问题能力	0.929	0.071	15.999
村务公开频率满意度	0.885	0.115	25.867
评比活动中互联网工具使用情况	0.864	0.136	30.725
在线政务服务平台情况	0.878	0.122	27.41

资料来源：作者根据千村调查甘肃省康县村庄和农户问卷整理计算所得。

表21　　　　　　　数字金融指标在熵权法下的权重分析

二 级 指 标	信息熵值	信息效用值	权重(%)
金融知识普及情况	0.787	0.213	27.734
线上金融服务引起的积极变化	0.857	0.143	18.695

续 表

二级指标	信息熵值	信息效用值	权重(%)
互联网保险服务情况	0.666	0.334	43.571
金融机构线上业务满意度	0.923	0.077	10.001

资料来源：作者根据千村调查甘肃省康县村庄和农户问卷整理计算所得。

表22　　　　　　　　数字生活指标在熵权法下的权重分析

二级指标	信息熵值	信息效用值	权重(%)
网络花销情况	0.864	0.136	33.942
村民网络行为规范遵守情况	0.846	0.154	38.483
社交工具使用频率	0.889	0.111	27.576

资料来源：作者根据千村调查甘肃省康县村庄和农户问卷整理计算所得。

（四）最终得分

经过统计，得到了各一级指标下各项二级指标的得分与权重。我们将记录各项二级指标得分的矩阵记为 A1、A2、A3、A4、A5，记录各二级指标权重的矩阵记为 B1、B2、B3、B4、B5。通过矩阵运算 X＝A1B1＋A2B2＋A3B3＋A4B4＋A5B5（X 为一次表示 10 个村庄最终得分的列向量）得到各个村庄的综合得分与排名如表 23 所示。

表23　　　　　　　　　　各村庄最终得分及排名

村　名	得　分	排　名
贾家坝村	1.543 723 337	2
街道村	1.132 013 449	9
杨家河村	1.363 477 235	6
李家庄村	1.045 821 789	10
严家坝村	1.512 797 292	3
张家河村	1.512 734 581	4
鸡山坝村	1.323 934 75	7
苟家庄村	1.389 146 015	5

续 表

村　名	得　分	排　名
左家庄村	1.197 190 5	8
何家庄村	1.959 790 422	1

资料来源：作者根据千村调查甘肃省康县村庄和农户问卷整理计算所得。

六、结论与建议

（一）研究结论

王坝镇何家庄村属于城市郊区，是最早发展乡村旅游业的试点村镇，经济发展程度位居康县的上层水平，经济基础非常优越，连带数字发展水平非常高。在数字生活方面，何家庄村得分0.492 466，远超其他村庄，且该村高中及以上学历的人数远超其他村庄，在农业生产、乡村治理信息化、数字金融方面均居全县前列，是旅游型乡村的最典型代表。

岸门口镇贾家坝村也属于城市郊区，是最早发展智慧种植养殖业的试点村镇，数字发展水平较高，在农业生产方面得分0.389 085，位居首位。改村主要经营种植业，经济发展部分评分位居第二，其机械化率和农业社会化服务水平较优异，其非农业生产经营的餐饮旅游也为居民收入的增长提供助力。但是数字基础设施建设较差，没有很好地发挥城市郊区优势，有效利用村镇丰富的红色资源转型发展旅游产业。

岸门口镇的严家坝村与张家河村、街道村分别以种植菌类、中药材、小麦为主要发展方式，相较于其他方面来说，农业生产得分均位居前列，尤其是街道村的数字基础设施建设达到了0.361 625，位列第一。三村在近年的农业发展中逐步找到了适合自身地形气候种植方式的农产品，正在集中智慧农业发展并迎头赶上。

岸门口镇左家庄村是唯一一个发展建材产业的工业村，经过近几年的发展，已经形成了自己完整的工业体系，主要生产水泥、砖瓦、沙石等建筑材料，产品质量优良，市场需求旺盛。左家庄的数字金融得分0.354 698，位列全县第一，得益于成熟的工业体系衍生的一系列附属产业（例如搅拌厂、砖石厂），村民大多数尝试贷款投资资金入股小产业，数字金融发展水平随之提高，但总体数字化水平不高，需要全面协调、统筹发展。

（二）具体建议

1. 政策分析

利用乡村振兴战略的有利时机，把乡村建设作为中国现代化建设的重中之重，积极开展乡村建设行动，促进数字乡村深入发展。根据中办、国办《数字乡村发展战略纲要》提出的"到2025年数字乡村建设取得重要进展"的目标，深入分析数字乡村建设新形势的特点和挑战，关注"十四五"数字乡村发展的核心领域、短板环节，开展重点课题研究，产出一批有意义、有深度的研究成果，给出有针对性、可行性的政策建议。在中央网信办、农业农村部等部门的共同指导和推动下，引导国家数字乡村试点地区制定数字乡村建设规划，进行全面设计,明确建设目标、重点任务工程和实施步骤。

2. 具体建议

(1) 数字基础建设

在数字基础设施建设方面,建议加强康县个别地区特别是偏远落后地区的网络覆盖和通信服务。数字基础设施是数字乡村发展的基础和保障,也是康县农村地区实现数字化转型的重要条件。然而,目前康县农村地区的数字基础设施建设还存在不少问题,如网络覆盖不均衡、通信服务不完善、信息设备不普及等。这些问题严重制约了康县农村地区的数字化发展水平,影响了农民的数字生活质量和满意度。因此,加强整个康县农村地区的数字基础设施建设,是提升本县农村数字化发展水平的迫切需要。根据本次的调研结果,可以从二级指标的数据中看出大部分村民对网络流畅程度非常不满意,网络速度极大程度上影响了他们的网络体验感。这说明康县农村地区的网络质量还有很大的提升空间,需要加快推进5G和千兆互联网的建设,提高农村网速和网络质量。5G和千兆互联网作为新一代信息基础设施,具有高速率、低时延、大连接等特点,能够有效支撑农业生产经营信息化、乡村治理信息化、数字金融、数字生活等多个领域的应用需求。同时,需要加强康县农村地区特别是偏远落后地区的网络覆盖和通信服务,缩小城乡数字鸿沟,实现数字资源的公平分配和利用,有效改善农民的网络体验感,促进农村地区的数字化发展水平。具体措施可以参考甘肃数字乡村体系架构的典型案例,如图4所示。

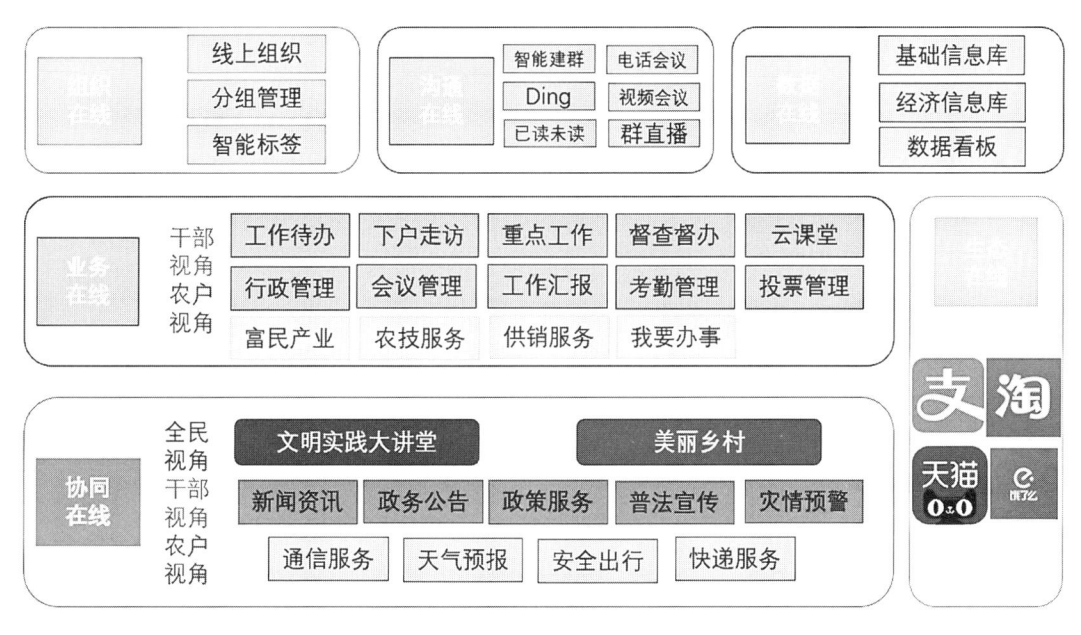

资料来源:数学乡村标准体系建设指南。

图4 甘肃数字乡村体系架构的典型案例

(2) 农业生产信息化

在农业生产信息化方面,数字技术需要发挥重要作用。数字技术可以被广泛应用于农业生产经营管理的各个环节,如土地利用、种植管理、收获处理、物流配送等,可以实现农业生产的数字化和智能化,有效提高农业生产效率和农民生活品质。智慧农业逐渐形成规模,数字化技术在农业生产中的总体应用比例显著提高,数字化技术为农产品的绿色生产、标准化生产和质量安全监管提供强有力的支撑。智慧农田、智慧牧场、智慧渔场等新型农业模式全面普及,可以显著提高农业发展的质量和效益。农业农村科技创新供给更加丰富,数字技术与农业装备、农机作业服务和农机管理深度融合。农村电商成为乡村数字经济发展的新动力,"互联网+"农产品出村进城深入推进,建立完善的农产品网络销售供应链体系、运营服务体系和支撑保障体系,促进了农产品产销的顺畅衔接。可以看出虽然数字技术对绝大多数村庄的农业生产都提供了帮助与改善,但是这些影响只浮于提供更多帮助种植农产品的信息,方便获得农业政策、补贴等信息的看法的表面阶段,并没有深入到改变传统小规模分散经营模式、提升务工人员数字素养、增强乡村治理能力等深层次问题。唯一有改进亮点的贾家坝村智慧农业的精细化、自动化也是刚起步发展,道阻且长。因此,在推进数字技术在农业生产信息化方面发挥作用的同时,还需要加强农村信息基础设施建设、农民数字技能培训、农业数字治理创新等方面的工作,以实现农业生产信息化的全面发展和深层转型。

(3) 乡村治理信息化

在乡村治理信息化方面,要利用好数字技术,如互联网、物联网、大数据、人工智能等,对乡村治理的各个方面进行数字化、智能化的改造和提升,从而提高乡村治理的效率和效果,促进乡村治理体系和治理能力现代化的过程。乡村治理信息化方面,我们所调研的村庄普遍得分非常低,这也是整个陇南市的乡村乃至整个西北地区的乡村走向更智能化、信息化的主要问题。建设一个集成乡村治理的各个方面,如党务公开、政务服务、民生资金、社会组织、社会事务、社会保障、社会监督等功能模块的数字平台,实现乡村治理数据的采集、存储、分析、共享和应用,提高乡村治理的精准性和便捷性,是康县乡村治理急需解决的问题。制定一套适合乡村特点和需求的数字规范,规范乡村治理数据的格式、标准、流程、接口等,保证数据的质量和安全,促进数据的互通和互认。同时,加强对数字平台的监管和评估,确保其符合法律法规和伦理道德,保护个人隐私和公共利益。由调研数据可以看出康县各个村镇数字平台解决问题的能力都很低,所以应当加强对基层干部和农民群众的数字技能培训和指导,提高他们使用数字平台的能力和意愿,增强他们对数字技术的信任和认同。同时,弘扬社会主义核心价值观,培育良好的网络文明和网络安全意识,引导广大干部群众自觉遵守网络规则和礼仪,维护网络秩序和网络声誉。

(4) 数字金融

在数字金融方面,要利用好其提高金融效率和普惠性,降低金融成本和风险,促进金融与实体经济的深度融合的特点,推动农村经济社会高质量发展。从调研结果来看,金融知识的普及率较低,大部分人只是对线上投资理财与借款有单一的认识,只有左家庄村的相关数字金融知识培训与其相应的生产力发展水平匹配。对于康县其他乡村地区的村委会来说,数字金融方面的工作重心主要是加强村民对公众和企业的数字金融知识普及和教育,提高村民使用数字金融的能力和意愿,增强村民对数字技术的信任和认同。同时,鼓励金融机构利用数字技术开发更多符合农村用户需求和场景的线上金融产品和服务,如线上支付、线上理财、线上贷款、线上投资等,提高线上金融服务的便捷性和普惠性。利用数字技术提升线上金融服务的安全性和可靠性,防范线上金融欺诈、诈骗等风险。

(5)数字生活

在数字生活方面,随着数字生活质量的不断提高,教育、医疗、文化、娱乐等公共服务不断丰富和改善,网络生活习惯和网络安全意识也需要随之不断培养和提高。从调研数据中可以看出康县地区绝大多数村庄的村民能够自觉遵守网络行为规范,只有个别村庄的村民还未拥有个人隐私保护意识来约束个人互联网行为。培育良好村民的网络文明和网络安全意识,引导广大用户自觉遵守网络规则和礼仪,维护网络秩序和声誉问题刻不容缓。同时,大部分使用社交工具的村民每日使用抖音的时长过多,也是需要引导的问题。村民应当在村民委员会的引导之下,根据自己的兴趣和需求,选择能够提供有价值和有意义的信息和服务的社交工具;根据自己的身份和目标,选择能够给自己带来正能量和帮助的社交圈子;根据自己的时间和精力,选择能够保持适度沟通和互动的社交频率,这些都需要相关村集体部门为乡村居民提供网络素养和网络安全的培训和指导。

参考文献

[1]廖泰来,张秋红.乡村振兴背景下数字农业发展水平评价指标体系研究[J].现代商贸工业,2023,44(01):19-21.

[2]许敬辉,王乃琦,郭富林.数字乡村发展水平评价指标体系构建与实证[J].统计与决策,2023,39(02):73-77.

[3]沈费伟,叶温馨.数字乡村建设:实现高质量乡村振兴的策略选择[J].南京农业大学学报(社会科学版),2021,21(05):41-53.

[4]秦秋霞,郭红东,曾亿武.乡村振兴中的数字赋能及实现途径[J].江苏大学学报(社会科学版),2021,23(05):22-33.

[5]张蕴萍,栾菁.数字经济赋能乡村振兴:理论机制、制约因素与推进路径[J].改革,2022,(05):79-89.

[6]甘浪雄,张怀志,卢天赋,等.基于熵权法的水上交通安全因素[J].中国航海,2021,44(2):53-58.

[7] Scientific Platform Serving for Statistics Professional 2021. SPSSPRO. (Version 1.0.11)[Online Application Software]. Retrieved from https://www.spsspro.com.

[8]蒋洪杰,欧阳曦.《中国数字乡村发展报告(2022年)》发布[J].乡村科技,2023,14(04):2.DOI:10.19345/j.cnki.1674-7909.2023.04.002.

[9]赵剑波.新基建助力中国数字经济发展的机理与路径[J].区域经济评论,2021(02):89-96.DOI:10.14017/j.cnki.2095-5766.2021.0032.

[10]王喜瑜.数字基础设施建设的思考与实践[J].中兴通讯技术,2022,28(02):65-67.

［11］崔凯,冯献.数字乡村建设视角下乡村数字经济指标体系设计研究[J].农业现代化研究,2020,41(06):899-909.

［12］张鸿,杜凯文,靳兵艳.乡村振兴战略下数字乡村发展就绪度评价研究[J].西安财经大学学报,2020,33(01):51-60.

村民数字素养测定及其影响因素
——基于广东普宁九村的调研数据

李嘉鑫[①]

摘　要：本文根据广东普宁九村的千村调查得到的调研数据，通过主成分分析法，得到了度量村民数字素养的工具，并且利用回归分析探究影响村民数字素养高低的因素。研究发现，村民的数字素养主要由数字化软硬件使用水平组成，其次是个人信息与网络需求意识，而后是数字化社交和相关权责意识等。基于以上量化后的数字素养，经研究发现，在社会层面，村民数字素养的高低与本村的经济发展水平，特别是有无数字化产业密切相关；同时，在个人与家庭层面，个人年龄、个人受教育水平、个人职业、个人网络使用偏好以及家庭内数字化设备的人均数量，都对村民个人的数字素养水平具有显著影响。

关键词：数字素养　乡村数字化　主成分分析　回归模型

一、引　言

随着数字化乡村建设的不断推进，乡村数字化一方面需要不断提高数字化基础设施建设水平，通过乡村网络建设，宽带进万家等等举措，将数字化送到村民手中；另一方面，需要不断通过教育、培训等方式提高村民的数字素养，使村民不仅知道有数字化设备，更能对其合理使用、充分利用，以使其发挥最大的效能，为乡村振兴助力。

（一）基本情况

为探究乡村数字化的现状以及存在的问题，笔者与老师、同学于2023年7月下旬，参加了上海财经大学"千村调查"广东省普宁市的定点调查，实地走访了南溪镇和里湖镇的9个村，200户人家，了解实际情况。

南溪镇，隶属于广东省揭阳市普宁市，位于普宁市东北部，东与榕城区梅云街道接壤，南与洪阳镇、广太镇接壤，西与揭西县棉湖镇接壤，北与揭东区霖磐镇、白塔镇隔榕江相望。辖区总面积50.18平方千米（国家统计局农村社会经济调查司，2019）。截至2020年末，南溪镇有户籍人口12.82万人，其中农村户籍人口12.58万人。

---

① 李嘉鑫，上海财经大学信息管理与工程学院2022级数据科学与大数据技术专业本科生。

民国时期,属普宁县第八区,解放初设钟堂区。1974年,析出广太公社、仍称南溪公社。1984年,改区。1986年,设镇(中国名镇大典广东编辑委员会,1997)。

2020年,南溪镇实现工农业总产值7.22亿元,财政收入3797万元,税收收入227万元,固定资产投资7.72亿元。

里湖镇,隶属于广东省揭阳市普宁市,位于普宁市西北部,毗邻榕江,地处榕江平原与南阳山区结合部。全镇总面积84.9平方千米。2018年末,里湖镇户籍人口120 071人(中国名镇大典广东编辑委员会,1997)。截至2020年6月,里湖镇共辖2个社区,23个行政村。

1957年,设立里湖镇。1958年,改为里湖公社。2003年,撤销石牌镇,并入里湖镇(《普宁县志》普宁县地方志编纂委员会,2012)。里湖镇是粤东的茶叶集散地,素有"温泉之乡"美誉,有侨胞和港澳台同胞4万多人。地理位置优越,是普宁西部门户,也是普宁三大中心镇之一。

2018年,里湖镇财政预算税收收入1 208万元,完成年初预算数1 028.6万元的118%,财税收入超额完成,包干指标拨款收入444万元,上级补助收入2 738万元,上年结余收入47万元,财政预算总收入4 437万元,比上一年度增加1 126万元。

(二)存在的问题

南溪镇与里湖镇都属于产业结构相对单一,产业基础相对薄弱的村镇。前者的第一产业相对发达,以旅游业为代表的第三产业也在加快推进建设;后者第三产业相对发达,城镇化水平相对较高。但两者在产业层面的现状是,数字化产业相对较少,并且弱势,仍然处在萌芽状态。目前两个镇都采取了相关举措推进数字化产业构建,其中南溪镇正在采取数字化方式推广当地文旅产业,而里湖镇正在搭建电商物流平台。但是由于缺乏其他相关的硬件设施以及数字化人才,并且缺少相关的技能培训,因此两个镇当下的数字化产业发展较为缓慢。此外,两个镇都属于人口流出的村镇,人口红利流失以及产业基础尚未健全,并且受制于地理条件,难以大规模耕作,以上诸多因素决定了两个镇的数字化发展之路不能照搬既有的数字化经验,也无法与北方部分产业基础雄厚、自然条件优越、数字化水平高的地区相提并论,需要走出一条因地制宜的数字化发展之路。

宏观上是如此,那么从微观上讲,在进村入户时与村干部的沟通和村民的交流中,我们了解到村级别的数字化硬件设施建设相对较好。以网络建设为例,受访村民都表示目前的网络流畅,能够满足日常使用的需要。但是,我们发现在网络全覆盖、手机基本上普及的情况下,村民对数字化设备的使用还相对保守,甚至个别村民虽然拥有智能手机但是只使用其中的拨号功能,并不使用微信等社交软件。而大部分的村民能够使用微信、抖音等社交平台,但更多的只是作为信息接收者,以交流娱乐为主要目的,在社交媒体上主动分享乡村风貌、家乡变化的少之又少。可见,村民对待数字化的态度还相对保守,是乡村数字化建设难以开展的一个重要原因。而这,也将影响村民的自主创业意愿和能力,难以塑造"新农人",并实现乡村振兴。

与此同时,村民使用金融工具的十分少。一方面,这与当地整体的经济情况相关联;另一方面这与当地村民的资金需求与金融素养相挂钩。而我们发现,线上支付在村民中较为普及,但是手机银行的普及率并没有想象中那么高。这也折射出村民对金融持较为保守的态度，以及其平时的消费习惯和生产经营模式。

在乡村之中，特别是在人口净流出的地区，老年群体需要被特别关注。在调研中我们发现，大部分老人对数字化设备有使用，这是一个令人欣喜的表现。同时，我们发现，在老年群体与年轻群体同居的情况下，前者的数字素养可能会高于孤寡老人。因此，我们希望探究其中是否存在必然的关联。

综上，在乡村的数字化基础设施建设相对完善，并且在不断提高的背景下，乡村的数字化发展更迫切地需要提高村民的数字素养。只有两者相辅相成，才能真正扎实推进数字化乡村建设，实现数字技术赋能乡村振兴。

（三）分析问题

此时有两大问题：一是如何将村民的数字素养进行量化，从而得到可以进行定量分析的数字素养；二是如何找到影响村民数字素养高低的因素，进而得出合理化建议，帮助当地以及其他有类似情况的地区进行村民数字素养提升和数字乡村建设。

二、文献综述

目前国内的研究主要停留在理论构建，路径探索，可行性分析等方面，如秦秋霞与其研究团队（秦红霞等，2021）在数字乡村的整体构建上做出了非常完善的理论成果；此外，王杰和他的团队（王杰等，2021），在数字素养测定以及相关领域的建模分析中，得出了很好的结果，通过数据很好地解释了数字素养与农民创业，从而缓解相对贫困的过程。但是其所采用的数据来源于北大，相对而言，缺乏了一些实证案例。王胜及其团队（王胜等，2021），对于数字乡村建设作用机理，实时策略，与现实意义做出了出色的分析，其结合地区差异进行数字化建设的思路与本文的撰写初衷不谋而合；但是文中只给出了农业为主乡村的数字化建设道路，并未就类似于本次调研地，人口流出，农业基础不够雄厚，受自然条件约束较大的农村给出具体建议。

三、模型基础

（一）数据来源

笔者是上海财经大学2023年"千村调查"广东省普宁市定点队的成员之一。调研团队分别来到南溪镇和里湖镇的共九个村实地调研了200户人家的受访者。剔除不使用数字化设备的27位个人后，我们共收集到173份有效问卷。本文将以这些问卷作为分析的数据基础。普宁市电商、服贸等产业较为发达，全市范围也在不断探索相关特色产业的发展路径，并在一些地区已经取得成效，因此研究样本具有良好的代表性和典型性。

（二）变量选取与指标定义

在调查中发现，村民数字素养的高低与许多因素有关，其中较为常见的有年龄、受教育水平、职业等个体因素，可能会对个人的数字素养产生影响。同时考虑到家庭因素，特别是在调研过程中，我们发现部分年龄较大的老人也可以轻松地使用智能手机，年龄并不是绝对的鸿沟。通过初步观察我们得知，这样的老人在家中有年轻人的情况下更能接受数字化的影响，故在本次探究中，我们将年轻人占常住人口的比例，作为一个可能的变量。除此之外，我们还选择家庭收入以及家庭中数字化设备的人均数量作为可能影响个人数字素养的潜在变量。对于家庭因素，本文采取人均方法进行变量赋值。

在个人条件之外，考虑到各个村不同的发展水平，我们通过入村问卷得知了各个村的经济发展水平、城乡位置编码、产业结构等相关信息，特别关注了是否有数字化产业这一重要指标，作为我们的变量。

考虑到个人的数字素养并不完全取决于网络之外的现实空间，我们同样需要考虑与之相对的赛博空间。故本次调研中，我们一并调查了村民平时的网络使用偏好，包括关注的内容，以及面对信息时的态度等等，作为我们研究可能影响数字素养的补充变量。

根据调研结果，村民的数字素养可以由15个问题共同确定。在进行分析之前，为实现量化分析，笔者对所有问题都进行了正向化处理，通过结合李克特量表计分法对其进行赋值。对性别、年龄、职业等都进行赋值，并将它们视作连续变量。

表1　　　　　　　　　　　　重点分析变量及其内容

大类	变量	描述	选项赋值
数字素养	X_1	平均每天使用智能手机或iPad的时长	5
	X_2	你感觉到网速如何	5
	X_3	你通常如何解决故障	3
	X_4	你对网页浏览的掌握程度	5
	X_5	你对office软件的掌握程度	5
	X_6	你对电子邮件的掌握程度	5
	X_7	你对娱乐音视频软件的掌握程度	5
	X_8	你对教育类应用的掌握程度	5
	X_9	你在获取信息时主要考虑哪些因素	5
	X_{10}	你在微信或抖音上分享视频的频率	5
	X_{11}	你是否了解如何防范诈骗和虚假信息	2
	X_{12}	你认为保护个人隐私重要吗	5
	X_{13}	在网上发生消费纠纷你是否会处理	2
	X_{14}	你在网上是否遵守一定的规范	2
	X_{15}	你是否定期管理你的数字资料	2

续 表

大 类	变 量	描 述	选项赋值
环境因素	A_1	村经济发展程度	5
	A_2	村集体收入合计	—
	A_3	是否有数字化产业	2
个人因素	B_1	你的性别	2
	B_2	你的年龄	—
	B_3	你的户口类型	2
	B_4	你的文化程度	6
	B_5	你是否担任/担任过村干部	2
	B_6	你现在从事何种工作	8
	B_7	你平时是有政务 APP 的频率	5
	B_8	是否使用过手机银行	2
家庭因素	C_1	家中孩子数量与常住人口占比	—
	C_2	家庭过去一年人均收入	—
	C_3	家庭人均拥有电脑数量	—
	C_4	家庭人均拥有智能手机数量	—
赛博世界因素	D_1	你使用终端的目的	5
	D_2	你如何筛选信息	5
	D_3	你是否使用社交工具	2
	D_4	你平时关注那些内容	5
	D_5	你平时使用社交工具的频次	5
	D_6	你是否会控制上网时间	2
	D_7	你是否认为上网是现实世界的一部分	2
	D_8	你认为上网有何影响	5

资料来源：作者根据 2023 年千村调查入村问卷、入户问卷整理所得。

四、数字素养评价

鉴于在描述数字素养时考虑了较多因素,充分考虑各变量之间的关系后,本文采用主成分分析法对所示使用的变量进行"浓缩",以求达到简化变量,发现共性的作用。通过主成分分析,得到几个主成分之后,再通过计算各个主成分对方差解释的贡献率,达到最终的数组素养公式,并量化得出村民的数字素养。

首先对于所有变量都进行正向化处理,使他们同向变化简约式子;之后对于数据进行标准化处理,让所需变量的量纲和单位统一,以此规避将所有变量归于一个公式后可能出现的单位不明,变量之间不能直接比较的困境。

样本数据通过了 KMO 和 Bartlett's 检验,KMO 为 0.830,Bartlett's 检验显著小于 0.05,主成分分析对于以上所有变量都有意义。通过此方法,一共从 15 个变量中,提取出了 6 个主成分变量,涵盖了 70.951% 的数字素养信息,可以在很大程度上度量一个村民的数字素养。具体主成分模型如下:

$$F_1 = 0.171*X_1 - 0.16*X_2 - 0.006*X_3 + 0.175*X_4 + 0.268*X_5 \\ + 0.27*X_6 + 0.108*X_7 + 0.294*X_8 - 0.012*X_9 - 0.124*X_{10} \\ - 0.056*X_{11} - 0.048*X_{12} + 0.018*X_{13} - 0.06*X_{14} + 0.039*X_{15}$$

$$F_2 = -0.215*X_1 - 0.032*X_2 + 0.119*X_3 + 0.046*X_4 - 0.005*X_5 \\ + 0.011*X_6 - 0.156*X_7 - 0.034*X_8 - 0.087*X_9 + 0.066*X_{10} \\ + 0.638*X_{11} + 0.448*X_{12} - 0.075*X_{13} + 0.088*X_{14} + 0.197*X_{15}$$

$$F_3 = -0.144*X_1 + 0.573*X_2 + 0.048*X_3 - 0.017*X_4 - 0.035*X_5 \\ - 0.003*X_6 + 0.025*X_7 - 0.132*X_8 + 0.645*X_9 - 0.065*X_{10} \\ - 0.147*X_{11} + 0.071*X_{12} + 0.047*X_{13} - 0.113*X_{14} + 0.145*X_{15}$$

$$F_4 = 0.318*X_1 + 0.238*X_2 - 0.008*X_3 + 0.064*X_4 - 0.121*X_5 \\ - 0.18*X_6 + 0.325*X_7 - 0.158*X_8 - 0.24*X_9 + 0.667*X_{10} \\ - 0.006*X_{11} - 0.014*X_{12} - 0.12*X_{13} + 0.063*X_{14} - 0.037*X_{15}$$

$$F_5 = -0.135*X_1 - 0.096*X_2 + 0.655*X_3 + 0.061*X_4 + 0.018*X_5 \\ + 0.022*X_6 - 0.071*X_7 - 0.06*X_8 + 0.042*X_9 + 0.064*X_{10} \\ - 0.064*X_{11} + 0.183*X_{12} + 0.042*X_{13} - 0.159*X_{14} - 0.521*X_{15}$$

$$F_6 = -0.078*X_1 - 0.005*X_2 - 0.139*X_3 + 0.011*X_4 - 0.001*X_5 \\ - 0.008*X_6 + 0.022*X_7 - 0.012*X_8 - 0.047*X_9 - 0.031*X_{10} \\ - 0.052*X_{11} + 0.131*X_{12} + 0.536*X_{13} + 0.699*X_{14} - 0.079*X_{15}$$

通过以上主成分分析,可以得到相应主成分对于数字素养的贡献率。首先,最高的是 F_1,其贡献率达到了 30.225%,其较高载荷,所代表的主要是软硬件使用;其次依次分别是 F_2,代表隐私防范意识,占比 9.709%;F_3 代表网络需求感知,占比 8.671%;F_4 代表网络社交能力,占比7.973%;F_5代表数字化设备管理能力,占比6.897%;F_6代表网络权责意识,占比6.438%。

可见,对于数字素养的刻画中,对于相关软件和硬件的使用仍然占了绝大部分的权重,其次是各种网络使用的能力以及相关意识的高低。数字素养的计算公式如下:

$$F_Z = 30.225\% F_1 + 9.709\% F_2 + 8.671\% F_3 + 7.973\% F_4 + 6.897\% F_5 + 6.438\% F_6$$

五、模型建立与实证分析

(一)计量模型构建

$$\begin{aligned}F_Z =& \beta_0 + \beta_1 A_1 + \beta_2 A_2 + \beta_3 A_3 + \beta_4 B_1 + \beta_5 B_2 + \beta_6 B_3 + \beta_7 B_4 + \beta_8 B_5 + \beta_9 B_6 \\ &+ \beta_{10} B_7 + \beta_{11} B_8 + \beta_{12} C_1 + \beta_{13} C_2 + \beta_{14} C_3 + \beta_{15} C_4 + \beta_{16} D_1 + \beta_{17} D_2 \\ &+ \beta_{18} D_3 + \beta_{19} D_4 + \beta_{20} D_5 + \beta_{21} D_6 + \beta_{22} D_7 + \beta_{23} D_8 + \mu_0\end{aligned}$$

其中F_Z代表的是数字素养,μ_0代表的是随机干扰项,本文采用截面数据进行分析,首先对模型进行共线性分析,所有变量的VIF都小于5,因此模型并不存在完全共线性问题。同时进行怀特分析,不存在异方差问题。

表2　　　　　　　　　　　　　　　　回归模型摘要

模型摘要[b]

模型	R	R方	调整后R方	标准估算的错误	R方变化量	F变化量	自由度1	自由度2	显著性F变化量
1	.854[a]	.729	.687	.223 840 315 82	.729	17.410	23	149	.000

a. 预测变量:(常量),您认为网络社交对现实生活有何影响?(　)【可多选】1. 方便人际沟通与联系 2. 拓宽交往的内容与范围 3. 改变传统交往的方式 4. 带来了大量商业信息 5. 带来了用工信息 6. 便于从事经营活动 7. 占用闲暇时间 8. 减少了家庭沟通 9. 其他(　) 您在上网时是否会刻意控制上网时间(比如控制刷抖音、打游戏、逛网店的时间或上网费用)?(　)1. 是 2. 否　家中孩子与总常住人口数之比,是否使用过手机银行 1. 使用过 2. 没有手机银行【跳转至K013】　您是否担任或担任过村干部(　)1. 是 2. 否　您的户口类型(　)1. 农业【跳至B005】2. 非农业 3. 统一居民户　村经济发展程度,[家庭资产情况-主要耐用品拥有情况]电脑①台(人均),您认为上网也是现实生活的一部分吗?1. 是 2. 否　村集体收入合计(万元),您如何筛选和选择合适的信息(如新闻门户、购物网站等)?(　)1. 浏览多个来源 2. 个人经验和直觉 3. 他人推荐 4. 其他,请说明(处理)　访员记录受访者的性别(　)1. 男 2. 女　您每周使用短视频类网络社交工具(如抖音/快手等)软件的次数?(　)1. 每天多次 2. 比较多 3. 一般 4. 少 5. 几乎不用(跳转L016)(处理),现在主要从事何种工作?(　)1. 自由职业 2. 退休 3. 务农 4. 务工 5. 经商 6. 事业单位人员 7. 党政工作人员 8. 学生　您使用本地的在线政务服务平台(比如政府APP、网上平台等)的频率如何?(　)1. 非常高 2. 比较高 3. 一般高 4. 比较低 5. 非常低 6. 不知道/不使用(处理)　您经常使用哪些网络社交工具?(　)1. 不使用【跳转至L016】2. 微信 3. 抖音/快手 4. QQ 5. 其他(处理)　[家庭收入]过去一年您家总收入(①)元(人均),您的文化程度(　)1. 小学以下 2. 小学 3. 初中/中专毕业 4. 高中/职高毕业 5. 大专毕业 6. 本科及以上[家庭资产情况-主要耐用品拥有情况]智能手机(②)台(　)(人均)　您使用电脑或移动终端的主要目的是?(　)【可多选】1. 看新闻 2. 跟亲戚朋友聊天 3. 学习 4. 看视频、听音乐等娱乐 5. 购物 6. 其他,请注明(处理)　您平时在网络上通常最常关注哪些内容?(　)【可多选】1. 朋友圈/QQ空间 2. 时政新闻 3. 娱乐资讯 4. 关注的企业/业界资讯 5. 致富信息 6. 金融信息(证券/理财等) 7. 兴趣爱好相关的信息 8. 其他(处理)　您的年龄,是否有数字化产业(　)

b. 因变量:F_Z(汇总得分)

资料来源:作者根据回归模型结果所得。

（二）模型结果分析

在回归分析中，通过标准化系数可以看出，村民的数字素养与村民个人的年龄和所受教育水平密切相关，两者的标准化系数的绝对值都超过了 0.2，分别是 -0.282 和 0.222。年龄越小的人，所能接受的教育资源就越丰富，这是时代发展必然会带来的变化。但是不妨碍我们仍然可以将年龄与受教育水平分别作为影响一个人数字素养的最强因素。

除此之外，可以看到，面对网络社交的态度和使用数字化设备的目的同样占据了很大的比重，这体现出，在面对数字化浪潮的过程中，我们无法同之前一样，单纯的关注现实世界。此时，赛博世界同样会对人起反作用。村民如何对待数字化设备，看待网络社交，将会在很大程度上影响村民的数字素养，进而影响村民的实际生产与生活。

与以上相关的，从个体的习惯层面来看，是否有手机银行也是与数字素养相关的变量。可以看出，有手机银行的村民的数字素养会更高，反映出数字化设备以及数字化的生产生活方式和经营模式，会对人产生持续性的影响。而在此过程中，数字素养自然更有机会得到提高。

在环境因素上，村里的经济发展程度与是否有数字化产业，这两项变量的标准化系数都超过了 0.1 的水平，表明在数字化环境中，村民的数字素养会有提高，特别是村里面有相关数字化产业时，影响更为显著。与之相比，村集体收入合计的影响相对较小，在一定程度上反映出，数字化建设所蕴含的革新力量。

在家庭因素上，影响并没有预期显著，其中标准化系数最高的是家中电脑的人均数量。与之相比，智能手机的人均数量并不能很好的反映一个人的数字素养。那么可以看出，单纯的使用智能手机对于数字素养的提升而言还不足，电脑的使用更能够说明一个人在软硬件使用上所体现的素养，而这也是上文中数字素养组成中权重最高的部分。

另外，我们关注到，职业对于一个人的数字素养表现相对较高，但是并没有想象中起到决定性作用。究其原因，可能有以下几点：乡村中的职业与城市中相同职业的数字化要求并不一样，这就导致我们在先前的预判中高估了职业对于一个人数字素养的影响；其次，乡村较为稳定的属性也是新技术不易到达的原因。以经商为例，在走访过程中遇到了有两个商贩，都是以便利店为经营单位，但是其中一个老板是 90 后，由于生意较好，他会使用 Excel 来进行经营活动；与之相对的，是一个经济不发达村落的经营者，由于交易量不大，并不需要通过数字化设备来辅助。因此，职业对于数字素养的影响较预期而言相对较低。

六、政策建议

基于以上实证分析，结合中国农村的现状与特征，以及普宁市的实际情况，给出以下建议：

（一）注重乡村教育，提升数字素养

在实证分析中，我们得出结论，年龄与受教育水平是影响数字化素养最高的因素，那么就应当在这两个方面不断深耕。一方面，需要吸引年轻人来到农村；另一方面，需要掌

握与农村相关的数字化技术。教育关系着人才培养,从外面引才固然重要,但是就本村而言,利用好当下在村中的年轻人,培植他们心中的乡土情怀,并且通过基础教育,数字化教育,职业教育等多条路径,使他们能够成为乡村数字化的主力军。

此外,可以引进外来的数字化资源,一方面是课堂教育,另一方面是实践教育,通过产业升级,招商引资,充分发挥外来资源的技术优势,理念优势,进而更好地提升数字素养。

(二)促进数字化产业以及提倡数字化生产经营模式

在分析中可以看出,是否具有数字化产业对于村民数字素养的提升同样十分关键。因此,需要当地结合自身实际,发展相关数字化产业,以提高村民数字素养。就调研结果来看,目前主要出现了以下几种可以带动村民数字素养提升的发展方式:一是发展电商产业,依托普宁当地较为发达的服贸产业,通过开网店来自行经销,不少村民都是通过这种方式开始数字化的生产生活;二是依托当地政府,建设相关的电商物流基地,通过物流基地来带动相关产业的协同发展,以此来实现数字化发展;三是借助当地的特色农产品,例如青梅,结合电商进行产品研发、市场营销,充分发挥数字化技术的协同功能,联结农户、企业、市场,进而带动上下游产业协同发展。通过以上举措,可以在宏观层面上提高村民整体的数字素养。

而落实到微观层面,在调查中我们发现,对于个体工商户,可以通过提倡数字化的经营模式,来提高他们的数字素养。对于农户,我们可以组织农民通过数字化途径,充分利用好"粤省事"等政府开发的便民利民小程序,来了解当前的农业政策,以及农业生产和生活的相关资讯,实现数字化便民举措的落地见效与数字化教育的有机统一,提高村民对数字化的认同感和获得感,从而最终提升村民的数字素养。

(三)进行数字化的宣传工作

在实证分析中可以得出,村民对待数字化的态度在相当程度上影响了村民的数字素养。在这一问题上,一方面需要加强宣传,让更多的村民了解数字化可以为自己的生活带来多大的变化,从而提高其对于提升数字素养的自觉性;另一方面可以鼓励村民创作,就调研结果来看,村民在数字化设备的运用过程中往往扮演的是信息接收者、娱乐软件使用者的角色。但是,如果可以鼓励村民通过新媒体,如短视频平台,进行一定程度上的创作,如记录年节活动,日常生活等,则既可以提升村民的数字素养,让他们以喜闻乐见的方式拥抱数字化,又是对当前乡村振兴成果的宣传,同时也是对民俗文化的保护、传承与发展。

与此同时,考虑到这几个村庄都是人口净流出的村庄,不少留在本村的孩子都是留守儿童,对于数字化设备的把控能力及运用能力不高。这也需要我们通过加强宣传教育,提升这个特殊群体的数字素养,并培植他们心中的乡土情怀,以解决当下日益严峻的农村留守儿童沉迷手机的问题,让数字化设备能够真正发挥作用。

参考文献

[1]秦红霞,郭红东,曾亿武.乡村振兴中的数字赋能及实现途径[J].江苏大学学报(社会科学版),2021(5):22-33.

［2］王胜,余娜,付锐.数字乡村建设：作用机理、现实挑战与实施策略[J].改革,2021(04)：45-59.

［3］殷浩栋,霍鹏,汪三贵.农业农村数字化转型：现实表征、影响机理与推进策略[J].改革,2020(12)：48-56.

［4］王杰,蔡志坚,吉星.数字素养、农民创业与相对贫困缓解[J].电子政务,2022(08)：15-31.

［5］侯银霞.东北乡村振兴的数字化弱势及其智慧赋能路径初探——一个区域社会治理视角[J].哈尔滨工业大学学报(社会科学版),2022(24)：83.

［6］郭廓.吉林省数字农业赋能乡村振兴之考量[J].行政与法,2022(2)：35-41.

［7］星焱.农村数字普惠金融的"红利"与"鸿沟"[J].经济学家,2021(02)：102-111.

［8］单德鹏,张永奇,王英.农户数字化素养、财产性收入与共同富裕[J].中央民族大学学报(哲学社会科学版),2022(03)：143-153.

［9］国家统计局农村社会经济调查司.中国县域统计年鉴·2019(乡镇卷)[M].北京：中国统计出版社,2020.05：409.

［10］中国名镇大典 广东编辑委员会.中国名镇大典 广东[M].北京：中国大百科全书出版社,1997.07：1610.

［11］揭东县地方志编纂委员会.揭东县志(1992-2010)[M].北京：方志出版社,2012.10：32.

［12］《普宁年鉴》编纂委员会.普宁年鉴[M].广州：广东人民出版社,2021.

［13］普宁市南溪镇人民政府.南溪镇概况[EB/OL].(2019-06-25)[2023-09-07].http：//www.puning.gov.cn/jypnnxzzf/gkmlpt/content/0/255/post_255176.html♯3720.

［14］普宁市里湖镇人民政府.里湖镇2018年财政预算执行情况和2019年财政预算报告[EB/OL].(2019-04-18)[2023-09-07].http：//www.puning.gov.cn/jypnlhzzf/gkmlpt/content/0/256/post_256558.html♯4006.

乡村数字化对农户收入水平的影响因素分析
——基于河北省保定市高碑店市三镇十村的调研数据

李孟禹[①] 刘珈企[②] 魏紫涵[③]

摘 要：乡村数字化是乡村振兴的最新着力点。本文选用上海财经大学千村调查河北省保定市高碑店市三镇十村的调研数据，对华北平原乡村数字化现状进行梳理，并试图寻找其中对农户收入水平的影响因素。研究发现数字化乡村振兴服务及农户信息化水平会对农户收入水平产生显著提升的作用，而数字金融普惠暂未对华北平原的乡镇产生显著的积极影响。

关键词：数字乡村 收入水平 影响因素 多元线性回归

一、引 言

2017年，十九大报告提出乡村振兴概念，数字乡村概念应运而生；2021年发布《中华人民共和国乡村振兴促进法》，乡村振兴的重要意义可见一斑；2022年，由中央网信办、农业农村部等联合印发的《2022数字乡村发展工作要点》强调，要"充分发挥信息化对乡村振兴的驱动赋能作用，加快构建引领乡村产业振兴的数字经济体系"。在我国数字乡村蓬勃发展的同时，也面临着一系列突出的问题：数字基础设施与网络服务的供给不足（朱烈夫等，2020），经营主体的数字化不足，农民数字技术不足等城乡之间的数字鸿沟（程名望和张家平，2019）。因此在数字赋能乡村振兴的宏观背景下，从微观视角研究该类数字鸿沟对农民收入水平的影响，对于缩小城乡之间收入差距以及提升农民的互联网红利具有重要意义。

自1992年《农村经济信息体系建设方案》首次提出对信息体系和信息服务工作的规划指导和统筹协调以来，国内学者对乡村数字化进行了大量研究。有学者认为数字乡村是以现代信息网络为重要载体，以现代信息技术为重要推动力，重构乡村经济发展的一种手段、过程和状态（王胜等，2021）。而作为乡村数字化基石的数字化基础设施建设，由于投资回报率及地理位置的偏差显现出差距，进一步扩大了城乡间的数字鸿沟（陈潭和王鹏，2020）。同时，数字化技术可以提升金融服务对弱势群体的可得性与便利性，尤其为农

[①] 李孟禹，上海财经大学金融学院2022级金融统计双学位专业本科生。
[②] 刘珈企，上海财经大学会计学院2021级会计学专业本科生。
[③] 魏紫涵，上海财经大学经济学院2022级经济学专业本科生。

村低收入群体带来了创业均等化(张勋等,2019)。同时数字化治理模式解决了村民参与不足的困境,消解了信息传播的局限性(胡卫卫和申文静,2022)。如果能够培养出高素质农民,更是能打破空间的局限性,成为农村可持续发展的重要主体(温涛和陈一明,2021)。

近年来,国内外学者对数字乡村的关注日益增加,但大多集中在宏观层面以国家战略为导向的理论研究以及数字赋能的作用机理,少有微观视角下的定量研究,因此本文选用千村调查的微观调研数据,试说明河北省保定市高碑店市内三镇十村的数字化应用的情况以及其对农户收入水平的影响,以揭示华北平原大部分乡镇的普遍情况。为数字化赋能乡村振兴提供有效措施及政策建议。

二、调研基本情况

(一)调研情况概述

本次千村调查中,三名研究人员随同上海财经大学定点调查团队前往河北省保定市高碑店市进行考察,以"数字技术赋能乡村振兴"为主题,深入中国农村,通过问卷面对面问答的方式,调研、收集和整理有关"数字技术""乡村振兴"等相关的村和户信息。

本次调研中,研究团队覆盖了河北省高碑店市方官镇、肖官营镇与泗庄镇,共3镇,其中包括赵辛庄村、大铺村、荒辛庄村、彦士堡村、西堡头村、温家佐村、德林庄村、郭街村、高庄村与十三里铺村,共10村。各村发放20份入户问卷、1份入村问卷,合计发放入户问卷200份、入村问卷10份。本研究将入户问卷中家庭基本信息、乡村振兴和数字乡村等信息进行整理后,删除存在信息不完整、前后信息矛盾的问卷22份,共回收有效入户问卷178份,其中包括方官镇40份,肖官营镇67份,泗庄镇71份。入户问卷有效率为89.0%。

(二)家庭总收入情况简介

本研究在分析所收集问卷数据时,重点关注家庭基本信息模块和数字乡村模块,通过对两模块信息的整理,意图掌握乡村数字化对农户生活水平的影响。基于此,本研究对178份有效入户问卷进行了问题筛选,统计出受访者性别、受访者年龄、家庭年收入等基本情况问题,以及家庭年支出、网络使用情况等后文回归所用数据。

根据统计分析:受访者性别分布均匀,受访者年龄段分布均匀,家庭年收入接近正态分布,均值位于1万~10万元人民币区间内。由此,该样本各项指标分布合理,能够较为准确地代表高碑店市农村的基本特征情况,具有一定的合理性、典型性和代表性。

表1 样本基本信息统计

	全样本		方官镇		肖官营镇		泗庄镇	
	样本数	百分比	样本数	百分比	样本数	百分比	样本数	百分比
受访者性别								
女	79	44.38%	17	42.50%	26	38.81%	36	50.70%

续 表

	全样本		方官镇		肖官营镇		泗庄镇	
	样本数	百分比	样本数	百分比	样本数	百分比	样本数	百分比
男	99	55.62%	23	57.50%	41	61.19%	35	49.30%
合计	178	100.00%	40	100.00%	67	100.00%	71	100.00%
受访者年龄								
30岁以下	9	5.06%	0	0.00%	4	5.97%	5	7.04%
31~40岁	37	20.79%	13	32.50%	11	16.42%	13	18.31%
41~50岁	41	23.03%	12	30.00%	17	25.37%	12	16.90%
51~60岁	51	28.65%	11	27.50%	18	26.87%	22	30.99%
61岁以上	40	22.47%	4	10.00%	17	25.37%	19	26.76%
合计	178	100.00%	40	100.00%	67	100.00%	71	100.00%
家庭年收入								
1万以下	10	5.62%	2	5.00%	5	7.46%	3	4.23%
1万~3万	25	14.04%	4	10.00%	14	20.90%	7	9.86%
3万~5万	33	18.54%	6	15.00%	10	14.93%	17	23.94%
5万~10万	66	37.08%	14	35.00%	23	34.33%	29	40.85%
10万以上	44	24.72%	14	35.00%	15	22.39%	15	21.13%
合计	178	100.00%	40	100.00%	67	100.00%	71	100.00%
家庭年支出								
1万以下	8	4.49%	1	2.50%	4	5.97%	3	4.23%
1万~5万	93	52.25%	17	42.50%	37	55.22%	39	54.93%
5万~10万	54	30.34%	14	35.00%	18	26.87%	22	30.99%
10万~15万	19	10.67%	7	17.50%	6	8.96%	6	8.45%
15万~20万	4	2.25%	1	2.50%	2	2.99%	1	1.41%
合计	178	100.00%	40	100.00%	67	100.00%	71	100.00%

资料来源：千村定点调查入户问卷。

本文进一步整理各乡镇家庭总收入分布情况,其具体分布情况见图1。

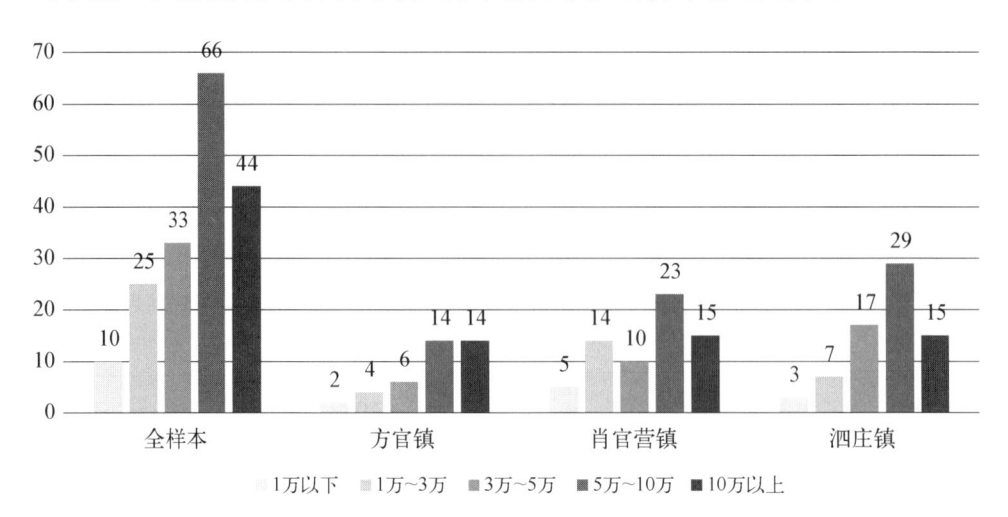

图1 家庭总收入分布图

资料来源:千村定点调查入户问卷。

本研究将家庭总收入评价标准划分为5个区间,其中1万以下代表贫困、1万~3万代表生活水平较低、3万~5万代表生活水平中等、5万~10万代表生活水平良好、10万以上代表富裕。

数据显示,全样本中相当比例的受访者的家庭总收入在3万~10万的区间,处于生活水平相对较好的状态,其余受访者数量向两侧减少,贫困受访者数量最少。三个镇分别的分布情况与全样本比较类似。

三、变量选取与数据说明

(一)被解释变量

家庭总收入作为解释变量,其中包括了农业经营收入、打工收入、补贴补偿性收入与土地流转收入。

(二)解释变量

对于本村有无网络提供与乡村振兴相关的服务这一问题,入户问卷的选项为"有""没有""不了解",我们分别将它们记为1、0、0.5,并将一个村所有户的该项指标的平均值作为该村的指标,这样可以在一定程度上反映该村网络在乡村振兴方面的普及程度。

对网页浏览、Office、电子邮件、娱乐类视频、教育教学类的掌握程度这五个指标的取值均为1~5,取值越大代表掌握程度越高,通过熵权法确定权重的TOPSIS可将这五个指标综合为一个指标,称为对常见电子应用的掌握程度。熵权法确定的五个指标的权重为0.1886、0.2447、0.2293、0.0939、0.2435,然后利用TOPSIS计算最终得分。

使用线上金融平台的个数即为对应数字。

（三）控制变量

"是否有村干部"这一指标中1代表有，0代表没有；"是否曾经为贫困户"这一指标中1代表是，0代表否；户籍人口数即为对应数字；本村经济发达程度在问卷中有下等、中下等、中等、中上等、上等这五个选项，而调研结果中只有选择中等和中上等的，于是用0代表中等，1代表中上等。

（四）描述性统计

变量描述性统计见表2。

表2　　　　　　　　　　　　　变量描述性统计

变量分类	变量名称	均值	方差	最小值	最大值
被解释变量	家庭总收入	67 316.29	3 346 814 591.82	800	500 000
解释变量	本村有无网络提供与乡村振兴相关的服务	0.412 9	0.013 5	0.263 0	0.647 0
	对常见电子应用的掌握程度	0.232 3	0.033 2	0.000 0	0.871 6
	使用线上金融平台的个数	0.443 8	0.316 0	0.000 0	3.000 0
控制变量	家中是否有村干部	0.146 1	0.125 4	0.000 0	1.000 0
	是否曾经为贫困户	0.089 9	0.082 3	0.000 0	1.000 0
	家中户籍人口数	4.668 5	2.957 3	1.000 0	10.000 0
	本村经济发达程度	0.393 3	0.240 0	0.000 0	1.000 0

资料来源：千村定点调查入户问卷。

四、实证分析

（一）回归模型建立

对于被解释变量，构建回归模型。模型为：

$$Y_i = \beta_0 + \beta_1 X_{1i} + \beta_2 X_{2i} + \beta_3 X_{3i} + \beta_4 X_{4i} + \beta_5 X_{5i} + \beta_6 X_{6i} + \beta_7 X_{7i} + \mu_i$$

其中Y为家庭总收入，X_1至X_7分别为本村有无网络提供与乡村振兴相关的服务、对常见电子应用的掌握程度、使用线上金融平台的个数、家中是否有村干部、是否曾经为贫困户、家中户籍人口数、本村经济发达程度。

对回归模型进行多重共线性检验，发现各个变量VIF均小于1.5，则可以认为不存在多重共线性问题；使用怀特检验检验是否存在异方差，发现回归模型中p值大于0.1，即在10%的显著性水平下不显著，可认为不存在异方差。

（二）结果分析

多元线性回归的结果呈现在表3中，表中数据为各解释变量的系数。

表3　　多元线性回归结果

变　量	家庭总收入
本村有无网络提供与乡村振兴相关的服务	7 477.367 0**
对常见电子应用的掌握程度	59 734.620 0***
使用线上金融平台的个数	880.240 6
家中是否有村干部	1 088.744 0
是否曾经为贫困户	−20 329.400 0
家中户籍人口数	5 009.183 0
本村经济发达程度	5 755.611 0
常量	26 087.710 0

注：*** 表示在1%的显著型水平下显著，** 表示在5%的显著型水平下显著，* 表示在10%的显著型水平下显著。

资料来源：Stata结果。

对于家庭总收入，本村有无网络提供与乡村振兴相关的服务在5%的显著性水平下显著。相关服务可能包括销售农产品、提供农业技术支持、帮助贷款等，在一定水平下可以改善农户的生活质量，提高农户家庭总收入。对常见电子应用的掌握程度在1%的显著性水平下显著。使用线上金融平台数量没有显著影响，可能的原因是使用线上金融平台或使用线下平台的主要取决于个人习惯，体现的数字素养不如对常见电子应用的掌握程度这一指标明确。

（三）异质性分析

将样本分地区、分层次进行回归，结果见表4。

表4　　分样本回归结果

解释变量	地区 方官镇	地区 肖官营镇	地区 泗庄镇	本村经济状况 中等	本村经济状况 中上等
本村有无网络提供与乡村振兴相关的服务	51 722.75**	264 221.00	80 702.56**	−145 211.20*	−129 480.60**
对常见电子应用的掌握程度	40 286.12***	77 237.22**	42 547.25***	21 318.31**	10 707.57***

续表

解释变量	地区			本村经济状况	
	方官镇	肖官营镇	泗庄镇	中等	中上等
使用线上金融平台的个数	21 534.76*	−10 826.12	16 363.48	14 424.40	−5 869.30
家中是否有村干部	5 776.84	−3 709.67	30 231.35	−533.53	−1 591.63
是否曾经为贫困户	−27 026.88	−26 499.61	18 521.89	3 471.58	−20 713.90
家中户籍人口数	−1 747.76	9 892.14	4 274.38	−1 798.66	−872.07
本村经济发达程度	0.00	58 576.91	22 421.43	0.00	43 406.70
常量	46 493.87	−137 866.40	37 458.58	72 256.14	49 627.82

资料来源：Stata 结果。

分地区：三个镇对常见电子应用的掌握程度均显著，方官镇和泗庄镇的本村有无网络提供与乡村振兴相关的服务显著，方官镇的使用线上金融平台的个数显著。

分特征：只有中等经济状况的村的使用线上金融平台的个数不显著，其他均显著。

五、结论与政策建议

（一）结论

本文对数字化乡村振兴服务、数字金融普惠以及农民信息化水平对农民收入水平的影响做出研究，并基于以上实证结果，得出以下结论：

（1）通过网络提供乡村振兴相关服务可以提高农户收入水平，并且为农民生活转型提供帮助。但同时部分居民并不知晓本村的网络服务，说明数字化服务的普及率有待提升。

（2）村民本身的信息化水平影响居民经济水平，说明随着村民现代技能的提高，可能可以内生性地推动农业农村现代化，建设数字乡村。

（3）对于 20 个村子中平均收入水平较高的村子，推动数字化发展的政策、数字金融普惠以及农民个人信息化水平对农民经济水平都有促进作用，而中等经济情况的村子则相对弱。这说明对于发展较好的乡镇，数字化发展提供的帮助更大。

（二）政策建议

1. 加大乡村振兴相关网络服务的宣传力度

为了加大乡村振兴相关网络服务的宣传力度，我们可以采取一系列措施。例如，利用社交媒体平台定期发布宣传内容，如成功案例、政策解读、乡村文化特色等，以吸引农户关注和参与。此外，可以与专业机构合作，进行合作推广，提高网络服务的知名度和认可度。

此外，加强与乡村振兴相关的机构和部门的合作，共同推广网络服务。与乡村产业发展、教育培训、农村电商等机构合作，互相宣传、互换信息，将网络服务与其他领域的工作相结合，形成合力。

2. 对农户进行常用信息技能培训

在走访过程中，我们发现农户对乡镇举办的活动的参与意愿是非常高的，因此可以由乡镇组织培训班或研讨会，邀请专家、技术人员和行业从业者，就农户日常生产经营所需的信息技能进行系统化的培训。培训内容可以包括使用电脑、智能手机和互联网的基本操作技巧，如网页浏览、电子邮件、社交媒体等的使用方法。此外，还可以重点介绍与农业生产相关的应用软件和在线平台，如天气预报、病虫害监测、市场行情等。通过学习这些技能，农户可以更加便捷地获取和传递信息，优化决策和经营管理。

为了使培训更具实效性，可以结合实际案例和操作演练，让农户亲自体验和应用所学的信息技能。同时，在培训结束后，可以设立技术支持热线或在线咨询平台，为农户提供后续的技术支持和指导。

此外，还可以鼓励和组织农户之间的交流和合作，分享使用信息技能取得的成果和经验。通过互相学习和借鉴，促进信息技能的共同提升，提高农户整体的竞争力和可持续发展能力。通过持续开展常用信息技能培训，可以提升农户的信息素养和应用能力，助力农业现代化进程，促进农民增收致富，实现乡村振兴。

参考文献

［1］朱烈夫,殷浩栋,霍鹏. 数字鸿沟：新贫困门槛的作用机制及消弥路径［J］. 信息通信技术与政策,2020(07)：78-82.

［2］程名望,张家平. 互联网普及与城乡收入差距：理论与实证［J］. 中国农村济,2019(02)：19-41.

［3］王胜,余娜,付锐. 数字乡村建设：作用机理、现实挑战与实施策略［J］. 改革,2021(04)：45-59.

［4］陈潭,王鹏. 信息鸿沟与数字乡村建设的实践症候［J］. 电子政务,2020(12)：2-12.

［5］张勋,万广华,张佳佳等. 数字经济、普惠金融与包容性增长［J］. 经济研究,2019,54(08)：71-86.

［6］胡卫卫,申文静. 技术赋能乡村数字治理的实践逻辑与运行机制——基于关中H村数字乡村建设的实证考察［J］. 湖南农业大学学报(社会科学版),2022,23(05)：61-67+75.

［7］温涛,陈一明. "互联网＋"时代的高素质农民培育［J］. 理论探索,2021(01)：12-21.

赞皇县乡村数字化水平评估
——基于赞皇县黄北坪乡石咀头村的调研数据

刘忻坤[①] 王劭昕[②] 苗冰妍[③]

摘　要：本研究以河北省石家庄市赞皇县为背景，以具有代表性的石咀头村为调研对象，探讨了该地区的数字乡村建设情况。通过实地调研和数据分析，笔者发现赞皇县整体的数字化建设受基础设施、地形地貌、经济基础影响目前发展水平较低；疫情后期，受电商示范城市政策影响发展速度明显提升。通过分析平山县数字化建设成功案例，发现农业与电商结合、农产品深加工、吸引人才返乡创业等措施能有效解决赞皇县数字化进程中的问题。

关键词：农村　数字化　秩和比综合评价法

一、引　言

信息技术的变革方兴未艾，传统产业的数字化、智能化转型成为经济增长的必由之路。处在脱贫攻坚与乡村振兴两大战略的交汇时期，提升农业农村信息化智慧化水平，完善乡村交通与通信设施建设，协调城乡资源分配，增强农村现代治理能力已成为巩固脱贫成果、助力乡村振兴的重要突破口。数字化在农业生产中的应用能促进农业农村实现智慧化，驱动传统产业实现一二三产业深度融合，推进农业现代化和乡村产业高质量发展的进程。数字技术的应用能够支持电子通信和交通运输设施的完善，提高农村地区的社会服务水平，提高村民生活的质量和幸福感，改善经济状况，提振农民信心。数字平台在基层治理中的灵活运用，能够实现"三务"公开常态化、制度化和规范化，使村民直接参与村级公共事务监督，加快乡村治理现代化和治理能力现代化建设的进程。因此，从乡村振兴的宏观视角下，客观评估当前数字乡村发展的成果，并从微观视角了解当前的困境，对于因地制宜优化数字化发展模式，提升村民数字素养，进而推进数字化进程，具有重要的理论和实践意义。

自数字乡村理念提出，国内已经对"数字乡村"助推农业高质量发展的思路及路径开

[①] 刘忻坤，上海财经大学金融学院2022级金融统计专业本科生。
[②] 王劭昕，上海财经大学金融学院2022级金融学专业本科生。
[③] 苗冰妍，上海财经大学金融学院2022级金融学专业本科生。

展了许多研究。针对"数字鸿沟"引发的区域差距拉大、信息消费服务阶层化明显等问题（陈潭等，2020），有学者指出根本出路在改革——秉承创新、协调、绿色、开放、共享五大发展理念，利用数字经济改变原有落后生产方式（吴奇修，2016；陈一明，2021）。针对农村产业结构与发展需求的错位，强化数字平台的资源集聚和优化机制，提高传统生产要素的配置效率（夏显力等，2019；曾亿武等，2021），实现产业链延伸、产业融合、农业功能拓展与特色产业发展（崔彩周，2018），加强农村数字金融基础设施覆盖面，为服务产业融合提供有力支持（何宏庆，2020）。当前国内对于数字化程度的评估研究大多取样于经济发展水平较高的长江经济带下游地区，在对建设环境、基础设施、科技创新、数字效益等多方面指标的综合评估下科技创新方面相较其他方面更为薄弱（吴坤等，2023）。当前石家庄市政府也积极推进数字技术和数字平台建设，引导各乡镇建立政务服务平台，提高了乡镇政府的办事效率；在乡镇建立电商服务点，打通农村快递物流"最后一公里"；建设"雪亮工程"，设立村、乡、县三级视频监控平台（王利敏，2021）。由于各地产业发展基础和自然地理条件有较大区别，评估方法和评估结果并不能够以一概全。因此，本文将利用千村调查所得数据，梳理河北省赞皇县当前数字化进程中的所取得的成就和存在的问题，探究山区的特殊地理形态对数字乡村建设的影响，并借助目前数字化乡村振兴成功案例探讨未来发展的新途径。

二、调研基本情况

（一）调研概况

本次千村调查，三位调查者前往河北省石家庄市赞皇县黄北坪乡石咀头村，以"数字技术赋能乡村振兴"为主题，走进乡村，走进农田，通过对村民抽样完成一对一入户问卷，以及对村委会进行访谈的方式，结合政府公开统计数据，对当地的人口、财务、产业、基础设施等信息进行较为全面地收集和整合。

本次调研共进行了1次村委会访谈，并通过对村民抽样进行了12次深入有效的入户访谈，另外参考河北省统计局和石家庄市统计局等官方统计年鉴，以及国务院、商务部发布的文件进行了数据收集与分析。

（二）村庄概况

石家庄市赞皇县，位于河北省西南部，与山西省相邻，地处太行山中段东麓，全县总面积1210平方公里（181.5万亩），地貌大致为"七山二滩一分田"。辖1个省级经济开发区，7镇4乡，211个行政村，11个社区，户籍人口28.2万人，常住人口23.7万人。自隋开皇十六年（596年）置县，至今已有1400多年历史。在革命战争年代，赞皇县是八路军太行一分区司令部和冀西特委所在地，享有"冀西十三县，赞皇是模范"的美誉。

石咀头村位于赞皇县黄北坪乡东北部，是白草坪水库移民村，整体依山而建，距县城23公里。全村共有174户，574人，脱贫户52户176人，五保户2户2人，劳动力人数307人，2021年人均收入11500元，经济发达程度为所在省的中等。村内收入主要依靠种植业和光伏发电：借助山场优势，引导村民种植核桃、板栗等经济作物，发展种植业；从2019年开始陆续栽种中药连翘 1 500 亩,计划联合附近村庄形成连翘种植基地;部队援建蔬菜大棚共 5.6 亩,种植番茄、黄瓜等农作物进行售卖;在移民办帮助下架设光伏发电 20 余千瓦,减少能源消耗。由于代表性的地形和经济状况,以该村作为调研样本具有典型性。

（三）基于访谈和问卷情况反映的数字乡村发展现状

为最大限度地反映真实情况,本次调查问卷我们分别选择了六户曾经的贫困户和六户非贫困户进行调查,并抽样选取了自 30～70 岁各年龄段的村民参与访谈。

受暑期部分村民外出务工的影响,本次参与调研的石咀头村村民受教育程度大多为初中学历,少部分为高中及大学学历,户均耕地仅 1.76 亩,种植农作物多为自给自足。

大多数家庭都无法保证每个成年人都有智能手机(见图1),留守在村中的老人大多没有接触过数字服务。

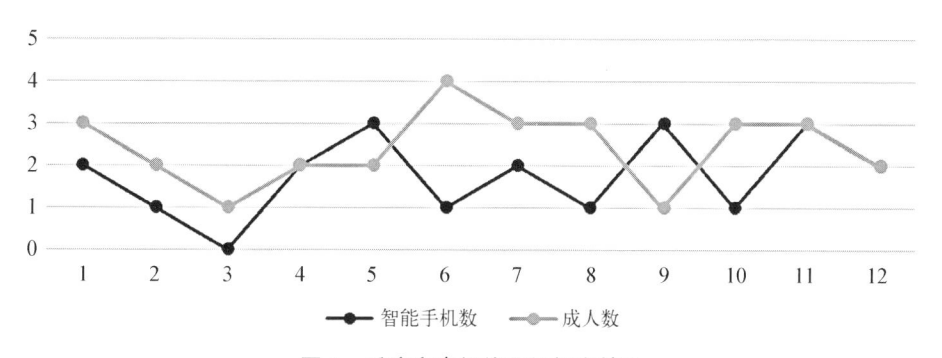

图 1　受访家庭智能手机拥有情况

赞皇县每个农村都有政府建立的政务公开小程序,但当问及村中是否有村务公开的线上平台时,所有受访者均表示没听说过或确定没有。

访谈中问及网络、信息化等数字技术对访谈对象的生产经营的影响时,无人表示已采用信息化、智能化生产设备,接近三分之一的受访者表示对自己的生产没有影响(见图2)。这表明石咀头村农业生产的信息化程度较低,仍以传统种植业为主。

关于电脑和移动终端使用时的故障和问题,受访村民提到最多的是设备故障和网络连接不稳定(见图3)。在与村委会进行入村访谈时,村委指出全村 4G 网络实现了全覆盖,附近目前还没有建立 5G 基站,因此没有 5G 信号。部分受访者仍在使用功能相对不全面的老年机,上网速度慢,体验较差。独居老人缺乏学习智能设备操作的途径,缺少必要的知识和技能;某些平台和 App 也不适合老年人的使用习惯,存在操作界面复杂难以辨识、字体较小或长辈

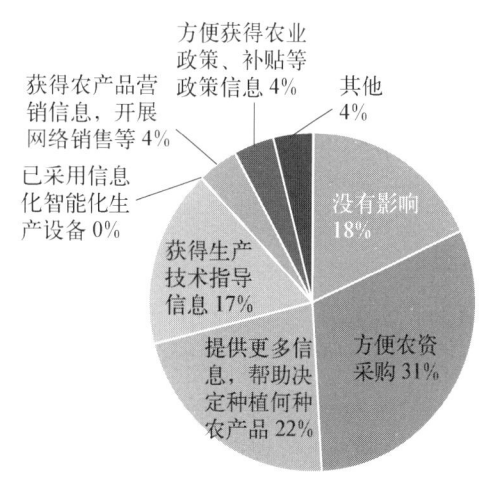

资料来源：作者根据千村调查入户问卷整理计算所得。

图 2　数字技术对受访家庭的影响

模式隐藏较深等问题,给老年人造成了一定的困难。

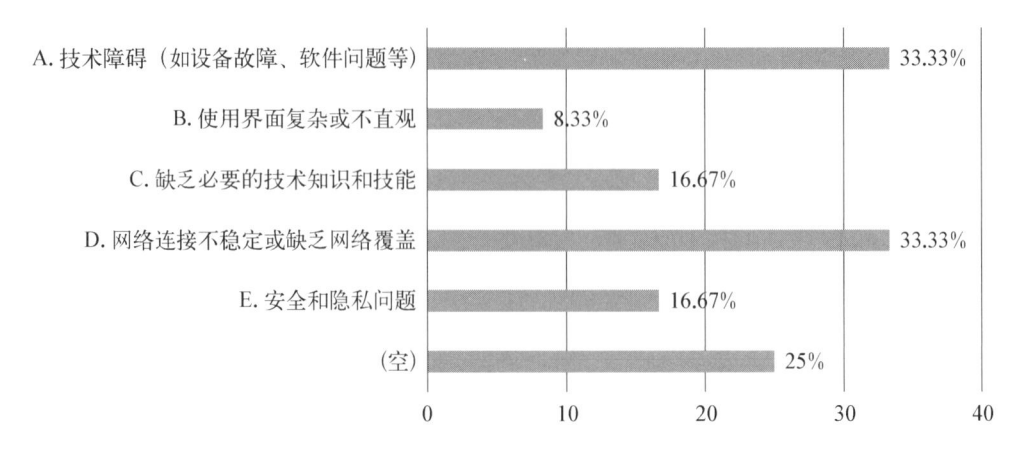

```
A. 技术障碍（如设备故障、软件问题等）         33.33%
B. 使用界面复杂或不直观        8.33%
C. 缺乏必要的技术知识和技能    16.67%
D. 网络连接不稳定或缺乏网络覆盖              33.33%
E. 安全和隐私问题              16.67%
(空)                          25%
```

资料来源:作者根据千村调查入户问卷整理计算所得。

图 3　受访者使用电子设备遇到过的障碍

根据问卷结果,可以判断石咀头村数字乡村发展仍处于较为初级的阶段,电子信息和互联网在乡村治理中的成效并不突出,在农林牧渔业等生产领域应用并不广泛,线上金融服务受众少。大多数受访村民对数字乡村未来的应用仍保持乐观的态度,乐意尝试金融机构的线上业务,表示愿意参与数字化培训并为村庄数字化做出贡献。

石咀头村作为赞皇县近 200 个山村中一个典型缩影,面临着耕地不足、劳动力流失、老龄化严重,以及传统经济作物核桃需求减少导致价格下跌的困难。如何在未来持续发展,如何把握数字乡村建设的契机,如何借助电子商务和直播的力量,是石咀头村亟待解决的核心问题,也是赞皇县所有乡村的共同问题。

三、基于秩和比综合评价法的河北省赞皇县数字乡村发展水平研究

(一)模型背景介绍与基本原理

秩和比(Rank Sum Ration,RSR)统计方法是我国统计学田凤调在 1988 年提出的一种全新的广谱实用的数量方法,其在多指标综合评价和统计质量控制方面已得到广泛应用。

秩和比综合评价法的原理是在一个 $n \times m$ 的矩阵中,通过秩转换,获得无量纲统计量 RSR;以 RSR 值对评价对象的优劣直接排序或者分档排序,从而对评价对象进行综合评价。

(二)模型评价指标选取

近年来,石家庄市所辖县域数字经济发展迅速,通过改善基础设施,包括电力和互联网覆盖,农村地区现在拥有更稳定的网络连接,为数字化服务的发展创造了有利条件。数字农业技术的应用提高了农业机械化水平,农产品的质量和产量得以提高。此外,政府数字化政务服务使农民能够更轻松地办理行政手续,减轻农民负担。根据石家庄市实际情况,作者从建设环境、基础设施、科技创新三个维度共选取了 8 个指标,具体如图 4 所示。

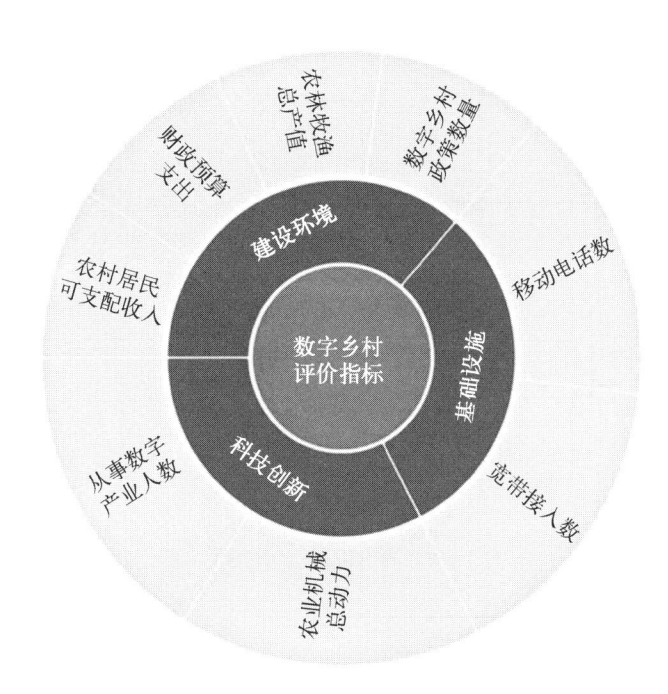

图 4　数字乡村评价指标

（三）数据来源及缺失值处理

以上指标的数据来源于千村调查、2013—2022 年《河北省统计年鉴》《河北农村统计年鉴》等统计资料。对于缺失值，采用三次样条插值和拟合法进行补充。

（四）数据描述性统计

数据描述性统计见表1。

表 1　　　　　　　　　　　　　　　指标描述性统计

名　称	样本量	最小值	最大值	平均值	标准差	中位数
农村居民可支配收入	10	4 487.000	12 602.880	7 672.388	2 876.257	7 235.500
财政预算支出	10	108 744.000	263 814.000	180 477.100	49 265.844	180 614.000
农业机械总动力	10	49.000	71.000	54.813	6.510	52.500
宽带接入数	10	25 717.000	90 826.140	54 821.200	24 942.690	57 394.500
从事数字产业人数	10	888.000	1 982.000	1 296.700	402.324	1 323.000
农林牧渔业总产值	10	239 228.000	419 461.000	304 691.500	55 888.662	285 676.000
移动电话数	10	203.790	264.860	240.597	23.146	243.960
数字乡村政策数量	10	2.000	26.000	7.200	7.036	5.000

资料来源：2013—2022 年《河北省统计年鉴》《河北农村统计年鉴》和《中国县域统计年鉴》。

（五）模型建立

1. 编秩

将 2013—2022 年赞皇县的 8 个评价指标排列成 10 * 8 的数据矩阵 $X=(X_{ij})_{n\times m}$。采用类线性插值法进行编秩，记所得到的秩矩阵为 $R=(R_{ij})_{n\times m}$，则：

$$R_{ij} = 1 + (n-1) \frac{X_{ij} - \min(X_{1j}, X_{2j}, \cdots, X_{nj})}{\max(X_{1j}, X_{2j}, \cdots, X_{nj}) - \min(X_{1j}, X_{2j}, \cdots, X_{nj})}$$

2. 主成分分析法计算权重

采用主成分赋权法确定各指标的权重，该方法克服了权重确定时的主观性，具有合理性较高的优点。

（1）KMO 和 Bartlett 的检验

表 2 KMO 和 Bartlett 的检验

KMO 值		0.713
Bartlett 球形度检验	近似卡方	104.281
	df	28
	P 值	0.000

从表 2 可以看出：KMO 为 0.713，大于 0.6，满足主成分分析的前提要求，意味着数据可用于主成分分析研究。以及数据通过 Bartlett 球形度检验（$p<0.05$），说明研究数据适合进行主成分分析。

（2）计算特征根、载荷系数、线性组合系数矩阵

（3）计算权重

计算综合得分系数，即

$$得分系数 = \frac{累计(线性组合系数 \times 方差解释率)}{累计方差解释率}$$

将得分系数进行求和归一化即得权重，结果如表 3 所示。

表 3 指标权重

指 标 名 称	权 重
农村居民可支配收入	0.149
财政预算支出	0.147
农业机械总动力	0.101

续　表

指　标　名　称	权　重
宽带接入数	0.147
从事数字产业人数	0.146
农林牧渔业总产值	0.120
移动电话数	0.142
数字乡村政策数量	0.047

3. 计算秩和比（RSR）

根据公式：

$$RSR_i = \frac{1}{n}\sum_{j=1}^{m} W_j R_{ij}, \quad i=1,2,\cdots,n$$

（其中 W 为权重）计算秩和比，RSR 即为各年度数字乡村评价得分。

（六）结果与分析

RSR 值的计算见表 4 和图 5。

表 4　　　　　　　　　　　RSR 值计算表格

年份	农村居民可支配收入【秩】	财政预算支出【秩】	农业机械总动力【秩】	宽带接入数【秩】	从事数字产业人数【秩】	农林牧渔业总产值【秩】	移动电话数【秩】	数字乡村政策数量【秩】	RSR值	RSR排名
2013	1.0	1.0	1.0	1.0	1.0	2.4	1.0	3.3	0.127	10
2014	1.0	1.8	1.8	1.2	1.0	3.2	2.4	1.8	0.173	9
2015	1.7	3.2	1.8	1.6	1.1	3.5	3.5	10.0	0.268	7
2016	2.4	3.6	1.4	1.6	1.1	3.0	5.0	1.4	0.256	8
2017	3.1	4.3	2.2	5.3	4.2	1.0	5.3	2.1	0.369	6
2018	5.0	6.0	2.6	5.5	5.0	2.2	8.6	1.0	0.494	5
2019	6.0	6.4	10.0	7.4	5.0	4.0	9.3	2.5	0.658	4
2020	6.9	7.4	3.7	7.8	6.9	5.7	9.5	4.0	0.686	3
2021	8.3	7.9	4.0	8.9	8.4	7.9	9.8	1.4	0.773	2
2022	10.0	10.0	5.2	10.0	10.0	10.0	10.0	2.1	0.914	1

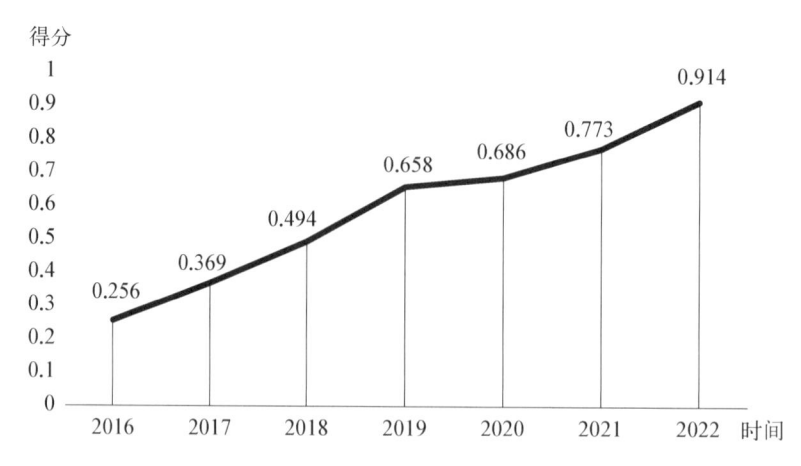

图 5　赞皇县数字乡村评价得分(2016—2022 年)

从总体上看,近十年来赞皇县数字乡村发展稳步增长,呈现出巨大的潜力。宽带、移动电话用户规模的快速扩大反映出数字化建设基础设施的完善,优化了数字化产业发展环境,推进了信息服务体系的建立。自 2003 年数字乡村在广东省率先实施以来,国家和地方均出台了大量政策对农村信息化进行扶持,并制定了相关规范,积极规划农村数字产业的发展。受政策引导和行业需求,数字产业从业人员在 2017 年后快速增加,赞皇县数字产业已经具备一定基础。农村居民可支配收入和农业总产值两个指标的增长反映了赞皇农业发展,其中农业总产值受到强降雨洪涝等自然灾害在 2016 年大幅下降,表明赞皇县的农业模式仍较为传统,抗灾稳定性较差。近十年赞皇机械总动力波动较大,且发展较为缓慢,目前仍然存在机械化低、小农经营的特点,在一定程度上限制了农业产值的上升。

农民可支配收入在近十年内持续增长,年均增长率为 54.12%,这反映了农村财务状况的改善,2019 年及 2020 年受疫情封控影响增长速度略有下降,但经过调整在 2021 年经济迅速回暖,反映了该地区产业具有收入较为稳定、抗风险能力增强的特点。根据赞皇县主要支柱产业为旅游业和林果业为主的产业结构,以及 2021 年成为电商重点示范城市的公示,可以判断经济回暖与电商在传统林果业的参与有着一定联系。

四、石家庄市所辖县域数字乡村评价比较

本部分,作者将全面分析比较石家庄市所辖 13 个县的数字经济发展状况,通过综合评分和指标数据比较,分析不同地区发展数字经济的推动因素,希望能给发展较为落后的地区提供一些建议。

(一)数据来源及描述性统计

本部分共选取石家庄市所辖 13 个县进行分析研究。数据来源于千村调查和市级县级统计年鉴。对于缺失值进行了插值补充,其中行唐县的数据缺失较多,不在本次研究范围内。数据描述性统计如表 5 所示。

表 5　　　　　　　　　　　　　　　指标描述性统计

名　称	样本量	最小值	最大值	平均值	标准差	中位数
农村居民可支配收入	13	10 832.000	24 253.000	18 132.049	4 336.659	19 019.000
财政预算支出	13	186 997.810	788 312.000	402 097.112	191 875.847	403 336.810
农用机械总动力	13	27.750	184.180	73.738	40.973	68.620
宽带接入数	13	38 497.090	264 312.010	109 536.990	63 174.670	83 374.000
从事数字产业人数	13	96.000	2 548.000	1 179.154	890.741	894.000
农林牧渔业总产值	13	198 784.000	909 822.000	459 881.077	189 191.607	414 631.000
移动电话数	13	14 098.000	834 664.000	411 814.231	238 055.230	422 596.000

资料来源：2013—2022年《河北省统计年鉴》《河北农村统计年鉴》和《中国县域统计年鉴》。

（二）权重及 RSR 值计算

计算过程同上，权重及 RSR 值如表 6 和表 7 所示。

表 6　　　　　　　　　　　　　　　指标权重

指　标　名　称	权重
农村居民可支配收入	0.008
财政预算支出	0.198
农用机械总动力	0.142
宽带接入数	0.121
从事数字产业人数	0.163
农林牧渔业总产值	0.204
移动电话数	0.164

表 7　　　　　　　　　　　　　　　RSR 值计算表格

项	农村居民可支配收入【秩】	财政预算支出【秩】	农用机械总动力【秩】	宽带接入数【秩】	从事数字产业人数【秩】	农林牧渔业总产值【秩】	移动电话数【秩】	RSR 值	RSR 排名
井陉	6.7	3.0	1.7	3.0	7.7	1.0	1.0	0.220	11
正定	12.9	13.0	5.0	8.6	10.0	7.5	10.2	0.714	2

续　表

项	农村居民可支配收入【秩】	财政预算支出【秩】	农用机械总动力【秩】	宽带接入数【秩】	从事数字产业人数【秩】	农林牧渔业总产值【秩】	移动电话数【秩】	RSR值	RSR排名
灵寿	1.5	3.6	3.1	2.6	12.7	6.1	6.8	0.453	5
高邑	7.5	1.0	2.8	1.9	1.9	1.9	4.1	0.173	13
深泽	7.5	1.0	1.0	3.4	4.7	2.7	3.7	0.209	12
赞皇	1.0	1.9	3.3	3.3	8.3	4.0	4.1	0.316	9
无极	8.6	5.9	4.1	13.0	2.2	7.9	10.4	0.544	4
平山	2.4	6.8	4.5	3.9	10.9	3.6	2.9	0.421	6
元氏	8.5	3.5	4.7	1.0	2.2	3.9	7.7	0.306	10
赵县	9.0	5.3	4.2	7.3	2.3	4.6	9.0	0.415	7
晋州	13.0	5.6	3.0	2.2	1.0	6.2	7.0	0.345	8
新乐	10.9	5.6	13.0	4.9	4.9	7.8	8.7	0.573	3
辛集	8.3	12.6	8.6	6.9	13.0	13.0	13.0	0.887	1

（三）分档排序

首先确定 RSR 分布（即概率单位 Probit 表达值的累计频率），将所得 Probit 值作为自变量与 RSR 进行回归计算，即

$$\mathrm{RSR} = \beta Probit + \alpha$$

经计算，联合显著性检验通过且拟合优度较高。代入 Probit 计算校正 RSR 值。百分位数临界值和 Probit 临界值根据分档水平数量而变化，该两项是固定值且完全对应；依据 Probit 临界值进行分档排序。得到结果如表 8 所示。

表 8　　　　　　　　　　　　分档排序结果表格

项	RSR 值	RSR 排名	RSR 拟合值	分档等级 Level
井陉	0.220	11	0.245	B
正定	0.714	2	0.689	A
灵寿	0.453	5	0.499	B
高邑	0.173	13	0.104	C

续 表

项	RSR 值	RSR 排名	RSR 拟合值	分档等级 Level
深泽	0.209	12	0.187	C
赞皇	0.316	9	0.336	B
无极	0.544	4	0.548	B
平山	0.421	6	0.457	B
元氏	0.306	10	0.293	B
赵县	0.415	7	0.416	B
晋州	0.345	8	0.376	B
新乐	0.573	3	0.606	A
辛集	0.887	1	0.821	A

（四）结果分析

根据 RSR 分析中对七个数字乡村指标的评估，赞皇县在石家庄市各县数字化水平中排在第 9 位，正定县和由石家庄代管的辛集市、新乐市数字化水平排在全市所有县的前三位（详见图 6）。石家庄下辖各县市作为与赞皇县相似政策环境下的县级行政区划，对于赞皇县数字化发展具有宝贵的借鉴意义。通过各指标数据的对比，可发现赞皇县与排名靠前的县市在农林牧渔业总产值、平均每亩农业机械动力和移动电话数三个指标上差距尤其明显。

由于赞皇县多山的地形和特殊的嶂石岩地貌，当地农村普遍贫穷，农业机械化在一定程度上受到制约。以黄北坪乡石咀头村为例，耕地大多零散分布在地势较为平坦的山间空地和槐河河漫滩地带，由农户个体经营种植，缺乏普及农业机械设备的资金。而辛集市整体位于滹沱河冲积平原，正定县和新乐市均位于山前冲积扇上，地形平坦交通便利，更容易发展现代农业产业园。

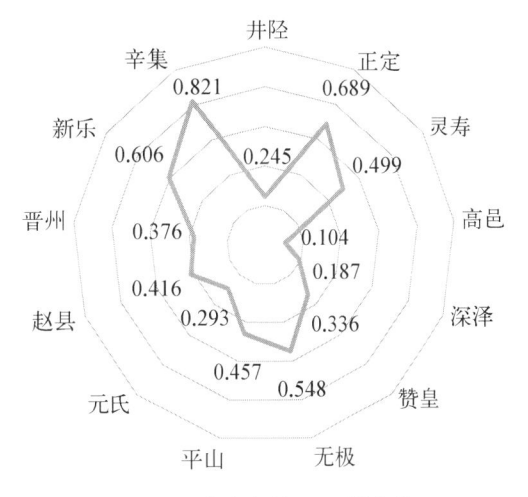

图 6 石家庄各县 RSR 拟合值

与赞皇县地形条件较为接近的是平山县，在石家庄数字乡村水平中排第 6 位。平山县 2017 年被商务部确认为电子商务进农村综合示范县，响应国家政策倡导"一村一品"，因地制宜发展多样式特色农业，充分利用山区多变的气候条件和地形条件，形成了平山县黑猪肉、有机核桃、西柏坡香油、黑木耳、香菇、果蔬脆、老人区小米等成熟农业产业。在县政府的指导下，由石家庄好乡亲电子商务有限公司参与和推进电子商务进农村综合示范县项目的实施，建立完善电子商务公共服务中心、物流分拨中心等基础配套设施，并着力进行品牌建设和人员培训方面的工作。政府和企业合力，平山县延长产业链条，大力发展农副产品精深加工项目，开发了农产品质量追溯系统，增加了农产品附加值和竞争力，拓宽农民增收渠道。随着网络直播带货的流行，平山县把打造品牌、线上营销作为发展农业特色产业的创新方式，制定出台多项优惠政策促进电商发展，平山县县长和商务局相关负责人带头参与到电商直播中。针对与赞皇县石咀头村相似的核桃销售困境，平山县苏家庄乡上东峪村提出两种解决方案：第一，引进企业，将核桃地流转后建高标准温室；第二，发展深加工，剥皮包装后每斤售价能提高五六倍。平山县通过引进创业孵化理念丰富农村业态，打造出河北省首个扶贫创业孵化园。通过建立扶贫车间、完善金融保障，在疫情防控期间鼓励农民返乡创业，吸引人才回流，涉及种植养殖、食品加工等多个行业，带动数万名贫困群众实现稳定增收。

当前好乡亲公司也依托自身电子商务公共服务平台和物流配送体系，联合赞皇县电商公共服务中心建立 190 个村级电商服务站，建设快递分拣中心和快递共配中心，规划了 11 条配送线路，整合了四通一达、邮政、丰网在内的 7 家物流企业，开发智慧仓储物流系统，对物流数据进行实时监控。在赞皇县形成了较为完善的物流体系。为培养电商人才，引导电商业态，赞皇县电子商务公共服务中心举办了九十余期电商培训，共培训四千余人次，同时创立区域公共品牌"大美赞皇"系列农产品，开展同名直播活动以拓展农产品销售渠道。由于赞皇县在 2020 年才被评为电子商务进农村综合示范县，建设时间较短，目前从业人员较少，电商行业的生态仍未完全形成，智慧农业的模式也尚未实现全县推广，但作为曾经的国家级贫困县，取得当前的成就已经可圈可点。

五、建　议

习近平高质量发展新论断中指出，农业强国是社会主义现代化强国的根基，推进农业现代化是实现高质量发展的必然要求。根据 2019 年中共中央办公室、国务院办公厅印发的《数字乡村发展战略纲要》指出，数字乡村是伴随网络化、信息化和数字化在农业农村经济社会发展中的应用，以及农民现代信息技能的提高而内生的农业农村现代化发展和转型进程。数字乡村既是乡村振兴的战略方向，也是建设数字中国的重要内容。因此，根据上述对于石家庄市赞皇县的研究，得出针对以石咀头村为代表的村庄进行数字化信息化发展的建议，以期助力当地数字乡村发展，推动乡村振兴。

（一）加强信息化基础设施建设

助力数字乡村发展，要加强农村信息化基础设施建设。信息化建设是实施乡村振兴战略的前提条件（秦秋霞等，2021）。针对赞皇县石咀头村而言我们发现，由于脱贫不久，因此村里的信息化基础较为薄弱，也极大地限制了村里数字经济发展。因此，相关部门要统筹推进石家庄市与赞皇县城乡信息资源建设与利用,打通涉农信息服务系统,推动农村基础数据资源共享,打破不同行政区域间数字壁垒,有效整合城乡数据设施与资源鸿沟。同时,石咀头村也应采取积极的激励政策,与外部展开合作,吸引资金投资本村数字信息基础设施建设。

(二)提高农民信息素养

助力数字乡村发展,要提高农民信息素养与技能。党的十九大指出,坚持农民的主体地位,是以人民为中心的发展观在乡村振兴战略中的体现。农民是实施乡村振兴战略的主体,因此,推动数字化乡村发展首先要加强"三农"工作队伍建设,调动亿万农民群众的积极性。乡村应紧紧抓住当前乡村振兴和数字乡村发展战略的实施契机,积极培养掌握数字乡村先进技术的新人才。同时,要吸收借鉴发达地区的先进数字技术应用经验,加强对本地农民的培训与教育,增强农民对于数字化发展的主人翁意识,激发乡村振兴的内在动力。例如,石咀头村委会采用开设村民课堂、村民读书室等积极提高农民素质,扩大数字农业的受众群体。

(三)吸引专业人员进基层

助力数字乡村发展,要吸引数字化专业人才走入基层。乡村振兴的高质量发展离不开专业人才,而就目前来看,数字化在广大农村的推进中面临着严重的信息人才匮乏困境。以石咀头村为例,村内有限的高素质人才均未回到本村发展,数字化项目推进也面临缺乏常驻人才的困境。对此,要根据本村建设的实际需求,采取有效措施积极吸引外部人才投身数字乡村建设。另外,各级政府也要加强与农业科学类院校、机构的合作培养,为人才的长期储备打牢基础,为农村的信息化发展提供源头活水。只有不断壮大乡村振兴的数字化专业人才队伍,才能推动数字乡村建设持续高质量发展。

(四)发展现代化农业

助力数字乡村发展,要推动本村农业产业高质量发展。习近平总书记曾指出,农业强国是社会主义现代化强国的根基,推进农业现代化是实现高质量发展的必然要求。数字乡村的"促农效应"作用是相互的,利用数字技术与传统农业产业的深度融合,打造农业新产业新业态新模式,为农业高质量发展奠定坚实基础。石咀头村实际耕地面积较小,因此更当充分利用有限的土地资源,与数字乡村技术相辅相成,共同发展。

(五)优化政策环境

助力数字乡村发展,要加强相关政策的出台与配套。根据调查,制约石咀头村数字化发展的最直观因素就是资金的匮乏。因此,地方政府要加大对数字农业发展的财政资金支持力度,加大资本优惠力度、积极引导资本走进乡村发展数字化经济,也要科学吸引社会力量广泛参与。同时,政府要积极优化数字乡村建设的政策环境,加强产业引导、培养专业人才、积极鼓励创新,推动数字技术的研发创新和应用推广。另外,政府要加强自身组织建设,完善整合部门设置,积极建立各部门联动协调机制,打通各部门之间的行政壁垒,形成建设数字乡村、助力乡村振兴的强大合力。

参考文献

[1] 陈潭,王鹏.信息鸿沟与数字乡村建设的实践症候[J].电子政务,2020(12):2-12.

[2] 吴奇修.以五大发展理念推进农业农村改革——深入学习贯彻习近平总书记关于"三农"工作系列重要讲话精神[J].财政研究,2016(10):2-9.

[3] 陈一明.数字经济与乡村产业融合发展的机制创新[J].农业经济问题,2021(12):81-91.

[4] 夏显力,陈哲,张慧利等.农业高质量发展:数字赋能与实现路径[J].中国农村经济,2019(12):2-15.

[5] 曾亿武,宋逸香,林夏珍等.中国数字乡村建设若干问题刍议[J].中国农村经济,2021(04):21-35.

[6] 崔彩周.乡村产业兴旺的特色路径分析[J].中州学刊,2018(08):47-52.

[7] 何宏庆.数字金融助推乡村产业融合发展:优势、困境与进路[J].西北农林科技大学学报(社会科学版),2020,20(03):118-125.

[8] 吴坤,李晶晶.基于AHP-模糊综合评价法的苏北地区数字乡村建设成效评价分析[J].乡村科技,2023,14(07):5-8.

[9] 王利敏.石家庄市数字乡村建设路径研究[J].河北农业,2022(11):39-42.

[10] 秦秋霞,郭红东,曾亿武.乡村振兴中的数字赋能及实现途径[J].江苏大学学报(社会科学版),2021,23(05):22-33.

乡村治理过程中的数字化程度与乡村发展的协同性研究

曾昶旸[①]

摘　要：数字乡村治理程度的提升，对乡村治理有效、乡村社会经济的发展有助推作用。在实施乡村数字乡村治理战略时，应充分考虑本村的乡村发展情况。因此，探索数字乡村治理水平与乡村发展之间的关系，对于制定数字乡村发展政策、评估数字乡村治理效果具有重要意义。本文以2023年7月公安县"千村调查"调研结果为研究样本，研究结果表明：(1)绝大多数乡村数字乡村治理与乡村发展情况同步性较好，少量乡村数字乡村治理发展水平先于乡村发展；(2)在乡村经济社会发展的众多因素中，提高人口素质和数字素养对于推动数字乡村治理效果显著；(3)在数字乡村发展中期，部分乡村存在智慧乡村与决策支持不足的现象。在数字乡村发展中期，数字乡村治理状况也存在多样性。上述研究结果对于数字乡村治理的推广具有一定的参考意义。

关键词：乡村振兴　数字乡村　治理有效

一、引　言

(一)研究背景

2019年5月，中共中央办公厅、国务院办公厅印发《数字乡村发展战略纲要》。该纲要提出，要借助网络提升群众办事的便捷性，推动数字技术在平安乡村建设的应用；借助数字技术不断提高农村综合治理水平，实现治理精细化和现代化。推动乡村治理的数字化水平，对于提高乡村治理水平具有重要意义。

数字技术在改善乡村治理效率、优化农业资源配置、提高决策智能化水平等乡村治理环节均能发挥重要的作用。例如，数字化的政府管理平台和公共服务系统，可以实现乡村各项事务的信息化管理和监督，提高政府决策的科学性和公正性，增强政府与民众之间的互动与信任。乡村数字化治理通过收集、整理和分析大量来自土地利用、农业生产、人口结构、基础设施建设等方面的数据，可以为乡村发展提供更科学、更有效的发展策略。从理论层面而言，

[①]　曾昶旸，上海财经大学信息管理与工程学院信息管理与信息系统专业2021级本科生。

乡村的数字化治理能够带动治理水平提升，改善乡村风貌，推动乡村经济发展。而乡村社会经济的发展，也能推动乡村治理数字化转型的进程。因此，乡村数字化治理与乡村发展的关系应是相辅相成的。然而，上述理论仅是一个理论上的假设，现实情况是否与上述理论所假设的情况一致、乡村数字化治理水平与乡村发展的实际关系等仍值得研究。

笔者在公安县的实地调研过程中发现，部分村庄乡村数字化治理水平与乡村发展的关系较为明显。例如，部分发展较为成熟的村庄，村内数字化治理已相对成熟。然而，也有相当一部分处于过渡状态的乡村，乡村数字化治理水平与乡村发展的关系尚不明晰。此外，数字治理在乡村中的发展还面临着诸多阻力：部分村干部和村民对于数字技术接受程度不高、数字技术在乡村治理中发挥的作用有限等。尽管数字技术在乡村治理上具有巨大应用潜力，但农村治理数字化的推广必须充分考虑村民的认知水平、数字素养与基层治理参与热情，结合地方实际情况进行开展。让现代化的网络设备被高效使用，为乡村治理有效赋能。

（二）相关文献梳理

1. 数字技术如何赋能乡村治理

数字技术的出现为当代的乡村治理带来了便利，为乡村发展带来了新的机遇。吴波（2020）认为，数字技术打破了乡村原子化分散化布局的限制，方便了治理主体与群众之间的沟通，方便了群众获取信息和反映诉求。冯朝睿等（2021）发现，数字平台的使用方便了村民表达对于治理的意见，激发了村民的主人翁意识。同时也方便政府及时了解民意并做出反馈。武小龙（2022）从"智慧党建""数字政务"等数字治理的应用层面出发，指出数字乡村治理改善了村务工作效率，提升乡村治理的精准度。也有学者基于实地考察，如徐达（2022）基于桐乡市石门镇墅丰村的调研，探索了"一户一码，三治积分""乡村智脑"以及各类小程序为乡村基层治理带来的便利。亦有学者从数字技术推动乡村治理高质量发展的路径进行分析。陈弘和冯大洋（2022）认为，数字技术在政府供给侧进行了技术整合，为政务服务搭建了平台，在公众需求侧满足了公众的需求表达，在检测反馈端实现了对政务实施的跟踪测量。数字技术在政务工作端、服务端、反馈端与辅助决策端相互促进，实现了农村公共服务的高质量发展。

2. 数字技术赋能乡村治理的挑战

已有研究表明，数字技术赋能乡村治理存在着如下挑战。在受众层面，村民数字素养不高，村内老龄化较为严重。数字乡村治理不能很好地覆盖老年人群体（沈费伟，2022）。在数字技术应用层面，借助大数据分析感知群众诉求的应用尚不发达（李晓昀等，2021），且面临诸多隐私问题。在数字技术与乡村传统对抗的层面而言，长期以来乡村的"精英治理"模式导致村民的主人翁意识不强，村内事务的决策权在村干部手中，数字技术很难在制度层面赋予村民更多话语权（吴波，2020）。乡村治理多奉行"熟人社会"。村内很多事务对于数字化治理的感知度不高，村干部不愿意接受新事物，运用了数字化技术但仍存在效率低下的问题（孙娜，2023）。数字技术既为乡村治理提供了新的机遇，其在施行过程中也面临着诸多阻力。

（三）研究主题

总体而言，学者对于数字技术赋能乡村治理的实施路径、存在的问题进行了详尽的研究。但少有研究基于乡村发展状况的视角,关注乡村发展与数字乡村治理之间的同步发展程度。一般而言,乡村发展水平越高的乡村,其网络基础设施、村干部和村民的数字素养都应处于较高水平,各类数字乡村服务平台、智慧乡村平台的建设也应较为完善,数字技术赋能乡村治理上的路径相对完善。为了进一步探明乡村发展与数字乡村治理发展之间的同步关系,并对推动数字乡村治理的潜在力量进行实证分析。本文以2023年7月公安县"千村调查"调研结果作为研究样本,对乡村发展与数字乡村治理的潜在同步关系进行实证分析。同时,探索当前数字乡村治理发展过程中的潜在问题,并对数字乡村治理与数字乡村发展同步的提出有效措施和政策建议。

二、调研情况介绍

(一)调研基本情况介绍

本次千村调查中,调研组选择了湖北省荆州市公安县开展调研。公安县位于湖北省南部,背靠长江,土地肥沃,农业发达,经济发展水平位于湖北省各县市中游水平。

调研涵盖了公安县内的四个乡镇,十个村。为了使调研数据具有一定普遍性,选取的调研村庄在人口、产业、经济发展水平之间存在一定差异(如图1所示)。部分村庄也有其

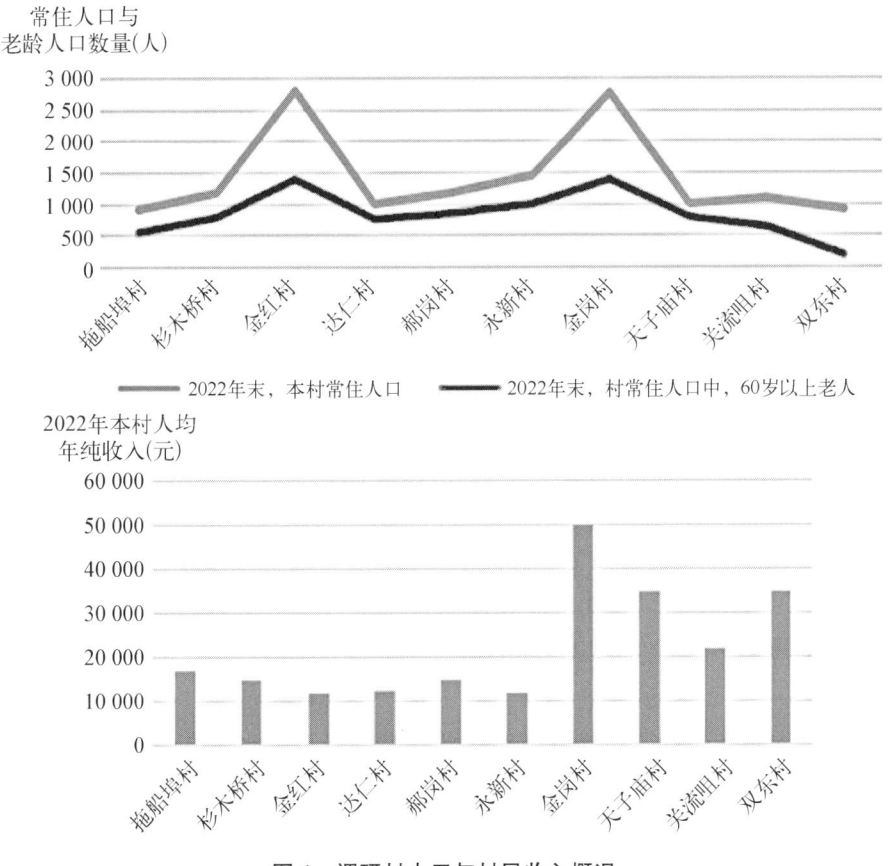

图1 调研村人口与村民收入概况

独具特色的产业。如关流咀村"和美乡村"建设与乡村旅游产业；金岗村的"阳光玫瑰"葡萄种植产业等。调研获得有效问卷数量合计210份，其中入户问卷200份，入村问卷10份，相关信息均核对无误。调研村人口与村民收入概况如图1所示。

（二）数字技术赋能乡村治理的情况

1. 基础数字工具

微信在乡村治理中覆盖较广，在村内日常管理、村务工作中被广泛应用。在受访各村内，绝大多数村庄会在微信中通知村务、发布相应的政策或其他农业信息等。村务公示基本以村内显著位置张榜为主，部分乡村也会在本村微信群内发布。考虑到村中居住者数字素养不高的人群（如老年人），在乡村实际调研过程中，电话、村干部或组长上门以及村民间互相通知仍是重要的通知方式。在村务工作中，部分村的微信群数量在10个以上，也有半数村微信群数量在3个以下。在村务信息存储与报送中，所有村都采用了微信报送的模式。综上所述，受访各村在微信这类数字技术上均有初步的应用。

在受访各村中，部分村庄有自身的微信公众号运行，但存在管护情况一般，缺少专人维护等现象。而对于受访村民来说，多数村民不会使用微信的公众号。村民更愿意接受抖音这类短视频和"看得见"的信息来源。

2. 数字政务

数字政务是数字乡村治理的重要组成部分，政务App让村民足不出户也能办理政务，提高了政务办理的效率，同时也提升了群众满意度。湖北省、荆州市和公安县都建立有各自较为完善的政务App平台。在访谈过程中，部分村民也使用过政务App办理医保、社保等手续。但在村民访谈过程中，大多数村民并没有很强烈的业务办理需要。所需办理的医保、社保、农业保险等，村民大多数选择在村委会办理。

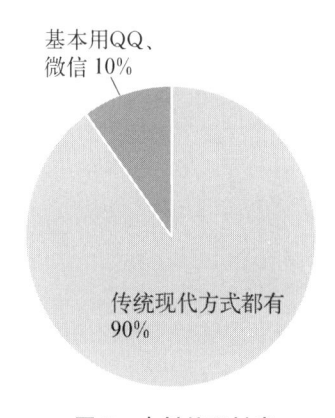

图2 本村处理村庄事务的方式

就政务App的使用情况而言，受访地区政务App的普及率处于较低水平，且政务App的使用频率与村民的数字素养、年龄、学历、是否为村干部、是否为党员有着密切的联系（详见图3和表1）。对于数字素养较好、学历较高、年龄层级较低的村民，由于他们对数字技术的接受程度较高，因此他们更有倾向选择政务App。而党员和村干部由于要大量处理村内政务，同时帮助一些村民使用政务App，因此该类型人群使用政务App的频率也明显多于普通群众。上述结果表明，认知水平、实际需求是村民是否使用政务App的重要因素。

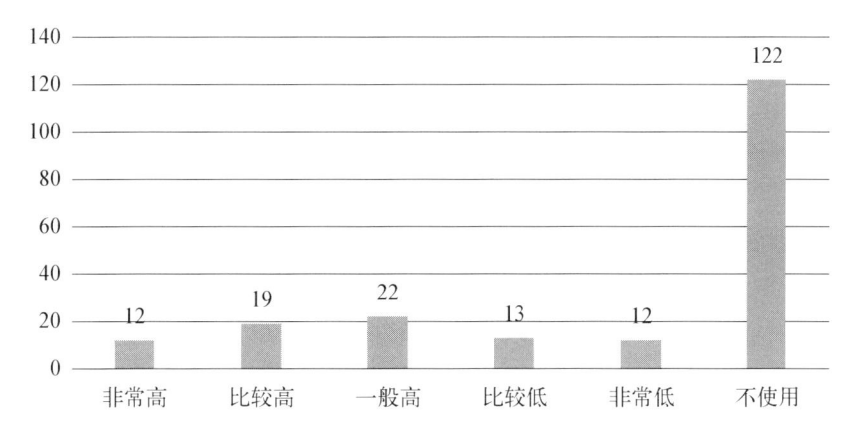

```
           140
                                                                122
           120
           100
            80
            60
            40                   19      22
                        12                       13     12
            20
             0
                      非常高   比较高   一般高   比较低   非常低   不使用
```

图 3 受访村民使用本地的在线政务服务平台（如政府 App、网上平台等）的频率

表 1　　　　　　　　　　不同类型村民使用政务 App 的频率差异

类　型	使用多	使用少	不　用	类　型	多	少	不　用
数字素养较差	11.90%	10.71%	77.38%	青年	80.00%	20.00%	0.00%
数字素养一般	34.29%	12.38%	53.33%	中年	38.18%	12.73%	49.09%
数字素养较好	63.64%	27.27%	9.09%	老年	20.00%	12.14%	67.86%
总计	26.50%	12.50%	61.00%	总计	26.50%	12.50%	61.00%

类　型	多	少	不　用	类　型	多	少	不　用
村干部	56.52%	8.70%	34.78%	党员	48.84%	13.95%	37.21%
村民	17.53%	13.64%	68.83%	群众	20.38%	12.10%	67.52%
总计	26.50%	12.50%	61.00%	总计	26.50%	12.50%	61.00%

类　型	多	少	不　用
本科及以上	66.67%	33.33%	0.00%
初中	18.18%	19.48%	62.34%
大专	100.00%	0.00%	0.00%
高中	47.73%	11.36%	40.91%
小学	15.38%	5.77%	78.85%
小学以下	20.00%	5.00%	75.00%
总计	26.50%	12.50%	61.00%

3. 智慧乡村平台

农业智慧平台作为数字乡村的重要组成部分,在乡村治理中发挥着重要的作用。例如,公安县"资金、资源、资产"三资智慧平台,实现了农村财务报账等功能的网络化、智能化管理[①]。笔者在达仁村对一位使用过"农村产权线上交易平台"的村民进行了访谈。达仁村位于杂交水稻制种基地核心区,而这位村民所在公司正是通过该线上交易平台获得了该村土地的使用权。这位村民认为,相较于传统的线下竞拍模式,该让土地产权交易过程更加透明公正,同时也方便了业务上的流转。

在实际走访过程中发现,调研各村的乡村治理依然主要依托传统的通信模式和微信交流,村务信息系统、数字乡村服务平台的使用频率较低。仅有20%的村庄使用过包含如网格化监控系统、乡村大数据主题展示等功能乡村服务平台(如表2所示)。

表2　　　　　　　　　　受访村数字乡村服务平台使用情况

问　卷　问　题	回　答	计　数
本村是否开始使用数字乡村服务平台(比如网格化监控系统、乡村大数据主题展示、宅基地农房租赁管理信息等)?	有	2
	没有	8
	总计	10

此外,智慧乡村平台的建设多数停留在业务层面,在感知端(如收集本村数据)和辅助决策方面的应用不足。例如,此前使用过农村土地线上交易平台的达仁村,对于流转过后的大规模土地,管理(如工人工资、负责区域分配等)仍依赖于传统人工。此外该平台的功能也仅限于土地产权的流转,功能较为单一。

三、乡村发展与数字乡村治理的同步性

(一)变量说明

为了构建乡村发展与治理过程中数字化程度的研究,本文在相关文献的研究基础上,结合调研实际情况,构建了乡村发展与治理数字化指标的相应指标。考虑到本次调研覆盖的乡村范围较小,数据的解释力度较为有限,本研究仅对选取的指标进行估计性质的测算。

在乡村发展指标上,本文参照贾晋等(2018)构建的乡村振兴战略指标体系,同时结合调研实际情况。构建了以"乡风文明""生态宜居""治理有效""生活富裕""产业兴旺"五个维度的乡村发展一级指标,在每个一级指标下选取了若干细化指标,对调研各村的发展情况进行测定。

---

① 公安"三资"平台上线,赋能乡村振兴. https://mp.weixin.qq.com/s/FYiFlcf88Z-PppDAGphKug.

表 3　　　　　　　　　　　　　　乡村发展指标构建

大类名称	编号	指标内容	说明	均值	方差	最小值	最大值
乡风文明	G005	村内不良风气	有=0,没有=1	0.8	0.16	0	1
乡风文明	G002	村内文明评比	有=1,没有=0	1	0	1	1
乡风文明	G001	村内民俗文化活动	经常有=2,偶尔有=1,没有=0	1.6	0.24	1	2
生态宜居	F005	污水处理方式	集中处理=2,自行处理=1,不处理=0	1.4	0.24	1	2
生态宜居	F006	生活垃圾处理方式		2	0	2	2
生态宜居	F007	公共厕所的类型	抽水厕所=2,冲水厕所=1,旱厕=0	1.1	0.09	1	2
生态宜居	F008	饮用水水质情况	好=2,一般=1,差=0	2	0	2	2
生态宜居	F009	公共基础设施维护情况		2	0	2	2
治理有效	F010	村民参与治理和监管情况	组织情况较好=2,情况一般=1,没人参与=0	1.9	0.09	1	2
治理有效	G004	村内的主要约束力	村民自治=1,法律制裁=0.75,约束较差=0	0.85	0.0525	0.5	1
生活富裕	F001	居民人均收入增长率%	—	18.5	35.25	10	30
生活富裕	F002	人均年纯收入	—	22550	1.53E+08	12000	50000
产业兴旺	A003	本村经济发达程度	下等=1;中下等=2;中等=3,中上等=4;上等=5	2.6	1.04	1	4
产业兴旺	E002	农业机械化程度	较高=2,一般=1,较差=0	1	0	1	1
产业兴旺	E003a	农业生产的社会化分工水平	较好=2,一般=1,较差=0	1	0.2	0	2
产业兴旺	主观评分	本村的产业发展状况	较好=2,一般=1,较差=0	1	0.4	0	2
产业兴旺	E005	农村电子商务发展状况	好=2,一般=1,差=0	1.5	0.25	1	2

在数字技术发展指标上，本文参照吴园(2022)提出的数字乡村发展指标中的数字乡村治理指标，指标应包含数字乡村治理平台使用情况、政务网络公开率、互联网政务办理率等指标，同时考虑村干部的数字素养情况。基于前文对数字技术赋能治理有效路径的文献综述，指标应涵盖数字技术辅助决策、政务办理效率、村内网络使用情况使用等方面的内容。结合千村调研实际情况，提出的评价指标如表所示。

表 4　　　　　　　　　　　　　　数字技术发展指标构建

大类名称	编号	指标内容	说　明	均值	方差	最小值	最大值
智慧乡村	I011	村务信息管理系统对本村的影响	帮助较大＝2,帮助一般＝1,没有使用或者没有帮助＝0	1.6	0.24	1	2
	I002	是否有数字乡村服务平台	是＝1,否＝0	0.2	0.16	0	1
	E008	网络提供乡村振兴相关服务	是＝1,否＝0	0.4	0.24	0	1
信息公开	I003	是否利用官方的QQ群或者微信群开展宣传的情况	是＝1,否＝0	0.6	0.24	0	1
	I004	更新官方微博、微信群内容的频率	经常＝2,偶尔＝1,不发＝0	2.4	0.24	2	3
	H003	本村村务信息、财务信息对全村公开方式	网络＝1,传统＝0	0	0	0	0
	I007	每周使用政务APP、微信发布或分享村庄日常事务的频率	经常＝2,偶尔＝1,不发＝0	1.9	0.09	1	2
村务管理	I001	本村处理村庄事务的数字化程度？	基本实现数字化＝2,数字化程度一般＝1,较差＝0	1.1	0.09	1	2
	I005	本村的数据信息存储与报送采用哪种模式(纸质/电子)？	电子＝2,纸质/口头等方式＝0,都有＝2	1.7	0.21	1	2
	I006-2	本村用于村务沟通的微信群数量？	—	6.9	30.89	1	18
	G002	是否有在线上进行村民评比	是＝1,否＝0	0.1	0.09	0	1

续 表

大类名称	编号	指标内容	说 明	均值	方差	最小值	最大值
决策支持	I006	是否使用政务APP	是=1,否=0	0.9	0.09	0	1
	E007-3	网络、信息化等数字技术对村内决策帮助程度	很有用=2,帮助一般=1,没有帮助=0	1.4	0.24	1	2
数字素养	I008-1	(村干部)是否会浏览网页	(1)精通=4;熟练使用=3;能基本使用=2;了解但不会用=1;完全不会=0;(2)都是针对村干部而言	3	0	3	3
	I008-2	是否会使用Office等办公软件		2.8	0.16	2	3
	I008-3	是否会使用电子邮件		2.5	0.25	2	3
	I008-4	是否会使用抖音、快手等		3	0	3	3
	I008-5	是否会使用MOOC等教育软件		0.7	0.81	0	3
	I009	是否定期备份村庄数据资料	经常备份=2,偶尔=1,从不=0	1.9	0.09	1	2
	I010	村民是否遵守互联网行为规范	能遵守=1,不能遵守=0	1	0	1	1

指标构建完成后,需要对个指标的得分进行归一化。对于数值型指标(例如居民收入),归一化指标的转换公式为:

$$Y_i = \frac{x_i - x_{\min}}{x_{\max} - x_{\min}}$$

对于离散型指标(如好坏、是否、有无),考虑部分指标存在 $x_{\max} - x_{\min} = 0$ 的情况,同时,结合本模型关注"发展水平"测度,而非突出"差异性"测度。因此,采用如下归一化公式(其中 I_i 为指标 x_i 的满分值):

$$Y_i = \frac{x_i}{I_i}$$

在构建各指标的权重上,一些主流的评价方法(如 TOPSIS 法)在最终获得的评价结果在生态宜居方面的权重过大,评价结果与实际情况存在出入。考虑到本模型应当均衡地看待各评价指标对于乡村发展以及数字乡村治理中的作用,最终本文选取相同权重的方式进行测算。

表 5　　　　　　　　　　　TOPSIS 法构造的权重结果

熵 权 法			
项	信息熵值 e	信息效用值 d	权重(%)
乡风文明	0.888	0.112	12.312
生态宜居	0.583	0.417	45.847
治理有效	0.935	0.065	7.102
生活富裕	0.826	0.174	19.115
产业兴旺	0.858	0.142	15.624

(二) 模型结果

1. 指标概要

(1) 数字乡村治理指标

就总体指标来看,各村治理数字化水平存在一定差异。但总体指标差距不大,没有出现极端值和数据极端化的现象。

就各细化指标来看,各村村务管理和村干部数字素养指标差异较小,这与前文调研情况基本一致。而在智慧乡村建设、信息公开的数字化程度差距较为明显。由于决策支持指标仅有一项且为分类变量,因此该指标极端化数据较为严重,所获得的结果仅供参考。

模型构建结果表明,各村治理过程中的数字化水平没有本质性的差异。但就具体指标而言,各村治理数字化水平之间仍存在一定差异(如图 4 所示)。

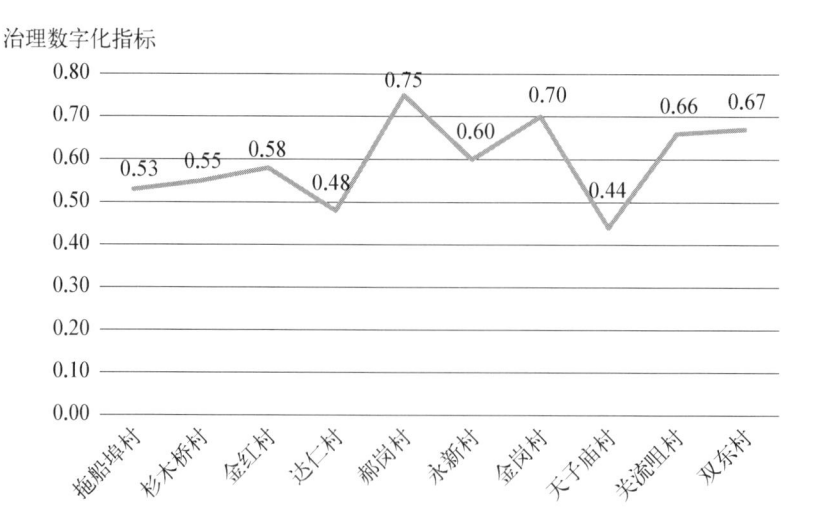

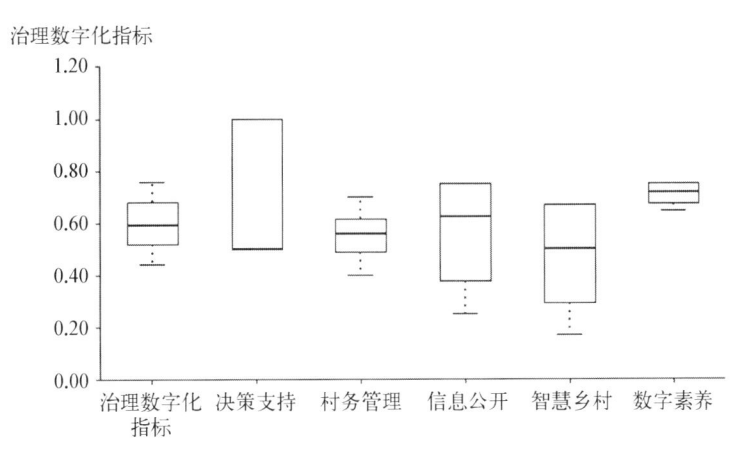

图 4　数字化治理指标统计结果

（2）乡村发展指标

测度结果表明，除金岗村以外，各村的乡村发展水平之间也存在差异，但总体而言发展较为均衡（详见图5）。注意到"产业兴旺"与"乡村发展指标"两个离群值，其均为金岗村的数据点。这表明金岗村的乡村发展与产业兴旺水平优于其他乡村，这与在金岗村的实际调研情况基本吻合。

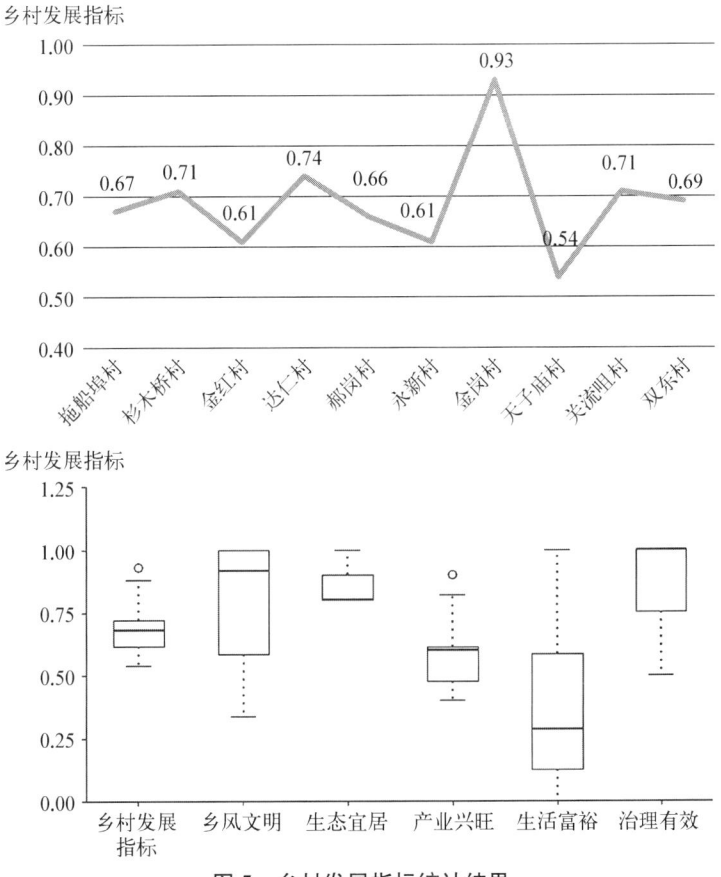

图 5　乡村发展指标统计结果

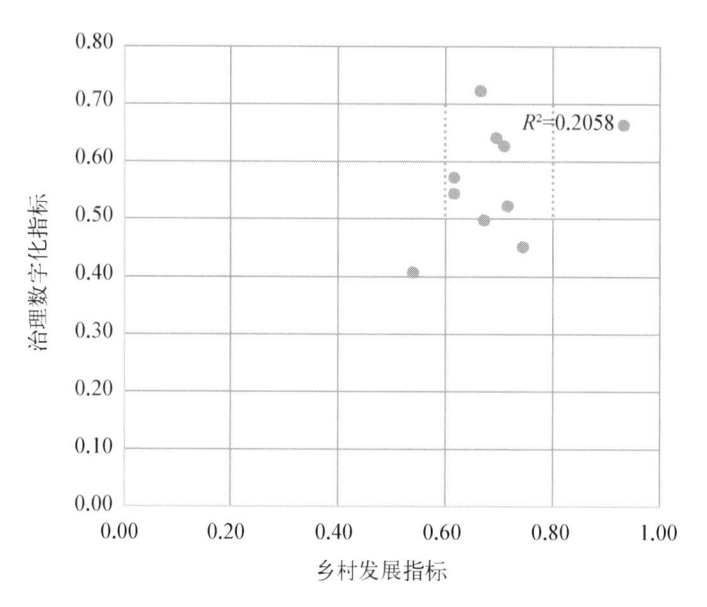

2. 乡村发展指标与数字乡村治理指标的同步性

对乡村发展指标与数字化治理指标绘制散点图(见图6)。可以大致观测到乡村发展指标与治理数字化指标之间存在较弱的正相关联系。随着乡村发展指标的提升,数字乡村治理水平的提升有上升的趋势。但考虑到乡村发展指标与本村的区位优势等多方面的因素有关,因此在治理数字化水平对乡村发展指标的提升的影响有限。

图6 乡村发展指标与数字乡村治理指标的同步性

同时,部分村数字化治理指标与乡村发展水平存在异质性。例如,郝岗村与达仁村之间乡村发展水平相近,但是在治理数字化水平上存在显著差异。此两点也对模型的整体拟合效果造成了影响(详见表6)。

表6　达仁村和郝岗村的乡村发展指标与治理数字化指标

村　名	乡村发展指标	治理数字化指标
达仁村	0.74	0.48
郝岗村	0.66	0.75

考虑暂时移除此两点,对剩余8个点的模型拟合结果进行观测,得到的模型线性关联较强(见表7)。这表明剩余8村在乡村发展和数字乡村治理的发展程度相当,展现出较好的同步发展性。

综上所述,大部分村庄在数字乡村治理与乡村发展水平之间表现出较好的同步性,但仍存在少量村庄表现出异质性。

表 7　　　　　　　乡村发展指标与治理数字化指标的线性回归分析结果
线性回归分析结果-简化格式

	回归系数	95%CI	共线性诊断	
			VIF	容忍度
常数	0.099 (0.439)	−0.341~0.538	—	—
治理数字化指标	0.990* (2.631)	0.252~1.727	1.000	1.000
样本量		8		
R^2		0.536		
调整 R^2		0.458		
F 值		$F(1,6)=6.923, p=0.039$		

注：因变量为乡村发展指标；D-W 值为 2.004；* $p<0.05$，** $p<0.01$；括号里面为 t 值。

四、模型结果讨论：乡村发展对数字乡村治理的推动作用

（一）推动数字乡村治理的潜在因素

在前文的模型中，大部分村庄表现为乡村发展与治理数字化水平相匹配，此结论也对研究主题中提出的假设给出了正面的反馈。然而，上述模型仅揭示了乡村发展与数字乡村治理之间潜在的正相关关系，对于乡村发展如何推动乡村数字化的路径，上述模型中并没有给出解释。

对于如何推动数字乡村治理，也已有诸多学者进行相应研究。村民数字素养不足、数字化治理成本过高、人才缺乏、缺少相关资金是目前数字乡村治理推行过程中存在的主要困难。基于上述文献，提出如下若干影响乡村数字化治理的假设：

（1）村民综合素养的提升让数字乡村治理广泛接受。经济收入，年龄，学历对村民的数字素养影响较为明显。村内整体数字素养的提高，让本村更容易接受智慧乡村建设，更容易推动数字乡村治理进程。

（2）集体资金助力数字乡村建设。由于前期数字乡村基础设施投入较大，因此上级政府的资金支持或者是村集体本身的富余资金让数字乡村治理得以发展。

基于实际调研体验，提出假设 3：

（3）乡村规模让数字乡村治理成为必需。乡村面积越大、人口越多，外来人口占比较高的村庄，数字技术让村内管理更加便捷高效。

（二）推动数字乡村治理的潜在因素实证分析

基于上述研究假设，本文选取了部分变量，并在 SPSSPRO 中进行相关系数分析。此外，本文亦一并对数字乡村治理各模块之间的相关性进行了计算。得到的计算结果如表 8 所示。

表 8　数字乡村治理各模块之间的相关性

一级指标	二级指标	[综合]数字治理	智慧乡村	信息公开	村务管理	决策支持	数字素养
乡村规模	常住人口	−0.614(0.059*)	−0.488(0.153)	−0.128(0.724)	−0.542(0.105)	−0.428(0.218)	−0.459(0.182)
	土地面积	0.292(0.413)	−0.12(0.741)	0.706(0.022**)	−0.087(0.811)	0.107(0.769)	0.198(0.583)
经济发展	本村经济发达程度	−0.269(0.453)	−0.478(0.162)	−0.593(0.071*)	0.141(0.697)	0.154(0.671)	−0.043(0.907)
	人均年纯收入	0.734(0.016**)	0.236(0.512)	−0.006(0.986)	0.796(0.006***)	0.789(0.007***)	0.83(0.003***)
年龄结构	60岁以上老年人占比	−0.042(0.907)	0.177(0.625)	0.536(0.110)	−0.466(0.175)	−0.284(0.426)	−0.303(0.395)
	外来人口占比	−0.103(0.776)	−0.215(0.550)	−0.281(0.431)	−0.112(0.758)	0.214(0.553)	−0.119(0.744)
	高中学历及以上占比	0.564(0.090*)	0.505(0.136)	0.025(0.945)	0.59(0.072*)	0.426(0.219)	0.684(0.029**)
	村干部平均年龄	−0.358(0.310)	−0.367(0.297)	0.137(0.707)	0.076(0.835)	−0.326(0.358)	−0.231(0.520)
数字应用	是否有电子商务业态	0.244(0.497)	0.000(1.000)	−0.215(0.551)	0.321(0.365)	0.408(0.242)	0.151(0.677)
集体资产	村集体收入	0.225(0.532)	0.133(0.714)	−0.081(0.823)	0.661(0.038**)	0.178(0.622)	0.35(0.322)
	村集体资产总额	−0.091(0.803)	0.000(1.000)	−0.355(0.314)	0.217(0.546)	0.000(1.000)	0.046(0.899)
数字治理模块	[综合]数字治理	1(0.000***)	0.606(0.063*)	0.349(0.323)	0.739(0.015**)	0.782(0.008***)	0.921(0.000***)
	智慧乡村	0.606(0.063*)	1(0.000***)	0.247(0.492)	0.311(0.382)	0.148(0.683)	0.411(0.238)
	信息公开	0.349(0.323)	0.247(0.492)	1(0.000***)	0.077(0.833)	−0.146(0.687)	0.284(0.426)
	村务管理	0.739(0.015**)	0.311(0.382)	0.077(0.833)	1(0.000***)	0.656(0.040**)	0.877(0.001***)
	决策支持	0.782(0.008***)	0.148(0.683)	−0.146(0.687)	0.656(0.040**)	1(0.000***)	0.772(0.009***)
	数字素养	0.921(0.000***)	0.411(0.238)	0.284(0.426)	0.877(0.001***)	0.772(0.009***)	1(0.000***)

观测村民年均纯收入与数字乡村治理各指标的相关度较高(数字乡村除外)。村民的受教育程度也与数字乡村治理指标有较显著的正相关关系。上述测算结果还提示了以下信息：

1. 乡村规模、集体资金等对数字乡村治理影响不大

乡村规模不是数字乡村治理程度的主要原因，不是村子越大、人口越多，乡村的数字化治理程度就一定越高。村集体收入与集体资产总额与数字治理指标相关性较低。笔者推测，乡村不会将较多的集体资金投入到数字乡村建设中，而是先解决本村的其他突出问题，数字乡村建设优先级较低。

同时，观测到村集体收入和村务管理数字化程度之间存在一定的正向关系。笔者推测，此现象产生的原因，与村委要管理大量数据，进而推动数字化办公的趋势有关。

2. 村民和村干部的综合素养与数字乡村治理关联度较高

村民的人均收入、村民的受教育程度对数字乡村治理程度的相关性较好。人均收入较高的村民对于数字技术的接受程度较好。村务公开中的村务管理、信息公开和决策支持过程中数字化程度与村干部的数字素养密切相关。

(三)实证结果总结

上述实证结果表明，村民和村干部的综合素养是影响数字乡村治理的主要因素。乡村本身的规模与数字乡村治理的关系并不明显。一方面，受访各村乡村规模、人口数量虽然存在差异，但乡村整体规模不大，产业均以农业为主，数字乡村治理所体现出来的优势并不明显；另一方面，乡村的规模与资金支持，并非数字乡村治理发展的决定性因素。村内对数字技术接受程度不高，村内长期习惯于传统治理模式，都会阻碍数字技术在乡村治理中的应用。

数字乡村治理在各村的发展，与村民对数字技术的接受情况密切相关。推动乡村治理的数字化进程中，需要重点考虑村内对数字技术的接受程度。前文也提到，党员、数字素养更好的村民更容易接受数字化治理。在推行数字化治理过程中，可以从这些群体入手逐步推进。

五、乡村发展与数字化治理发展的阶段特征分析：基于聚类分析

(一)乡村发展与治理数字化水平的聚类模型

考虑到前文中线性回归模型对于部分村庄解释力不强，因此考虑借助分类方法进行解释。K-means聚类是一种常见的无监督学习方法，该聚类方法能够将欧式距离相近的样本点进行聚类。经过试验，发现 $k=4$ 时分类效果较好。模型得到的分类结果如下：

聚类结果可大致概括为四类：Cluster1为乡村发展水平和治理数字化水平都较高的村庄，包括金岗村；Cluster2为治理数字化水平和乡村发展水平都较低的村庄，包括天子庙村；Cluster3为乡村发展水平较好，但治理数字化程度较低的村庄，包括拖船埠村、杉木桥村、金红村、达仁村与永新村；Cluster4为治理数字化程度优于乡村发展水平的村庄，包括郝岗村、关流咀村与双东村(如图7所示)。

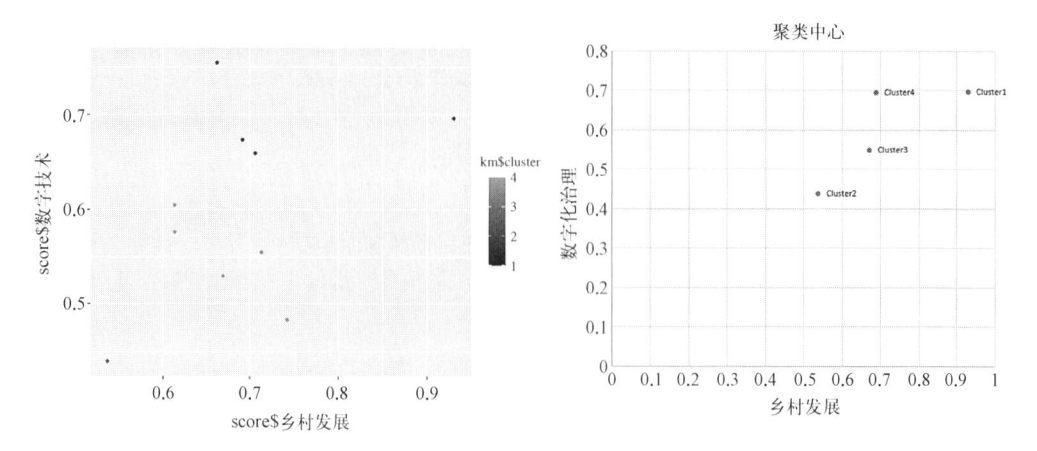

图 7　样本点聚类结果与聚类中心

（二）发展阶段与发展特点

聚类结果表明各村乡村发展与数字化治理水平存在一定阶段性。整体而言，Cluster1、Cluster2 与 Cluster3 反映了随着乡村发展，数字化治理水平逐渐提高的三个不同水平（如图 8 所示）。在数字乡村治理发展过程中，各村在决策支持和智慧乡村方面差距较为明显。

就发展特点来看，聚类中心点总体表现为正向关系，这表明乡村发展。Cluster3 与 Cluster4 发展水平类似，但 Cluster4 在决策支持、智慧乡村和村务管理上优于发展水平类似的 Cluster3。Cluster1 与 Cluster4 数字化治理状态类似，但 Cluster4 在产业兴旺、生活富裕上与 Cluster 有一定差距（详见图 9）。

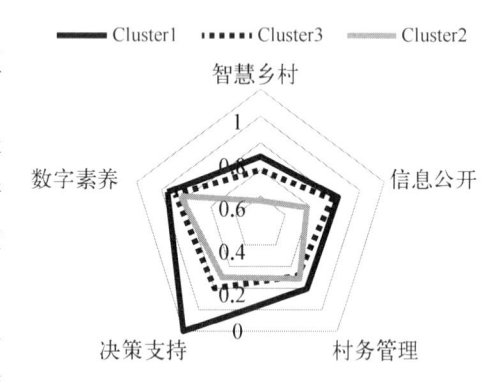

图 8　数字乡村治理水平发展的三个大致阶段

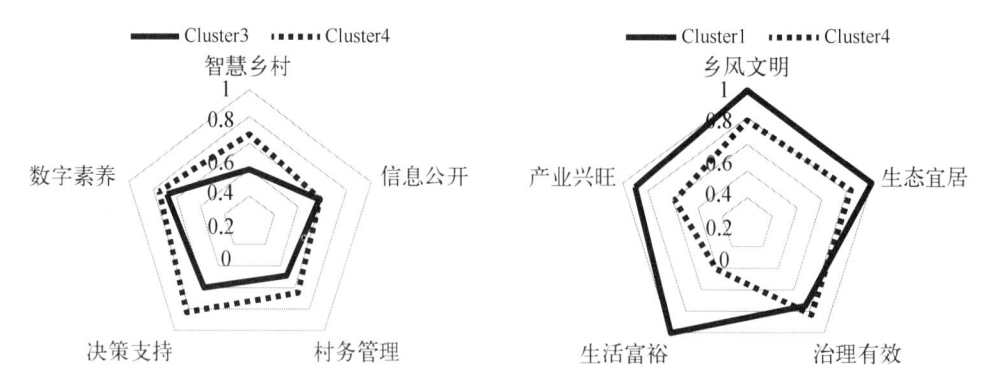

图 9　Cluster4 在乡村发展和数字乡村治理方面存在特殊性

考虑到 Cluster1,2,3 基本位于一条直线上，而 Cluster4 离群较远，Cluster4 可能反映了数字乡村治理发展过程中的某些特征。本文考虑从独立 Cluster4 和同化 Cluster4 两种视角，对数字乡村治理的发展特点进行分析。

1. 数字乡村发展中期，智慧乡村与决策支持存在推力不足现象：独立 Cluster4 视角

就数字乡村治理发展雷达图来看，Cluster4 在决策支持、智慧乡村（感知端）对乡村产业发展推力不足。本文对可能的原因进行了推测：首先，数字技术支持决策对于乡村经济发展只是起辅助作用，而不是决定因素。其次，受访各村智慧乡村在实际使用中多偏向于为村民提供服务，对产业发展各指标提升不显著。最后，考虑到村内的主要决策主要依赖传统模式，村民对数字技术的接受程度不高，被动使用智慧乡村带来的效益有限。

2. 乡村发展中期，数字乡村治理状况存在多样性：同化 Cluster4 视角

考虑到 Cluster4 可能是后于 Cluster3 的数字治理发展的潜在阶段，也有可能是与 Cluster3 并列的发展阶段。Cluster4 的存在表明了数字乡村治理在发展过程中面临诸多不确定性。本文结合现有模型，对乡村发展与数字乡村治理的特征进行总结，并对潜在原因进行推测，详见表 9。

表 9　　　　　　　　　乡村发展与治理数字化发展的三个阶段

聚　类	具　体　特　征	分　类
Cluster2	此阶段乡村发展水平较低，数字化治理处于起步阶段。	起步阶段
Cluster3, Cluster4	随着乡村的不断发展（例如人们生活水平的提高），村民开始逐步接触到网络。村民的数字素养不断提升。部分村先行推进了数字乡村建设（如雪亮工程）或是上级统一配套建设数字乡村。而本地村民大多难以接触此类数字技术导致数字乡村优于乡村发展。部分村由于劳动力外出打工，对数字技术的接触较多，习惯于数字化的乡村治理模式。部分村则是经济发展带动村民数字素养提升，产生了乡村发展优于数字乡村治理水平的现象。综上所述，此阶段数字乡村治理差异较为明显，潜在原因是数字乡村治理的路径存在差异	发展阶段
Cluster1	乡村发展水平和数字化治理水平处于较高水平	成熟阶段

总体而言，数字化治理水平大体是随着乡村的不断发展而进步的。而乡村发展水平处于中间水平的乡村，数字乡村治理水平呈现出多样化的发展趋势。

六、研究总结

乡村的发展与治理数字化水平提升呈现出较好的同步性，表明了乡村发展对于数字乡村治理程度有着积极意义。数字乡村不可能脱离乡村的发展而发展，乡村的发展也离不开数字技术对乡村治理的赋能。同时，不可否认数字乡村治理对于乡村发展的推动作用，但受限于本文篇幅，本文仅对前者进行了简要探讨。

对于如何发展数字乡村治理，乡村发展推动治理数字化的中介效应表明，村干部和村民的综合素养的提升对数字乡村治理的发展起到了关键作用，而乡村规模的、产业规模对

于数字乡村发展推动有限。数字乡村治理发展类型也表明，部分村智慧乡村和数字技术辅助决策存在短板。推动数字乡村建设，重点在"人"。"人"对于数字乡村治理的接受程度如何，"人"如何使用好数字乡村工具，是在决定本村推行数字乡村政策前首要考虑的问题，而资金、规模等则是其次。解决了"人"的问题，数字乡村才能真正做到赋能乡村治理。

在实地调研过程中，笔者也产生了许多对于数字乡村治理的感想。例如，在乡村治理过程中，不能忽略微信、抖音这类基本数字工具。此外，数字乡村治理是缓慢发展的，数字乡村发展需要村干部和村民对数字技术的逐步接受。许多村已经建设了完善的数字乡村基础设施，但是真正用好这些设施仍然需要一个过程，本文中的正相关效应也恰好对应了这一缓慢发展的过程。

七、研究不足与研究展望

（一）研究不足

样本点数量较少。受限于调查的样本量限制，本文仅选取了调研过程中的十个村作为研究样本，样本量太少，最终拟合的结果可能存在误差。同时，所选十个样本点均位于公安县内，数据可能不具有普遍性。研究较为片面。例如，本文对于数字乡村治理的潜在因素的研究选取的变量较少。对于研究方法的选取也存在不准确的问题，对于指标选取、回归分析等步骤的研究可能存在不恰当之处。

（二）研究展望

针对研究可能存在的缺陷，本文提出如下研究展望：希望后期能够将公安县与江浙发达地区进行对比，扩大样本量，以进一步验证数字乡村治理与乡村发展存在的潜在关系。此外，本文受限于篇幅，缺少不同类型村民对于数字乡村治理的态度研究。希望后续研究能持续关注这一问题。

参考文献

[1] 吴波. 乡村数字治理的运行机理和实施路径[D]. 杭州电子科技大学，2022. DOI：10.27075/d. cnki. ghzdc. 2022. 000806.

[2] 冯朝睿，徐宏宇. 当前数字乡村建设的实践困境与突破路径[J]. 云南师范大学学报（哲学社会科学版），2021，53(05)：93-102.

[3] 武小龙. 数字乡村治理何以可能：一个总体性的分析框架[J]. 电子政务，2022(06)：37-48. DOI：10.165 82/j. cnki. dzzw. 2022. 06. 003.

[4] 徐达. 村落视野下数字赋能的初步研究[D]. 浙江大学，2022. DOI：10.27461/d. cnki. gzjdx. 2022. 001590.

[5] 陈弘，冯大洋. 数字赋能助推农村公共服务高质量发展：思路与进路[J]. 世界农业，2022,(02)：55-65. DOI：10.13856/j. cn11-1097/s. 2022. 02. 005.

[6] 沈费伟，杜芳. 数字乡村治理的限度与优化策略——基于治理现代化视角的考察[J]. 南京农业大学学报（社会科学版），2022,22(04)：134-144. DOI：10.19714/j. cnki. 1671-7465. 2022. 0065.

[7] 李晓昀，邓崧，胡佳. 数字技术赋能乡镇政务服务：逻辑、障碍与进路[J]. 电子政务，2021,(08)：

29-3 9.DOI:10.16582/j.cnki.dzzw.2021.08.003.

［8］孙娜.新发展阶段山东省 B 市 H 县乡村数字化治理问题研究[D].东北财经大学,2023.DOI:10.27006/d.cnki.gdbcu.2022.002108.

［9］贾晋,李雪峰,申云.乡村振兴战略的指标体系构建与实证分析[J].财经科学,2018(11):70-82.

［10］吴园.数字乡村发展评价指标体系构建研究[J].江西农业学报,2022,34(01):236-241.DOI:10.19386/j.cnki.jxnyxb.2022.01.033.

跨越乡村数字鸿沟

——探究衡东县村民数字生活参与度影响因素

刘及雨[①] 晏如最[②]

摘 要：建设乡村数字经济是乡村振兴重要战略，农业农村数字化、信息化成为激发乡村发展的新动能，我国华中地区农村数字化进程具有其特征和独特的发展路径。调研团队选取湖南省衡阳市衡东县进行实地调研，本文基于调研走访，采用问卷调查、入户访谈的研究方法进行数据分析，构建乡村数字生活参与度指标模型，并利用主成分分析法进行信度效度分析，进一步构建变量探究数字生活参与度影响因素，根据影响因素拟合结果为衡东县推进乡村振兴、建设数字农村提出政策建议。

关键词：数字生活参与 乡村数字经济 主成分分析法

一、引 言

数字经济作为一种新兴经济形态，为经济增长注入了新的动力。在新的科技革命和产业变革的浪潮中，通过数字化技术的应用，可以提高生产效率、优化资源配置，推动各行业的创新和发展，数字经济已经成为国家、地区和企业发展的重要转折点。在党的二十大报告中，习近平总书记强调了加快数字经济的发展，推动数字经济与实体经济深度融合，打造具有国际竞争力的数字产业集群的重要性。

数字生活已经成为现代社会的重要组成部分。在城市地区，人们已经习以为常地享受着数字科技带来的便利与乐趣。然而，由于地区发展的限制，相对于城市地区，农村地区的数字生活参与度相对较低。农村地区的数字生活参与度不仅影响着农民的生活品质和福利水平，而且对农村经济的发展和乡村振兴产生着重要影响，因此，有必要对农村数字生活参与度的影响进行定量分析，为农村数字经济发展和政策推行提供理论基础。

近年来，国内外学者对于农村数字领域的研究日益增多，同时在农村数字生活的影响因素领域进行了深入的探讨。这些研究为我们了解农村地区数字生活参与度的现状和问

---

① 刘及雨，上海财经大学信息管理与工程学院21级信息管理与信息系统专业本科生。
② 晏如最，上海财经大学人文学院21级数据新闻专业本科生。

题提供了重要的参考和指导。

现有文献关于对农村数字生活参与度影响因素的研究结论较多,部分学者认为商业数字化对农村数字生活产生了极大影响。[①] 如刘伟清(2023)从农村电商发展接入展开研究,发现数字经济通过降低交易成本和增加非收入等渠道,能够增加农民收入,实现农村电商为农民带来可观的数字红利,实现收入的显著提升。[②]

同时,部分学者坚持收入是农村数字生活的基础,相当一部分农村居民因为收入过低而无法参与数字生活,较高的网络成本使很多农村居民望而生畏。所以加快数字乡村建设和促进数字治理,使数字生活融入农民日常生活成为发展农村数字生活的必经之路(俞云峰 2023)。也有学者认为教育水平是影响农村数字生活的显著因素,如曾亿武等(2022)发现农民教育水平与使用手机程度成正比,教育水平的提升可以提高农民对数字技术的认知和应用能力,从而增强其数字参与度。

另外,农村数字经济基础设施建设是发展农村数字经济的基石,是推动数字乡村建设的重要环节和前提条件(孙一凡等,2023)。在信息基础设施建设方面,大力拓展农村投递路线、提升农村宽带接入率以及提高农村居民人均可支配收入都会对农村数字生活参与度产生显著影响(杜改凤等,2023)。在农村政府管理方面,赵星宇等(2022)认为农村数字政务服务水平和创新能力也是影响其数字生活参与度的重要因素,调查发现,在传统的乡村治理结构中,基层政府、村委会等组织主要代替村民行使权力,因此政务的数字化将是农村数字化的先行者。

总体而言,学者对于中国农村数字参与度影响因素做了较为详尽的研究。但是,中国农村存在着较大的地域壁垒,资源配置方式迥异,各个地方的农村都应因地制宜考虑其特有的发展进度。因此本文将着眼于衡东县,选用千村调查的微观调研数据,整理并分析当地数字生活参与度以及影响因素,提出精准提升中国农村数字水平、推进农村数字经济发展的有效措施和政策建议。

二、调研基本情况

(一)调研情况概述

本次千村调查实地调研,定点调研小组抵达衡东县,前往三个乡镇10个行政村,以"数字技术赋能乡村振兴"为主题,以乡镇政府、村委会为媒介,走入乡村农户,走进田野农院,深入村镇。本文作者两人通过一对一的方式,在村委会的帮助下实现入户走访和收集入户问卷,调研、整理和归纳与村民数字生活、经济状况、文化教育、农村治理等相关的农村和农户信息。

调研团队在带队老师指导下,依次调研油麻田村、柴山洲村、金合村、荷塘村、光明村、清景村、铁坪村、谭家桥村、白莲村与塘荷村10个行政村,各地区分别发放20余份入户问卷,1份入村问卷,合计发放入户问卷208份,入村问卷20份。入户问卷回收有效问卷200份,入户问卷有效率96.15%。对问卷收集数据,笔者进行比对整理,200份最终问卷数据

---

① 王凤婷,王浩,熊立春.农村数字经济如何影响农民生活质量:机制与事实[J].浙江社会科学,2023(08):4-14-156.
② 刘伟清.乡村振兴战略背景下我国农村电商发展路径分析[J].中国商论,2023(16):43-46.DOI:10.

符合村镇当地基本情况,数据质量较高①,无大量关键信息缺失问卷,对于存在部分提问项空缺的问卷,笔者根据问卷备注对信息进行补充。入村问卷信息核对无误,回收有效问卷20份,入村问卷有效率为100%。

（二）衡东县调研地区基本情况介绍

本文调研地点衡东县隶属于湖南省衡阳市,地处于湖南的东部,位于湘江中游,地理位置上坐落于衡阳盆地和醴攸盆地相接之处,地势以丘陵山地为主。衡东县的总面积有1926平方公里,森林覆盖率达到51%。2022年,衡东县常住人口55.61万人,截至2022年初,常住城镇人口21.14万人,农村人口34.87万人,常住人口城镇化率37.7%。② 地方民俗文化上,衡东县有"皮影戏之乡""剪纸之乡""花鼓戏之乡""鱼米之乡"和"印章之乡"之称,其当地特色有湖南省唯一冠名的"土菜"。③ 2022年,衡东县实现地区生产总值达到336.5亿元,根据可比价计算,增长率为5.5%。

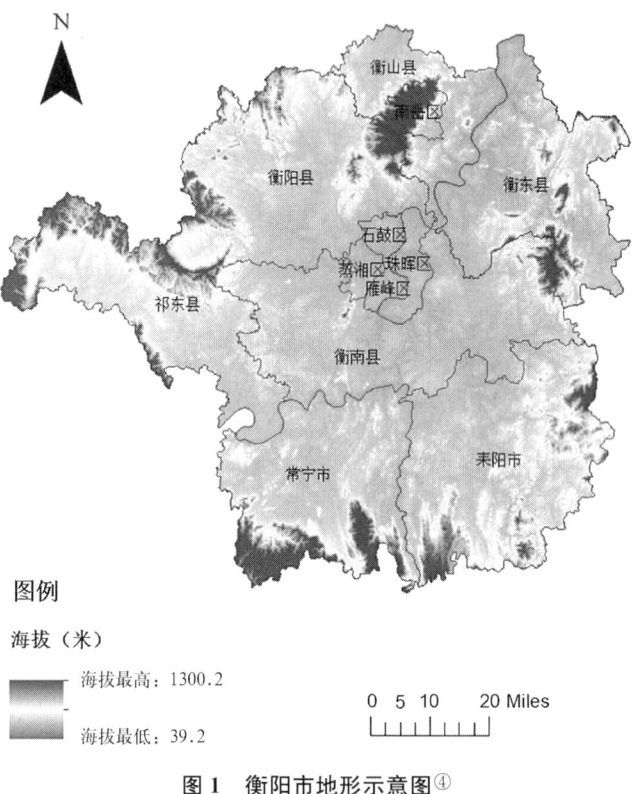

图1　衡阳市地形示意图④

---

① 赵星宇,王贵斌,杨鹏.乡村振兴战略背景下的数字乡村建设[J].西北农林科技大学学报(社会科学版),2022,22(06):52-58.DOI:10.13968/j.cnki.1009-9107.2022.06.07.
② 衡阳市.衡东县2021年国民经济和社会发展统计公报[EB/OL].https://www.hengyang.gov.cn/hystjj/tjgb/20220405/i2658054.html.
③ 衡东概况[EB/OL].衡东县党政门户网站.https://baike.baidu.com/item/%E8%A1%A1%E4%B8%9C%E5%8E%BF/3459256.
④ 图1为作者使用ArcGIS自行绘制的衡阳市地形示意图。

为了解调研行政村的基本信息,检验数字生活参与的影响因素样本质量,笔者对220份有效问卷进行筛选。表1为入户问卷基本信息统计,包括受访者性别、受访者年龄、家庭年收入和数字产业形态等。从统计信息中可以得出,受访者性别分布均匀,受访者年龄主要集中在30~40岁区间,老年人年龄区间样本占比15%,有利于本文探究乡村主要劳动力及老年人数字生活参与情况。受访者家庭年收入总体呈现家庭数量随年收入增加而递减的趋势,大部分家庭年收入水平较低,3万以下占比37%,12万以上仅占5%。

表1　　　　　　　　　　　问卷基本数据

受访者性别	样本数	百分比	数字产业形态	样本数	百分比
女	97	48.50%	网络销售(淘宝、微商等)	0	0.00%
男	103	51.50%	物流快递(除邮政以外)	1	10.00%
合计	200	100.00%	产品加工业	5	50.00%
受访者年龄			电子商务服务业	2	20.00%
30岁以下	41	20.50%	无相关产业	2	20.00%
30~40岁	89	44.50%	合计	10	100.00%
40~50岁	22	11.00%	是否通过网络提供与乡村振兴相关的服务		
50~60岁	18	9.00%	是	6	60.00%
60岁以上	30	15.00%	否	4	40.00%
合计	200	0.00%	合计	10	100.00%
受访者家庭年收入			是否有数字农业产业		
3万以下	74	37.00%	是	6	60.00%
3万~6万	55	27.50%	否	4	40.00%
6万~9万	22	11.00%	合计	10	100.00%
9万~12万	39	19.50%	是否使用数字乡村政务服务		
12万以上	10	5.00%	是	7	70.00%
合计	200	100.00%	否	3	30.00%
			合计	10	100.00%

进一步,本文重点为问卷的数字生活参与板块,通过对该模块数据的筛选和整理,笔者选取数字产业形态、是否通过网络提供与乡村振兴相关的服务、是否有数字农业产业和是否使用数字乡村政务服务等四项指标,分别反应乡村数字经济与数字政务服务水平。从表1可以看到,数字产业形态中,10个行政村中农产品加工业占到50%,而电子商务、物流快递等有助于乡村数字经济发展的产业占比较少,甚至20%的行政村无相关产业。同时,60%的行政村通过网络提供与乡村振兴相关的服务,70%使用了数字乡村政务服务,60%具有数字农业产业。由此可见,各村镇政府在落实与推进国家加快数字农业农村建设的号召中有一定努力,但仍有较大进步空间,仍需进一步挖掘乡村振兴中网络化、信息化、数字化的潜能。

样本数据基本符合调研团队在实地走访中了解到的村镇真实情况,以家庭为单位的小农户农业形式为主,村镇经济发展水平较低,少数家庭选择外出打工或经商,获得相对较高的收入。该样本各项指标分布合理,能够较准确地还原出衡阳市衡东县农村家庭的基本样貌,具有一定的典型性与代表性。

三、变量选取与模型建立

(一)核心解释变量

本文的核心解释变量是数字生活参与度。数字化的进程已经推展到农村,现代化商业重塑了村民消费的信息传递模式,农民购物、文化娱乐、生活服务、出行、医疗、金融等方面的数字化水平的提升给农民生活带来了改变。但调研发现,在衡东县,数字化给农户带来的便利和对乡村经济的提振仍未普及和深入,同一个乡镇中不同家庭呈现出不同的数字化程度,或许与教育水平、经济条件、家庭务农方式、健康水平和数字意识等因素有关,为探究衡东县农户数字生活参与的影响因素,推动衡东县落后乡村地区更好地进行数字化转型,数字赋能乡村振兴,本文根据问卷数字生活参与模块数据,界定农民数字生活参与度为数字化情境下农民在生产与生活实践中形成的有关数字知识、数字意识和数字能力的综合体,可以体现为四个维度,包括数字化通用素养、数字化社交素养、数字化创意素养和数字化安全素养。[1]

基于文献梳理,上述数字素养四个维度可以较综合地描述农户数字生活参与程度,分别代表了个体对基本数字产品的了解和使用、整理和加工数字信息并通过互联网进行信息交流共享与协作[2]、创建并编辑文字、图像、视频等内容并进行创意化表达、安全有效地维护个人正当权益和保护个人信息。

对于上述四个维度,笔者选取调查问卷中相应具体测量题项作为衡量指标,共选取17个测量题项测度数字生活参与度水平。为检验指标选取的有效性和可靠性,进行主成分

---

[1] 苏岚岚,彭艳玲.数字化教育、数字素养与农民数字生活[J].华南农业大学学报(社会科学版),2021,20(03):27-40.
[2] JISC. Developing digital literacies [EB/OL]. [2014-12-16]. https://ww.jisc.ac.uk/guides/developing-digital-literacies.

分析。

（二）计量模型构建

主成分分析（PCA）是将多个变量通过线性变换以选出较少个数重要变量的一种多元统计分析方法，又称主分量分析。该分析方法可将初始变量转换为新的有效主成分，以别数据集中最显著的特征。聚类分析是一组将研究对象分为相对同质的群组的统计分析技术，是采用 K 均值、一中心点等算法的聚类分析工具进行数据建模、简化数据的一种方法。基于主成分分析和聚类分析相结合的方法，作者将分析影响农村数字生活参与度因素的重要程度，最终得到少数重要变量。

（三）数据说明

本文在相关文献基础上，结合中国农村实际情况，试图将影响农村数字生活参与度因素划分为数字化通用素养、数字化社交素养、数字化创意素养、数字化安全素养四个维度。通用素养具体包括"平均每天的使用智能手机或 iPad 的时长""是否使用过手机银行""您是否经常使用电脑""您认为自己在解决网络及软硬件故障问题上的能力如何""是否通过互联网购买保险""您使用本地的在线政务服务平台的频率如何""您对 Office 等办公软件应用的掌握程度""您对教育教学类应用（如中国大学、MOOC 等）应用的掌握程度"；社交素养包括"您每周使用短视频类网络社交工具软件的次数""您是否经常使用网络社交工具""您对电子邮件的掌握程度"；创意素养包括"您在微信或者抖音快手上发表视频或分享内容的频率如何""您对以下娱乐音视频应用（如抖音、快手等）的掌握程度"；安全素养包括："您在使用互联网和社交媒体时是否注意遵守一定的行为规范""您是否定期管理您的数字资料""您在使用网络时是否了解如何识别和防范网络谣言和虚假信息""您认为在上网过程中，个人信息隐私保护重要吗"。

首先本文对以上数据进行信度分析，确定该数据是否可信，由表 2 可知，大部分数据都在 α 系数都在 0.7 以上，这表明表中数据可参与分析且都具有一定的价值。

表 2　　　　　　　　　　　　　　信度分析

维　度	分　析　项　名	总体相关性	α 系数	均　值
数字化通用素养	平均每天的使用智能手机或 iPad 的时长是	0.587	0.803	3.085
	是否使用过手机银行（1. 否；2. 是）	0.411	0.761	1.625
	您是否经常使用电脑（1. 不经常；2. 经常）	0.565	0.752	1.302
	您认为自己在解决网络及软硬件故障问题上的能力如何（5. 很强；4. 较强；3. 一般；2. 较弱；1. 很弱）	0.343	0.759	2.365
	是否通过互联网购买保险（1. 否；2. 是）	0.435	0.788	1.055

续 表

维 度	分 析 项 名	总体相关性	α系数	均 值
数字化通用素养	您使用本地的在线政务服务平台的频率如何(6.非常高;5.比较高;4.一般高;3.比较低;2.非常低;1.不知道/不使用)	0.287	0.751	3.065
	您对Office等办公软件应用的掌握程度(5.精通;4.熟练使用;3.能基本使用;2.了解但不会用;1.完全不会)	0.354	0.744	2.06
	您对教育教学类应用(如中国大学、MOOC等)应用的掌握程度(5.精通;4.熟练使用;3.能基本使用;2.了解但不会用;1.完全不会)	0.506	0.72	1.825
数字化社交素养	您每周使用短视频类网络社交工具软件的次数(5.每天多次;4.比较多;3.一般;2.少;1.几乎不用)	0.466	0.832	3.359
	您是否经常使用网络社交工具(微信、抖音/快手、QQ)(2.是;1.否)	0.501	0.853	1.855
	您对电子邮件的掌握程度(5.精通;4.熟练使用;3.能基本使用;2.了解但不会用;1.完全不会)	0.421	0.733	2.145
数字化创意素养	您在微信或者抖音快手上发表视频或分享内容的频率如何(5.每天多次;4.比较多;3.一般;2.少;1.几乎不用)	0.319	0.76	1.985
	您对以下娱乐音视频应用(如抖音、快手等)的掌握程度(5.精通;4.熟练使用;3.能基本使用;2.了解但不会用;1.完全不会)	0.455	0.744	3.11
数字化安全素养	您在使用互联网和社交媒体时是否注意遵守一定的行为规范(2.是;1.否)	0.383	0.76	1.89
	您是否定期管理您的数字资料(2.是;1.否)	0.43	0.748	1.655
	您在使用网络时是否了解如何识别和防范网络谣言和虚假信息(5.非常重要;4.重要;3.一般;2.不重要;1.非常不重要)	0.298	0.765	4.75
	您认为在上网过程中,个人信息隐私保护重要吗(2.是;1.否)	0.218	0.713	1.725

（四）详细结论

KMO 检验的结果显示，KMO 的值为 0.774，同时，Bartlett 球形检验的结果显示，显著性 P 值为 0.000***，水平上呈现显著性，拒绝原假设，各变量间具有相关性，主成分分析有效，程度为好（详见表 3）。

表 3　KMO 检验和 Bartlett 的检验

KMO 检验和 Bartlett 的检验		
KMO 值		0.774
Bartlett 球形度检验	近似卡方	619.255
	df	136
	P 值	0.000***

注：***、**、* 分别代表 1%、5%、10% 的显著性水平。

农村数字生活参与度的主成分分析以特征值＞1、方差贡献率＞85%为标准，对 17 个具体因素进行主成分分析。图 2 的碎石图中位于陡坡的主成分特征值大，所含信息量大，本试验中前 5 个主成分特征值位于陡坡且大于 1，且图中这 5 个主成分累积方差的贡献率达 85%，代表了绝大部分信息。因此，可用这 5 个主成分代表 17 个影响因素的综合信息。

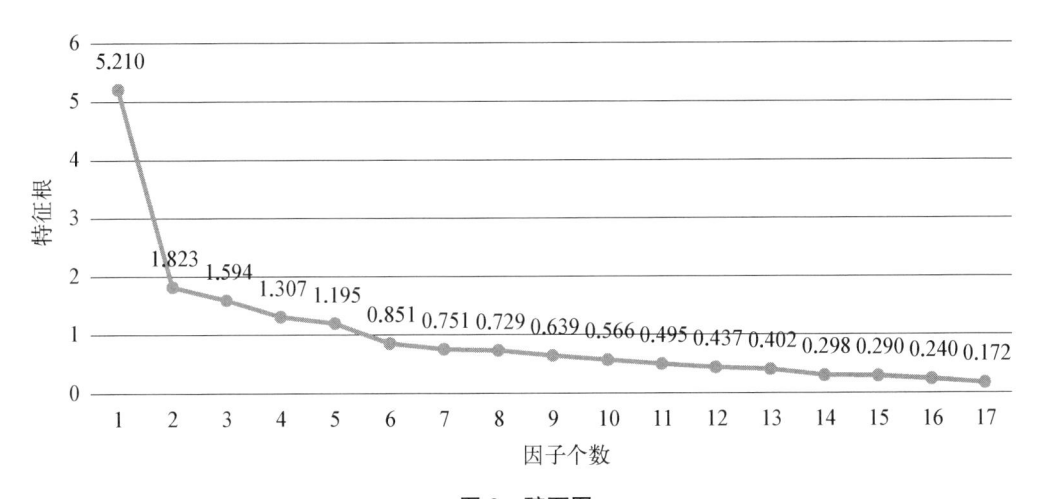

图 2　碎石图

由表 4 和表 5 可知，第 1 主成分的方差贡献率为 30.6%，智能产品使用时长、办公软件的了解程度以及使用短视频类网络社交工具软件的次数在第 1 主成分上有较大的载荷，且均与与第 1 主成分呈正相关，第 2 主成分的方差贡献率为 20.7%，经常使用网络社交工具和在微信或者抖音快手上发表视频或分享内容的频率在第 2 主成分上有较大的载荷，其中在使用互联网和社交媒体时是否注意遵守一定的行为规范、在使用网络时是否了

表 4　　　　　　　　　　　　　　因子载荷系数表

因子载荷系数表

	因子载荷系数					共同度
	主成分1	主成分2	主成分3	主成分4	主成分5	（公因子方差）
平均每天的使用智能手机或iPad的时长是（5. ≥8小时；4. 5～7小时；3. 2～4小时；2. ≤1小时；1. 不使用）	0.915	0.122	0.062	0.03	0.057	0.535
是否使用过手机银行（1. 否；2. 是）	0.598	0.035	0.072	0.439	−0.002	0.556
您是否经常使用电脑（1. 不经常；2. 经常）	0.633	0.343	0.733	−0.056	0.003	0.632
是否通过互联网购买保险（1. 否；2. 是）	0.061	0.373	0.269	0.675	−0.173	0.701
您认为自己在解决网络及软硬件故障问题上的能力如何（5. 很强；4. 较强；3. 一般；2. 较弱；1. 很弱）	0.562	0.222	−0.284	0.816	−0.299	0.536
您使用本地的在线政务服务平台的频率如何（6. 非常高；5. 比较高；4. 一般高；3. 比较低；2. 非常低；1. 不知道/不使用）	0.349	0.026	0.857	−0.183	0.158	0.612
您对Office等办公软件应用的掌握程度（5. 精通；4. 熟练使用；3. 能基本使用；2. 了解但不会用；1. 完全不会）	0.887	0.317	0.158	−0.114	−0.284	0.838
您对教育教学类应用（如中国大学、mooc等）应用的掌握程度（5. 精通；4. 熟练使用；3. 能基本使用；2. 了解但不会用；1. 完全不会）	0.691	−0.258	−0.021	−0.174	−0.304	0.667
您每周使用短视频类网络社交工具软件的次数（5. 每天多次；4. 比较多；3. 一般；2. 少；1. 几乎不用）	0.819	0.639	−0.187	−0.29	0.184	0.737
您是否经常使用网络社交工具（微信、抖音/快手、QQ）（2. 是；1. 否）	0.374	0.722	−0.076	−0.269	0.102	0.75
您对电子邮件的掌握程度（5. 精通；4. 熟练使用；3. 能基本使用；2. 了解但不会用；1. 完全不会）	0.622	−0.155	0.025	−0.279	−0.301	0.714
您在微信或者抖音快手上发表视频或分享内容的频率如何（5. 每天多次；4. 比较多；3. 一般；2. 少；1. 几乎不用）	0.467	0.839	0.761	−0.083	0.338	0.711

续 表

	因子载荷系数					共同度
	主成分1	主成分2	主成分3	主成分4	主成分5	(公因子方差)
您对以下娱乐音视频应用(如抖音、快手等)的掌握程度(5. 精通;4. 熟练使用;3. 能基本使用;2. 了解但不会用;1. 完全不会)	0.664	0.28	−0.34	0.068	−0.02	0.64
您在使用互联网和社交媒体时是否注意遵守一定的行为规范(2. 是;1. 否)	0.469	−0.187	−0.41	0.207	0.299	0.555
您是否定期管理您的数字资料(2. 是;1. 否)	0.635	0.032	−0.18	0.721	−0.62	0.079
您在使用网络时是否了解如何识别和防范网络谣言和虚假信息(5. 非常重要;4. 重要;3. 一般;2. 不重要;1. 非常不重要)	0.423	−0.288	0.014	0.235	0.636	0.722
您认为在上网过程中,个人信息隐私保护重要吗(2. 是;1. 否)	0.322	−0.353	−0.438	−0.238	0.353	0.602

表5　　　　　　　　　　　　　因子权重分析

名　称	方差解释率(%)	累积方差解释率(%)
主成分1	0.306	30.645
主成分2	0.207	51.372
主成分3	0.094	60.749
主成分4	0.077	78.437
主成分5	0.07	85.467

解如何识别和防范网络谣言和虚假信息以及您认为在上网过程中,个人信息隐私保护重要吗与第2主成分呈负相关外,其余与第2生成分均呈正相关,第3主成分的方差贡献率为9.4%,您是否经常使用电脑和您使用本地的在线政务服务平台的频率如何在第3主成分上有较大的载荷,且与第3主成分呈正相关。第4主成分方差贡献率为7.7%,您认为自己在解决网络及软硬件故障问题上的能力如何和您是否定期管理您的数字资料作为主要载荷,第5主成分方差贡献率较低。

四、影响因素选取与分析

(一) 变量选取

本文基于上述实证分析,将上述四个维度数字素养分值进行加总求和,以衡量数字生活参与度,并据此换算数字生活参与率。调研范围中,数字生活参与度最大值为 0.968 2,最小值为 0.317 46,平均值为 0.615 8,基本符合正态分布,可以验证指标分布的合理性。为了进一步探究影响不同村民数字生活参与程度的因素,笔者将 200 份样本按数字生活参与度指标划分为 5 个区间,分别代表数字生活参与度低、较低、一般水平、较高和高的人群(详见图 3)。

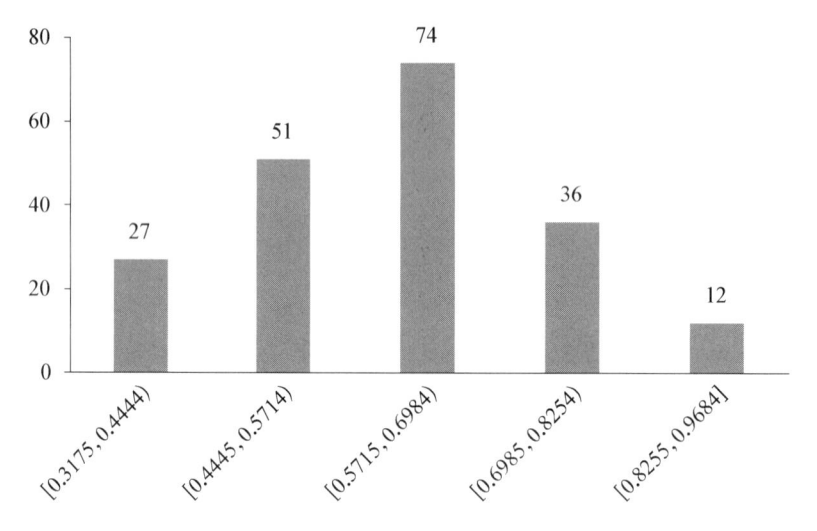

图 3 数字生活参与率各区间人数分布

随着农村数字建设的推进、乡镇数字服务的完善、乡村社交方式的多样化和农村经济模式的变化,影响数字生活参与的因素趋向于多元化和复杂化。笔者根据调查问卷涵盖的各板块,参考现有研究指标选取,分析总结出以下备选影响因素:

(1) 教育水平:更高的文化水平能够帮助农村居民接触更多渠道、从而了解信息知识,并且具备更强的智能电子设备学习能力,同时也有更多接触电子产品和学习数字信息的机会。

(2) 经济条件:在农村家庭收入差距仍然较大的情况下,经济状况良好的家庭相比也经济条件差的家庭更有能力购买手机并支付通信费用,也包括其他智能电子设备,具备了体验数字生活的物质基础。

(3) 生活需求:村民在日常生活中,对外部社交活动的需求程度也会影响他们使用手机的意愿,生活中数字化方式渠道的普及可能促使村民从传统方式转向选择数字化方式,例如网络购物、线上销售、数字政务等等新兴方式的出现,可能会影响村民的生活选择。

(4) 数字意识:海量的网络信息和飞速的信息迭代更新在一定程度上提高了村民使用、筛选有效信息的门槛,村民在使用手机、电脑等数字工具时,需要有甄别信息可靠性的能力,具有数字安全意识和自我权益保护意识,具备更高数字意识的村民将更有可能利用数字工具提高生产效率和生活质量,也对数字化生活态度更积极,学习意愿更高。

(5)农业参与方式:在传统的农业销售市场,村民只能选择线下出售给蔬菜收购商或在集市中零售,乡村振兴政策带来的数字服务、网络社交平台的普及让村民可以打破地域边界,尝试利用微信、抖音等数字平台宣传和出售自己的农产品,农业经营生产的方式大大丰富,线上销售渠道的开拓也将吸引村民努力提高自身数字素养以争取更大的竞争优势,从而提高收入。

基于以上备选要素,笔者根据五类数字生活参与度人群筛选题项,整合数据,进行对比观察。

(二)影响因素分析

1. 教育水平

通过图4和图5可直观看出数字生活参与度与教育水平呈现正相关关系,数字参与度高的人群拥有越高的文化水平,数字参与度低的人群中无高中或职高毕业以上的样本,而数字生活参与度高的人群中91.67%具有高中或职高以上学历。

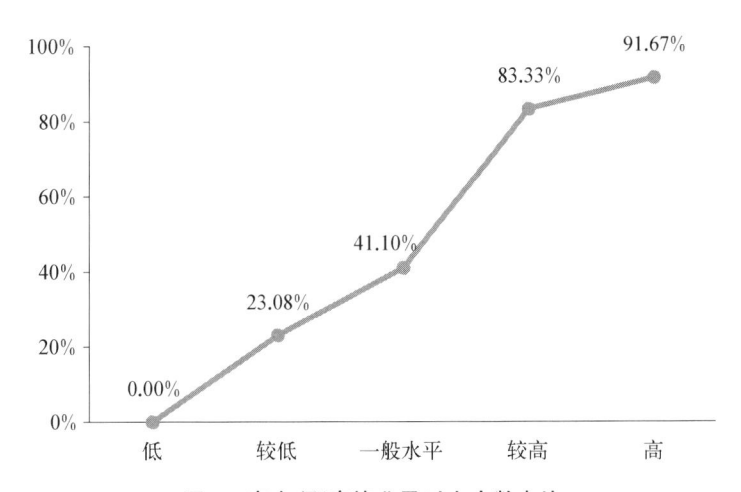

图4 高中/职高毕业及以上人数占比

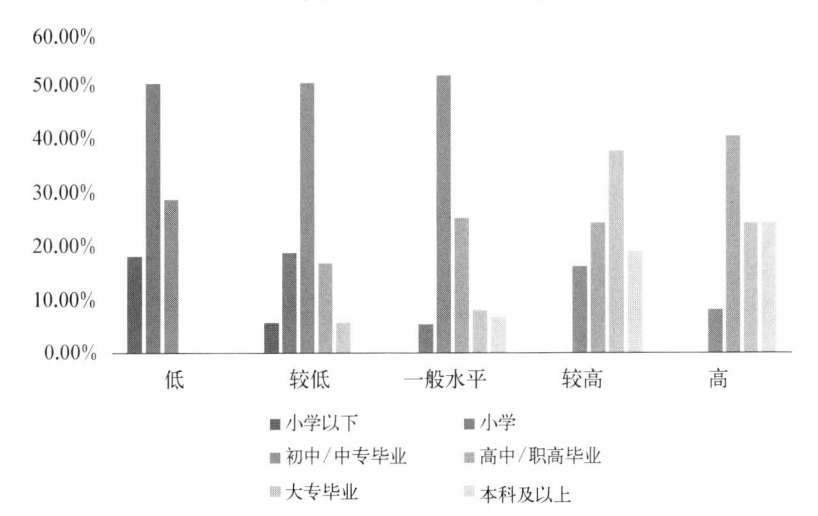

图5 教育水平与数字生活参与度分布

2. 经济条件

家庭经济情况和数字生活参与度有着很强的相关性，从图6和图7中可以看出整体上贫困率随着数字参与度的上升而下降，个体平均月收入随着数字参与度的提高而上升，说明家庭经济状况越好，数字生活参与程度就越高。

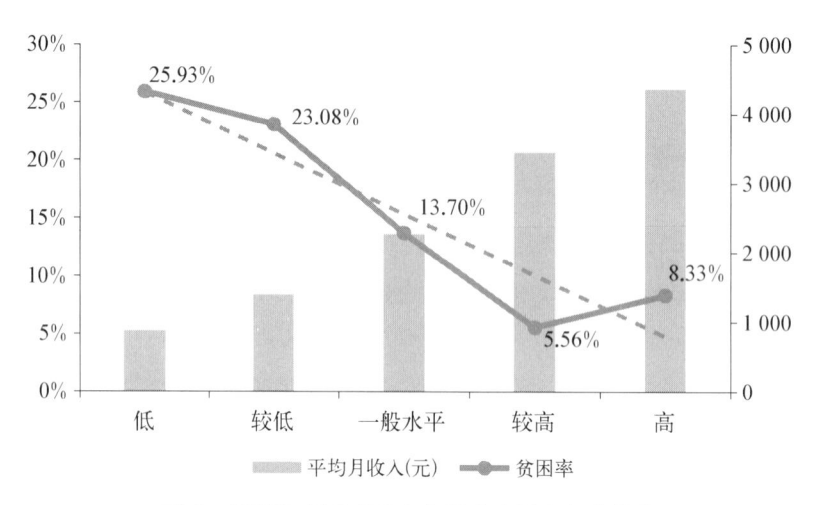

图6 贫困率、平均月收入与数字生活参与度分布

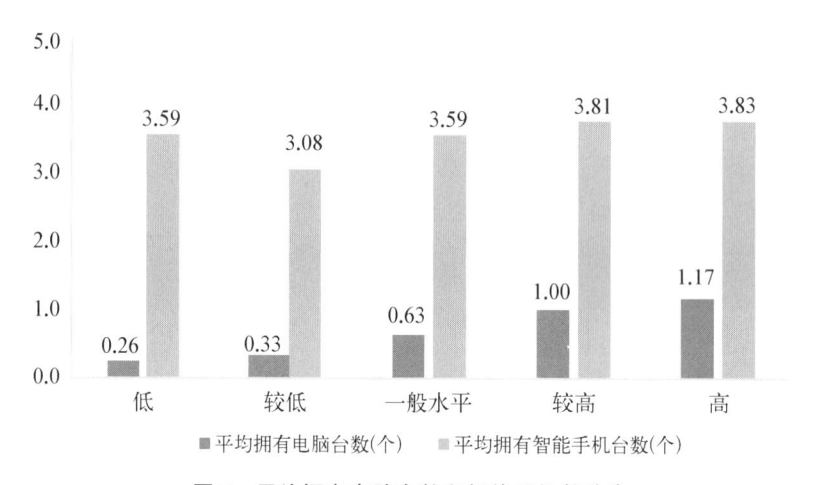

图7 平均拥有电脑台数和智能手机数分布

3. 生活需求

在农业生产经营中，对数字生活参与度较高的人群更偏向选择通过网络销售农产品，并利用网络平台进行网上销售。但总体而言，衡东县只有少数农民采用线上销售，数字化参与度最高的人群中，只有8.33%的人在网上销售农产品，仍然以传统的线下销售为主。同时，数字生活参与度与网上购物率正相关。可以看出，在数字化参与度低的人群中，只有25.93%的人会在网上购物，而在数字化参与度高的人群中，网上购物率达到100%（详见图8）。网络政务参与率和通过网络获取政务信息的比例也随着参与者对数字生活参与程度的提高而提高，说明在乡村治理过程中，乡镇政府利用微信群发布管理通知、进行村

委会投票选举等措施取得了一定的成效,得到了越来越多村民更高的认同。

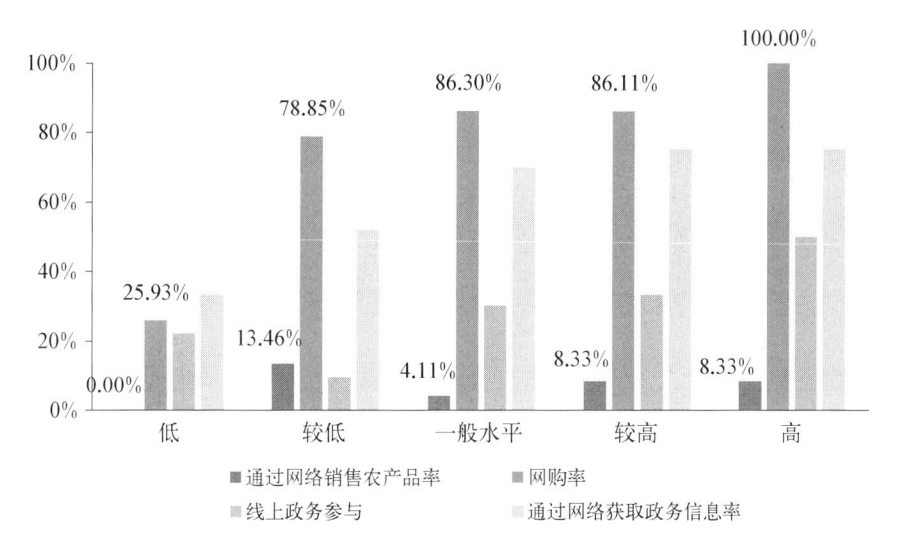

图 8　生活需求与数字生活参与度分布

4. 数字意识

自 2018 年提出"数字乡村"建设,衡东县乡镇数字化建设已取得初步成效,村民对数字化、信息化发展的态度也是影响村民加入数字化进程的一大因素。政府开展线上线下培训,帮助农民提高职业技能。农民直接或间接地利用数字化设备参与农业生产,或作为卖家或消费者参与农村电子商务的发展。数字农村战略背景下农民数字素养提升研究。人们的数字意识越强,他们就越能适应数字趋势,他们在数字生活中的参与度也就越高。根据图 9 至图 11,对海量网络资源信息的筛选和识别能力可以帮助村民更好地参与数字生活。在获取信息时,那些倾向于独立思考、独立判断和积累互联网经验的人对数字生活的参与度更高,并且随着对数字生活参与度的增加,对来源可信度的重视程度也越来

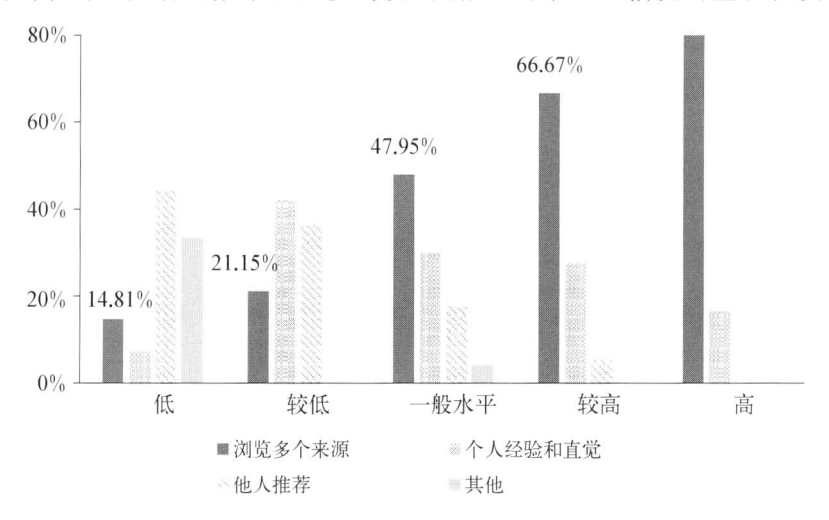

图 9　如何筛选和选择有用信息

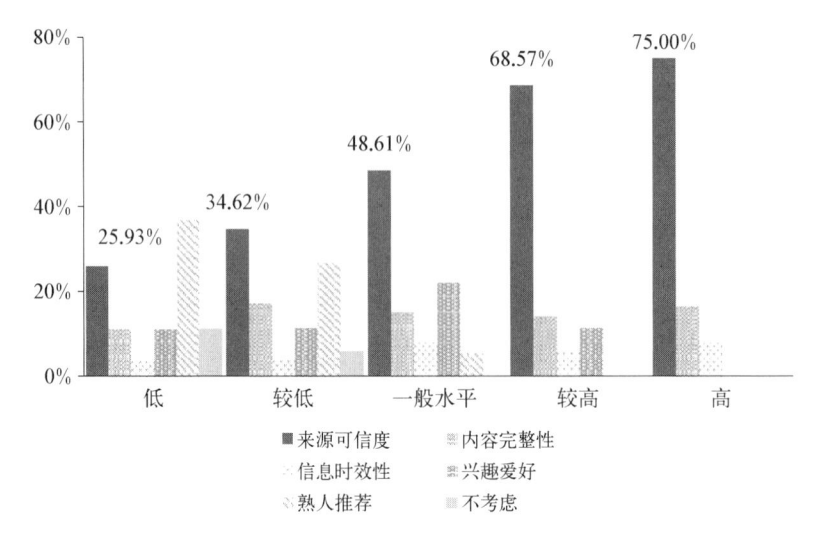

图 10　获取信息主要考虑的因素

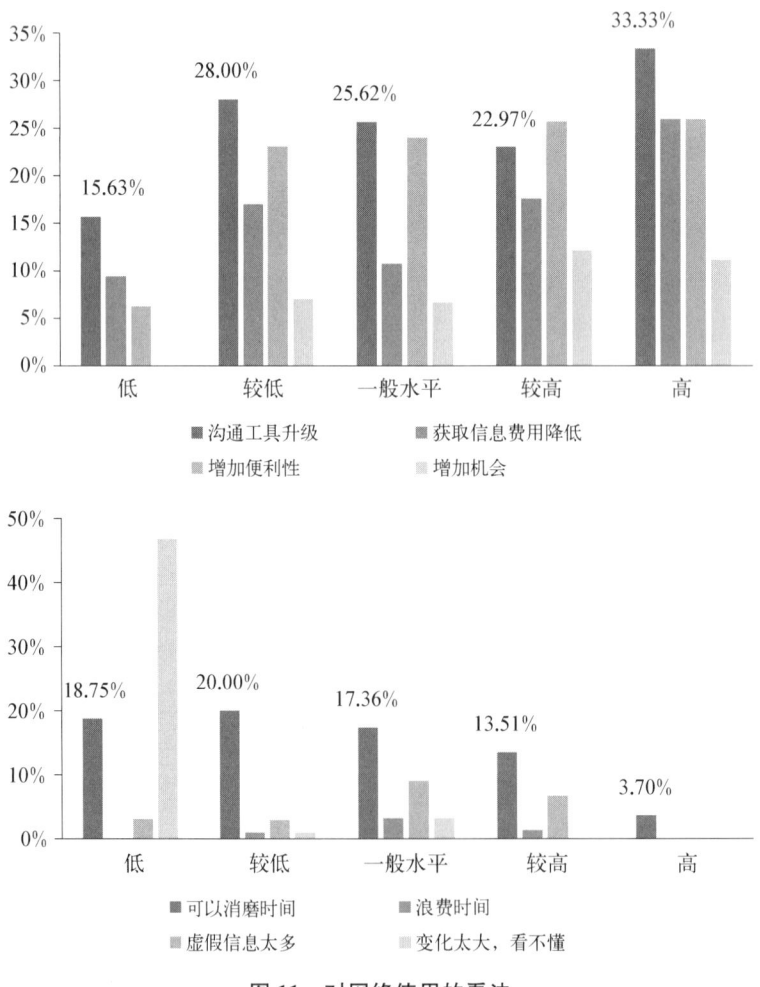

图 11　对网络使用的看法

高。与此同时，对互联网使用持积极态度的人比持消极态度的人更倾向于参与数字生活。例如，随着数字生活参与度的提高，认为互联网带来通信工具的升级、信息获取成本的降低和生活便利性的增加的比例也在增加。随着参与数字生活的增加，浪费时间和获得更多虚假信息等消极态度的比例下降。

5. 农业参与方式

从本次调查的 200 份问卷来看，大多数农户以小农自给自足或自产自销的形式参与农业经营，合作社模式和集体农业经济在衡东县尚未启动，数字化参与率高的群体工作或经商率最高，达到 25%。

对于农业数字化经营和生产，从总体趋势来看，政府越是经常提供互联网服务帮助农业发展，农民利用互联网销售农产品的意愿就越强，他们越是愿意参与农产品的电子商务销售，参与数字生活的程度就越高。

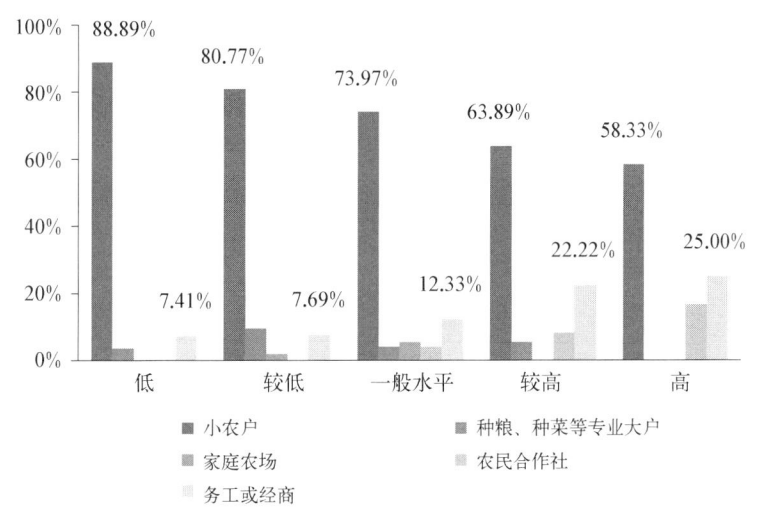

图 12 从事农业生产经营方式分布

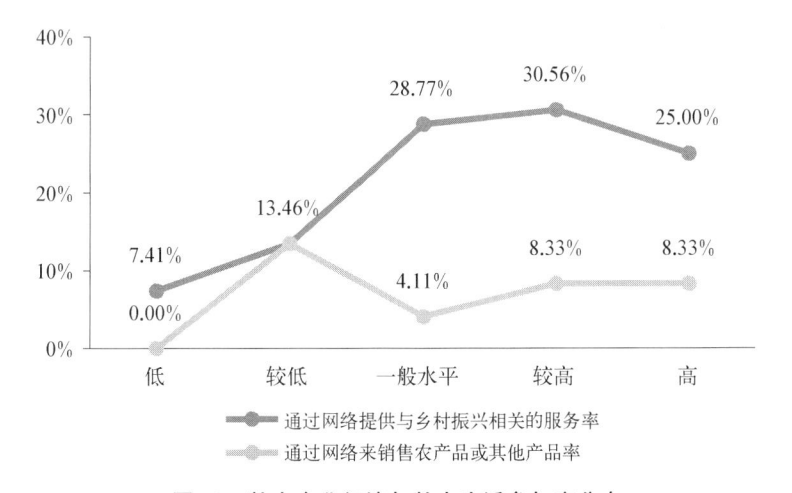

图 13 数字农业经济与数字生活参与度分布

五、政策建议

(一)拓展收入来源,增强消费能力

农村居民参与数字生活,收入来源是关键。目前,农村经济发展水平较低,农民的收入主要依靠农业生产。因此,有必要扩大农村产业,培育新的经济增长点,为农村居民提供更多的就业机会和创业机会。提高农村居民的收入水平只是第一步,更重要的是使他们有足够的消费能力来使用和享受数字技术带来的便利和好处。只有在提高农村居民收入和消费能力的基础上,才能促进农村数字生活的普及和发展,实现农村的数字化进步。

(二)提升信息素养,加强农村居民参与数字生活的内在感知

实践证明,大多数农村居民不具备参与数字生活的能力。因此,提高农村居民的信息素养是关键。通过信息技术培训和教育,帮助农村居民掌握基本的数字技术知识和操作技能,提高使用数字设备和网络的能力;增强农村居民主动获取信息、筛选信息、评价信息的能力,培养信息安全和信息伦理意识,使农村居民更加自信和熟练地参与数字生活。有效促进农村居民积极参与数字生活,实现农村数字化发展目标。

(三)加强信息基础设施建设,降低农业数字基础设施成本

目前,农村地区的网络覆盖率普遍较低,限制了农村居民参与数字生活的能力。因此,有必要加大对农村网络建设的投入,提高网络的覆盖率和质量。通过铺设光纤和建设无线网络基站,确保农村地区稳定高速接入互联网,为农村居民提供顺畅的数字通信环境。农民可以通过数字技术获取市场信息、开展电子商务、参与在线教育等活动,提高生活质量和经济收入。同时,数字技术的应用可以促进农村产业升级和经济发展,实现农村数字经济的有效落地。

参考文献

[1] 王凤婷,王浩,熊立春.农村数字经济如何影响农民生活质量:机制与事实[J].浙江社会科学,2023(08):4-14+156.DOI:10.14167/j.zjss.2023.08.015.

[2] 张丙宣,章琪.建设数字生活智能服务站打造农村现代商业体系[J].政策瞭望,2023(04):44-47.

[3] 尹秀静.数字经济发展对我国农村居民消费的影响——兼论财政支农的中介效应[J].商业经济研究,2023(17):98-101.

[4] 万建军,胡文萍.乡村振兴背景下数字经济驱动农村产业融合的机理与路径探析[J].农业经济,2023(08):22-24.

[5] 赵星宇,王贵斌,杨鹏.乡村振兴战略背景下的数字乡村建设[J].西北农林科技大学学报(社会科学版),2022,22(06):52-58.DOI:10.13968/j.cnki.1009-9107.2022.06.07.

[6] 马晓妮.数字素养对农村居民数字生活参与的影响研究[D].山东农业大学,2024.DOI:10.27277/d.cnki.gsdnu.2023.000786.

[7] 刘伟清.乡村振兴战略背景下我国农村电商发展路径分析[J].中国商论,2023(16):43-46.DOI:10.

[8]苏岚岚,彭艳玲.数字化教育、数字素养与农民数字生活[J].华南农业大学学报(社会科学版),2021,20(03):27-40.

[9] JISC. Developing digital literacies [EB/OL]. [2014-12-16]. https://ww.jisc.ac.uk/guides/developing-digital-literacies.

[10]刘艳.数字乡村战略背景下农民数字素养提升研究[D].吉林大学,2023.DOI:10.27162/d.cnki.gjlin.2023.005391.

[11](衡阳市)衡东县2021年国民经济和社会发展统计公报。

数字普惠金融能否激发乡村内在活力
——基于桔子洲街道天马村调研情况的思考

刘家成[①]　胡誉耀[②]　吴宇亮[③]

摘　要：乡村振兴是我国的重要发展战略。本文通过实证分析探讨了数字普惠金融在乡村振兴中的作用，尤其是其对村民创业选择和绩效的影响。本文利用湖南省长沙市岳麓区天马村的调查数据，结合2018年CFPS数据库、北京大学数字普惠金融指数、2019年上海财经大学"中国千村调查"数据库和2019年中国统计年鉴的数据进行实证研究。研究发现，数字普惠金融通过增强村民的资金获取能力、减少信息不对称和降低融资成本，有效地提高了村民的创业活力。此外，该研究还提出了数字普惠金融发展的相关政策建议，包括金融知识普及、线上金融服务优化、数据安全和隐私保护加强，以及推动乡村组织与各方的合作。这些政策旨在进一步促进数字普惠金融的普及，助力乡村振兴战略的实施。

关键词：数字普惠金融　乡村振兴　村民创业

一、调研基本情况

（一）调研地基本信息概述

在此次千村调查中，我们的小组前往湖南省长沙市岳麓区桔子洲街道天马村展开实地研究，秉承"走千村、访万户"的实践精神，深入调查了村庄的各个方面，包括村庄基本信息、产业发展情况、居民生活及数字金融普及情况等。

截至2022年底，天马村的户籍登记有1 400户，涵盖了常住居民数量接近3 909人。该村庄总土地面积为2 250亩，集体经营性建设用地100亩，宅基地430亩，并未开展村集体经营性建设用地入市改革。依靠独特的地理优势，天马村的居民一直以来主要以租赁房屋为主要经济来源。随着乡村城市化和村民市民化进程的加速，大量的房屋和集体土地被高校征收和拆迁，这让村民们失去了他们的主要生计来源。面对这一现实，展望未

[①]　刘家成，上海财经大学金融学院21级金融专业本科生。
[②]　胡誉耀，上海财经大学金融学院21级金融专业本科生。
[③]　吴宇亮，上海财经大学金融学院21级金融专业本科生。

来,天马村支村两委会的领导迅速采取行动。在1998年科教新村用地建设之后,他们积极协调各组之间的利益,化解了组与组之间的矛盾。他们将原本属于各组的集体土地和园林归并到村委会管理之下,增强了村委会对土地的控制权,这样既有效地支持了国家高校的用地建设,又避免了未来可能出现的组与组之间的土地争议。

(二)村庄经济情况简介

根据村支书提供的天马村2022年财务报表数据,村庄在该年内的总收入达到1910万元,而总支出亦为1910万元,其中1100万元用于为村民提供生产服务,公益事业指出50万元。总体来说,天马村在长沙的乡村中处于中上水平。

值得注意的是,天马村的收入结构相对良好,1910万元总收入中包括1800万元集体性收入,60万元上级部门拨款,50万元出租村集体土地收入。且天马村产业结构相对单一,不存在物流快递、产品加工、电子商务服务等产业形态,主要以传统服务业为主。

(三)村庄数字技术普及情况

根据入村问卷,天马村已开始使用数字乡村服务平台,通过线下线上结合的通讯方式处理村庄事务,村主任对政务App的使用非常频繁。最近几年,天马村向村民普及了线上消费支付等金融知识,目前为天马村提供金融服务的机构包括五大银行、城市商业银行、传统乡村金融机构。保险公司为本村村民开通了在线投保、在线保单查询两项互联网保险服务,村民承保理赔效率明显提升。在创业方面,村里已经有一部分村民通过网络进行创业。

二、调研分析

(一)天马村经济情况分析

通过对天马村2022年财务状况进行分析,调研团队发现以下特点:

1. 产业结构单一

在2250亩本村土地总面积中,不存在耕地、林地、草地等承包地,包括宅基地430亩,集体经营性建设用地100亩。天马村于21世纪初建设了房地产、物业管理等多个企业,通过房产、门面租赁等获取收入。村庄也通过实行股份制改个,将村民的资金聚集起来,成立股份制企业,将村民转化为股民,为村庄的集体经济增长提供了坚实的基础,目前村集体资产总额5亿元。积聚天时地利人和,老村民依靠着房屋租赁以及分红获得客观收入,但这也导致了天马村的产业结构相对单一,除服务业外不存在网络销售、物流快递、产品加工、电子商务服务业、产业园区等产业。

2. 收入结构良好,支出结构单一

在1910万元的年收入中,集体性经营收入1800万元,占比94.2%,体现出天马村丰富的集体性经营项目;出租村集体土地的收入共计60万元,占比贴近集体经营性建设用地/村庄土地总面积。

而在天马的1910万元支出中,公共事业支出仅50万元,占比2.6%,这一方面是由于天马村在21世纪初的快速发展导致公共事业相对蓬勃导致的,但也不能忽视村委对公用事业的重视程度还有待提升。用于为村民提供生产服务的支出,共1100万元,占比

57.6%,这体现了天马村对村民生活的关切。综上,天马村的大部分支出用于为村民提供生产服务,而事实上,天马村没有村民还在进行农业生产活动,此项支出并未使得农产业更加兴旺,但使得村民的生活更加富足。另一方面,天马村的公共事业也相对停滞,村委也表示目前村集体经济组织发展遇到了人才匮乏、上级支持不足、内部激励不足等问题,如今居民想要提升自己的收入,需要更加依赖自身的资源。

3. 居民生活水平相对较高

通过入村问卷调查,2022年村民的家庭年均收入为20 000元,过去5年本村居民人均收入大概增长了15%,村内小车数量超100辆。入户问卷调查显示,12户调研人家平均月收入在3 000元左右,家庭年收入普遍在50 000元以上。整体而言,天马村的居民生活水平较高,在调查的12户人家中没有较为贫困的家庭。

4. 数字普惠金融有待发展

通过入村问卷调查,天马村仅向村民普及了线上消费支付相关知识,为村庄提供金融服务的机构包括五大行,城市商业银行,传统乡村金融机构等。但并不存在为本村提供贷款的线上平台,保险公司也仅为村民开通了在线投保、在线保单查询服务,有关农业保险相关知识的培训及承保动员过去10年也仅有一次。在调查的12户人家中,大部分具有良好的数字素养,对各大App的操作不存在问题,经常使用相关电子产品并进行网上购物,但12户村民都不进行线上贷款或者甚至是办理贷款,也不存在通过互联网购买保险的行为,数字金融普惠度有待提升。

据悉,天马村不断发展的这二十多年来,村民邓德余通过经营自己的餐馆和种植花木,家中拥有高品质的家具和电器设备,还购置了一辆小汽车。代国君是一个外来移民,凭借承揽基建项目获得了财富,在天马村购买了房产并拥有了一辆小车,过上了幸福生活。姚文安则趁着改革的机遇成功创办了自己的餐馆品牌"天马第一生产队",经过几年的努力,已经成为一家连锁店的老板,企业规模逐渐壮大。如今天马村集体经济发展陷入停滞,居民的生活水平也已相对较高,欲想继续提升收入,需要更多依赖自身资源,这一切都指向了创业。据入村问卷,存在部分村民利用网络进行创业。然而,调查的12户村民部分存在外出创业经历,但如今不具创业意愿,这是否与村内有待提升的数字借贷环境及投资理财、借款相关知识的普及缺失有关,数字普惠金融能否激发乡村内在活力,助推村民创业,改善产业机构,创造就业机会,提升收入,向产业振兴、生活富裕两层目标更进一步,本文进行了相关实证分析。

(二)村民个例分析

在十二个调查对象中,以李亮为户主的一户较为典型,故以此作为案例分析。

李亮是一位生活在天马村的村民。天马村主要以房屋出租,但收入有限,生活质量不高。

电子支付和储蓄:借助数字金融服务,李亮现在能够方便地进行电子支付和储蓄。这使她能够更好地规划家庭预算,而不必担心现金交易的不便。

租赁服务线上销售:李亮加入了天马村的村委商务平台,通过在线销售自己的出租房来拓展市场,提高了她的收入。

金融教育:李亮参加了村庄提供的金融教育课程,了解如何更明智地管理金融资源,规避债务陷阱。

社区数字服务:李亮和她的家人通过数字普惠金融政策获得了更多社区服务,包括在线健康咨询、儿童教育资源和政府补贴。

通过数字普惠金融政策,李亮不仅改善了自己的房屋出租状况和金融管理能力,还为她的家庭创造了更好的生活条件。她的故事是一个例子,说明数字金融工具如何能够在村民社区中促进可持续发展和提高生活质量。

三、实证分析

乡村金融领域因其特有的需求金额小、周期短和分散性,与传统金融服务存在不匹配问题。这种差异导致了逆向选择、金融发展滞后和村民收入增长缓慢等问题。数字普惠金融,结合数字技术,可以有效地解决这些问题,特别是实现金融服务的"最后一公里"。

基于数字科技,数字普惠金融有潜力改变传统金融的不平衡,从可获得性和成本上补充其不足,进而解决"三农"问题并带来数字金融市场的长尾效应。数字金融能够满足乡村小微企业的特定需求,扩大服务范围,优化乡村金融体系,从而提高金融服务效益。

数字金融的普惠性、共享性可以更加精细化地满足乡镇小微企业分散化和小额的资金需求,实现服务对象的下沉和多元化,并通过改善乡村地区的金融体系循环(星焱,2021),可突破时间、空间及成本的制约,为村民提供普惠金融服务,提高弱势群体的金融服务可得性,通过激发创业创新精神,更加精准地影响地区经济发展和居民创业选择。

本研究基于前期文献和18年CFPS数据库,结合北京大学发布的数字金融普惠指数,探讨了数字金融对村民创业偏好的影响及其机制,并分析了其对村民创业绩效的正面效应。

(一)理论分析与研究假设

1. 数字普惠金融对乡村创业选择的影响

探讨乡村地区创业决策中数字普惠金融的作用,考虑 Salman、Gartner 和 GEM 提出的理论十分重要,这些理论强调创业行为受环境和内外部条件的共同影响。乡村居民在创业中不仅要应对有利或不利的环境因素,而且需要考虑资源获取的途径。在此背景下,数字普惠金融作为一个关键因素,通过与部分内外部环境及条件发生作用,直接影响创业者面临的创业门槛、所需资源及预期收益,最终影响了乡村家庭对创业活动的选择。具体来说,数字普惠金融对乡村家庭创业选择的影响包括以下几个方面:

(1)加速信息传递

数字普惠金融作为一种新兴的金融服务,在乡村家庭中的应用日益广泛。除了提供传统的金融服务外,它还通过网络平台加强了村民之间的信息交流和社交互动,从而提升了社区成员间的沟通水平。对于乡村居民来说,这种社交互动成为他们获取与创业相关信息的关键途径。榜样的示范效应也激发了更多家庭对创业的兴趣。因此,数字普惠金融不单是金融服务的一种改进,它还在促进社区信息交流和增强创业动力方面发挥了重要作用,对乡村经济的发展产生了正面的促进效应(高静和张应良,2013)。一直以来,乡村地区面临的交通和信息获取障碍一直是一个问题,这限制了当地居民在获取市场信息和识别创业机会方面的能力。然而,数字金融的出现改变了这种状况,为乡村居民提供了打破信息隔阂的手段,增强了他们获取创业相关信息和发展企业家技能的能力,从而有效降低了创业的门槛。如今,众多传统银行在乡村地区推广数字普惠金融服务,让大批乡村家庭成为这些平台的用户,方便他们接触各类创业、财务和法律相关信息。此外,这些数字金融平台还成为村民与潜在客户和供应商交流的桥梁,有助于他们更准确地判断创业项目的潜力和市场趋势。数字平台的另一个优势是降低了乡村居民获取互联网信息的成本,提高了他们上网的频率和机会。最关键的是,数字金融极大地增加了乡村居民获得贷款的机会,为他们的创业计划提供了资金上的支持。总的来说,数字金融的广泛应用对于激发乡村地区的创业活动和提高金融的普及率起着积极的作用(柳松等,2019)。

(2)缓解创业资金约束

在乡村地区,创业通常需要相当数量的资金支持,而资金不足则常成为创业的主要障碍。在中国的乡村家庭中,获取信贷资源往往充满挑战。相较于小型农业活动,规模更大的生产或工厂运营需要更多的资金,这在资金有限的情况下尤其明显。创新型创业者如果因资金问题而遭遇困难,将直接影响乡村经济的发展。中国乡村地区长期面临信贷难题,这在一定程度上限制了他们的商业和创业活动,特别是对于需要大量资金的项目而言。信贷限制对乡村创业的影响主要体现在两个方面:一是限制了家庭的创业选项;二是对财富较少的家庭影响更大。数字普惠金融的出现为解决这一问题提供了新的途径,通过数字化手段提高金融服务效率,使乡村居民更容易获取信贷。这不仅降低了金融服务的成本,而且促进了更多信贷产品的提供。同时,数字普惠金融有助于提升农民的非农业收入,从而改善他们的经济状况(刘丹等,2019),增加的非农收入进一步提高了村民偿还债务的能力,有利于他们申请更高额度的贷款(彭克强和刘锡良,2016)。通过移动支付等渠道,数字普惠金融有效积累了用户的在线信用数据,提高了他们获取正规信贷的可能性(杨波等,2020),有效缓解了创业企业的融资困境。此外,数字普惠金融还为农产品电商、直播带货、体验经济等创新创业模式提供资金支持,帮助村民克服创业资金的限制。

(3)促进区域创新

发展数字普惠金融通过减轻融资约束,对中小型企业进行技术创新的鼓励产生了显著影响(梁榜和张建华,2019;杨君等,2020),这样的发展有助于提高一个地区的整体创新能力和创新环境。创新作为一种核心资源,通过积累和应用专利技术,能够创造众多新的商业机遇,为创业者提供基础和空间(谢绚丽等,2018)。在这样的创新环境中,村民在农业改革、规模化经营、电子商务创业等多种商业活动中利用科学技术的能力显得尤为重要。这种环境有效降低了技术门槛,提升了村民的创业技能。此外,一个富有创新精神的地区促进了更广泛的人际交流,加速了有价值信息的传播。这种交流环境有助于积累和传递创新知识,使个体能够直接或间接地从中获益。这不仅有助于形成一个紧密相连的知识网络,而且促进了创新思维的形成,使企业家更好地理解市场的动态变化,适应发展趋势。根据唐家龙等(2021)的研究。创新能力较高的地区往往会聚集大量的人力资源、物质资源、资金和信息，这些生产要素的累积减少了村民在创业时的机会成本，并且缓和了资源的限制。因此，一个充满创新活力的环境对于提升村民的创新技能极为重要，它使他们能够更有效地面对市场上的各种挑战，并促进经济与社会的整体进步。

2. 数字普惠金融指数对乡村家庭从事各产业创业活动规模及其绩效的影响

遵循 Evans 和 Jovanovic 的理论框架，我们可以看到创业成效与初始资本和融资能力紧密相关。具备较多资产的创业者在面对资金短缺的情况下往往能更好地应对。数字普惠金融在这一领域展现了其三方面的显著影响：首先，它提升了创业者获取资金的能力，并在风险管理、融资结构和规模方面提供了支撑。其次，通过减少信息不对称，数字普惠金融降低了融资成本，优化了商业运作环境，从而促进了企业的整体表现。最后，数字普惠金融通过在线平台向创业者提供关键的创业和财务信息，有效解决了乡村地区信息流通不畅的问题。这有利于创业者做出更明智的决策，从而提高了他们的业务绩效。

基于如上分析，本文提出的研究假说如下：

假设一：数字普惠金融指数对于村民创业偏好具有解释力。

假设二：数字普惠金融发展对村民创业绩效具有促进作用，并将影响机制归纳于图1中。

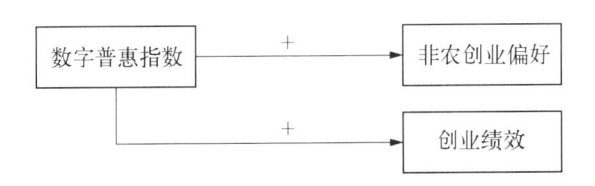

图 1　数字金融普惠指数与村民创业偏好分析框架

（二）研究设计

1. 数据来源

本文的数据主要来自几个权威来源。2018 年的数字普惠金融指数取自北京大学的研究中心，这些信息在相关领域具有认可度。乡村创业趋势和绩效方面的信息则来自 2018 年的 CFPS"中国家庭追踪调查"，并与省级数据进行了对接。此外，本研究还包括 2019 年中国统计年鉴的资料。所有这些数据都是在相同的时间范围内收集的。考虑到时间滞后因素，我们还使用了 2016 年的数字普惠金融指数，并通过工具变量法进行了进一步分析。

2. 变量选取

（1）被解释变量

参考宋伟等(2022)的研究，文章以户主作为家庭成员代表，以 CFPS 问卷中"财务回答人"定义户主，CFPS 将生产性固定资产定义为农业器械价值与经营性资产的总和，其中经营性资产指个体经营或者私营企业（均非农业）拥有的资产，因此，本文以"家庭工商业固定资产占比"判别村民进行非农经营的创业偏好（后文简称为村民创业偏好），以"是否有家庭成员从事个体经营"判别是否进行非农创业。文章采用"经营性收入（万元）"这一指标来衡量村民参与不同创业项目的总体绩效。

(2) 解释变量

在解释变量的选择上,本文借鉴了宋伟等(2022)的研究,采用数字普惠金融总指数(Q)来代表数字普惠金融的发展程度。这一指数综合反映了数字普惠金融在不同方面的发展水平,为分析其对村民创业绩效的影响提供了一个可靠的量化指标。

(3) 控制变量

为了确保研究结果的准确性,除了数字普惠金融发展水平外,本文还考虑了可能对村民创业绩效产生影响的其他变量。在微观层面,选取的控制变量包括年龄、性别、学历、婚姻状况、是否为党员等个体特征,这些都是影响个人创业表现的重要因素。在宏观层面,选择了如产业结构和消费水平等地区特征作为控制变量,这些因素反映了不同地区的经济条件和市场环境,对村民的创业活动和绩效具有重要影响。通过综合考虑这些变量(详见表1),可以更全面地分析数字普惠金融对村民创业绩效的影响。

表1 变量特征介绍

变量类型	变量名称	变量定义
被解释变量	村民创业偏好(Pre)	经营性资产/家庭生产型固定资产
	非农创业(NFP)	从事非农创业赋值为1,否则赋值为0
	创业绩效($Performance$)	经营性收入(万元)
解释变量	数字金融普惠指数(Q)	北京大学数字金融中心给出的直接数据
个体控制变量	年龄(Age)	户主周岁年龄
	性别($Gender$)	男性=1,女性=0
	学历(Edu_level)	户主最高学历:0—6级
	婚姻状况($Marriage$)	有配偶=1,无配偶=0
	党员($Party$)	党员=1,非党员=0
地区控制变量	产业结构($Structure$)	各省农业人均GDP占比
	消费水平($Consumption$)	各地区乡村人均消费/人均可支配收入

(三) 模型构建

文章主要考察数字普惠金融对村民创业偏好的影响效应,模型如以下公式:

$$Pre = \beta_0 + \beta_1 \ln Q + \beta X_i + \varepsilon_i \tag{1}$$

其中Pre表示村民创业偏好,$\ln Q$为2018年数字普惠金融指数的对数值,反映了所在地区数字普惠金融发展水平，X_i 为影响村民创业偏好的各个层面的控制变量。

得到以上影响效应后，文章采用了村民农业创业、村民非农创业两个二值选择变量进行了以上模型因变量的替换，以具体研究指数变化对于不同类型创业选择的影响效应。

文章还考察了数字普惠金融指数对村民非农创业绩效的影响，重点考察了地区环境质量对此影响的调节效应，模型如下：

$$Performance = \beta_0 + \beta_1 \ln Q + \beta X_i + \varepsilon_i \qquad (2)$$

其中，$Performance$ 表示村民非农创业绩效。

（四）数字普惠金融对村民创业偏好的实证分析

1. 描述性统计与相关性分析

表2展示了各变量的描述统计。Pre 的平均值为0.164，范围为0~1，这反映了乡村创业更倾向于农业。$\ln Q$ 的平均值和范围分别为5.665、5.587和5.934，这经过对数转换后显示了更紧凑的分布。

表2　　　　　　　　　　　　样本的描述性统计

变　　量	样本数量	均　　值	最小值	最大值	标准差
Pre	2 565	0.164	0	1	0.362
$\ln Q$	2 565	5.665	5.587	5.934	0.065 0
$Structure$	2 565	0.095 0	0.003 00	0.183	0.031 0
$Consumption$	2 565	0.868	0.657	1.030	0.112
Edu_level	2 564	1.349	0	6	1.097
$Health$	2 548	1.918	0	4	1.273
$Marriage$	2 565	0.903	0	1	0.296
$Gender$	2 565	0.619	0	1	0.486
$Party$	2 320	0.006 00	0	1	0.075 0
Age	2 565	49.60	15	91	12.51

在其他变量方面，$Structure$ 的平均值为0.095，暗示第一产业对GDP贡献有限；$Consumption$ 平均为0.868，表明乡村消费水平相对较高。Edu_level 和 $Health$ 的平均值分别为1.349和1.918，分别揭示了村民创业者一般具有较低的教育水平和相对健康的身体状况。

关于人口统计变量，$Marriage$、$Gender$ 和 $Party$ 的平均值分别为0.903、0.619 和

0.006,这意味着大多数受访者已婚,大部分为男性,而党员比例极低。age 的平均值为 49.60,暗示多数村民创业者年龄接近 50 岁。

表 3 主要变量 Spearman 相关系数矩阵

Pre	Pre 1	lnQ	Ground	Structure	Consumption	Edu_level
lnQ	0.151***	1				
Structure	−0.120***	−0.647***	0.209***	1		
Consumption	−0.066***	−0.552***	0.271***	0.456***	1	
Edu_level	0.184***	0.103***	−0.055***	−0.124***	−0.130***	1

注:* $p<0.1$,** $p<0.05$,*** $p<0.01$。

表 3 提供了主要变量的 Spearman 相关系数,可见几乎所有变量都显著正相关,变量 lnQ 每增加一个单位就增加 0.151 个单位 Pre,意味着数字普惠金融指数越高,村民越偏向于非农创业。lnQ 与 Structure 的相关性系数为 −0.647,显著为负相关,可能存在多重共线性。检验方差膨胀因子后发现,平均方差膨胀因子(VIF)值为 1.51<2,且不存在大于 10 的 VIF 值,故诊断排除多重共线性的可能性。

2. 基准模型估计结果

文章采用了普通的 OLS 模型对方程(1)、方程(2)进行估计,表 4 报告了模型的回归结果,结果包含解释变量的边际效应、标准误以及显著性水平。

表 4 数字普惠金融与村民创业偏好的回归分析

变量	(1) Pre	(2) Pre	(3) Pre
lnQ		0.963*** (5.40)	0.999*** (5.54)
Interact			−0.720*** (−3.36)
Structure	−1.121*** (−4.04)	−0.411 (−1.35)	−0.309 (−1.00)
Consumption	0.031 (0.35)	0.066 (0.74)	0.131 (1.44)
Edu_level	0.044*** (5.97)	0.044*** (6.00)	0.044*** (6.04)

续 表

变 量	(1) Pre	(2) Pre	(3) Pre
Health	0.007 (1.16)	0.008 (1.39)	0.008 (1.34)
Marriage	0.004 (0.16)	0.005 (0.23)	0.008 (0.34)
Gender	−0.023 (−1.52)	−0.027* (−1.79)	−0.026* (−1.67)
Party	−0.077 (−0.78)	−0.082 (−0.84)	−0.091 (−0.93)
Age	−0.003*** (−4.55)	−0.003*** (−4.48)	−0.003*** (−4.30)
Constant	0.537** (2.29)	−5.834*** (−4.85)	−5.969*** (−4.92)
Observations	2 319	2 319	2 319
R-squared	0.053	0.064	0.070

注：括号内为 t 统计值；* $p<0.1$，** $p<0.05$，*** $p<0.01$。

3. 数字普惠金融指数与村民非农创业偏好

表 4 中模型(1)、模型(2)、模型(3)作为被解释变量。模型(1)作为基准模型，模型(2)在其基础之上加入了关键解释变量村民创业偏好，结果显示数字普惠指数(对数值)对村民创业偏好(非农创业偏好)有着显著的正向影响($\beta=0.963$，$p<0.01$)，控制变量学历对村民创业偏好有着显著的正向影响，性别以及年龄则有着显著的负向影响，且调整之后 R-squared 比模型(1)有所提高，说明数字普惠金融指数对于村民创业偏好具有解释力，在数字普惠金融指数较高的地区，村民更愿意选择非农创业，假设 1 得到验证。

(五) 数字普惠金融对村民进行非农创业选择的具体影响

表 5 同样以模型(1)为基准模型，模型(2)在此基础上添加了关键解释变量非农创业选择，结果显示数字普惠金融指数对非农创业选择有着显著的正向影响($\beta=1.163$，$p<0.05$)，调整后的伪决定系数 P-R2 略有提升，但交互项对因变量的影响并不显著。

由上可知，数字普惠金融是通过促进非农创业选择来影响村民创业偏好的。

表 5　　　　　　　　　　　数字普惠金融与非农创业的回归分析

变　　量	(1) NFP	(2) NFP	(3) NFP
$\ln Q$		1.163** (2.35)	1.079** (2.13)
Ground			−0.020 (−0.49)
Interact			−0.428 (−0.94)
Structure	−0.888 (−0.98)	0.571 (0.53)	0.686 (0.62)
Consumption	0.377 (1.28)	0.449 (1.52)	0.468 (1.57)
SSS	−0.055 (−1.29)	−0.025 (−0.58)	−0.033 (−0.75)
Health	0.020 (0.97)	0.021 (1.02)	0.021 (0.99)
Edu_level	0.125*** (5.15)	0.125*** (5.14)	0.125*** (5.10)
Party	−0.259 (−0.84)	−0.262 (−0.85)	−0.263 (−0.86)
Marriage	0.314*** (3.98)	0.318*** (4.04)	0.322*** (4.08)
Gender	0.037 (0.71)	0.029 (0.56)	0.033 (0.62)
Age	−0.012*** (−5.76)	−0.012*** (−5.65)	−0.012*** (−5.56)
Constant	−1.453*** (−5.36)	−8.352*** (−2.83)	−7.866*** (−2.61)
Observations	5 892	5 892	5 892
P−R2	0.043 6	0.045 4	0.045 8

注：括号内为 t 统计值；* $p<0.1$，** $p<0.05$，*** $p<0.01$。

（六）内生性及稳健性检验

为了解决模型的内生性问题，本文采用了两种方法。首先，利用来自不同数据源的数字普惠金融指数和村民创业偏好数据，结合上海财经大学的"中国千村调查"数据库和中国统计年鉴的控制变量，降低了互为因果的风险。其次，参照柳松（2019）、杨波（2020）和宋伟等（2022）的研究，选取滞后两期的数字普惠金融指数分省份互联网使用率作为工具变量进行回归。在控制了个体和地区变量后，工具变量回归结果显示系数为0.8932，核心解释变量的P值为0.7162，接受其外生性。工具变量的过度识别检验P值为0.1656，说明其为外生变量。此外，工具变量并非弱工具变量。

为验证模型的稳健性，本文使用Probit模型探讨了数字普惠金融指数对非农创业选择的效应，并尝试用Logit模型替代，核心解释变量的效应未发生变化。同时，利用2018年中国收入分配研究院数据库进行数据替换，并将村民创业偏好变量替换为CHIP问卷中的相关指标进行回归。尽管替换后的因变量数据更密集，但回归结果依然显示数字普惠金融对非农创业偏好有正向影响，尽管系数与原研究有所不同，结果如表6所示。

表6　　　　　　　　　　　　　CHIP数据回归分析

变　　量	(1) Pre
$\ln Q$	0.446*** (6.43)
$Structure$	−0.166*** (−3.85)
$Consumption$	0.240*** (4.68)
Edu_level	0.033*** (7.78)
$Health$	0.038*** (8.91)
$Marriage$	−0.008*** (−3.18)
$Gender$	0.000 (0.01)
$Party$	−0.035*** (−2.86)
$Constant$	−2.791*** (−7.00)

续　表

变　量	(1) Pre
Observations	6 074
R-squared	0.038
R2_a	0.036 5

注：括号内为 t 统计值；* $p<0.1$，** $p<0.05$，*** $p<0.01$。

（七）数字普惠金融对村民创业绩效影响的实证分析

为验证数字普惠金融对村民创业绩效的影响，文章选择了 2018 年 CFPS 数据库中的"经营性收入"并将其除以 10 000，以"经营性收入（万元）"作为农业经营创业绩效以及创业总绩效的衡量指标。由于该变量值均大于等于 0，属于左归尾样本，因此文章均采用了 Tobit 模型进行回归分析（见表 7）。

表 7　　　　　数字普惠金融与创业绩效的回归分析

变　量	(1) Performance	(2) Performance	(3) Performance
$\ln Q$		9.722*** (5.64)	14.784*** (6.84)
Interact1			46.486 (0.79)
Consumption18	−1.982** (−2.41)	0.051 (0.06)	−1.183 (−0.84)
Structure18	−8.695*** (−3.07)	1.641 (0.49)	−0.224 (−0.06)
Edu_level18	0.318*** (3.95)	0.315*** (3.94)	0.320*** (4.02)
Health18	0.067 (1.07)	0.071 (1.14)	0.080 (1.29)
Marriage18	0.413 (1.58)	0.448* (1.72)	0.431* (1.66)
Gender18	0.157 (0.94)	0.117 (0.70)	0.120 (0.72)

续 表

变量	(1) $Performance$	(2) $Performance$	(3) $Performance$
$Party18$	0.805 (0.73)	0.785 (0.72)	0.754 (0.69)
$Age18$	-0.027^{***} (-3.80)	-0.026^{***} (-3.77)	-0.024^{***} (-3.53)
$Constant$	4.014^{***} (4.72)	-53.607^{***} (-5.23)	-96.452^{***} (-6.77)
$Observations$	2 292	2 292	2 292
P_R2	0.006 6	0.009 1	0.010 9

注：括号内为 t 统计值；$*\ p<0.1$，$**\ p<0.05$，$***\ p<0.01$。

由表可知，数字普惠金融指数都对创业绩效具有显著的正向作用（β 均大于零，$p<0.01$）。同样，以模型（1）为基准模型，模型（2）、模型（3）的伪决定系数都有小幅度的提高。相应的可以看出，数字普惠金融指数提升 e 倍，对应的村民创业绩效能够提升 14.784 倍。假设二得到验证。

五、对天马村的发展建议

（一）研究结论

本文深入探索了数字普惠金融对农村地区村民创业决策及其偏好的深远影响，特别是对于非农业领域的创业倾向。通过分析 2018 年的数字普惠金融指数，结合 OLS 和 Probit 模型的实证方法，本研究全面评估了数字普惠金融在提高村民非农创业偏好及其具体创业选择方面的有效性。研究结果清晰地表明，随着数字普惠金融的推广和应用，村民的非农创业偏好得到了显著的增强。此外，即便在采用工具变量回归和 DWH 检验之后，所得结果的 p 值均大于 0.05，这进一步确认了研究变量的外生性。换言之，无论是更换因变量还是数据来源，研究结果均显示出高度的稳健性。本文还进一步探讨了数字普惠金融如何提升村民创业的整体表现。通过应用 Tobit 模型的实证检验，本研究揭示了数字普惠金融在提升村民创业绩效方面的积极作用，证实了其对于农村经济活力的显著促进效应。

（二）政策建议

本研究提出了一系列政策建议，旨在加强数字普惠金融在农村地区的发展。首先，应当有计划地推行针对性的推广策略，突出基础操作的重要性，同时扩大金融知识的普及范围。乡村组织可以与金融机构携手，组织和实施多种金融教育活动，以确保村民具备关键的金融知识、信息获取能力和风险管理技能。这不仅有助于提高村民的创业能力，而且能推动乡村经济的增长,提高村民的收入水平,从而有效地解决乡村面临的主要问题。

其次,应当加强对便民金融工具的普及和宣传工作,以保证金融服务的广泛覆盖和深入。利用数字金融的成本优势和高效的信息处理功能,可以改进在线金融服务的布局,加强金融服务的普及,确保服务的全面性。同时,对于数字金融的数据安全和用户隐私保护问题也应给予充分重视。需要建立严格的监管体系,密切监控数字金融平台的运作,以预防潜在的风险。同时,应明确规定数据的所有权和访问权限,以确保用户数据的安全。用户应该充分了解自己的数据如何被应用,并在有明确认知的基础上给予授权。此外,用户应随时有权撤销自己的授权。

最后,建议乡村委员会尝试与本地居民、私营企业、非政府组织等多方建立合作伙伴关系,共同推动数字普惠金融的进步。这样的合作可以促进资金、技术和经验的共享,进而为乡村金融生态系统的改善和丰富提供支持。通过这些多方面的努力,可以有效地推进乡村振兴战略,提升乡村的整体发展水平。

参考文献

[1] 星焱. 农民收入与金融财政支持的实证研究:陕西例证[J]. 统计教育,2010(01):37-43.

[2] 高静,张应良. 农户创业价值实现与环境调节:自资源拼凑理论透视[J]. 改革,2014(01):87-93.

[3] 柳松,魏滨辉,苏柯雨. 互联网使用能否提升农户信贷获得水平——基于CFPS面板数据的经验研究[J]. 经济理论与经济管理,2020(07):58-72.

[4] 刘丹,方锐,汤颖梅. 数字普惠金融发展对农民非农收入的空间溢出效应[J]. 金融经济学研究,2019,34(03):57-66.

[5] 彭克强,刘锡良. 农民增收、正规信贷可得性与非农创业[J]. 管理世界,2016(07):88-97. DOI:10.19744/j.cnki.11-1235/f.2016.07.009.

[6] 杨波,王向楠,邓伟华. 数字普惠金融如何影响家庭正规信贷获得?——来自CHFS的证据[J]. 当代经济科学,2020,42(06):74-87.

[7] 梁榜,张建华. 数字普惠金融发展能激励创新吗?——来自中国城市和中小企业的证据[J]. 当代经济科学,2019,41(05):74-86.

[8] 谢绚丽,沈艳,张皓星等. 数字金融能促进创业吗?——来自中国的证据[J]. 经济学(季刊),2018,17(04):1557-1580. DOI:10.13821/j.cnki.ceq.2018.03.12.

[9] 唐家龙,周子琳,张兴国等. 创新能否促进大众创业——基于微观调查与地级市匹配数据的实证研究[J]. 中国科技论坛,2021(02):169-178. DOI:10.13580/j.cnki.fstc.2021.02.019.

[10] 宋伟,张保珍,杨海芬. 数字普惠金融对农户创业的影响机理及实证分析[J]. 技术经济与管理研究,2022(02):99-104.

乡村振兴背景下数字技术对农村劳动力再配置的影响

——基于吉林省松原市乾安县的调研数据

王非凡[①]　李侑娜[②]

摘　要："乡村振兴关键在人。"作为农业农村现代化发展的主体,农村劳动力的流向事关乡村振兴美好目标的实现。而伴随着数字技术的快速迭代发展,科技的创新为农村发展带来了新的机遇。基于此,本文以2023年上海财经大学"千村调查"吉林省松原市乾安县定点项目组的调研问卷为样本,深入探究数字技术对农村劳动力再配置的影响情况。研究发现,数字技术的普及能够促进农村劳动力流回农村,且数字技术的发展对低收入农村居民影响更强烈。最终根据研究结论提出相关政策建议。

关键词：数字技术　劳动力再配置　乡村振兴

一、引　言

（一）研究背景

习近平总书记强调指出,实施乡村振兴战略,是党的十九大作出的重大决策部署,是决胜全面建成小康社会、全面建设社会主义现代化国家的重大历史任务,是新时代做好"三农"工作的总抓手。作为农业农村现代化发展的主体,充足数量的农村劳动力是实现乡村振兴的根本保障。然而如今农村劳动力逐渐向北上广深等城市聚集,农村人口老龄化、农村人口空心化问题较为明显。一方面,迫于家庭、生活压力,农村部分青年劳动力选择南下北上务工,导致乡村留守儿童、留守老人数量有所上升;另一方面,由于城乡教育、医疗水平等公共基础服务仍有差距,农村人口大量外流,常住人口占户籍人口比例逐渐下降。

在此背景下,数字技术的普及为农业农村现代化发展带来了新的机遇,也为改善农村劳动力外流的问题作出贡献。第一,数字技术有助于推进乡村种植业、渔业、畜牧业等特色产业数字化转型,打造智慧农业试点建设项目,助力农村经济快速发展,吸引更多农村

[①] 王非凡,上海财经大学金融学院2023级博士生。
[②] 李侑娜,上海财经大学人文学院2021级本科生。

劳动力返乡发展;第二,数字技术能够充分发挥信息化的驱动作用,引领传统金融向数字普惠金融转变,创新农村金融产品和服务模式,有效降低信息不对称,缓解其面临的融资约束,降低创业就业门槛,为农村劳动力返乡创业就业提供便利。

为了准确探究数字技术对农村劳动力再配置的影响,本文以吉林省松原市乾安县的调研数据为样本,构建 Logit 模型进行分析,然后根据实证结果总结研究结论,为改善农村劳动力空心化问题提供相关政策建议。

(二)研究意义

1. 理论意义

目前有关数字技术与劳动力内在影响机制的文献中,大多数集中于生产率以及劳动力市场的分析,对劳动力再配置的研究数量较少。本文从数字技术对农村劳动力再配置的视角入手,重点阐释其内在机制,在理论层面上丰富了相关研究。

2. 实践意义

数字化是现代化的重要特征之一,近年来我国在经济发展中面临着转型困境,而数字技术是能够有效提高生产率,推动经济高质量发展的关键手段。本文基于千村调查问卷中的具体数据来界定数字技术与城乡劳动力的"流"与"留",为改善农村劳动力空心化提供相关建议。

二、调研方法与内容

(一)调研方法

本次千村调查问卷共有 210 份,包括 10 份村委会问卷与 200 份村民问卷,涉及乾安县 10 个村的调研数据。在调研过程中,为大致了解村庄的基本情况,作者首先采访了村委会的相关人员,并参考了部分村委会的保管资料,进行了全面而详细的入村调研。然后在村委会的陪同与调动下,选取每个村 20 户人家共 200 户人家进行了调研采访。由于受教育程度与文化水平的不同,调研时对问卷的问题进行了更加生活化便于理解的解读,调研形式类似于谈话。调研问卷中涵盖人口情况、产业兴旺、生态宜居、乡风文明、治理有效、生活富裕等多个模块的村庄与农户信息。

(二)调研内容

1. 乾安县概况

乾安县位于吉林省西北部,松原市西部,下辖 16 个乡(镇、场、园区),164 个行政村,296 个自然屯,总人口 30 万。乾安作为农业大县、产量大县,每年粮食产量稳定在 25 亿斤左右,主要粮食作物有玉米、小麦、高粱等。为增加农民收入,乾安县科学调整种植业结构,以鲜食玉米、红辣椒、葡萄、蔬菜、乾安黄小米为重点发展特色农业产业。目前,全县特色农业总面积已有 16.5 万亩,积极推广新技术、新品种,扶持大型农业公司、合作社等集约化经营,初步形成了规模化、区域化格局。畜牧业方面,乾安县致力于打造从生产到屠宰、从深加工到终端销售的肉牛、肉羊全产业链条,并实施品牌战略,大力打造肉牛肉羊品牌,"金字招牌"的不断发展及新品种的引进培育,为乾安县畜牧业发展奠定了坚实基础。

2. 调研数据综述

根据调研结果，数字技术在不同程度上影响着乡村家庭，各区域的样本家庭，以及家庭与家庭之间，但在多种因素共同影响下，最终结果也有所差异。

除了基本的年龄结构、收入水平、文化程度等要素(详见图1)，千村调查的调研问卷中还包括农产品销售模式、消费习惯、数字乡村服务平台满意度等数据，不仅能够直观展现出数字技术与乡村振兴的息息相关，而且为下文探讨数字技术对劳动力再配置的内在影响机制奠定了基础。

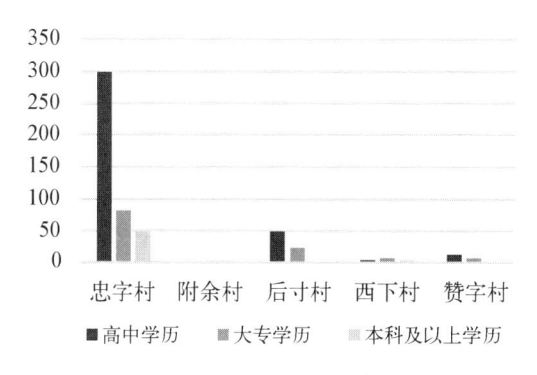

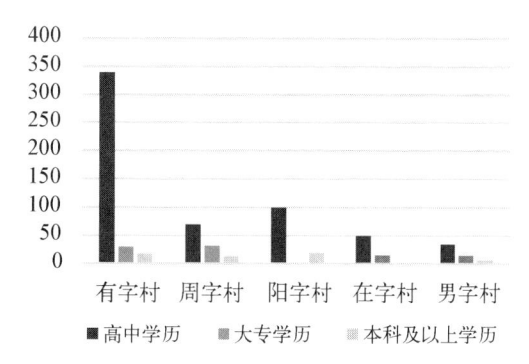

资料来源：根据千村调查问卷整理所得。

图 1　村民文化水平分布情况

从图1中可得知，忠字村与有字村中高学历居民的数量明显高于其他村，周字村、阳字村、后寸村次之，其他村拥有高中及以上学历的人数较少。而从总收入水平的数据(见表1)上看，表现较为突出的附余村、后寸村等在村民文化水平的体现中却排名靠后。

表1　　　　　　　　2023年各村收支部分明细(截至2023年7月)

村/万元	村集体收入	人均年收入	村集体支出	基础建设支出	推广农业技术支出
忠字村	160	1.8	90	0	0
附余村	468	2	408	0	0
后寸村	212	1.4	137	2	85
西下村	100	1.8	80	0	20
赞字村	90	1	50	0	0
有字村	35	1.5	45	0	0
周字村	57	0.9	50	0	0.5
阳字村	70	1.5	760	500	1

续　表

村/万元	村集体收入	人均年收入	村集体支出	基础建设支出	推广农业技术支出
在字村	24	1.1	80	0	0
男字村	54	1.8	22	0	0

资料来源：根据千村调查问卷整理所得。

在村庄的集体支出结构上，除了阳字村、后寸村外的大多数样本村庄，其余村庄对于基础设施建设和农业技术推广的支出几乎为0，从侧面反映出目前乾安县农村产业结构仍然较为传统。

从图2和表2中可得知，村民的农产品销售方式仍然是主要依赖收购商的转卖，有数字技术参与的环节很少。尽管有近六成的村集体提供农业生产相关的网络服务，但落实到农户家里真正使用的却几乎没有，体现出农户对于数字经济的固有观念亟待改变。

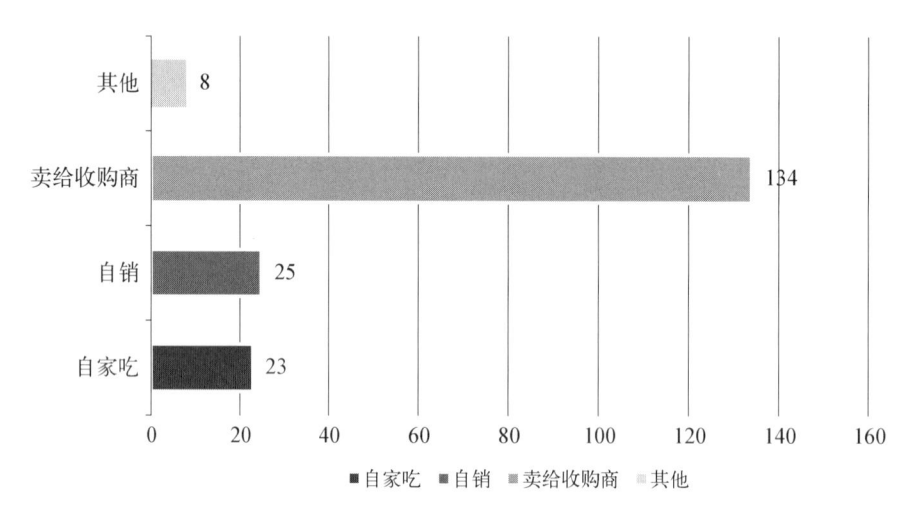

资料来源：根据千村调查问卷整理所得。

图 2　各农户农产品销售方式

表 2　　　　　　　　入户问卷部分数据比例统计

	是	否	比　例
村里是否提供乡村振兴相关网络服务	110	62	2∶1
务农过程中是否使用外包服务	32	168	1∶5
是否外出务工过	62	138	1∶2
是否有自主创业意愿	46	154	1∶3.5

资料来源：根据千村调查问卷整理所得。

另一方面聘请城市劳动力外包服务和农村劳动力外出务工的比例较少,说明目前城乡之间的劳动力流动依然存在较大阻碍。从图2和图3中的数据可看出,在消费习惯层面,村民的一个月网购金额有将近八成是处于0～500元的区间段,在整体的家庭支出中所占比例不高,线上购物平台在农村的普及率仍然需要提升。

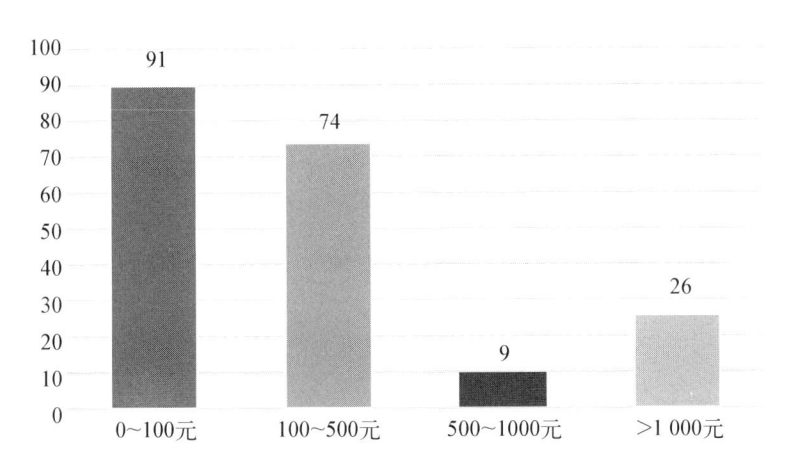

资料来源:根据千村调查问卷整理所得。

图3　村民最近一个月网购金额(单位:元)

三、国内外研究现状与发展趋势

(一)国内外研究现状

不同产业、不同区域之间的劳动力再配置,尤其是探究城乡间农村劳动力流动的影响因素吸引了诸多学者的关注。首先,在劳动力流动经典理论方面,学者们聚焦经济大环境、家庭、个体特征,研究提出了一系列经典模型,如自我选择模型(George J B,1987)等。

在探究劳动力的影响因素方面,现有学者主要从地区经济发展、技术创新、政策实施、个体特征(Pissarides et al.,1990)等视角入手。部分学者认为区域经济发展不平衡是导致劳动力流动的关键因素(高国力,1995;孙晓芳,2012),但也有学者持相反观点。严善平(2007)以人口普查数据为样本,探究发现区域之间的经济不平衡仅仅是引起人口流动的前提条件,而不是影响劳动力流动的决定性要素。曾龙等(2020)分析了城市化进程中的土地财政、公共服务供给等对农村居民劳动力流动的影响,发现城市规模扩张的进程与农村居民转移呈倒U形关系。

从收入视角来看,目前,学者们就收入对劳动力再配置存在影响的观点基本达成一致,但是在收入指标和影响方向上仍有分歧。杨春瑰(2003)通过构建Logistic离散模型,发现预期收入能够对劳动力流动产生显著影响。肖文韬等(2003)通过修正托达罗模型,证明农村劳动力流动的决定性因素是预期净收入。钱晓颖(2009)发现实际收入的差距使得农村劳动力向城市流动。赵乐东(2006)认为城乡经济的不均衡发展和城乡收入差距导致了人口大规模流动。

数字技术的普及与推广为经济社会发展带来了新的变革和更多的机遇,人们获取信息的成本变低,一方面有助于农村劳动力了解到许多招工信息,增加就业机会,另一方面有助于提升劳动力自身技能水平,通过网络学习到更多本领和技巧,有助于劳动力更好地适应工作,或推动高技术劳动力数量增加。同时,伴随着以大数据为代表的新兴数字技术快速发展,传统金融的局限性催生了金融新业态"数字普惠金融"。在此背景下,数字普惠金融凭借着其"成本低、可获得性高、覆盖范围广"等优势填补了传统金融的不足,降低了金融服务门槛。结合数字金融发展现状,马述忠和胡增玺(2022)以2012—2017年全国流动人口动态监测调查为样本,构建条件Logit模型进行研究,发现数字金融能够通过增加就业机会等途径来促进劳动力流动。

为了探究政策对于劳动力再配置的影响,纪韶梳理了我国不同阶段的制度政策,研究发现改革开放后的家庭联产承包制促进了农村劳动力的跨区域流动(纪韶等,2019;孙文凯等,2011;彭科,2014)。

从个体视角来看,白南生等(2002)深入调查了安徽省和四川省的劳动力流动情况,发现男性、年轻、已婚的群体更偏向于外出。高雅等(2018)通过构建Logit模型进行分析,发现劳动力年龄与其流动呈现U形关系。张世伟和赵亮(2009)采用生存分析法研究发现相比于女性劳动力,男性劳动力的流动倾向更显著。展进涛和黄宏伟(2016)以江苏农户调查的数据为样本进行分析,认为技能培训有助于推动农村劳动力流动。此外,学者们认为影响劳动力再配置的因素还包括家庭因素(潘静等,2014)、宗教文化(陈斌开和陈思宇,2018)、房价(张莉等,2017)、交通设施(朱巧玲等,2017)等。

(二)文献评述

通过对现有文献研究的整理,可以发现劳动力流动的经典理论、劳动力再配置的影响因素等研究已经取得了丰硕的成果,但是现有研究多集中在地区经济发展、技术创新、政策实施、个体特征等视角,探究技术革新带来的影响的研究较少。在信息技术快速发展的时代,技术带来的变革已经逐渐应用于经济社会各个领域,这也使得技术赋能劳动力再配置存在更加丰富的影响机制。

基于此,本文将以2023年上海财经大学"千村调查"吉林省松原市乾安县定点项目组的有效调研问卷为样本,从理论分析和实证检验两个维度,探究数字技术对农村劳动力再配置的影响,最终根据实证结果提出相关政策建议。

四、理论分析与研究假设

(一)理论基础

1. 信息不对称理论

在市场的经济活动当中,人们掌握了不同程度的信息资源。通常而言,由于双方已知的信息量并不相同,也不对称,则拥有额外信息的一方可能会利用其掌握的信息向弱势方出售,并从中获取利益,最终导致市场内信息失真、信息有误,甚至是市场失灵的结果。

然而,数字技术的快速发展让信息获取效率显著提高,为破解基层农村融资面临的信息不对称问题提供了良好的契机。

2. 劳动力流动理论

劳动力流动的理论成果覆盖了包括发展经济学在内的多个经济学分支学科,其侧重点涉及了劳动力的转移阶段、动机、影响等方面。目前,劳动力流动较为普遍的定义是:劳动力在不同的区域和不同的工作岗位之间迁移与流动,包括在不同的地区之间流动、同一地区的不同行业之间流动、同一行业内部之间更换工作岗位。这种因不同区域和不同岗位之间的流动也促使了劳动力流动理论的发展(周芳洁,2020)。

(二)数字技术对农村劳动力再配置的影响分析

随着大数据、区块链、云计算等技术的发展,数字技术逐步成为驱动乡村振兴的新基建,有效激发农民创造力,赋能产业增值力,在金融服务、乡村建设等方面推动农村劳动力回流。

在金融服务视角,受限于偏远地区的金融基础设施,农民创业初期往往会因为融资难而陷入创业瓶颈,没有充足的资金进行进一步扩张和创新。在此背景下,传统金融的局限性催生了金融新业态"数字普惠金融"。数字普惠金融凭借着其"成本低、可获得性高、覆盖范围广"等优势填补了传统金融的不足,如通过技术手段为当地企业或个人提供更加真实可靠的征信情况、创新金融产品及服务等,有效降低信息不对称,缓解其面临的融资约束,降低创业就业门槛,吸引更多的农村居民返乡发展。

产业是就业的保障。聚焦乡村产业建设,传统乡村产业普遍存在信息不透明、数据碎片化、交易流程烦琐等问题,而当人们将数字技术贯穿于生产经营的各个环节,一方面能够改变传统生产经营方式,提高原有产业生产经营效率,降低相关管理成本和风险,让生产要素更容易转化为农民收入,推动传统产业向现代化新产业转型;另一方面也有助于农村依据自身生态优势,孵化更多新型产业,如创立特色农业示范园,带动周边村庄共同发展;建立电商运营基地,改善当地产品传统销售模式;开发休闲农业和乡村旅游线路,培育促进餐饮、住宿等一系列产业发展,最终拓宽农村就业机会和增收渠道,推动农村经济、医疗、教育事业进步(如图4所示)。

基于此,本文提出假设1:数字技术的发展有助于推动农村劳动力回流到农村。

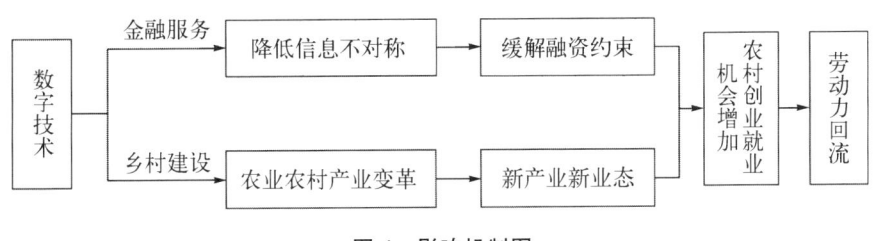

图4 影响机制图

在信息获取方面,数字技术的应用显著降低了人们获取信息的成本,提高了人们了解信息的效率。通过互联网,人们能够看到农村日新月异的变化,还能看到在农村创业就业的发展机会。

对于在城镇工作收入较少的农村居民,他们往往会认为个人收入没有达到预期,仍然处于生活质量较低的状态。穷则变,变则通,通则达。此时,这些居民可能会决定回到机会越来越多、生活成本却相对更低的农村继续发展。在农村的生活成本方面,人们能够通过种地能够实现粮食自给自足,减少粮食采购费用;在农村的医疗方面,由于农村医疗保险报销比例有所不同,在村卫生所报销比例高于在城镇医院报销比例,因此基础疾病在农村检查更加优惠。相比之下,城镇的生活、教育、医疗成本较高,高收入农民可能更加适应城镇生活,能负担较高额的生活费用,暂时不会选择回到农村。

基于此,本文提出假设2:数字技术发展对低收入农村劳动力流回农村的意愿影响更强。

五、数字技术对农村劳动力再配置影响的实证分析

(一)研究设计

1. 数据来源与变量说明

本文数据来源于2023年上海财经大学"千村调查"吉林省松原市乾安县定点项目组。项目组在乾安县走访调研了7个乡镇10个乡村(忠字村、附余村、后寸村、西下村、赞字村、有字村、周字村、阳字村、在字村、男字村),共计收集入户问卷200份。剔除2户相关回答不完整、不准确的问卷后,本文主要使用198份有效入户问卷为样本进行分析。

本文的被解释变量为农村劳动力流入情况。根据调研问题"您是否曾经外出务工过?"的结果,本文用 $Labor$ 表示劳动力是否流入,如果被调研居民回答"1.是",则 $Labor$ 取值为1,即曾经外出务工过,在调研时间点已回到农村,否则为0。

本文的核心解释变量为数字技术发展情况。参考王亮(2023)的研究,本文采用移动电话普及率($Intel$)指标来衡量数字技术发展,用被调研居民所在家庭中移动电话数量占家庭常住人口的比重来表示。

本文的调节变量为平均收入,其他控制变量包括了是否为户主、年龄、受教育程度、房屋建筑面积、家庭汽车数量。各变量定义见表3。

表3 主要变量定义

变量类型	变量符号	变量定义
被解释变量	$Labor$	农村劳动力流入取值为1,否则为0
解释变量	$Intel$	数字技术发展情况,用移动电话数量/常住人口表示
调节变量	Rev	平均收入,先将家庭总收入除以10 000消除量纲影响,再除以户籍人口数来衡量农民个人平均收入
控制变量	Age	条被调研对象的年龄
	Edu	根据被调研对象受教育程度,换算为受教育年限
	$Holder$	被调研对象为户主本人取值为1,否则为0
	$Area$	家庭建筑面积
	Car	家用汽车数量

2. 模型设定

为了检验前述假设1，本文构建了Logit模型进行探究，设定模型如下：

$$Labor_i = \alpha_0 + \alpha_1 Intel_i + \sum \alpha_2 Con_i + \varepsilon_i$$

其中，$Labor_i$是i村民是否曾经外出务工虚拟变量，$Intel_i$指数字技术发展情况，Con_i是模型中设定的一系列可能会影响劳动力再配置的控制变量，ε_{iput}表示残差项。

为了检验假设2，本文构建带有调节变量及其与数字技术的交互项的Logit模型如下：

$$Labor_i = \alpha_0 + \alpha_1 Intel_i + \alpha_2 Rev_i + \alpha_3 Intel_i * Rev_i + \sum \alpha_4 Con_i + \varepsilon_i$$

3. 描述性统计

表4列示了被解释变量等主要变量的统计结果，可知198位调研对象的平均年龄约为50岁，最年轻的仅有18岁，最年长的有72岁。被调研居民的平均受教育年限为9.39年，受教育程度最高的是本科及以上，最低的是小学以下。在平均个人收入方面，均值为2.42万元/年，收入最少为0.2万元/年，最多为16万/年，可见在十个村的调研样本中仍存在较大的收入差距。

表4　　　　　　　　　　　　描述性统计结果

变量	数量	均值	标准差	最小值	最大值
$Labor$	198	0.31	0.46	0	1
$Intel$	198	1.05	0.39	0	3
Age	198	50.11	12.46	18	72
Edu	198	9.39	2.57	5	16
Rev	198	2.42	2.15	0.2	13.33
$Holder$	198	0.75	0.43	0	1
$Area$	198	126.71	126.76	30	1 003
Car	198	0.6	0.63	0	2

（二）数字技术对农村劳动力再配置的影响

1. 基准回归

本文的基准回归结果如表5所示。列(1)反映了数字技术发展对于农村劳动力再配置的影响，其中数字技术前的系数为1.393，在1%的显著性水平上为正，体现了数字技术水平每增加一个单位，对应的农村劳动力流入农村的发生比增加$e^\beta - 1 = 303\%$，即数字技术的发展能够推动农村劳动力回到农村,本文假设1得证。

此外,列(1)中年龄前的系数约为-0.08,在1%的水平上显著,表明相比老年人,年轻人决定回到农村的发展的意愿更加明显,使得年轻农村人口从城市回流并留在农村工作、生活成为可能。受教育年限前的系数约为-0.13,在10%的水平上显著,说明受教育年限更高的人可能不愿意回到农村发展。

由于数字技术对劳动力再配置的影响可能受到平均收入的影响,因此本文引入调节变量平均收入及其与数字技术的交互项,来检验数字技术对不同收入农村劳动力再配置的影响程度。

列(2)报告了平均收入的调节效应。其中,交互项前的系数为-0.365,在5%的水平上显著为负,可见收入的增加会抑制数字技术对劳动力再配置的影响效果。为了进一步检验该指标的调节效应,本文对198位被调研对象的收入取平均值,将其划分为低收入和高收入两组,具体回归结果如列(3)和列(4)所示。结果显示,低收入组中,数字技术前的回归系数为3.56,在1%的水平上显著,高收入组中的系数为0.409,且不显著。这表明当农村居民的收入越低时,数字技术对其决定回到乡村的意愿影响更加明显,本文假设2成立。

表5　　　　　　　　数字技术对农村劳动力再配置的影响:回归结果

变量	Logit 回归 Labor (1)	Logit 回归 Labor (2)	平均个人收入 低收入 (3)	平均个人收入 高收入 (4)
$Intel$	1.393*** (0.503)	2.661*** (0.766)	3.560*** (1.011)	0.409 (0.575)
Rev		0.299 (0.212)		
$Intel * Rev$		-0.365** (0.180)		
Age	-0.078*** (0.017)	-0.085*** (0.018)	-0.122*** (0.033)	-0.062** (0.025)
Edu	-0.129* (0.071)	-0.127* (0.072)	-0.230** (0.115)	-0.104 (0.103)
$Holder$	1.098*** (0.407)	1.347*** (0.444)	2.416*** (0.851)	0.408 (0.626)
$Area$	-0.006* (0.003)	-0.006* (0.003)	-0.003 (0.005)	-0.012* (0.007)

续　表

变　量	Logit 回归		平均个人收入	
	Labor	Labor	低收入	高收入
	(1)	(2)	(3)	(4)
Car	−0.665** (0.339)	−0.577* (0.334)	−0.927* (0.556)	−0.258 (0.444)
$Constant$	2.909** (1.343)	1.932 (1.384)	2.592 (2.088)	3.940** (1.872)
N	198	198	100	98
$Pseudo\ R^2$	0.138	0.159	0.285	0.117

注：* $p<0.1$，** $p<0.05$，*** $p<0.01$。

2. 稳健性检验

本文采用更换解释变量、更换解释变量度量方式，以及改变估计方法对回归结果进行稳健性检验。通过家庭智能手机数量与常住人口的比值（Intel2）来度量数字技术发展，代替原有数字技术指标进行回归，得到结果如表 6 列(1)所示，结论与基准回归结果一致。

表 6　　　　　　　　　　稳健性检验结果

变　量	Logit 回归		Probit 回归	
	Labor	Labor	Labor	Labor
	(1)	(2)	(3)	(4)
$Intel$			0.834*** (0.284)	1.595*** (0.442)
$Intel2$	1.034** (0.429)			
Exp		0.041* (0.022)		
Rev				0.181 (0.128)
$Intel*Rev$				−0.218** (0.106)
Age	−0.073*** (0.017)	−0.074*** (0.018)	−0.047*** (0.010)	−0.051*** (0.010)

续　表

变　量	Logit 回归 Labor (1)	Logit 回归 Labor (2)	Probit 回归 Labor (3)	Probit 回归 Labor (4)
Edu	−0.126* (0.070)	−0.111* (0.065)	−0.078* (0.042)	−0.075* (0.042)
$Holder$	1.007** (0.404)	0.998** (0.425)	0.685*** (0.243)	0.827*** (0.259)
$Area$	−0.005 (0.003)	−0.004* (0.002)	−0.003* (0.002)	−0.004* (0.002)
Car	−0.629* (0.334)	−0.665** (0.322)	−0.397** (0.191)	−0.348* (0.191)
$Constant$	3.060** (1.308)	3.780*** (1.200)	1.724** (0.771)	1.136 (0.815)
N	198	198	198	198
$Pseudo\ R^2$	0.122	0.109	0.140	0.161

注：* $p<0.1$，** $p<0.05$，*** $p<0.01$。

根据调研问卷中"您家每月电话、手机、上网等花多少钱"的结果，将每户每月花费在电话、手机、上网的费用（Exp）作为数字技术普及程度的指标，代替原有指标进行回归，得到结果如列（2）所示，结论与基准回归结果一致。

为了减少估计方法带来的影响，本文构建 Probit 模型对结果重新估计，结果如列（3）和列（4）所示，数字技术前的系数均显著为正，说明数字技术发展能够推动农村劳动力流回农村。列（4）同样报告了个人收入对数字技术影响农村劳动力再配置的调节作用，结论与前述基准回归结果一致，进一步验证了本文提出的假设。

3. 异质性分析

（1）性别异质性

根据被调研对象性别的不同，本文将样本分为男性组和女性组，以探究数字技术对不同性别农村居民再配置的影响。从表 7 的列（1）和列（2）结果可见，数字技术的系数均在 5% 的显著性水平上为正，说明数字技术对于不同性别的被调研者返乡意愿均有显著的驱动作用。从系数的绝对值大小来看，在女性样本中，数字技术前的系数为 2.086，而在男性样本中的系数为 1.396，小于 2.086，因此说明数字技术对女性农村居民再配置的影响更加显著。

（2）消费规模异质性

消费规模反映了不同农村居民的消费理念和消费能力，为了探究数字技术对不同消费水平的农村劳动力再配置的影响,本文对全体调研对象所在家庭的消费支出总额取中位数,将其划分为高消费和低消费两组,结果如表7列(3)和列(4)所示。

表7　　异质性分析结果

变量	女性 (1)	男性 (2)	低消费 (3)	高消费 (4)
$Intel$	2.086** (0.967)	1.396** (0.632)	3.159*** (1.025)	0.806 (0.588)
Age	−0.152*** (0.053)	−0.064*** (0.020)	−0.090*** (0.025)	−0.095*** (0.032)
Edu	−0.306* (0.183)	−0.129 (0.084)	−0.092 (0.112)	−0.219* (0.113)
$Holder$	1.733 (1.137)	0.408 (0.794)	1.870** (0.750)	0.914* (0.528)
$Area$	−0.020 (0.020)	−0.005* (0.003)	−0.006 (0.004)	−0.009 (0.006)
Car	−1.389 (0.973)	−0.525 (0.380)	−0.687 (0.545)	−0.359 (0.467)
$Constant$	8.309** (3.800)	2.799* (1.477)	1.181 (1.896)	4.996** (2.096)
N	47	151	99	99
$Pseudo\ R^2$	0.229	0.123	0.228	0.131

注: * $p<0.1$, ** $p<0.05$, *** $p<0.01$。

低消费样本组中,数字技术前的系数在1%的水平上显著为正,而高消费样本组中数字技术的系数不显著,说明数字技术的发展能够促进低消费的农村居民回到农村工作、生活,而其对高消费的农村居民的返乡意愿影响并不显著。这可能是因为高消费的农村居民不仅仅有基本的物质消费,而且有娱乐、旅游等其他精神消费,而相比农村,城市的基础设施、生态环境等更加满足其需求,因此他们更愿意留在城市。

六、结论与建议

(一)研究结论

2023年7月,上海财经大学"千村调查"吉林省松原市乾安县定点项目组成员前往乾安县十个村落进行调研走访,共收集有效入户问卷198份。以此为样本,本文一方面探究了数字技术发展对农村劳动力再配置的影响,另一方面探究了收入水平对该影响的调节效应,发现数字技术能够促进农村劳动力流回农村,且数字技术的发展对低收入农村居民影响更强烈。此外,本文还考察了数字技术对农村劳动力再配置影响的性别异质性、消费规模异质性。在性别异质性方面,本文发现数字技术对女性农村居民再配置的影响更加显著。在消费规模异质性方面,本文得出结论为数字技术的发展能够促进低消费的农村居民回到农村工作、生活,而其对高消费的农村居民的返乡意愿影响不显著。

为了保证结果真实可靠,本文通过更换解释变量、更换解释变量度量方式,以及改变估计方法对回归结果进行稳健性检验,最终证明研究结论稳健。

(二)政策建议

根据上述研究结论,本文的政策建议如下:

第一,大力推进数字技术的应用,加强教育宣传力度。在劳动力市场上,农村劳动力往往由于劳动力素质低、缺乏相关经验等原因导致价格低廉,需求较少。但近几年流动到城市的农村劳动力失业率越来越高,农村留守儿童和空巢老人的现象不减反增,要想从根源上完成劳动力再配置,需要将数字技术广泛应用到农业生产中。如今数字技术是产业转型升级的主要驱动力,能够有效提高生产效率,如果能将农业技术普及至家家户户,通过改变生产模式让农民提高农业生产收入,农村劳动力留在本村的意愿就会越来越强烈。因此,当农村劳动力在经过一定的教育宣传后,他们会认识到数字技术的重要性,并且能够学习掌握应用数字技术的生产模式,劳动力素质与劳动力再配置效率就会大大提升。

第二,完善农业技术补贴政策,加快建设农村配套基础设施。从村集体收入与支出结构上看,如今大部分农村地区主要的支出大头在于传统的农业生产,对基础设施建设和推广农业技术的支出金额过低,而政府也缺乏此领域相应的政策规定和补贴。农村拥有大量可利用的土地资源以及廉价的劳动力,提供经济上的支持与设备设施是能够最直接吸引劳动力积极性的手段。政府应增加农业技术设施建设的投入经费,为多样化的农业生产途径奠定基础,提供补贴引导村委会与劳动力进行自主学习、自主创新,有序进行农业生产的数字化升级,也为农村劳动力提供了更多的就业渠道。

第三,推动区域数字经济协调发展,促进城乡劳动力的双向流动。从我国区域经济发展情况来看,为各区域制定相同的发展目标和战略实行"一刀切",是不可行的。无论是在数字经济发展水平上,还是劳动力素质与薪酬上,城市与农村之间都存在着较大的差距。想要推动区域数字经济的协调发展,从而完成劳动力较为合理的再配置,首先要因地制宜,进行合理的战略布局与规划,缩小区域数字经济的发展差距。农村各地区应重点分析自身的优势,结合自身情况,有的放矢,精准施策。针对不同地区的劳动力,也应考虑到其群体特点及异质性,开展相关指导服务,来促进劳动力更好地再配置。其中,农村劳动力由于教育资源匮乏、生活经历等原因,应重点提高其数字技能,增强其在数字经济时代的竞争力。

参考文献

[1] George J B. Self-Selection and the Earnings of Immigrants[J]. The American Economic

Review. 1987,77(4):531-553.

[2] Pissarides, Christopher A. and I. McMaster, 1990,"Regional Migration, Wages and Unemployment: Empirical Evidence and Implications for Policy", Oxford Economic Papers, 42(4): 812-831.

[3] 白南生,何宇鹏.回乡,还是外出?——安徽四川二省农村外出劳动力回流研究[J].社会学研究,2002,(03):64-78.

[4] 曾龙,杨建坤.城市扩张、土地财政与农村剩余劳动力转移——来自中国281个地级市的经验证据[J].经济与管理研究,2020,41(05):14-32.

[5] 陈斌开,陈思宇.流动的社会资本——传统宗族文化是否影响移民就业?[J].经济研究,2018,53(03):35-49.

[6] 高国力.区域经济发展与劳动力迁移[J].南开经济研究,1995,(02):27-32.

[7] 高雅,董志勇.流动人口跨区域迁移与居留意愿[J].北京联合大学学报(人文社会科学版),2018,16(01):107-119.

[8] 纪韶,李小亮.改革开放以来农村劳动力流动就业制度、政策演进和创新[J].经济与管理研究,2019,40(01):64-74.

[9] 马述忠,胡增玺.数字金融是否影响劳动力流动?——基于中国流动人口的微观视角[J].经济学(季刊),2022,22(01):303-322.

[10] 潘静,陈广汉.家庭决策、社会互动与劳动力流动[J].经济评论,2014,(03):40-50+99.

[11] 彭科.户籍制度改革对人口流动及社会管理的影响[J].宏观经济管理,2014,(04):73-74.

[12] 钱晓颖.基于哈里斯-托达罗模型的中国农村人口城乡迁移规模实证分析[J].现代商贸工业,2009,21(01):184-185.

[13] 孙文凯,白重恩,谢沛初.户籍制度改革对中国农村劳动力流动的影响[J].经济研究,2011,46(01):28-41.

[14] 孙晓芳.劳动力流动的人口结构与区域经济差异研究[J].中国人口·资源与环境,2012,22(09):103-107.

[15] 肖文韬,孙细明.托达罗人口流动行为模型的一个修正及其新解释[J].财经理论与实践,2003,(01):23-27.

[16] 严善平.中国省际人口流动的机制研究[J].中国人口科学,2007,(01):71-77+96.

[17] 杨春瑰.劳动力迁移的logistic离散模型及其稳定性分析[J].中国农村观察,2003,(02):45-49+72-81.

[18] 展进涛,黄宏伟.农村劳动力外出务工及其工资水平的决定:正规教育还是技能培训?——基于江苏金湖农户微观数据的实证分析[J].中国农村观察,2016,(02):55-67+96.

[19] 张莉,何晶,马润泓.房价如何影响劳动力流动?[J].经济研究,2017,52(08):155-170.

[20] 张世伟,赵亮.农村劳动力流动的影响因素分析——基于生存分析的视角[J].中国人口·资源与环境,2009,19(04):101-106.

[21] 赵乐东.从统计学的视角看我国人口大规模流动[J].经济经纬,2006,(06):60-62.

[22] 周芳洁.互联网使用对农村劳动力流动的影响[D].西北师范大学,2020.

[23] 朱巧玲,杞如福.基于ESDA的中国劳动力人口空间分布特征及其影响因素研究[J].宏观质量研究,2017,5(01):105-115.

数字乡村发展对农村居民消费升级的影响研究
——基于吉林乾安十村的调查研究

刘佳雯[①]　钱　盈[②]

摘　要： 在着力扩大国内需求背景下,如何刺激农民消费水平和改善消费结构具有现实意义。本文采用吉林省乾安县十村的调查问卷数据,实证分析了数字乡村发展水平对农民消费升级的影响效应。研究表明数字乡村发展显著促进了乾安十村居民的消费升级。

关键词： 乡村振兴　数字乡村　居民消费　消费升级

一、引　言

党的二十大报告中提出,要进一步扩大内需,加强消费对经济发展的基础性作用。一直以来,我国巨大的农村消费市场没有被充分挖掘,农村居民消费水平和消费结构都有待进一步提升。图1显示了农村居民消费支出长期低于城镇居民消费支出,2013—2022年间,农村居民消费支出比重虽然有小幅度攀升,但占比却始终低于四成。恩格尔系数可以用来衡量一个地区的经济发展水平,或居民生活水平与质量。一般来说,恩格尔系数越高,代表经济发展或生活水平越低;反之,恩格尔系数越低,代表经济发展或生活水平越好。一直以来,我国农村居民的恩格尔系数都高于城镇居民(见图2),说明农村居民生活水平或质量低于城镇居民。随着互联网高速发展和农村网络基础设施日趋完善,以数字技术为核心的新型经济红利正逐步向农业农村不同领域扩散,数字技术赋能乡村振兴发展正成为有效重要抓手。

近年来,数字经济赋能乡村振兴发展的作用日渐凸显,逐渐成为学者们关注的一个热点。刘湖(2016)实证分析了互联网发展对农民消费水平和结构的影响,发现互联网发展能降低农民在食品食物等基本领域的支出,提高非必要消费支出比重,且对东部地区农民的消费结构影响作用大于西部地区。李旭洋等(2019)用工具变量剔除内生性问题后,发

---

① 刘佳雯,上海财经大学商学院2022级工商管理专业本科生。
② 钱盈,上海财经大学公共经济与管理学院2022级财政学专业本科生。

现互联网对居民家庭消费升级有积极的促进作用,且对农村地区的影响效应大于城镇地区。

资料来源:国家统计局。

图 1 2013—2022 年城乡居民消费水平对比情况(元)

资料来源:国家统计局。

图 2 2013—2022 年城乡居民消费结构对比情况(%)

可以从宏观和微观两个层面进行分类研究数字乡村发展对农民消费升级的影响。从宏观上看,汪亚楠等(2021)通过使用省域面板数据,发现数字乡村基础设施建设能提高农村消费水平,同时有效促进消费升级。李桂馨(2022)基于实证分析,发现乡村数字大力发展对农民消费升级存正向效应。从微观上看,杜丹清(2017)发现,在互联网高速发展情况下,技术和信息等要素大幅改善了农村居民消费结构趋向。向国成等(2021)认为,数字经济不仅能直接提升居民消费水平,而且会通过提高收入间接刺激我国居民消费能力,并且在城乡和区域上存在明显差异。

通过对已有相关文献的系统梳理发现,在学术界多是从省域层面对数字乡村和农民消费进行测算,少有基于县域及以下视角进行研究。本文的研究旨在从微观的村域视角研究数字乡村建设对农民消费升级的影响,对不同维度的现有研究有一定的丰富作用。

二、理论框架

消费是人们生产生活的重要目标,而数字技术在为我国乡村高质量发展提供了新的动能的同时,势必会对农村居民的消费行为有着深刻的影响。基于此,笔者将探究数字技术发展对我国农村消费升级影响的途径。

首先,数字技术能降低生产成本、提高产品价格,从而提高农民收入、促进消费升级。在降低成本方面,数字技术可用于定量农作物和牲畜所需的水分、养料等,从而降低物力成本,与此同时,数字技术能提供先进的生产技术和经验,提高机械使用效率,降低人力成本。在提升农产品价格方面,数字技术能24小时监测温度、湿度等关键指标,辅助农户为农作物生长和牲畜养殖创造最优环境,提升产品质量。

其次,数字乡村发展可增加农民收入的确定性和消费信心,促进消费升级。农户通过大数据技术能精准获取市场中供需数量、产品价格等信息,从而及时调整生产计划,提高生产确定性。此外,农户可通过数字普惠金融渠道获取优惠贷款和农业保险,缓解资金压力、分散个体风险。当农户收入不确定性降低时,农民可能减少储蓄提高消费支出。

最后,数字技术为农村提供了更多消费场景和消费选择,为消费升级提供了空间。在消费场景方面,数字技术通过网络提速和智能设备普及,为农民提供了网上购物、视频直播、线上支付等便捷服务,拓宽了消费渠道。在消费选择方面,数字技术在打造城乡一体化物流体系的同时,还给乡村带来了游戏、音乐、短视频等新的产品与服务,形成了多层次的消费选择。

三、调研基本情况

(一)调研情况概述

本次千村调查,二位作者前往吉林省松原市乾安县,以"数字技术赋能乡村振兴"为主题,深入中国农村、实地走访调研,通过一对一的入户问卷以及走访村委会的形式,调研、整理和归纳与家庭基本信息、受访者基本情况、健康和医疗保障、家庭资产情况、产业兴旺、乡风文明、生态宜居、乡村治理、生活富裕、数字金融、数字素养等相关的农村和农户信息。

此次调研涵盖乾安县所字镇忠字村、余字乡附余村、安字镇后寸村、安字镇西下村、赞字乡赞字村、让字镇有字村、水字镇周字村、水字镇阳字村、道字乡在字村、道字乡男字村,共1县,7乡镇,10村。各村分别发放1份入村问卷,20份入户问卷,合计发放入村问卷20份,入户问卷200份。

(二)乡村数字建设情况简介

乾安县位于吉林省西北部,松原市西部,地处松嫩平原腹地,有"乾安台地"之称,截至

2020年,乾安县下辖4个乡,6个镇,164个行政村,总人口269 222人。其中,农业人口190 188;非农业人口79 034人。近年来,乾安县积极推动经济协调、健康、可持续发展,2022年实现地区生产总值78亿元,增长5.2%;固定资产投资57.8亿元,增长45%;地方级财政收入6亿元,增长10.9%;城镇和农村常住居民的人均可支配收入达28 930元和17 346元,分别增长3%和4%。前三季度,地区生产总值和固定资产投资增速始终位居全市首位、全省前列,地方级财政收入增速更是位居全省首位,经济始终处于高质量运行状态。

1. 乡村数字基础设施

乾安县积极推进新型基础设施建设,正加快建设5G网络基础设施,升级乾安城市信息基础设施,夯实新型智慧城市的承载能力。同时,乾安县积极推进城市数字平台及创新应用工程建设,加快"互联网＋先进制造业"为特色的工业互联网发展,建设跨行业跨领域跨区域工业互联网平台,大力发展"互联网＋社会服务"消费模式,促进教育、医疗、养老等服务消费线上线下融合发展,扩大服务覆盖面,并依托"互联网＋"推动公共服务向农村延伸。2022年,乾安县全面开展乡村建设行动,投资6 060万元,建设路网连接工程59.2公里,在未来还将重点建设农村电网改造升级、新建50 038千伏变电站工程、扩建220千伏变电站工程等项目。

2. 智慧农业

乾安县始终围绕"打好乡村振兴"的根本目标,大力推进"三农"工程。到2022年,全县已完成258.6万亩的粮食播种,粮食产量预计将达到历史最高水平,约140万吨。乾安县在科学技术的支持下,持续推进"三产"融合,在发展循环经济的同时,激发了农村的内在活力。在赞字乡建成县域融合产业园,利用乾安博瑞农场,依托生物质发电产生的废液和余热,以温室为能源,逐步建成500个温室大棚,1个四千平方米的玻璃连栋温室,1个四千平方米的连栋育苗大棚,10个新型砖温室,46个春秋拱棚,1个一万平方米的现代化智慧温室,并将其建成一个东北地区反季节蔬菜的集散地,以及一条绿色工业观光带,以此为基础,实现"三产融合"循环农业项目,使产业融合效益最大化。与此同时,为了促进农村农业的发展,乾安县在2022年,利用社会化服务主体的名册,为新型农业经营主体提供社会化服务,并使用了大型机械和设施设备,对农民进行了灭茬、中耕、播种、喷药等全过程的托管,在这一年的时间里,新增加了14个服务主体,提供了36万亩的土地,完成了托管服务的小农户7 000多户。

3. 乡村数字化治理

乾安大力推行线上线下融合开展农村公共服务,开通了乾安县农业农村公共服务公众号,针对政府方面的服务,县政务中心协调相关部门,将有关农林政策的内容,通过"公众号"发布,方便广大农民查阅。在抗击疫情间,微信公众号上发布了350多条关于疫情的政策和知识。"网格员"们向广大群众发放了十万张疫情防控宣传资料,通过网格微信群,将疫情防控知识、防控政策和中高风险地区列表等内容发布了5.9万条,对有意向来乾安、返安乾的人员进行了8 449人的登记,实现了乡村疫情防控工作的全覆盖。

数字技术正在引发我国农村深刻的社会变革,以数字技术赋能乡村发展,最终的目的都是让农民致富,随着数字建设的推进,近年来乾安县农村常住居民人均可支配收入也不断提高(见图3),实现了数字发展成果与村民共享。

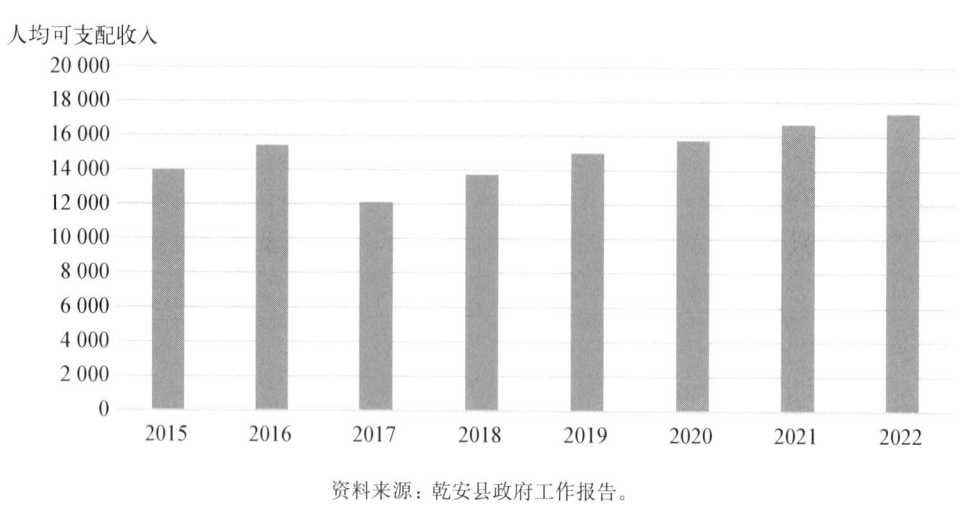

图 3　乾安县农村常住居民人均可支配收入(单位:元)

资料来源:乾安县政府工作报告。

四、变量处理与描述性统计

(一)数据与变量处理

笔者为上海财经大学"千村调查"项目成员,以吉林省松原市乾安县十村为研究对象,共调查家庭200户,剔除10份无效问卷(9份食品食物基本支出为0,1份全部支出用于食品食物基本支出),本文将主要以190份有效入户问卷作为分析样本,包含:

1. 农村居民消费升级指标构建(因变量)

"千村调查"问卷将居民消费支出分为食品食物、教育和培训、医疗等消费类别。根据马斯洛的需求理论,可将其归纳调整成生存型消费、享受型消费和发展型消费。其中,生存型消费指居民在日常生活当中最基本且最为必要的消费支出;享受型消费以满足享受需求为目的,主要包括对家庭耐用品及娱乐用品和服务支出;发展型消费则是为寻求更高层次的发展而引发的消费,主要包括教育、医疗、交通等方面的支出。参照程伟(2022)的研究,本文用食品食物支出(即E002a)衡量生存型消费,用发展型消费、享受型消费之和占总消费比值衡量消费升级程度,并对比值进行对数处理。

2. 数字乡村指标构建(自变量)

基于李克特量表计分法,本文充分考虑数字乡村建设的各个维度,尽可能多地将问卷内容纳入指标体系。表1显示了数字乡村指标的具体构成情况,数字乡村建设水平主要涵盖数字金融和数字素养两个维度,其中,数字金融包含三个2选项和一个4选项指标;数字素养包含一个2选项指标和六个5选项指标。笔者对2选项、4选项、5选项指标分别赋值"1,0"和"3,2,1,0"和"4,3,2,1,0",值本身不存在具体意义,其值越大代表其数字化应用水平越高。

表 1　　　　　　　　　　　数字乡村指标构成情况

名　称	二级指标	问　卷　内　容	选项数量
数字金融	支付方式	K002　是否使用支付宝、微信等线上支付方式	2
	线上平台	K003　是否使用线上金融平台	2
	手机银行	K011　是否使用手机银行	2
	贷款结构	K007　贷款资金线上方式占比	4
数字素养	电脑使用	L001　是否经常使用电脑	2
	上网时间	L002　智能手机使用时长	5
	场景应用	L0081　网页浏览熟练程度	5
		L0082　办公软件熟练程度	5
		L0083　电子邮件熟练程度	5
		L0084　娱乐软件熟练程度	5
		L0085　教育软件熟练程度	5

由于数字乡村水平涉及指标数目较多,考虑各指标间存在一定相关性,对所有指标一一分析存在较大信息冗余,故本文采用主成分分析法进行降维,提取有效指标合成几个主要成分。首先对样本数据进行 KMO 和 Bartlett's 检验,理论上 KMO 的取值范围为[0,1],其值越接近1,表示变量间共同因子越多,越适合做因子分析。本文样本数据 KMO 值为0.738,大于0.5,Sig.值为0.0001,小于0.05,说明通过了 KMO 和 Bartlett's 检验,所选取的变量间相关性较强且相互之间存在独立性,适合进行因子分析。为保证信息提取充分,本文以85%累计贡献率的经验临界值作为提取标准,最终提取7个主成分,涵盖86.88%的变量信息,具体成分得分系数详见表2。

表 2　　　　　　　　　　　成分得分系数矩阵

变量	F_1	F_2	F_3	F_4	F_5	F_6	F_7
K002	0.2899	0.2334	0.3401	−0.1228	−0.1180	0.7980	0.0686
K003	0.3395	0.3729	−0.4030	−0.0095	−0.1468	−0.1396	0.1871
K0011	0.2890	0.4565	−0.4148	−0.0394	−0.1481	−0.1171	0.0762
K007	0.0237	0.2499	−0.0195	0.8705	0.3504	0.1288	−0.1827
L001	0.2641	−0.1347	−0.1987	−0.2536	0.7475	0.1702	0.3109

续　表

变量	F_1	F_2	F_3	F_4	F_5	F_6	F_7
L002	0.257 7	0.132 2	0.570 8	0.132 5	−0.033 7	−0.199 1	0.413 2
L0081	0.379 3	0.001 0	0.022 7	−0.167 0	−0.024 6	0.075 6	−0.764 2
L0082	0.380 5	−0.397 5	−0.057 6	0.105 7	0.072 1	−0.102 1	−0.005 5
L0083	0.364 7	−0.401 1	−0.049 9	0.129 1	0.021 2	−0.094 1	−0.052 6
L0084	0.291 2	0.223 5	0.440 7	−0.120 7	0.125 7	−0.455 3	−0.133 4
L0085	0.272 0	−0.362 2	−0.082 5	0.270 7	−0.487 6	0.111 3	0.221 7

综合得分方面，第一成分 F_1 是七个主成分中最重要的，对数字乡村水平的贡献率为35.26%，较高负荷的评价指标有电子邮件熟练度、网页浏览熟练度、办公软件熟练度、是否使用线上支付方式；第二成分 F_2 次之，贡献率为18.29%；成分三 F_3、成分四 F_4 贡献率均高于10%；成分五 F_5、成分六 F_6 贡献率低于10%；成分七 F_7 最低为6.44%，综合得分 F 为各类主成分得分加权所得，具体构成公式(1)如下：

$$F = 35.62\%F_1 + 18.29\%F_2 + 13.4\%F_3 + 10.34\%F_4 + 8.99\%F_5 \\ + 6.92\%F_6 + 6.44\%F_7 \tag{1}$$

3. 控制变量

控制变量主要涵盖村庄和村民两个维度。

村庄控制变量包括：(1) 地区经济发展水平。经济发展水平越高的地区，农村居民消费和消费升级越高，本文选择各村人均GDP来衡量地区经济发展水平，并做对数处理；(2) 政策扶持力度。一般而言，政府政策补贴的提高有利于增加农村居民收入，进而为扩大消费提供条件，本文选择各村人均财政支出来衡量政策扶持力度，同样采用对数处理。

村民控制变量包括：(1) 居民收入水平。根据凯恩斯的绝对收入假说，收入是影响消费的关键因素，本文以人均收入来代表农民的收入水平，并对其取对数；(2) 受教育程度。学历可能影响居民收入水平和消费偏好，进而可能对消费升级产生一定的影响，本文对村民文化程度赋值，数值越大表明学历越高；(3) 性别。性别可能与消费偏好有一定的关联，按照惯例，本文对性别因素加以控制。

(二) 描述性统计

表3对变量做了描述性统计分析。收支方面：2022年，乾安县村民人均收入均值为24 863元/年，且贫富差距较大，最高人均收入为133 333元/年，而最低人均收入仅为2 000元/年。家庭消费支出均值为53 617元/年，其中，村民享受型和发展型消费占比较高，均值为61.13%，上网支出占比约为1.53%。村庄经济指标方面：乾安县十村人均GDP均值为14 784元/年，其中，附余村最高为20 000元/年，周字村最低为9 000元/年。

人均财政支出均值为7 619元/年,其中,阳字村获得上级部门大额拨款,人均财政支出最高为35 514元/年。数字金融方面:对比线上金融平台和手机银行,农村线上支付方式普及率更高,约有88%的村民使用微信、支付宝等方式进行支付。在贷款渠道上,仅有2%的村民通过网络进行贷款。数字素养方面:仅有13%的村民经常使用电脑,相较而言,村民更倾向于使用智能手机,平均每天使用2~4小时。而在具体应用中,村民对抖音、快手等娱乐软件的掌握程度最高,而对教育教学类软件的掌握程度最低。此外,受访对象普遍是初中或中专毕业,女性占比约为22%。

表3　　　　　　　　　　　　　变量描述性统计

	变　量	均　值	标准差	最小值	最大值
消费支出	总支出(元/年)	53 616.91	55 321.55	3 200	401 200
	升级消费比率(%)	61.13	0.24	2.34	98.31
数字金融	是否使用线上支付方式	0.88	0.33	0	1
	是否使用线上金融平台	0.43	0.50	0	1
	贷款资金线上方式占比	0.02	0.16	0	2
	是否使用手机银行	0.36	0.48	0	1
数字素养	是否经常使用电脑	0.13	0.34	0	1
	智能手机使用时长	2.20	0.87	0	4
	网页浏览熟练程度	1.74	1.28	0	4
	办公软件熟练程度	0.39	0.89	0	4
	电子邮件熟练程度	0.38	0.88	0	4
	娱乐软件熟练程度	2.56	1.08	0	4
	教育软件熟练程度	0.37	0.85	0	4
其他变量	总收入(元/年)	81 610.53	77 068.41	4 800	500 000
	人均收入(元/年)	24 863.20	21 811.61	2 000	133 333.3
	人均GDP(元/年)	14 784.21	3 612.26	9 000	20 000
	人均财政支出(元/年)	7 619.00	10 611.36	721.31	35 514.02
	是否为女性	0.22	0.42	0	1
	教育水平	3.13	0.97	1	6
	上网支出占比(%)	1.53	0.03	0	20

五、实证分析

（一）基准回归

为了检验数字乡村发展水平对乾安十村居民消费升级的影响效应，笔者构建的计量模型如下：

$$Y_i = \beta_0 + \beta_1 F_i + \beta_2 Control_i + \varepsilon_i \tag{2}$$

其中，被解释变量 Y_i 为农民升级消费比率，i 代表居民个体；核心解释变量 F_i 是居民 i 在数字乡村指标的综合得分；$Control_i$ 代表控制变量的集合，包含居民的收入、性别、文化程度以及其所在村的人均GDP、人均财政支出；ε_i 为随机扰动项。

本文采用逐步回归法。具体地，在回归方程中依次添加村民控制变量和村庄控制变量。表4为回归结果。其中列(1)仅包含解释变量和被解释变量，列(2)在此基础上，增添了村民控制变量；列(3)在列(2)的基础上，增添了村庄控制变量。回归结果表明：数字乡村发展对乾安县十村居民消费升级的回归系数是正向的，且通过了10%的显著性检验。在添加控制变量之后，该系数依然在10%的水平上显著为正，说明数字乡村发展积极促进了乾安十村居民消费升级。

表4　　　　　　　　　　　　　　基准回归结果

	(1) Y_i	(2) Y_i	(3) Y_i
F_i	0.026 9* (1.142 0)	0.019 1* (3.332 5)	0.019 1* (3.329 7)
教育		0.026 6 (1.357 8)	0.026 7 (1.355 0)
人均收入对数		0.010 5 (0.494 8)	0.010 8 (0.504 1)
性别		−0.005 8 (−0.137 8)	−0.005 9 (−0.137 9)
人均GDP对数			0.000 3 (0.004 2)
人均财政支出对数			0.002 3 (0.153 4)
_cons	0.611 3*** (3.514 3)	0.427 6** (2.004 2)	0.402 4 (0.578 0)

续 表

	(1) Y_i	(2) Y_i	(3) Y_i
N	190	190	190
R^2	0.8169	0.9190	0.9192

注：括号内为 t 统计值；* $p<0.10$，** $p<0.05$，*** $p<0.01$。

（二）稳健性检验

笔者采用两种方式对实证结果进行稳健性检验。一是重构解释变量。一般而言，村民上网费用支出在一定程度能衡量其互联网应用水平，笔者以村民上网支出占比 $Ratio_i$ 替代数字乡村综合得分 F_i 重新回归，其他变量保持不变。二是重构被解释变量。根据前文消费分类，笔者以生存型消费支出占居民总消费支出的比例 Y'_i 作为被解释变量重新检验，公式（4）为具体回归模型。

$$Y_i = \beta_0 + \beta_1 Ratio_i + \beta_2 Control_i + \varepsilon_i \tag{3}$$

$$Y'_i = \beta_0 + \beta_1 F_i + \beta_2 Control_i + \varepsilon_i \tag{4}$$

表5为回归结果。其中列（1）为公式（3）的回归结果，上网支出占比的回归系数为2.0867，且通过了5%的显著性检验，表明村民上网支出占比越高，其升级消费比重越高。列（2）为重构被解释变量后的检验结果，数字乡村发展对生存型消费占比影响系数在10%水平上为负，即数字乡村发展水平越高，乾安十村居民生存型消费支出占比越小，享受型消费及发展型消费占比越大。上述两种方式与预期结论吻合，都证实了基准回归结果的可靠性。

表5　　　　　　　　稳健性检验回归结果

	(1) Y_i	(2) Y'_i
上网支出占比	2.0867** (3.9611)	
F_i		−0.0191* (−3.3297)
教育	0.0264 (1.4945)	−0.0267 (−1.3550)
人均收入对数	0.0212 (1.0844)	−0.0108 (−0.5041)

续表

	(1) Y_i	(2) Y_i'
性别	−0.002 0 (−0.050 7)	0.005 9 (0.137 9)
人均 GDP 对数	0.016 1 (0.239 5)	−0.000 3 (−0.004 2)
人均财政支出对数	0.001 0 (0.066 3)	−0.002 3 (−0.153 4)
_cons	0.128 6 (0.194 7)	0.597 6 (0.858 3)
N	190	190
R^2	0.956 1	0.919 2

注：括号内为 t 统计值；* $p<0.10$，** $p<0.05$，*** $p<0.01$。

六、结论与政策启示

数字乡村发展事关数字乡村和乡村数字化推进，对我国实现乡村振兴、刺激乡村消费具有重要的作用。本文以吉林省乾安县十村的调查问卷数据为样本，就数字乡村发展与农村居民消费升级的关系进行考察，并进行两种稳健性检验，得到的研究结论如下：数字乡村发展在促进乾安十村居民消费升级方面起到了积极的作用。基于上述分析，笔者提出相应的政策建议，旨在推进我国数字乡村建设，充分发挥互联网对消费的带动作用，实现农业农村高质量发展。具体建议如下：

（1）加强农村互联网基础设施建设，完善农村互联网服务体系。首先，发挥好政府的主导作用。要调整城乡信息化布局，加大对农村地区互联网基础设施建设的财政投入和融资支持，同时广泛动员相关各部门和社会各界有偿参与建设。其次，注重网络人才建设。着力推进互联网在农村教育领域的应用，实现优质教育资源普遍共享；鼓励科研院校高水平高素质人员到农村指导农村居民使用互联网络技术，并倡导农村各级干部带头学网、懂网、用网。最后，加大农村网络普及力度。对农村地区采取因地制宜的技术方法，让宽带网络等互联网基础设施由乡镇向自然村和行政村延伸。

（2）提高农村居民的收入水平，增强其购买能力。虽然互联网能够提高农村居民消费水平、促进消费结构升级，但消费仍旧是收入的函数，因此提高农村居民收入是促进农村消费升级的重要途径。对此，政府要大力发展"互联网＋农业"，利用互联网技术拓宽农产品的销售渠道，如通过抖音、快手等直播平台加大宣传促进营销，通过搭建农村物流体系平台配送农产品，提高当地农民的经营性收入，从而促进农村消费转型升级。

（3）引导农户合理使用互联网，提高农户互联网使用能力。在逐步建设农村互联网基础设施的同时，还应引导农户合理使用互联网，强化互联网使用意识，提高互联网使用能力。具体来说，要充分利用互联网的高效性、时效性、公平性等优势，在进行招聘工作宣传、政策推广和解读时，及时地为农户提供信息，如为务工农户提供就业信息，为创业农户提供政策补贴信息，为务农农户提供惠农信息等。与此同时，政府应整合信息服务资源，依托互联网技术搭建线上平台，广泛开展互联网技能培训，为使用网络的农户提供技术支持，帮助农户实现就业和创业。

（4）强化数据信息安全保障，构建健康网络环境。加强网络安全宣传和教育，提高各级村干部网络信息安全意识和素养，让他们充分认识到数据安全的重要性，并做好相关工作。制定并严格执行农村居民个人信息数据保密规定，开展定期的信息安全排查和监测工作，严格管理农村居民信息，对泄漏信息和非法买卖的行为进行严厉处罚。与此同时，要加强互联网络监管，构建健康的网络环境。对互联网使用行为进行相关引导，防范沉迷网络和过度娱乐化。政府要加强网络监管，对低俗化信息进行管制，倡导具有正向价值的互联网信息产品，加强对互联网教育、学习等平台的建设，发挥互联网应有的正向作用。

参考文献

[1] 刘湖, 张家平. 互联网对农村居民消费结构的影响与区域差异[J]. 财经科学学, 2016, (04): 80-88.

[2] 李旭洋. 互联网发展对中国居民消费结构的影响研究[D]. 武汉: 中国地质大学, 2020.

[3] 汪亚楠, 徐枫, 叶欣. 数字乡村建设能推动农村消费升级吗？[J]. 管理评论, 2021, 33(11): 135-144.

[4] 李桂馨. 乡村数字基础建设对农村居民消费的影响研究——基于农村产业结构传导路径分析[J]. 价格理论与实践, 2022.

[5] 杜丹清. 互联网助推消费升级的动力机制研究[J]. 经济学家, 2017, (03): 48-54.

[6] 向国成, 石校菲, 邝劲松. 数字经济发展提高了居民消费水平吗？[J]. 消费经济, 2021, 37(05): 44-55.

[7] 程伟. 数字乡村发展对农村居民消费升级影响研究——基于省级面板数据的实证分析[J]. 价格理论与实践, 2022, (7): 12-16.

乡村振兴背景下仪征市重点村发展水平评价指标体系与实证评价
——基于熵权的 TOPSIS 综合评价法与案例分析法

徐春晓[①]　于凡添[②]

摘　要：随着城市化进程的深入，传统农业面临土地资源减少、人才流失等现实困境，乡村发展举步维艰。本文利用实证与案例分析相结合的方式，综合展示了千村调查扬州市仪征调研队走访各村的乡村振兴情况。其中，实证部分利用基于熵权的 TOPSIS 综合评价法，从村庄资源禀赋、村集体财务状况、村民受教育程度与村民互联网使用情况四个维度展示了各村情况。而案例分析部分则选取周营村、沙集村为对象，对其乡村振兴进程展开分析，并提出了数字技术赋能乡村振兴具体方案的构想。

关键词：乡村振兴　数字技术　基于熵权的 TOPSIS 综合评价法

一、调研基本情况

（一）调研情况概述

本小组两位成员均为千村定点调研队成员，于 2023 年 7 月 9 日至 2023 年 7 月 15 日前往江苏省仪征市调研。

期间，仪征定点调研队有幸得到了江苏校友会的大力支持。不同于常规的千村调查，仪征组以自上而下与自下而上相结合的形式展开调研。

在江苏校友会的支持下，本团队在调研初期与仪征市新城镇党委书记、工业条线负责人、经济发展局局长等相关负责人进行了座谈，宏观层面上了解了农村农业发展、数字技术应用、乡村旅游业发展、电子商务建设等领域的基本情况，为中期的实地调研工作打下了坚实的基础。实地走访村庄之后，调研团队向扬州市国资委主任凌卫东、党群工作处处长徐根亮、江苏校友会会长吴亚东、执行会长王长江、副会长兼秘书长庞芳等领导和校友汇报了调研成果等领导汇报了调研成果，在乡村人才招引、数字技术建设和村企合作共建

[①] 徐春晓，上海财经大学金融学院 2021 级银行与国际金融专业本科生。
[②] 于凡添，上海财经大学人文学院 2022 级经济新闻专业本科生。

等方面展开了深入研讨,谋求校地联动合作发展。

本次调研共走访十个村庄,分别为新城镇郁桥村、新城镇林果村、新城镇桃坞村、新城镇马坝村、新城镇丁冲村、新城镇三茅村、新城镇沿江村、新城镇周营村、陈集镇汪营村与陈集镇沙集村,共计完成入村问卷 10 份,入户问卷 200 份。入户问卷中,剔除一份存在明显问题的问卷,共分析 199 份。

(二)文章脉络梳理

围绕本次千村调查的主题,本文选取十个村庄中的九个农业村作为研究对象,把握仪征市乡村发展情况。

首先,本文利用实地调研搜集的数据,运用熵权法与 TOPSIS 模型综合评价法,从整体角度探究各村乡村振兴现状。

之后,本文分析扬州市政府推广的村企共建模式,由此探讨"数字技术"与"乡村振兴"之间的关系。此部分将围绕周营村和沙集村这两个典型案例展开。二者均为扬州市"千企联千村"计划的典型村,却因数字化程度差异走上了不同发展道路。此部分首先对这两个村庄作分别介绍,随后进行对比分析。

最后,基于周营村和沙集村发展的事实支撑,本文将探讨数字技术如何赋能乡村振兴,提出一种较为普适的乡村振兴农业发展道路,并探讨其模式建立的可行性。

二、调研地乡村振兴现状探究——基于熵权法和 TOPSIS 模型综合评价法

本文对搜集的问卷整体数据运用了熵权法与 TOPSIS 模型综合评价法展开分析。

对问卷数据进行分类,本文拟从村庄资源禀赋、村集体财务状况、村民受教育程度、村民互联网使用情况这四个维度入手,全方位展示调研地各村的乡村振兴现状。同时,本文也将各村的村民人均年收入数据一一列出以供对比参考。此部分主要目的为提供数据总览,并确认问卷搜集信息基本有效。

(一)指标选取与数据来源

具体指标选取情况如表 1 所示。

表 1　　　　　　　　　　仪征市各乡村发展水平评价指标

维度(代码)	具体指标(代码)	单　位
村庄资源禀赋(X1)	人均耕地面积(X11)	亩
	人均集体经营性建设用地面积(X12)	亩
村集体财务状况(X2)	人均上级部门拨款(X21)	元
	人均集体经营性收入(X22)	元
	人均出租村集体土地收入(X23)	元

续　表

维度(代码)	具体指标(代码)	单　位
村民受教育程度(X3)	受高中、大专以上教育占户籍人口比例(X31)	/
	人均公办学校数量(X32)	所
村民互联网使用情况(X4)	人均使用时长(X41)	小时
	人均互联网使用熟练程度(X42)	/

其中,前三个维度的宏观数据为村干部提供的村庄官方统计数据,村民互联网使用情况则采用实地调研搜集的问卷数据。

除"人均互联网使用熟练程度"外,其他所有指标均为极大型指标。"人均互联网使用熟练程度"一指标数据来源为入户问卷第三部分数字乡村模块中序号 L008 的问题。本文将村民在 L008a 至 L008e 问题中的作答数字加和,用此总和作为反应村民对互联网使用熟练程度的综合指标。易知,此综合指标是一个极小型指标,总和越小说明村民掌握互联网使用的水平越高。本文事先对此指标进行了正向化处理,即用此项指标的最大值减去初始值来替换初始值,得到新的极大型指标。

另外,限于数据可得性,村干部提供的部分村民人均年收入数据和真实情况存在较大偏差,与实地考察结果明显不符。因此本文采用的村民人均年收入为剔除异常数据后的问卷平均,经校验后认为此数据合理。

(二)模型构建

本文将运用 TOPSIS 综合评价法展开对样本村的研究。TOPSIS 综合评价法又称优劣解距离法,是一种通过计算某指标与最优、最劣解(也即正、负理想解)之间的距离而精确反应各评价方案差异的综合评价方法。然而,传统的 TOPSIS 综合评价法依赖主观的权重判断,容易出现误差。因此,本文选择采用基于熵权的 TOPSIS 综合评价法,先使用熵权法计算出客观权重,再根据客观权重对样本村进行综合评价。

1. 熵权法确定指标权重

熵权法是一种通过信息离散程度判断事件随机性及无序程度进而确定某个指标在综合评价中影响大小的数学方法,具体步骤如下:

(1) 数据标准化、归一化

建立原始数据矩阵(1),对其做标准化处理。其中 m 为样本村个数($m=9$),n 为评价某个维度所选取的指标个数。为避免后续计算中 ln 函数在 0 处无定义的问题,将标准化处理后的矩阵数值平移 0.001,得到矩阵(2)。

$$Y = (A_{ij})_{m \times n} \tag{1}$$

$$X_{ij} = \frac{A_{ij} - A_{minij}}{A_{maxij} - A_{minij}} + 0.001 \tag{2}$$

利用式(3)将 X_{ij} 矩阵归一化,得到各评价指标比重(s_{ij})。

$$s_{ij} = \frac{x_{ij}}{\sum_{j=1}^{n} x_{ij}} \tag{3}$$

(2)计算信息熵、差异系数以及熵权系数

利用式(4)~式(6),分别计算各指标信息熵(h_j)、差异系数(g_j)以及熵权系数(w_j)。

$$h_j = -k \sum_{j=1}^{m} s_{ij} \ln s_{ij}, \text{其中} k = \frac{1}{lmn} \tag{4}$$

$$g_j = 1 - h_j \tag{5}$$

$$w_j = \frac{g_j}{\sum_{j=1}^{n} g_j} \tag{6}$$

本文共选取四个维度,重复如上过程四次以得到所有指标的熵权系数。熵权系数计算结果展示如表2所示。

表2　　仪征市乡村发展水平评价指标体系

目标层	系统层(代码)	指标层(代码)	熵权
仪征市各村发展情况	村庄资源禀赋(X1)	人均耕地面积(X11)	0.2117
		人均集体经营性建设用地面积(X12)	0.7883
	村集体财务状况(X2)	人均上级部门拨款(X21)	0.1947
		人均集体经营性收入(X22)	0.2002
		人均出租村集体土地收入(X23)	0.6051
	村民受教育程度(X3)	受高中、大专以上教育占户籍人口比例(X31)	0.7262
		人均公办学校数量(X32)	0.2738
	村民互联网使用情况(X4)	人均使用时长(X41)	0.4917
		人均互联网使用熟练程度(X42)	0.5083

2. TOPSIS模型综合评价

(1)建立加权矩阵

利用熵权系数对标准化矩阵(2)做加权处理,将此矩阵中的每一项元素乘以对应的熵权系数,得加权矩阵(7)。

$$Z = \begin{bmatrix} w_1 \cdot x_{11} & w_2 \cdot x_{12} & \cdots & w_n \cdot x_{1n} \\ w_1 \cdot x_{21} & w_2 \cdot x_{22} & \cdots & w_n \cdot x_{2n} \\ \vdots & \vdots & \ddots & \vdots \\ w_1 \cdot x_{m1} & w_2 \cdot x_{m2} & \cdots & w_n \cdot x_{mn} \end{bmatrix} \quad (7)$$

(2) 计算正、负理想解距离

根据式(8)~式(11),求出正理想解(Z^+)和负理想解(Z^-),以及第 $i(i=1,2,\cdots,n)$ 个评价对象与正理想解之间的欧氏距离(D_i^+)和与负理想解之间的欧氏距离(D_i^-)。

$$Z^+ = (Z_1^+, Z_2^+, \cdots, Z_m^+),\ 其中\ Z_i^+ = \max\{z_{1i}, z_{2i}, \cdots, z_{ni}\} \quad (8)$$

$$Z^- = (Z_1^-, Z_2^-, \cdots, Z_m^-),\ 其中\ Z_i^- = \min\{z_{1i}, z_{2i}, \cdots, z_{ni}\} \quad (9)$$

$$D_i^+ = \sqrt{\sum_{j=1}^{m}(Z_j^+ - z_{ij})^2} \quad (10)$$

$$D_i^- = \sqrt{\sum_{j=1}^{m}(Z_j^- - z_{ij})^2} \quad (11)$$

(3) 计算相对贴进度

对于正、负理想解距离,可以进一步利用式(12)计算出未归一化的相对贴近度(C_i)。显然,相对贴近度是一个介于 0 和 1 之间的实数。由定义可知,相对贴进度越接近 1,说明研究对象的得分越接近最大值,也即优势越明显;反之,相对贴进度越接近 0,说明研究对象的得分越接近最小值,也即劣势越明显。

$$C_i = \frac{D_i^-}{D_i^+ + D_i^-} \quad (12)$$

3. 结果与分析

利用基于熵权的 TOPSIS 综合评价法,本文得到的数据结果展示如表 3 和表 4 所示。

表 3 仪征市各村村民人均年收入

样本村	村民人均年收入	
	收入额(单位:人民币元)	排序
沙集村	21 034.72	4
汪营村	35 123.29	1
周营村	13 659.02	8
沿江村	15 664.71	6
三茅村	31 736.36	2

续 表

样本村	村民人均年收入	
	收入额(单位：人民币元)	排 序
丁冲村	19 537.14	5
马坝村	11 055.32	9
桃坞村	14 159.86	7
林果村	23 009.52	3

表 4　　　　　　　　　　仪征市各乡村发展水平综合评价

样本村	村庄资源禀赋		村集体财务状况		村民受教育程度		村民互联网使用情况	
	相对贴进度	排序	相对贴进度	排序	相对贴进度	排序	相对贴进度	排序
沙集村	0.265 9	4	0.345 0	4	0.325 2	5	0.331 8	5
汪营村	0.315 1	3	0.476 4	2	0.316 2	6	1.000 0	1
周营村	0.201 9	6	0.301 5	5	0.191 7	8	0.311 7	6
沿江村	0.128 1	7	0.349 6	3	0.327 6	4	0.034 4	9
三茅村	1.000 0	1	0.259 8	6	0.446 8	2	0.859 1	2
丁冲村	0.386 1	2	0.018 0	9	0.619 6	1	0.579 8	3
马坝村	0.012 4	9	0.077 8	8	0.000 0	9	0.087 7	8
桃坞村	0.117 2	8	0.099 1	7	0.194 3	7	0.497 3	4
林果村	0.247 6	5	0.930 3	1	0.387 2	3	0.311 7	7

(1) 村庄微观层面

本节从微观层面对村庄排名情况做逐一解释，以把握各样本村乡村振兴情况。

在村庄资源禀赋评价中，新城镇三茅村排名第一，得分为1，说明在具体的两项指标中三茅村均位列第一。该村土地平整肥沃，耕地集中连片，发展果园经济，较其他村子优势大，得分理想。丁冲村、汪营村、沙集村、林果村分别位列第二、三、四、五，地形以丘陵山地为主，耕地分散，土地不适宜建房与耕种。周营村、沿江村、桃坞村、马坝村排名不够理想，土地后备资源不足，地形崎岖。其中，周营村原先规划发展田园观光农业并建立农业园区，却因为建设用地指标不足被迫放弃。

在村集体财务状况评价中，林果村得分0.930 3，位列第一。林果村地理位置优越，位于新城镇北首,交通便捷,村集体土地大部分出租为工商用地,集体收入较高,且原属于贫困村,上级财政拨款较多。汪营村、沿江村、沙集村、周营村、三茅村排名居中,这五个村庄以周营村为典型。这些村庄多为丘陵山地,工业建设用地少,土地出租价值低,且刚刚脱贫,为发展大米加工业其财务支出较多,村集体经营性收入相对较低。桃坞村、马坝村、丁冲村排名靠后,这3个村子仍以传统农业为主要发展形势,且地形崎岖,集体包田收入较低,故村集体财政收入低。以马坝村为例,上级拨款较少,但为农户提供生产服务、农田水利基本建设、农业技术推广等支出较多,致使村集体财务状况不理想。

在村民受教育程度评价中,丁冲村排名第一。该村有高中学历1 300人,大专学历700人以及本科学历500人,从浙江上海等省份回流10人。村中设有一所幼儿园,说明村民对教育比较重视,村民受教育水平相对较高。三茅村、林果村、沿江村、沙集村和汪营村位列第二至第六名,村中年轻人外出务工较多,村庄常住人口大部分为老年人,受教育程度低。桃坞村、周营村、马坝村则得分情况不佳。这3个村子是脱贫村,教育资源被周边城镇吸收,村民以老年人为主,受教育程度低。其中,沿江村有全国道德模范、劳动模范、沿江村第一书记周维忠,是当地的模范村,在周书记的带领下,村民受教育程度稳步提升。但受限于历史因素,目前周营村村民受教育总体水平暂且仍然较低。

在村民互联网使用情况评价中,汪营村排名第一,得分为1,说明在具体的两项指标中三茅村均位列第一。该村位于陈集镇,陈集镇政府致力于发展智慧农业,利用现代科技赋能农业发展,加强村民教育,吸引外来人才,较其他村子优势大。三茅村排名第二,得分为0.85,该村发展果园经济,年轻人口较多,并有毕业大学生任村干部,村民收入水平高,互联网使用率高。丁冲村、桃坞村、沙集村、周营村、林果村分别位列第三至七名。这5个村子人口老龄化较为严重,年轻人口大部分外出务工,老年人留村种地,留守儿童数量较多,互联网使用率低。而沿江村与马坝村的互联网使用情况排名垫底,这是由于这两个村子的年轻人大部分带着孩子移民到城镇中,老龄人口占比极大,智能手机与电脑的存有量较低,互联网使用率相应较低。

(2)城镇宏观层面

总体而言,通过上节对样本村的整体分析,可知由入户、入村问卷搜集的数据与实地考察情况基本吻合,可以运用已得数据展开进一步研究。

9个仪征市样本村中,沙集村和汪营村地属陈集镇,而其余7个村均属于新城镇。一方面,新城镇全镇共有11个行政村,仪征调研队共走访其中9个村,其中样本村8个,对新城镇的发展情况有比较全面正确的认知。另一方面,尽管陈集镇的样本有限,但调研小组走访的均为典型村庄,有一定代表意义,可以反映所隶属城镇的发展特征。同时,陈集镇致力于发展智慧农业,从城镇层面落实推动智慧农业园大数据平台的建设。这种发展路径有一定的消弭村庄间发展不平衡的作用,则两个样本村在此背景下更具代表性。

由四维度综合评价以及综合经济效益指标可知,即使无法排除村庄自然资源禀赋优势的"加持",陈集镇当前的发展前景也整体优于新城镇,而这与实地调研结果相符合。具体原因将在下文进行探究。

三、数字技术如何赋能乡村振兴——周营村和沙集村的实践经验

在实际走访过程中,调研小组得知扬州市政府当前正在大力推广"千企联千村"模式。这是一种新型的村企共建模式,代表着扬州市未来乡村振兴的方向。"千企联千村 共走振兴路"是扬州市自2020年开始的行动,通过具体企业对接具体村落一对一、多对一的形式进行点对点帮扶。

扬州市市级层面对"千企联千村"行动的开展给予高度重视,经实地查勘、综合评审,于2021年评选出了23个典型村。其中,仪征市新城镇周营村被评选为一等奖,是"千企联千村"行动的示范村,具有代表意义。陈集镇由于智慧农业大数据系统布局较晚,参评时未完全建成,并无村庄获奖。但陈集镇积极探索数字技术赋能乡村振兴的新模式,并在全镇范围内推广,近两年逐见成效。而沙集村于2023年4月通过省级验收,成为江苏省首个省级生态农业试点村,发展动能强劲。因此,本文选取"千企联千村"行动的这两个典型进行集中分析,探讨新城镇周营村和陈集镇沙集村的不同发展路径。

在乡村振兴过程中,陈集镇投入农业大数据平台的建设,力求建立全镇统一的智能技术底座;而新城镇各村庄与企业的关联较为分散、独立,难以形成规模效应。在相同的"千企联千村"模式下,陈集镇的发展效率优于新城镇,体现了数字技术规模化运用对乡村振兴的赋能作用。这种不同也直接反应在本文选取的具体案例村的发展中。

下文将展开周营村和沙集村的对比分析。

(一)案例分析——周营村

1. 村庄整体情况介绍

周营村位于新城镇的西北部,占地面积6.2平方千米,基本农田2 800多亩。全村共有25个村民小组,645户,人口2 300多人,常住人口仅1 000人,其中60岁以上的老人有750人,老龄化严重。

周营村地形为丘陵山地,部分地落差达1.5米,由此带来耕作、灌溉的困难,即使种植传统稻麦,收成也低于其他村,经济发达程度一直居所在县中下等,种植稻麦主粮效益低微,一度成为全镇倒数的"经济薄弱村"。

后村"两委"号召村企联建,规模化种植,帮助周营村建立近800亩的种植基地,并发展稻米加工业,成功实现脱贫。

2. 村庄发展情况

2016年,周营村决定借助"一村一品"大力发展稻米种植加工业,成功流转600亩土地,并成立仪征周营谷物种植专业合作社,进行规模化精细化种植。合作社成立后,合作社一方面种植粮食,一方面收购散户的粮食,实现自产自销,与广大农户达成更可靠的长期利益合作,带动本村的农业经济化发展,使周营村走上"合作社+基地+农户"经营发展之路。

在积极响应扬州市"千企联千村"政策后,周营村与扬子集团展开合作。扬子集团的

加入，让周营村形成了稻米产、工、销、送一体化的稻米加工运营模式，建起4500平方米的生产用地，增设高功率谷物烘干机、碾米机生产线，使当年项目年产优质稻米达到10000吨，实现近4400万元的盈利，村集体收入达到100万元，农民人均收入达1.93万元，使周营村成功摘掉经济薄弱村的帽子。

村企联建的米厂在管理上采用现代化的企业管理模式，对稻米生产的各个环节层层把控，保证稻米的质量，并建立新的立体的研发体系，对公司的新产品开发、技术改进等关键工作进行了规范。通过管理的优化升级，扬子集团为周营村带来了近80万的集体收入新增。

3. 村企共建情况分析

周营村积极响应村企联建政策，受益如下：

（1）优化资源配置。将土地收整，流转给集体，运用更加精细统一的耕作方式，实现土地资源的最大化利用，为后续的机械化、智能化种植打下基础。

（2）促进农村经济发展。引入扬子集团的投资和技术，靠国企背书，推动农村经济的发展。企业的投资可以改善农村基础设施，提升生产条件，提高农产品的产量和质量，增加农民的收入。

（3）扩大农产品市场。村企联建，周营村依靠国有企业的订单以及新建成的订单网络可以增加销售渠道，拓宽销售市场。

（4）促进就业增收。米厂的建立可以为当地农民提供就近就业的机会，增加他们的收入来源，同时米厂以市价收购散户的粗米进行精米加工，解决了散户的生产销售问题，带动当地致富，并形成一条简易化的商品链。

然而，目前周营村与扬子集团的合作目前主要停留在加工的流程化以及销售的一体化的层面，不涉及过多对农业生产的调整。总体而言，周营村与企业共建后大致仍维持传统农业路线，从生产端到销售端并未实现智能化革新。

目前，周营村与周营米厂的合作进入了瓶颈期，主要问题在于低端米市场已接近饱和，利润空间太小。当下，周营村希望打造属于自己的中高端米品牌以开拓新市场。周营村书记表示，周营村未来将尝试通过稻鸭共养的模式培育有机米。但有机米培育的过程因其困难重重对害虫监控要求很高。

（二）案例分析——沙集村

1. 村庄整体情况介绍

沙集村位于陈集镇中部，与周营村同属丘陵地形，但地势相对平整，因此农业发展状况较好，本村经济发达程度居所在县中等水平，村子共计580户，户籍人口2027人，常住人口仅1011人，其中408人是老人。沙集村有土地面积5011亩，耕地面积3300亩，其中有2600亩是村集体参与流转的。沙集村拥有大片平整开阔的土地，土壤肥沃，水源充足，有天然的发展优势，主要发展循环农业，是江苏省首个通过验收的循环农业试点村。早在"千企联千村"政策实施前，沙集村就与落户本村的扬州苏胜生态农业发展有限公司展开农业合作，打造农畜结合的循环园区；其后又与扬州谢馥春公司开展村企联建，打造生态园区,实现乡村致富。

2. 村庄发展情况

沙集村主要致力于发展循环农业,在与苏胜生态农业发展有限公司展开合作时,在村内营建了母猪养殖基地150亩,苗木、蔬菜、水果等2 000亩,年出栏猪苗可达10万头,养殖区内动物粪便达2万吨,产生有机肥2万吨,沼气100万立方米,可发电240万度,实现了生态效益与经济效益双丰收,形成的可复制性的循环模式辐射带动了周边地区,形成了近万亩种养结合的绿色生态循环示范区。

村企联建中,沙集村与谢馥春公司共同打造了玫瑰芳香产业生态园,利用循环农业所生产的沼液和有机肥种植优质玫瑰,发展观光旅游业,打造集加工、婚礼摄影、旅游观光为一体的生态产业基地。

同时,沙集村还注重农业营销。与企业共同构造绿色优质稻米基地,形成稻米加工包装产业链,打造"沙集大米"品牌,快速进入当地的商超,抢占优质大米市场。

3. 村企共建情况分析——智慧农业园大数据平台的应用

城镇层面,陈集镇的智慧农业园大数据平台依托大数据、物联网传感等技术,在农业监测、技术指导、精确管理、智能分析等方面对传统农耕产业进行升级,为园区以及全镇共55 000余亩田地的精细化运作提供保障。沙集村自2022年下半年起筹划接轨陈集镇智慧农业园大数据平台,2023年3月正式开始安装,在四个月内完成并启用。

扬州市仪征调研队亲临陈集镇的智慧农业指挥中心。农业指挥中心的大屏上,展示着对土壤、虫情、作物生长阶段的监控数据,并附有作物下一生长阶段的要点提醒。在监控界面上,占据了最大版面的是农机作业监控。正中间的地图上绘制了各农机的作业路径,并在右下角显示具体农机的定位监控,便于指挥中心人员及时跟踪作业进程。更进一步,系统整合了农机的型号与归属信息,且对作业类型和历程做出实时分析,生成统计图标供工作人员参考。同时,从系统中可以看到,陈集镇调度了省、市的农业专家为农作物生长保驾护航,及时解答农民在种植过程中可能遇到的问题,并将问题和解答通过平台共享。

陈集镇农业大数据平台集成了作物生产过程中多个环节的智能化解决方案,对精细农业的开展有重大意义。精细农业依赖规模经营,经流转后集中连片的土地才便于实施精准化控制。据相关负责人透露,细分到具体村庄层面,这样的大数据平台的搭建实际投入并不过分大,投入成本的收回年限也不长。然而,若脱离城镇层面的统一部署和"千企联千村"政策中合作企业的帮扶,则仅凭村庄的力量是不足以建成类似平台的。

然而,智慧农业大数据平台的引入仅仅改变了农业的生产阶段,对后续的销售业态并无过多影响。尽管以沙集村为代表的部分村庄已开始筹备网络直播间,欲借助新渠道宣传农产品以打开销路,但目前主流的线上销售平台存在抽成过高的问题,农产品的销售依然成为问题。

(三)周营村与沙集村的对比分析

周营村与沙集村均处于丘陵地带,地势高低不平,平整连片的良田较少,不利于大机器耕作。两村总面积相仿,户籍人口、常住人口规模接近,且在扬州市"千企联千村"行动开展前经济状况均差于地区平均,农业基础也类似。"千企联千村"计划开展后,周营村和沙集村都成为远近闻名的典型村,但由于数字技术尤其是智能化数字技术水平的不同,二者走上了差异化的发展道路(其对比详见表5)。

表5　　　　　　　　　　　　周营村与沙集村的对比分析

	周营村	沙集村
地势	丘陵	丘陵
经济发达程度	中下等	中下等
户籍人口	2 248	2 027
常住人口	1 000	1 011
土地流转面积	2 200亩	3 300亩
主要从事农业经营行业	种植业	种植业、林业、玫瑰种植加工
资源优势	特色农业	红色文化、生态循环农业、玫瑰种植加工
村企共建主要项目	周营米厂、周营大米后续销售服务	陈集镇智慧农业园大数据平台

周营村在扬州市"千企联千村"行动典型村评选中获一等奖,其合作模式主要是通过村企联建,构建共同参与、长远发展、合作共赢的有效机制。扬子集团负责对新设立的公司提供规范化建设指导,并派专人指导公司的各项生产经营活动,派监事对资金使用实行全过程监督;周营村负责流转村民手中的土地,将本村闲置资产有效利用,选派技术人员和管理人员共同组建公司的运营班子。周营村在合作的三年内获得全部利润,三年后按89.3%参与利润分配,有效增加了集体收入。

而沙集村在展开村企合作之前已有了与扬州苏胜生态农业发展有限公司合作的经验,致力于打造农畜结合的循环园区并发展农产品初加工,整个合作模式主要由私企出资、出人带动,产出收益主要归公司所有。而后,在"千企联千村"政策下,沙集村与扬州谢馥春公司合作建设玫瑰芳香产业生态园,打造三位一体产业园区多方位拉动经济发展。扬州谢馥春公司是一家国资美妆企业,将玫瑰生态园作为其品牌产品的原产地地标。公司将自身品牌形象与沙集村红色文化相融合,发展成独具特色的玫瑰文化,打造出高附加值、高竞争力的产品体系,同时依托集种植、研发、生产、加工、销售、展示、服务为一体的全产业链,实现了经济、文化、社会效益多方位的成功,成为村企经济、文化多方位深入合作的范本。

上文中提到,周营村的资源禀赋远不如沙集村,因地形、政策种种因素,周营村农业收益微薄,也无法独立建起生态旅游园。因此,合作初期还是牢牢抓住本村的种植特色,成立合作社流转土地,发展稻米精加工业,通过流程化的加工、一体化的销售实现盈利。由于发展的仍是传统农业,数字技术的应用并不广泛。

与周营村发展传统农业不同,沙集村聚焦于打造智慧现代农业产业园,建设多位一体的生态产业基地,发展循环农业。在与国企合作中,沙集村实现了现代农业新赋能,建成优质粮油生产区、绿色果品种植区、特种水产养殖区、经济林木栽植区、生猪养殖集聚区、生态观光旅游区六大功能区。同时,沙集村积极参与陈集镇智慧农业园大数据平台的构建,运用先进智慧数字技术,提供精准化农业所必需的多类远程服务,带动当地农民以农致富,并形成一整套可复制的产业发展模式。而由于精准农业新业态本身的要求,沙集村在土地流转方面比周营村做了更多努力。

总体而言,周营村受限于自然资源和财政,与"千企联千村"行动的联合企业的合作集中于深耕稻米种植及直销领域。周营村的种植业模式比较单一,仍停留在传统农业层面,但有扬子集团承担后续市场业务,保证了农产品的销售。而沙集村发展的农业明显更加多元化,解决了生产什么、如何生产这两个基本问题,并使其智能化、精细化。然而,沙集村尚未对种植产品的销售作出规范化、流程化的官方指导。

(四)发展建议——数字技术如何赋能乡村振兴

通过以上对周营村和沙集村的综合分析,我们不难设想一种从生产端到销售端的新乡村振兴模式,运用数字技术与传统环节相结合的方式推动乡村经济发展。

对于生产端,首先需要根据各地自然资源禀赋进行初步定位,确定主要生产农作物的品类。特别的,由于基础农作物市场饱和程度较高,利润空间受限,各村可以着眼于花卉、小众水果、产品精加工等细分市场。同时应当综合考虑村庄整体情况,若有条件则可以有针对性地打造专属品牌。例如,沿江村有全国道德模范周维忠先生,则可以打造"劳模米",宣传劳模故事。定位完毕后,即进入生产环节。在生产环节,陈集镇的智慧农业园大数据平台是值得推广的。此种平台有效运用数字技术,在降低生产成本、提高生产效率、提高农产品质量方面有独特优势。数字系统将自动收集与分析农业数据,能够为农业决策的优化提供依据,对农业生产有指导意义。再者,在万物互联的今天,实物状态的数据化几乎成为每个领域的基本要求,而大数据农业平台的建设正可以填补农业板块基础建设的缺失,将成为农业进一步智能化转型的基石。同时,在大数据平台的基础框架下,村庄可通过"千企联千村"政策对接企业的帮助以革新生产技术,推广机械耕作和智能控制技术,以达提高农业效率的目的。

对于销售端,采用线上线下双渠道的营销策略。在线下部分,可以充分利用"千企联千村"政策对接企业的已经积累的市场,或是运用对接企业建立市场的经验重新建立新市场,在线下寻找到较为稳定的销售对象并不断巩固。在线上部分,由于传统平台(如淘宝、京东等)对农户互联网掌握水平要求较高,且平台对利润的抽成也较高,导致农户容易碰壁并放弃线上销售。因此,可以鼓励农户使用抖音、拼多多等新兴平台进行农产品销售,利用产地直销的模式增加可溯源性,保证客群忠诚度。村庄也应当积极调动资源,为村民提供线上销售、线上直播等内容的培训,提高村民数字素养。同时,村庄也可以引进仪征市培养的直播人才,从村一级统一部署农产品的销售。

总之,这种模式既保留传统农业生产与销售的特征,又积极接受机械数字技术、智慧数字技术的赋能。这种模式并不要求一蹴而就地将所有农业生产过程都用自动设备代替,也不需要立即将销售压力转移到新零售渠道,而是细水长流地将原有的农业生产与销售体系条线化、专业化。同时,扬州市的"千企联千村"政策能为各村未来发展提供基本资金和技术保障,市辖各地的数字技术应用成功经验也能够作为范本,确保了这种模式是可推广的。

然而,在模式的构建过程中,各村也不可避免会遇到一些困难。例如,村庄与"千企联千村"政策对接企业合作不够紧密,资金、技术资源配置不到位;村民互联网素养欠缺,难以配合农村的数字化转型,或因观念陈旧而拒绝生产销售革新;相关平台不够健全,难以吸引消费者转向;等等。这些问题都需要各村村集体干部的大力协调以及与镇乃至县、市一级政府的通力合作。

四、结　语

本文的分析均基于千村调查江苏省扬州仪征调研队的实地走访情况,数据部分基于所搜集问卷,综合运用了基于熵权的 TOPSIS 评价法与案例分析法,较为全面地展示了所调研村庄的乡村振兴状况。进一步地,在综合分析之后,本文紧扣本次千村调查"数字技术赋能乡村振兴"的主题,提出了一种运用数字技术与传统环节相结合的方式推动乡村经济发展的综合模式,并分析了其可行性,具有一定实际价值。

然而,鉴于数据的可得性和准确性,本文的数据论证部分存在误差,与实际情况不完全相符,在样本扩大的情况下有较大改进空间。同时,限于走访时间较短,本文对部分村庄情况的了解也可能存在偏颇。

"三农"问题始终是我党工作的重中之重,数字乡村战略已成为解决这一问题的重要途径。但数字乡村的建设必然需要各级政府、研究组织等的协同合作,必然不是一蹴而就的过程。希望本调研小组的调研结果和发展建议能够对"数字技术如何赋能乡村振兴"的问题起到一定参考作用,为数字乡村的建设尽一份绵薄之力。

参考文献

[1] 陈子哲,蔡阔,陈红等.农产品产地直发线上销售现状与对策研究[J].产业与科技论坛,2023,22(09):13-14.

[2] 刘婧元,刘洪银.数字化赋能农业强国建设的作用机理、现实困境和路径选择[J].西南金融,2023(06):82-94.

[3] 孟建伟,王甫园,宋小涵等.乡村振兴背景下内蒙古乡村旅游重点村发展水平评价指标体系与实证评价[J].黑龙江农业科学,2023(08):115-121.

[4] 邹秀清,谢美辉,肖泽干等.基于熵权-TOPSIS法的乡村发展评价及障碍因子诊断[J].中国农业资源与区划,2021,42(10):197-206.

[5] 江苏省生态环境厅. 扬州仪征：用"生态循环美"画笔，绘乡村振兴绿底色[EB/OL]. http：//sthjt.jiangsu.gov.cn/art/2023/4/11/art_84025_10859107.html.

[6] 扬州网. 扬州周营村：村企联建富百姓　稻米飘香兴乡村[EB/OL]. http：//www.yznews.com.cn/yzwzt/2021-08/30/content_7305736.htm.

在乡望城：数字技术如何影响农村居民留乡意愿
——基于江西省萍乡市 6 村 292 户居民的实证探究

时盛文[①]　张健安[②]　张育硕[③]

摘　要：本文以 2023 年上海财经大学"千村调查"为切入点，基于对农村人口迁移问题、数字经济赋能乡村振兴路径以及农村数字经济发展困境与对策的研究，实地调研江西省萍乡市 6 个村庄数字技术的发展现状及当地居民的留乡意愿，并对各村的数字技术发展水平、数字技术内部耦合协调度，以及数字技术对各村居民留乡意愿的影响进行测度分析。结果显示：在数字技术层面，在不同行政村之间，数字技术的发展程度、内部耦合协调度，以及数字技术对留乡意愿的作用程度存在较大差异；在空间层面，村庄之间的区域联动效应显著；在留乡意愿影响因素层面，初始意愿对于村民留乡决策的影响最大，数字购物、互联网医疗/教育也对村民是否留乡有较大影响。在实证分析的基础上，本文提出以下政策促进农村的数字化和人口留乡，包括但不限于注重乡村数字经济各个维度的均衡发展，强化邻近村庄集群的区域协作联动，增强乡村数字化过程中技术效率和规模效率的协同性，发挥不同乡村各自独特的优势禀赋等，以期从数字技术助力农村人口留乡的角度出发，为乡村振兴贡献力量。

关键词：数字经济　乡村振兴　农村人口流失　耦合协调度　千村调查

一、引　言

习近平总书记曾指出，"从中华民族伟大复兴战略全局看，民族要复兴，乡村必振兴"，而乡村振兴战略目标的实现，不仅需要在制度设计、产业融合、文化建设等多个维度为农村释放红利，而且要想办法为广袤的乡野留下人口、留住人才、留得人气。然而实际的情况是，过去的十余年间，大批农村劳动人口持续向城镇转移，在一定程度上限制了农村的发展。如何抓住机会增强百姓留在农村居住生活的意愿，成为不少乡村亟待解决的问题。

随着互联网基础设施建设的不断完善以及移动通信技术的迭代优化，数字技术在农

[①]　时盛文，上海财经大学经济学院 2021 级经济学（基地班）专业本科生。
[②]　张健安，上海财经大学数学学院 2021 级数学与应用数学（财经数学实验班）专业本科生。
[③]　张育硕，上海财经大学金融学院 2021 级金融学专业本科生。

村的普及与应用，或许正能为破解这一难题提供一个理想的可行解。2023年的中央一号文件中就曾明确提出，"要深入实施数字乡村发展行动，以数字技术赋能农业农村现代化"。数字经济不仅正逐步影响着乡村生产生活的传统形态，而且搭建起了线上沟通乡村与城市的桥梁，使广大农民无须背井离乡即可触达更多的就业机会、教育资源及文化生活体验，为农村的发展带来了新活力。

但同时，农村数字经济的发展依旧面临着诸多困境，不少乡村的产业数字化转型并未能同自身在人口、产业、自然风光、人文历史等方面的优势禀赋实现有机结合，存在一定的割裂与脱节。如何更好地发挥数字经济的人才吸引力，让数字技术助力农村居民留在乡村，或许不能单从城市的视角观察乡村，更要深入田间地头，走近农民的生活，立足于乡村的视角重新凝望和审视城乡之间的联系和区别，让数字技术更好地服务于农村居民，为乡村振兴带来数字经济的澎湃动能。

二、文献综述

（一）农村人口迁移问题研究

改革开放后，伴随着城乡人口流动限制的放宽，大量的农村劳动人口选择离开农村，进入城市生活。公安部户籍管理部门公开的数据显示，截至2022年，约有1.4亿农业转移人口落户城镇，户籍人口城镇化率达到了47.7%。但快速城市化的背后是大量农村人口的流失。根据国家统计局公布的数据，2010年至2022年的十年间，乡村人口减少了1.64亿人。

对于中国的农村人口选择迁移城市的动机，已有许多学者进行了深入研究。顾辉（2012）认为，在影响农村劳动力继续外出的决策因素中，家庭和经济因素仍然是主要影响因素；张金荣等（2020）和路雅文等（2018）均指出，农村人口迁移是经济联系和社会关系联系共同作用的结果；也有研究者将城乡预期收入差距视为农村人口迁移的重点影响因素（吴忠涛等，2013）。

人口迁移问题的研究主要基于"推拉理论"模型。对于农村，促使人口离开农村的因素被认为是"推力"。与之对应，"拉力"是促使农村人口返乡或者留乡的因素。近年来，部分东部省份出现农民工回流的现象，2012—2020年，在江浙沪务工的农民工减少了758万人，在珠三角务工的农民工减少了976万人。

对于部分农村人口返乡或者留乡的决策，朱芸和邹杨（2014）的分析认为，已婚劳动者高昂的转移成本促成了农村人口的留乡；贾鹏等（2021）的研究模型显示，农村公共品供给的增加显著提高了农民工返乡创业的概率；也有学者认为，农村产业融合发展是农村人口留返乡的重要动因（张立新等，2021）。

尽管农村人口迁移的推力与拉力均存在，但人口流出农村依然是主流趋势，这也将对乡村经济的发展产生负面影响。陆丰刚（2021）对于东北地区的人口研究表明，人口流失将抑制总产出和人均产出；Kuiper（2005）指出，中国跨省的劳动力外流将改变农户种植方式，冲击农业生产。王显（2021）认为，农村的林果产业将因为人口流失造成大量的弃收损失;也有研究者指出,人口的外流将进一步增大落后地区的公共物品供给成本(李君甫,2006);阚春萍等(2018)提出乡村人口,尤其是精英人口的流出,将进一步拉大城乡差距。此外,农村人口的流出还将增加留守儿童和老人的管理问题(段成荣等,2022),导致大量耕地撂荒(何昇林等,2009),不利于农村供给侧结构性改革(李向荣等,2018),对农业现代化进程造成负面影响(仝若贝,2015)。

(二)数字经济赋能乡村振兴路径研究

农村劳动人口大量流失的背景下,乡村的发展受到限制。为扭转这种负面情况,实现农村繁荣,党中央明确强调了乡村振兴的必要性。习近平总书记指出,全面推进乡村振兴是新时代建设农业强国的重要任务,"民族要复兴,乡村必振兴。"因此,如何留住农村劳动力,并促使离乡农村劳动人口回流,成为亟待解决的问题。

信息时代,数字经济的出现为这一问题的解决提供了新思路。2023年中央一号文件明确提出,要深入实施数字乡村发展行动,以数字技术赋能农业农村现代化。

利用数字经济赋能乡村振兴的决策拥有大量的理论支撑。艾小青等(2022)认为,数字经济的强渗透性有利于消除乡村经济落后的根源;田雅敏等(2022)指出,数字化转型能创造新的就业机会,充分调动农村地区的资源;王资程等(2023)的统计研究显示,数字经济和乡村振兴的耦合协调度正不断上升;也有学者指出,数字技术能帮助提升农业生产的规模效应,创造更多价值(常晋,2023);沈费伟等(2021)提出,数字技术能帮助政府搭建数字平台,进而提高资源整合效率。同时,数字经济也将在绿色技术创新领域(尹梦瑶等,2023),防范脱贫户返贫等方面促进乡村发展(湛泳等,2023)。

数字经济的各个分支也在乡村振兴中发挥自身功能。实体产业领域,数字助农和数字文旅将为乡村振兴提供动力。农业生产上,数字技术将促进农村电商的差异化发展(高红等,2020),通过云计算扩展农产品的生产和销售能力(齐文浩等,2023),提升农村农产品的流通效率(杨肖丽等,2023),优化农产品直播供应链(赵捷等,2022);乡村旅游上,数字化转型将帮助文旅产业经营主体精准把握游客需求(狄盼盼,2023),并创新乡村旅游服务模式(陈萍,2021)。

在金融领域,数字金融也在乡村振兴的进程中发挥重要作用。江世银等(2023)认为,数字经济时代的"互联网+农业保险"能有效规避生产风险和价格风险;鲁钊阳等(2023)的实证研究指出,数字普惠金融将进一步促进乡村企业创新和居民就业;陈亚军(2022)的计量模型研究显示,数字金融能进一步拓展乡镇企业资本募集渠道;此外,乡村的生态宜居程度会因数字金融的加入大为改观(蔡雪雄等,2023)。

经济领域之外,数字技术也能有效优化乡村治理。沈费伟等(2023)认为数字乡村治理通过坚持村民主体和倡导需求导向来实现乡村高质量发展;朱艳(2023)指出,数字乡村将重构"政社关系"以实现乡村治理结构变革;袁欢等(2020)的研究发现,乡村治理效能将因为数字赋能显著提升。

数字技术的分支应用除了能独立发挥作用外,还将相互融合,共同助力乡村振兴。这点在金融领域尤为明显。薄海民等(2022)认为,数字金融将与饲料业等农业产业融合,优化农业保险业务和农产品供应链;也有学者指出数字普惠金融将进一步壮大边远农村的电商发展(毛怡萱,2021),培育新型农业主体(陈一明等,2022),并促进涉农金融产品的规范化(潘凤焕等,2022)。

(三)农村数字经济发展困境与对策研究

数字经济的发展将为乡村振兴带来显著的正面效果,但目前无论是在产业发展层面还是在社会治理层面,乡村的数字化发展仍然充满挑战。常晋等(2023)认为当前农民的数字素养无法完全满足农业数字化的发展需求;毛怡萱(2021)指出,农村的数字金融和农村电商的同步性仍然不高。此外,乡村在数字化转型的过程中还存在数字产品缺乏体系化(朱太辉等,2022),行业趋势洞察能力缺乏(薛楠等,2022),"基层-农民"关系脱嵌(袁宇阳,2023),缺乏数字监管激励(肖顺武,2023),高素质人才短缺(徐志刚等,2022),数字经济在乡村的顶层设计不完善(杨宝珍等,2021)等问题。

为解决乡村在数字经济发展中存在的问题,先行的学者们基于各自的研究,提出了针对性的政策建议。实体产业层面,沈费伟等(2021)认为应加紧建设以新一代信息技术为核心的乡村制造业和服务业,张晓岚(2023)指出,应在农村培育数字产业的新模式,孙可(2022)提出,要强化农村电商人才队伍建设;也有学者建议对文旅产品进行数字化营销(赵小凤,2023)。金融领域,应该创新数字金融产品,助力电商发展(毛怡萱,2021),构建金融供应链和乡村产业链"双链联动"模式(朱太辉等,2022),推动农村商业银行数字化转型(何宏庆,2022)。此外数字化的转型中还应注意乡村建设顶层设计(叶温馨等,2021)、乡村智慧生态治理(胡占光等,2023)、数字化党群教育和民主参与(苏岚岚等,2022)以及数字技术应用体系的构建(王颜齐等,2023)。

当前学术界在数字经济、乡村振兴和农村人口迁移这三个独立方向均有一定量的研究,但综合数字经济、农村发展、劳动人口留乡与返乡三者,研究数字经济发展对农村人口留乡返乡意愿的影响研究较为缺乏。本团队的调研分析将借助数学模型,利用在江西省萍乡市进行千村调查时获取的数据,探究农村数字经济的发展与农民留乡意愿之间的关联,并从中提取出针对性的结论和建议。

三、模型构建基础

(一)调研过程概述

本文数据来源于2023年上海财经大学以"数字技术赋能乡村振兴"为主题的千村调查项目。项目组成员在江西省萍乡市安源区五陂镇长潭村完成返乡入村、入户问卷调研的过程中,发现当下诸如电商带货、智慧农业等数字技术应用场域正在农村不断拓展,逐步改变着传统农村地区的生活范式。但与此同时,通过与村干部和村民的交流采访,我们发现人口流失依旧是农村长期以来亟待缓解的问题。乡村振兴离不开人才,而人才扎根农村不能单纯依靠外地人才吸引,更要想方设法留住本地人才反哺家乡热土。当下,数字经济蓬勃发展的风口,无疑为乡村留住本村居民带来了一种新的可能。

受此启发,团队在完成学校"数字经济助力乡村振兴"千村调查主课题的基础上,将自身的研究方向确立为"数字技术对农村居民留在乡村意愿的影响",并制作了"在乡望城·2023 年上海财经大学千村调查江西萍乡调研队"子课题问卷(详见附录一)。我们在安源区进一步走访了五陂镇大田村、安源镇跃进村、丹江街丹江村等 6 个行政村,发现每个村落都建立起了"安源红邻里之家",帮助村民通过线上直播间展销产品、分享生活,为乡村居民打开了一扇连接万物的窗口。以五陂镇长潭村为代表的不少村落还设置起了"5G 智慧大数据—数字乡村振兴治理平台",为社会主义新农村的建设与治理提供数字力量。我们认为,坐落于"环江西经济带"中发展相对落后的地区,江西省萍乡市安源区运用数字经济助力农村发展的尝试具有高度的代表性,能够较好地反映全国多数乡村运用数字技术赋能乡村振兴的探索与实践,其研究结论具有一定的借鉴意义与示范作用。

(二)问卷数据处理

通过对六个村逐个随机抽取五十户村民进行问卷填写,总共得到 300 份问卷,针对以下四项基本要求:问卷完整性(不完整的问卷无效)、填写时长(一般应处于 1～20 分钟)、年龄(一般应介于 18～80 岁的范围内),以及问卷 IP 地址(须为江西萍乡),筛选得到 292 份有效问卷,其中长潭村 48 份,大田村 50 份,册雷村 49 份,丹江村 50 份,跃进村 47 份,十里村 48 份。问卷重点分析指标及对应内容见表 1。

表 1　　　　　　　　　　　问卷重点分析指标及对应内容

变量 (中文名称)	变量 (英文名称)	指标数目	指标解释
性别	Gender	2	男＝1,女＝0
年龄	Age	——	按实际情况,取 18～80 之间的整数
镇	Town	——	五陂/安源/丹江
村	Village	——	长潭/大田/册雷/跃进/十里/丹江
工作	Occupation	5	务农＝1,务工＝2,经商＝3,退休＝4,其他＝5
初始意愿	Init_will	5	从 1 到 5 意愿逐渐增强
数字助农	Agriculture	2	会＝1,不会＝0
数字社交	Social	5	从 1 到 5 频率逐渐增加
数字助游	Travel	2	会＝1,不会＝0
数字素养	Skill	2	会＝1,不会＝0
网络普及	Access	5	按实际情况,0～4 之间的整数(接入方式数目之和)
数字购物	Shopping	5	从 1 到 5 频率逐渐增加
数字金融	Finance	5	从 1 到 5 频率逐渐增加

续 表

变量 (中文名称)	变量 (英文名称)	指标数目	指标解释
数字治理	Governance	2	会=1,不会=0
互联网医疗/教育	Medi_edu	5	从1到5意愿逐渐增强
留乡意愿影响	Impact	5	从1到5影响逐渐增强

为了进一步确保问卷在研究中产生稳定、可靠和有效的测量结果,从而增强研究的可信度和可解释性,接下来进行问卷信度分析与效度分析。

(三)问卷信度分析

本文首先采用Cronbach's α系数法对收集到的子课题问卷进行信度分析(见表2)。对Cronbach's α系数(或折半系数)进行分析,目前没有统一的标准,但根据多数学者的观点,一般Cronbach's α系数如果在0.9以上,则该测验或量表的信度甚佳,0.8~0.9表示信度不错,0.7~0.8则表示信度可以接受,0.6~0.7表示信度一般,0.5~0.6表示信度不太理想,如果在0.5以下就要考虑重新编排问卷。

表2　　　　　　　　　　　　问卷信度分析结果

Cronbach's α系数	标准化Cronbach's α系数	项　数	样本数
0.91	0.926	14	292

上表展示了模型的Cronbach's α系数的结果,包括Cronbach's α系数值、标准化Cronbach's α系数值、项数及样本数。通过对Cronbach's α系数值的标准化处理,能够转化不同分值的量表进行统一度量,以解决量纲不一致时数据信度质量水平的度量问题。

结果可见模型的Cronbach's α系数值为0.91,说明该问卷的信度极佳,满足后续研究所需。

四、乡村数字技术发展水平评价

借鉴国内外学者针对数字技术的研究成果,千村调查问卷数字素养与数字金融相关部分的指标设置,依据数字技术内涵,归纳总结出数字助农、数字社交、数字助游、数字素养、网络普及、数字购物、数字金融、数字治理、互联网医疗/教育八个指标建立评价指标体系。考虑到指标维度较高,采用AP聚类方法进行降维,得到三个维度,可将其视为一级指标,并将之前八个指标视为二级指标,综合信息熵与差异系数测算指标权重,最终得到调研村庄数字技术水平。具体建模分析过程如下:

(一)建立数字技术水平评价指标体系——AP聚类方法

(1)相似度矩阵计算:首先,计算数据点之间的相似度。通常使用欧氏距离或其他相似性度量来衡量数据点之间的相似程度。假设有n个数据点,构建一个$n\times n$的相似度矩

阵 S，其中 $S[i][j]$ 表示数据点 i 和数据点 j 之间的相似度。

（2）选择聚类中心：初始化两个矩阵，Responsibility 矩阵 R 和 Availability 矩阵 A。这些矩阵用于表示数据点之间的关系和交流。同时，随机选择一些数据点作为初始的聚类中心。可以将 R 矩阵初始化为零矩阵 $A[i][k]=0$。

（3）更新 Responsibility 和 Availability：开始迭代的过程。在每次迭代中，更新 Responsibility 矩阵和 Availability 矩阵。Responsibility 矩阵 $R[i][k]$ 表示数据点 i 选择数据点 k 作为聚类中心的适合程度。更新规则如下：

$$R[i][k] = S[i][k] - \max_{k \neq k'}(A[i][k'] + S[i][k'])$$

Availability 矩阵 $A[i][k]$ 表示数据点 k 被数据点 i 选择为聚类中心的适合程度。更新规则如下：

$$A[i][k] = \min(0, R[k][k] + \sum_{i' \neq i, i' \neq k} \max(0, R[i'][k]))$$

（4）更新聚类中心：在每次迭代后，通过比较 Responsibility 和 Availability 的值，为每个数据点选择一个实例作为聚类中心。每个数据点选择具有最大 $R[i][k]+A[i][k]$ 值的数据点作为其聚类中心。这些聚类中心代表了数据点之间的典型关系。

（5）收敛判断：在迭代过程中，检查聚类中心是否发生变化。如果聚类中心不再发生变化，说明算法已经收敛，可以停止迭代。

（6）确定簇标签：最终，将每个数据点分配到与其对应的聚类中心，从而得到数据的聚类结果。每个数据点被分配到具有最大 $R[i][k]+A[i][k]$ 值的聚类中心 k 所在的簇。

通过以上步骤，Affinity Propagation 聚类算法能够自适应地发现数据的聚类结构，而无需预先指定簇的数量。这使得它在许多实际应用中具有很好的效果，特别是在数据点数量不确定或簇的形状复杂的情况下。最终得到的结果如图 1 所示。

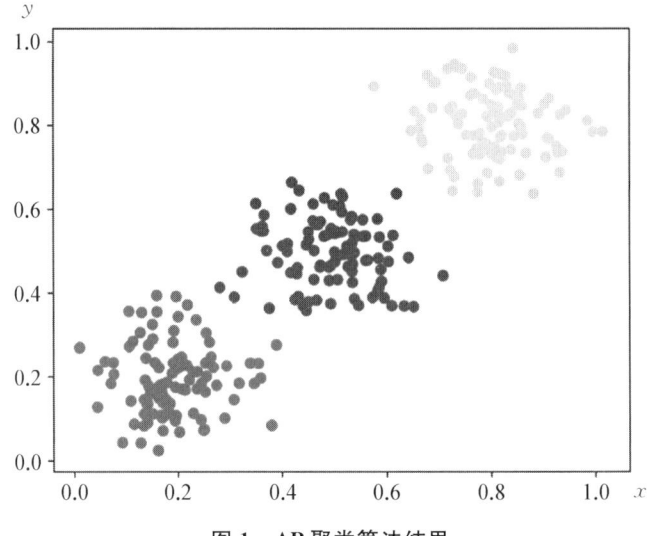

图 1　AP 聚类算法结果

八个特征共形成三个聚类。第一聚类包括数字助农、数字助游、数字治理3个维度，将之命名为"数字化农村建设"；第二聚类包括数字素养与网络普及2个维度，将之命名为"数字化条件储备"；第三聚类包括数字社交、数字购物、数字金融、互联网医疗/教育4个维度，将之命名为"数字化使用体验"，从而确立了相应的指标评价体系，如表3所示。

表3　　　　　　　　　农村数字技术发展水平指标评价体系

一级指标	二级指标	英文名称	指标属性
数字化农村建设	数字助农	Agriculture	二元指标
	数字助游	Travel	二元指标
	数字治理	Governance	二元指标
数字化条件储备	数字素养	Skill	二元指标
	网络普及	Access	多级指标
数字化使用体验	数字社交	Social	多级指标
	数字购物	Shopping	多级指标
	数字金融	Finance	多级指标
	互联网医疗/教育	Medi_edu	多级指标

（二）测度技术水平——信息熵与变异系数综合权重计算得分

1. 计算指标的信息熵

信息熵是衡量指标分布不确定性的量化指标。对于每个指标，计算其信息熵可以反映其数据分布的复杂程度。信息熵的计算公式为：

$$H(X) = -\sum_{i=1}^{n} p(x_i) \log_2 p(x_i)$$

其中，$p(x_i)$表示指标值x_i在总体中的比例，n为数据样本数量。

2. 计算指标的差异系数

差异系数是反映指标数据变异程度的指标，它考虑了数据的标准差和平均值。差异系数的计算公式为：

$$CV = \frac{\sqrt{H(X)}}{\bar{x}}$$

其中，$H(X)$是指标的信息熵，$\bar{x}$是指标的均值。

3. 计算指标的权重

使用差异系数来计算指标的权重，可以反映指标的稳定性和相对重要性。计算公式为：

$$W_i = \frac{1-CV_i}{\sum_{j=1}^{m}(1-CV_j)}$$

其中，CV_i 是指标 i 的差异系数，m 是指标的总数量。

4. 计算最终的得分

一旦计算出每个指标的权重，就可以将各个指标的标准化值乘以对应的权重，然后求和得到最终的综合得分。

$$S = \sum_{i=1}^{m} W_i * X_i$$

其中，S 是最终的得分，W_i 是指标 i 的权重，X_i 是指标 i 的标准化值。

综上，可以计算出所调查的 6 个村落在数字技术发展水平上的综合得分，如表 4 所示。

表 4　　　　　　　　五陂镇长潭村等 6 个村数字技术发展水平得分

	五陂镇长潭村	五陂镇大田村	五陂镇册雷村	丹江街丹江村	安源镇跃进村	安源镇十里村
综合得分	0.314 5	0.154 3	0.105 9	0.135 6	0.289 7	0.156 4
数字化农村建设	0.107 6	0.034 5	0.025 6	0.045 6	0.104 8	0.067 2
数字化条件储备	0.098 6	0.042 1	0.043 2	0.032 1	0.098 7	0.054 6
数字化使用体验	0.108	0.077 7	0.037 1	0.057 9	0.085 6	0.034 6

由此可见，五陂镇长潭村、安源镇跃进村等村落在数字化农村建设、数字化条件储备和数字化使用体验这 3 个维度上的水平均较为理想，呈现出相对均衡的数字技术发展态势。而以五陂镇大田村为代表的部分村落的数字技术发展水平相对落后，在数字化农村建设等方面仍存在弥补提升的空间。

五、数字技术内部耦合协调度分析

为了进一步研究在不同村落数字技术的 3 个一级指标的相互关联，可以将其视作数字技术内部的 3 个子系统，从而构建耦合协调模型，通过耦合度评估系统间相互作用的强度、协调度衡量系统间的协调发展情况，对调研的 6 个村庄数字技术水平系统的 3 个子系统的协调发展水平进行研究，探索其发展规律。崔珂珂等（2023）对耦合度和协调度的类型进行了划分，本文在其基础上将耦合度与协调度的指标值范围与对应的类型进行划分，如表 5 所示。

表 5　　　　　　　　　　耦合度与协调度指标值范围与对应类型

耦合度 C 范围	耦 合 程 度	协调度 D 范围	协 调 程 度
0	无耦合	0	不协调
(0,0.1]	极低水平耦合	(0,0.2]	严重失调
(0.1,0.3]	低水平耦合	(0.2,0.3]	濒临失调
(0.3,0.5]	拮抗	(0.3,0.5]	初级协调
(0.5,0.8]	磨合	(0.5,0.8]	中度协调
(0.8,1)	高水平耦合	(0.8,1)	高度协调
1	良性耦合	1	极度协调

（一）耦合协调度模型的构建

采用物理学中容量耦合的概念和模型可以考察数字技术内部子部分的耦合情况，关于耦合度模型，不同学者采用的具体形式是不一样的，本文基于吴玉鸣（2017）、赵健等（2023）的研究，定义耦合度模型如式（1）所示。

$$C = \left[\frac{M_1 \times M_2}{\left(\frac{M_1 + M_2}{2}\right)^2}\right]^{\frac{1}{2}} \tag{1}$$

其中，C 表示数字技术内部某两个子系统之间的耦合度；M_1 和 M_2 分别表示这两个子系统的综合得分。并且式（1）的取值范围为 $[0,1]$。耦合度 C 的增加表明子系统之间的耦合程度增强。

尽管耦合度可以衡量系统间相互作用的强弱，但并不能准确反映系统之间的相互影响是高度促进还是低程度的相互制约。若调研村庄的数字技术子系统发展水平都较低时，则可能观察到较高的耦合度。为了避免上述误判耦合情况，我们需要借助耦合协调度模型进一步评估两者之间良性共振的程度，该模型的核心思想是通过离差最小化来判断各系统之间的协调程度。首先，计算两个系统的综合评分 M_3，如式（2）所示。

$$M_3 = \alpha M_1 + \beta M_2 \tag{2}$$

然后计算两者的协调度 T，如式（3）所示。

$$T = \sqrt{M_3 \times C} \tag{3}$$

（二）耦合度与协调度测度结果分析

依据式（1）、式（2）和式（3）测度调研六个村庄数字技术内部子两系统的耦合协调情况，因耦合度与协调度量纲化不一致，为便于对两者进行比较，将测度结果进行了无量纲化处理,其计算公式如式(4)所示。

$$D = \frac{T_i - \min T_i}{\max T_i - \min T_i} \tag{4}$$

其中,T_i 为测度结果,$\min T_i$ 和 $\max T_i$ 分别表示测度值的最小值和最大值。对测度结果进行无量纲化处理后,按照表 5 的划分标准,得到结果如表 6 和表 7 所示。

表 6   五陂镇长潭村等 6 个村落数字技术内部系统耦合度

子系统类别	耦合度					
	五陂镇长潭村	五陂镇大田村	五陂镇册雷村	丹江街丹江村	安源镇跃进村	安源镇十里村
数字化农村建设与数字化条件储备	0.813	0.657	0.368	0.578	0.757	0.567
数字化条件储备与数字化使用体验	0.734	0.467	0.675	0.813	0.378	0.81
数字化使用体验与数字化农村建设	0.912	0.808	0.495	0.712	0.467	0.675

表 7   五陂镇长潭村等 6 个村落数字技术内部系统协调度

子系统类别	协调度					
	五陂镇长潭村	五陂镇大田村	五陂镇册雷村	丹江街丹江村	安源镇跃进村	安源镇十里村
数字化农村建设与数字化条件储备	0.806	0.758	0.586	0.641	0.382	0.478
数字化条件储备与数字化使用体验	0.756	0.676	0.742	0.757	0.564	0.451
数字化使用体验与数字化农村建设	0.654	0.768	0.685	0.541	0.297	0.562

表 6 和表 7 的计算结果显示:样本期内,数字化农村建设与数字化条件储备耦合度及协调度排名并不一致:耦合度由高到低依次是五陂镇长潭村、安源镇跃进村、五陂镇大田村、丹江街丹江村、安源镇十里村和五陂镇册雷村;协调度由高到低依次是五陂镇长潭村、五陂镇大田村、丹江街丹江村、五陂镇册雷村、安源镇十里村和安源镇跃进村。这说明部分村落数字化农村建设与数字化条件储备存在低水平下的耦合,并未形成良性互动,实证结果显示,尤其是安源镇跃进村特征更为明显。两系统却处于高耦合度、低协调度的状

态,这说明数字化条件储备在助力数字化农村建设过程中不仅要实现量的合理增长,而且要注重质的有效提升。我们进而绘制调研6村数字技术内部系统的耦合度、协调度比较图,如图2和图3所示。

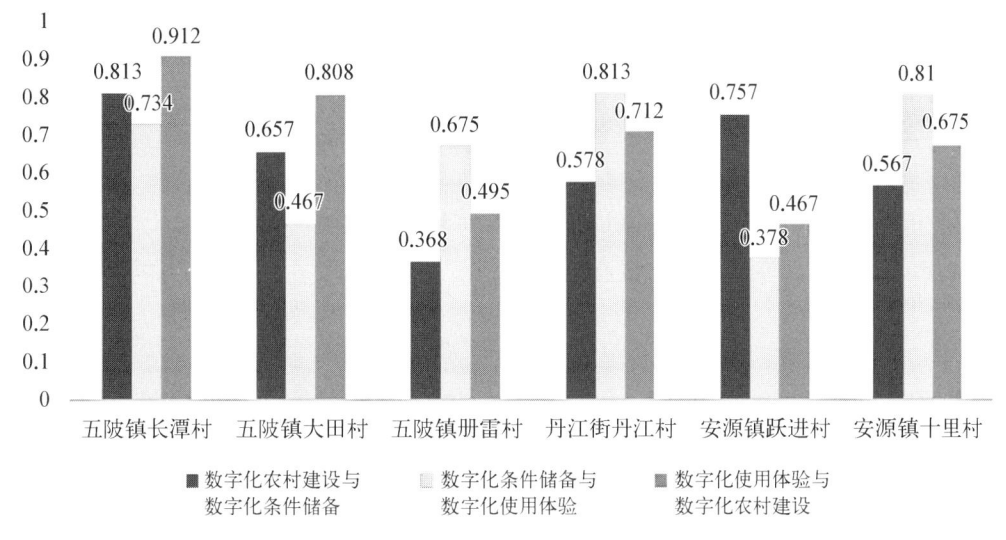

图2 不同村落数字技术内部系统耦合度比较

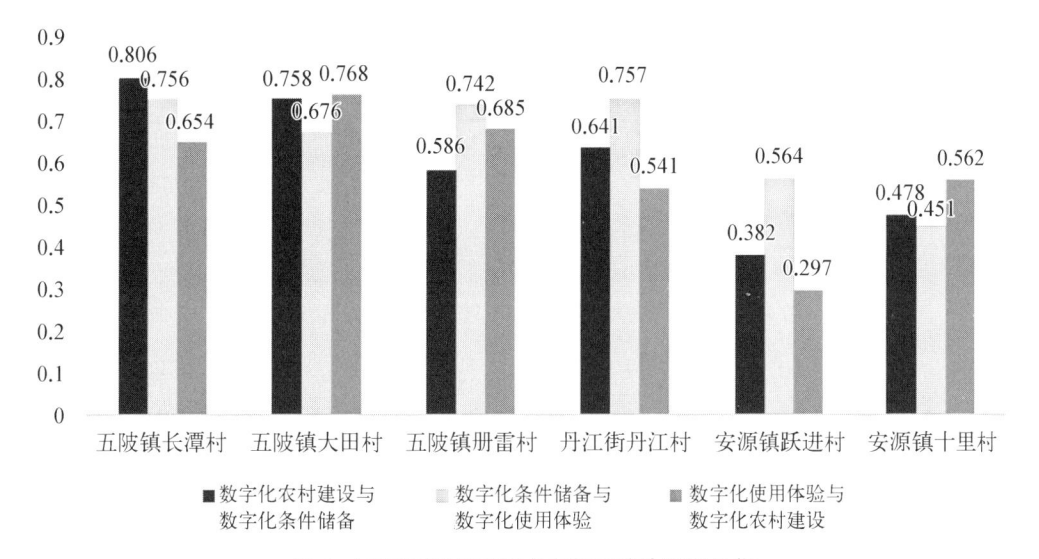

图3 不同村落数字技术内部系统协调度比较

由图2和图3,基于样本期内数字化农村建设与数字化条件储备互动状态存在的差异,通过比较耦合度与协调度的均值,可将上述6村分为3类:

第一类是耦合度和协调度都比较高,包括五陂镇长潭村与五陂镇大田村,说明数字化条件储备发展已转化为数字化农村建设的推动力量,数字化农村建设也促进了数字化条件储备的发展,两系统处于高水平下的良性共振。

第二类是高耦合度、低协调度,包括安源镇跃进村,这个村庄数字化农村建设整体水平和数字化条件储备整体水平都较低,两系统处于低水平下的互相制约。

第三类则是耦合度和协调度基本均处于中等水平,两系统平衡发展,包括丹江街丹江村、安源镇十里村、五陂镇册雷村这三个村庄,其数字化农村建设与数字化条件储备已初步形成协同发展的内生动力,但两个系统都有较大的提升空间。

将两个系统的测度结果进行无量纲化处理后,进一步分析丹江街丹江村、安源镇十里村和五陂镇册雷村。结果显示,丹江街丹江村、五陂镇册雷村处于数字化农村建设、数字化条件储备滞后阶段;安源镇十里村则处于数字化条件储备领先、数字化农村建设滞后阶段。这说明数字化条件储备并未有效转化为推动数字化农村建设的实质性力量,需要创新数字化储备服务,加强数字化储备向农村地区下沉。

（三）耦合度与协调度的空间格局特征

利用上述测度结果,可进一步考察耦合度与协调度的空间格局特征,图4和图5分别给出了调研6村三大系统耦合度及协调度的空间分布情况。

图4　不同村落数字技术内部系统耦合度空间分布情况

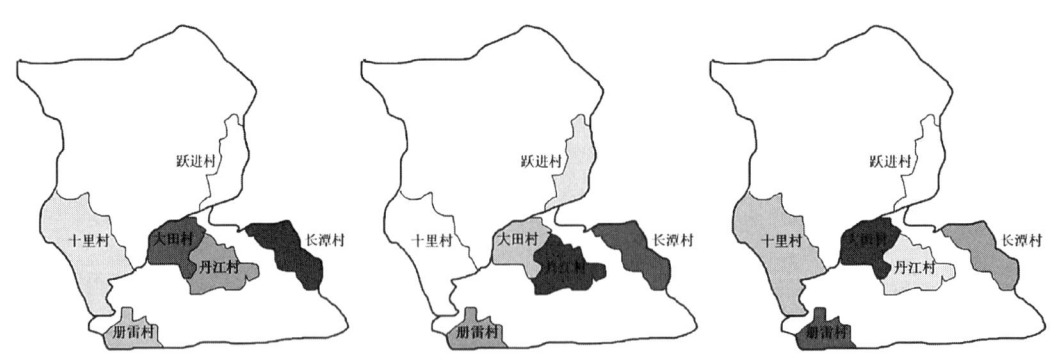

图5　不同村落数字技术内部系统协调度空间分布情况

可以看出,样本期内,所调研的6个村落三大系统的耦合度及协调度都具有空间集聚与空间联动的特征。耦合度的空间分布呈现较为集中的特点,且连片特征明显,说明区域间联动效应显著,高水平的辐射效应会带动低水平区域提升。协调度的空间分布呈现基本相同的规律。这为乡村通过区域之间联动发展提升数字经济水平提供了一定的理论依据。

六、数字技术助力农村居民留乡意愿效率测度与分析

基于对不同村落数字技术发展程度、数字技术内部耦合协调度及其空间分布特征的了解,本文将进一步探究数字技术的各不同影响因素助力农村居民留乡意愿的效率。

(一) 变量选择与模型设定

在效率测度方法的选取方面,考虑到DEA分析中的BCC模型具有既无须假定参数有效性,也无须构建具体函数估计参数的优势,本文将利用其从静态方面进行效率测度。具体投入与产出指标的选取如表8所示。

表8 静态分析投入、产出指标选取

探究对象	一级指标	二级指标
数字技术助力农村居民留乡意愿效率	投入指标	数字助农
		数字社交
		数字助游
		数字素养
		网络普及
		数字购物
		数字金融
		数字治理
		互联网医疗/教育
	产出指标	意愿影响

基于以上指标,本文继续按如下方式进行建模计算:

$$\min[-\beta(\sum s_i^- + \sum s_i^+)]$$

$s.t.$:

$$\sum_{j=1}^{n} x_{ij}\lambda_j + s_i^+ = \theta x_{ij0}, i = 1, 2, \cdots, s$$

表 11 回归分析解释变量、被解释变量及控制变量设定

变量类型	变量中文名称	变量英文名称	设置指标数目	指标解释
控制变量	性别	Gender	2	男＝1,女＝0
	年龄	Age	——	按实际情况,取 18～80 之间的整数
	镇	Town	——	五陂/安源/丹江
	村	Village	——	长潭/大田/册雷/跃进/十里/丹江
	工作	Occupation	5	务农＝1,务工＝2,经商＝3,退休＝4,其他＝5
解释变量	初始意愿	Init_will	5	从 1 到 5 意愿逐渐增强
	数字助农	Agriculture	2	会＝1,不会＝0
	数字社交	Social	5	从 1 到 5 频率逐渐增加
	数字助游	Travel	2	会＝1,不会＝0
	数字素养	Skill	2	会＝1,不会＝0
	网络普及	Access	5	按实际情况,0～4 之间的整数(接入方式数目之和)
	数字购物	Shopping	5	从 1 到 5 频率逐渐增加
	数字金融	Finance	5	从 1 到 5 频率逐渐增加
	数字治理	Governance	2	会＝1,不会＝0
	互联网医疗/教育	Medi_edu	5	从 1 到 5 意愿逐渐增强
被解释变量	留乡意愿影响	Impact	5	从 1 到 5 影响逐渐增强

(二)逐步回归

由于在回归过程中存在较多解释变量,为了从一组可能的自变量中选择出对因变量最显著或最有解释力的变量,以建立一个简化的、解释性较强的回归模型,因此本文拟先采用逐步回归的方法,建模步骤如下:

1. 逐步回归模型结果表分析

通过执行逐步回归分析,我们筛选了在模型中具有显著影响的变量,并在结果表中记录下来。这些被筛选和保留的变量代表了在解释因变量 Y 方面具有较强影响力的因素。

2. 拟合情况与共线性分析

我们进一步评估模型的拟合情况,主要依据模型的 R^2 值。R^2 值反映了模型对观测数

据的解释程度,较高的 R^2 值意味着模型能够较好地拟合数据。同时,我们也关注变量膨胀因子(VIF)的分析,以判断是否存在多重共线性问题。当 VIF 值超过一定阈值(一般为 10,或者更严格地为 5)时,表示某些变量之间存在高度相关性,可能影响模型的稳定性和解释性。

3. 解释变量显著性分析

我们对每个解释变量 X 的显著性水平进行评估,通常以 P 值作为判断标准。若某个解释变量的 P 值小于 0.05,则说明该变量在统计上显著,可以被认为对因变量 Y 具有重要影响。这使我们能够进一步深入探究这些显著的解释变量与因变量之间的关系。

4. 回归系数对比与影响程度分析

我们结合回归系数 B 值来比较不同解释变量对因变量 Y 的影响程度。较大的回归系数通常意味着解释变量对因变量的影响更显著。通过比较这些系数,我们可以更准确地理解不同解释变量对因变量 Y 的相对贡献,从而得出关于变量之间关系更深入的见解。

表 12 和表 13 给出了逐步回归过程的模型数据和回归结果。

表 12　　　　　　　　　　　逐步回归模型数据摘要表

逐步回归结果汇总	
总变量情况	初始意愿、数字助农、数字社交、数字助游、数字素养、网络普及、数字购物、数字金融、数字治理、互联网医疗/教育
保留变量	初始意愿、数字购物、网络普及、数字金融、数字社交、数字助农、数字治理、数字素养、数字助游、互联网医疗/教育
舍弃变量	——

表 13　　　　　　　　　　　逐步回归模型结果表

线性回归分析结果 $n=292$

	非标准化系数		标准化系数	t	P	VIF	R^2	调整 R^2	F
	B	标准误	Beta						
常数	−1.05	0.132	0	−7.926	0.000***	——	0.847	0.842	
初始意愿	0.522	0.019	0.647	27.349	0.000***	1.059			
数字购物	0.232	0.017	0.323	13.971	0.000***	1.013			F=160.101 P=0.000***
网络普及	0.204	0.019	0.253	10.805	0.000***	1.035			
互联网医疗/教育	0.171	0.015	0.264	11.348	0.000***	1.025			

续　表

线性回归分析结果 $n=292$

	非标准化系数 B	标准误	标准化系数 Beta	t	P	VIF	R^2	调整 R^2	F
数字金融	0.19	0.018	0.243	10.428	0.000***	1.03			
数字社交	0.143	0.019	0.177	7.651	0.000***	1.015			
数字助农	0.24	0.046	0.121	5.204	0.000***	1.027			F=160.101 P=0.000***
数字治理	0.16	0.047	0.081	3.428	0.001***	1.055			
数字素养	0.117	0.046	0.059	2.522	0.012**	1.034			
数字助游	0.122	0.053	0.054	2.311	0.022**	1.03			

注：因变量为留乡意愿影响；***、**、*分别代表1%、5%、10%的显著性水平。

从F检验的结果分析可以得到,显著性P值为0.000***,水平呈现显著性,拒绝回归系数为0的原假设。对于变量共线性表现,VIF全部小于10,因此模型没有多重共线性问题,模型构建良好,初步得到回归模型的公式如下：

$$Impact = -1.05 + 0.522 Init\_will + 0.232 Shopping + 0.204 Access + 0.171 Medi\_edu \\ + 0.19 Finance + 0.143 Social + 0.24 Agriculture + 0.16 Governance \\ + 0.117 Skill + 0.22 Travel$$

（三）随机森林回归

虽然逐步回归为我们提供了重要变量的初步筛选,但考虑到数据的复杂性和可能存在的非线性关系,本研究在逐步回归的基础上继续采用随机森林算法来进一步研究保留变量。随机森林回归能够综合性分析多个变量的复杂关系,特别是处理非线性和交互作用;其抗过拟合特性增强了模型的泛化性能;同时,随机森林的变量重要性评估能够验证之前的关键变量选择,为研究结果提供更深入的支持和解释。这种方法有望提升模型预测的准确性和解释能力,为实际问题提供更可靠的分析结果。

具体操作步骤如下：

1. 数据准备

利用问卷得到的数据集,包括解释变量（特征）和被解释变量。

2. 数据拆分

将数据集拆分为训练集和测试集,采用随机抽样的方式。训练集用于构建模型,测试集用于评估模型性能。

3. 特征选择

在逐步回归中已经进行了特征选择,可以直接使用选择的特征。

4. 模型构建

使用训练集数据构建随机森林回归模型。随机森林是由多个决策树组成,每个决策树在随机抽样的子集上训练。

5. 超参数调整

随机森林有一些重要的超参数,如决策树数量、最大深度等。通过交叉验证等方法选择合适的超参数,以优化模型性能。具体参数如表14所示。

表14　　　　　　　　　　随机森林回归模型参数设定

参　数　名	参　数　值
训练用时	0.16 s
数据切分	0.7
数据洗牌	否
交叉验证	否
节点分裂评价准则	MSE
划分时考虑的最大特征比例	None
内部节点分裂的最小样本数	2
叶子节点的最小样本数	1
叶子节点中样本的最小权重	0
树的最大深度	10
叶子节点的最大数量	50
节点划分不纯度的阈值	0
决策树数量	100
有放回采样	True
袋外数据测试	False

6. 模型训练

使用训练集数据进行模型训练,每个决策树根据随机抽样的数据子集进行训练。决策树的训练过程包括特征选择和节点分裂。

7. 模型预测

使用训练好的随机森林模型对测试集数据进行预测。每个决策树都会对测试数据进行预测,最终综合得到随机森林的预测结果。

8. 模型评估

对模型的预测结果进行评估,常用的评估指标包括均方误差(MSE)、平均绝对误差(MAE)等。通过与实际观测值进行比较,评估模型的预测性能。

9. 特征重要性分析

随机森林可以评估每个特征对预测的重要程度。通过分析特征重要性,可以深入了解各个特征对模型的贡献程度。

通过随机森林回归算法,得到各解释变量的特征重要性如图6所示。

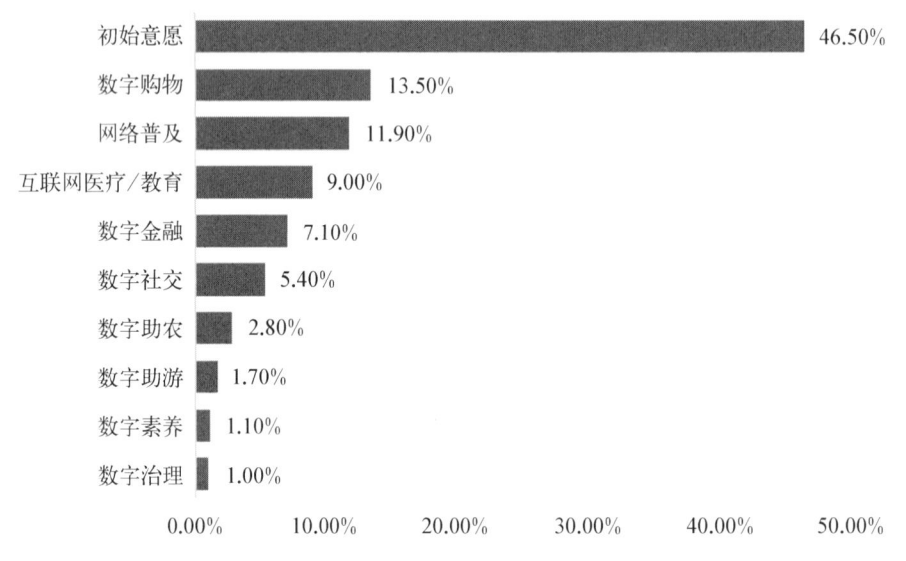

图6 随机森林回归各解释变量特征重要性

初始意愿	46.50%
数字购物	13.50%
网络普及	11.90%
互联网医疗/教育	9.00%
数字金融	7.10%
数字社交	5.40%
数字助农	2.80%
数字助游	1.70%
数字素养	1.10%
数字治理	1.00%

模型评估结果和预测集表现分别如表15和表16所示。

表15 随机森林回归模型评估结果

	MSE	RMSE	MAE	MAPE	R^2
训练集	0.042	0.205	0.159	4.94	0.957
测试集	0.213	0.461	0.364	11.407	0.777

从表16的MSE(均方误差)、RMSE(均方根误差)、MAE(平均绝对误差)、MAPE(平均绝对百分比误差)和R^2可以看出,随机森林回归结果在训练集与测试集均表现很好。

表 16　随机森林回归模型预测集表现

预测测试集结果 Y	留乡意愿影响	初始意愿	数字助农	数字社交	数字助游	数字素养	网络普及	数字购物	数字金融	数字治理	互联网医疗/教育
4.726 469 979 296 066	4	5	1	1	1	1	3	4	1	0	3
3.742 718 253 968 2 535	4	4	1	3	1	0	2	2	2	1	4
2.784 071 479 814 604	3	2	1	2	1	1	2	3	3	1	4
4.783 988 095 238 0 955	5	5	1	4	1	0	1	5	4	1	5
2.972 781 217 750 258	3	2	0	1	0	0	1	5	3	0	5
2.972 027 489 287 251	3	2	1	3	1	1	1	4	3	0	2
2.307 138 487 258 6 918	3	3	1	3	0	0	0	2	2	1	3
3.193 252 626 254 3 712	3	2	0	3	1	0	4	3	3	0	4
2.371 028 831 473 301	2	2	0	2	1	0	2	2	3	1	1
3.171 013 658 755 038	3	2	1	4	1	0	0	5	3	0	4
3.958 571 428 571 429	5	4	0	3	1	1	1	3	5	1	4
4.260 352 564 102 564	4	5	0	2	1	1	2	2	2	1	2
3.600 398 550 724 6 377	4	4	0	5	1	1	4	2	3	1	1
2.389 063 003 663 004	2	1	0	4	1	0	2	3	1	1	2
2.990 094 768 170 426	3	1	0	4	0	0	4	2	3	1	1

表 16 展示了随机森林回归模型的预测集表现。经过四舍五入取整，可以看出随机森林回归预测集的结果准确率很高。通过将总体回归方程与随机森林回归模型相结合，能够实现利用前述数字技术的各不同指标数据，对农村居民的留乡意愿进行较为准确的预测，从而有利于对农村居民个人以及村落整体留乡意愿的评估，为相关部门实时监测和动态调整农村居民留在乡村可获得的优惠政策提供一定的导向作用。

八、数字技术更好助力农村居民留在乡村的建议与展望

纵览实践调研过程与模型测算结果，可以发现数字经济的发展使得农村居民在数字购物、互联网医疗/教育、数字金融等多个维度上的可及性和获得感得以改善，上述渠道对农村居民的留乡意愿呈现出较为显著的正面影响。总体来看，数字技术助力农村居民留在乡村的前景亦较为乐观。然而，一些与农村生产生活更为密切的变量对农村居民留乡意愿的贡献却不太显著，数字技术的不同角度之间、数字技术与乡村的其他特质之间的协

调与配合仍存在一定不足,从而最终未能充分释放数字经济增进农村居民留乡意愿的效能。为此,针对实地探访和量化研究中发现的问题,本文提出如下4点建议:

(1)进一步发展数字助农、数字助游等乡村优势领域,注重数字经济不同维度在乡村的均衡发展。回归模型的结果显示,"数字化使用体验"聚类对农村居民留乡意愿的影响,要整体显著于"数字化农村建设"与"数字化条件储备",而农业生产数字化、数字平台促进乡村旅游增收等农村特有的优势禀赋,对农村居民留乡意愿的影响程度不及预期。通过耦合协调度分析,能够发现如安源镇跃进村的一些村落在"数字化农村建设"与"数字化条件储备"两个维度之间并未形成良性互动,在一定程度上影响了当地居民对数字技术改善乡村生活的感知。因此,乡村在推动数字经济发展时,除关注终端使用体验之外,也应当进一步注重农村网络普及、农民信息素养与农村现代化建设水平的同步提升,从而引导更多农民群众投身"数字助农""数字助游",切实增强村民在数字乡村中的获得感。

(2)发挥区域联动优势,由上级政府牵头构建合作帮扶机制,增进不同村落在发展数字经济方面的合作。基于耦合协调度的空间特征,针对不同村落的数字经济发展水平,县(区)级人民政府可以建立一个村镇之间的合作与互助平台,通过村镇之间的结对帮扶机制,引导数字技术发展较好的村庄与发展较慢的村庄分享经验,并在资源和技术上向发展薄弱地带倾斜,有针对性地弥补短板,促进区域整体数字经济的均衡发展。例如,五陂镇长潭村、五陂镇册雷村可以向安源镇跃进村、五陂镇大田村分享其在村委会层面挖掘和发展当地特色资源,并结合数字技术进行宣传和销售方面的经验,也可以选派负责数字技术相关业务的村民骨干,走进后者的"邻里之家""乡村讲堂",指导当地村民如何利用线上直播间进行农产品展销,如何使用手机App办理互联网金融业务等。通过不同村落村民之间的"传帮带",一方面促进数字技术为村民创收,另一方面更通过沟通合作增进村民之间的感情,使其在乡村生活的归属感与获得感得以提升。

(3)平衡好乡村数字技术发展过程中量与质的关系,努力实现纯技术效率与规模效率的协同而非拮抗作用。例如,对于以五陂镇大田村为代表的不少村落,其数字技术发展水平仍无法提供与其所需规模相匹配的留乡吸引力,在此情况下,相比专注提升现有数字技术的创收能力或人才吸引力,进一步扩大数字技术在本村能够覆盖的产业及人口数量,预期将更为高效地助力其吸引农村居民留在乡村。而对于数字经济覆盖范围较广但贡献能力显著不足的乡村,更优的解决方案则应是进一步提升技术效率。因此,在引进数字技术时,乡村应当在数量与质量之间综合考量,结合本村现有的产业结构特点,补短板、稳长处,从而最大化地释放数字经济的留乡吸引力。

(4)运用数字技术更好地连接城乡,发挥乡村优势禀赋增强其人文风物吸引力。在本次调查中,调研组走访的各个村落都设立起了"安源红邻里之家",除了推进乡风文明建设,还帮助村民通过线上直播间展销产品、分享生活,村里的"十里花溪"等风景名胜、辣椒酱等特产因此得以为更多城里人所知,在拉动创收的同时,更增强了当地村民对本村的自豪与认同感。同时,在发展乡村数字经济的过程中,也要铭记乡村建设与治理的一大核心要义是,要让乡村留住烟火气、让乡土承载住乡愁。在回归模型当中,初始意愿对农村居民最终留乡意愿的影响超越了其他任何一个变量,这也提示我们,在一定程度上保留乡村相较于城市的特质化差异,不仅有利于城乡功能的合理区分,而且能维系农村居民对乡村的归属感,增进其留在乡村的意愿。

参考文献

[1] 顾辉.去还是留?——回乡民工继续外出就业的影响因素分析[J].当代青年研究,2012(01):33-38.

[2] 张金荣,吴朝进.迁移、游走、回流:城镇化背景下农村人口的差异化流动——基于鄂东某村的调查研究[J].社会发展研究,2020,7(03):79-94+243.

[3] 路雅文,张正河.1978—2016年农村人口迁移的社会网络分析:来自中部人口流出大省C村的证据[J].农业经济问题,2018(03):87-97.DOI:10.13246/j.cnki.iae.2018.03.010.

[4] 吴忠涛,张丹.城乡预期收入差距对农村人口迁移的影响——基于托达罗模型[J].西北大学学报(哲学社会科学版),2013,43(04):74-79.DOI:10.16152/j.cnki.xdxbsk.2013.04.031.

[5] 朱芸,邹杨.劳动力转移动因及农村人口迁移量影响因素分析[J].商业研究,2014(08):95-101.DOI:10.13902/j.cnki.syyj.2014.08.016.

[6] 贾鹏,庄晋财,李娟.农村公共品供给促进农民工返乡创业了吗?——基于CLDS数据的实证研究[J].云南财经大学学报,2021,37(06):12-25.DOI:10.16537/j.cnki.jynufe.000700.

[7] 张立新,丁晓辉.农村产业融合发展对返乡农民工创业学习的影响——一个复合多重中介效应模型[J].哈尔滨工业大学学报(社会科学版),2021,23(03):154-160.DOI:10.16822/j.cnki.hitskb.2021.03.012.

[8] 陆丰刚.人口流失影响了东北地区经济增长吗?——基于东北地区户籍人口流失测算数据[J].人口与发展,2021,27(05):98-110+120.

[9] Kuiper, M., 2005, "Village Modeling: A Chinese Recipe for Blending General Equilibrium and Household Model, "Unpublished Ph. D. thesis, Wageningen, The Netherlands: Wageningen University.

[10] 王显.人口流失状态下农村林果产品的弃收现象思考[J].农业经济,2021(11):142-144.

[11] 李君甫.走向终结的村落——山区人口流失、社会衰微与扶贫政策思考[J].理论导刊,2006(05):41-43.

[12] 阚春萍,周毕芬.农业人口转移背景下乡村精英流失的影响及对策[J].广西社会科学,2018(03):157-160.

[13] 段成荣,盛丹阳,吕利丹等.迁徙中国视野下我国县域人口流动状况与发展挑战[J].西北人口,2022,43(06):1-13.DOI:10.15884/j.cnki.issn.1007-0672.2022.06.001.

[14] 何昇林,吴沁珍,岳晓风.农村青壮年劳动力流失引起的耕地撂荒及留守人群问题探究[J].安徽农业科学,2009,37(19):9180-9182.DOI:10.13989/j.cnki.0517-6611.2009.19.172.

[15] 李向荣,朱少英.劳动力流失对农村供给侧改革的影响及对策[J].人民论坛,2018(07):82-83.

[16] 仝若贝.我国农村劳动力流失对农业现代化建设的影响研究[J].改革与战略,2015,31(08):86-88.DOI:10.16331/j.cnki.issn1002-736x.2015.08.023.

[17] 艾小青,高洪桥.数字经济与共同富裕[J/OL].阅江学刊,2022,14(06):148-158+172.DOI:10.13878/j.cnki.yjxk.20221111.002.

[18] 艾小青,田雅敏.数字经济的减贫效应研究[J/OL].湖南大学学报(社会科学版),2022,36(01):50-56.DOI:10.16339/j.cnki.hdxbskb.2022.01.007.

[19] 王资程,于小兵,吴雪婧.经济发展水平对数字经济与乡村振兴耦合协调度的影响[J/OL].统计与决策,2023,39(14):27-32.DOI:10.13546/j.cnki.tjyjc.2023.14.005.

[20] 常晋,孔振焕.数字经济赋能乡村振兴的机理、挑战与路径研究[J].农业经济,2023(07):38-41.

[21] 沈费伟,叶温馨.数字乡村建设:实现高质量乡村振兴的策略选择[J/OL].南京农业大学学报(社会科学版),2021,21(05):41-53.DOI:10.19714/j.cnki.1671-7465.2021.0071.

[22] 尹梦瑶,仇喜雪.数字经济、绿色技术创新与乡村振兴——基于省级面板数据的实证检验[J].商业经济研究,2023(12):100-105.

[23] 湛泳,李胜楠.从全面脱贫到乡村振兴:数字经济能否接续助力?[J/OL].湖南科技大学学报(社会科学版),2023,26(02):70-80.DOI:10.13582/j.cnki.1672-7835.2023.02.010.

[24] 高红,徐玲玲,党志琴.差异化视角下数字经济与农村电商发展[J].商业经济研究,2020(19):95-98.

[25] 齐文浩,梁萌,齐秀琳.数字经济发展促进农业经济增长的路径研究——来自农产品生产能力和销售能力的证据[J].学习与探索,2023(06):135-143.

[26] 杨肖丽,赵涵,牟恩东.数字经济对农产品流通效率的影响——基于省域面板数据的实证分析[J/OL].中国流通经济:1-11[2023-08-13].http://kns.cnki.net/kcms/detail/11.3664.F.20230807.0853.002.html.

[27] 赵捷,谭琳元.数字经济下直播电商嵌入农产品供应链的运作模式及发展对策[J].商业经济研究,2022(22):107-110.

[28] 狄盼盼.消费升级背景下乡村数字旅游发展研究[J].农业经济,2023(04):136-138.

[29] 陈萍.乡村旅游与数字经济对接的推进路径研究[J].农业经济,2021(11):67-69.

[30] 江世银,杨芳,张成翠.数字经济时代东西典型省份"互联网+农业保险"促进乡村振兴研究[J/OL].区域经济评论,2023(04):40-48+2.DOI:10.14017/j.cnki.2095-5766.2023.0070.

[31] 鲁钊阳,杜雨潼.数字普惠金融发展促进乡村振兴的实证研究[J].金融理论与实践,2023(03):47-56.

[32] 陈亚军.数字普惠金融促进乡村振兴发展的作用机制研究[J/OL].现代经济探讨,2022(06):121-132.DOI:10.13891/j.cnki.mer.2022.06.010.

[33] 蔡雪雄,李梦琪.数字普惠金融对乡村生态宜居的影响研究[J/OL].重庆社会科学,2023(06):47-62.DOI:10.19631/j.cnki.css.2023.006.004.

[34] 沈费伟,袁欢.大数据时代的数字乡村治理:实践逻辑与优化策略[J/OL].农业经济问题,2020(10):80-88.DOI:10.13246/j.cnki.iae.2020.10.009.

[35] 朱艳.数字乡村治理的实践逻辑与优化策略[J].农业经济,2023(07):55-57.

[36] 沈费伟,袁欢.大数据时代的数字乡村治理:实践逻辑与优化策略[J/OL].农业经济问题,2020(10):80-88.DOI:10.13246/j.cnki.iae.2020.10.009.

[37] 薄海民,魏震.乡村振兴背景下数字金融助力乡村饲料产业发展的困境及对策[J/OL].中国饲料,2022(20):136-139.DOI:10.15906/j.cnki.cn11-2975/s.20222034.

[38] 毛怡萱.乡村振兴战略下数字普惠金融服务农产品电商的困境与路径[J].农业经济,2021(11):

[39] 陈一明,温涛,向栩.数字金融能促进新型农业经营主体的乡村产业融合发展吗?——以湖南省实地调研为例[J].农村经济,2022(09):89-97.

[40] 潘凤焕,牛国良,李秀梅.乡村数字金融建设的法律治理[J].新视野,2022(06):92-97.

[41] 常晋,孔振焕.数字经济赋能乡村振兴的机理、挑战与路径研究[J].农业经济,2023(07):38-41.

[42] 毛怡萱.乡村振兴战略下数字普惠金融服务农产品电商的困境与路径[J].农业经济,2021(11):112-114.

[43] 朱太辉,张彧通.农村中小银行数字化转型赋能乡村振兴研究——兼论"双链联动"模式创新[J].南方金融,2022(04):55-69.

[44] 薛楠,韩天明,朱传言.数字经济赋能乡村农业振兴:农业平台生态系统的架构和实现机制[J].西南金融,2022(03):58-67.

[45] 袁宇阳.嵌入性视角下乡村数字治理的多重困境及其破解路径[J].云南民族大学学报(哲学社会科学版),2023,40(04):115-122.DOI:10.13727/j.cnki.53-1191/c.20230612.001.

[46] 肖顺武,董鹏斌.中国式现代化进程中数字经济服务乡村振兴的困境检视、内在机理与实现路径[J].经济问题探索,2023(05):1-12.

[47] 徐志刚,张赟.数字乡村发展困境与破解之策——基于农户信息化需求与农村电商物流视角[J/OL].财贸研究,2022,33(07):41-53.DOI:10.19337/j.cnki.34-1093/f.2022.07.004.

[48] 杨宝珍,吴旻倩.数字乡村战略背景下乡村经济发展的优势、困境与进路[J].农业经济,2021(07):38-40.

[49] 沈费伟,叶温馨.数字乡村建设:实现高质量乡村振兴的策略选择[J/OL].南京农业大学学报(社会科学版),2021,21(05):41-53.DOI:10.19714/j.cnki.1671-7465.2021.0071.

[50] 张晓岚.数字经济助力乡村振兴的核心问题及对策建议[J].西南金融,2023(06):95-106.

[51] 孙可.数字经济背景下农村电商赋能乡村振兴:价值意蕴、制约因素与推进路径[J].农业经济,2022(12):131-132.

[52] 赵小凤.数字经济赋能乡村文旅产业振兴的理论机理、现实困境与实现路径[J/OL].智慧农业导刊,2023,3(14):109-112.DOI:10.20028/j.zhnydk.2023.14.026.

[53] 毛怡萱.乡村振兴战略下数字普惠金融服务农产品电商的困境与路径[J].农业经济,2021(11):112-114.

[54] 朱太辉,张彧通.农村中小银行数字化转型赋能乡村振兴研究——兼论"双链联动"模式创新[J].南方金融,2022(04):55-69.

[55] 何宏庆.数字金融助推乡村产业融合发展:优势、困境与进路[J/OL].西北农林科技大学学报(社会科学版),2020,20(03):118-125.DOI:10.13968/j.cnki.1009-9107.2020.03.14.

[56] 沈费伟,叶温馨.数字乡村建设:实现高质量乡村振兴的策略选择[J/OL].南京农业大学学报(社会科学版),2021,21(05):41-53.DOI:10.19714/j.cnki.1671-7465.2021.0071.

[57] 胡占光,吴业苗.数字乡村何以实现"整体智治"?——基于浙江五四村"数字乡村一张图"全景治理平台实证考察[J/OL].电子政务:1-14[2023-08-13].http://kns.cnki.net/kcms/detail/11.5181.tp.20230724.1001.006.html.

[58] 苏岚岚,彭艳玲.农民数字素养、乡村精英身份与乡村数字治理参与[J/OL].农业技术经济,

2022(01):34-50.DOI:10.13246/j.cnki.jae.2022.01.004.

[59] 王颜齐,孙楠.数字经济赋能乡村发展：脱贫攻坚成果同乡村振兴有效衔接的助推机制及路径[J/OL].电子政务,2023(08):120-132.DOI:10.16582/j.cnki.dzzw.2023.08.010.

[60] 崔珂珂.江苏省数字经济发展水平评价及耦合协调度分析[J].中国物价,2023,(08):69-71.

[61] 姜磊,柏玲,吴玉鸣.中国省域经济、资源与环境协调分析——兼论三系统耦合公式及其扩展形式[J].自然资源学报,2017,32(05):788-799.

[62] 赵健,魏欣.数字普惠金融与乡村振兴耦合协调分析测度：以中部六省为例[J].统计与决策,2023,39(15):142-146.

数字金融服务对农村金融包容性的影响
——以移动支付为例

辛　甜[①]　肖子禾[②]　万书瑜[③]

摘　要： 本篇报告旨在以移动支付为例，研究数字金融服务对农村金融包容性的影响。报告首先介绍了数字金融服务在农村地区的发展和普及情况，并阐明了研究目的和重要性。接下来，报告定义了农村金融包容性的概念和常用指标，探讨了移动支付在农村地区的应用与普及情况，并分析了数字金融服务对农村金融包容性的影响。在案例研究部分，报告选取山东省青岛市黄岛区大庄村为案例，以移动支付为例，重点调查并通过建立回归模型分析了该地区数字金融服务的具体实施情况、原因、影响和效果。最后，报告提供了相关政策建议，以促进数字金融服务在农村地区的进一步发展.

关键词： 数字金融服务　农村金融包容性　移动支付　回归模型

一、引　言

（一）背景介绍：数字金融服务在农村地区的发展和普及情况

在数字化时代，数字金融服务正成为全球金融领域的重要创新。尤其是在农村地区，数字金融服务的发展和普及对于推动金融包容性具有重要意义。农村地区通常面临金融服务不足、信息不对称、交易成本高等问题，这导致了农民和农村企业在金融市场中的较低参与度和融资困难。数字金融服务通过利用移动支付、电子银行、互联网金融等技术手段，为农村地区提供更便捷、高效和包容性的金融服务，有望有效解决这些问题。

近年来，互联网基础设施的建设逐渐完善为数字金融的普及度提供了强大的支持，数字金融服务在农村地区取得了显著进展。移动支付作为数字金融服务的重要组成部分，在农村地区得到广泛应用。根据中国人民银行的数据，移动支付在中国农村地区的普及率不断提升，农村移动支付用户数量呈现快速增长趋势。移动支付利用智能手机和移动网络技术，使得农村居民可以进行便捷的支付、转账、理财等操作，极大地提升了金融服务

[①] 辛甜，上海财经大学公共经济与管理学院2022级投资学-信息与计算科学双学位专业本科生。
[②] 肖子禾，上海财经大学金融学院2022级金融学专业本科生。
[③] 万书瑜，上海财经大学商学院2022级国际经济与贸易专业本科生。

的可及性和效率。

(二) 研究目的和重要性

首先，通过了解数字金融服务在农村地区的普及情况和应用效果，可以帮助我们评估数字金融服务对农村金融包容性的实际影响。通过分析农村地区移动支付的普及率、使用频率以及用户满意度等指标，可以得出对农村金融包容性的定量评估。同时，需要考虑不同地区、不同人群和不同经济活动的差异，以综合全面的视角来理解数字金融服务对农村金融包容性的影响。

其次，通过研究数字金融服务对农村金融包容性的影响机制，可以为农村金融发展提供理论指导和政策建议。数字金融服务的发展不仅提供了更多的金融工具和机会，而且改变了农村居民的金融行为和金融需求。例如，移动支付的便利性和低成本使得农村居民更容易进行支付和转账，从而提高了金融可及性和交易效率。此外，数字金融服务还可以促进金融创新，通过开发针对农村地区特定需求的金融产品和服务，推动农村经济的发展。

最后，探究数字金融服务发展中的挑战和机遇，有助于促进数字金融服务在农村地区的进一步创新和发展。尽管数字金融服务在农村地区取得了一定的成绩，但仍面临诸多挑战，如信息安全风险、数字鸿沟和金融素养问题等。因此，我们需要认识到数字金融服务在农村地区发展中的限制，并提出相应的政策和措施来应对这些挑战。同时，也要充分认识到数字金融服务在农村地区带来的机遇，如促进农业供应链金融发展、增加农民收入和就业机会等。

因此，本报告旨在通过以移动支付为例，探讨数字金融服务对农村金融包容性的影响。通过深入研究数字金融服务的普及情况、影响机制和挑战，我们可以为农村地区的金融包容性提供有益的参考和借鉴。通过推动数字金融服务的创新和发展，我们可以促进农村地区金融发展的可持续性和包容性，为农民和农村企业提供更好的金融服务支持，推动农村经济的可持续发展。

二、农村金融包容性的概念与指标

(一) 定义：农村金融包容性

农村金融包容性是指农村地区居民和农业企业能够平等、便捷地获得金融产品和服务的程度。它涵盖了金融市场的普及程度、金融产品的可获得性、金融服务的效率以及金融机构的覆盖范围。农村金融包容性的提高意味着农村居民和农业企业更好地参与金融市场，获得更多的金融资源和机会，从而推动农村地区的经济增长和可持续发展。

农村金融包容性的概念还包括两个重要的维度，即金融可及性和金融可持续性。金融可及性指的是农村居民和农业企业可以方便地接触和使用金融服务的程度。这包括金融机构的分布、金融产品的多样性、金融服务的便利性等因素。金融可持续性则关注金融服务在农村地区的长期可持续发展能力，包括金融机构的稳定性、金融产品的创新性、金融服务的质量等。

(二)衡量农村金融包容性的常用指标

衡量农村金融包容性的指标可以从多个角度进行考量。以下是一些常用的指标：

1. 金融机构普及率

衡量金融机构在农村地区的普及程度，包括农村居民和农业企业可以方便地接触金融机构的数量和分布情况。指标可以包括农村地区的银行网点数量、信用社分支机构数量以及其他金融服务机构的覆盖情况。

2. 金融产品可获得性

考察农村居民和农业企业可以获得的金融产品种类和范围，包括存款、贷款、保险、投资等。指标可以包括金融产品的覆盖率、金融产品创新程度以及农村居民和农业企业对不同金融产品的使用情况。

3. 金融服务效率

衡量金融服务的便捷性和效率，包括办理时间、手续简化程度、服务质量等方面的指标。例如，农村地区的金融机构是否提供线上金融服务、办理贷款和开户等业务是否便捷、金融服务人员是否具备良好的专业素养等。

4. 金融知识和教育水平

考察农村居民和农业企业的金融知识水平和金融素养，包括金融教育普及率、金融素养培训覆盖率等。指标可以包括农村居民的金融素养调查结果、金融教育活动的开展情况以及金融知识普及的效果评估。

5. 金融创新和数字金融服务应用

评估数字金融服务在农村地区的普及程度和应用效果，包括移动支付普及率、电子银行用户数量等。这些指标可以反映数字金融服务的普及情况、用户满意度以及对农村居民和农业企业的实际影响。

这些指标可以通过调查问卷、统计数据和实地调研等方法进行收集和分析。综合考虑这些指标的变化和趋势，可以评估农村金融包容性的发展状况，并为相关政策制定和改进提供依据。

通过理解农村金融包容性的概念和衡量指标，我们可以更好地评估数字金融服务对农村金融包容性的影响，并为进一步提升农村金融包容性提供有效的指导和建议。同时，这也有助于推动数字金融服务的创新和发展，提高农村地区居民和农业企业的金融融入能力，促进农村地区的可持续发展。

三、移动支付在农村地区的应用与普及情况

(一)移动支付技术和工具的介绍

移动支付技术和工具的发展为农村地区提供了新的金融融入途径和便捷的支付方式。在移动支付中，主要的技术和工具包括以下几种：

1. 手机支付应用

移动支付通常依赖智能手机和相应的支付应用程序。用户可以通过下载并安装移动

支付应用,将银行账户、电子钱包或预付卡等与支付应用绑定,从而实现通过智能手机进行支付和转账等金融交易。

2. 二维码支付

二维码支付是一种常见的移动支付方式。商户通过展示二维码,用户使用移动支付应用扫描二维码并确认支付信息,即可完成交易。这种方式简单便捷,无须实体交换现金或银行卡。

3. 近场通信(NFC)支付

NFC 技术允许手机与支付终端之间进行近距离的无线通信,实现快速的支付和数据传输。用户只需将手机靠近支持 NFC 的支付终端,便可完成支付过程。

4. 短信支付

短信支付是一种基于短信通信的移动支付方式。用户可以通过向指定号码发送特定的支付指令,将支付金额从绑定的银行账户或预付卡中扣除,并完成支付。

(二)农村地区移动支付的普及程度和采用情况

现有调查研究显示,移动支付在农村地区的普及程度正在逐步提升,并为农村居民和农业企业带来了便利和机遇。具体观察表明存在以下情况:

1. 移动支付普及率逐渐增加

调查数据显示,近年来农村地区移动支付的普及率持续增长。例如,据调查数据显示,在农村地区的农户中,使用移动支付的比例从 2018 年的 15% 增长到 2021 年的 40%。这表明越来越多的农村居民意识到移动支付的便利性,并开始采用移动支付工具进行金融交易。

2. 农产品销售中移动支付的应用增加

移动支付为农产品销售和电商平台提供了更加便捷的支付方式。农民和农业企业通过移动支付平台,能够在线上展示自己的农产品并接受支付,同时能够将产品直接送达消费者。这为农村地区的农产品销售提供了更广阔的市场,促进了农产品的流通和销售。

3. 政府和金融机构的积极推动

政府和金融机构在农村地区积极推动移动支付的普及。政府部门通过出台相关政策和规定,鼓励金融机构在农村地区提供移动支付服务,并提供相应的支持和优惠政策。金融机构加大在农村地区的宣传推广力度,提供培训和技术支持,帮助农村居民和农业企业了解和使用移动支付工具。

4. 用户对移动支付的认可度提高

随着移动支付在农村地区的普及,用户对移动支付的满意度和信任度也不断提高。调查显示,农村居民和农业企业对移动支付的安全性和便利性持有较高的评价。他们认为移动支付提供了更加方便快捷的支付方式,并具备一定程度的安全保障,因此愿意采用移动支付工具进行金融交易。

尽管农村地区移动支付的普及程度取得了一定的进展,但仍然面临一些挑战。在一些农村地区,数字鸿沟问题仍然存在,网络覆盖和技术能力的不足限制了移动支付的普及。此外,一些农村居民对于移动支付的安全性和隐私问题仍持有疑虑,部分农村地区的金融教育和技术培训也亟待加强。

为了进一步推动移动支付的发展,有必要加强农村地区的数字基础设施建设,提高农民的金融素养和技能水平。政府和相关部门可以进一步制定政策,鼓励金融机构拓展农村地区的移动支付服务,并加强对移动支付的监管和安全保障。此外,提供针对农村居民和农业企业的培训和教育计划,帮助他们更好地了解和使用移动支付工具,有助于进一步推动农村地区移动支付的普及。

四、数字金融服务对农村金融包容性的影响

(一) 提高金融服务的可及性

数字金融服务,特别是移动支付,对农村地区的金融包容性具有显著影响。国内外的研究表明,移动支付的普及显著改善了农村地区金融服务的可及性。

在中国,有关农村移动支付普及的研究发现,移动支付的普及率提高了农村居民和农业企业获取金融服务的便利性。农村居民通过移动支付可以在家门口或附近的移动支付代理点进行存取款、转账和支付等金融交易,大大减少了时间和成本的消耗。类似的情况也在其他国家得到了证实,如肯尼亚和印度等发展中国家的研究表明,移动支付的推广使得农村居民能够更加便捷地获取金融服务。

此外,移动支付还改变了金融服务的传统模式。以肯尼亚为例,移动支付服务M-PESA的引入打破了传统银行的垄断地位,使得农村居民不再受制于传统金融机构的地域限制。农村地区建立起更为广泛和便捷的移动支付网络,为农村居民提供了更多的金融服务接入点,增加了他们获取金融服务的便利性和灵活性。

(二) 促进金融产品创新

数字金融服务的推广还促进了农村金融产品的创新。通过移动支付等技术手段,金融机构可以开发出更加适应农村地区需求的创新金融产品,进一步提升农村金融包容性。

研究表明,移动支付为农村地区提供了更多的金融服务选择和便利。例如,在中国,移动支付平台上涌现出各种面向农村居民和农业企业的金融产品,如农村小额贷款、农业保险、农产品电商等。这些创新金融产品满足了农村地区特定的金融需求,增加了金融服务的覆盖面和广度。

国外的研究也证实了移动支付对金融产品创新的促进作用。在肯尼亚,移动支付服务M-PESA的推广催生了各种创新金融产品,如农业贷款、移动保险等,为农村居民提供了更多的金融选择。类似的情况在印度和菲律宾等国家也得到了观察和研究。

(三) 提升农民金融素养和教育

数字金融服务的普及还促进了农民金融素养和教育的提升。研究表明,通过移动支付等工具的使用,农民能够接触到更多的金融信息和服务,从而提高他们的金融素养

水平。

移动支付的推广促使农民更多地接触金融知识和技能。通过移动支付平台提供的金融教育内容，农民了解到理财规划、投资风险管理等方面的知识，提升了他们的金融决策能力。同时，政府和金融机构通过开展针对农民的金融教育和培训活动，帮助农民了解移动支付的使用方法、风险管理和安全性等方面的知识。这种教育和培训的举措提高了农民的金融意识和知识水平，使他们能够更好地利用数字金融服务，提高自身的金融能力和决策水平。

综上所述，数字金融服务对农村金融包容性产生了积极的影响。通过提高金融服务的可及性、促进金融产品创新和提升农民金融素养和教育，数字金融服务为农村地区提供了更广泛的金融融入机会，促进了农村地区的经济增长和可持续发展。

五、案例研究：数字金融服务（以移动支付为例）在山东省青岛市黄岛区大庄村的实际应用情况

（一）案例村庄介绍

山东省青岛市黄岛区大庄村，地处平原，地势平坦。全村面积882.4亩，宅基地243亩，共居住2 026人，村中不存在留守儿童。由于土地资源有限，村中居民土地较少，仅部分村民拥有少量土地，且所得粮食以供自家消费为主，大部分村民务工或从商。2022年，全村经济总收入159.6万元，人均年纯收入17 500元。

2014年国务院设立青岛西海岸新区为国家级新区，该新区依托丰富海洋资源，是海洋科技自主创新领航区、深远海开发战略保障基地、军民融合创新示范区、海洋经济国际合作先导区、陆海统筹发展试验区。大庄村位于城乡接合部，靠近疏港高速经济开发地段。西海岸新区城市化发展进程为当地居民提供大量就业岗位，许多大庄村村民通过务工或从商获得较为稳定的收入来源。

（二）样本来源与基本情况分析

1. 样本来源

村委会问卷（入村问卷）：为了了解全村基本情况，笔者首先来到大庄村村委会，对村委会相关负责人进行了详尽的问卷调研和访谈。

村民问卷（入户问卷）：在大庄村村委会书记的协助下，笔者实地走访了120余户村民，完成12份完整的入户问卷和100余份与研究主题相关的调查问卷。

2. 样本情况分析

本文重点以移动支付为例，探究数字服务对农村金融包容性的影响。因此，笔者重点关注了调查问卷的生活富裕、数字金融和数字素养模块，通过对这三个模块信息的整理分析，试图掌握该地区农村数字金融服务的具体实施情况、影响和效果。基于此，本文对125份问卷进行筛选，删除6份填写不完全或不正确的问卷，最终得到符合要求的有效问卷共计119份。

表1为所选取样本的基本信息统计，包括受访者性别、受访者年龄以及受访者家庭

的人均年收入等个人及家庭信息。根据表格可以看出,受访者性别分布均匀,受访者年龄分布比例基本上与大庄村年龄分布比例相同,受访者家庭人均年收入基本满足正态分布,且均值位于 15 000~25 000 元,与本村人均年收入(17 500 元)相符。由此可见,该样本各项指标分布合理,能够较为准确地反映该村实际情况,具有一定的典型性和代表性。

表 1　　　　　　　　　　　　　　样本基本信息统计

	样 本 数	百分比(%)
受访者性别		
男	60	50.4
女	59	49.6
合计	119	100
受访者年龄		
30 以下	21	17.6
31~40 岁	23	19.3
41~50 岁	26	21.8
51~60 岁	30	25.3
61 岁以上	19	16
合计	119	100
受访者家庭人均收入		
5 000 元以下	8	6.7
5 000~15 000 元	39	32.8
15 000~25 000 元	47	39.5
25 000 元以上	25	21
合计	119	100

(三) 大庄村移动支付具体实施情况

根据样本提供的数据,大庄村移动支付的实施情况呈现出不同的使用群体,包括不使用、低频使用、中频使用、高频使用和超高频使用五个群体。样本具体情况如图 1 至图 4 所示。

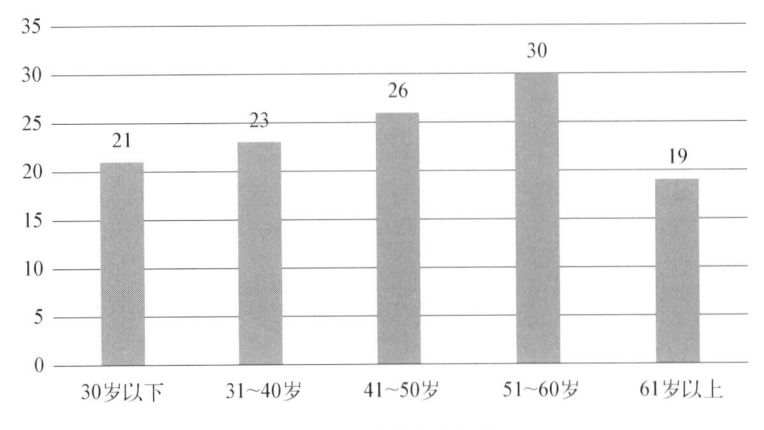

图 1　受访者年龄(a)

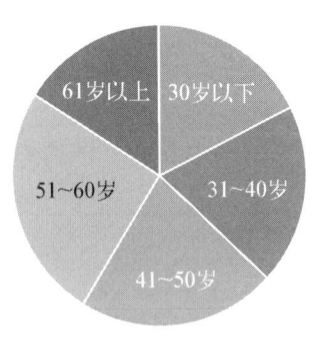

图 2　受访者年龄(b)

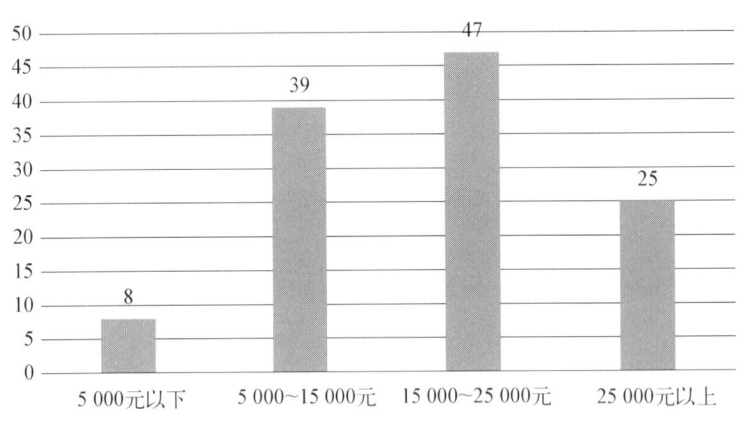

图 3　受访者年收入(a)

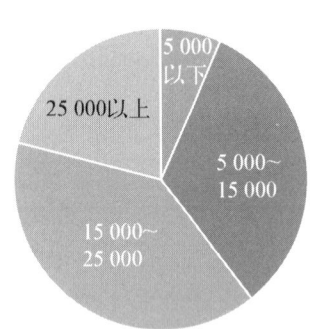

图 4　受访者年收入(b)

综合以上数据，大庄村移动支付在样本中已经得到了一定的普及。89.1%(26.9%+24.4%+15.9%+21.8%)的受访者表示每周都使用移动支付，其中有一部分超高频使用者(超过10次/周)占据了26.9%。这显示了大庄村居民中，使用移动支付的人数较多，且有相当一部分人频繁使用移动支付。不过，仍有约10.9%的受访者表示从来或基本不使用移动支付。这部分群体可能需要进一步的推广和教育，以提高他们对移动支付的认知和接受程度。

总体来说，大庄村移动支付的普及情况较好，其中使用频率较高的用户占有较大比例。然而，仍有一部分人群对移动支付持保留态度。

(四)对大庄村移动支付实施情况进行原因分析

1. 数字经济推动

从21世纪头10年的网购平台兴起到近年来网络带货

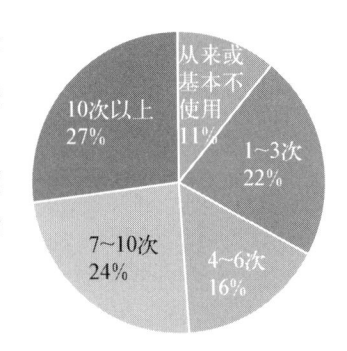

图 5　移动支付使用频率(次/周)

的流行，村民线上购物的人数占比和使用频率大幅上升，推动线上支付平台的普及。大庄村为城乡接合部，其优越的地理位置促使村民接触移动支付普及率高的城市地区。因而，扫码支付、手机银行等在大庄村的普及率较高，促进了该地移动支付的普及。

2. 自身的便捷性优势

传统现金支付需要村民携带现金线下交易。在交通系统欠发达的农村地区不利于村民支付和交易。移动支付只需随身携带智能手机完成，更加便捷快速，方便在不同场景中使用。同时手机银行的普及能够让村民足不出户即可完成余额查询、转账、水电缴费等操作。

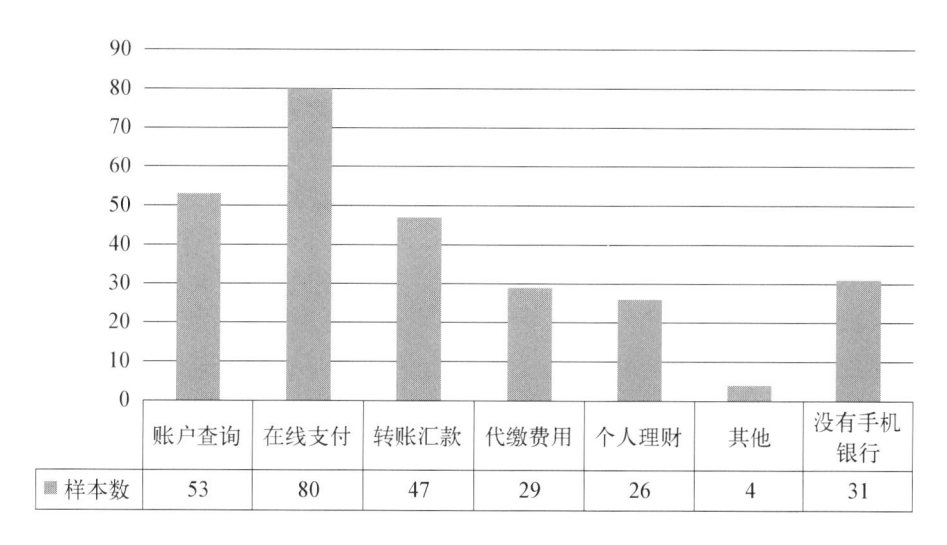

	账户查询	在线支付	转账汇款	代缴费用	个人理财	其他	没有手机银行
样本数	53	80	47	29	26	4	31

图 6 常用手机银行功能（多选）

3. 社会文化变革

经历了移动支付的萌芽和迅速发展过后，青年群体和中年群体开始意识到并呼吁给予老年人更多的"数字关怀"。简化操作流程让老年人容易上手、加强反诈骗宣传提升安全性，不让老年人脱离数字经济，跟上时代，普遍建立起老年人对移动支付的信任。这一点对于老年人占比较高的大庄村的移动支付普及也有重要作用。

4. 农村基础设施完善

移动支付的基本要求是稳定快速的互联网。调查问卷显示，大庄村实现了 4G 移动数据全村覆盖，宽带入户，村民对网速满意率极高，能够满足绝大多数居民互联网使用需求。

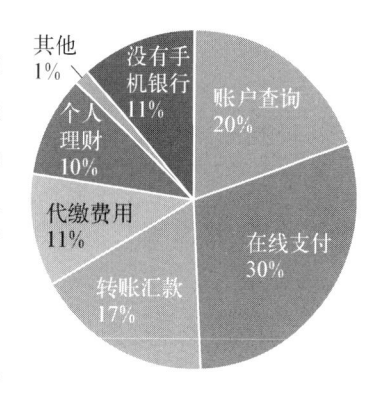

图 7 常用手机银行功能（多选）

饼图数据：账户查询 20%、在线支付 30%、转账汇款 17%、代缴费用 11%、个人理财 10%、没有手机银行 11%、其他 1%

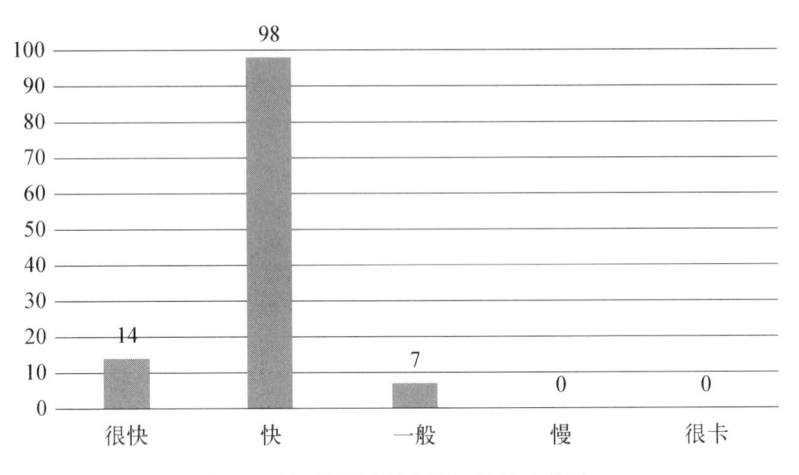

图 8　手机使用过程中的网络速度体验

（五）大庄村移动支付对其金融包容性影响和效果

1. 模型构建（多元多因变量回归模型）

根据"衡量农村金融包容性的常用指标"这一部分的论述，笔者认为可以通过探究自变量（移动支付使用次数）对多个因变量（金融服务效率、数字金融服务应用普及性、金融知识和教育水平）的影响，探究大庄村移动支付的使用对其金融包容性影响和效果。

笔者尝试采用多元线性回归模型的扩展，即组合三个 SISO 模型，建立多元多因变量回归模型：

$$\begin{cases} Y_1 = \beta_0 + \beta_1 X + \varepsilon_1 \\ Y_2 = \beta_0 + \beta_2 X + \varepsilon_2 \\ Y_3 = \beta_0 + \beta_3 X + \varepsilon_3 \end{cases}$$

其中，Y_1、Y_2 和 Y_3 分别代表因变量金融服务效率、数字金融服务应用普及性、金融知识和教育水平，X 是自变量移动支付使用次数（单位：次/周），β_0 是截距项，β_1、β_2 和 β_3 是回归系数，ε_1、ε_2 和 ε_3 是随机扰动项。

本文中笔者主要探究的是以移动支付为例的数字金融服务对农村金融包容性的影响，因此将移动支付使用次数作为自变量，来探究对上文提到的三个能反映农村金融包容性的因变量的关系，因此设置了相同的单变量对不同的因变量的线性回归模型，来探究移动支付与农村金融包容性的三个指标是否具有较强的相关性。

为了满足回归模型的前提条件，我们对原数据进行预处理，删除异常值，并通过数据转换将原数据标准化，以确保数据符合多元多因变量回归模型的要求。调整后数据如表 2 所示。

表 2 调整后样本数据

移动支付频率（次/周）	金融服务效率	数字金融服务应用普及	金融知识和教育水平
0	0	0	0
1	0.038 561	0.071 551	0.094 37
2	0.115 891	0.100 258	0.199 68
3	0.170 261	0.204 465	0.228 291
4	0.223 192	0.208 3	0.241 483
5	0.244 719	0.254 322	0.328 514
6	0.296 64	0.315 026	0.357 877
7	0.382 65	0.370 177	0.363 39
8	0.508 339	0.429 05	0.453 184
9	0.488 76	0.509 015	0.494 952
10	0.534 899	0.536 505	0.530 93
11	0.593 273	0.600 758	0.555 757
12	0.633 803	0.570 693	0.584 024
13	0.699 195	0.678 105	0.594 981
14	0.746 607	0.759 702	0.653 244
16	0.831 764	0.870 793	0.663 238
17	0.902 461	0.871 337	0.746 886
18	0.965 426	0.948 469	0.825 058
20	1	1	1

注意，由于本文采用截面数据进行回归，因此笔者已事先对模型的 VIF 和 P 值进行检验，以确保不存在完全共线性问题和异方差问题。

2. 模型结果分析

根据具体的回归结果（见表3），我们得到三个线性回归模型（见图9～图11），其回归方程为：

$$Y1 = 0.011\ 5 + 0.052\ 0X$$

$$Y2 = 0.015\ 5 + 0.051\ 2X$$

$$Y3 = 0.080\ 4 + 0.042\ 0X$$

表 3　　　　　　　　　　　　　　　线性回归模型结果

回归系数	R²	Adj. R²	均方根误差	F 统计量（常量模型）	P 值
0.052 038	0.993 1	0.992 7	0.026 9	2.44E+03	8.40E-20
0.051 16	0.993 3	0.993	0.026	2.54E+03	5.98E-20
0.041 978	0.972 2	0.970 6	0.044	595	1.15E-14

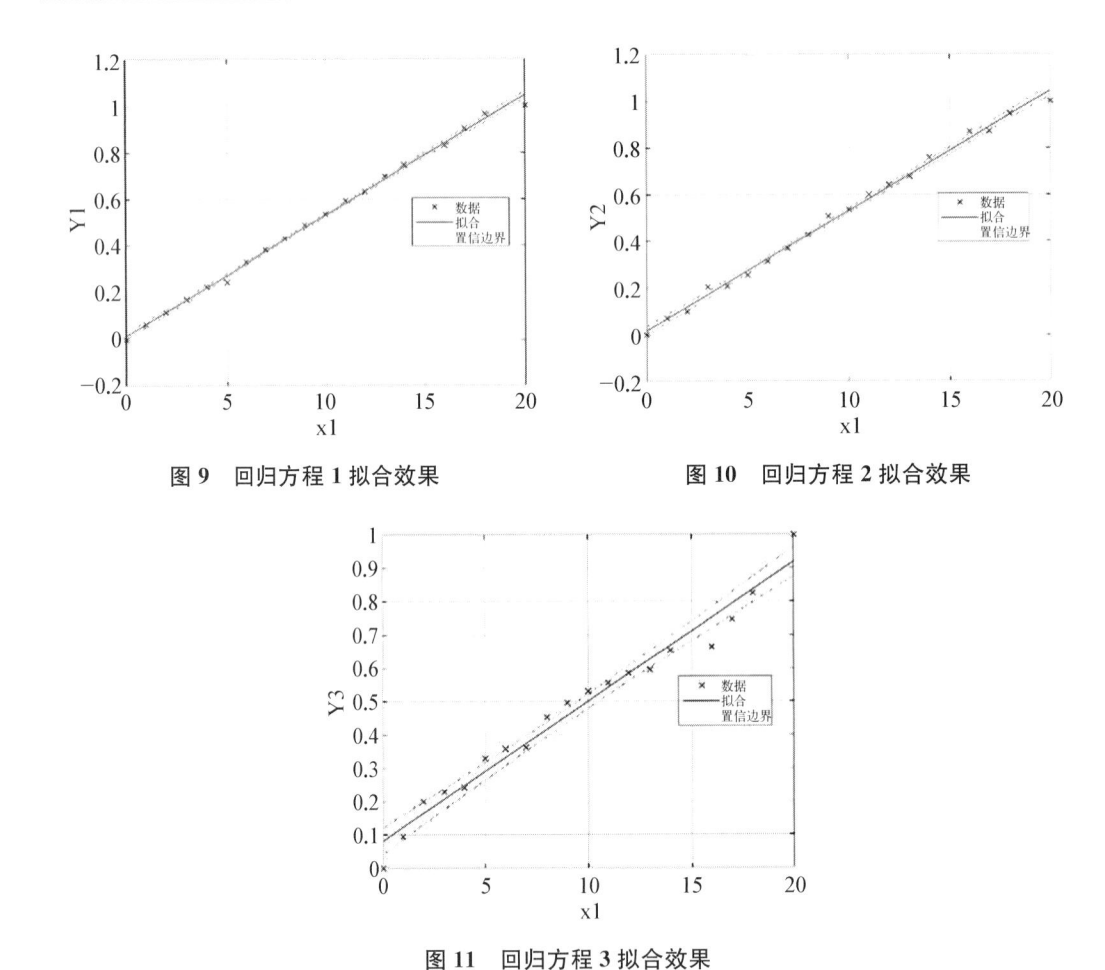

图 9　回归方程 1 拟合效果

图 10　回归方程 2 拟合效果

图 11　回归方程 3 拟合效果

具体分析如下：

(1) 移动支付对金融服务效率的影响

根据表中数据,移动支付使用次数的回归系数的 P 值非常小,说明移动支付使用次数对农村金融服务效率的正向影响是显著的。再关注拟合优度：R² 为 0.993 1,表示模型对观测数据的拟合效果很好,解释性较强。

结合当地具体情况和对村民的访谈,大庄村处于城市与农村之间,金融服务面临着资源配置不均衡的问题。传统金融机构在该地网点相对较少,金融服务水平不尽如人意,但随着移动支付的普及,金融服务效率得到了显著提升。移动支付技术为当地居民提供了更加便捷的金融服务,打破了时间和空间的限制,让他们能够随时随地进行转账、缴费、购物等金融交易。

结合现有文献,移动支付在农村地区可以降低交易成本,提高金融服务效率。在中国,移动支付平台如支付宝和微信支付已经广泛应用于农村地区,为当地农民提供了更加便捷的金融服务,推动了农村金融普及。通过移动支付,村民可以更加方便地进行商品买卖,降低了物流和交易成本,同时也拓展了销售渠道。通过移动支付,村民可以在家门口实现转账、支付账单、购买商品等各类金融交易,免去了长途奔波和排队等待的麻烦。这不仅提高了村民的金融服务体验,还促进了当地金融包容性发展。

(2) 移动支付对数字金融服务应用普及的影响

根据表中数据,移动支付使用次数的回归系数的 P 值非常小,说明移动支付使用次数对数字金融服务应用普及的正向影响是显著的。再关注拟合优度:R^2 为 0.993 3,表示模型对观测数据的拟合效果很好,解释性较强。

结合当地具体情况和对村民的访谈,随着移动支付的普及,大庄村村民逐渐接触到其他数字金融产品,如线上贷款、理财产品等。传统金融机构往往在农村地区设立较少的网点,导致金融服务不足,但数字金融服务可以通过互联网平台无缝地将服务传递到农村地区,无需传统银行网点,扩大了金融服务的辐射范围,弥补了大庄村当地金融服务资源的不足。

移动支付是数字金融应用的典型代表,其普及也带动了其他数字金融服务在农村地区的推广。国内外的研究表明,数字金融应用在农村地区有着巨大的潜力。例如,一些互联网金融平台利用线上金融服务应用,为农村居民提供个性化的金融产品推荐,改善了金融服务的质量和适用性,推动农村地区的经济发展。因而,移动支付可以推动数字金融服务应用的普及,进而促进农村金融包容性发展。

(3) 移动支付对金融知识和教育水平的影响

根据表中数据,移动支付使用次数的回归系数的 P 值非常小,说明移动支付使用次数对数字金融服务应用普及的正向影响是显著的。再关注拟合优度:R^2 为 0.972 2,表示模型对观测数据的拟合效果很好,解释性较强。

移动支付的普及对农村居民的金融知识和教育水平有积极的影响。随着移动支付的应用,村民需要了解如何正确使用移动支付平台进行交易,了解相关的金融安全知识,如防范诈骗等。为了顺利使用移动支付,村民不得不增强金融知识和数字技能。这有助于提高农村居民的金融素养,培养他们正确的金融理念,提高金融决策的能力。

综上所述,移动支付对该地区的金融普及性和农村金融包容性具有积极的影响。通过提高金融服务效率、推广数字金融应用和提升金融知识与教育水平,移动支付有望在农村地区推动金融普惠的进程,为居民提供更加便捷、高效、安全的金融服务。这也有助于促进当地经济的发展和金融体系的完善。

3. 模型的局限性

此模型以移动支付为例,探究数字金融服务对农村金融包容性的影响,采取了移动支付这一单变量来分析与金融包容性的相关性。固然移动支付是评判数字金融服务水平的重要指标,但仍可以结合其他指标,更加综合地反映出数字金融服务水平。如手机银行的使用次数、数字理财和借贷产品的使用情况等。其他的因素没有能够综合地考虑进此模型。尽管如此,我们仍然分析得到移动支付对农村数字金融包容性的很强的相关性。

六、政策建议

移动支付的发展完善是农村数字金融发展的前提条件和推动力,能够促进农村经济发展和提高居民生活水平。在调研过程中,笔者发现了移动支付发展的优点与不足,并提出以下几点政策建议,以进一步推动数字金融服务在农村地区的普及和发展。

(一)增强基础设施建设与维护

虽然大庄村实现了无线与有线网络的全覆盖,但全国互联网普及率仍只有74.4%(根据第50次《中国互联网络发展状况统计报告》)。因此,提高全国各地农村网络基础设施普及率非常重要,使农村地区能够稳定接入互联网和移动支付系统,这是推动农村移动支付和数字金融普及发展的前提条件。同时需要推广智能手机的普及,为农村居民提供便携的移动支付工具。

(二)加强互联网金融产品的监管与规范

农村地区金融诈骗广告仍然存在。随着移动支付的日益发达,诈骗团伙开始采用线上模式对分辨能力不强的老年人进行诱导和欺诈,导致互联网金融产品的可信度下降。调查显示,许多村民为了防止上当受骗,宁愿使用传统渠道金融工具而不使用互联网金融。因此,需要加强正规渠道互联网金融的规范,使内容和流程简洁明了,利于村民了解和掌握。

(三)合作推进

政府可以与金融机构、电信运营商、农村合作社等多方合作,共同推动农村移动支付的发展。通过合作,共享资源和信息,形成合力,加速农村移动支付的普及和发展。金融机构与电信运营商可以制定适合农村地区使用的移动支付方案,并通过村民信任的农村合作社加以推广。

(四)政策支持与激励措施

政府应制定相应的政策支持措施,鼓励金融机构在农村地区推广移动支付服务。可以给予金融机构税收优惠、贷款支持等激励,降低他们进入农村市场的成本,推动移动支付服务的覆盖。同时,还要鼓励金融机构开发针对农村居民的创新金融产品与服务,以满足他们特殊的金融需求。建立适宜农村的信用评级体系,为信用良好的村民提供优惠的金融服务。

(五)数字素养培训

调查显示93%的村民愿意接受公益性数字素养培训。因此,应加强农村数字素养培训,帮助他们掌握移动支付的基本操作和注意事项。可以通过举办培训班、设立帮助中心等方式,提高农民的数字技能水平,使他们更自信、更安全地使用移动支付。

(六)农村移动支付补贴

为进一步鼓励村民使用移动支付,政府可设立农村移动支付补贴计划,通过直接或间接向农民提供一定比例的移动支付交易费用补贴,激励使用移动支付。还可定期举行移动支付优惠活动,让村民在享受移动支付的便捷性同时也能感受到经济性。

(七)数据统计与研究

推动移动支付在农村地区的发展需要长期调查跟踪进展。因此,建立健全农村移动支付的数据统计与研究体系非常重要。定期发布农村移动支付的发展情况和趋势分析,为相关政策的制定和调整提供科学依据,能够根据不同阶段移动支付发展情况进行针对性改进。

通过实施这些政策建议,可以进一步促进农村数字金融服务的普及,推动农村经济的发展,提高农民的生活水平,并促进农村金融包容性的提升

参考文献

[1]周小琪,史洪雷.互联网金融背景下农村移动支付的发展状况与对策研究[J].长春金融高等专科学校学报,2019,(02):68-72.

[2]李荣强,陈轩,施龙中.数字技能赋能乡村金融发展的理论探讨与路径探析[J].东北农业大学学报(社会科学版),2023,21(02):83-89.

[3]贺同宝.移动支付发展的新趋势、风险分析及政策建议[J].北京金融评论,2016(03):3-7.

[4]杨保红.移动支付发展对农村居民消费影响的动态效应分析[J].商业经济研究,2023,No.873(14):47-50.

[5]向裕婧,张芷萱.数字金融的发展对农村金融创新和包容性的影响[J/OL].环渤海经济瞭望,2021,No.317(02):140141.DOI:10.16457/j.cnki.hbhjjlw.2021.02.067.

[6]白丹丹.农村移动支付的法外创新到监管合法化[D].华东政法大学,2016.

[7]李荣强,陈轩,朱建华.数字金融有效赋能农业经济发展的创新实践——评《数字乡村:数字经济时代的农业农村发展新范式》[J].中国农业气象,2023,44(06):541.

[8] Allen, F., Demirguc-Kunt, A., Klapper, L., Peria, M. S. M.. The Foundations of Financial Inclusion: Understanding Ownership and Use of Formal Accounts [J]. Journal of Financial Intermediation, Vol. 27, No. 1, 2016: 1-30.

以"农业＋扩产模式"为指导的农旅结合型发展解决方案
——上海市宝山区罗泾镇新陆村调研报告

陈莫凡[①] 徐奕阳[②] 朱志刚[③]

摘　要：党的二十大以来，坚持发展乡村振兴是我党带领全国人民向第二个百年奋斗目标奋进的重要举措。根据深入上海市宝山区罗泾镇新陆村基层调研所得到的数据以及见闻，采用 SWOT 分析法，得出新陆村应当以农旅业为主要发展产业，通过数字技术的协助带动产业进一步发展；使用 AHP 层次分析法对新陆村的农旅发展以及数字技术发展的决策点进行深入分析，并且使用帕累托定律得出采取高农业投入＋高扩产投入的当下决策，以探求新陆村最佳乡村振兴方案。

关键词：乡村振兴　数字技术　SWOT 分析法　AHP 层次分析法

一、引　言

党的二十大报告指出，要着力推动高质量发展，就要全面发展乡村振兴，坚持农业农村优先发展，坚持城乡融合发展，畅通城乡要素流动，并保障乡村产业、人才、文化、生态、组织五大方面的共同振兴。上海的乡村振兴建设在全国范围内拥有较高的水准，但也因为人文地理因素存在许多问题。

许多学者就这一问题已有了详细的研究。例如，李世忠（2023）调研后认为农村人口流失严重，整体活力不足；产业发展受限，动力不足；配套服务支撑不足，服务体系有待完善等问题。张栋洋（2020）发现受家庭、学校、社会、政府以及个人因素影响，大学生返乡创业数量少且成功率低。冯莉（2022）以上海某一镇为例，发现其在乡村振兴中存在政府相关部门之间信息壁垒、职能界定不清、缺乏完善公共设施配套、缺乏对乡村产业振兴专业人才的吸引政策、当地年轻人参与乡村产业振兴的动力不足等问题。许经勇（2016）指出，相对于城市，农村的发展滞后，农业基础不稳定，农民收入较低。随着改革开放、工业化和城市化的推进，大量农村青壮年劳动力逐年迁往城市，"空巢老人"和"空心村"的现象逐渐

[①] 陈莫凡，上海财经大学经济学院数量经济专业 2021 级本科生。
[②] 徐奕阳，上海财经大学经济学院数量经济专业 2021 级本科生。
[③] 朱志刚，上海财经大学经济学院数量经济专业 2021 级本科生。

增多,农村老龄化问题严重,乡村凋敝的情况逐渐显现;顾怡(2022)在农业农村信息化建设的过程中,专业人才较少、工作难度较大、任务繁重等。人才问题也是农村信息化发展的重要问题之一。

上述几个问题在团队实地调研新陆村后尤其突出。新陆村当前60岁以上的老年人占总人口的35.5%,老龄化问题严重;由于该村属于水资源保护区,因此这里只能开展"农文旅"三产,不能搞餐饮民宿等产业,对新陆村的发展有很大的约束。且为了保障水资源保护区,原先的16家工厂被拆除改建成农业蔬菜基地,当前处于发展起步阶段,很难有可观的营收,因而产业发展受到严重限制;村内缺少医疗、菜场、学校等设施,难以保障完善的服务体系。

二、调研基本情况介绍

(一)新陆村基本情况介绍

新陆村是上海市宝山区罗泾镇的一个行政村,位于罗泾镇东北部。西接塘湾村、洋桥村,东临长江,南靠花红村,北面与江苏省太仓市浏河镇相接。新陆村位于上海市二级水资源保护区,区域占地面积1.25平方千米,以种植绿色蔬菜为主,还有石斛、赤松茸、水蜜桃、李子、玉米等农产品。2022年,新陆村可支配收入为557万元,主要来源于租赁、净收益、补助金、财政转移收入和定期利息收入;村组织支出为461万元,主要为管理支出、福利支出和工程项目支出。新陆村现有316户,估计人口1 073人,外来人员约349人。村党支部现有在职党员18人,入党积极分子为1人,老龄党员73人。2018年新陆村荣获上海市美丽乡村振兴示范城,2021年成功创建上海市乡村振兴示范城,2022年创建上海市春节乡村旅游重点村。

(二)问卷调查情况

本组的问卷调查围绕本次千村主题"数字技术赋能乡村振兴",分别通过访谈村委会书记、副书记、工作人员等村委会相关人员,完成入村问卷,借此对于新陆村的基本面情况有了初步了解,并收集了2022年新陆村的基本数据情况。此外,根据书记对于村特色蔬菜基地,特色自然学堂的详细介绍,小组还针对性地对其进行实地考察,进一步了解了详细的发展情况。小组还通过走访村落中的若干户业主,根据地理位置,住宅建设,常住人口等因素以随机抽样的原则发放了12份入户问卷,受访者年龄均值为57.1岁,符合该村年龄分布情况,且问卷皆具有较高的完成度。通过访谈的形式进一步了解到户主家中情况以及新陆村近几年来的发展面貌以及实际变化,并同时印证了入村数据的真实可靠性。

(三)新陆村基本数据分析

1. 农业资源

(1) 农业户数、人口和从业人员

新陆村常住人口共1 458人。其中:本村户数362户,本村人口3 346人,60岁以上517人,高中学历87人,大专学历53人,本科及以上学历22人;外来人口385人。由于村子土地以外包的形式进行农业经营,故村中务农人数极少,且入户调查结果显示,越来多的村民选择将土地收归集体再外包出去的模式,务农人数呈减少的趋势。

(2) 农作物播种面积

新陆村可务农土地总面积共 1 875 亩。其中承包地面积 789 亩,林地面积 418 亩,粮田面积 94 亩,蔬菜大棚面积 574 亩。

(3) 农业合作与规模化生产

2018 年,新陆村为创建上海市美丽乡村,以及配合罗泾镇五村联动规划,确立发展高效、优质蔬艺,打造蔬香新陆特色品牌的致富战略。并且 19 家生产型工业企业全部拆除后,新陆村引进了上海市景瑞农业农业科技公司,开发"生产基地+加工企业+商超销售"新模式,进一步拓宽村集体收入增收渠道,增加村民家门口就业机会。

(4) 企业合作及发展情况

① 上海景瑞农业科技发展有限公司研蔬双管齐下

新陆村主要产业是蔬菜,为此引进了上海景瑞农业科技发展有限公司来科学地种植蔬菜同时完成供应链的建立。景瑞农业公司入驻新陆村,主要进行科研开发、生产种植、加工销售和物流配送等多个科学价值链的建立,同时也是新陆村主要的土地外包方之一,以生菜这种绿叶菜为主进行种植。目前的绿叶菜供给盒马、叮咚买菜、每日优鲜等线上平台,另外生菜专供肯德基跟麦当劳,销售渠道通畅。景瑞研学基地还拓展了"蔬艺+品牌推广、蔬艺+文化、蔬艺+研学、蔬艺+体验"功能,导入研学团队资源,打造自然教育学校,带领小朋友体验"农残检测""番茄酱制作""蔬菜包装"等检测、加工环节,让市民近距离了解一棵菜从菜田上餐桌的整个过程。

② 上海磊宏科技有限公司打通石斛经济新道路

上海磊宏科技有限公司积极配合新陆村打造铁皮石斛生产基地,为此栽种了大量枣树、石榴树、银杏树等树种,并成功将铁皮石斛附生种植于树体上,与果树伴生。在果树外围,企业还种植了形态各异的黄杨树,过去闲置的土地,经过打造已是郁郁葱葱。果树上种植铁皮石斛,能够让石斛依靠自身根系吸收树体和空气中的营养,顺应其生物习性,减少人工干预,模仿铁皮石斛野生环境,使石斛更接近野生品质,提高经济效益。果树不结果主要用于培育石斛,而石斛作为九大仙草之一,具有极高的药用价值,并且成熟的石斛可以泡酒,入药等。为了集约化利用土地资源,罗泾镇找来了技术专家指导,提供相关技术与材料,助力磊宏科技在新陆村进行赤松茸种植,发展林下经济,并委托知名旅游品牌"璞缇客"打造"赤松茸"采摘为主题的研学体验。另外,该公司还打造了一个果园,种植水蜜桃、脆柿、李子等水果,目前果树还在成长期,需要 3 至 4 年才能结果。

2. 旅游资源

(1) 自然景点

新陆村东南方的罗泾水源涵养林,距离新陆村仅 3.5 千米。罗泾水源涵养林环境优美,空气清新,为长江水源保护地之一,被誉为上海的"城市绿肺"。罗泾水源涵养林又称千亩涵养林,是罗泾镇打造的宝山湖休闲农业旅游区"千亩鱼塘""千亩粮田""千户人家"及"千亩涵养林"四个千重点项目之一。罗泾水源涵养林目前开放的面积约为 480 亩。并且在 2018 年被确认为首批沪郊八处开放式休闲林地之一,成为当地居民以及外来游客户外露营的不二之选。

除了罗泾水源涵养林之外,村子本身也可作为旅游景点,村子北靠长江,到村子北面的海塘新路能够看到,无比宽阔的长江江面以及江对面的崇明岛,视野开阔,风景极佳。同时,村内经过拆违翻新等工程展现出了新农村该有的农村自然景观＋乡村别墅这一别具一格的农村新形象,引人驻足观望,村中俨然也能成为供游客游览的景点。

(2) 人工景点

新陆村村内根据村民习惯翻建原碾米厂,改建为新陆村民俗馆,属于新陆村自主创新建设的民俗性人工景点,其主要用于推广罗泾四喜风糕制作技艺,记录新陆历史和人物志。发扬新陆农业生产标杆作用,打造学农为特色的研学实践教育营地。依托传统节日、重大节庆和民间文化资源开展文体活动,挖掘村内文体人才,组建广场舞文艺团队,积极参与各类赛事演出,每年承办乡村大舞台文艺演出。对于外来游客体验当地特色文化以及了解新陆村发展历史有极大的帮助,能够实现外来游客边玩边学的独特效果,对于发扬新陆特色有重要作用,同时也会起到引流作用。

(3) 企业合作及发展情况

新陆村与国盛旗下思尔腾集团达成了乡村振兴的战略合作,推进五村研学项目落地实施,承接市、区两级中小学生校外研学课程,提供乡村亲子活动服务。此外,罗泾镇五村与国盛旗下思尔腾集团共同合办山海泾·自然学堂,依托新陆村科技农业、乡村禀赋打造的一个集自然教育、乡村乡创、科普研学一体的上海乡村研学基地。

3. 数字技术资源

新陆村的数字技术发展及引进情况较差,当前仅有上海役家村村播文化传媒有限公司帮助新陆村在抖音直播带货帮助销售蔬菜、茶叶、酒等农产品,且销售量偏低。

上海役家村村播文化传媒有限公司成立于 2022 年 9 月 7 日,主要业务为酒类经营、食品销售(仅销售预包装食品),农副产品销售,初级农产品收购,食品互联网销售(仅销售预包装食品),食用农产品批发,茶具销售。下设全资子公司上海役家村村播科技发展有限公司辅助开展业务。2023 年 5 月,役家村村播联合宝山区委网信办与罗泾镇政府共同举办开展为期 2 天的全民数字素养与技能提升月系列活动之一——乡村振兴·直播运营赋能系列培训,培训面向村委干部、本地农户、回乡创业者、返乡大学生等,推进宝山区全民数字素养与技能提升活动,加快提升广大农民数字化适应力、胜任力、创造力。

4. 收支数据分析

(1) 村委会收支

在收入方面,2022 年新陆村收到上级部门拨款补助 515.24 万元,集体经营性收入 45.1 万元,出租村集体土地收入 40.1 万元,出租房子和场地收入 5 万元,合计 564.95 万元。可以看出,村主要收入来源于国家拨款补助,乡村产业开发仍然处于起步阶段。

在支出方面,2022 年新陆村为弄农户提供生产服务支出 365.38 万元,其中农田水利基本建设支出为 359.38 万元,占总体的 98%;农业技术推广支出 6 万元,占总体的 2%。

公益性事业支出95.73万元,合计461.11万元。由此可知,村庄目前依旧将重心放在建设高质量的农业基础设施上,而对于技术应用的开发较少,大部分的技术研发外包给了引进的景瑞农业科技公司。据村委会书记透露,由于目前村委会产业压力较大,基建建设需求高,因而难以将精力放在技术开发上,只能以外包的形式交给合作企业。

(2) 居民收支

依托12份问卷调查的数据,对居民的收支以及资产管理做以下统计与分析:

将新陆村家庭收支情况与上海百户农村常住家庭收支情况进行对比,详见表1。

表1　　　　　　　　　　　2022年新陆村收支情况

2022年上海百户农村常住家庭与新陆村常住家庭人均可支配收入与支出对比		
指标	农村常住人民	新陆村12户常住家庭
人均可支配收入(元)	39 728	44 292
人均消费支出(元)	27 430	23 583
收入/支出比值(%)	145%	188%

此外,对新陆村的收支分布情况进行分析对比,详见图1。

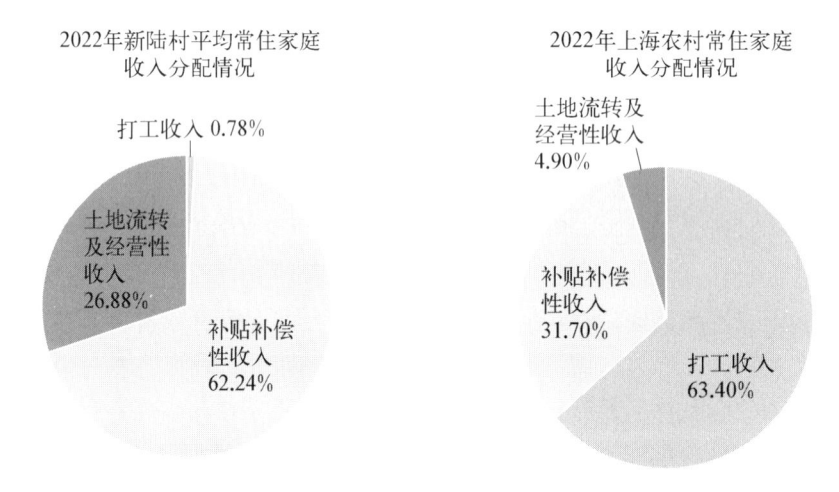

图1　2022年新陆村常住家庭与上海农村常住家庭收入分配情况对比

由此可初步分析:

收入方面,居民年收入分布在50 000～300 000元区间内,中位数为155 000元,分布最多的区间段为100 000～200 000元,占总分布的58%。收入来源排名前三位为:退休工资及补贴收入、外出打工收入和土地流转收入。

支出方面,居民年支出分布在10 000～43 000元区间内,中位数为20 000元,分布最多的区间段为10 000～20 000元,占总分布的60%(详见图2)。支出去向排名前三位为:

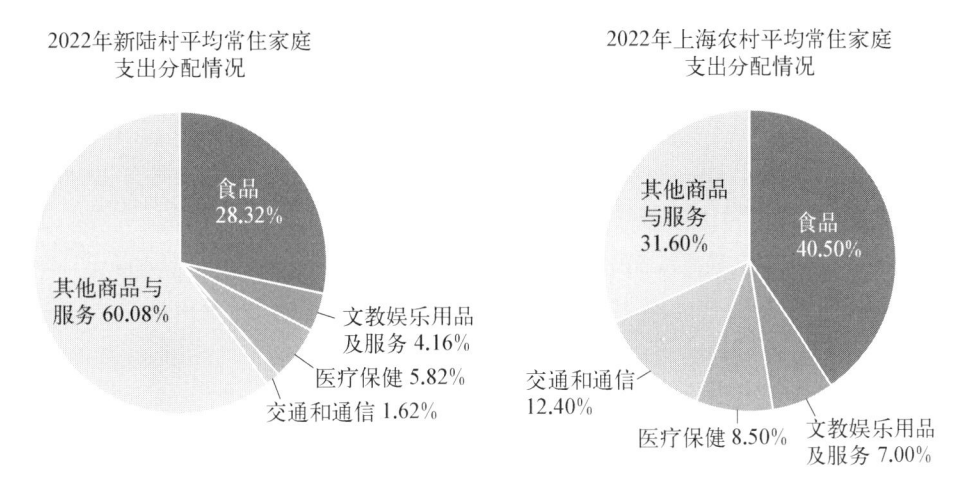

图 2　2022 年新陆村常住家庭与上海农村常住家庭支出分配情况对比

食物食品支出(包括烟酒)、医疗费用和旅游费用。值得一提的是,调查的 12 户居民中,其文娱开销均在 1 000 元以下,而超过一半的居民称一年从不旅游。

由此可分析知,新陆村居民由于平均年龄较高,普遍以退休金,国家补贴等作为第一收入来源,消费能力以满足基本的生活保障为主,家庭在娱乐,旅游等休闲领域的开销较低,甚至几乎没有。

(3) 家庭资产管理

资产方面,主要针对居民部分耐用性资产进行了统计。通过与 2022 年上海百户农村常住家庭资产统计量对比得到的结果见表 2。

表 2　　　　　　　　　　　　2022 年新陆村部分非耐用资产情况

2022 年上海百户农村常住家庭部分资产量与新陆村家庭资产量对比			
指　标	百户农村常住家庭资产总量	百户农村常住家庭资产均值	新陆村 12 户家庭资产总计	新陆村 12 户家庭资产均值
家用汽车(辆)	41	0.41	6	0.5
助力车(辆)	137	1.37	16	1.33
移动电话(部)	208	2.08	36	3
其中智能手机	180	1.8	33	2.75
计算机(台)	31	0.31	8	0.67

5. 城镇化程度

(1) 交通便捷程度

新陆村内有公交 86 路专设的新陆站,1 千米内有公交 81 路站点,可搭乘前往罗泾镇中心和地铁站点,是村民最经常使用的交通工具。新陆村周边无较近的地铁站点,距 7 号线美兰湖站 11 千米左右,可以通过搭乘 81 路公交抵达,乘车时间约为 1 小时。此外,新陆村范围内打车较为便利,经过测试,打车订单平均响应时间小于 1 分钟,且村内地址小路定位清晰准确。

(2) 至镇中心和市中心距离

罗泾镇地区中心在新川沙河与潘泾路的交会处,以此为定位标志,新陆村距离罗泾镇地区中心直线距离 2.5 千米,驾车约 10 分钟;也可以通过宝山 86 路再换乘宝山 81 路抵达。上海市中心以人民广场为定位标志,新陆村距离人民广场直线距离为 33 千米,乘车时间约为 1 小时。

(3) 周边配套设施

新陆村周边配套设施基本齐全,包括基础设施、商业服务设施和医疗卫生设施等。新陆村周边有一小型商场,内有超市、餐饮、影院、教育机构等入驻;新陆村周边医疗设施包括新陆卫生服务站、罗泾镇社区卫生服务中心、上海九院太仓分院等;新陆村附近生活服务机构包括罗泾派出所、罗泾中心幼儿园、罗泾中学、中国工商银行罗泾支行、中国移动联通营业厅、菜鸟驿站等。

6. 教育条件

(1) 初高中教育资源

新陆村周围 10 千米范围内有四所初中,分别为罗泾中学、上海外国语大学附属宝山双语学校、上海市盛桥中学和罗店中学。其中罗店中学为高中,也是周围仅有的一所高中,该中学是宝山区建设的区实验性示范性高中并为上海市特色普通高中。罗店中学办学质量较高,2022 年本科率达到 90%,一本率在 30% 左右,具有良好的师资、优良教风和学风,每年有一批学生进入双一流高校就读。但从宝山区以及上海市的范围来看,新陆村及其所在的罗泾镇拥有教育资源较为匮乏。此外,宝山区的另外四所区实验性示范性高中以及五所市属实验性示范性高中均距离新陆村 15 到 20 千米,通勤时间在 40 分钟以上。

(2) 升学情况

宝山区整体的高中教育资源与上海中心城区和其他郊区的比较如表 3 所示。

表 3　　　　　　　　　　　　　　中学教育资源对比

行政区划	高级中学（所）	市重点（所）	特色高中（所）	区重点（所）	考生人数（个）	招生数（除自招）	录取率
宝山区	19	5	1	4	9 403	5 340	56.79%
黄浦区	17	9	1	4	3 986	2 750	68.99%
徐汇区	18	6	1	4	7 715	4 563	59.14%
静安区	21	7	1	8	6 831	4 294	62.86%

续 表

行政区划	高级中学（所）	市重点（所）	特色高中（所）	区重点（所）	考生人数（个）	招生数（除自招）	录取率
嘉定区	12	2	1	4	6 675	3 742	56.06%
松江区	13	4	0	2	7 571	4 384	57.91%
闵行区	29	5	1	5	13 593	7 571	55.70%
青浦区	8	3	0	1	4 450	2 202	49.48%

表 3 数据显示，宝山区整体教育资源在郊区范围内较为丰富，但弱于中心城区且考生人数多，除自招外的录取率略低于上海市总体录取率(57.88%)。而对于教育资源不够充足的新陆村，学生受到的教育水平较低且升学压力大，有能力的家长往往会迁离新陆村及其所在的罗泾镇，并替学生选择镇外的学校就读。

三、调研分析

（一）SWOT 分析法下新陆村产业现状分析

1. 新陆村农业现状（详见表 4）

表 4　　　　　　　　　　SWOT 分析法下新陆村农业现状

优　势	劣　势	机　会	威　胁
区位条件优越；引进社会资本；发展基础良好；农业产业化初具规模	劳动力不足；产业化水平制约；发展资金单一；农民科技文化素质偏低；推广力度不够	乡村振兴战略的实施；农业发展政策利好；电商网络发达	同质化严重；市场竞争激烈；可用耕地面积减少；种植成本增加

（1）优势分析

新陆村处于长江中下游平原和二级水资源保护区，其平原地形、充足的光照和丰富的水资源非常适合绿色蔬菜和水果种植。另外，新陆村位于长三角经济区，有很强的市场需求；其所在地上海境内铁路、机场、水运等交通资源丰富；其所在的罗泾镇内有沪崇高速通过，10 千米范围内设有多个收费站；另有 S126 沪太公路和 S127 蕰川公路分列东西两侧，为新陆村农产品流通提供了出色的物流运输条件。

在农业生产上，第三方企业上海景瑞农业科技发展有限公司在新陆村由传统农业向现代农业转型的过程中，对种植面积和种植作物进行了优化，重点种植无公害绿色蔬菜以及石斛等经济作物，特色农业产业化深入推进。目前在新陆村开发了"生产基地＋加工企业＋商超销售"新模式，对产业链条进行拓展，并引入了水培蔬菜等更先进的栽培技术。

另外,村庄联合第三方企业开展果园项目,种植多种具备一定市场吸引力的水果,利用"种植—加工—销售"一体化模式吸引游客采摘与参观,增加水果销量。

(2) 劣势分析

当前新陆村的农业面临的问题包括劳动力不足、产业化水平制约、发展资金单一等。新陆村的农业生产在传统农业的范畴,依赖于自然资源和人力的投入。新陆村常住人口1 458人,现居民多数为劳动力相对较弱的老人或小孩,60岁以上的占比35.5%,且从收入角度考虑,种植蔬菜不如进城务工,因此大部分青壮年劳动力已经转向从事农业以外的工作。随着经济状况和生活水平的持续提升,新陆村的劳动力资源变得极度紧缺,成为制约农业发展的因素之一。

近年来,新陆村在推进农业产业化方面取得了进展,但离形成特色农业尚有差距。具体来说,其农业发展主要依赖景瑞公司,缺少多样的高质量农业企业。农产品的加工生产环节相对简单,投入资金较少,产业化水平较低,从而导致农产品的附加值不高。新陆村的农业发展资金主要来自政府扶持和外部企业投入,不足以支持向现代农业的转型,因此农业生产设施和设备条件有限,生产工艺相对简单。尤其是在引入新技术和智能农业生产设备方面相对薄弱。

新陆村内村民高中以上学历仅占10%左右,而大学本科以上的人才仅占1.5%,由此可见新陆村人才水平整体很低,掌握一技之长的农村实用人才的总量匮乏,密度很低,导致先进技术的推广受阻成为其农业发展的一大阻碍。另外,新陆村果树园项目产出的水果知名度低,推广力度弱,主要为本区范围内的流通且销量较低。

(3) 机会分析

自党的十九大提出乡村振兴战略以来,我国高度重视乡村产业兴旺。特色农业得到显著发展,农业经济效益提升,经济与环境协同进步,高质农产品价值逐渐凸显。农业经济快速增长,在一定程度上解决了传统农业问题,减少了污染,同时提升了农产品质量与安全标准,推动了优质农产品价格上涨,实现了经济效益的最大化。所以新陆村内诸如石斛、绿色蔬菜等优质农产品面临着发展机遇。

近年来,上海市人民政府颁布实施了多个关于上海市农业发展的相关政策,如《上海市乡村振兴战略规划(2018—2022年)》《上海市推进农业高质量发展行动方案(2021—2025年)》《上海市乡村振兴"十四五"规划》等,都为上海市以及新陆村的农业发展提供了良好的保障。

得益于现代信息技术的迅猛发展,农业产业不再受制于信息不畅这一过去导致宣传受阻和流通受限的情况。近年来,涌现出信息农业、智慧农业、"互联网+农业"等多种创新农业模式,电商网络在其中扮演着重要角色,成为不可或缺的宣传推广工具。电商网络具有低成本、高效果等优势,以较小的投入获得最佳宣传效果。借助电商网络,农业产业还能实现广告效应,提升知名度,拓展规模,促进发展。新陆村位于上海市城郊,紧邻城区,信息技术辐射广泛,相比一般农村,在宣传推广方面拥有更多的机遇和优势。运用电商网络技术,能够拓展农产品销售渠道,推动村内经济蓬勃增长。

(4) 威胁分析

农业产业的发展是乡村振兴战略的关键一环,也是塑造农业核心竞争力的主要途径。然而,在农业产业蓬勃发展的同时,市场已出现一些疲态,主要体现为严重的同质化现象。由于农业的固有同一性和区域性,同一地区的农业生产模式相似,导致衍生出的农业产业也呈现相似性。部分农业产业在规划和建设时缺乏地方特色,彼此模仿,缺乏创新,导致地区内农业产业同质化问题严重,核心竞争力不足,发展潜力受限等情况。新陆村与周边村落的农业产业同样面临同质化问题。在政策的推动下,新陆村引入了绿色蔬菜、果树等激烈竞争的农业产业,忽视了长远发展,导致同质竞争和缺乏特色。

随着城市不断扩张和土地保护压力逐渐上升,新陆村面临着经营农业和非农产业两种选择之间的巨大收益差异。非农用地被用于建设厂房、住房等,占用了大量土地,农业用地与非农用地的矛盾日益尖锐,制约了特色农业的发展。此外,农业对机械的依赖度不断增加,机械化设施的燃油和人工成本不断上升,如果不依赖机械,雇佣劳动力的成本会增加;同时,随着青年劳动力的外流,工资上涨,导致农业生产成本上升。种子、化肥、农药等生产资料价格持续上涨,也是农业生产成本上升的主要原因之一。

在当前的互联网时代,尤其是5G技术的普及,科技不仅改变了人民的生活,而且改变了商品的竞争模式。随着直播带货模式的兴起,产品的销售渠道越来越广泛,农产品的市场竞争压力也越来越大。但由于新陆村农产品知名度低,销售渠道少,因此其销路基本在上海市境内。而上海为全国经济最发达的城市之一,其境内有来自全国各地乃至全球的农产品,新陆村的农产品销售面临着巨大的市场竞争压力。

2. 新陆村文旅产业现状(详见表5)

表5　　　　　　　　　　SWOT分析法下新陆村文旅产业现状

优 势	劣 势	机 会	威 胁
生态环境优美; 文化底蕴; 乡村振兴示范村; 自然教育资源	基础设施; 水资源保护区; 人口老龄化; 客流量不足	乡村振兴政策; 生态旅游潜力; 文化特色活动	竞争激烈; 环保压力; 自然灾害风险

(1) 优势分析

新陆村坐落在自然环境优美的位置,这里植被、野生动植物等自然景观丰富多样,具有较高的生态美感。由于相对较远离城市的喧嚣和工业区域,新陆村的空气质量相对较好,适宜休闲度假,吸引追求清新空气的游客。新陆村严格实施水资源保护政策,水质较为清洁,有助于水上娱乐和渔业活动。同时,新陆村村内根据村民习惯翻建原碾米厂、改建为新陆村民俗馆,属于新陆村自主创新建设的民俗性人工景点,其主要用于推广罗泾四喜风糕制作技艺,记录新陆历史和人物志。发扬新陆农业生产标杆作用,打造学农为特色的研学实践教育营地。新陆村农业产业多样,农业种植不仅仅局限于普通的农产品更是引进了花魔芋、香水莲花、铁皮石斛等极具农业特色以及经济效益的新型农村农作物,能够提供给游客参观学习特色植物的习性与相关知识,具有丰富的自然教育资源,同时也引进了外来企业在村子创办自然学堂等研学项目有利于吸引学生群体。并且新陆村在2018年新陆村荣获上海市美丽乡村振兴示范村称号,然后2021年又成功获得了上海市乡村振兴示范村称号,2022年又获得了上海市春节乡村旅游重点村称号,2023年4月,新陆村被确定为第一批上海市级乡村旅游重点村。这些称号可以成为新陆村文旅产业发展的招牌。

(2) 劣势分析

新陆村存在旅游基础设施不完善、水资源保护区限制、人口老龄化、客流量不足、推广力度不够等问题。目前新陆村的文旅项目仅处于起步阶段,旅游基础设施不够完善,同时受制于水资源保护区的条件限制,新陆村村内不能很好地吸引外来餐饮管理企业入驻,旅游基础设施的建设也很大程度上受制于水资源保护区的生态背景。此外,文旅产业发展需要青年劳动力,尽管新陆村常住人口1 458人,但现居民多数为劳动力相对较弱的老人或小孩,60岁以上占比35.5%,并不能很好地进行文旅产业培训,从而从事村中文旅产业工作。新陆村地处上海宝山区罗泾镇,距离上海市中心区域直线距离约30公里,距离市区较远,这使得新陆村的客流量不足,再加上新陆村的文旅宣传渠道较少,村子文旅相关网站搭建不完善,导致宣传不足,很难吸引游客前往。

(3) 机会分析

在中央乡村振兴相关政策领导下,新陆村的文旅产业发展也迎来了新的机遇。中共中央、国务院联合发布的《2023年全面推进乡村振兴重点工作的意见》指出要培育乡村新产业新业态。实施文化产业赋能乡村振兴计划。实施乡村休闲旅游精品工程,推动乡村民宿提质升级。2021年上海文旅局发布文件《上海市关于推进公共文化服务高质量发展的意见》指出,开展特色乡村文化活动、节日民俗活动,推动历史名镇名村业态提升和非物质文化遗产保护传承。深化"民间文化艺术之乡""乡村旅游重点村和重点镇(乡)"的创建和发展,激发乡村文化的源动力、原创力和生命力,助推乡村文化振兴。从中央到地方,都有政策支持农村地区发展文旅产业来保证乡村振兴工作高质量推进,这对新陆村的文旅产业发展来说是极佳的发展机遇。此外,新陆村地理位置独特,邻近长江,生态环境良好,具备发展生态旅游的潜力,吸引自然爱好者和生态游客。同时村内及附近有多种自然生态环境以及相应的多样化农作物,未来将具有独特吸引力。新陆村的民俗馆推广罗泾四喜风糕制作技艺,能够提供独特糕点文化的学习活动,而且能够依托传统节日、重大节庆和民间文化资源开展文体活动,挖掘村内文体人才,组建广场舞文艺团队,积极参与各类赛事演出,每年承办乡村大舞台文艺演出。

(4) 威胁分析

虽然新陆村在发展文旅产业方面具有得天独厚的优势,但是也存在不少威胁。首先,周边文旅产业竞争激烈,距离新陆村约2公里范围内就有华亭哈密瓜主题公园,塘湾村母亲花文化园等文旅景点。并且宝山区内还有上海吴淞炮台湾国家湿地公园、滨江森林公园等著名旅游景点也会对新陆村的文旅产业发展存在不小威胁。除了周边文旅产业威胁外,新陆村还面临着自身国家二级水资源保护区背景的限制,这使新陆村文旅产业发展不得不需要用更高的要求考虑发展旅游业对生态环境造成的影响,更要需要制定要求更高的可持续发展计划,平衡生态保护和经济发展。此外,新陆村位处长江边,可能会面临自然灾害风险。同时长江涨落潮水位差平均为 2.7 米,涨落潮水位差较大,存在一定的安全隐患,所以新陆村也需要在文旅产业发展的基础上更多的关注安全问题。

3. 新陆村数字赋能现状(详见表 6)

表 6　　　　　　　　SWOT 分析法下新陆村数字赋能现状

优　势	劣　势	机　会	威　胁
线上销售渠道; 瞄准直播带货; 地方政府相关政策扶持; 乡村治理数字化程度高	直播产品缺乏知名度; 缺乏专业人才; 农业科技投入引入困难; 缺乏人力资源; 平均数字素养低	国家对发展数字乡村的政策支持; 电商平台的繁荣发展为电商战略提供机遇	农村电商市场竞争日益激烈; 产品缺乏竞争力; 村与村之间恶性竞争

(1) 优势分析

在农业生产上,新陆村的合作企业景瑞农业科技发展有限公司打通了线上销售渠道,与盒马鲜生、叮咚买菜等线上商超合作,大大提升了销售额,近一年销售额达到 4 000 万元,与线上平台的合作拓宽了新陆村农业发展的未来。2022 年新陆村引进役家村村播,主营业务包括直播带货、供应链产业、商品产销、网红教培、数据服务等。新陆村为其提供了超 1 000 平方米直播基地,并为其申请优势项目优惠政策。数据显示,新陆村村民平均数字素养较高,对数字经济的接受程度高。另外,其所在的宝山区也协助开展了一系列直播运营技能培训,助力直播业务的发展。新陆村在全村部署了各类物联网传感器以及覆盖全村范围的鹰眼摄像头,收集各类信息,经过 5G 网络传回并进行分析处理,能够为村民和合作企业提供预警信息,以应对各种危机情况。

(2) 劣势分析

当前新陆村面对的问题也包括直播产品缺乏知名度、缺乏专业人才、平均数字素养低、难以吸引农业科技投入等问题。役家村村播的主要产品为当地的茶叶和酒,在市场中缺乏知名度;新陆村老龄化问题严重,平均年龄 44.5 岁,60 岁以上占比高达 35.5%,老年人的受教育水平普遍较低,再加上传统观念的影响,导致他们的学习和适应能力相对有限,这使得他们对数字产品和各种科技信息的接受较为缓慢,制约了数字经济与乡村产业的融合进程;目前役家村主要人员为退伍军人,缺乏电商技术、宣传推广的专业人才,难以扩大直播经济规模。新陆村在农业生产方面缺少数字化复合型人才,难以应用数字化技术;无法吸引农业科技投入,缺乏智能化农机等生产智能化设施设备和技术。

(3) 机会分析

新陆村的数字产业发展也面临着新的机遇。2019 年,中共中央办公厅、国务院办公厅联合印发的《数字乡村发展战略纲要》指出,要不断强化数字技术创新的扩散效应、信息的溢出效应和技术释放的普惠效应,以加快乡村数字化布局。2020 年,农业农村部、中央网信办联合出台的《数字农业农村发展规划(2019—2025 年)》提出,在"十四五"期间要"顺应时代趋势,把握发展机遇,加快数字技术推广运用,大力提升数字化生产力"。2021 年,中央一号文件进一步强调要积极推进数字乡村建设,促进新一代信息技术与农业经营方式深度融合。从国家政策的指引来看,数字技术助力乡村振兴已经成为明确的方向,一系列政策为新陆村的数字技术与产业融合发展提供了新的机遇。此外,如今的电商平台和互联网 App(如抖音、微博、快手、微店等)为广泛的宣传提供了平台,役家村村播可以借此机会将特色农产品和经过创意设计的本地文创产品推广至全网。

(4) 威胁分析

近年来,国内农村电商市场的规模迅速加剧,竞争激烈。据《中国数字乡村发展报告(2022 年)》显示,2022 年全国农村网络零售额达 2.17 万亿元,同比增长 3.6%。其中,农村实物商品网络零售额 1.99 万亿元,同比增长 4.9%,新陆村直播带货主打的酒类产品 2022 年同比增长 19.1%,市场竞争压力大。农村电商已经成为电商行业重要的分支,如何更好地运用线上平台、电商等渠道扩大产业规模,增加销售额,对新陆村来说难度较大。新陆村直播产业现有的产品在市场上同质化较大;同时,其农产品电商发展还面临周边村落的同行业竞争,如塘湾村、杨桥村等村的电商产业。如何形成差异化竞争优势,提高核心竞争力成为新陆村电商发展的一大挑战。

四、AHP 层次分析法

(一) 基本情况概述

AHP 层次分析法是一种多准则决策方法,用于处理涉及多个层次和多个准则的决策问题。它提供了一种层次化结构,通过将决策问题划分为层次结构,从而使复杂的问题变得更加易于理解和处理。

依照 SWOT 分析的结论以及新陆村的实地调研与问卷调查,我们对村当前农旅结合的产业发展战略持认同态度,但新陆村对于农旅业发展的占比问题,以及数字技术赋能乡村振兴的技术开发费用占比问题未作出明确的规划。因此我们选择使用 AHP 层次分析法就农旅结合发展大方向下的产业分配与技术研发费用占比问题做深入分析以得到一个客观的方案。

我们将未来发展方案分为两部分:农旅产业费用分配,以及数字科技投入与扩产投入费用分配。通过运用帕累托定律,从经验上将农旅产业费用分配分为高农业投入(80%农业投入+20%旅游业投入)、均衡发展农旅业(50%农业投入+50%旅游业投入)和高旅游业投入(20%农业投入+80%旅游业投入)三种方案;将数字科技投入与扩产投入费用分配分为高技术研发与技术引进投入(80%科技投入+20%扩产规模投入),均衡扩产与技术研发投入(50%科技投入+50%扩产规模投入)和高扩产投入(20%科技投入+80%扩产规模投入)三种方案。通过组合，共可以得到九种备选方案(详见表7)。

表7　　　　　　　　　　　　　　九种备选方案

方案层	高技术研发与技术引进投入	均衡扩产与技术研发收入	高扩产收入
高农业投入	80%农业投入+20%旅游业投入 80%科技投入+20%扩产规模投入	80%农业投入+20%旅游业投入 50%科技投入+50%扩产规模投入	80%农业投入+20%旅游业投入 20%科技投入+80%扩产规模投入
均衡发展农业	50%农业投入+50%旅游业投入 80%科技投入+20%扩产规模投入	50%农业投入+50%旅游业投入 50%科技投入+50%扩产规模投入	50%农业投入+50%旅游业投入 20%科技投入+80%扩产规模投入
高旅游业投入	20%农业投入+80%旅游业投入 80%科技投入+20%扩产规模投入	20%农业投入+80%旅游业投入 50%科技投入+50%扩产规模投入	20%农业投入+80%旅游业投入 20%科技投入+80%扩产规模投入

(二)模型建立

1. 建立模型结构(见表8)

表8　　　　　　　　　　　　　　建立模型结构

目标层	新陆村农旅发展与科技投入的比例选择
准则层	细分标准
农业层面	B1 村委农业层面开销占比,农户/农企数量
	B2 农业盈利能力
	B3 发展农业社会效益(如带动就业)
旅游业层面	B4 村委旅游业层面开销占比,旅游企业数量
	B5 旅游业盈利能力
	B6 发展旅游业社会效益(如带动就业)
科技发展层面	B7 科技发展层面开销占比,科技性企业数量
	B8 科技带来的盈利能力
	B9 社会效益

2. 规定判断标准（见表9）

表9　　　　　　　　　　　　规定判断标准

标度 A_{ij}	含　　义
1	表示两个元素相比,具有同样的重要性
3	表示两个元素相比,前者比后者稍重要
5	表示两个元素相比,前者比后者明显重要
7	表示两个元素相比,前者比后者极其重要
9	表示两个元素相比,前者比后者强烈重要
2,4,6,8	表示上述相邻判断的中间值
1～9 的倒数	表示相应两因素交换次序比较的重要性

3. 建立判断矩阵

（1）新陆村农旅业发展分析

表10　　　　　　　　　　　　建立判断矩阵 A1

	村委农业层面开销占比,农户/农企数量	农业盈利能力	发展农业社会效益（如带动就业）	村委旅游业层面开销占比,旅游企业数量	旅游业盈利能力	发展旅游业社会效益（如带动就业）
村委农业层面开销占比,农户/农企数量	1	0.25	0.25	4	1	1
农业盈利能力	4	1	1	2	4	4
发展农业社会效益（如带动就业）	4	1	1	1	4	2
村委旅游业层面开销占比,旅游企业数量	0.25	0.5	1	1	0.5	0.5
旅游业盈利能力	1	0.25	0.25	2	1	0.5
发展旅游业社会效益（如带动就业）	1	0.25	0.5	2	2	1

分别根据新陆村情况对以上 6 个指标建立判断矩阵,如表 11 至表 16 所示。

表 11　　　　　村委农业层面开销占比,农户/农企数量(矩阵 A2)

	高农业投入	均衡发展农旅业	高旅游业投入
高农业投入	1	5	4
均衡发展农旅业	0.2	1	2
高旅游业投入	0.25	0.5	1

表 12　　　　　　　　农业盈利能力(矩阵 A3)

	高农业投入	均衡发展农旅业	高旅游业投入
高农业投入	1	4	6
均衡发展农旅业	0.25	1	4
高旅游业投入	0.166666667	0.25	1

表 13　　　　　　　发展农业社会效益(矩阵 A4)

	高农业投入	均衡发展农旅业	高旅游业投入
高农业投入	1	3	5
均衡发展农旅业	0.33	1	3
高旅游业投入	0.2	0.33	1

表 14　　　　　村委旅游业层面开销占比,农户/农企数量(矩阵 A5)

	高农业投入	均衡发展农旅业	高旅游业投入
高农业投入	1	0.33	0.2
均衡发展农旅业	3	1	0.33
高旅游业投入	5	3	1

表 15　　　　　　　　　　　　旅游业盈利能力（矩阵 A6）

	高农业投入	均衡发展农旅业	高旅游业投入
高农业投入	1	0.25	0.167
均衡发展农旅业	4	1	0.25
高旅游业投入	6	4	1

表 16　　　　　　　　　　　　发展旅游业社会效益（矩阵 A7）

	高农业投入	均衡发展农旅业	高旅游业投入
高农业投入	1	0.33	0.2
均衡发展农旅业	3	1	0.33
高旅游业投入	5	3	1

构造好判断矩阵后，需要根据判断矩阵计算针对某一准则层各元素的相对权重，并进行一致性检验。判断矩阵权重计算的方法有两种，即几何平均法（方根法）和规范列平均法。鉴于方根法计算所得权重更加精确，本文使用方根法。具体方法如下：

根据判断矩阵：$A = \begin{bmatrix} A_{11} & \cdots & A_{1n} \\ \vdots & \ddots & \vdots \\ A_{n1} & \cdots & A_{nm} \end{bmatrix}$

得到权重向量 $\bar{W}_i = \left(\prod_{j=1}^{n} A_{ij} \right)^{\frac{1}{n}}, (i = 1, 2, \cdots, n)$

得到特征向量 $W_i = \dfrac{\bar{W}_i}{\sum_{j=1}^{n} \bar{W}_j}, (i = 1, 2, \cdots, n)$

得到最大特征根 $\lambda_{\max} = \dfrac{1}{n} \sum_{i=1}^{n} \left[(AW)_i / W_i \right]$

根据公式：$C.I. = \dfrac{\lambda_{\max} - n}{n - 1}$，其中 $\lambda_{\max}$ 为矩阵最大特征值，n 为矩阵阶数。

以及公式：$C.R. = \dfrac{C.I.}{R.I.}$，可进行方根法一致性检验。式中 $C.R.$ 为一致性比率，当 $C.R. < 0.1$，则认为判断矩阵 A1～A7 满足一致性要求；$R.I.$ 为随机一致性指标，其值与矩阵阶数有关。本检验使用以下 Satty 模拟 1 000 次得到的随机一致性指标 $R.I.$ 取值表，见表 17。

表 17　　　　　　　　　　　　　　R.I. 取值表

矩阵阶数 n	1	2	3	4	5	6	7	8	9	10	11	12	13
R.I.	0	0	0.58	0.90	1.12	1.24	1.32	1.41	1.45	1.49	1.51	1.54	1.56

通过使用方根权重计算法，可计算出上述 7 个矩阵的 $C.I.$ 与 $C.R.$ 值（见表 18）。

表 18　　　　　　　　　　　　　　$C.I.$ 与 $C.R.$ 值

矩　阵	A1	A2	A3	A4	A5	A6	A7
CI	0.1111	0.0470	0.0539	0.0193	0.0193	0.0539	0.0193
CR	0.0882	0.0810	0.0930	0.0332	0.0332	0.0930	0.0332

可知所有矩阵都满足 $C.R.<0.1$ 条件，因此一致性检验通过。通过方根权重计算法得到的计算结果如表 19 所示。

表 19　　　　　　　　　　　　　　决策结论

	新陆村	高农业投入	均衡发展农旅业	高旅游业投入
村委农业层面开销占比，农户/农企数量	16.63%	68.70%	18.65%	12.65%
农业盈利能力	16.63%	73.00%	25.31%	8.77%
发展农业社会效益（如带动就业）	18.67%	62.42%	25.31%	10.26%
村委旅游业层面开销占比，旅游企业数量	16.63%	10.26%	25.31%	62.42%
旅游业盈利能力	14.82%	8.77%	25.31%	73.00%
发展旅游业社会效益（如带动就业）	16.63%	10.26%	25.31%	62.42%
综合评分	/	0.40	0.24	0.37
结论	高农业投入为最佳方案			

（2）新陆村科技投入发展分析

表20　　　　　　　　　　　建立新陆村判断矩阵C1

	科技发展层面开销占比,科技性企业数量	科技带来的盈利能力	社 会 效 益
科技发展层面开销占比,科技性企业数量	1	4	1
科技带来的盈利能力	0.25	1	0.5
社会效益	1	2	1

分别根据新陆村情况对以上3个指标建立判断矩阵,如表21～表23所示。

表21　　　　　　　科技发展层面开销占比,科技性企业数量(矩阵C2)

	高技术研发与技术引进投入	均衡扩产与技术研发投入	高扩产投入
高技术研发与技术引进投入	1	3	6
均衡扩产与技术研发投入	0.333 333 333	1	4
高扩产投入	0.166 666 667	0.25	1

表22　　　　　　　　　科技带来的盈利能力(矩阵C3)

	高技术研发与技术引进投入	均衡扩产与技术研发投入	高扩产投入
高技术研发与技术引进投入	1	0.25	0.166 666 667
均衡扩产与技术研发投入	4	1	0.5
高扩产投入	6	2	1

表23　　　　　　　　　科技带来的社会效益(矩阵C4)

	高技术研发与技术引进投入	均衡扩产与技术研发投入	高扩产投入
高技术研发与技术引进投入	1	0.5	0.166 666 667
均衡扩产与技术研发投入	2	1	0.25
高扩产投入	6	4	1

重复方根法一致性检验过程,得到 λ_{max}。

根据公式:$C.I. = \dfrac{\lambda_{max} - n}{n - 1}$,其中 λ_{max} 为矩阵最大特征值,n 为矩阵阶数。以及公式:$C.R. = \dfrac{C.I.}{R.I.}$,式中 $C.R.$ 为一致性比率,当 $C.R. < 0.1$,则认为判断矩阵 C1~C4 满足一致性要求;$R.I.$ 为随机一致性指标,其值与矩阵阶数有关。本检验使用以下 Satty 模拟 1 000 次得到的随机一致性指标 $C.R.$ 取值表(见表24)。

表24　　　　　　　　　　　　　　R.I. 取值表

矩阵阶数 n	1	2	3	4	5	6	7	8	9	10	11	12	13
R.I.	0	0	0.58	0.90	1.12	1.24	1.32	1.41	1.45	1.49	1.51	1.54	1.56

通过使用方根权重计算法,可计算出上述 4 个矩阵的 $C.I.$ 与 $C.R.$ 值(见表25)。

表25　　　　　　　　　　　　　　$C.I.$ 与 $C.R.$ 值

矩　阵	C1	C2	C3	C4
CI	0.026 8	0.026 8	0.004 6	0.004 6
CR	0.046 2	0.046 2	0.007 9	0.007 9

可知所有矩阵都满足 $C.R. < 0.1$ 条件,因此一致性检验通过。通过方根权重计算法得到的计算结果见表26。

表26　　　　　　　　　　　　　　决策结论

	新陆村	高技术研发与技术引进投入	均衡扩产与技术研发投入	高扩产投入
科技发展层面开销占比,科技性企业数量	47.42%	64.42%	27.06%	8.52%
科技带来的盈利能力	14.94%	8.52%	30.97%	56.28%
社会效益	37.64%	10.74%	19.51%	70.91%
综合评分	/	0.36	0.25	0.39
结论	高扩产投入为最佳方案			

综上所述,根据 AHP 层次分析法知,新陆村的未来发展方向以高农业投入(80％农业投入＋20％旅游业投入)＋高扩产投入(80％规模扩产投入＋20％科技投入)为最佳,以高农业投入(80％农业投入＋20％旅游业投入)＋高技术研发与技术引进投入(20％规模扩产投入＋80％科技投入)次之的未来发展方案。

五、思考与建议

(一)农业角度

当前新陆村主要种植的农产品以生菜、青菜、玉米、土豆、胡萝卜等为主,属于最为基本的粮食作物;而后续引进的魔芋,莲蓬处于初步试验阶段,通过上海磊宏科技有限公司所引进的石榴树与石斛嫁接技术并不属于新陆村,村仅仅从中收取土地费用。

综上所述,新陆村当前的农业发展尚处于起步阶段。根据 AHP 层次分析法所得结论,新陆村应当优先扩充农业规模,保障基本的粮食作物供应链,并带动特色经济作物如魔芋,莲蓬等;后续可凭借合作优势,进一步发展石斛种植技术,并尝试引进加工技术提高产品附加值;最后可以通过引入合作电商等方式,带动村内农产品销售,同时依靠互联网宣传带动旅游业的发展。

(二)旅游业角度

目前新陆村的文旅产业具备一定的基础,并且拥有发展文旅产业的独特优势,但仍有很多问题需要解决。首先是新陆村的文旅基础设施问题。尽管新陆村已经引进了山海泾、景瑞科技等研学公司,但是村子本身也应该积极进行文旅基础设施的建设与改善。比如,可以将村民闲置房屋改造成别具特色的民宿,这样既能将村中闲置房屋利用起来,也可带动村民收入。并且要投资建设道路、停车设施、卫生设施等,确保游客能够方便地进入并留在新陆村,这将提高游客的整体体验。

新陆村可以借助丰富的农业资源,推动文旅与农业的融合。创建农场体验项目,如果园采摘、特色农产品制作等,使游客可以了解和参与当地农业活动;打造当地浏览特色,将村中已经引进种植的铁皮石斛、香水莲花、花魔芋等具有特色性的经济作物和农作物用于观赏;加强本土文化的推广,开展节庆活动、传统工艺展示等,吸引游客参与,这有助于传承文化遗产并提高游客体验。

对于新陆村来说,人才缺失也是目前发展文旅产业面临的最大难题,这些问题想要得到解决首先要实现村内村外信息互通的效果。例如,让青年人有渠道能够接触到村子,大力宣传研学项目,吸引青年人前往村子参观学习农村别具一格的文化特色或者农业知识,同时也能改变对于农村的刻板印象,事实上现在的农村并不全是青年一代印象中的落后贫困模样,只有青年人有机会接触农村,了解农村,才能认识到农村的真实情况,这样能够对人才吸引有一定效果。同时,研学能够带动农村经济增长,也可能有更大的机会留住青年人从而缓解农村老龄化严重的问题。目前农村急需青年人注入活力,村民委员会也应当出台相关激励政策,吸引人才入驻村庄或者说成为村民委员会的一员。赶上短视频时代,新陆村也可以通过互联网上的视频平台宣传村子的美丽风景、特色文化等,吸引青年一代的目光,从而达到被看见、被了解、被关注的效果。新陆村要发展好旅游产业,就要不断进行市场调研,了解游客需求和市场趋势,根据需求不断调整和扩展文旅项目。同时做好安全管理,优先考虑游客的安全。制订紧急响应计划,确保游客在任何情况下都能获得帮助。发展文旅产业的同时,也要制订可持续发展计划,确保文旅业不会对当地生态环境造成不可逆转的损害。同时,建立生态保护意识,加强水资源保护。

（三）数字赋能角度

新陆村目前在农业机械化和粮食规模化生产方面有良好基础,但其数字乡村建设仍需加强农业现代化,加速农业规模化、机械化、智能化生产,广泛应用成熟的智能农业设备。此外,地理位置使新陆村成为发达城市周边城郊农村的连接点,从中受益于城市数字资源、信息技术、人才、物流、资金流和信息流,具备独特的区位优势。因此,新陆村可以打造智慧小镇,快速发展"互联网＋观光休闲农业",以满足城乡居民对休闲观光、农事体验和度假养生等多元化消费需求。

新陆村的数字产业发展需要资金的持续投入,对此新陆村可以进一步发展现有的返乡创业项目,吸引大学生、农村致富能手在农村创新创业。在政府层面,新陆村可以争取政策优惠从而推动社会资本投入。同时在农业数字化发展中,确保基础设施如用地和用电等方面有充分保障,以最大化政府投资的经济效益。同时,鼓励社会企业与现存农民合作,通过股份合作或直接投资等方式建立契约关系,实现"保底收益＋按股分红"的模式。

人才是数字经济赋能乡村的重要资源,而农民是乡村振兴的主体。针对新陆村当前的数字产业,可对现存农民开展线上线下农业知识培训课程,提高农业基础知识及实战操作能力;对农村妇女及老年人开展手机使用技能和线上交易课程培训,学习网络直播和短视频拍摄,利用互联网进行线上农业经营。同时,新陆村需持续增强本村基层工作人员的信息技能;充分发挥年轻力量如"三支一扶"大学生和大学生村干部的作用,特别是要提升一线工作人员如村支部书记的数字素养,以推动农民信息技能水平的提高。

就直播产业而言,带货产品的选品和营销推广尤为重要。新陆村当前选品的竞争力和特殊性还有待提高,部分选品市场竞争压力大同时面临着邻近村庄的竞争,新陆村可以通过其所在的罗泾镇对竞争带来的负面效应进行及时的审查与管理,由上至下进行垄断干预,在鼓励良性竞争、互相借鉴的基础上对不同区域的资源与市场需求进行及时监控与匹配,降低运营成本和减少资源浪费。同时,新陆村可以利用大数据预测农产品市场前景,可以重点关注本地特色农产品如长江口大闸蟹、稻田小龙虾、"宝农34"大米、四喜风糕、洋桥红梗芋艿等,并且推进农产品品牌建设比如借助明星效应打造品牌,吸引"粉丝"关注,从而提升产品知名度。基层干部可参与役家村直播主持,支持直播平台搭建和农产品资源对接,形成独特的"主播＋县长＋明星"模式,加深人们对当地农业的认知,改变对基层干部的印象。此外,役家村村播可以组织直播人员学习,结合观摩、专家讲座、农业会展等活动,在商品的推广销售环节引入微视频、VR等新型的传播方式。役家村还需提升拍摄、表达、推广的专业性,加强直播团队培训,扩展节目主题,优化内容策划,学习如何营造热点从而获取流量。同时,役家村直播团队需要完善售后服务,使顾客能有更好的购买体验。

参考文献

[1] 李世忠.大都市区乡村振兴模式与路径研究——以上海市乡村地区发展为例[J].住宅产业,2023(05):36-39.

[2] 张栋洋.乡村振兴背景下大学生返乡创业现状、影响因素及政策建议[J].农业经济,2020(12):108-110.

[3] 冯莉.上海市基层政府在推进乡村产业振兴中的问题研究[D].华东师范大学,2022.

[4] 许经勇.我国农业、农村与农村经济的蜕变轨迹与演化趋势[J].福建论坛(人文社会科学版),2016(04):5-11.

[5] 顾怡.乡村振兴新阶段我国农业农村信息化发展对策研究[J].山西农经,2022,(14):169-171.

[6] 张莞.羌族地区旅游产业融合发展研究[D].西南民族大学,2019.

[7] 周志彦,郑明叶,文军.城市近郊农村休闲农业发展SWOT分析——以天津市大白庄镇为例[J].天津农业科学,2021,27(06):69-74.

[8] 吴晓曦.数字经济与乡村产业融合发展研究[J].西南金融,2021(10):78-88.

[9] 杜华章,钱存来,王义贵.基于SWOT分析的高效设施农业发展对策研究——以江苏省姜堰市为例[J].中国农学通报,2010,26(02):314-319.

[10] 殷浩栋,霍鹏,汪三贵.农业农村数字化转型:现实表征、影响机理与推进策略[J].改革,2020(12):48-56.

[11] 孙可.数字经济背景下农村电商赋能乡村振兴:价值意蕴、制约因素与推进路径[J].农业经济,2022(12):131-132.

数字化浪潮下,民宿产业赋能乡村振兴的研究分析
——以上海市崇明区建设镇虹桥村为例

邬心怡[①]　谷益冰[②]　王宇乐[③]

摘　要：我国正从脱贫攻坚转向乡村振兴,数字化发展是必然路径,而民宿产业则是乡村因地制宜开展数字乡村建设的一大选择。本文以上海市崇明区建设镇虹桥村为例,通过问卷调查和实地走访的方式,发掘出虹桥村"民宿+"概念,以民宿住宿和农副产品销售的数字化线上推广为着眼点,分析其目前虽有一定运营但较为简单粗糙的发展情况,挖掘其在客观环境、政府支持和民宿自身数字化运营与文化融合上的问题所在,并提出相关数字化的政策性和运营性发展意见,以期虹桥村乡村振兴蓬勃发展。

关键词：乡村振兴　数字化　民宿　农副产品

一、建设镇虹桥村基本情况

(一)基本信息

虹桥村取意"彩虹之桥",位于建设镇北端,村内生态肌理优越、水系道路纵横贯通,田园风光旖旎,林地资源丰富。虹桥村以核心区、组团区、沿路沿河农宅为重点,秉持"一草一木都是精品,一砖一瓦都是艺术"理念,以"白墙青瓦坡屋顶,林水相依满庭芳"为主题,打造特色乡村风貌。此外,虹桥村以打造"民宿+花卉"两大支柱产业和"一核两区"为重点(李政,2021),建设中荷现代花卉田园综合体核心区和顾伯伯乡村民宿、也山西红花基地两大特色组团片区,构建"虹桥花乡"主打品牌,着力建设代表上海水平、拥有崇明特质的美丽家园。

吴宜夏、田禹在《"民宿+"模式推动乡村振兴发展路径研究——以北京门头沟区百花山社民宿为例》中提出"民宿+"发展模式和发展路径,指出民宿具有对周边乡村区域的辐射带动和协同发展能力,提出民宿与乡村经济、社会、环境、文化系统有机融合的策略,强

---

① 邬心怡,上海财经大学金融学院22级金融学专业本科生。
② 谷益冰,上海财经大学金融学院22级金融学专业本科生。
③ 王宇乐,上海财经大学公共经济与管理学院22级投资学专业本科生。

调民宿的蓬勃发展具有重大意义（吴宜夏和田禹，2022）；张弛、黄丙刚在《基于乡村振兴视角的民宿旅游集群化推进策略》中结合十九大中提出的乡村振兴战略，结合时代背景、发展态势和社会需求，印证民宿经济的发展的长远意义和必要性（张弛和黄丙刚，2021）；万春利和吴广升在《实现共同富裕中的乡村民宿发展路径——崇明"顾伯伯"民宿群的十年奋斗与经验启示》中归纳总结了"顾伯伯"民宿群的奋斗成果，并从坚持创业致富、共同富裕、制度建设、党委政府扶持等方面提出发展启示（万春利和吴广升，2022）。

本文重点以"顾伯伯"团队所打造的"民宿＋"产业链为例，重点关注民宿和农副产品的发展现状。依傍民宿产业，当地居民合力推进崇明糕、崇明米酒等农副产品售卖，精美的包装、实惠的价格使其成为当地居民的另一大收入来源。如今，数字化平台的发展如火如荼，当地"民宿＋"产业由于缺少专业开发人员，并未跟上时代的脚步，拖累产业链的进一步更新升级。本文建立在此发展窘境之上，试图通过政策和技术的调整，帮助虹桥村在共富之路上迈进。

（二）政策导向

1. 重要性

（1）国家政策

2021年3月13日《中华人民共和国国民经济和社会发展第十四个五年规划和2035年远景目标纲要》发布，我国乡村在"十四五"时期坚定不移走中国特色社会主义乡村振兴道路，丰富乡村经济业态。"十四五规划"指出要推进农村第一第二第三产业融合，因地制宜发展特色乡村产业，推动民宿经济发展。二十大报告提出，要加快构建新发展格局，着力推动高质量发展，就要全面推进乡村振兴，发展乡村特色产业，拓宽农民增收致富渠道。《扩大内需战略规划纲要（2022—2035年）》进一步提出要提升乡村旅游服务品质，促进旅游消费提质扩容，推动服务消费发展。《国民旅游休闲发展纲要（2022—2030年）》提出部署现代休闲观念，完善环城市休闲度假带，推进国民旅游休闲高质量发展，更好满足人民群众的美好生活需要。

国家宏观角度来看，民宿产业及"民宿＋"概念在乡村振兴、扩大内需和人民幸福感提升等重要领域都起着重要作用，于国家高质量发展，全面建设社会主义现代化国家而言有着相当作用。

（2）地方政策及发展状况

2018年9月，上海市发布《关于促进本市乡村民宿发展的指导意见》（上海市人民政府办公厅，2018），对上海乡村民宿的未来规划、规范设立和保障措施提出具体意见，2022年4月，下发《关于进一步促进上海乡村民宿健康发展的指导意见》（上海市人民政府办公厅，2022），总体明确"有序发展、合理布局、规模适度"的发展原则。

上海乡村民宿整体发展迅速，已形成一定的规模。根据公开数据，上海市纳入规范管理的民宿约1 600家，集中于崇明区和浦东新区（详见图1）。

而在上海市各类乡村民宿中，被授予五星级/四星级民宿荣誉的共有69家，崇明区数量最多，但星级民宿占区内民宿总量比例表现一般（详见图2和图3）。

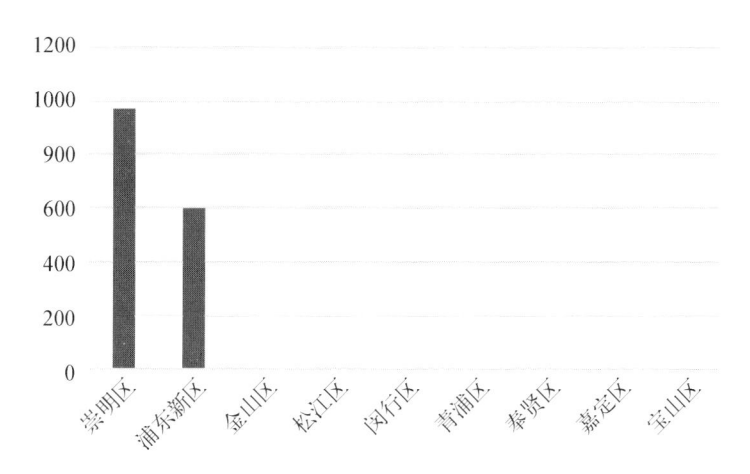

资料来源：各区统计局及文化旅游局。

图1 上海市乡村民宿分布情况

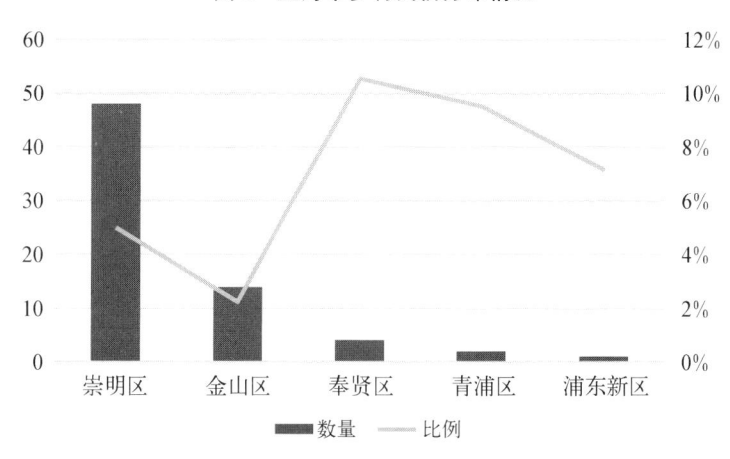

资料来源：各区统计局及文化旅游局。

图2 上海乡村星级民宿分布及占各区乡村民宿比例

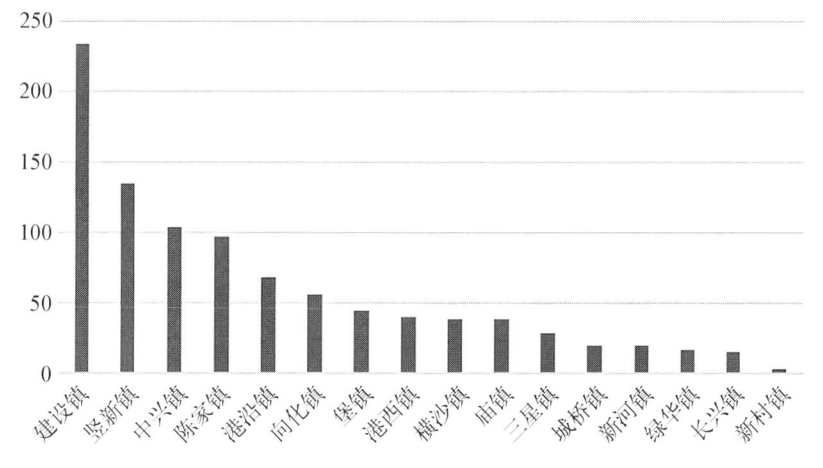

资料来源：崇明区文化旅游局。

图3 崇明区乡村民宿分布情况

进一步观察崇明区内民宿分布状况可知，崇明区民宿主要集中于笔者所调查的建设镇。由此可见，上海市政府基于国家政策和指导意见，高度重视民宿产业和"民宿+"概念的发展。崇明区建设镇的民宿数量庞大，质量较高，是上海市民宿发展的重点区域，对于民宿经济发展起着重要作用。

2. 指导意见

（1）国家指导意见

2022年7月8日，十部门联合发布《关于促进乡村民宿高质量发展的指导意见》（文旅市场发〔2022〕77号），以成为旅游业高质量发展和全面推进乡村振兴的标志为目标，提出资源开发、文化建设、品牌引领、创新经营和推广宣传等方面的意见，并提出各项乡村民宿发展保障措施（中华人民共和国国务院，2022）。

在数字化浪潮下，文旅部强调要充分运用数字化手段，增强乡村民宿产品的线上推广和精准宣传反馈，支持乡村民宿与电商平台合作，争取电商平台对乡村振兴的扶持。

国家乡村振兴局和文旅部强调在数字化建设方面，应当将民宿规划开发、经营管理、游客服务等数字化相关内容纳入乡村旅游培训体系，加大人才返乡创业、高校毕业生回乡创业就业等支持保障力度。

（2）地方指导意见

上海市人民政府办公厅印发《关于进一步促进上海乡村民宿健康发展的指导意见》（沪府办规〔2022〕4号）强调因地制宜，结合资源禀赋和地方特色，打造独特"民宿+"品牌。同时通过全媒体联动宣传，鼓励互联网平台加大乡村民宿宣传力度，促进民宿消费。以乡村民宿产业的发展赋能乡村振兴，延长产业链，成为美丽乡村的对外展示窗口。

《上海市崇明区人民政府办理区人大常委会关于本区酒店民宿服务质量提升情况报告审议意见的报告》（沪崇府发〔2023〕6号）从完善民宿规划、开展民宿集群建设、创新特色发展和强化人才培养等方面对崇明区乡村民宿作了进一步指导。

报告以笔者调查的建设镇虹桥村为特色样板，强调了整合乡村资源、完善产业供给链，打造"民宿+"的民宿集群村建设。鼓励集中办班、送教上门等举措提升民宿从业者职业技能，搭建资源共享、沟通互联的人才实践平台，加大乡村民宿人才保障力度。同时，报告指出要加强民宿品牌线上宣传推荐，积极运用新媒体手段提高崇明民宿知名度，利用价格营销开展"民宿+"品牌推广，强化品牌经营营销理念。

由此可见，各级政府对于乡村民宿产业的支持保障的力度大，以数字技术推动"民宿+"发展，赋能乡村振兴的决心强。因此笔者以上海市崇明区建设镇虹桥村为例，探究如何以数字平台推广赋能乡村民宿产业，实现乡村振兴。

二、民宿产业数字化发展分析

（一）"民宿+"发展现状

"古有瀛洲崇明，今有瀛海桃源"，崇明区虹桥村以民宿为特色，依托民宿产业，开辟经济发展新思路。在这其中,顾伯伯农家乐是一典型的成功案例。

2012年初,顾洪斌回到家乡虹桥村开办了第一家民宿,经历了一段时间的单打独斗和艰难创业。在他的示范和带动下周围其他村民被这种商业模式吸引,逐渐加入产业链,使得"顾伯伯"品牌队伍庞大起来。

作为以民宿经济带动乡村振兴的典型代表,在花博会建设的契机下迎来了新一轮的发展机遇。本节以问题为导向,以发展需求为目标,立足"三生融合"理念,将传统"宅沟宅院"的建设智慧在崇明区建设镇虹桥村顾伯伯农家乐村组进行重新演绎,充分挖掘崇明海岛的文化基因,从生态格局、空间特色、配套服务、活动策划等方面提升顾伯伯农家乐村组文旅品牌特色,增强对外吸引力,实现村组、村民及文化的共同振兴。

作为以民宿经济带动乡村振兴的典型代表,在花博会建设的契机下迎来了新一轮的发展机遇。本文以问题为导向,以发展需求为目标,聚焦于"顾伯伯"品牌发展特色,同时关注阶段发展的制约因素,致力于增强对外吸引力,实现村组、村民及文化的共同振兴。

1. 整体设施及营收情况

自"顾伯伯"品牌成立以来,民宿群所在的虹桥村第三村民小组,民宿经营率逐步提高至94.8%。除了有特殊情况的两户外,其余30户村民(37栋房子)先后加入"顾伯伯"团队,目前共拥有客房192间、床位307张、餐位530个,实现了民宿集群化发展的规模效益。一是接待能力大幅提升,可以承接公司团建、学生游学、旅行社住宿等团队"大单",经济效益显著提升。二是加盟的37间民宿统一开展线上线下营销,"顾伯伯"品牌渐渐打响,许多客人慕名而来,每年接待游客人数近10万。三是由于民宿集群形成较大规模,政府投入资金对民宿房屋外立面、整体环境和配套设施进行打造提升,有效提高了财政资金的使用效率。

如今,"顾伯伯"品牌的产业已经不仅仅局限于民宿,而且转向了餐饮、农副产品等多行业融合发展,形成了一条丰富、完整的产业链,满足客户的多方需求。其中,顾伯伯农家乐在"大众点评"平台上的评分高达4.7分,位居东平森林公园美食热门榜第2名;顾伯伯旗下米酒还被选入C919国产大飞机餐食单,是唯一入选的上海本地米酒厂,对崇明旅游文化知名度颇有贡献。

民宿群发展之初,顾洪斌需要事事操心,甚至他的"加盟"邀约都没有村民响应,眼看民宿群计划要泡汤,村里颇有威望的老党员张森带头将自家房屋腾出来装修,成为第一个加入"顾伯伯"的村民。每逢周末或节假日,张森的民宿经常"满房",游客来往不断,借此他又做起其他村民的思想工作。在"乡贤"的分析和鼓励下,村民们打消了顾虑,转变了观念,主动加盟"顾伯伯",在十年的发展中深化了"共建共治共享共富"的发展理念。

关于收益分配问题,民宿负责人程女士在采访中提道:"收益采用直接分配形式,每栋房子除去各平台收取的5%管理费用,剩余的都是属于村民自己的。"据了解,5%的管理费用主要是用于推广、公共基础设施的修缮、村中太阳能设备的集中购买等。依托

"按股+按户"的分配机制,2021年合作社实现分红36万元,其中70%按股份占比发放,30%按户数平均分配,兼顾效率优先与利益共享,有效提高了合作社占股较少村民的收入和积极性。十年来,民宿群"抱团"闯市场,37户村民个个当上了老板,村民户均增收约15万元。

(二)数字化推广情况

如表1所示,目前,"顾伯伯民宿+"品牌(包括民宿、餐饮、农副产品等板块)已入住各大APP平台,如携程、美团、小红书、抖音、淘宝、京东等,以下就微信公众号、小红书和京东三大主要平台进行分析。

表1　　　　　　　　民宿产业各数字化推广平台使用分析

平台	内容	关注/流量	优势	劣势
微信公众号	简单介绍和活动时间表	共13篇文章,平均阅读量176次,最高阅读量3 571次	公众号主页直接关联售卖农副产品、预定民宿的小程序,直接体现产业链	文章质量不高、配图和文案随意性强;更新频率低、曝光度不够
小红书	民宿实景拍摄、活动宣传	共24篇文章,点赞量在10左右,最高点赞量38,最高收藏量33	通过图片反应民宿特色,如自然风光、土特产等	质量较低、封面图选择有欠缺,没有带有助于吸引流量的标签,导致曝光量很少
京东	顾伯伯酒类旗舰店	仅售买酒类产品,包括玫瑰米酒、桂花米酒、白酒等	商品包装精美、客户评价好	从客户评价中可看出,客服回复慢,售后问题难以及时解决

资料来源:微信公众号"顾伯伯民宿"、小红书"顾伯伯崇明岛农副产品优选"、京东"顾伯伯酒类旗舰店"。

1. 客观问题

顾伯伯农家乐的发展也并非一帆风顺,在推广、建设期间,"顾伯伯"经营团队也曾遇到多重困难。

(1)环境问题

随着大量年轻人选择到城镇工作,虹桥村面临着与众多农村类似的问题——老龄化。村中年轻人流失严重,而驻守家中的老年人对电子产品颇为陌生,对农家乐的对外宣传、知名度、推广等有负面影响。

此外,崇明经济发展相比上海其他地区较薄弱,尤其在医疗、购物、外卖等方面尚不完善,配套设施不够完整,这也是制约发展的重要因素。

(2)政府支持问题

调查中不难发现,虹桥村道路修建情况出乎意料地完善。柏油马路勾连着每家每户,私家车通行畅通无阻,可见虹桥村将"想致富,先修路"的理念落实得极为出色。此外,村中的公共设施,如健身器材、文化长廊、居民楼外墙都由政府统一刷漆建设,色调的一致更显"江南水乡"的别具一格。

然而,政府将注意力一味地集中在道路、建筑等硬件条件的建设上,难免忽略了对人才吸引、小程序推广等软实力的支持。虹桥村老龄化问题严重,而随着数字化的深入推广,招揽年轻人才的需求迫在眉睫。然而,村中难以拿出足够资金吸引年轻人的加入,使得虹桥村的数字化发展问题再次陷入僵局。

与此同时,小程序是政府曾推出"住建设·买崇明"的崇明旅游小程序,涵盖住宿、餐饮、农产品等多方面功能。然而,如今却因为运营资金不够、人力资源短缺、宣传力度不够等多方原因,使用率低下,和原本预期的效果大相径庭,也是十分令人惋惜的。

(3) 疫情影响

从2020疫情以来,中国乃至世界的旅游业都受到了极大的影响;如今,旅游业逐渐复苏,虹桥村却没有像预期的那样迎来营业额的增长。与"顾伯伯农家乐"负责人陈女士交谈中,我们得知,疫情时期反而是民宿、农家乐收入最可观的时期。上海的居民们迫于疫情无法出市,于是上海的旅游生意便落到了崇明头上。随着疫情后各地重新开放,跨上海、跨国旅游再次复兴,上海民众们的"报复性"旅游情结使得很少有人关注崇明旅游业。再加上崇明旅游业的受众主要为上海居民,双重影响下,崇明在疫情结束的背景下反而进入了生意低谷。

2. 民宿主观问题

(1) 推广平台使用率及使用模式(详见表2)

表2　　　　　崇明巢吧与顾伯伯农家乐民宿群各数字化推广平台使用分析

平台		民宿	崇明巢吧(高端)	顾伯伯农家乐民宿群(平价)
营销	微信公众号	内容	简单介绍和活动时间表	分专题图文详细介绍住宿及活动
		数据	共17篇文章,平均阅读量150次,最高阅读量761次	共13篇文章,平均阅读量1 176次,最高阅读量3 517次
	小红书	内容	民宿账户,关联店铺和门店,图片精致,文案吸引力一般	个人账户,图片较杂乱,文案无吸引力
		数据	73位粉丝,173互动量	216位粉丝,286互动量
	抖音	内容	商家账户,关联店铺和门店,视频质量较好	商家账户,关联店铺和门店,视频质量一般
		数据	831位粉丝,1 204获赞	4 873位粉丝,1.7万获赞
	微博		无	已停止运营
	官网		无	较美观的网站,包含房源介绍、餐饮套餐、采摘活动等图文信息

续 表

平台	民宿	崇明巢吧(高端)	顾伯伯农家乐民宿群(平价)
预定	携程	4.8分,有推广,上榜携程口碑榜;官方图文信息多,质量较高	4.6分,无推广;官方图文信息少,质量较差
	途家民宿	无	4.6分,无推广;官方图文信息少,质量较差
	官网/小程序	无	官方图文信息多,质量较高

资料来源:微信公众号"顾伯伯民宿""巢吧民宿酒店"、小红书"顾伯伯崇明岛农副产品优选""上海崇明巢吧民宿"、抖音"顾伯伯农家乐""上海崇明巢吧民宿"、微博"顾伯伯乡村民宿部落"、官网"顾伯伯民宿"、携程、途家民宿。

笔者将崇明区建设镇虹桥村的民宿按照价格、档次以及整体设施情况,划分为高端类和平价类,分别以崇明巢吧和顾伯伯农家乐民宿群为例。两类民宿总体数字化推广都存在共性的信息传播能力弱、信息与平台目标用户不匹配等问题。

首先,两类民宿在推广平台上的信息发布数量较少,流量较差,整体信息传播能力弱。在已有的微信公众号、抖音、小红书等平台上,两类民宿的文章数量较少,推送频率低,基本在每2～3周一次,与用户更加接受的每周推送4次的要求相差甚远(苏伯文和胡其亮,2018)。在当下的信息时代,低频率的推送意味着浏览者较高的遗忘可能性,以及收到微信公众号大数据推送的低可能性,导致整体流量数据不佳,信息传播能力弱。同时,两类民宿在信息选择上多为细节性产品或是房间布局,文章内一般不附上民宿的简要介绍,让新粉丝难以直接获取信息,导致信息传播能力进一步减弱。

其次,两类民宿各自在不同平台的信息发布几乎一致,没有针对不同平台用户的个性化内容,顾伯伯农家乐民宿群主要以乡土田园风格进行图片拍摄和文案创作,虽然在抖音平台上获得较好的流量,但是与小红书和携程平台的适配度并不高。而崇明巢吧主要为高端雅致型民宿,也因为类似的原因在抖音的流量并不高,但是各个平台的重复性内容仍旧让微信平台的文章无法很好地适配小红书平台,导致整体内容不易于传播,信息无法得到推广。

具体而言,崇明巢吧的推广整体存在很大漏洞,使其无法将信息推广至潜在客户的信息圈中,经济效益不佳。根据推广平台的运营数据和与崇明巢吧的前台工作人员的访谈,笔者发现,该民宿主要仅针对携程平台进行推广及出售房间,并未在其他营销平台上进行丰富的且有针对性的运营。而对比携程平台的其他民宿可以发现,大多热卖高端民宿封面图片都为现代化民宿建筑或是整体布局图片,而崇明巢吧的封面图为民宿中一处波希米亚风格的内饰,不仅与整体风格有差异,而且容易使旅客误以为是平价民宿而忽略这一选择,因此该民宿在携程的推广本身就具有一定的问题。而在其他平台,崇明巢吧发布的信息大多为细节性的菜肴、花卉或茶具,偶尔有整体性的布局介绍和房间推荐,因此会让浏览者误以为该民宿是餐厅或茶室,错过对民宿的内容介绍。同时,因由此可见,这家高端民宿在信息推广上的问题导致其无法获得相应客流,经济效益较低。

于顾伯伯农家乐集群而言,虽各个平台均有覆盖,且在抖音平台流量较好,但由于人员的非专业性,整体推广效果一般。根据笔者与顾伯伯农家乐集群的管理人员的访谈以及对各个平台账号的考察,该民宿的推广负责人员即为民宿管理人员,也即是较年轻对网络平台相对熟悉的村民。她们在接触民宿推广前对数字化概念和网络平台的流量获取方法知之甚少,在不断摸索后用最基础的手机拍摄方法对各类设施和活动进行拍摄上传网站,因此大多内容选材、拍摄手法、剪辑手法和配套文案都较为粗糙。在微信公众号和途家民宿等平台的图片内容或是画面昏暗,或是滤镜导致失真严重;抖音平台的视频内容则是抖动严重,选材内容单一,基本为乡村田园景象。由此可见,顾伯伯农家乐集群这家平价民宿,虽有数字化赋能民宿产业发展的意愿,但因缺乏专业人员的支持而导致内容的粗糙,无法完全释放出数字化的效应。

虹桥村的民宿,从整体来看在数字化推广上都存在着薄弱环节,对于其未来发展有着较大阻力。而数字化的推广困境,究其根本还是在于缺乏具备专业营销推广、拍摄剪辑的年轻人驻扎在村内服务民宿产业。乡村整体经济乏力,政策支持力度欠缺,无法维系招聘专业素养高、经验丰富的年轻工作人员的开支,是民宿产业出现如上所述问题的一大原因。

(2) 推广内容同质化,文化融合度低

在当下民宿和"民宿+"概念日益火爆,各类民宿层出不穷,民宿市场竞争激烈的环境下,"民宿+"需要打出自己的品牌特色,注入文化内涵,才能在网络推广中获得比较性优势,在民宿市场中获得一席之地。

崇明区建设镇虹桥村的两大类民宿中,各类民宿产品推广上存在同质化问题,宣传内容单调,缺乏创新意识。高端类民宿在封面页、图片展示区和文字介绍区,均着重突出其环境雅致、建筑恢宏、用品高端,与其他星级酒店的宣传别无二致,但实际格调品控仍无法与星级酒店抗衡,导致其市场竞争力不高。而平价类民宿则集中于展示其房间的温馨整洁,周围的田园风光,彼此之间的差异并不大,相互之间存在一定竞争关系而非互补协作关系,于整体平价类民宿而言并非利好。

而民宿宣传的同质化,根本问题在于与当地文化的融合程度低,无法打出各个民宿的特色品牌。

就民宿本身而言,第一,民宿的设计和活动策划与建设镇虹桥村的文化联系薄弱。两类民宿的外观设计、内部景观、材料选择、色彩搭配等基本上依照星级酒店标准,区域商业化、标准化(王洛坤和冯维波,2023)。当地村民自主建立的"顾伯伯农家乐民宿群"虽有意识地将崇明稻米的概念融入民宿之中,但因自身设计能力的局限,仅仅将此概念作为一个展示,并没有很好地将其融入与房屋和环境设计之中。而外来投资者建立的民宿,如"崇明巢吧"则对于当地文化缺乏理解,仅仅将民宿作为投资手段,除餐厅菜肴外,几乎没有任何与崇明文化相关的元素。第二,民宿的文化引入存在滥用网红营销、错用当地文化的问题。在虹桥村各个平价类民宿门口,常会见到"我在XX很想你"路牌等网红营销手段,不仅与整体环境不相协调,而且易使游客忽视村庄的真正文化内涵。而在一些高端类民宿,民宿主有意识地将崇明稻米的概念融入民宿,但在实际操作上却将民宿设计成雅致的茶室风格。这是对当地文化的错用,使民宿缺乏文化基因和人文关怀,难以体现民宿特色。

民宿的内容本身缺乏与当地文化的融合,导致了在推广平台的宣传上也体现出了这一问题。在任意推广平台浏览民宿信息时,仅有美观的房屋和周围的田园风光,难以在海量优秀民宿中脱颖而出。虹桥村民宿在设计推广概念时,没有很好地将该村崇明稻米、西红花、红色基因等文化内涵融入宣传之中,也因此无法在民宿市场中获得比较性优势。

(三)提升必要性

习近平总书记在党的十九大报告中将乡村振兴战略作为重大决策部署,为乡村社会的未来发展指明了方向。对于大部分乡村来说,发展乡村旅游是实现乡村振兴的主要内容,在乡村经济、乡风文化、生态环境建设等方面都起着促进作用。民宿作为发展乡村旅游中十分重要的组成部分,不仅为外来游客提供了住宿条件,而且作为传播乡村文化的载体,能让游客沉浸体验乡村生活、乡村文化、淳朴民风等(张弛、黄丙刚,2021)。在建设镇虹桥村,"顾伯伯"民宿群便是从民宿开始起业,并以民宿为中心,集群化发展,品牌化经营,发展旅游项目、餐饮、农副产品销售等,形成了一条完整的产业链,从而带领村民实现共同富裕。可以说,乡村民宿能够推动乡村经济,传承文化,实现乡村振兴。

(四)提升措施

1. 乡村地方政府的政策支持

在与虹桥村村民的交谈中,我们发现,村中的年轻人大多选择外出打工,村中的建设在经济效益和对他们自身的发展等方面不具有吸引力。因此,乡村地方政府应当加强与当地企业、特色产业与村民之间的交流,关注当地各产业的发展实况,为具有发展前景的乡村建设项目发放资金。此外,乡村地方政府应当推出相应的优惠政策支持,设立相关的规范制度,让更多创业人士如大学生等返乡,吸引乡建人才持续回流,将新科技、创新理念与农村发展现状与特色相结合,共同促进乡村产业多元发展。

2. 数字化平台的运营

在与民宿的推广人员的访谈中,我们得知在民宿、农副产品及农旅融合的活动推广上,他们的技术及设备相对落后,大多只是手机拍摄,相关推广的文字也略显单薄,相对程度上宣传效果不好。针对这一问题,乡村地方政府应当组织成立数字化平台维护小组,将各个平台的推广内容规范化。在技术上,尽量使用相机拍摄,在保证画面清晰的前提下上传到各个平台;在内容上,应选材具有乡村特色的画面如乡村酒馆、特色主题民宿、节日筹备等,最后运用剪辑手法使内容更具有吸引力;在平台的日常维护上,应加强对内容的监管,包括客人的评价等,并设立惩戒制度,对差评较多的产品进行"下架";在推送频率上,做到实时更新产品,增加活动预热等宣传模式。

3. 地域性、特色化的文化输出

在参观了虹桥村的各类民宿后,我们发现虹桥村的民宿外观设计并不统一,同时设计理念并没有和乡村文化(如江南韵味、海岛特色、崇明稻米、西红花、红色基因等)相融合。

因此，在民宿的外观设计方面应做到风格统一，将具有文化内涵的设计元素融入民宿的外观色彩，室内布置中，使入住的游客能够沉浸地感受乡村文化。以崇明稻米为例，可以在民宿内摆放收割的稻米或具有历史色彩的特色工具鼓风机等。此外，还可以在乡村展牌上展示稻米的生长过程，稻米种类及生产工具的演变等。让游客能够切身体会到崇明绿色生态，生生不息的文化和精神，感受到独有的文化标识。

4. 增加关注度的营销方式

今年"淄博烧烤"火爆出圈，在抖音、小红书、微博等平台迅速传播，甚至凭借一己之力带动了整个淄博的经济。淄博烧烤的传播度如此之大，和互联网的营销传播有着密切的关系。而其中的传播手段，营销方式对于推动虹桥村建设，乃至推动崇明的未来发展也具有借鉴意义。早在 2021 年，纪录片《人生一串》中就有对淄博烧烤的介绍，后来经短视频的传播，自媒体，美食博主的打卡，淄博烧烤收获了极大的关注度。同样以崇明稻米为例，可以借助纪录片，将稻米的生长过程、收割场景及做成的美食佳肴拍摄下来，在展示诱人美食的同时也着重体现当地人热情好客，淳朴自然的民风。此外，还可以邀请一些影响力较大的自媒体人来此地游玩，借助他们的流量为虹桥村增加关注度。

5. 多元主体参与合作打造产业链

"淄博烧烤"的成功不仅仅是单靠互联网的传播，更有官方的助推。在"淄博烧烤"爆火的同时，当地政府迅速召开会议，做出了一系列响应措施，让这一热度最大化发挥效用。例如，加开"烧烤专列"，乘客们不仅收到淄博产的苹果，而且有当地各种文旅产品作为伴手礼；结合全市烧烤门店分布，及时调整增加公交线路和车次，新增 21 条定制烧烤公交专线；在火车站安排志愿者，为往返旅客提供交通、住宿、烧烤、旅游线路咨询推介等服务。由此，我们可以看出，这一成功的案例需要政府、企业、消费者与公民的共同参与和支持。对于虹桥村的民宿业，需要将其与餐饮业、娱乐业、旅游业进行深度融合，发挥各个主体的功能，将消费产业链的内容汇集到民宿服务中。其次，我国传统的民宿产业需要作出改变，发展为集多种功能如休闲、餐饮、娱乐为一体的综合性民宿，让民宿产业在未来更具有生命力和竞争力。

三、农副产品产业数字化发展分析

（一）农副产品发展现状

"顾伯伯"农家乐农副产品主要涵盖酒类（包括米酒、玫瑰米酒、桂花米酒、老白酒）和崇明糕，其中酒类产品主要在线下和京东"顾伯伯酒类旗舰店"销售，崇明糕主要在线下和"顾伯伯民宿集群农副产品"微信小程序中售卖。"顾伯伯"负责人陈女士在采访中说到，除了 5% 的店铺管理费之外，全部营收都会归各家所有；虹桥村主任黄先生透露，村中平均每家年收入大约为 3.3 万元，参与民宿产业的家庭每年收入可达 7 万～8 万，而"顾伯伯"产业年收入可达到 80 万～100 万，远高于平均线。

（二）数字化平台使用情况

笔者根据虹桥村当地文化特色、生产状况和营收情况，将崇明糕和顾伯伯崇明米酒作为其主要农副产品。

崇明糕作为崇明区传统美食，在上海市有着较高的认知度和影响力，对于数字化推广的依赖度较低，各大商家在各个平台均有售卖。虹桥村的"顾伯伯农家乐民宿群"在"民宿＋"的概念下也有顾伯伯崇明糕的产品，在淘宝平台占据一小部分崇明糕的市场份额，还未完全形成品牌效应。顾伯伯崇明糕的宣传途径主要为微信公众号、抖音、小红书等推广平台连带提及，并没有专门的营销渠道，因此在市场上的认知度不高。

顾伯伯崇明米酒是"顾伯伯农家乐民宿群"独有的米酒产品，也是虹桥村的一大特色品牌，但是在米酒市场的认知度和认可度不高，且仅在京东"顾伯伯酒类旗舰店"和"顾伯伯民宿"小程序平台上有售卖，依赖于推广平台的营销和销售平台的推广。该米酒在推广平台上的介绍仅有简单的基本信息，缺乏突出的特点介绍和营销，浏览者难以直接被数字化信息吸引，也因此售卖情况基本取决于到店游客数量。

1. 数字化平台推广问题

（1）信息散乱，缺乏突出特征

顾伯伯崇明糕与顾伯伯崇明米酒在营销推广中的策略主要为依托"民宿＋"，在宣传民宿的过程中连带介绍农副产品，或以农副产品作为"民宿＋"的一个卖点进行宣传，缺乏独立的详细介绍，因此这两个产品虽有崇明稻米文化特质，但因宣传散乱，并没有得到有效推广。同时，在进行产品介绍的过程中，主要采用了整体性介绍崇明糕或米酒产品的手法，缺乏对自身产品与其他同类产品优势性比较的介绍，缺乏自身产品与崇明稻米文化关联性的介绍，因此并没有体现出顾伯伯"民宿＋"中农副产品的突出特征，缺乏有效数字化推广。

（2）品牌效应不明显

顾伯伯崇明糕和顾伯伯崇明米酒本身都为"顾伯伯农家乐民宿群"中"民宿＋"概念下的产品，具有集群效应，易于打出"顾伯伯"品牌效应。但是在实际操作过程中，民宿产业与农副产品的关联性并不强，互相在营销过程和销售过程中的互动性较弱，使得农副产品在数字化推广过程中的品牌效应不明显。顾伯伯崇明糕主要在淘宝平台销售，而米酒则在京东平台销售，两者没有任何关联，导致整体相关度无法达到理想水平。而民宿内虽有一定的米酒和崇明糕展示区域，但在线上数字化推广过程中，依旧存在脱钩状况，缺乏一体化的营销模式，因此品牌效应并不明显。

2. 市场声誉问题

在激烈的市场竞争中，企业想要独占部分市场份额，在产品自身的高质量之外，一些有特色、博人眼球的营销方式也是必不可少的。如今，数字化平台的推广是当之无愧的主旋律，大大小小的电商平台接连不断地涌现，信息传播速度快、体量大、流量高。因此，"顾伯伯"以及类似品牌应利用这一时代红利，大力打造品牌效应，这是企业借机获得流量、抢占先机的绝佳契机。成功的企业可以通过对自身品牌效应价值的运用，在一定程度上与市场营销进行结合，发挥出品牌效应在市场营销方面的宣传作用，从而提高企业产品的知名度，激发消费者的消费热情，从而提高产品的购买度，让企业能够有效提高效益。

"崇明糕"作为以地名命名的特色小吃,已经建立起具有地方性特色的知名度;"顾伯伯"可借助这一优势,打造如"崇明顾伯伯崇明糕"的名号,并加大推广,邀请知名主播带货,提供资金做产品推广。久而久之,观众将熟知这一品牌,有助于提高品牌知名度。除此之外,"顾伯伯"应设立自己的品牌特色。例如,"蜜雪冰城"主打价格亲民,"茶颜悦色"主打地方性特色,"喜茶"主打优质原料,"叮咚买菜"主打快速配送,诸如此类。通过关键词设定,建立品牌特色,使得"顾伯伯"从一众其他同类品牌中脱颖而出,抢占市场份额。

3. 与文旅产业的联动问题

地方性特产与文旅产业的联动也极为重要。以崇明米酒为例,目前崇明米酒已入选C919国产大飞机餐食单,成为唯一入选的上海本地米酒厂,销量与知名度并行,这是一个与旅游产业融合发展极为成功的开始。

然而,崇明米酒若想增加畅销度,还应从更多创新点着手。例如,若增印具有崇明特色的经典标志,做成开盖盲盒的形式印在瓶盖内,与文创产品思路相结合,则可能吸引更多年轻人的关注;考虑到酒类产品较为沉重、难以携带的特点,商家还可提供免费邮寄服务,帮顾客快递到家,如此一来解决客人顾虑,从而有助于扩大销售量。

(三)提升必要性

1. 销售渠道及覆盖范围扩大

在我们走访了虹桥村的大部分村民和农副产品销售的负责人后,我们得知传统的农产品,在虹桥村为崇明糕、米酒等,销售的渠道比较单一,大多都为农民们自产自销。若想提高销售率,农民们只能选择亲自搬运农产品,将其运输到其他城镇进行售卖,而在运输过程中交通成本和水果的保险要求使得生产成本变大,往往造成得不偿失的结果。而如今将农产品的销售和互联网相结合,例如叮咚买菜等,为农户提供了更多的销售平台,提高了资源的利用率。其次,传统的销售模式下,农产品的销售范围均在当地或周边邻近地区。销售平台的渠道扩张了农产品的销售范围,甚至还为国内外产品的进出口搭建了桥梁。

2. 延长产业链

传统的农产品销售大多为初级附加值较低的初级农产品,销售价格较低,对于农户来说经济效益并不高。随着互联网的发展,人们的消费需求逐渐增加。城市人民对于绿色有机蔬菜等农产品的需求不断提升。互联网作为消费者与零售商的媒介,能够不断适应新出现的消费热点,因此农产品的产业链得以延长。

(四)提升措施

1. 提高农副产品的品牌效应

针对顾伯伯的崇明米酒和崇明糕的线上销售品牌效应不明显的问题,负责农产品的推广人员应当在推广产品的过程中加快对民宿旅游文化品牌的建设和推广,合理利用互联网推广平台扩大品牌的知名度和影响力。例如,在农副产品的外观设计方面,运用色彩或字体,使顾伯伯的品牌商标更加显眼,增加记忆度。另外,在民宿和农副产品的互动方面,可以将崇明糕、米酒等农副产品深入融合进民宿之中,将其作为民宿的菜品及饮品。

在与文旅产业的联动方面,可以推出一些让游客亲自参与制作崇明糕、酿造米酒等创意项目,增加产品对于消费者的吸引力。

2. 促进产品转型升级

虹桥村的农副产品数量较少且更新速度较慢,在如今的市场中竞争力和生存力较弱。对于消费者来说,很难吸引新的消费者前来购买。据产品推广负责人介绍,前来购买农副产品的消费者多为老顾客或距离较近的游客,可见若要进一步促进虹桥村农副产品的销售,则需要推出具有特色且符合当下消费者的消费需求和心理倾向的新型产品。对于虹桥村来说,游客中大部分为前来修养的老年人。根据这一年龄段的消费者,可以将西红花加工成营养品,提升老年群体的购买意愿。

3. 创新产品宣传营销手段

2022年6月9日起,东方甄选直播间爆红,销售额和粉丝数量呈现持续上升的趋势。东方甄选聚焦农产品,以农产品的筛选和销售为核心,为农民的产品增值提供了巨大的帮助,让无数的农民从中受益。由此,我们可以看到在未来直播带货形式在市场中的巨大潜力。对于农副产品的直播带货,应当不定期引入主播,网红和明星,政府与互联网直播平台及短视频平台进行中长期的合作,吸引更多人关注农副产品直播,提高农副产品的知名度和影响力,扩大受众面积。此外,还应当培养农民主播,普及电商有关知识。政府可联络直播平台等深入当地开展直播知识的培训教授,提供有关的设备或资金,解决人才缺失问题。

四、整体展望

中国乡村在这几年来发展迅速,也带动了民宿产业从初步探索到缓慢起步,从迷茫到兴盛的过程。民宿作为乡村旅游趋势下的新兴产物,为乡村的经济和社会都提供了巨大的动力和活力。本文立足于新媒体的时代背景,以建设镇虹桥村为研究对象,调查了如今乡村民宿与数字化的结合现状并结合相关资料对未来民宿的数字化管理和发展进行了分析。在虹桥村民宿的发展过程中,仍然存在着许多不可避免的问题,如民宿及农副产品的运营缺乏规范化管理,民宿产业中缺乏特色的文化输出,营销方式单一等。

在民宿的运营方面,需要相应的政策支持,确保人才稳定回流;规范管理运营团队,加强对推送内容的监管。对于农副产品,需要借助品牌效应为农副产品及民宿产业打出知名度,同时加强促进产品转型升级,提升对消费者的吸引力。

在文化输出方面,需要将乡村的特色文化元素与民宿和农副产品产业相融合,并借助数字化平台的传播,使游客在旅游过程中能感受到浓厚的文化凝聚力。

在营销方式方面,需要紧跟当下潮流,借助数字平台及网络红人的影响力为乡村民宿及特色农副产品提升知名度,通过多元主体的合作加强民宿产业在未来的竞争力。

但由于参考资料和数据的获取渠道和方式的局限性及时间因素的限制等,难免会存在片面性。在实地调研中,仅仅是走访了几家具有代表性的民宿,实地调研和访谈的民宿数量有限,并没有对虹桥村和整体民宿产业的经营状况和未来发展做出深刻的分析。此外,由于笔者个人眼界的局限,对于虹桥村的数字营销方面做出的策略性研究较为初步,缺少实际性的操作经验和进一步的分析研究。因此,在今后的研究中,应该扩大研究对象的范围,结合如今民宿产业的新媒体发展状况和模式,深入研究具体可行的营销策略,从更多角度探索并促进民宿产业的未来发展。

参考文献

［1］李政.延伸花博价值链拓展花卉产业链奋力推动崇明世界级生态岛美丽蝶变［J］.中国花卉园艺,2021(07):20-24.

［2］吴宜夏,田禹."民宿＋"模式推动乡村振兴发展路径研究——以北京门头沟区百花山社民宿为例［J］.中国园林,2022,38(06):13-17.DOI:10.19775/j.cla.2022.06.0013.

［3］张弛,黄丙刚.基于乡村振兴视角的民宿旅游集群化推进策略［J］.农业经济,2021(02):68-69.

［4］万春利,吴广升.实现共同富裕中的乡村民宿发展路径——崇明"顾伯伯"民宿群的十年奋斗与经验启示［J］.上海农村经济,2022(02):29-31.

［5］上海市人民政府办公厅.转发市旅游局、市农委《关于促进本市乡村民宿发展的指导意见》的通知:沪府办规［2018］21号［EB/OL］.(2018-09-03)［2024-03-22］.https://www.shanghai.gov.cn/nw12344/20200813/0001-12344_56995.html.

［6］上海市人民政府办公厅.印发《关于进一步促进上海乡村民宿健康发展的指导意见》的通知:沪府办规［2022］4号［EB/OL］.(2022-03-21)［2024-03-22］.https://www.shanghai.gov.cn/nw12344/20220422/b92c832d987f4021860b137d0a1040c7.html.

［7］文化和旅游部、公安部、自然资源部、生态环境部、卫生健康委、应急部、市场监管总局、银保监会、文物局、乡村振兴局.关于促进乡村民宿高质量发展的指导意见:文旅市场发［2022］77号［EB/OL］.(2022-07-08)［2024-03-22］.http://www.gov.cn/zhengce/zhengceku/2022-07/19/content_5701748.htm.

［8］苏伯文,胡其亮.基于实证调研的酒店微信营销策略研究［J］.武汉商学院学报,2018,32(04):51-54.DOI:10.16199/j.cnki.jwbu.2018.04.011.

［9］王洛坤,冯维波.乡村民宿可持续发展路径研究——以重庆城口县河鱼乡为例［J/OL］.中国农业资源与区划,2023(08):1-12.

［10］张弛,黄丙刚.基于乡村振兴视角的民宿旅游集群化推进策略［J］.农业经济,2021(02):68-69.

数字媒体使用与动机如何影响村民幸福感
——基于上海浦东新区"千村调查"调研数据

姜皓文[①] 王云昊[②] 吴 昊[③]

摘 要：数字技术赋能乡村振兴的背景下，数字媒体作为数字化普及提升的重要途径，对提升村民幸福感扮演着不可或缺的角色。本文利用回归分析方法，探讨了数字媒体的使用程度以及5个使用动机对村民幸福感的具体影响关系。文章关于数字媒体使用与个体特征的分析认为，数字媒体使用对村民幸福感提升具有正相关关系；关于数字媒体使用动机分析认为，数字媒体的高使用群体并不注重情感性动机上的使用，村民幸福感与数字媒体使用的实用动机、娱乐动机与信息获取动机关系较为密切，而沟通动机与情感性动机上关系较弱。并基于研究结论提出相应的改善建议，从而助力数字媒体的发展更好地提升村民幸福感、获得感与满足感。

关键词：数字媒体 乡村振兴 幸福感

一、引 言

2018年中央一号文件提出，实施数字乡村战略，开发适应"三农"特点的信息技术、产品应用和服务。二十大报告指出，加快发展数字经济，促进数字经济和实体经济深度融合。在《数字农业农村发展规划（2019—2025年）》和《2020年数字乡村发展工作要点》等相关政策文件的相继出台下，我国数字乡村建设的政策体系不断完善，数字乡建工作整体布局也基本形成。数字基础设施的大力支持，为数字化的普及与提升创造基础条件，数字建设已经深入到包括农业生产、乡村治理、智能物联等诸多层面。同时，随着经济的持续发展物质条件的不断富足，人民对追求具有幸福感、获得感、满足感的美好生活的诉求日益提升。在"互联网＋"助力农村居民生活，数字技术赋能乡村振兴的大背景下，数字媒体对村民幸福感是否存在提升以及提升机制如何，一直是一个值得讨论与研究的议题。综上，本文从数字媒体的使用程度与使用动机两个角度出发，借助上海财经大学2023年

[①] 姜皓文，上海财经大学商学院2021级战略与创新创业专业本科生。
[②] 王云昊，上海财经大学商学院2021级市场营销专业本科生。
[③] 吴昊，上海财经大学商学院2021级市场营销专业本科生。

"千村调查"的平台,对数字媒体影响村民幸福感的具体机制进行深入调研和探讨。

二、文献综述

(一)幸福感与数字媒体

幸福感是个体从主观上对自己所处状态正是心目中的理想状态的一种肯定、积极的态度和感受,它既是对自我生活状态、相关事物及周围环境的一种关于满意的认知和评价,也是一种主观认同的情绪体验。而幸福感的具体体现,根据相关学者研究,又可以分为主观幸福感,心理幸福感以及社会幸福感三个角度来阐释。

主观幸福感是指个体对当时所处生活环境和生活水平做出的整体评估,并提出了主观幸福感的三个因素:积极影响、消极影响和生活满意度。Diner(2012)以实现论为理论基础的心理幸福感研究取向则更强调人生的价值和自我实现,Ryff 等(1987)认为快乐与幸福并不相当,幸福应是"努力表现完美的真实潜力",并提出了心理幸福感(PWB)的六个维度,即自我接纳、生活目标、环境掌控、独立自主、个人成长和积极关系。社会幸福感则指个体对自己与他人、集体和社会之间的关系质量,以及对其生活环境和社会功能的自我评估,是自己对社会关系网络和人际沟通的功能而表现出的一种积极状态作为影响个体心理健康的核心因素,对提高人们心理健康水平具有十分重要的意义(Keyes,1998)。

关于幸福感的影响因素,特别是互联网为代表的数字媒体对幸福感水平的关系,学术界也给予较多的相关研究。已有大量经验证据表明,居民的幸福感与诸多微观变量,如年龄(李婷,2018)、收入(任海燕和傅红春,2011)、受教育程度(黄庆华等,2017)以及宏观变量,类似于经济增长、环境水平、政府质量和通货膨胀等因素存在一定的关联(Dolan et al.,2008)。相关研究认为,更高的互联网接入会对提升幸福感水平起到积极作用(Kavetsos and Koutroumpis,2011)。在针对农村居民的相关研究上,在有关农村居民的相关研究认为,互联网使用正向促进农村居民的幸福感水平(冷晨昕和祝仲坤,2018)。而在影响机制上,相关研究认为,以互联网为主要代表的数字媒体,在丰富居民休闲娱乐体验(Cilesiz,2009)、提高居民生活互动水平(马丹,2015)、增进自我认同(Kraut et al.,2002)、促进就业创业等层面(曾鸣,2018)对幸福感具有积极影响。但同时,关于互联网对幸福感的消极影响的研究也同样存在,Kraut 等(2002)的研究认为,互联网的过度运用可以替代正常的家庭与人际交往,这使得个体更有可能被孤立,从而导致自闭、沮丧情绪的出现。

(二)数字媒体的主要使用动机分析

根据以上对幸福感的定义建构,以及其与数字媒体关系的相关阐释,可以看出,幸福感的定义是从生活质量、心理体验以及社交互动等方面的多元体现,同时单纯认为数字媒体对幸福感只存在积极或消极作用的阐述,都具有一定的局限性,因此本文从个体对数字媒体的使用动机入手,以村民为研究对象来探索数字媒体对村民幸福感的影响,经过相关文献研究,我们归纳出如下五条数字媒体的主要使用动机:

1. 实用性动机

数字媒体的实用性动机主要表现在数字媒体的功能为人们提供工具性支持。比如人们可以通过拼多多与京东这样的购物软件在网上进行生活用品等采购。线上购物可以让村民有机会以较为优惠的价格更方便的获取周边较为稀缺的产品。不仅如此,通过一些旅游软件、购票软件、求职软件等,数字媒体的实用功能通过实用性功能带来便利,从而增加使用者的幸福感。

2. 信息获取动机

信息获取一直是人们使用数字媒体的主要目的,社交媒体作为社交工具,是信息的传播渠道,兼具满足使用者信息寻找与传播动机的功能。使用社交媒体的幸福感与寻找和传播信息的动机之间的关系在于,通过收藏、评论等功能,在社交媒体平台获取信息的便捷性、效率得到提高,打通信息差,获取满足使用者需求的信息并将其进行传播。例如,在微博等平台搜寻实时时热点,这使个人与社会建立快捷的信息连接,足不出户即可了解天下事,这是幸福感提升的表现。

3. 沟通动机

数字媒体使用的沟通动机表现为对社交互动的增强,通常是指利用社交媒体与他人交流、发表自己的看法。出于此动机的社交媒体使用主要有三个原因:第一是利用社交媒体的便利性弥补情感缺失;第二,社交媒体促进友谊的形成和维持;第三,增强社交互动可以弥补现实生活中情感的缺失,有人倾向于将在线交流作为第一接触点,而不是面对面接触,他们认为这是一种更安全的互动方式。

4. 娱乐性动机

随着数字媒体对休闲娱乐方式的丰富,娱乐已成为数字媒体使用所不可或缺的动机之一。《新媒体社交中用户的娱乐需求探究》一文认为,社交动机"娱乐"与幸福感之间的关联来自娱乐本身就具有缓解压力与寄托情感的作用。文献以社交软件抖音的使用为例说明了人正是通过使用此类社交软件进行娱乐活动,从例如观看"搞笑视频"来获得情绪上的宣泄(明珠,2019)。

5. 情感性动机

数字媒体使用的情感动机主要表现为通过使用数字媒体进行内容共享,从而获取身边人的情感共鸣,以寻求社会支持。学者贺寨平(2001)认为,社会支持指的是个体为解决日常生活中的问题和危机,维持日常生活的正常运行而获得的各种资源支持的社会网络。个体从社会支持网络中获取金钱、情感、友谊等资源支持,增强个体的信心,提高个体的归属感和幸福感,以维持社会身份。

三、研究设计

(一)数据与变量选取

此次研究基于上海财经大学千村调查活动进行,本文 3 位作者通过将上海市浦东新区大团镇龙树村和周浦镇的沈西村、瓦南村作为访问调研对象,深入田间地头,走访村委会以及村民家中进行调查研究与数据获取。经过整理与筛选,本次调查一共收集来自龙树村的 1 份入村调研问卷、来自上述 3 个村子的 12 份入户问卷,以及与调研题目相关的

55份村民有效数据样本。

关于变量选取,本文的解释变量为村民的幸福感,衡量形式为在0～10区间内的连续变量,在问卷中我们让受访村民根据个体主观幸福感程度打分,分数越高代表村民个体主观幸福感越强烈。本文的被解释变量主要分为两部分:一部分是村民数字媒体的使用程度,主要方式为根据被调查村民的数字媒体的日使用时长,用李克特量表法进行赋值;另一部分为对上文所述的数字媒体5种主要使用动机的分析,以判断数字媒体的各个使用动机对村民的数字媒体的使用程度以及幸福感指标是否存在正负相关性,进而判断数字媒体的各种使用动机对个体幸福感的影响情况。在控制变量层面,本文选取了性别、年龄、学历收入等村民个体特征指标作为控制变量,在通过对55个样本进行整理、计算与汇总之后,得出的具体数据描述性统计情况如表1所示。

表1 变量说明及描述性统计

变量		变量解释	均值	标准差	最小值	最大值
幸福感		数值变量(0～10分),幸福感分数	5.671 518 32	13.685 665 6	6	10
互联网使用情况		不使用=0,1小时以下=1,1～3小时=2,3～6小时=3,6小时以上=4	2.404 480 29	4.721 414 13	0	5
数字媒体使用动机	实用动机	个体倾向于将该动机表现为数字媒体主要使用动机时赋值为1,反之赋值为0	0.690 909 09	0.466 377 98	0	1
	信息获取动机		0.309 090 91	0.466 377 98	0	1
	沟通动机		0.527 272 73	0.503 857 18	0	1
	娱乐性动机		0.581 818 18	0.497 806 64	0	1
	情感性动机		0.181 818 18	0.389 249 47	0	1
性别		男=1,女=0	0.407 667 64	1.961 577 45	0	1
年龄		连续变量	0.347 910 11	0.328 717 25	21	67
学历		小学及以下=1,初中=2,高中/中专=3,大专=4,本科=5	1.533 888 77	2.229 271 02	1	5
家庭收入		月平均收入(单位:元),3 000以下=1,3 000～5 000=2,5 000～8 000=3,8 000～10 000=4,10 000以上=5	0.395 113 55	2.048 255 29	1	5

资料来源:作者根据2023年千村调查调研问卷整理计算所得。

（二）模型构建

本文构建的回归模型如下：

$$Happiness_i = \alpha_0 + \alpha_1 Internet_i + \lambda Motive_i + \mu x_i + \varepsilon_i$$
$$Internet_i = \beta_0 + \beta_1 Motive_i + \xi_i$$

其中，Happiness 指村民幸福感指数，$Internet_i$ 指代个体数字媒体使用程度，x_i 分别指代被调查村民个人特征的四个变量，即村民的年龄、性别、学历与收入水平，$Motive_i$ 分别指代村民使用数字媒体的 5 个动机，即实用性动机、信息获取动机、沟通动机、娱乐性动机、情感性动机。α_1、λ、μ 与 β_1 为待估系数，其正负性与数值大小用于衡量幸福感与数字媒体使用情况、数字媒体使用动机以及个人特征的相关性关系，以及数字媒体使用情况与使用动机之间的相关关系与影响程度。ε_i 和 ξ_i 为随机扰动项。

在本文实证分析中，我们将幸福感视为排序变量，因此需使用潜变量法推导出最大似然估计量（MLE），规则具体如下所示：

$$Happiness_i = \begin{cases} 0 & Happiness_i \leqslant C0 \\ 1 & C0 < Happiness_i \leqslant C1 \\ \vdots \\ 10 & C9 < Happiness_i \leqslant C10 \end{cases}$$

$Happiness_i$ 表示第 i 位村民个体的幸福感分值；$Happiness_i$ 表示潜变量；待估参数 $C0 < C1 < \cdots < C9$ 为分割切点，当 $Happiness_i$ 低于临界值 $C0$ 时，表示村民幸福感赋分最低，即 $Happiness_i$ 为 0；当 $C0 < Happiness_i \leqslant C1$ 时，农村居民幸福感赋分逐步提高，即 $Happiness_i = 1$；由此类推，当 $Happiness_i > C9$ 时，可知村民幸福感赋分最高，即 $Happiness_i = 10$。

四、实证分析

（一）模型分析

1. 幸福感指数与数字媒体使用程度和个体特征分析

回归分析结果如表 2 所示。

表 2　　　　　　幸福感分数与数字媒体使用程度和个体特征回归分析结果

变　量	系　数	标 准 误 差	t 统计量	P 值
Intercept	7.449 272	1.053 326	7.072 142	5.13E-09
Internet（数字媒体使用程度）	0.401 801	0.182 035	2.207 271	0.032 009
X1（年龄）	0.006 966	0.014 737	0.472 701	0.638 525

续 表

变　量	系　数	标准误差	t统计量	P值
X2(性别)	0.262 228	0.234 436	1.118 55	0.268 786
X3(学历水平)	−0.214 03	0.129 009	−1.659 02	0.103 5
X4(收入水平)	0.047 053	0.129 448	0.363 492	0.717 801

由回归分析结果可知,数字媒体使用程度在5%显著水平内与村民幸福感指数呈现正相关关系,这说明更高的数字媒体使用对村民幸福感的提升具有促进作用。而同时,年龄与收入水平与村民幸福感呈现正相关关系,即村民年龄与收入的增加会促进幸福感的提升。随着个体年龄的提升,个体所承受的生活压力会逐步降低,而收入的增加对提升生活水平与生活质量等方面对个体幸福感具有促进作用。同时,学历水平在10%的显著性水平与村民幸福感呈负相关关系。随着个体学历的升高,个体所面临的学业与工作等方面的压力会提升,这对村民幸福感可能会起到一定程度负面作用。

2. 数字媒体使用程度与使用动机分析

回归分析结果如表3所示。

表3　　数字媒体使用程度与使用动机回归分析结果

变　量	系　数	标准误差	t统计量	P值
Intercept	1.657 713 098	0.361 552 051	4.584 991 552	3.157 95E−05
M1(实用性动机)	0.174 652 75	0.247 627 736	0.705 303 666	0.483 960 789
M2(信息获取动机)	0.515 273 018	0.230 522 884	2.235 235 869	0.029 992 137
M3(沟通动机)	0.229 194 611	0.231 805 681	0.988 735 953	0.327 649 786
M4(娱乐性动机)	0.532 090 684	0.228 322 519	2.330 434 536	0.023 944 178
M5(情感性动机)	−0.224 421 182	0.278 999 794	−0.804 377 591	0.425 064 495

由分析结果可知,数字媒体使用程度与M、M2、M3、M4呈正相关关系,与M5呈现负相关关系,其中,数字媒体使用与M2、M4,即信息获取动机与娱乐性动机在5%显著水平内呈正相关关系,且回归系数较大,这表明娱乐动机与信息获取动机对数字媒体使用程度的加强影响较大。村民倾向于花费更多时间在数字媒体,更多倾向于类似看短视频、跳舞唱歌等获取娱乐感,以及进行信息获取。而数字媒体使用程度与M5,即情感性动机呈负相关,这表明倾向于花很多时间在数字媒体上的村民,对数字媒体的使用并不注重于生活分享以获取情感性支持中。

3. 幸福感与数字媒体使用动机分析

回归分析结果如表4所示。

表4　　　　　　　　　幸福感与数字媒体使用动机回归分析结果

变　　量	系　　数	标准误差	t统计量	P值
Intercept	7.592 651 575	0.417 058 461	18.205 245 28	1.889 57E−23
M1(实用性动机)	0.290 285 654	0.285 644 19	1.016 249 113	0.314 502 575
M2(信息获取动机)	0.356 412 629	0.265 913 356	1.340 333 691	0.186 318 782
M3(沟通动机)	0.045 033 091	0.267 393 092	0.168 415 311	0.866 949 82
M4(娱乐性动机)	0.361 684 299	0.263 375 185	1.373 266 424	0.175 921 038
M5(情感性动机)	0.043 443 663	0.321 832 567	0.134 988 4	0.893 174 033

由回归分析结果可知,幸福感与M1、M2、M3、M4、M5均呈正相关关系,但是M1、M2和M4,即实用性动机、信息获取动机和娱乐性动机回归系数较大,且显著性较强,而M2和M5,即沟通动机与情感性动机回归系数较小。可见数字媒体对村民的幸福感则更多来源于更丰富的实用功能,更丰富的信息供给,更好的娱乐体验。而数字媒体线上沟通与情感性动机与幸福感来源关系较小。一定程度表明,使用数字媒体的沟通方式以及进行情感性支持的获取,并不能为村民带来更好的幸福感体验。区别于实用功能、娱乐体验以及信息获取等数字媒体功能的主动性使用,数字媒体所带来的线上沟通更多的是对数字媒体的被动使用,类似于微信、线上会议等功能的运用,更多的链接于工作与应酬场景,而非通过线下沟通获得情感分享的积极性体验。而幸福感与情感性动机的低关联性说明通过数字媒体获取情感性支持似乎并非为村民提升幸福感的有效手段。幸福感的表露更多展现在现实生活中与他人的互动与支持所带来的参与感和获得感。

(二)异质性分析

基于上述的模型分析,我们以年龄为分类标准,将所收集的村民样本分为青年组(21～35岁)、中年组(36～50岁)和老年组(51岁及以上),来进一步探究幸福感与数字媒体使用动机的关系对于不同群体所反映的不同特征,回归分析结果如下:

表5　　　　　　幸福感与数字媒体使用动机分年龄异质性回归分析结果

年龄组	青年组		中年组		老年组	
变　量	系　数	P值	系　数	P值	系　数	P值
Intercept	11.176 471	0.014 911	6.721 809	0.000 000	8.351 064	0.000 010
M1(实用性动机)	−1.411 765	0.321 602	0.700 642	0.071 336	−0.085 106	0.878 035

续 表

年龄组	青年组		中年组		老年组	
变 量	系 数	P值	系 数	P值	系 数	P值
$M2$(信息获取动机)	0.529 412	0.563 727	0.808 983	0.044 566	0.606 383	0.256 576
$M3$(沟通动机)	−1.529 412	0.435 487	0.281 646	0.448 157	0.510 638	0.309 732
$M4$(娱乐性动机)	−2.176 471	0.328 442	0.941 358	0.008 441	−0.404 255	0.480 049
$M5$(情感性动机)	−1.000 000	0.554 690	0.634 596	0.097 937	−1.372 340	0.080 773
N	10		33		12	
$R\ Square$	0.397 1		0.334 7		0.486 9	

分年龄段来看,青年组影响幸福感的数字媒体使用动机主要为$M2$,即信息获取动机,可见对于青年群体来说,其使用数字媒体的主要幸福感来源在于数字媒体带来信息获取功能。青年面对着学习成长的需求,数字媒体的信息获取功能能为其带来帮助。

而中年群体幸福感来源的主要使用$M1$、$M2$、$M4$和$M5$,即实用动机、信息获取动机、娱乐性动机与情感性动机,相比青年群体,中年群体面对着工作上的负担以及抚养子女老人、支持家庭付出的更多责任,面临的事业压力、生活压力更加巨大,可能更倾向于利用数字媒体进行娱乐来排解现实生活中的压力,寻求情绪上的快乐与心理上的慰藉。

同时,与老年组幸福感相关的数字媒体使用动机主要为$M2$和$M3$,即信息获取动机与沟通动机,可见老年人所面临的诉求更多是子女不在身边的孤独,而数字媒体所具备的沟通互动功能恰恰是这种诉求的某种程度的满足。或许和子女的一次微信电话或者聊天,也能成为老年群体的幸福感来源所在。

五、结论与建议

本研究基于综合幸福感、数字媒体使用程度和动机以及个体特征的多因素考虑,通过对样本数据进行回归分析,最终所得出的主要结论如下:数字媒体使用对村民幸福感存在正相关效应,即使在考虑个体特征因素影响情况下;影响数字媒体使用的主要动机为娱乐动机和信息获取动机,而数字媒体使用程度较高的个体并不注重情感性动机上的使用;村民幸福感与数字媒体使用的实用动机、娱乐动机与信息获取动机关系较为密切,而沟通动机与情感性动机上关系较弱。青年群体注重数字媒体的信息获取支持,中年群体侧重数字媒体的娱乐体验和时间消磨,而老年群体更倾向于利用数字媒体进行沟通互动。

基于上述得出的研究结论,并结合农村发展现状,本文针对数字媒体建设以及村民数字媒体使用层面提出以下建议。从宏观层面来看,应加强数字基础设施建设,弥合城乡"数字鸿沟"。由上文研究可知,数字媒体的使用对村民幸福感的提升具有积极作用,数字基建也是利用数字技术赋能乡村振兴不可或缺的物质保障。而同时广大乡村在数字基础设施建设上和城市相比依旧处于弱势地位，应该扎实推进乡村数字基础设施建设的推广与覆盖，来弥合城乡之间的"数字鸿沟"。

同时，从微观层面来看，高度使用数字媒体的村民并不注重情感性动机的使用，且村民个体幸福感与数字媒体使用的沟通动机与情感性动机的关联要明显弱于其他动机，这也启示我们在应用数字媒体进行社交互动的同时，也应该注重现实社交的回归，社交媒体虽然能让异地交流的阻隔得以打破，但是一味沉浸于虚拟空间的互动，而忽视疏离面对面交流，很多时候使得个体倾向于孤独与自我封闭。因此，在数字媒体使用的同时，现实面对面的交流沟通也同样不可或缺。但是在异质性分析中老年人在沟通动机上则体现出相反的结果，这也表明鉴于很多在外工作的子女与老年人两地分隔，促使村民空巢现象产生的同时，借助数字媒体拉近与老人间的关系与距离，来增强与老年群体的关怀与呵护，也不失为一个好的方式。

参考文献

[1] Diener, Ed. New findings and future directions for subjective well-being research[J]. American Psychologist, 2012, 67(8): 590-597.

[2] Ryff C D. Happiness is everything, or is it? Explorations on the meaning of psychological well-being[J]. Journal of Personality & Social Psychology, 1989, 57(6): 1069-1081.

[3] Keyes, C. L. Social well-being. Social Psychology Quarterly, 1998, 61(2): 121-140.

[4] 李婷. 哪一代人更幸福？——年龄、时期和队列分析视角下中国居民主观幸福感的变迁[J]. 人口与经济, 2018(1): 90-102.

[5] 任海燕, 傅红春. 收入与居民幸福感关系的中国验证——基于绝对收入与相对收入的分析[J]. 南京社会科学, 2011(12): 15-21.

[6] 黄庆华, 张明, 姜松, 等. 教育影响农村居民幸福感的效应及机制[J]. 农业技术经济, 2017(1): 67-75.

[7] Dolan P, Peasgood T, White M. Do We really Know What Makes Us Happy? A Review of the Economic Literature on the Factors Associated with Subjective Well-being[J]. Journal of Economic Psychology, 2008, 29(1): 94-122.

[8] Kavetsos G, Koutroumpis P. Technological Affluence and Subjec-tive Well-being[J]. Journal of Economic Psychology, 2011, 32(5): 742-753.

[9] 冷晨昕, 祝仲坤. 互联网对农村居民的幸福效应研究[J]. 南方经济, 2018(8): 107-127.

[10] Cilesiz S. Educational Computer Use in Leisure Contexts: A Phenomenological Study of Adolescents' Experiences at Internet Cafés[J]. American Educational Research Journal, 2009, 46(1): 232-274.

[11] 马丹. 社会网络对生活满意度的影响研究基于京、沪、粤三地的分析[J]. 社会, 2015, 35(3): 168-192.

[12] Kraut R, Kiesler S, Boneva B, et al, Internet paradox revisited[J] Journal of Social Issues, 2002, 58(1): 49-74.

[13] 曾鸣. 互联网使用与农村公共文化服务满意度[J]. 华南农业大学学报：社会科学版，2018，17(4)：84-94.

[14] 明珠. 新媒体社交中用户的娱乐需求探究[J]. 视听，2019(6)：2.

[15] 贺寨平. 国外社会支持网络研究综述[J]. 国外社会科学，2001(1)：79-85.

数字化视域下普宁市乡村旅游发展路径研究
——基于广东省普宁市千村调查的调研数据

翁　悦[①]　程　果[②]　达妮亚[③]

摘　要：党的十九大报告中提出乡村振兴战略，为我国乡村发展指明了方向。随着5G、大数据、人工智能等智慧技术的深入发展，数字经济时代纵向深入，为乡村振兴战略注入了新活力，也为乡村旅游业发展带来新路径。本文在前人对乡村旅游建设与数字化相结合的研究基础上，结合千村调查实地调研数据，分析广东省普宁市各村发展特色乡村旅游的可能性及困境，并探讨数字化助力乡村旅游的实现路径，在此基础上给出解决措施与政策建议。

关键词：乡村振兴　数字化　乡村旅游

一、引　言

党的十九大报告提出实施乡村振兴战略。解决农业、农村和农民问题是关乎国家发展和民生安定的基础性问题，"三农"问题关乎国家的粮食安全、农村稳定和农民生活水平，对于国家经济社会的发展具有重要意义，我们党也把"三农"问题置于全党工作中重中之重的地位。习近平主席多次强调，要坚持农业农村优先发展，按照产业兴旺、生态宜居、乡风文明、治理有效、生活富裕的总要求，加快推进农业农村现代化。国家"十四五"规划明确提出要促进数字技术与实体经济深度融合，以及推进产业全方位数字化转型的目标，这为乡村旅游实现高质量发展提供了新契机。随着互联网的普及和数字经济的迅速发展，数字化技术逐渐成为推动乡村旅游高质量发展的重要方式。

2023年"中央一号"文件提出，要深化推进数字乡村发展，加大力度促进数字化基础设施的完善，推动数字化解决方案的研究和推广。为了深入推进数字乡村发展，需要加强数字化基础设施的建设，积极探索数字技术与农业生产、乡村治理等领域的融合模式，促进数字技术在农村经济中的广泛应用。针对数字经济赋能乡村发展，推动旅游高质量发展

[①] 翁悦，上海财经大学公共经济与管理学院2021级财政学专业本科生。
[②] 程果，上海财经大学会计学院2022级财务管理专业本科生。
[③] 达妮亚，上海财经大学公共经济与管理学院2021级劳动与社会保障专业本科生。

的问题，国内学者提出了多种方案。根据王洋等学者的观点，从政府端切入是一种推动乡村旅游高质量发展的路径——依赖利益相关者共生关系和数字技术的支持，政府能引导农民学习提升观念，将新时代的科技手段与农民长期积累的经验相结合，从而培育创新的业态；在推进农村高质量发展方面，如何利用数字技术改进农业生产方式在近几年也得到了广泛的研究。学者罗浚文指出可以从农产品生产、销售、产业链质量安全和基础设施等多个方面促进农业数字化改造升级；关于数字技术如何赋能旅游产业的问题，学者黄蕊指出可通过链接、集聚、赋能特性实现去中心化、平台化和柔性化；学者崔慧霞认为，数字技术也可以与传统的生产要素如资本、劳动力、土地等结合。目前国内外的相关研究已经认识到数字经济创新对激发旅游发展新动能的重要作用，也在积极探索数字化乡村建设、数字化乡村旅游新业态所需的基础设施建设、相关经验引进等问题，但仍缺乏从数字经济视角对乡村旅游高质量发展机制和路径的系统性研究。因此，本文旨在基于广东省普宁市的千村调查数据，寻求一条数字化助力乡村旅游之路，直击目前乡村旅游升级改进面临的问题、探索乡村旅游与数字化技术相结合的可能性，提出创新性的乡村旅游发展方法路径。

与现有文献相比，本文的边际贡献主要有以下两点：第一，采用上海财经大学 2023 年实地调研获取的 198 份微观数据，考察了数字技术对乡村旅游的作用及影响机制，拓展了现有文献对乡村旅游影响因素的研究角度、丰富了现有文献针对乡村旅游与数字化技术相结合的资料以及数据的相应分析；第二，在农村经济社会转型和数字经济蓬勃发展的背景下，通过崭新的视角洞察了乡村旅游业发展的现状以及数字经济对乡村旅游的积极影响，并结合实地调研中发现的问题提出相应建议，有助于相关部门制定及采取针对性的政策及措施。

本文的研究局限性在于样本数据的收集和分析，以及对数字化助力乡村旅游的具体途径和实施方案的探讨。由于时间和资源的限制，本研究无法对所有乡村旅游案例进行细致的调研和分析。然而，本文通过实地调研成果与现有文献的综合分析和归纳总结，力求提供有益的启示和指导。

政策上，党的十九大报告打响了乡村振兴第一枪，党的二十大报告和"十四五"规划明确提出要促进数字技术与实体经济深度融合，推进产业数字化转型，这为乡村旅游实现高质量发展提供了新机遇。因此，在推进乡村振兴战略稳步实施的过程中，利用好数字经济技术，赋能乡村经济，以乡村旅游为突破口，探寻高质量发展路径，对于乡村实现高质量发展和乡村振兴战略的实施具有重要的理论与现实意义。

技术上，在当代中国，数字经济的影响已经深入各行各业，数字经济带动传统产业转型升级、有力促进中国经济蓬勃发展，展现出了极强的生命力。我国互联网信息技术尤其是大数据和云计算技术的发展，推动了各行各业的创新进步，这为我国的乡村旅游发展，乡村经济振兴提供了技术上的天然优势。

同时，与新时代同步升级发展的还有我国居民的消费水平。不同以往，当代城镇居民精神文化需求不断高涨，新兴旅游形式如雨后春笋般涌现，有利于助推乡村旅游的蓬勃发展。在此背景下，推进乡村旅游和数字经济的对接既符合我国数字经济时代各行业数字化发展的趋势，也能满足人民日益增长的美好生活需要，更有助于进一步优化我国乡村旅游行业资源，培育其核心竞争力，助力乡村振兴战略实施和最终取得"精准扶贫"攻坚战的胜利（胡鞍钢和王蔚，2017）。

二、相关概念介绍

（一）数字经济

"数字经济"近年来成为网络热词，学术界对数字经济的定义持有多元化的观点。根据联合国贸易和发展会议达成的定义，数字经济被细分划定为信息基础设施、利用数字经济的信息技术以及其他数字化应用领域。随着工业时代结束，数字时代拉开帷幕，经济的动力源也从传统的石油、电力、机械等实体资源逐渐转变为数据这一虚拟但至关重要的生产要素。数据的重要性日益凸显，它已成为塑造和驱动现代经济的核心因素，决定着企业竞争力和国家发展的方向，在这一变革进程中，数字化技术的迅猛发展催生了全新的商业模式和经济结构，为经济增长注入了全新的活力和动力。有学者认为数字经济的本质是利用数字技术进行生产（李长江，2017）。学者何枭吟另辟蹊径地指出其是一种知识与技术全然渗透各个行业的全新经济形态。本文认为，数字经济是这个数字化、信息化、网络化的大时代所孕育的一种不同以往的全新经济形态。拆分来看易得：其为"数字"与"经济"的深度融合，是数字技术与通信技术在经济领域的应用，有助于促进经济效率的进一步提升、交易成本的进一步降低以及市场空间的进一步拓展。

（二）乡村旅游

乡村旅游是一种以农业为基础，以旅游为目的，以服务为手段，第一产业和第三产业相结合的新型产业。随着工业化和城市化进程加快，数字经济在这一背景下呈现出高速发展的态势，当数字经济的风吹向田间乡野，乡村旅游作为新时代的新产业正在迅速崛起。与传统的粗放型旅游模式不同，它更加着重通过科技手段优化服务、精细管理，在不丢失乡村本质与特性的同时，利用数字经济与通信技术挖掘更多可能性来提升旅游体验，更加深入地促进数字技术同乡村旅游产业深度融合，同时突出乡村性本质和拓展后乡村性功能，以此实现乡村旅游的高质量和可持续发展（银元，2023）。当前，越来越多的乡村利用其特色的自然环境，充分挖掘历史文化底蕴，吸引游客们前往体验，逐渐成为我国旅游业中的一大亮点，并由此带动当地农村居民的收入，促进当地农业和手工业的发展，提高乡村地区的整体经济水平。

加快推进科技赋能是提升乡村旅游服务质量、进一步带动乡村经济走向高质量发展道路的关键内核。通过数字经济引领新时代中国乡村旅游创新发展，除了在促进生态、经济与社会和谐发展的基础上，解决城乡发展不平衡、乡村经济发展不协调等问题之外，还能为新时期中国乡村旅游产业的理念变革和实践应用带来新的发展机遇。

三、样本基本情况及调研方法

本文使用的样本数据来源于上海财经大学于2023年组织的"千村调查"项目。该项目包括入村问卷和入户问卷,其中,入村问卷主要涵盖村集体信息模块,乡村产业发展模块和数字技术赋能乡村等方面的信息,农村家庭问卷内容主要涵盖家庭基本信息、乡村振兴模块、数字乡村模块,以及村委会问卷。

在本次定点调查过程中,调研团队在广东省普宁市按照既定的抽样方法对乡村开展调研走访活动,一对一进行问卷调查。在5天内共计走访了9个村,采访了200名以上村民及村干部,收集到9份入村问卷和198份入户问卷。在本文数据统计分析的部分,我们对问卷数据进行了清洗,剔除了部分失真或空白数据,以保证数据的有效性。另外,潮汕地区的人民普遍具有淳朴好客、诚实守信的特点,在入户调研的过程中村干部陪同调研团队进入农民家庭,使我们获得了足够的信任,因此本次调研问卷的有效性和可信度较高。

四、普宁市乡村基本介绍

本次调研抽取普宁市南溪镇篮兜村、东一村、东二村、新溪村、老方村和大陇村,以及里湖镇的新池内村、河头村和富美村,共9个村。从差异性来看,经调查,9个村的经济情况差异较大,其中,经济情况最强劲的为东二村,2022年收入合计66.022万元;经济情况最薄弱的为河头村,2022年收入合计6万元。村民从业方式各有特点,数据显示,9个村受访村民主要以务工和务农为主,且经济发展越好的农村,村民的就业类型越多元,务农人口占比越低。此外,普宁九村在产业结构上也呈现出差异,比如富美村以电商发展为主,在采用机械设备配合人工生产的基础上,以线上淘宝、微商等网络平台销售农产品,并积极发展本地农贸市场,以线上线下相结合的方式促进农产品销售。而东二村产业虽以种植业为主,但村民务工占比较高,就业方式多元化,男性以木工、电工等为常见就业形态,女性则以手工业为主,总体上提升了村民创收水平。

从共同性来看,受访九村普遍存在人口老龄化现象,老年人口在常住人口中占比较大,子女外出打工居多,空巢老人现象突出。此外,受访的九村中,发展乡村旅游、打造江南水乡的势头显著,尤其是南溪镇老方村等6个村,凭借水系资源丰富、生态环境优美的地域优势,正在打造本地水乡旅游业,逐步开发水上旅游项目,且辐射带动作用明显。

五、发展现状及困境剖析

(一)普宁九村的发展现状

根据调查问卷的数据,本次调研的普宁市东一村、东二村等九个乡村人均月收入为4216元。然而考虑到我们调查的受访者多为户主,其收入为家庭的主要经济来源,以此项数据的平均值作为九村人均月收入可能导致虚高。因此,我们采用家庭年收入除以家庭总人口数的方法计算人均月收入。剔除14份问题数据后,我们得到普宁九村的人均月收入为2183元。根据我国2023年统计年鉴可知,2022年全国居民人均可支配收入为36883.3元,人均月收入为3073.6元。普宁市位于广东省东南部,属于东部地区。2022年中国东部地区人均可支配收入为47026.7元,人均月收入为3918.9元。因此,普宁九村的经济水平在全国范围及东部地区均处于中等偏下水平。

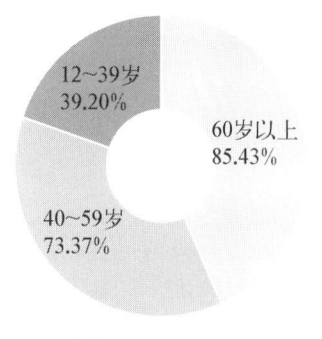

资料来源：广东省普宁市千村调查198份调查问卷。

图1 普宁市九村受访者年龄分布圆环图

在198份调查问卷中，剔除一个问题数据后，年龄高于60岁的占比为43%（见图1），总体老龄化程度较高。在调研过程中，不少老人向我们表示，由于村里较穷，因此在此难以获得较好的发展，年轻人倾向于外出打工，导致空巢老人居多。

然而，老方村的人均月收入为7 302元，显著高于其他8个村落。结合调研过程中的采访及实地考察，我们发现老方村年轻人较多，其老龄化程度明显低于其他8个村落。另外，由于老方村近年来不断发展乡村旅游业，生态环境得到了较大的改善，经济水平也得到了提高，因此不少年轻人愿意返乡建设而非在外地打工，这为乡村振兴注入了重要的发展活力。

从乡村旅游发展上看，普宁九村中老方村的乡村旅游行业发展如火如荼，以南溪水乡（见图2和图3）为核心，目前已拓展出夜市经济、烟花秀、啤酒节等经济新业态。南溪水乡是沿南溪河打造的乡村旅游特色景点，途经南溪村、北溪村、宝鸭村、老方村等，沿岸各村充分挖掘特色景点，打造出一条极具江南水乡特色的游船路线。普宁市南溪水乡以"自然生态为基础，丰富水系为纽带，潮汕文化为灵魂"作为开发战略，打造集农业、体育、红色、康养、文化功能为于一体的乡村旅游标杆。充分利用"农业＋文旅"，打造集多功能为一体的水乡田园，带动普宁乡村融合发展。新时期下，南溪水乡抓住乡村和文化两大主线，逐步实现全域旅游规划目标，争创国家4A级度假旅游区，助力普宁北部乡村振兴战略实施。

图2 南溪水乡大港码头现场图片　　图3 南溪水乡路线指引图

图3所示的南溪水乡旅游线路以南溪村生态水系风光、登峰村玉佛禅宗圣地、北溪村

桃林种植产业、新溪村宗祠文化传承、钟堂村红色老区精神为特色,获得了广东省"精品线路"的称号。在本次调研的9个村落中我们发现,老方村整体较为富裕且年轻人居多。然而周边的其他8个村落旅游业发展处于早期或尚未开拓,经济发展模式主要以农业和手工业为主。剔除38份已退休的受访者数据后统计得出:普宁九村中有超过一半的村民主要务农和务工(图4)。

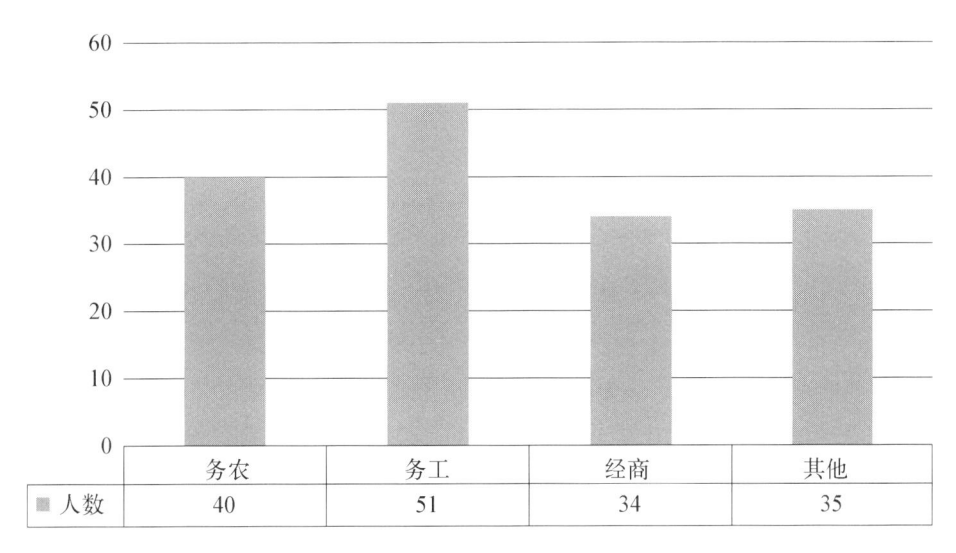

	务农	务工	经商	其他
人数	40	51	34	35

资料来源:广东省普宁市千村调查198份调查问卷。

图4 普宁市九村受访者就业类型柱状图

从数字化应用上看,普宁九村的数字化发展程度较低。根据调查问卷统计:本次调研的9个乡村均未开设网络服务平台(如政务App、乡村大数据主题展示、网格化监控系统等)。剔除28项空白数据后我们发现,在170名受访的村民中有87%的人表示自己在使用电脑和移动终端的过程中曾遇到过技术障碍(如设备故障和软件问题等),有36%的人表示自己在解决网络和软硬件故障问题上的能力较弱甚至很弱。村民获取村务信息的主要来源为村务公示栏(占比82%),仅有14%的村民通过政府公开网站获取村务信息。另外,接近85%的村民表示网络、信息化等数字技术对自家的生产经营无影响或不清楚(图5),仅有1位村民利用网络来销售农产品或其他产品。综上可见,无论是村庄方面还是农户方面,乡村平台在普宁九村中的数字普及率和应用率都较低。

从乡村旅游与数字技术的结合上看,目前老方村南溪水乡的运营模式主要以网红营销为主。通过在互联网上搜索"普宁市南溪水乡",我们发现相关词条呈现出丰富性和多样性的特点。这些信息主要源自网络红人、探店博主的自发宣传,例如在小红书等新媒体平台进行旅行分享。然而其运营缺乏更为官方的营销推广等宣传渠道,也没有依靠更加高端的数字化技术进行转型升级,如引入智慧农文旅技术建立数字乡村智慧管理平台和数字乡村服务平台等,因此其发展潜力大,后劲足。

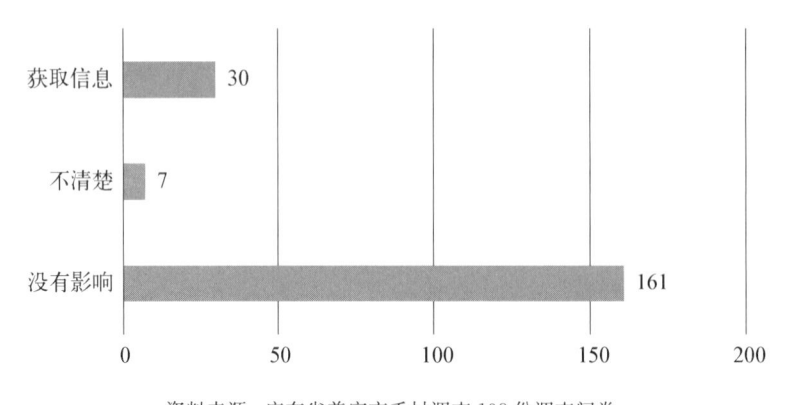

资料来源：广东省普宁市千村调查198份调查问卷。

图5　网络、信息化等数字技术对生产经营的影响调查簇状图

（二）困境剖析

1. 乡村平台的数字普及率和应用率低

村落中原有的数字技术并不发达，本次调研的9个村落均未建立自己的数字村务平台。根据调研数据显示，在受访的198名农户中，有45%的村民不会浏览网页应用，17%的村民不会使用娱乐音视频应用（如抖音、快手等），86%的村民不会使用教育教学类应用（如中国大学、MOOC等）（图6）。对于普宁市的乡村而言，引进智慧农文旅技术是一个"从0到1"的过程，政府人员及村民们也需要学习新技术，因此需要耗费一定的人力成本和时间成本。

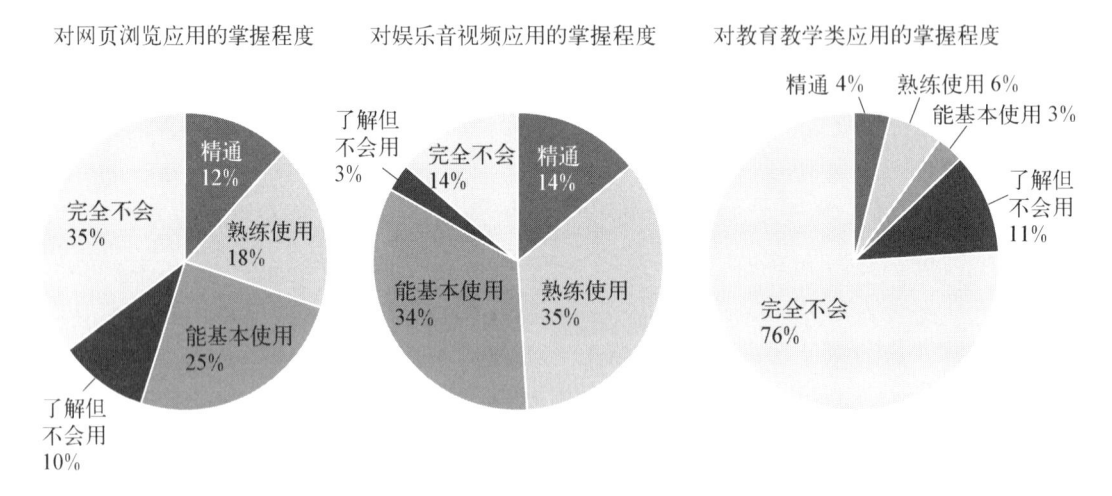

资料来源：广东省普宁市千村调查198份调查问卷。

图6　对互联网应用的掌握程度饼图

2. 老龄化程度高，发展动力不足

经过本次调研我们发现，尚未发展旅游业的8个村落老龄化程度偏高。在入户调查中，受访者以中老年人居多，年龄高于60岁的人群占比为43%，40岁以下的受访人群仅占

20%,总体老龄化程度较高。同时我们发现,很多户人家的子女均已离开农村,前往外地打工,且主要聚集于普宁市市区或珠三角地区。

在调研中,我们对不同年龄段的老人进行采访,发现对于老一辈人而言,有一部分老年人倾向于偏安一隅,不愿意再折腾,不愿意接受新鲜事物。部分老人对如何发展旅游业及如何使用互联网不了解,这对乡村旅游业和数字化发展有一定的阻碍。

3. 普通话普及度不高,限制旅游业发展

根据调研问卷的数据显示:在198位受访者中,仅有43%的村民表示自己普通话水平高(图7),其中有36%的村民表示即便村里有条件开展普通话培训活动自己也不愿意参加。在调研过程中,许多老人表示,由于自己年龄太大,不愿意再学习新的知识。他们认为:由于一辈子都生活在村子里,使用潮汕话(当地方言)足以满足日常人际交往的需要,学习普通话浪费时间,没有必要。然而普通话的普及应用是发展乡村旅游的必经之路,也是接待外地游客的必要技能之一。对于村民而言,如何使用数字乡村服务平台,如何掌握普通话以便更好接待外地游客都是较大的挑战。

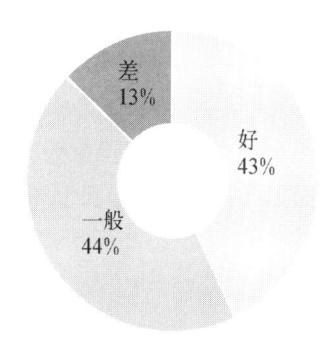

资料来源:广东省普宁市千村调查198份调查问卷。

图7 普宁九村普通话水平调查圆环图

4. 村落过于贫穷,需要依靠政府或社会企业投资

在本次调研的198户农村家庭中,年均家庭收入为9.56万元,户籍人口平均为6人,总体人均收入水平较低。在调研过程中,一位来自老方村的村民告诉我们,"当年南溪水乡是由当地一位富商出资进行开发建设的,现在村里日新月异的发展都离不开他当时的投资。"而其他8个村落的经济状况较差,村民委员会收入较低,若要发展乡村旅游业并引入数字化技术,则亟须当地政府引资建设。

六、路径探讨与可能性分析

(一)老方村案例

广东省普宁市南溪镇,溪河密布,生态优美,素有"普宁乌镇"的美誉。自党的十九大以来,南溪镇响应国家乡村振兴战略,结合现有资源环境,一直致力于建设以"水乡风情"为主题的宜居、宜游、宜业环境,据实地调查研究发现,老方村水乡旅游文化建设较为突出。

老方村是普宁市南溪镇下辖村,其土地面积总计350亩,常住人口1 800人。它是南溪镇"水乡风情"主题建设下的水上旅游线路节点之一,也是重要的脱贫成功范例。

南溪镇老方村在2016年被定为省定贫困村,然而老方村三年实现脱贫目标。走访观察发现,如今的老方村,干净整洁的街道、清澈见底的水域、崭新丰富的文化活动中心、朝气蓬勃的年轻人队伍令调研团队印象深刻。经过深入调研发现,老方村村容改观、经济腾飞的原因有以下几点:

1. 因地制宜治理环境

抓住机遇,顺势而为。在普宁市委市政府坚持以贫困村环境治理为突破口,开展环境

整治工作之时，老方村在南溪镇各村中第一个开展河道整治工作，涉及土地达到20多亩，种植植物五六千株。(揭阳发布，2017)这使得老方村从曾经的荒山恶水摇身变为世外桃源，为日后的乡村文化旅游建设创造了先天优越的载体。

2. 产业建设带动经济

调查问卷数据显示，老方村土地总面积350亩，地势为平原，具有利用优势。以前村集体经济薄弱，村民收入主要来源于农业和外出务工，但经过老方村因地制宜发展光伏产业项目，为村民带来了收益，从而一定程度上带动了老方村经济发展，从而为宜居的优美乡村建设奠定了经济基础。

3. 文化建设促进旅游

在乡村振兴战略的指引之下，文化建设也同步推进。老方村在普宁市南溪镇政府的投入之下，精心打造了党建文化主题公园以及沿河栈道。实地调研发现，党建文化公园颇有特色，其较好地实现了红色文化与生态环境相融合，将党建文化"搬"至室外公园，包括"不忘初心、牢记使命"党建活动区、"不忘初心、继续前行"党建知识宣讲区以及"党建引领、幸福社区"特色亮点工作展示区三大区域(记录普宁，2020)，实现休闲、娱乐、教育的三位一体，将文化宣传融入居民生活，以党建文化带动乡村旅游，打造特色红色旅游基地。

（二）可能性分析

在对普宁市南溪镇、里湖镇两镇九村实地走访，获取数据发现，在同样具有伊水而居的水乡文化优势的篮兜村、东一村、东二村和老方村之中，老方村村民收入普遍较高、年轻人口占比较大，经过深入研究发现，老方村相较于其他村的发展优势在于初具规模的水乡文化旅游建设。由此可见，老方村的乡村旅游新业态具有成功之处。因此，老方村具有带动周边贫穷的村落发展的潜力，即以南溪水乡为中心向四周辐射，周边村落可根据各自的优势挖掘特色、传续水乡旅游业，从而形成点—线—面的水乡风情展示区，并结合数字技术提升乡村旅游服务能力，真正实现乡村振兴。

结合调研结果，此方案可行性可能性分析如下：

1. 周边村落存在旅游业发展的可能性

一方面，经过河道治理、乡风文明建设等，南溪镇各村总体生态环境较好，空气质量佳，有利于发展农家乐等产业。可对标城市人群，发挥乡村原生态环境优势，可发展多样化乡村旅游模式，比如生态体验型模式、务农体验型模式。另一方面，这些村落存在大量未被开发的耕田。调查数据显示：9个村中的76.76%的老人们主要依靠子女供养(图8)，9个村中75%的家庭不再从事耕田等农业生产活动，农村闲置耕得到集中化承包的农村占比为44.4%。由此反映出南溪镇乡村田地未能被有效利用，这为将田地集中起来发展耕田体验等新经济提供了可能性。

2. 大部分村民发展乡村旅游业的意愿强烈、积极性较高

尽管有少部分村民倾向于偏安一隅的生活，但是，普宁市南浮镇、里湖镇两镇九村之中，有53.5%的受访村民希望村中发展乡村旅游业(图9)。经过与村民交谈调查发现，村民对于发展乡村旅游业的认可度较高，对于从本土生态环境与文化风俗等方面挖掘旅游

您未来将依靠谁来养老?

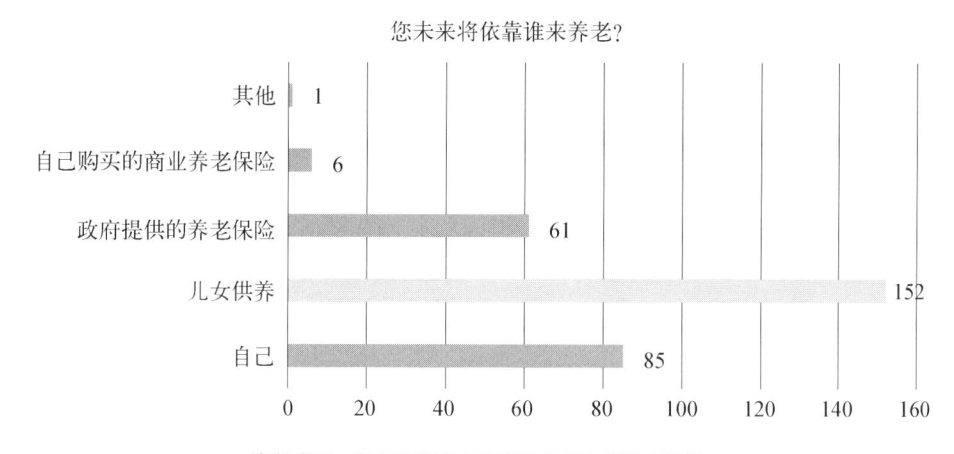

- 其他: 1
- 自己购买的商业养老保险: 6
- 政府提供的养老保险: 61
- 儿女供养: 152
- 自己: 85

资料来源:广东省普宁市千村调查198份调查问卷。

图8　老年人未来的养老方式簇状图

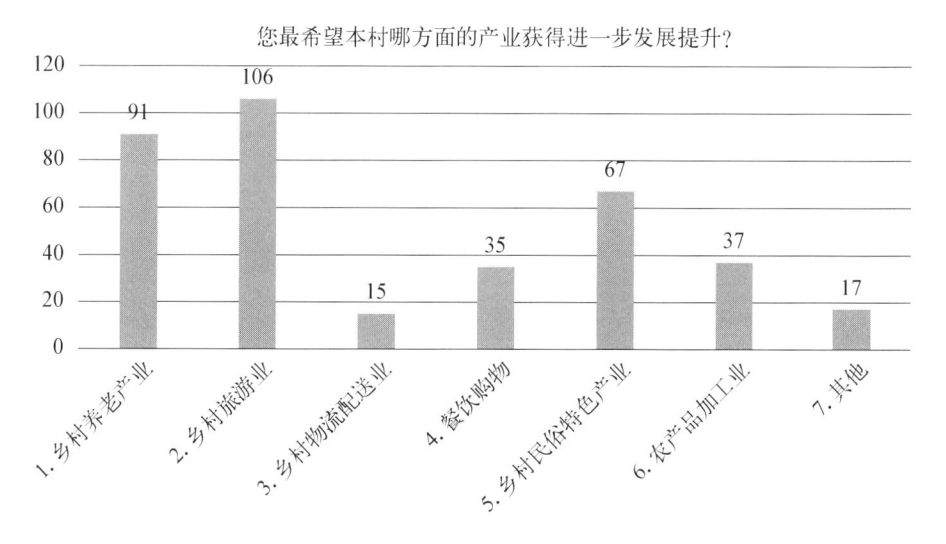

您最希望本村哪方面的产业获得进一步发展提升?

- 1.乡村养老产业: 91
- 2.乡村旅游业: 106
- 3.乡村物流配送业: 15
- 4.餐饮购物: 35
- 5.乡村民俗特色产业: 67
- 6.农产品加工业: 37
- 7.其他: 17

资料来源:广东省普宁市千村调查198份调查问卷。

图9　乡村未来发展产业的个人意向柱形图

资源较有信心,且当地民风淳朴、包容性强。有73.1%的受访村民对外来人口的融入持开放的态度,对旅游旺季时的游客表示欢迎。在调研过程中,村民们都热情招待,积极配合,当被问及发展旅游业所需的支持时,多位老人表示可以从完善当地基础建设,美化自然环境,保护历史建筑等多方面来带动旅游业的发展。

3. 旅游模式单一、多元化的旅游模式有待探索开辟

当前我国乡村旅游呈现出多种趋势:客源市场多元化,旅游产品多样化,旅游业与一二产业深度融合,形成产业集群的发展模式,旅游市场迎来智能化、数字化的变革……除此之外,还有一些新业态和新的趋势正在涌现,文化体验型、数字技术融合型、低碳型的乡村旅游也屡见不鲜,这些新兴业态都为当地旅游模式从单一向多元化转变提供了新的思路。

据实地考察及访谈发现，老方村目前仅开发了游船、夜市、生啤节等旅游形式，总体上只开辟了休闲度假型旅游模式，民宿、农家乐、耕田体验等新业态尚未拓展，这不仅为老方村发展旅游业提供新的思路与方向，而且为带动其他村落发展旅游业提供了契机，促进了当地多元化旅游模式的开辟。

4. 有独特的古村落建筑文明且留存完整

潮汕地区的乡村保存着特色的德安里古寨建筑，较好地保留了典型的潮汕村落特色，且由于年久未经修缮及人们离乡打工，大多房屋处于闲置状态。然而，这些房屋的基本建筑结构完好，如果能够进行修缮，便可开发特色民俗，打造"普宁乌镇"，让游客感受现代文明与古代文化的碰撞，从而形成独特的观览型乡村旅游模式。

5. 本土特色产业可作为发展支柱

在调研过程中，当地青梅产业园展现出成熟的发展模式与规划：借助知名品牌的影响力助力销售，充分利用国内外青梅市场需求量大、前景好的优势，因地制宜培育特色青梅品种……

综上，我们认为普宁市可以借助本土知名品牌，以本地特色产业作为发展支柱，带动普宁九村青梅产业共同发展。这不仅可以扩大青梅产业的规模，提高该产业的成熟度和标准化水平，而且可以增加就业，为当地村民创收，兼顾经济效益和社会效益，实现"先富带后富"的良性循环。

（三）数字化路径探讨

1. 短视频——"看得见的力量"

经过引入 S-O-R 模型、TAM 模型调查研究发现，短视频的信息性、视觉审美性、叙事性正向影响游客感知易用性，从而影响游客意愿与行为（黄亚琪，2022）。由此不难得知短视频对于发展乡村旅游的重要性宣传作用。另一方面，调研数据显示，普宁 9 个村中有 85%的人会熟练使用抖音等 APP，且频率高达每天一次及多次的达到 46.25%，56%的受访村民会在短视频平台发布内容（图10、图11）。在调研过程中，调研团队来到广东省普宁

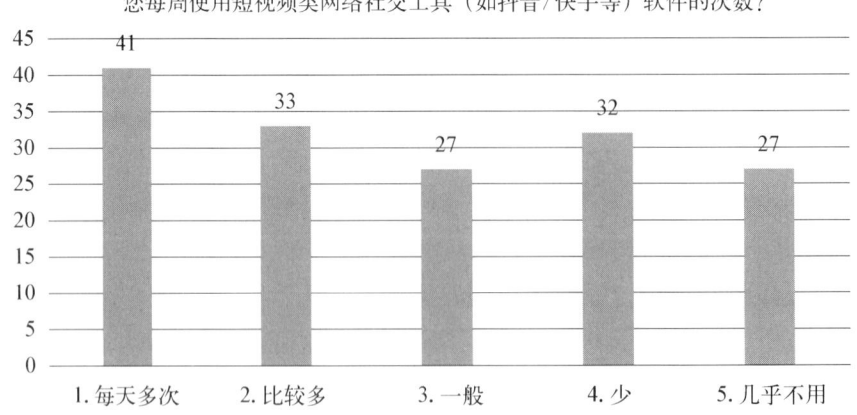

资料来源：广东省普宁市千村调查 198 份调查问卷。

图 10　受访者每周使用短视频类软件的频率柱形图

市现代农业青梅产业园进行参观。园方介绍道,其品牌主要是通过互联网大V、流量明星等在短视频平台进行直播带货,利用短视频平台和直播的热度,借助明星的知名度与流量进行宣传,实现了销量的飞跃。由此可见,通过短视频宣传,让普宁乡村的旅游业走出去、扩大影响力是切实可行的方法。

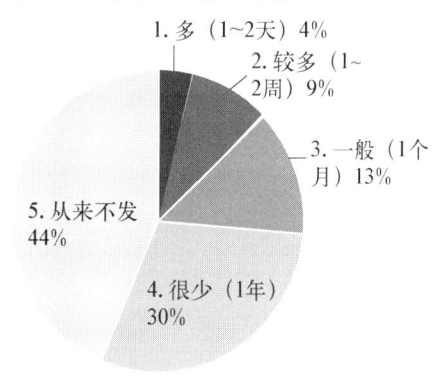

2. 创建智慧文旅平台,实现农文旅技术在乡村旅游业的应用

随着5G、大数据、人工智能等智能技术的深入发展,智慧文旅技术应运而生,文旅产业逐渐打破时间、空间和方式的传统束缚。以手机App、小程序等为载体,引入融合票务销售、场馆预约、交通住宿、文创零售等渠道而形成的多元一体平台,提供

资料来源:广东省普宁市千村调查198份调查问卷。

图11 受访者分享或发布短视频的频率饼图

乡村导览、VR全景、语音讲解等便捷式服务,真正实现数字化助力乡村旅游业。面向景区游客,支持语音、地图、路线导览景点特色介绍,周边服务推荐,定制个性化娱乐活动;面向景区管理中心,实时监控客流量,保障游客的安全,为景区服务管理人员提供智慧景区服务运营管理系统,实现景区综合运营态势统计分析、应急演练模拟、景区设施设备全生命周期管理、景区服务及运营管理等。

3. 提升数字化服务能力,契合多元复合的旅游需求

目前,游客的需求已经从单一的观光需求转变为集观光、休闲、娱乐、度假为一体的复合型需求(王安逸等,2022)。因此,要推动乡村旅游业供给侧结构性改革,发展全景化、全覆盖的全域旅游模式(罗斌,2021),线上与线下相结合,统筹旅游资源,在保证各村特色旅游模式的基础下,协同推进旅游资源的配置,节省游客实践,提升游客体验。

七、政策建议

在对普宁9个村落进行实地调研后,我们基于上述对发展现状的分析及路径的探讨,针对其现存问题提出以下几个政策建议:

(一)组织数字技能培训和普通话培训,提升农民创新思维

相较于城市地区,乡村地区数字化应用发展水平有限。在我们调研的9个村落中,由于留居在村中的村民受教育程度不高,因此普通话普及度也处于较低的水平。这大大阻碍了乡村旅游业和数字化应用的发展。与此同时,乡村的教育和培训资源与城市相比也相对匮乏,缺少足够的师资力量,交通不便等原因也导致村民很难到其他地方参与培训课程(陈佳铭,2023)。想要改变当前乡村数字化发展落后、村民技能不足的现状,应当组织相关培训,帮助农民了解数字技术的基础知识,融入数字社会,帮助农民掌握一定的普通话技能,使他们在发展乡村旅游业的过程中能够无障碍地与外地游客交流,进一步促进旅

游业发展。随着农村经济多元化的发展，培训也可以帮助农民提升创新思维，利用抖音等自媒体平台进行直播带货等，推动村民自主创业，提高收入。

考虑到普宁九村的老龄化程度较高，留守老人多，在组织培训的过程中，我们认为应当注意方式方法，不能循规蹈矩。建议从村民的实际需求出发，针对不同村民的情况开展多样化的培训，并提供线上线下的培训方式，方便村民自主安排时间。同时要配套好培训的"售后服务"，在村民完成培训后进行答疑和个性化指导。

（二）因地制宜发展旅游新业态，提高农民收入

为改变普宁市乡村的经济状况，进一步提升农民收入，我们认为可以考虑发展乡村旅游，开拓经济新业态、新模式。结合本文上述对可能性的分析，我们所调研的普宁市乡村地区具备足够的地理优势、资源优势、有发展的潜力。可以将当前发展较好的南溪水乡作为旅游业中心并向四周辐射，周边村落可以根据各自的优势发展旅游业。在调研过程中我们发现，一些村落仍完好地保留着具有潮汕特色的民居，一些村落有大量未被开发利用的耕田。因此，可以在此基础上利用数字化技术进行保护和开发、发展农家乐、民宿、耕田体验等新经济模式，既能实现产业发展，又能提升乡村的经济状况，促进年轻人返乡建设，形成经济发展的良性循环，最终促进乡村振兴。

（三）引入智慧农文旅技术，搭建数字乡村管理和服务平台

自改革开放以来，我国的城市发展日新月异。随着科学技术的进步，城乡差距不断拉大。要想从根源上解决乡村发展落后的现实问题，缩小城乡差距，就应当引入数字技术，普及数字化应用，建设数字乡村。一方面，数字技术能够通过大数据的收集和分析，为乡村提供量身定制的规划方案，促进乡村可持续发展；另一方面，乡村智慧管理平台和数字服务平台不仅使村民能够及时了解政务信息，而且方便村民委员会实行管理，推动治理有效。因此，以数字化提升乡村治理效能是中国式现代化视域下"数字中国"叠合"乡村振兴"的题中之义（赵晓峰和刘海颖，2022）。

对于本次调研的普宁九村而言，引入智慧农文旅技术能够与乡村旅游新业态有效结合起来。以老方村为例，在当前的南溪水乡旅游业的发展中可以通过移动终端 APP 或微信小程序等推广乡村导览、VR 全景、语音讲解等服务，搭建涵盖票务系统、零售系统、特色电商的数字乡村管理和服务平台，并利用大数据进行农业、游客、产业和舆情分析，助力乡村寻找到更适合本村的发展道路并实现转型升级。

（四）召集年轻人返乡建设，给予一定政策福利

习近平总书记说，"要积极培养本土人才，鼓励外出能人返乡创业，鼓励大学生村官扎根基层，为乡村振兴提供人才保障"。当前，脱贫攻坚已经取得圆满胜利，"三农工作"的重心向乡村振兴转移。乡村振兴战略是我党提出的重大决策部署，而乡村要振兴，人才是关键。土生土长的本地年轻人充分了解家乡的特点与发展困境，对家乡有着更深的情感和寄托，能够为乡村振兴提出更实际的解决之道。作为互联网的原住民，年轻人掌握着新技术，深知科技对生活带来的极大便利，返乡能帮助数字化应用更好地推广，促进数字乡村建设。在城市工作的经历也丰富和拓展了他们的知识面，使返乡的年轻人能更好地为乡

村振兴提供新的策略，注入新的力量。

然而在调研过程中我们发现，普宁市乡村中"空心村"的现象普遍存在，许多农村家庭仅有老人留守在家中，子女倾向于在外地打工并选择在经济相对更发达的县城或大城市定居。随着城乡关系的深刻转型，乡村社会正面临劳动力人口外流、乡土产业形态结构性调整、乡村文化趋于没落等现实问题（丁学森等，2023）。

与此现象相反，调研团队在当前乡村旅游业发展较好的老方村中意外地发现：村中年轻人居多，且普遍接受了较好的教育。其中有不少人向我们表示未来愿意留在乡村建设。实际上，乡村的经济状况与年轻人的力量形成了较好的良性循环——乡村经济发展越好，年轻人更有动力留在乡村参与建设；年轻人力量越庞大，越能带动乡村新经济、新业态发展，进一步拉动经济增长。因此，如果想要发展新经济，则不仅需要依靠引资建设和数字化应用推广，而且应该召集年轻人返乡建设。当地政府可以为年轻人提供返乡的便利与服务，并给予一定的政策福利，如发放补贴、创业扶持等，充分挖掘年轻一代的力量，实现数字化转型与乡村振兴。

八、结论与启示

基于对普宁市南溪镇、里湖镇九村198份数据的分析，我们得出以下结论与建议：

首先，普宁九村的发展困境主要表现在乡村平台的数字普及率和应用率低、老龄化程度高、发展动力不足、普通话普及度不高、人均收入低、村落过于贫穷等。参考老方村以南溪水乡旅游景点推动发展的致富案例，我们认为其成功发展经济的原因主要有三点，分别是因地制宜治理环境、产业建设带动经济、文化建设促进旅游。

其次，由于其周边村落总体生态环境较好，大部分村民发展乡村旅游业意愿强烈、积极性较高，多元化的旅游模式有待探索开辟，有独特的古村落建筑文明且留存完整，本土特色的青梅产业可作为发展支柱，存在旅游业发展的可能性。因此我们认为，老方村具有带动周边贫穷的村落发展的潜力，可以利用南溪水乡带动周边村落因地制宜挖掘特色，发展特色旅游业，提升乡村旅游服务能力，真正实现先富带后富，推进乡村振兴。

在数字化路径方面，我们认为可以从三方面进一步发展普宁市乡村旅游：第一，利用短视频宣传，扩大普宁乡村旅游业的影响力；第二，创建智慧文旅平台，实现农文旅技术在乡村旅游业的应用；第三，提升数字化服务能力，契合多元复合的旅游需求。坚持以数字技术推动乡村旅游，以老方村带动周边村落发展经济新业态、新模式。

然而，发展数字化乡村旅游仍存在不少挑战，我们应该正确认识数字信息技术发展及当地局限性为乡村旅游经济带来的机遇与挑战。我们认为，当地政府可以通过组织数字技能培训和普通话培训，提升农民创新思维；因地制宜发展旅游新业态，提高农民收入；引入智慧农文旅技术，搭建数字乡村管理和服务平台；召集年轻人返乡建设，给予一定政策福利。为了更有效地推广"南溪水乡"这一旅游目的地，建议官方加强宣传力度，提升数字化平台的建设和管理水平，以便更好地展示"南溪水乡"的独特特色与吸引力，从而吸引更多游客前来体验。

最后，面对我国乡村旅游发展出现的一系列数字化问题，如乡村数字旅游覆盖面不足、治理和监管不到位、资源配置不合理等，需要加强乡村数字旅游广度与深度，利用科技创新，打造沉浸式旅游体验，丰富产品和服务，加强消费升级与供给改革，为乡村旅游的高质量发展提供有力支持。

参考文献

［1］习近平.习近平谈治国理政第三卷［M］.北京：外文出版社，2020.24－25.

［2］顾欣.拉美数字经济发展现状研究［D］.北京外国语大学，2020.

［3］李长江.关于数字经济内涵的初步探讨［J］.电子政务，2017（9）：9.

［4］银元.乡村旅游数字化发展：动力机制、逻辑维度与矛盾纾解［J］.西安财经大学报，2023，36（01）：29－40.

［5］胡鞍钢，王蔚.乡村旅游：从农业到服务业的跨越之路［J］.理论探索，2017（04）：208－212.

［6］《普宁市南溪镇内河整治点燃广大干群的"水乡梦"》，揭阳发布，2017.07.25.

［7］《全普宁都羡慕的美丽乡村——老方村》，记录普宁，2020.09.07.

［8］黄亚琪.乡村旅游短视频对游客行为意愿的影响机制研究［D］.河南师范大学，2022.DOI：10.27118/d.cnki.ghesu.2022.000164.

［9］王安逸，潘江鹏，向永胜.数字经济背景下乡村旅游高质量发展思考［J］.时代经贸，2022，19（05）：158－160.DOI：10.19463/j.cnki.sdjm.2022.05.030.

［10］罗斌.我国乡村旅游发展模式研究［J］.中国市场，2021（16）：33－36＋39.DOI：10.13939/j.cnki.zgsc.2021.16.033.

［11］陈佳铭.乡村教育人才队伍建设探究［J］.农村·农业·农民（B版），2023（08）：60－62.

［12］赵晓峰，刘海颖.数字乡村治理：理论溯源、发展机遇及其意外后果［J］.学术界，2022（07）：125－133.

［13］丁学森，邬志辉，夏博书.乡村教育在地化变革的意蕴与路径［J/OL］.教育理论与实践，2023（25）：22－27［2023－09－04］.http：//kns.cnki.net/kcms/detail/14.1027.G4.20230823.1731.008.html.

数字经济对城乡收入差距的影响
——以湖北省荆州市为例

方馨瑶[①]　裴华程[②]　包　涵[③]

摘　要：现有研究多从宏观角度出发，研究数字经济发展状况对于城乡收入差距的影响，较少探究具体省市的发展状况。基于此，本文以湖北省荆州市为例，构建数字经济发展指数评估体系，通过文献研究法、数字分析法研究它在2011—2021年间数字经济发展的状况以及对城乡收入差距的影响。结果表明，在荆州市，数字经济发展指数越高，城乡收入差距越小；产业数字化的发展会缩小城乡收入差距；而数字基础设施和数字产业化的发展起到相反的作用。本文还发现荆州市城乡数字经济发展不均衡，因此深入荆州市乡村通过实地调研与深入访谈探究乡村数字经济发展滞后的可能原因，以期提出针对性的建议。

关键词：数字经济　城乡收入差距　数字鸿沟　乡村困境

一、引　言

2021年12月12日，国务院印发《"十四五"数字经济发展规划》，提出数字经济发展速度之快、辐射范围之广、影响程度之深前所未有，并且促进着公平与效率更加统一。可见国家十分重视并且肯定数字经济这种新型经济形态对于中国发展的作用。然而，关于数字经济怎样影响城乡收入及其差距，大多数研究从宏观角度切入，观察全国性的影响，较少从具体省市出发进行探究。基于此，本文将通过文献研究法、数据分析法和访谈法，解决两个问题：一是以湖北省荆州市为例，研究2011—2021年这11年间，数字经济发展状况对城乡居民总收入及其差距的影响，补充微观层面的相关研究；二是深入荆州市乡村进行访谈，探究目前荆州市乡村的数字经济发展面临哪些问题。

[①] 方馨瑶，上海财经大学信息管理与工程学院2021级信息管理与信息系统专业本科生。
[②] 裴华程，上海财经大学金融学院2022级金融专业博士生。
[③] 包涵，上海财经大学会计学院2022级会计专业本科生。

二、文献综述

(一)关于数字经济对城乡收入差距的影响

近三年来,数字经济不仅在政策中频繁出现,也在学界引起多次讨论。

对于数字经济发展对城乡收入差距的影响,国内研究主要从数字经济指标的内部构成、空间分布、门槛效应等方面探究,并且得到了一些矛盾的结果。余小燕(2022)认为数字经济指标的不同方面对于城乡收入差距的影响有所不同,其中产业数字化能显著缩小该差距,而数字基础设施和数字产业化则起到相反的作用。柳江等(2020)发现数字经济发展能够显著缩小城乡收入差距,并且在中西部地区更加明显。在魏萍和陈晓文(2020)的研究中,数字经济发展具有"高高集聚"和"低低集聚"特征,本地区数字基础设施的普及会拉大城乡收入差距。对于数字经济发展的测量,由于采取的衡量方式不同,加上研究方法等的差异,即使基于同样的数据,学者们的结论也有较大的区别。陈文和吴赢(2021)、王军和肖华堂(2021)都认为数字经济发展与城乡居民收入差距呈"U"形关系,而李晓钟和李俊雨(2022)、李豫新和李枝轩(2022)却发现数字经济发展水平对城乡收入差距的影响呈先扩大后缩小的"倒U形"态势。

(二)关于乡村数字经济发展面临的困境

数字鸿沟和基础设施不足是乡村地区数字经济面临的主要挑战之一。现有研究发现,乡村地区的互联网接入率较低,网络速度较慢,这制约了居民充分利用数字经济工具的能力。缺乏先进的基础设施成为数字经济在这些地区发展的主要障碍(焦音学和黄群慧,2023)。此外,数字经济也引发了乡村地区不平等问题的担忧。尽管数字经济提供了机会,但这些机会在乡村地区分配不均,加剧了社会和经济不平等(杨婧妍和李昱嵩,2023)。乡村地区的数字素养和技能水平普遍较低,这导致居民难以充分利用数字技术从事创业、在线就业或参与数字经济活动。研究指出,提高数字素养和技能水平对于解决这一问题至关重要(陈梦根和周元任,2023)。其次,乡村地区普遍面临着缺乏数字金融服务的问题。居民可能无法获得数字支付、网上银行等数字金融服务,从而限制了他们在数字经济中的参与,因为数字经济的金融交易和投资通常要求数字化支持(王奇等,2023)。农业现代化也是乡村数字经济发展中的一大挑战。虽然数字化农业可以提高生产效率,但乡村地区的农民面临采用新技术的各种障碍,包括缺乏资金、培训和技术支持,以及对新技术的陌生感(张世贵等,2023)。此外,数字创业在乡村地区也受到了市场准入限制和缺乏风险投资和创业生态系统的制约。这可能使创业者缺乏动力,从而影响了数字经济的创新和增长(赵佳佳和魏娟,2023)。最后,数字隐私和网络安全问题在乡村地区同样引发担忧。居民可能缺乏足够的意识和保护措施来应对数字隐私和网络安全问题,使他们容易受到网络欺诈和数据泄露的威胁,这可能抑制他们积极参与数字经济(张媛媛和邹静,2022)。

通过上述文献梳理,本文发现尽管学界从多个角度探究了数字经济发展对于城乡收入差距的影响,但都是基于全国30多个省份的面板数据,属于宏观角度,并未选取具体的省市进行深入研究。因此,本文将以湖北省荆州市为例,选取5个指标利用熵值法构造数字经济发展指数体系,同时把泰尔指数作为城乡收入差距的衡量标准,借鉴余小燕(2022)区分数字经济内部结构的方法来进行微观层面的研究。另外,由于大多数研究都发现数字经济的发展可以缩小城乡收入差距,并且城镇的数字经济发展要优于乡村,所以本文还想要探究乡村数字经济发展面临哪些困境,背后有哪些原因,以期通过促进乡村数字经济发展进一步缩小城乡收入差距。

三、研究假说

本文在对已有文献梳理的基础上,将数字经济划分为数字基础设施、产业数字化和数字产业化三部分,并把这三种指标联合数字经济发展这个综合指标分别作为自变量,即共有四个自变量,因变量则选取城乡收入差距。尽管已有文献对于数字经济与城乡收入差距的关系持有不同观点,但本文认为数字经济发展越好,城乡收入差距越小,即提出如下假设(示意图见图1和图2):

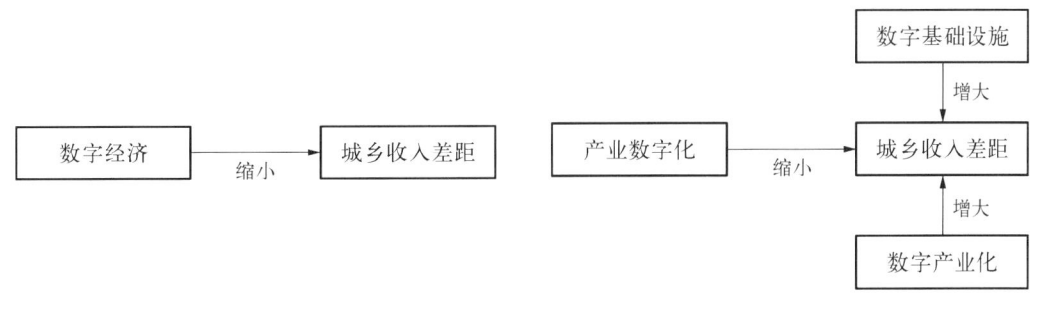

图 1　假设 H1 示意图　　　　图 2　假设 H2、H3 示意图

H1:数字经济发展指数越高,城乡收入差距越小。一方面,数字经济的发展可以提供更多的就业机会,提高劳动生产率,提高人们的收入;另一方面,数字经济也可以通过为乡村居民提供更好的教育和培训机会,提高他们的技能和知识,从而提高他们的收入。因此,数字经济的发展可能会减小城乡收入差距。

余小燕(2022)对数字经济的内部结构加以区分,认为不同结构对于城乡收入差距的影响是不同的。基于此,本文也将数字经济划分为三部分分别研究:

H2:产业数字化的发展会缩小城乡收入差距。产业数字化可以提高生产效率,降低生产成本,尤其是降低农村发展相关产业的资金门槛,为农村带来更多的发展机遇,提高农村居民的收入。因此,产业数字化的发展可能会减小城乡收入差距。

H3:数字基础设施和数字产业化的发展会增大城乡收入差距。虽然数字基础设施和数字产业化的发展可以提高生产效率和提供更多的就业机会,但是,如果这些发展主要集中在城市地区,而农村地区的数字基础设施和数字产业化的发展落后,那么这可能会加大城乡收入差距。从现实情况来看,由于城市数字基础较好,其数字基础设施和数字产业化可能会以更快速度发展,从而拉大与乡村的差距,可能会增大城乡收入差距。

四、研究设计

(一)数字经济发展的衡量与指标选取

本文参考刘军等(2020)和徐清源等(2018)测度中国数字经济的方法,同时考虑数据可获得性的问题,构建了数字经济发展指数的衡量体系并决定使用熵值法来计算数字经济发展指数。该体系选取互联网宽带接入端口数、移动电话普及率、数字普惠金融指数、信息传输、计算机和软件服务从业人员数量和信息传输、计算机和软件服务地区生产总值5个二级指标来衡量荆州市数字经济发展状况,见表1。

表1 湖北省荆州市数字经济发展评估体系

一级指标	二级指标	单位
数字基础设施	互联网宽带接入端口数 Int	万户
	移动电话普及率 Pho	部/百户
产业数字化	数字普惠金融指数 Fin	
数字产业化	信息传输、计算机和软件服务从业人员数量 Num	人
	信息传输、计算机和软件服务地区生产总值 Val	亿元

其中产业数字化选取数字普惠金融指数作为衡量指标是因为数字普惠金融指数反映了金融服务的可获取性、可负担性和使用情况,如果一个产业的数字化程度越高,那么这个产业的金融服务的可获取性、可负担性以及使用情况的评价等也会越高。

熵值(Entropy)是一种物理计量单位;熵越大说明数据越混乱,携带的信息越少,效用值越小,因而权重也越小。熵值法则是结合熵值提供的信息值来确定权重的一种研究方法。

在使用熵值法时,本文分为以下四个步骤:

(1)根据中经数据网、荆州历年统计年鉴获取指标数据,在查找数据时发现2014年和2015年荆州市互联网宽带接入端口数缺失,故使用插值法补充。相关数据见表2。

表2 相关数据

	Int	Pho	Fin	Num	Val
2011年	43.8	200	48.38	2 700	18 396
2012年	64.61	203	92.34	2 600	24 125
2013年	75.51	224	133.42	3 300	27 891
2014年	82.412	229	146.44	3 200	26 174

续 表

	Int	Pho	Fin	Num	Val
2015 年	95.045	226	171.62	3 200	29 439
2016 年	95	254	191.69	3 200	33 071
2017 年	108	252	222.33	3 300	36 127
2018 年	133.51	278	238.19	2 900	32 257
2019 年	145.67	282	249.32	3 600	36 797
2020 年	163.12	285	256.51	3 556	32 251
2021 年	177.8	289	288.08	3 965	41 784

资料来源：中经数据网、荆州历年统计年鉴。

（2）由于指标数据的量纲不同，对数据进行归一化处理，消除量纲的影响；P_{tj} 表示第 t 年第 j 个指标标准化后的结果，p_{tj} 为第 t 年第 j 个指标的原始数据，p_{jmax} 表示第 j 个指标的最大值，p_{jmin} 表示第 j 个指标的最小值。计算公式如下：

$$P_{tj} = \frac{p_{tj} - p_{jmin}}{p_{jmax} - p_{jmin}}$$

数据标准化处理结果见表3。

表3　　　　　　　　　　　　　　　数据标准化处理结果

	Int	Pho	Fin	Num	Val
2011 年	0	0	0	0.073 26	0
2012 年	0.155 299	0.033 708	0.183 396	0	0.244 955
2013 年	0.236 642	0.269 663	0.354 777	0.512 821	0.405 977
2014 年	0.288 149	0.325 843	0.409 095	0.439 56	0.332 564
2015 年	0.382 425	0.292 135	0.514 143	0.439 56	0.472 165
2016 年	0.382 09	0.606 742	0.597 872	0.439 56	0.627 459
2017 年	0.479 104	0.584 27	0.725 699	0.512 821	0.758 124
2018 年	0.669 478	0.876 404	0.791 865	0.219 78	0.592 654
2019 年	0.760 224	0.921 348	0.838 298	0.732 601	0.786 771
2020 年	0.890 448	0.955 056	0.868 294	0.700 366	0.592 398
2021 年	1	1	1	1	1

注：保留六位小数

（3）因为上述5项指标均为正向化指标，故直接使用熵值法对Int、Pho、Fin、Num、Val权重计算。从下表可以看出：它们的权重值分别是0.215、0.2584、0.1665、0.2082、0.1519。各项间的权重大小有着一定的差异，其中Pho这项的权重最高为0.2584，以及Val这项的权重最低为0.1519。权重结果见表4。

表4　　　　　　　　　　　　熵值法计算权重结果汇总

项	信息熵值 e	信息效用值 d	权重系数 w
Int	0.9086	0.0914	21.50%
Pho	0.8901	0.1099	25.84%
Fin	0.9292	0.0708	16.65%
Num	0.9115	0.0885	20.82%
Val	0.9354	0.0646	15.19%

注：e 和 d 保留四位小数。

（4）计算出每一年的综合得分作为当年荆州市数字经济发展指数 DE。

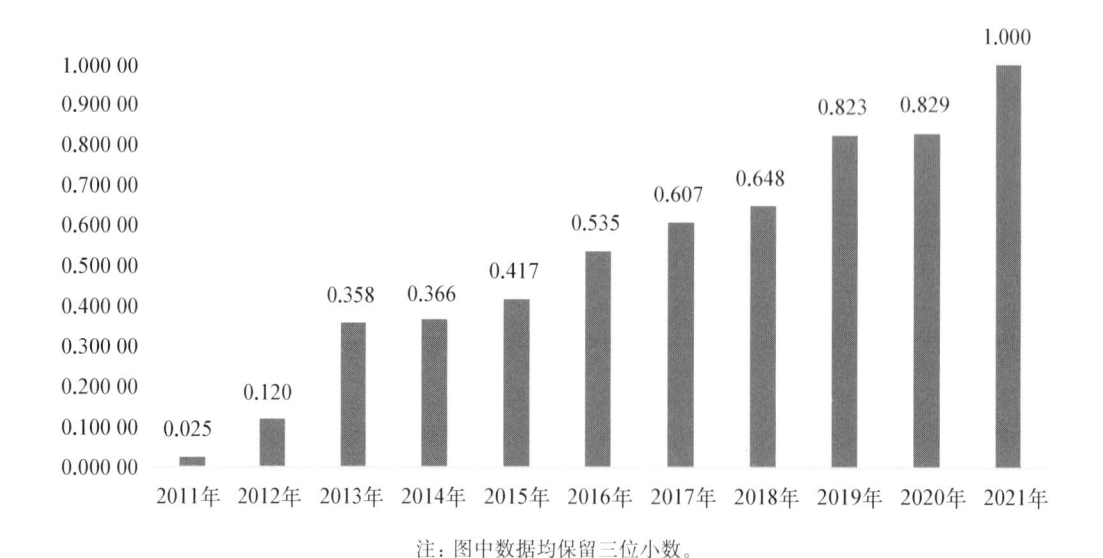

图3　2011—2021年荆州市数字经济发展指数

各年数据（保留三位小数）：2011年 0.025；2012年 0.120；2013年 0.358；2014年 0.366；2015年 0.417；2016年 0.535；2017年 0.607；2018年 0.648；2019年 0.823；2020年 0.829；2021年 1.000。

注：图中数据均保留三位小数。

按照相同的步骤，分别得出数字基础设施，数字产业化各年的综合得分，作为其发展指数，由于产业数字化只有数字普惠金融指数一个指标，故直接将该指标作为得分。表5中的综合得分越高，表示发展越好。

表 5　　　　　　　　　各项综合评分汇总（均保留三位小数）

年　度	数字经济发展指数 DE	数字基础设施 Dinfra	产业数字化 Dindus	数字产业化 Ddata
2011	0.025	0.010	0.000	0.052
2012	0.120	0.099	0.183	0.113
2013	0.358	0.265	0.355	0.478
2014	0.366	0.319	0.409	0.404
2015	0.417	0.343	0.514	0.463
2016	0.535	0.515	0.598	0.529
2017	0.607	0.547	0.726	0.626
2018	0.648	0.792	0.792	0.387
2019	0.823	0.858	0.838	0.765
2020	0.829	0.936	0.868	0.665
2021	1.000	1.000	1.000	1.000

注：均保留三位小数。

（二）城乡居民收入差距的衡量

国内通常用城乡收入差距的比值和泰尔指数来衡量城乡收入差距，但由于荆州市城乡居民的人口在不断变化，未排除人口数量的影响，因此本文选取泰尔指数衡量城乡收入差距。用 i 来区分城镇和乡村（$i=1$ 为城镇，$i=2$ 为乡村），t 表示年份，x 表示人口数量，y 表示居民人均可支配收入。计算公式为：

$$Theil_t = \sum_{i=1}^{2}\left(\frac{y_{it}}{y_t}\right) \times \ln\left[\frac{y_{it}}{y_t}\bigg/\frac{x_{it}}{x_t}\right]$$

本文通过查阅荆州市历年统计年鉴获取到相关数据并进行整理，得到表 6。

表 6　　　　　　　　2011—2021 年湖北省荆州市泰尔指数计算结果

年　度	y_{1t}/元	y_{2t}/元	x_{1t}/万人	x_{2t}/万人	$Theil_t$
2011	16 830	8 724	253.57	316.83	0.092 704
2012	19 154	9 915	265.66	306.28	0.076 534
2013	21 063	11 280	274.89	299.05	0.060 098
2014	23 128	12 625	284.28	290.14	0.046 841

续　表

年　度	y_{1t}/元	y_{2t}/元	x_{1t}/万人	x_{2t}/万人	$Theil_t$
2015	25 382	13 728	292.38	278.21	0.037 984
2016	27 666	14 707	302.62	267.17	0.030 411
2017	29 973	15 962	308.66	255.51	0.022 904
2018	32 590	17 300	312.19	246.83	0.018 612
2019	35 910	18 893	314.23	242.78	0.017 259
2020	34 474	18 817	290.43	232.69	0.017 371
2021	38 231	21 207	290.38	223.35	0.012 598

（三）模型的构建

当数字经济发展指数为自变量时，设 β 为 DE 的系数，λ 为截距：

$$Theil_t = \beta \times DE + \lambda$$

当数字基础设施、产业数字化、数字产业化为自变量时，分别设 $\alpha_1,\alpha_2,\alpha_3$ 为其系数，θ 为截距：

$$Theil_t = \alpha_1 \times Dinfra + \alpha_2 \times Dindus + \alpha_3 \times Ddata + \theta$$

五、实证分析及结论

利用 Excel 的回归分析功能进行假设检验。

当自变量为数字经济发展指数时，首先绘制 2011—2021 年荆州市数字经济发展指数和泰尔系数的散点图，如图 4 所示。

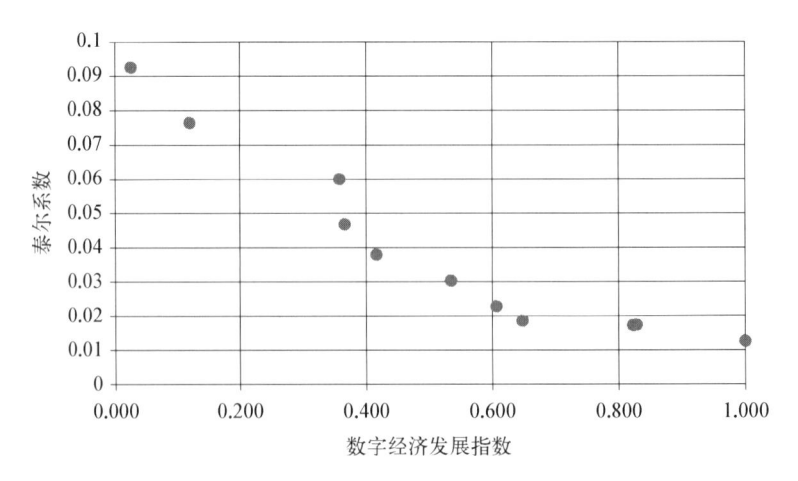

图 4　2011—2021 年荆州市数字经济发展指数和泰尔系数散点图

接着进行回归统计与分析,结果见表 7。

表 7 回归统计与分析

回 归 统 计	
Multiple R	0.943 686
R Square	0.890 544
Adjusted R Square	0.878 382
标准误差	0.009 348
观测值	11

	df	SS	MS	F	Significance F
回归分析	1	0.006 399	0.006 399	73.224 68	1.29E-05
残差	9	0.000 786	8.74E-05		
总计	10	0.007 185			

	Coefficients	标准误差	t Stat	P 值	Lower 95%	Upper 95%	下限 95.0%	上限 95.0%
λ	0.083 124 9	0.005 836 3	14.242 713 6	0.000 000 2	0.069 922 3	0.096 327 6	0.069 922 3	0.096 327 6
β	-0.083 985 1	0.009 814 6	-8.557 14 19	0.000 012 9	-0.106 187 3	-0.061 782 9	-0.106 187 3	-0.061 782 9

由表格可知,拟合优度 R^2 的值为 0.890 544,说明拟合效果较好。P 值小于 0.05,说明在荆州市,数字经济发展指数对泰尔系数有显著的负向影响,即数字经济发展指数越大,泰尔系数越小,城乡收入差距越小。假设 H1 通过检验。

当自变量为数字基础设施、产业数字化和数字产业化的综合得分时,结果见表 8。

表 8 回归统计与分析

回 归 统 计	
Multiple R	0.989 71
R Square	0.979 527

续　表

回　归　统　计	
Adjusted R Square	0.970 752
标准误差	0.004 584
观测值	11

	df	SS	MS	F	Significance F
回归分析	3	0.007 038	0.002 346	111.635 7	2.84E-06
残差	7	0.000 147	2.1E-05		
总计	10	0.007 185			

	Coefficients	标准误差	t Stat	P 值	Lower 95%	Upper 95%	下限 95.0%	上限 95.0%
d	0.091 0	0.003 5	26.068 3	0.000 0	0.082 8	0.099 3	0.082 8	0.099 3
a	0.046 2	0.019 1	2.418 6	0.046 2	0.001 0	0.091 4	0.001 0	0.091 4
b	−0.146 6	0.024 5	−5.994 5	0.000 5	−0.204 5	−0.088 8	−0.204 5	−0.088 8
c	0.016 5	0.012 2	1.354 5	0.217 7	−0.012 3	0.045 3	−0.012 3	0.045 3

由表格可知,由于自变量有 3 个,故以 Adjusted R Square 为准,其值为 0.970 752,说明拟合效果很好。但数字产业化的 P 值不太理想,在显著性水平为 0.75 时,荆州市产业数字化综合得分对泰尔系数有负向影响,而数字基础设施和数字产业化的综合得分对泰尔系数有正向影响,即数字经济发展指数越大,泰尔系数越大,城乡收入差距越大。假设 H2、H3 通过检验。

通过上述实证分析,本文发现在荆州市,数字经济发展指数越高,城乡收入差距越小;并且不同结构对于城乡收入差距的影响确实有所不同,产业数字化的发展会缩小城乡收入差距;而数字基础设施和数字产业化的发展会增大城乡收入差距。

六、进一步研究

为了深入了解乡村数字经济发展面临的问题和原因,本文依托于上海财经大学"千村调查"深入湖北荆州市的 10 个乡村,与团队一起对 200 户人家展开实地调研与访谈。我们发现,尽管这10个乡村几乎每家每户都接入了互联网,但只有8%的农户在互联网上销售过农产品,93%的农户认为本村没有提供或不了解是否提供了与乡村振兴有关的网络服务,68%的农户没有使用过手机银行,63%的农户从来没听说过可以从互联网上购买保险产品,从以上数据可以看出,相比于荆州市整体的数字经济发展,乡村数字经济发展还有很大的提升空间。

(一)荆州市乡村数字经济发展落后的原因

在访谈过程中,本文也了解到乡村数字经济发展面临困境的三个主要原因。

首先,乡村居民普遍缺乏数字技术知识和技能,这主要源于教育资源匮乏和缺乏现代化教育设施。这限制了他们参与数字经济的机会,加剧了城乡数字鸿沟,也影响了他们的生活质量和机会平等。

其次,一些村领导为防止电信诈骗,过度限制了村民使用新型数字经济工具。这虽然出于对乡村居民的保护,但限制了他们参与数字经济,错失了便捷的金融服务和商业机会,也可能阻碍了乡村地区的数字经济发展。

最后,乡村地区的产业结构以传统农业和手工业为主,缺乏与数字经济相关的产业和企业。这需要引入数字技术和创新,以促进新兴数字产业的发展,如农业现代化、数字创业和乡村旅游业的发展。

总的来说,乡村数字经济发展滞后的原因多方面,包括乡村居民的数字技术教育和培训不足、政府过度防范电信诈骗的措施,以及乡村主要产业与数字经济脱钩。

(二)应对乡村数字经济发展困境的措施

基于实证分析的结论,荆州市需要在乡村端发力,加快建设乡村的数字基础设施,保证乡村产业数字化和数字产业化的发展速度和质量,从而缩小城乡数字经济的差距,进而控制荆州市城乡收入差距。为了解决上述问题并推动乡村数字经济的发展,可以从乡村居民、乡村数字工具和乡村产业三个角度考虑相关政策建议。

关于乡村居民,政府和基层干部需要增强乡村居民发展数字经济的信心,培养他们的风险意识和数字技能。首先,政府在乡村发展数字经济方面可以给予政策上的支持,这包括简化创业和注册流程,减少法规限制,降低创业成本,鼓励乡村居民开展数字创业和线上销售等活动。通过降低进入门槛和提供税收激励,可以激发乡村居民的创新和创业精神,增强发展数字经济的信心。其次,政府应教育村民如何辨别电信诈骗和网络安全风险。这可以通过开展网络安全培训和教育活动来实现,向村民传授如何保护个人信息、识别可疑链接和避免网络欺诈的技能。另外,根据乡村居民的需要,基层干部可以定期开展数字技术培训,帮助村民更快地掌握数字技能。

关于乡村数字工具,政府可以从数字基础设施和资金两方面提供支持。在基础设施上,政府可以与电信等运营商合作,提供经济实惠的互联网接入服务。通过推动互联网的覆盖和降低互联网使用成本,政府可以为乡村居民创造更多参与数字经济的机会。在资金上,鼓励数字金融机构提供金融教育和普惠金融服务也至关重要。这可以通过开展金融知识培训和提供金融工具来实现,帮助农村居民更好地理解和利用数字支付、存款和贷款等金融工具,为乡村数字经济的发展夯实基础。

关于乡村产业,将数字技术与传统产业相结合,有助于提高乡村地区的生产效率、创造就业机会,并为乡村居民提供更多的增收途径。推动农产品线上销售平台的建设是数字化农业的重要一环。这些平台为乡村农民提供了一个将产品直接销售给城市消费者的便捷途径,绕过了传统的分销渠道,降低了中间环节的成本,提高了农产品的附加值。通过在线销售,乡村居民可以更广泛地推广自己的农产品,吸引更多的消费者,提高销售额,进而改善生计。数字化农村旅游项目的开发也具有潜力。通过结合数字技术和乡村生活体验,可以吸引游客前来参观和体验乡村的风土人情和文化。这不仅为乡村农民提供了额外的收入机会,而且提高了地方旅游业的盈利能力,促进了乡村地区的旅游业发展。这种项目也有助于促进乡村文化的传承和保护,加强了乡村社区的凝聚力。对于想开展规模化农业建设的乡村,可以考虑引入智能农业技术。通过部署传感器、自动化机械和大数据分析,农民可以更精确地监测土壤质量、气象条件和作物生长情况。这有助于优化农业生产过程,减少资源浪费,提高农产品的质量和产量。

这些措施的综合实施将有望加速乡村数字经济的发展,提高乡村居民的生活质量。

七、总　结

无论是实证分析还是实地调研与访谈,我们发现,数字经济正在蓬勃发展,并且它对于缩小城乡收入差距以及实现共同富裕都有着重大的意义。但是我们也要关注到乡村数字经济发展目前仍然较为落后,一旦城乡数字经济发展拉开较大的差距,那么城乡收入的差距也会进一步加大,这不利于实现共同富裕。因此,在发展数字经济的同时应当注重缩小其二元差异,为实现共同富裕注入新活力。

参考文献

[1] 国务院.《"十四五"数字经济发展规划》[R].人民出版社,2022.

[2] 余小燕.数字经济与城乡收入差距:"数字红利"还是"数字鸿沟"[J].商业研究,2022(05):123-131.

[3] 柳江,赵兴花,程锐.数字经济改善城乡收入差距的门槛效应研究[J].开发研究,2020(06):105-113.

[4] 魏萍,陈晓文.数字经济、空间溢出与城乡收入差距——基于空间杜宾模型的研究[J].山东科技大学学报(社会科学版),2020,22(03):75-88.

[5] 陈文,吴赢.数字经济发展、数字鸿沟与城乡居民收入差距[J].南方经济,2021(11):1-17.

[6] 王军,肖华堂.数字经济发展缩小了城乡居民收入差距吗?[J].经济体制改革,2021(06):56-61.

[7] 李晓钟,李俊雨.数字经济发展对城乡收入差距的影响研究[J].农业技术经济,2022(02):77-93.

[8] 李豫新,李枝轩.乡村振兴背景下数字经济发展与城乡收入差距[J].金融与经济,2022(06):60-67.

[9] 焦音学,黄群慧.中国数字经济均衡发展与亲贫性研究[J].财贸经济,2023,44(08):91-109.

[10] 杨婧妍,李昱嵩.数字经济对城乡收入差距的影响及其空间溢出效应[J/OL].经济与管理:1-7[2023-09-08].

[11] 陈梦根,周元任.数字经济、分享发展与共同富裕[J/OL].数量经济技术经济研究:1-23[2023-09-08].

[12] 王奇,牛耕,李涵.数字基础设施建设与金融包容性发展:中国经验[J].财贸经济,2023,44(07):91-107.

[13] 张世贵,许玉久,秦国伟.农业农村数字化畅通城乡经济循环:作用机理与政策建议[J].改革,2023(07):116-125.

[14] 赵佳佳,魏娟,刘天军.数字乡村发展对农民创业的影响及机制研究[J].中国农村经济,2023(05):61-80.

[15] 张媛媛,邹静."技术-隐私"视域下数字社会隐私保护的路径创新[J].社会科学研究,2022(06):25-34.

[16] 刘军,杨渊鋆,张三峰.中国数字经济测度与驱动因素研究[J].上海经济研究,2020(06):81-96.

[17] 徐清源,单志广,马潮江.国内外数字经济测度指标体系研究综述[J].调研世界,2018(11):52-58.

[18] 郭峰、王靖一、王芳、孔涛、张勋、程志云,《测度中国数字普惠金融发展:指数编制与空间特征》[R],《经济学季刊》[J],2020年第19卷第4期,第1401-1418页。

"祥和村"田园综合体
——构建数字化美学乡村

李 想[①]　蔡天祎[②]　肖学阳[③]

摘　要：国家"最美乡村"四川省成都市大邑县祥和村（现已更名为祥龙社区，后文仍称祥和村）是乡村振兴战略的成功案例之一，祥和村通过农村土地综合整治，构建"祥龙居小区＋7个川西林盘"新家园，呈现出一幅景色美、产业旺、人和谐的乡村公园社区美好生活画卷。当地积极打造数字乡村智慧农业应用场景，打造数字林盘发展新模式，加快推进数字乡村建设融入"智慧蓉城"体系，助力推进农业农村现代化建设。本小组走进祥和村实地调研，探寻田园综合体数字化美学乡村的成功奥秘。

关键词：智慧农业　数字化　物联网　乡村振兴　祥和村

一、项目概述

（一）基本情况

祥和村"稻乡渔歌"现代农业产业园毗邻生态河滩，有着原汁原味的碧水蓝天。朗基集团与康和集团在此发挥各自的赛道优势，精诚合作、强强联手，为游客提供回归田园的健康生活模式。当地依托电商平台和新媒体平台打造林盘民宿、休闲观光产业，宣传当地村庄特色和现代农业园特色，吸引游客。

7月17日至7月22日，本团队前往四川省成都市大邑县董场镇祥和村，以数字技术赋能乡村振兴为背景，聚焦多产业并进的田园综合体在乡村振兴中的作用，开展了为期一周的"走千村·访万户"社会实践调研。

（二）调研目的

大邑县被评选为"国家数字乡村试点地区"和"数字化标杆城市"，而祥和村更是入选了国家级"最美乡村"，经济收入全市排名第一，从中低质量发展水平提升到了中高质量发展水平。不同于其他乡村振兴模式，如单纯依靠因生产模式改进或科技进步而发展的农

[①] 李想，上海财经大学外国语学院2022级商务英语专业本科生。
[②] 蔡天祎，上海财经大学外国语学院2022级商务英语专业本科生。
[③] 肖学阳，上海财经大学经济学院2022级经济学专业本科生。

业，单纯依靠村民自发打造"网红"旅游地吸引游客的服务业……祥和村的繁荣景况并不单纯依赖某一单一产业的发展，"稻乡渔歌"现代农业产业园是集合了农业、民宿、康养、文博、教育、田园六大产业体系的田园综合体，多头并进，是资本下乡的成功典范，值得借鉴。

本小组希望团队通力合作，可以找到祥和村数字化农业与美学乡村完美结合的秘诀，探寻传统以外的新型现代乡村发展模式；也希望产出有用的内容，助力乡村振兴，擘画智慧田园新蓝图。

（三）调研过程

小组成员先后前往政府部门、亲子营地、产业基地、创业孵化园区、田间地头、旅游项目、康养中心、智慧农业中心和农户家中，同相关领导、产业负责人、村镇干部和村民群众进行了广泛的交流采访，进行了对村委会的入村问卷调查与十二份入户问卷调查，对以数字化农业与旅游业美学结合发展（以农促旅、以旅强农）的田园综合体情况进行了深度调研，深入了解了其实现共同富裕的路径——通过市场化项目运作，壮大村集体经济收入，动员村民用闲置的房子、土地入股，由企业统一经营管理，逐步实现共同富裕。

（四）项目应用价值和现实意义

1. 数字化技术方面

数字化农业的应用能够促进农业科技的普及和推广，提高农民的科技素质和技术水平，有助于提升农业的生产力和竞争力，有助于推动农村产业升级；智慧旅游系统的建设，可以提升旅游体验，改善旅游产品的品质和服务水平，促进旅游产业的发展；数字技术可以推动乡村水、电、气、路等基础设施建设，提高居民的生活水平，实现城乡之间的互联互通和信息共享，实现资源的优化配置和产业链的协同发展。

2. 美学创意方面

美学艺术通过激发和培养乡村文化创新人才，加速乡村文化与艺术融合发展，推进和带动乡村产业结构和发展模式的升级，推动乡村振兴的进程。美学艺术可为乡村的文化传承和创新提供重要的表达和载体，为乡村文化的挖掘、整合、展示和宣传提供了有效的手段，弘扬乡村和传统文化的价值和魅力；美学艺术可通过美的感受和审美体验来增强人们对乡村的认同感和归属感，促进人们对乡村的热爱和支持，从而吸引更多的游客光临。

综合来看，数字技术和美学艺术与农业和旅游的协同发展，有广泛的应用价值和现实意义，对于促进农村经济发展、推动农业与乡村旅游的转型升级、增加农民收入、提高乡村生活品质和推进乡村振兴具有重要的意义。

（五）项目特色与创新

我们之所以选择此村此方向进行调研，是因为它既有"乡村振兴"的实际功能，又有独特创新的发展模式，是资本下乡的成功典范。

在长期的社会历史发展中，成都平原广大的农村区域形成了星罗棋布的乡村院落，这些院落空间以建筑实体和周边高大乔木、竹林、河流及外围耕地等自然环境有机融合，最终构成了以林、水、宅、田为主要构成元素的川西林盘，这是成都平原特有的、在全国具有唯一性的生态聚居群落,具有田园综合体的雏形和很高的文化、历史及生态价值。2020年,农业农村部正式公布第五批中国重要农业文化遗产名录,"川西林盘农耕文化系统"成功跻身榜单。

集农业、民宿、康养、文博、教育、田园六大产业体系于一体,祥和村"稻乡渔歌"田园综合体兼具田园野趣与现代风格,将"数字化"运用到田间地头,并且多头并进,全面发展。一方面,祥和村的"数字化"管理已初具规模,"智慧农业"在西南地区可以称得上是佼佼者。目前西部乡村许多"数字化"技术还停留在机械阶段,范围小、程度轻,村集体对智慧农业的认知还十分粗浅,大部分农作由人力完成。就算使用了智能化农业技术,管理难度也仍然较大,而祥和村却将数字农业落到实处,稳健经营。如何在部署智慧农业的同时,深入挖掘乡村本土风情与文化内涵、发展乡村美学观光旅游业,是祥和村飞速成长的秘诀,也本次项目想要探寻的问题。

另一方面,从学界到政府都有一个共识:"乡村振兴的前提是资本下乡"。没有资本的投入,建设不好现代乡村;现代乡村发展,也必须有资本的投资,特别是社会资本的投入。不同于其他乡村振兴模式,如单纯依靠因生产模式改进或科技进步而发展的农业,单纯依靠村民自发打造"网红"旅游地吸引游客的服务业……祥和村的繁荣景况并不单纯依赖某一单一产业的发展,也不由村民全权兴办,而是由多个公司集团携手打造,由大资本与集体经济合作,通过公司化运作,大投入、大手笔、大面积,迅速改变乡村面貌,将乡村从单纯的第一产业扩展到二、三产业,以文旅产业带动区域发展。各个板块呈六边形状全面发展,重视一体化、综合性,因此在极大程度上规避了突如其来的发展困境,充分发挥了"资本下乡"的范式优势。

2019年以来,大邑县祥和村通过盘活集体资产等形式,引进社会资金,再引入摄影家、陶艺家、画家、乡村设计师入驻,积极实施林盘小院项目、林盘荷塘田园火锅等乡村特色项目,营造林盘田园风光。

在本次项目实践调研的过程当中,本小组秉持"绝知此事要躬行"的态度,在每一个环节都亲自实践。不只是问卷、采访时全员参与,调查"研学+民宿"板块时,本小组直接联系到负责人,入住其特色"研学式"民宿;在调研当地土耳其设计师建筑"大地之眼"时,本小组进入其建筑中心就餐,体验特色中西美食,从而取得了与工作人员的联系。我们坚持认真务实的调研态度,坚持眼见为实的原则,以实践体验为主验证前期调查所知,学思用贯通、知信行统一。

二、调研分析

(一)问卷分析

本次考察前往的祥和村,共完成12份入户调查问卷及1份村集体问卷。村集体问卷显示,2022年户籍人口1 919户6 251人,其中村常住人口4 839人(60岁以上老人1 308人)。2022年村土地总面积6 223亩,其中承包地5 413亩,集体经营性建设用地280亩,宅基地810亩。2022年度村集体总收入共469万元,上年结转23万元,支出合计20万元,主要依靠省级重点"稻乡渔歌"项目,总体经济发展程度居所在县平均水平之上,非贫困县。

入户调查问卷中,男性占比41.7%,女性占比58.3%。年龄20～30岁42%,30～40岁25%,40～50岁17%,50～60岁8%,60～70岁8%。

从统计的数据来看,绝大多数村民(67%)愿意让孩子留村接受幼儿园教育,超过半数(58%)的村民愿意让孩子留村接受小学到初中义务教育,从幼儿园到初中,村民对于孩子的留村意愿逐级减弱,村民对于城市教育的需求与倾向逐级加强(如图1和图2所示)。

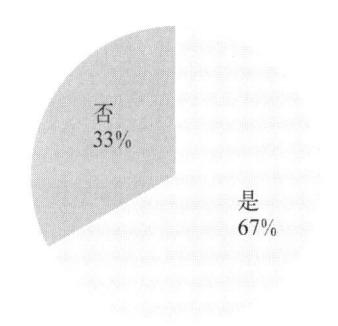

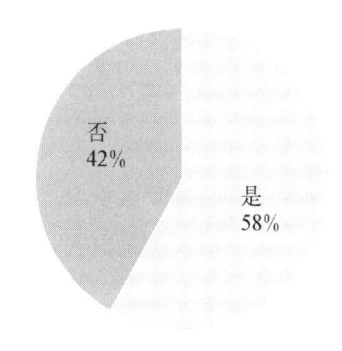

图1 是否选择留村接受幼儿园教育　　图2 是否选择留村接受义务教育

数据显示,受访者的学历主要集中在高中和大专水平。高中学历占比最高,为34%;其次是大专学历,占比为42%。小学和初中的学历占比较低,分别为8%。其中,高中和大专学历占主导地位:高中和大专学历的比例合计达到76%,这个受访者样本中主要是具备高中及以上学历的人。本科及以上学历比例较低:本科及以上学历的比例只有8%,相对较低。该受访者样本中,学历主要分布在高中和大专水平,本科及以上学历的人较少。但考虑到时代因素,不同时代学历含金量不同,教育程度难以一概而论,总体来讲并不算高(如图3所示)。

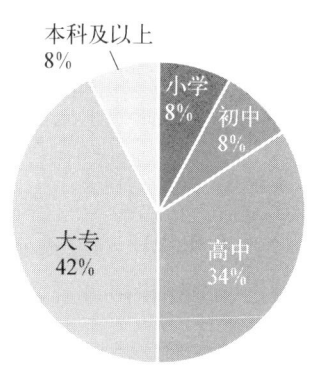

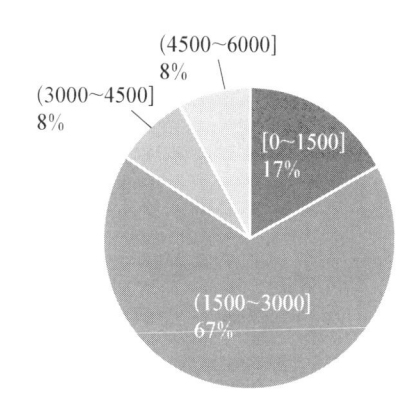

图3 受访者学历情况　　图4 受访者月收入情况

由统计数据可以看出,受访者收入水平较低,收入主要分布在1500～3000元,占比达到67%。此外,收入区间为0～1500元的占比为17%,说明在这个受访者样本中,相当一部分人的收入较低。然而,收入区间为3 000～4 500元和4 500～6 000元的比例相对较低,分别为8%。村民的月收入主要集中在1 500～3 000元,受访者的收入水平相对当地城镇居民较低(见图4)。

数据显示,75%的受访者为小农户,祥和村村民较大一部分生产农产品的规模较小,只是相对自给自足。与此同时,仅有8%的村民尝试过运用网络来进行农产品的销售,祥和村农产品的销售渠道较为传统(见图5和图6)。

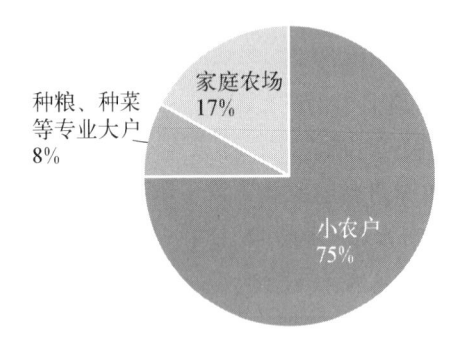

图5　在本村从事农业生产经营的方式 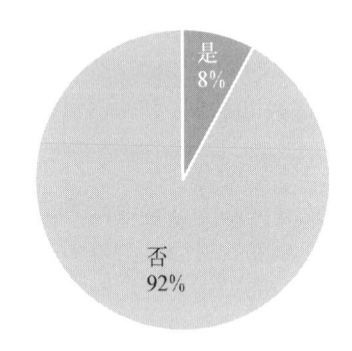　　　　图6　是否通过网络来销售农产品等

村民的污水全部都是经过处理后排放的,或通过集中处理设施或排入污水管网,没有直接排入河流溪流的情况。对于秸秆处理,仅8%仍采用焚烧的方式,而自然降解已经占到大多数。祥和村对于生态环境的保护意识较高,在实地调研过程当中也有所体现(如图7和图8所示)。

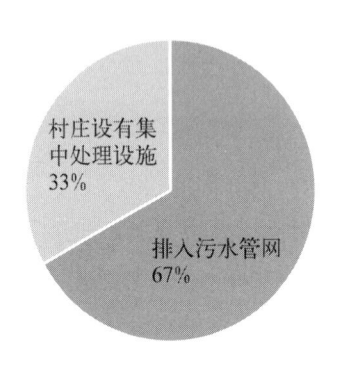

图7　污水处理方式 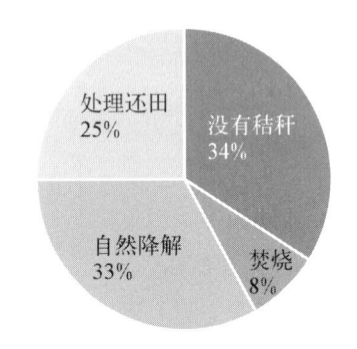　　　　图8　农作物产生秸秆处理方式

数据显示,90%的受访者进行过网购,其中每月消费500元以下的村民最多,占比34%。随着相关技术的进步与快递业的发展,村民对于网购早已不陌生,享受着网购带来的快捷与便利(如图9和图10所示)。

手机银行在祥和村里传播也较为广泛,92%的受访者表示自己使用过手机银行,并且超过一半(67%)的受访者对于金融机构的线上业务基本满意,无"不满意"的回复,村民对于在手机银行上办理业务较为熟悉。"数字金融"已进入祥和村,也许村民们并非十足了解,但有初步效果(如图11和图12所示)。

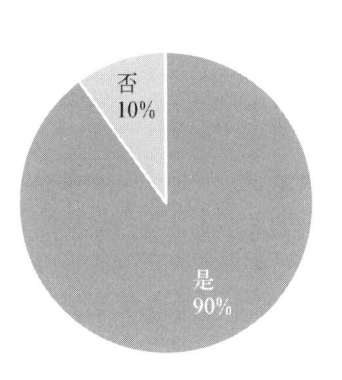

图 9　是否进行过网购　　　　图 10　网购消费情况

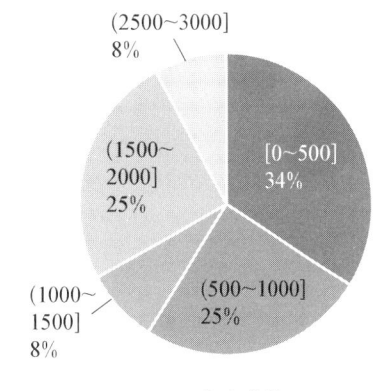

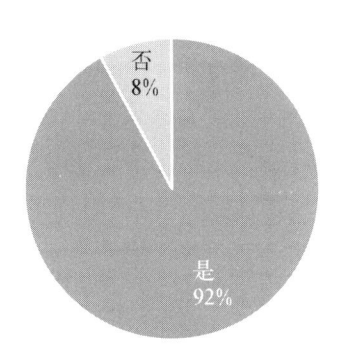

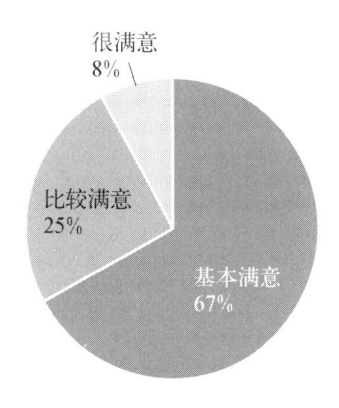

图 11　是否使用过手机银行　　图 12　对金融机构线上业务的满意度

祥和村的电脑普及率较为可观,75%的受访者经常使用电脑,平均每天的使用智能手机或 iPad 的时长在 5~7 小时的人群占比最大达到了 58%,现代通信技术拉近了乡村与世界的距离,使村民们更加方便快捷地接受讯息相互交流(如图 13 和图 14 所示)。

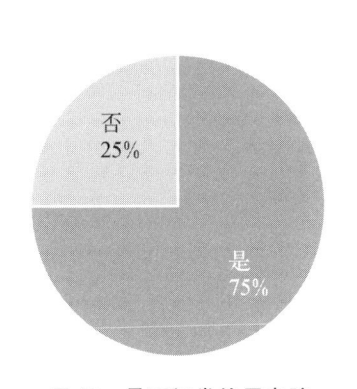

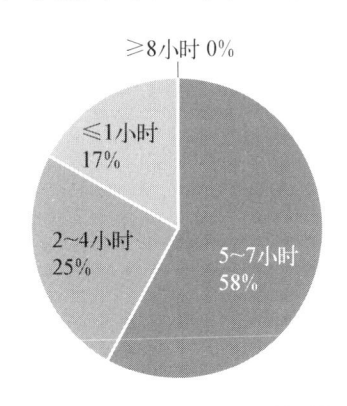

图 13　是否经常使用电脑　　图 14　平均每天的使用智能手机/iPad 的时长(单位:小时)

(二) 采访分析

本项目的数据获取不只有问卷调查,还有对负责人的多对一访谈。通过不同的视角来解读祥和村(现祥龙社区)"最美乡村"的构建过程与创造成果,我们对"乡村振兴"与时俱进的发展模式有了新的认知。

1. 村委会

首先是对祥和村村委会的基本面采访,祥龙社区村委会书记黄绍英针对本村的发展概况、发展重点、发展方式进行了大致讲解,并接受了小组成员的问卷采访(包含具体数据)。其次,有关负责人员介绍了"稻乡渔歌"田园综合体的大致情况、组成部分等。我们了解到,"稻乡渔歌是成都市朗基产业集团乡村振兴项目的标杆之作。规模约15 000亩,项目林盘约50个。包含农业、民宿、康养、文博、教育、田园六大产业体系,以构建具有中国特色的现代农业产业示范园区。具体功能分区包括:学养产业园、文创商业核心区、川西记忆时光、生态示范区、农业示范区、禅修文化区"。祥龙社区的大部分土地流转给了这个项目,除了直接增收外,还提供了不少岗位从而实现了全市第一的经济收入。

村委会提到,"稻乡渔歌"项目是本村的支柱项目,也是国家重点扶持的乡村振兴战略项目。参观沙盘模型后,我们对项目布局有了大概规划。随着访谈的推进,我们走进"稻乡渔歌青农创业孵化中心",实地参观青农创业孵化中心成果展览厅、党群中心,以及Wework工作区域和园区沙盘。随后,现场工作人员向我们介绍了园区整体规划、产业布局、业态分布等,并着重探讨了乡村振兴战略、农业现代化、朗基产业探索推进乡村振兴项目产业融合发展成果、盘活村集体闲置资产,带动村民增收等相关话题。

2. 智慧农业板块负责人

本小组成员和负责人重点讨论了关于当地智慧农业的发展规划布局与实地应用。来到"智慧农业会客厅",负责人向我们展示了园区内一、二、三期农业板块沙盘模型并表示:"目前我们还在一期阶段,二期正在建造中,许多部分有升级,几周后就竣工了。"

接着,他登录团队自主研发的"稻乡渔歌"智慧农业系统,向我们介绍了农业板块的六大部分及其各自不同的发展前景。此系统是农业"智能"的集中体现,深蓝色赛博朋克的设计,实时更新的数据,规划明晰的板块。坐在智慧农业会客厅中,我们能将整个园区的农田场景尽收眼底。其中,负责人重点讲解了已经在田间地头推进使用的智能化农业监测装置,包括监测墒情、虫情、病情、局部天气等作用,达到降本增收的效果。目前农业板块的二期智慧内容正在推进和实施中,预计本月将投入使用。

随后,负责人带领我们来到田地中,展示了刚刚在会客厅中介绍的智能监测设备,"监器上面安装了太阳能电板供电,箱子内部有数据分析的装置和电瓶,底部连接到土壤内,有传感器。它利用昆虫的趋光性等来监测虫情,分析空气中的孢子来监测病情,通过传感器感知土壤情况来分析墒情等。"智能设备零星均匀分布在田地中,但未来还会有更成规模的设备覆盖。"目前这片园区内有两台的虫情病情监测机器,但是马上将会有六到八台,目前我们正在安装中",他介绍道。

稻田郁郁葱葱,天气晴朗,我们很快被田间景色吸引住。于是负责人向我们介绍了他们种植的固定农作物(水稻、小麦和油菜),以及其相关种植规定与百分比。"为了保障国家粮食安全,试验田不能种植经济作物。受政府政策支持,我们这边要求夏天90%的作物是水稻,冬天 90％的作物是小麦和油菜。"

走过大片青绿,小组成员也不禁生出一些疑惑:"稻乡渔歌",我们看到的大部分是"稻"的部分,请问"渔"在哪里呢?

智慧农业负责人耐心解释说,"在农田中,我们也使用了稻鸭鱼的生态模式,三者互为养料,形成农田中的健康生态闭环。我们也培养了一些新型微藻,但是暂不能对外公开展示。'渔'不仅是关起来做大型的水产养殖,而且是在那些隐蔽的沟渠里,与'稻'相辅相成,为整体的生态环境发挥调节作用的部分。"

所以智慧农业到底带来了什么具体的好处呢?"农业中的智能主要是用在监测气象和分析墒病虫情上,以前老一辈都是凭经验种植,但是我们现在运用科技,肯定是更科学合理的。智慧系统分析完了会给出一个临界值,做出灾情预警,最终可以达到一个提前预防,降本增收的目的。"智慧农业负责人肯定地说,"智慧农业可以实现农田四情监测、水肥一体化、智慧灌溉以及农产品从生产到加工、销售的全产业链数字化追溯。由于我们做的是精品农业,我们对水质、温度、光照的采集都要从水土源头全面收集,能够保证我们的高品质产品。"

智慧农业负责人还向我们介绍了其物流部分的业务。随后,我们前往了祥龙社区的"稻乡渔歌"物流分拣中心进行参观和考察,对数字化物流分拣中心的运营模式、工作流程和技术应用有了更深入的了解。在参观中了解到,数字化物流分拣中心的工作流程高效准确。我们了解到,"库内对瓜果蔬菜和肉产品都有含氧量、温度、湿度的实时监测,二氧化碳含量到 0.4 就会触发预警,开始通风等。"在果蔬和粮食储藏方面,温度传感器发挥着巨大的作用,制冷机根据冷库内温度传感器的实时参数值实施自动控制并且保持该温度的相对稳定。贮藏库内降低温度,保持湿度,通过气体调节,使相对湿度(RH)、氧气浓度、二氧化碳浓度等保持合理比例,达到最佳的保鲜效果。

从收货、分拣、打包到配送,每个环节都经过精心设计和规划,以保证按时、准确地完成任务。尤其是分拣环节,数字化物流分拣中心的高度自动化和智能化技术使得分拣过程更加高效,提高了订单准确率。自动化物流分拣中心的高效、准确和可视化等特点,不仅提高了物流效率和降低了成本,也为物流企业带来了更多的发展机遇。数字化物流的趋势也促使物流行业从传统的人工作业向智能化和自动化方向转型,提升了整个行业的竞争力。

3. 民宿和研学板块负责人

小组成员来到"稻乡渔歌田园笔记亲子营地",展开了对该营教基地的实践调研。负责人先向我们介绍了其住宿新模式:民宿式亲子营、其独特的劳动教育课程体系以及农耕文化。随后,我们体验和参观了其部分项目,如稻田迷宫、乐农公园、膳食研究所和九宫格菜地。

稻乡渔歌营地教育中心是朗基集团与研学头部企业世纪明德集团强强合作成立的教育营地,携手打造以稻乡渔歌田园为载体,孵化以五育融合教育体系为核心的青少年营教基地。致力于学校研学实践、亲子游学、冬夏令营、教师培训、企业团建等多领域活动组织实施。稻乡渔歌距离成都市区车程1小时左右，拥有15 000亩田园，70套田园主题房，田园餐位810张，主题教室会议室7个，可开展多种形态的田园课程。

相比农业，研学和民宿板块受疫情的影响就更加深刻。"我们2020年刚开始的研学项目就暂停了很长一段时间，所以后来从B端转到了C端，因为整个成都市的学校的学生都没办法出来。"研学负责人解释道。随着疫情形势好转，今年的研学团体也逐渐增加，"最近恢复了一部分。客流最大的是春游和秋游，单日最大接待量达到了1 800人。虽然夏令营和冬令营也有接待小团，但是总体来讲是做春秋两季的B端市场，夹杂着一些两天一夜之类的亲子活动。"

研学和民宿相结合，"田园笔记"的最大特点就是优质通铺的套二套三别墅房型，无大床房。无论是研学还是周末的亲子活动，都可以充分利用整周的时间段，降低空房率，也提升了研学的体验感。

研学板块负责人提到，他们以渠道的价格去采买道具，联系场地，然后由单独的老师负责活动串线，搭配有15∶1的师生配比。现在大部分机构要么是场地方，要么是课程方，但"稻乡渔歌"的优势是兼具场地、民宿与活动课程，实现研学一体化发展。

4. 康养板块的工作人员

我们前往了康养中心进行参观和学习。康养中心为老年人提供了舒适、温馨的生活环境，房间布置温馨，公共区域设施完善，为老年人创造了家庭化的居住环境。康养中心强调关怀和尊重，让老年人在照料和服务中感受到亲切和关爱。通过与康养中心的工作人员交流，我们了解到康养中心致力于提供全面的照护和康复服务。他们通过多元化的活动和服务项目，为老年人提供个性化的康养方案，满足老年人多样化的生活需求，并为老年人提供身心健康的全方位保障。

5. "大地之眼"工作人员

我们采访到了当地"大地之眼"的工作人员。作为朗基产业在天府粮仓大邑打造的IP级酒店，"大地之眼"的建筑造型犹如一粒米长在广袤的土地上，寓意"发现万亩肥沃之美的眼睛"。"大地之眼"是土耳其设计师的杰作，将中国传统文化与稻米的原木风结合得十分精妙。亮黄色的夯土墙、小绿瓦铺成的大屋檐、非物质遗产竹编工艺的大圆顶、大厅内的竹编桌椅遥相呼应，既有丰富的古韵，又传达了独特的现代新建筑理念。"为了保持原汁原味，我们聘请了日本、芬兰、土耳其等国家和地区的设计大师共同打造艺术民宿，部分以老川西木构老宅重新改造，部分墙体采用资源回收再利用的老青砖，还原川西民居建筑特点，演绎川西人的生活居所。"稻乡渔歌相关负责人介绍道。

"因为我们的这个造型建设比较有风格，所以也算是'稻乡渔歌'的一个景点。"工作人员领着我们参观时介绍道，附近有许多正在建设的高楼，以及未来的商业街区，但是还在施工当中。

"周末人会多一些，一般是外地人偏多，散客多来自周边城市，如崇州、安仁、成都等，来喝喝下午茶，度个小假。出于我们独特的设计理念，一共只有16个房间，周末的住宿一般是满的。"

然而,不同于研学板块,独立民宿板块在后疫情时代的收入并没有显著提升,"三四月份的油菜花盛开、九十月份的稻谷成熟,都会吸引大量游客。但暑期太热了,游客就比较少。尤其是今年疫情放开了,大家都往远处走,想就近体验户外的都去了川西,我们这里相对于前两年人少了很多"。

(三)案例分析

1. 祥和村一大队队长

在村委会采访的过程中,本小组偶遇了祥和村一大队队长并抓住时机进行了采访,详细了解了其家庭信息、乡村振兴、数字乡村方面的体验,这为后续调研做出了样本示范。作为12份入户问卷的头份,我们与户主杜函项进行了仔细深入的交流。

杜爷爷家是典型的一家五口,有一个正在上幼儿园的孙子。他热情地向我们介绍他们家的生活状况。"家里有两套房,住在镇上,农村户口,两亩地,三百平方米的住宅,两辆私家车,年收入二十到三十万",这已经是祥和村生活比较优渥的家庭了,一边采访着,村委会的人一边打趣道。与本次调研数据统计结果一样,我们发现杜爷爷全家的学历都属于同年龄中比较突出的水平,有较强的投保意识,数字金融和数字素养方面的知识甚至超过了同村的90后。杜爷爷一家也很重视教育,对于这唯一的孙子,他们早早就把他送到城里读书,也没有要从大城市回乡读书的打算,他笑着说,孙子的教育支出是家里总支出的一个大头。

作为一大队队长,杜爷爷积极又负责,对村里的事务十分上心,常常投身于村内的治理事务,包括给留守儿童送关怀、出力修缮公共设施等。我们偶遇时,他正在为群众提交医疗保险名单。不管是对村里的乡风文明、生态环境,还是政府治理,他都给出了正面的评价。对于将土地统一流转,以及"稻乡渔歌"项目对整个村子带来的收益,杜爷爷都乐呵呵地表示满意。

我们很难用一个案例就将学历与生活水平挂上钩,但是毫无疑问的,杜爷爷热爱生活、积极健康的心态与状态,累积气运,为他带来了美满的生活。而学识让他们一家看得更宽,走得更远,拥有开放的思维模式,在数字化的浪潮中,稳稳立于潮头。

2. 生态餐饮品牌"朗星家庭农场"

"朗星家庭农场"的老板彭燕是土生土长的本地人,由"农民"转化为"农村品牌创始人",她的生活也因为这个"最美乡村"的快速发展而收益良多。

小组此行本意是品尝农家特色菜,没想到来到朗星家庭农场后,却发现这里远不止餐饮这么简单。这里占地面积很大,一眼望不到头,几木风的小凉亭、小桥流水、青翠的草地、野外娱乐设施、烧烤派对、应季的果园、可以亲密接触的小动物……是许多亲子度假、公司团建的好选择。这里充斥着田园郊外的野趣,一呼一吸之间就褪去了城市的烦躁与疲惫。

彭燕是这个家庭农场的老板,夏季并非祥和村的旅游旺季,酷热的艳阳天,只有本小组成员光顾,于是我们自然地攀谈起来。彭女士是90后,家里常住人口有6人,有一个正在上学的小孩。家庭农场是家里自有的地,最近几年"稻乡渔歌"十分红火,吸引了很多游客前来,一度成为"网红"村。彭女士乘着风口,改装了自家农场,顺着乡村振兴项目的红利,与园区合作,生意做得顺风顺水。这个家庭农场的项目种类十分齐全,作为园区内为数不多可以就餐的地方,良好的特色菜味道、综合的游玩项目、优美的田园景色与舒适的装修布景,让它成为许多游客的首选。

也许是做生意很忙,彭女士对村内治理事务并不是很熟悉,她表示,很多事务用出钱的方式代替出力,平时应付不过来,也没那么多功夫放在这些事情上。尽管如此,她也对村里的乡风、生态、治理方面表示了肯定的态度,只是为河道水系治理提出了一些小小的改进意见。在保险、数字金融方面,她表示并不了解,几乎没有什么参与体验,网络于她而言使用娱乐、社交功能更多一些。

创业并非易事,彭女士把握机会,在故乡打造属于自己的一番事业,颇有顺应时势的魄力。然而生活与生存并不等同,更优质的生活体验也许需要更多的尝试、体验,更多地了解数字化的便捷使用,可能会为她的生活带来更多保障与便利。

三、现存难题

我们为时一周对祥和村"稻乡渔歌"项目的考察也告一段落了,在体验和参观考察中学习到了不同的知识,了解到很多数字化农业与旅游业结合发展的田园共同体的现状和不足,为我们的调研提供了至关重要的帮助。

(一)"智慧"程度有待提升

如负责人所说,我们实地考证后发现,祥和村的智慧农业现在仍在初步发展阶段,尚未大面积应用。本阶段有部分智能化场景的应用,但是人工占比仍然较大,各方面成本高。智慧农业负责人提到,"其实成都平原这边许多类似的智慧农业试验田都还在摸索阶段,只是完成了初期构建,许多环节需要人工机械操作。山东和江浙一带才真正做到了全无人操作。目前的成本还是很高的,我觉得还有很长的过程。"

近年来,智慧农业不断发展,中国农业经历了 1.0~4.0 的发展历程。在实现农业"机器替代人力""电脑替代人脑""自主技术替代进口"的三大转变中,祥和村还远远落后于东北与华东华南农产区,停止在前两个阶段。

此外,2021年底才建好的系统,所得数据较少,并稍有滞后性。正如负责人所说,"去年成都的高温干旱情况严重,总体产量都不高。由于内外部因素共同影响,一两年的观察时间太短,数据并没有很强的普适性,我们还需要多年的数据积累,这是一个长期的过程。"

除了农业这一支柱产业,"稻乡渔歌"其他五大模块的"智慧化""数字化"技术应用较少。占地面积巨大的别墅民宿区也许带来了更"田园化"的原始体验,但是现代化设备的同步升级也许会再优化用户入住体验。文博、教育和田园板块的智能化技术也相对较少,由于"农学研教"的性质,以上许多场景由农业赋能,所以农业"智慧"有限将必然导致这三个板块的"智能"缺失。许多娱乐或教学营地都设置在田地湖边,尽管外观景致更加精致或规模扩张,但内核并未更新升级,仍旧使用的是类似十年前的设施和环节。如何在保留原始野趣的同时,又加入智能元素,升级游客体验,才是乡村振兴战略"数字化"久久为功的关键。

(二)淡旺季差异比较明显

农作物以及依靠农作物发展起来的全产业链,都离不开一个自然因素——天气。从民宿和田园观光的角度来看,天气首先会影响农田中的植物的自然生长,因为政策规定的固定粮食作物有限,只有三四月的油菜花会盛开,九十月的稻田会金黄,这个时候慕名而来的游客才会很多,频现住宿满房现象,家庭农场生意也格外兴隆。其次,夏日接近40℃的高温会让许多游客望而却步。农田中是青翠的水稻,天空中是无云的烈日,只有清晨和傍晚可以堪堪乘着风散步,其他时间段几乎人影,走在路上与烤炉无异。

从研学的角度来看,虽然夏天有夏令营,但多为机构组织,体量相对较小。大体量的学校偏向于组织春游、秋游,冬夏的寒暑假几乎接收不到由学校组织的大型出游。加之难以把控的天气影响,春夏的出游风险较小。因此,除了农业本身不太受影响,其他以服务为本质的产业都会受到各种因素影响,淡旺季差异明显。

(三)多元一体化有待进步

虽然祥和村"稻香渔歌"被称为"田园综合体",但食宿可选项有限,部分基础设施尚未配备齐全,综合性还有待提升。

在实地调研的过程中,我们发现由于夏季属于淡季,因此食物供应很少,大部分餐厅在较远的园区内,并且多数为农场农家菜,同质化明显。最近的外卖在较远的镇上,送达需要将近一个小时。如果没有人提前告知,游客很难找到当地餐厅的联系方式并联系送餐。园区内食堂面向的是研学机构的学生,轻易不向外界人员供应,不仅供应时间受限,位置也很难寻找。

然而尽管是淡季,酒店民宿的价格仍然稍高,除了之前提到的和研学相结合的亲子套房以外,所有大床房最低价格为1 200元左右,多数为1 400~1 500元,选择余地较少。整个园区的民宿比较集中,但风格趋同,只有"大地之眼"特色突出。总数较多,装潢良好,然而只属于两三家不同的品牌管辖,选择有限。大部分民宿走的是田园风、具有民俗特色的高级别墅装修路线,定价对于想要短暂住宿的消费者并不友好。

同时,园区占地面积很大,但交通出行不便,几乎没有共享交通工具,园区内也没有提供可租车的地方,观光车功能有限、时间有限,并非出行的最佳选择。同时,超市和便利店也在较远的园区之外,园区内并没有统一供应,甚至自动贩卖机都很少。一旦有酒店无法提供的物品,游客只能顶着烈日,步行去很远的小卖部购买日常生活用品,十分不便利。

(四)后疫情时代发展后劲不足

在2021—2022年,园区内有"天下第一蒸"的大型装置,新兴的大型田园旅游综合体崭新落成,再有"世界吉尼斯纪录"的噱头加持,吸引了许多游客。同时受疫情封控影响,为了减少人口流动性,大家都选择就近出游,许多四川省内,尤其是成都市的游客都来到附近的大邑"祥和村"寻找短暂的休憩。

然而，如今疫情形势好转，更多的人选择出省出国游玩，因此人流量与销售量都同比减少了。彼时的"网红"乡村和"网红"景点已相对落寞，小组成员在实地调研时，发现更多的是当地中老年人在使用游乐设施乘凉散步，游客几无踪影。与此同时，"更多的研学机构和学校向北上广深转移，而现在的研学客群主要来自新疆、青海、甘肃等省份。"研学负责人讲述道。后疫情时代，祥和村如何保持先前的发展劲头，进行产业转型升级，盘活园区内设施，长期吸引游客，仍是亟待解决的难题。

四、前景展望

尽管存在一定的发展瓶颈，但坐拥天然环境优势和政策扶持优势的祥和村仍有很强大的发展潜力。

（一）多方位应用"智慧"模式

农业作为支柱产业，为整个园区赋能。对于研学、营销宣传，比如农营研教学，是靠农业交付的；又比如旅游的农业观光，也需要农业部门支持；销售、物流、电商，更需要农产品的高质量提供。因此，深化农业的智能化数字化是重中之重。正如智慧农业负责人提到，"二、三、四期的内容还在升级中，后期我们会将粮油、家禽、水产、加工，再到电商、研学分板块加进来。我们现在也正在做软件开发，和中国电信达成一个合作推广，这个项目正在推进。"

后期的智能技术也可以运用在民宿上。如宣传片中所称的"荷兰式管家服务"民宿，许多服务场景其实可以更加智能化，如增加自助式服务机器、园区服务机器人等等。民宿在"稻乡渔歌"综合体中占比很大，智能民宿可以大规模降低人力成本和管理费用，同时提升用户体验感。

康养产业的智能化是必然趋势，田园复合的康体颐养兼具生态属性、文旅属性、社会属性和康养属性，高端全面的养老服务是必不可少的。智慧管理平台和精准健康监测设备可以全天候监测老人的健康状态，协助日常生活、协助进餐、协助移动、协助清洁、协助进食、协助睡眠等。中西医结合疗愈，精准智能的医疗体系也是必需的。引进惠斯安普HRA健康风险评估系统、德国血液净化系统、全外显子基因检测技术、自然医学顺势疗法等特色身心灵疗愈体系，智能设备可以为老人提供全面精准的医疗方案，使其拥抱理想健康居所，打造CCRC生活范本。

同时，智能化农业可以外部链接，实现数据共享。运用互联网技术及大数据理念，搭建物联网平台，开发农产品质量追溯系统、环境信息与病虫信息感知监测系统、测土配方施肥平台、信息平台展示中心等，通过物联网及时采集农业生产各个环节的数据，处理分析，实现农业智能化生产管理。利用农业物联网体系，集成应用感知技术、无线网络技术、GIS技术、控制技术，对田间的土壤、作物、病虫、生态环境等进行实时监测，对采集到的数据进行提取、过滤、综合，以此发出预警，实时加以控制，提出处理方案，帮助农业生产者、管理者进行有效决策。可将这些原始数据或加工数据与各级政府信息采集站、产业链上其他机构数据实现共享，从而促进农业生产现代化、智能化。

(二)扩大受众群体、完善度假设施

以前祥和村"稻乡渔歌"的目标群体多为研学的低龄学生、康养的老人,以及部分城市周边的青年人。现在青年旅客客户群体流出,园区应该做出更多改变来留住这部分群体,或吸引更多不同年龄段的有消费能力的旅客;通过体验式手段强化乡村景观的参与性、互动性,满足不同年龄段群体对游憩体验的诉求。

提供不同价格区间的住宿,给游客更多选择区间。尽量在酒店民宿群中打造多样化风格,或设置不同大小和设备的房型,提供多种选项,而非统一的"高大上"标准。也可以在淡季稍微降低一些价格,或推出一些组合套餐,以价格优势吸引游客。

盘活现有闲置资源,再利用大型建筑。前两年的"网红"设施已经不再新鲜,许多田间地头的装饰已经不再新奇。既然要走依靠游客自发宣传的"网红"路线,"稻乡渔歌"就应该抓住时尚潮流,及时更新大型打卡点的造型,打造年轻化的社区。为避免资源浪费,园区应将使用频率低的装置重新改造利用起来,翻新打造,形变而神不变,继续秉持"田园"的设计理念,再加入数字化、新潮的设计巧思。或将荒废的设备改造成文创产品售卖点、小卖部等。

(三)提高园区综合性,丰富服务种类

"稻乡渔歌"田园综合体应将"综合"做到极致。园区应将餐饮供应多样化,鼓励良性竞争,避免"农家菜"餐厅趋向同质化。设置园区内全天候开放的普通餐厅或自助厨房,使并无高奢餐厅需求的旅客也能在园区内吃到正常三餐。整合现有餐饮资源,开发线上集合平台如小程序等,为游客提供订餐点餐渠道。除了酒店自带餐食外,园区内的餐厅普遍距离住宿地较远,可以考虑发展智能送餐机器人或送餐车。

除食宿以外,"稻乡渔歌"需要完善园区内的基础设施。布置共享交通工具,如共享单车、共享电动自行车、共享汽车等,规划好停放区域以及专人摆放,以解决风貌问题。也可以设置园区内班车,或利用现有的观光车资源,沿途设置不同停车点和站台牌,公开固定时间的班次。若有资源闲置或出于人力成本过高的考虑,则可以设置园区内的租车点,为游客出租统一的单车、电动自行车等,与园区设计成同一风格,保持景色和谐整齐。为满足游客的日常生活用品需求,应在园区内设置零星的小超市,供应最基本的食品、日杂用品等,这将大大提升园区内观光便利性。

丰富业态,发展园区内夜间经济也是不错的选择。乡村田园的虫鸣、明月、微风、灯火都迷人,晚上凉意渐起,适合春夏的夜间出游。可以考虑发展特定季节的夜间经济,设置灯火展、小吃摊位、手工制作地等等,当然要设置安全保障措施。

研学板块也对未来的升级有一定规划,"营地一共有三个阶段,第一个阶段是乐融学院那边的集装箱,住的是上下铺;第二阶段就是我们这种民宿,别墅通铺;第三阶段,如果我们发展的更好的话,我们会修一个研学中心,可以容纳 500 个人同时入住和用餐,这个就是 3.0 的状态,现在我们还是 2.0。"负责人谈到未来规划时说道。

(四)将网红变长虹,深耕优势板块

"稻乡渔歌"要发挥其地理优势。园区基本覆盖了祥龙社区,在选址上有十足的前期

考量。这片农田靠近西河,是成都平原为数不多的黑土地。这片沃土适合耕种、培育品种。"有专家在专门研究,引进新品种来试验。比如功能性稻米、微生物养殖、绿色可替代肥料等。"智慧农业负责人提到。

环境幽美的祥和村也凭借先天的风景优势和后天打造修缮,灌溉灵渠、黑土良田、"天府粮仓"、茂林修竹,西岭雪山等美景就在不远处,吸引了无数慕名而来的旅客。同时它属于成都市区、大邑、新都的一个交界点,邻近铁路、公路,交通条件优越,便于运输一、二产业物资,具有巨大的发展潜力。

"将网红变长红",从根本上说是乡村高质量发展的必然。全媒体时代扑面而来,祥和村仍需加大宣传,积极运用新媒体讲好乡村故事,同网友自发传播形成共振效应,实现乡村品牌的海量传播。乡村也可以考虑发展周期较短的"小度假"模式,吸引散客,突破传统的乡村形象传播定式。

重视传播,同时要正视传播,不以营销论成败。祥和村要把握"有意义"与"有意思"的辩证关系,徒有形式热闹,可能只会是昙花一现。要避免极度商业化、管理失位、低俗营销等问题,做到延展自身的优势、传播本土特色、主动作为、积极创新。

五、总　结

秉承着高质量的新发展理念,大邑县把乡村建设摆在城乡融合发展的重要位置,充分发挥各村传统产业优势、林盘生态价值,不断丰富乡村经济业态,拓展了村民增收空间。

随着城乡融合发展的推进,大邑县祥和村的川西林盘作为传统乡村的代表,探寻其活态发展的保护机制及再生模式,不仅可为政府在乡村实施村落改造提供理论支持,而且为我国传统乡村如何在快速城镇化的背景中保护和延续文化提供思路与途径,对我国下一个历史阶段的乡村振兴战略具有启示意义。

推进祥和村当地数字农业要以现代农业园区为"根据地",坚持政府引领和市场主体相结合,加强宣传引导和典型示范,补齐现代农业发展短板,依靠现代科技转变传统农业模式,推动信息化深入融入农业生产、经营、管理、服务全过程。同时,当地也要提高农业生产智能化和经营网络化水平,加快信息化服务普及,降低应用成本,为农民提供用得上、用得起、用得好的个性化精准信息服务,大幅度提高农业生产效率、效能、效益,引领现代农业发展的战略目标。

以"智慧农业"为支柱全方位拓展,祥和村构建了一个新型美学乡村发展范式。下一步,大邑县祥和村将持续做大"稻乡渔歌"品牌,努力将"稻乡渔歌"打造成"天府粮仓"的"试验田",并全力复制推广以农商文旅体融合发展助力乡村振兴的新模式,为四川加快建设宜居宜业和美乡村,全面推进乡村振兴贡献更大力量。

参考文献

[1] 王瑞珏,郭倩. 乡村振兴战略背景下川西林盘游憩景观设计研究[J]. 乡村科技,2019(27):33-35.

[2] 王世仪.四川省特色小镇高质量发展水平研究[D],2022,四川师范大学.

[3] 林涛.川西林盘文旅价值转化探索——以四川省大邑县为例.当代县域经济,2022(01):61-63.

[4] 李道亮.物联网与智慧农业.农业工程,2012.2(01):1-7.

[5] 世纪明德.孵化"乡创品牌" 稻乡渔歌让新老村民相融共生.2023.

[6] 鲸记房观察.荣登抖音成都带货周榜榜首!这个营地不得了_教育_田园_课程.2021.

[7] 赵春江.智慧农业发展现状及战略目标研究.智慧农业,2019.1(01):第1-7页.

[8] 陈红川."互联网+"背景下现代农业发展路径研究.广东农业科学,2015.42(16):143-147.

[9] 钟峥嵘,杨扬.体验式乡村游憩景观提升途径研究——以成都稻乡渔歌为例.旅游纵览,2023(04):99-101.

[10] 张妍.乡土建筑遗产视角下川西林盘的空间价值与活化利用.成都大学学报(自然科学版),2022.41(01):97-102.

[11] 2021年现代农业园区数字农业培训暨推介会在大邑县召开.四川农业与农机,2021(04):4.

数字技术在乡村治理中面临的困境及解决方案
——以瓦子坝村村级事务管理为例

张竞兮[①]　张懿杨[②]　陈博宇[③]

摘　要：当今社会已经逐步进入一个全面数字化的新时代，数字技术被广泛应用于社会治理的方方面面，智慧城市、物联网等概念大放异彩，数字化的治理模式也被认为具有良好的发展前景。但在乡村的治理当中，数字技术的推广面临着诸多困境，不同村庄对于数字治理技术的运用参差不齐。本文将以四川省乐山市井研县千佛镇瓦子坝村为例，详细分析数字技术在乡村治理中面临的困境，并尝试提出解决方案。

关键词：数字技术　乡村治理　村级档案　村务公开　乡村振兴

一、引　言

2018年，中共中央、国务院印发《关于实施乡村振兴战略的意见》，意见指出，要实施数字乡村战略，弥合城乡数字鸿沟，大力发展数字农业。2021年中央一号文件中再次指出，要加强乡村社会治理等的数字化智能化建设，推动乡村数字化治理转型。推进数字乡村及治理在我国有着强有力的政策驱动力。

数字技术是乡村治理的重要工具，对乡村治理的方式创新有极大的促进作用，能有效推动乡村治理效率优化。西方国家在数字社会治理方面的起步较早，有着完整的理论体系、丰富的实践经验以及新的治理模式（高峰等，2021）；国内的乡村数字治理起步较晚，目前相关研究主要聚焦于乡村数字治理的提出背景与内涵界定，对治理方法的探索尚在发展当中。

当前中国许多乡村的数字化水平仍然偏低，大多数"数字乡村"建设的推动与实施主体还停留在县一级，以县级政府为中心开展工作，这常导致数字化治理与村庄现实情况脱节，而无法取得预期的效能。上级的指导与帮扶流于表面，基层落实则往往忽略自身实际问题，最终落入形式主义的窠臼。我们应深刻认识，村庄与村民才是乡村治理的最终导

[①] 张竞兮，上海财经大学外国语学院商务英语专业2022级本科生。
[②] 张懿杨，上海财经大学会计学院ACCA专业2022级本科生。
[③] 陈博宇，上海财经大学商学院工商管理专业2022级本科生。

向,乡村治理的数字化进程绝不能忽视对本村基本情况的全面摸查以及因地制宜的实施方法。

本文将以四川省乐山市井研县千佛镇瓦子坝村为例,结合该村具体情况,分析数字化治理在基层农村推进中遇到的困难,发掘瓦子坝村推动数字化治理的可行路径,通过聚焦乡村真实场景,探索推动乡村数字化治理的可行经验。

二、调研基本情况

(一)瓦子坝村基本情况简介

1. 地理位置及交通情况

瓦子坝村距千佛镇约3千米,距井研县城约10千米,距乐山市约40千米,距成都市约130千米,且并无复杂地形阻隔。该村于2009年修成007乡道,2019年村内部分区域建成新路。乡道与213国道相接,当地人称交接处为"宝五路口",是千佛镇的交通枢纽;此外,沿213国道一路向北即可抵达井研县城,向南可通往乐山市区。井研县城有井乐大道穿城而过,与蓉丽高速相接,沿高速1小时30分钟可抵成都。公共交通方面,瓦子坝村有覆盖全村的班车系统,往返千佛镇与村内各站;自千佛镇出发有多条班车线路往返井研,另有井研201路公交车每日往返;井研县与乐山市公交系统相通,也有大巴可以搭乘;乐山市则覆盖有高铁线路,每日有数十班直达列车往返成都。总体来说,该村交通相对便利。

2. 人口及受教育情况

截至2022年末,该村户籍人口1 657户,共计5 098人,其中常住人口约2 300人,占全村户籍人口的45.12%。该村常住人口中,60岁以上老人约有1 150人,占总数的50%;该村登记的0~18岁孩子共1 220人,占户籍人口的23.93%。该村大部分常住人口仅有初中及以下教育水平,共计2 255人,占比98.04%;常住人口中有高中学历者30人,占比1.30%;有大专学历者仅15人,占比0.65%;本村常住人口中无本科及以上学历者。

3. 土地、产业及经济现状

瓦子坝村所属的井研县为西南地区典型的丘区农业县,周围地区素有"天府粮仓"之称。近年来,井研县大力打造"(柑橘)百里产业环线""万亩粮油基地",而瓦子坝村则是后者的核心区域。现阶段,瓦子坝村及周围五龙场村等村庄经"五良"融合产业宜机化改造,已经基本实现农业生产机械化。

本村土地共14 550亩,其中承包地9 700亩,宅基地800亩,人均土地面积为2.85亩。目前本村经土地流转后,有4 000亩的土地已经被承包,奇能米业、明明泽泻专业合作社、老农民专业合作社与夹江盈收专业合作社等占据大头。奇能米业在本村设有试验田,对省、市等农科院及农业研究机构提供的优选稻种进行试种,并最终挑选出最适合本村土地和气候条件的稻种,在承包田中推广种植。部分土地被合作社承包后采取稻药交叠轮作的方式,在水稻种植闲季种植泽泻,实现一田双收。

另外,本村并非国家划定的脱贫村,经济发达程度在井研县属中上等水平。2022年全年,瓦子坝村共收入71万元,支出73万元,结转-2万元。收入有保障,但开销较大。

（二）调研情况概述

本次返乡调查共收集了入村问卷1份,入户问卷12份,其中入村问卷结果根据对村支书的直接访谈得出。12份入户问卷中,有9份是直接对户主进行访谈得出;其余3份分别是对户主的长子、长女,及其配偶进行访谈得出。

我们进行访谈的12位村民中,学历最高者为高中/职高毕业,共4人,占比33.33%,大幅高于全村整体的1.30%。而在本村的7位村两委成员中,初中及以下学历仅1人,4人为高中学历,2人为大专学历。但是在对问卷L008号问题(即"您对以下应用的掌握程度")的共计60个回答中,选择"1. 精通""2. 熟练使用""3. 能基本使用"的仅有17人,占比仅28.33%(见表1)。结合本题及其他题目来看,受访者整体数字素养偏低。

表1 问卷L008号问题回答情况

	熟练使用	能基本使用	不会使用	掌握率
网页浏览	1	5	6	50%
办公软件	1	1	10	16.67%
电子邮件	0	1	11	8.33%
娱乐视频应用	5	3	4	66.67%
教育教学应用	0	1	11	8.33%

数据来源:返乡问卷回收数据。

而在村务治理与公开方面,有10人认为本村村务公开透明;但仅有7人对本村财务状况非常或基本清楚,其中还有3人是村两委成员。而在瓦子坝村确有村务信息平台的情况下,有6人认为本村没有相关平台,其中包括1名村两委成员;有4人表示对相关平台不了解或不清楚;仅有1人,即本村村委会文书表示知道有相关平台,但其也认为村务信息平台宣传力度不足。综合来看,瓦子坝村村务治理与公开工作效果及数字化治理水平有待提高。

调研中我们还了解到,瓦子坝村曾尝试开展数字化乡村治理。该村已经在试行推广"川善治"微信小程序的使用,并在其上发布通知、投票等村务工作信息。但就目前来说,这一工作效果并不明显。我们将在后文中详细分析瓦子坝村数字化信息平台的建设与应用、"川善治"平台本身的优势与缺陷,以及瓦子坝村对"川善治"平台的运营和使用。

三、数字化信息平台的建设与应用

（一）瓦子坝村数字化信息平台建设及应用情况

在采访过程中我们发现,不论是村支书还是普通村民,在回答我们的提问时都完全依靠记忆,甚至在一些涉及村庄和村民基本情况统计数据时也是如此。其中村支书能够在大部分情况下准确回忆起相关数字,但一些时候其也仅能在回忆后给出大致的答案。对此我们提出疑问：本村是否有记录相关数据的文件或平台？其应用情况又如何？

经过更深入的调查,我们能够确定瓦子坝村保存有记录相关数据的纸质文件,但由于检索较为困难,并不经常使用。且大量纸质文件存于一处,不仅调取信息困难,还造成了一些情况下信息更新的缓慢和滞后。除此之外,纸质文件的保存也是当前本村面临的问题之一,一些文件在长期保存后已经出现细微的破损。四川盆地气候湿热,文件在受潮等问题威胁下,较难长期保存。

而相对应地,瓦子坝村并没有建立起成体系的电子文件及数字化信息平台。随着时代不断发展,目前村两委在进行本村治理工作的时候,的确会借助电子文件,但仅为零散化使用,在一次数据整理后即闲置不管,甚至被遗忘删除。由于村民大多不善于也缺乏条件使用电子设备及办公软件,且数据统计工作量大,大量数据储存极为杂乱,缺少章法,更无系统化利用。

不仅如此,即使在"村两委"成员中,电脑及办公软件的使用技能也未全面普及,不少人对Office、WPS等软件的了解都还停留在仅听说过,而不知道如何使用的层面。这也是导致瓦子坝村此前无法建设成体系的电子文件及数字化信息平台的重要原因之一。

(二)建设数字化信息平台的前期准备

1. 对现有纸质文件的整理及完善

建设数字化信息平台的基础,是拥有完整、完善且完备的纸质化信息系统。因此瓦子坝村要从零开始进行数字化建设,首先应确保本村村庄及村民信息已经成体系地保存于纸质化文件中。这将涉及两方面的内容,即纸质文件的整理与完善。

纸质文件的系统化整理将会是所有工作的第一步,这决定了今后所建设的数字化信息平台是否完整完备。整理过程应遵循一定的逻辑,如按层级对文件进行分类、不同类型文件之间及同类文件之间按首字母或日期排序、对文件层级和分类进行编号等以便于分门别类地检索。这一工作需要大量的时间和精力,但其重要性毋庸置疑。

整理过程中及完成后,应总结现有纸质文件存在的问题,如哪些类别的文件信息已经滞后或尚未完善,哪些文件内容存在问题需要核实,哪一类新增信息尚未计入文件等。整理过程中对问题文件进行标记,对文件问题进行记录,留待整理结束后根据标记的问题文件和记录的文件问题进行一一的核实与解决,这将会对纸质文件的整理与完善起到重要作用。

2. 对相关基础设施的保障

由于瓦子坝村为首次将纸质文件进行数字化保存,其无须追求过高的标准,所搭建的数字化信息平台应先以内容完整、调用便利、操作简单为目标。以分级文件夹为基础的电子文件集合即能基本满足本村需求,故而本村的数字化信息平台建设工作基本可以经由村两委及村民自身进行完成。

与此同时,根据我们调查得知,瓦子坝村党群服务中心虽配备有台式电脑,但电脑长期处于闲置状态,极易遭到硬件损坏。

因此,对于瓦子坝村来说,对党群服务中心所保有的数台电脑进行维护保养是非常重要的。我们调查得知,村两委成员及村内绝大部分村民并不懂得如何进行电脑软硬件的维护,因而这项工作需要村两委引起重视,在日常款项中划出一部分用于雇佣聘请专门的维修人员,定期维护,以确保党群服务中心电脑能够正常顺畅运行。

3. 对"村两委"成员的培训

建设和使用简易的数字化信息平台的必要条件之一,是"村两委"成员对于相关设备有基本的使用能力。这要求"村两委"成员对诸如办公软件、政府门户网站、电脑基本操作系统等内容具有一定的熟悉程度。

但我们在调查过程中发现,接受采访的12位村民以及村支书本人共13人中,仅有村支书及副支书对网页浏览、Office办公软件及电子邮件均能够使用。其中村支书对这三者均能熟练使用,副支书对Office办公软件的使用为"精通",对网页浏览为"熟练使用",对电子邮件则仅为会使用。其余村民和村两委成员中大多能够进行网页浏览,但绝大部分人并不会使用相关办公软件,能够使用电子邮件的更是少之又少,电脑办公能力极差。

瓦子坝村两委共有7人,小体量使得对"村两委"成员的电脑办公技能培训变得相对容易。初步搭建的简易数字化信息平台最主要使用的功能即为Excel表格,且不需要使用者十分了解,只需其学会使用最基本的数据录入、统计、筛选查找等功能即可。故而相关培训只需要由村支书牵头,由精通Office办公软件的副支书对7人进行普及培训即可。

(三)数字化信息平台搭建思路及具体内容

1. 搭建思路和框架

目前瓦子坝村正处于乡村治理数字化的初级阶段,其在乡村治理实践过程中所能够支持的数字技术较为基础,所需要涉及的数字化运用也并不复杂。而结合本村治理中最重要的两部分内容,即村庄治理与村民治理,瓦子坝村数字化信息平台即可按照"走访+技术"的思路,按照村庄信息和村民信息两大模块进行搭建。

目前瓦子坝村应在对本村现有纸质文件进行整理与核对的基础上,对全村整体情况进行走访。在走访时最重要的是收集村庄及村民信息,确保数字化信息平台信息准确。并且走访可以帮助村两委更新已有信息,更能帮助村庄治理者对全村形成全面了解,这极有利于本村的治理的。走访采集的信息应当立刻进行书面的记录,并在事后统一进行电子化的记录和归档,利用技术对信息进行高效的保存。并且相关信息应该分为村庄信息和村民信息两大板块,村庄信息主要涉及本村的土地和产业信息,村民信息则主要涉及本村村民的各方面情况。

2. 具体内容

(1)村庄信息模块

如前所述,村庄信息主要涉及本村的土地和产业信息,在进行信息录入时即可分两部分处理。

土地信息首先应包括土地基本情况,或者说本村的资源禀赋,这一部分内容涉及全村土地面积,各地形土地所占面积及百分比(如山地、丘陵、平原、水域等)、已使用与未使用土地所占面积及百分比,不同用途土地所占面积及百分比(如农业用地、工业用地、道路用地、宅基地,农业用地中的旱田、水田、林地、草地等)等多方面具体信息。除基本情况外,土地信息还应当包括本村土地的分配及经营情况,如个体小农户、家庭大农场、农民合作社、专业经营大户等所经营土地范围、面积等。

产业建立于土地之上,故产业信息与土地信息密不可分。在进行产业信息录入时应首先确定全村一二三产业所使用土地面积及百分比,并在明确各产业和产业园区土地使用和经营情况的基础上进行产业发展情况的电子化记录和归档。产业发展情况包括各产业和产业园区基本信息、经营规模、盈亏情况等。这些信息都将服务于本村产业振兴和发展。

(2) 村民信息模块

村民是一村之根本,村民信息的重要性不言而喻。我们认为,村民信息应当分为村民基本信息、村民财产状况、村民健康状况、村民就业情况四个基本模块。

村民基本信息类似电子化的本村户口信息,本身应当分为总体情况和具体情况两层,其中总体情况从全村的视角出发,具体情况则从村民个体的视角出发。总体情况应包括本村户籍人口、常住人口、人口性别比例、人口年龄比例、人口受教育水平比例等,方便随时从村民切实受益的角度对本村发展情况进行分析。以一个例子来说,瓦子坝村现有常住人口 2 300 人,其中 60 岁以上老人有 1 150 人,占比高达 50%。本村发展水平和空间严重不足,村民中年轻劳动力多选择外出务工,而非在村中就业,导致村中大量家庭仅剩老人和儿童留守。总体情况应注意与具体情况挂钩,随时根据具体情况进行变动更新,避免信息失去时效性和有效性。村民基本信息具体情况的统计则相对机械,信息应当包含全村村民身份和户口信息、家庭住址、家庭结构、个人特殊情况等,具体内容视本村情况而定。

村民财产状况关系到本村村民生活是否富裕、乡村振兴成果是否合格的问题,是村庄发展问题中的根本问题。村民财产状况的记录并不意味着将每个村民的家庭收入全部暴露在系统中,而是要求本村治理者对村民的经济条件有基本的认知。这部分内容应当主要包括每户村民所拥有的土地面积、宅基地面积,及其基本生活保障情况。在统计时,村集体应该对本村村民中的脱贫户、低保户、五保户等有足够重视,进行特别关注并进行帮助。就瓦子坝村本身来说,该村并非脱贫村,经济发展水平并不差。但瓦子坝村经济条件也不算好,村民收入水平仅能够满足日常所需,绝大部分村民谈不上富裕。通过对村民财产状况的信息收集和统计,村集体能更容易分析本村经济发展中存在的问题,在兜住底线、保障村民基本生活水平的同时,也能关注本村龙头产业发展,提高全村经济发展上限。

村民健康状况关系到村民的幸福感与获得感,关系到村民对本村发展的满意度问题。现阶段全国许多地区已经在推行村民/居民健康信息建档管理,即将村民/居民的健康信息统计后收录入电子信息系统,方便日后调用与管理。瓦子坝村常住人口中老年人口和未成年人口占比大,其中老年人口占常住人口比例近 50%,未成年人口占户籍人口比例近 25%。这部分人口健康风险大,尤其是大量的老年人口,家中青壮年劳动力大多已经流向城市，自身面临突发疾病的可能性高，而又缺乏应对能力，因而对于瓦子坝村全村来说，建立科学合理的健康信息管理系统是非常必要的。在建档过程中，应当关注村民医保覆盖情况、慢性病治疗情况等，以及一定程度的科学疾病观念与疾病应对能力。建立档案后，将更有利于村集体层面对本村健康管理情况进行有针对性的改善，也便利了村集体对村内有需求的家庭进行关注。

村民就业情况则关系到本村村民在未来一段时间中的发展状况，关系到村民未来的生活保障与水平。现阶段中国大多数农村地区村民的就业情况仍然呈现一种本地务农及外地打工为主的态势，虽然返乡创业正在成为新的潮流，但这一潮流仍然未能占据主流，更未能在瓦子坝村占据主流。当下的瓦子坝村仍然存在部分村民待业在家，只零散做工，无稳定工作的情况，这应当引起足够重视。在对村民就业情况进行统计时，应当关注本村整体就业率、最主要就业方向、当年就业方向变化趋势等，还应当关注当前村民的就业情况能否满足其生活需求等与村民实际获得感密切相关的内容。除此之外，对村民就业情况进行统计也有利于村集体分析本村产业发展情况，并有针对性地做出调整，或吸引村民前往本村新兴产业进行就业。如瓦子坝村近年来大力发展"天府粮仓"，村集体即可为有需要的村民提供信息，便利其加入村内的大规模粮油生产企业，提升村民收入。

四、"川善治"微信小程序的优势与缺陷

（一）平台简介

2023年4月，四川省农业农村厅、四川省乡村振兴局联合试行推广运用"川善治"乡村治理微信平台，将其作为全省开展"积分制、清单制＋数字化"乡村治理试点和助力村级治理数字化、信息化的平台工具。该平台有党群服务中心、村规民约、村民信息、积分制工具、书记公开信、党群服务日记、三务公开、村庄大事记、村级事务清单、通知、村庄大喇叭、村民说事等主要功能模块。

四川省"川善治"平台与广东省"粤治美"、湖北省"鄂参与"、青海省"青松治"等平台，统称为"村级事务管理平台"，主要形式为微信小程序。该平台由腾讯发挥互联网企业在技术、人才、资源方面的优势，提炼总结源自湖南省娄底市新化县油溪桥村的"积分制"、浙江省宁波市象山县"村民说事"成熟治理模式，将方法工具化、组织动员线上化、信息数据体系化，为村庄设计开发了"村级事务管理平台"，并结合地方实际实现了积分申请、审批、公示和积分兑换在线化处理，"村民说事"说、议、办、评全流程线上流转。

（二）现状分析

1. 与以往政务平台相比具有的优势

首先是平台UI设计，采用了以大熊猫和竹叶为主要元素的黑、白、绿配色，在体现地方特色的同时，一改传统政务平台的单调、古板的设计风格，更有利于提升村民使用体验满意度。其次是评比制度，通过不同维度的评比活动和公开展示，充分调动村民参与的积极性，也为村干部的工作提供了参考指标。最后是"村民说事"功能，为广大村民提供了及时反映问题，快速得到村干部回复的渠道，提升了村务处理的灵活性和及时性。

再加上平台本身采用微信小程序的形式，充分发挥小程序快捷、可操作性强的优势，更利于村民们上手使用。

2. 在数字化乡村治理的过程中暴露出的缺陷

在宣传推广方面，"川善治"在大部分地区的使用率仍然处于低位，仅有村干部和部分使用互联网的村民在进行使用，大部分村民仅仅是注册抑或从未听说有此类平台。在许多线上村务表决中，参与人数占村庄总人口比例极小，这样的覆盖率很难真正达到数字化乡村治理的要求，容易变成一个不切实际的形式主义产品。

在信息呈现方面，"川善治"首页展示的是入驻率和入驻数，这两个数据对于管理者和政府而言非常直观，能够一定程度上体现平台的推广成效。但这类数据对于使用小程序的村民来说意义不大，村民关心是本村的事务，或者说，是本村的乡村振兴实务，平台的入驻数和入驻率对他们而言空洞无用。另外，使用者首次进入平台，并不能直接定位到当前所在村落，而需要手动搜索或分级检索村落名称，然后点击进入，使用流程较为烦琐。首页下划展示的也是全省各个村落的信息栏目，缺乏针对性。

在隐私保护方面，"川善治"平台也仍然需要做出改善。首先是平台自身存在的隐私问题，所有村庄信息公开，村民个人身份公开，任何人可见，具有一定的隐私安全隐患。其次是村民自身隐私保护意识不强，发布的内容没有经过去隐私化处理，存在个人信息泄漏风险。

在专业化程度方面，作为平台的主要参与者，村干部的个人信息不完整，照片等重要信息缺失，一定程度上影响了村民跟村干部之间的了解与沟通。除此之外，"川善治"平台上发布的内容当中有许多并不是电子文档或纸质文档的扫描件，而是直接的照片格式，这类文件通常具有难以辨认、信息缺失的问题，不利于村民获知信息。

在积分机制方面，目前平台的积分获取细则不明确，积分使用场景缺失，积分机制没有起到实际效用，并未真正发挥调动村民积极性的作用。

（三）解决方案

全面加大推广力度。通过网络平台、电视、广播、纸质、口头传播等各种方式，让广大农村居民了解到"川善治"平台的存在。同时各级政府相关部门应当与基层村委会一同协作，尽快提升"川善治"平台使用覆盖率，必要时村干部可以入户指导村民使用，从而使"川善治"平台达到符合预期的运行效果。

1. 优化信息呈现方式

在平台首页展示国家乡村振兴相关大政方针，在加深村民对乡村振兴政策了解的同时提供更有价值的信息导向。除此之外，还应当在小程序内部植入定位系统，帮助村民自动定位到当前村落，方便日常使用。同时将展示信息更改为本村信息，提升村民使用平台的效率，将其他村落信息改为搜索模式，让村民根据个人需要进行查阅。

2. 重视隐私保护问题

隐私问题是网络安全中十分重要的一环，隐私保护不容小觑。平台应该通过实名认证的手段来限制相关信息的查看，未实名的用户不得查看村庄和村干部的信息，以免这些公开信息被恶意利用。同时应该加强村民个人隐私保护意识的培训,指导村民在日常使用平台时注意保护个人隐私,避免个人关键信息泄露。

3. 完善"村两委"成员信息

平台应当及时补充和更新村干部信息,包括姓名、职务、照片、联系方式等,方便村民与村干部之间沟通交流。

4. 提供文档扫描和上传功能

为更好地提供专业化的服务,"川善治"平台提供电子文档上传或纸质文档扫描功能是十分必要的。不仅能有效解决文件照片模糊不清不便查看的问题,还可以对部分文件进行电子存档,以便于随时查看。

5. 落实积分相关细则

平台应加快积分机制发展和完善,并简化查看方式。同时加速积分兑换系统落地实施,合理安排积分奖励,在控制成本的情况下,用奖品来鼓励村民使用"川善治"平台,参与到村级事务当中。

五、瓦子坝村对"川善治"平台的运营和使用

（一）瓦子坝村对"川善治"平台的运营使用情况

截至2023年7月30日,瓦子坝村党委支部和村委会共计7名成员都在"川善治"平台上完成注册认证。村干部在平台上发布了6条内容,包括2则书记说事,1则有关村规民约的投票,2则介绍平台使用的"大事记"以及1则宣布公告栏开始使用的通知。而村两委于发布的《2023年第1次村规民约意见稿第1次表决》直到截止时间——2023年7月25日也只有7名村民完成表决,剩余完成登记认证的311名村民还未表决,村规民约中提到的"红黑榜"及积分制度也没有补充进平台的"积分规则"中。两则书记说事的查看次数总共只有356次,两则"大事记"的查看次数平均为751次,宣布公示栏开始使用的通知也只有225次查看和32次确认。瓦子坝村"川善治"平台使用情况如图1所示。

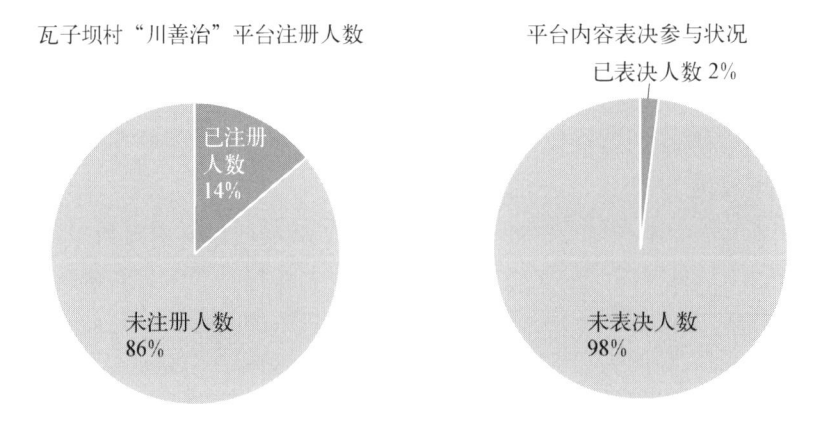

数据来源:村支书口述及"川善治"小程序。

图1　瓦子坝村"川善治"平台使用情况

除此之外，瓦子坝村在"川善治"平台发布的6条内容中有5条发布内容均为2023年6月2日，之后再无新内容发布。唯一的互动只有一条村民在7月7日对"大事记"的评论。

从目前的内容来看，瓦子坝村对"川善治"平台的使用并不积极，内容更新频率低，功能开发较少，普及度和村民参与度普遍不高，并且此前发布的内容也有格式不规范，信息缺失等问题。

（二）瓦子坝村在数字化治理中面临的问题及成因

在调查时，瓦子坝村的村干部曾表示瓦子坝村数字化治理平台的筹备"已经超过半年，一直在测试当中，但推行并不是很顺利"，这也在他们对"川善治"平台的运营使用中有所体现。而根据问卷调查情况，我们认为瓦子坝村在推进数字化治理进程中困难重重有以下原因：

1. 村干部数字技术水平不高，无法熟练掌握运用数字治理平台

在我们完成的12份入户调查问卷中，有3名受访者为村两委干部，而3人中仅1人能熟练使用网页浏览、Office办公软件等应用，并且3人均不使用中国大学或MOOC等教育教学类应用。并且村两委7位干部中，高中及以下学历的有5人，大专学历的仅2人，7人的平均年龄为45岁。偏低的学历和较大的年龄也限制了他们的学习能力，数字专业技能的欠缺不利于他们使用数字治理平台并将其融入乡村治理中。除此之外，在四川省对于基层干部的培训中，也并未就数字技术开展专门的培训，着重强调的还是引领层面的治理能力。基层村干部提升自身数字技术的途径也不多。

2. 村民年龄大，数字技术与文化水平低，使用数字治理平台难

瓦子坝村常住人口约2 300人，其中60岁以上老人占比50%，且全村仅有30人有高中学历，15人有大专学历，大部分村民对于手机的使用仅限于社交和短视频软件。以12名受访者为例，除3名村干部以外，其余9名受访者的平均年龄为62.44岁，他们只能基本使用网页浏览功能，不会使用Office等办公软件，在面对"川善治"这样较为复杂、功能繁多的小程序时更是无从下手。根据中国互联网络信息中心发布的第51次《中国互联网络发展状况统计报告》，截至2022年12月，中国城镇地区互联网普及率为83.1%，而农村地区仅为51.9%。农村与农民在数字资源和禀赋上的缺失本身就严重制约了数字化治理的推广。

3. 线上线下配合推广缺失，原有制度建立尚不完善

根据我们的入户调查，有91.67%的受访者不知道或者不认为现在村中有村务信息系统/平台，66.67%的受访者认为没有实行红黑榜或者积分制，村委干部们在筹备搭建数字化治理平台的过程中缺乏必要的宣传。即使"村两委"已经在平台中发布内容，但大部分村民仍未进入"川善治"平台注册认证，认证过的村民也没有关注到其中的内容并完成投票。从目前的注册情况来看，仅有13.82%的常住村民完成注册认证，注册的村民中仅2.2%已经进行表决。另外，"村两委"尝试推行的红黑榜和积分制此前从未在瓦子坝村实行过，村民对这种新的规章制度非常陌生，这并不利于数字化治理平台的推广。

4. 村民参与治理的积极性低，数字化治理中主体意识不强

《乡村振兴战略规划（2018—2022年）》中明确提出，乡村振兴的基本原则之一就是坚持农民主体地位，尊重农民主体意愿。农民作为乡村治理的内生性主体，理应在乡村数字化治理中发挥主要作用。但根据我们的调查，瓦子坝村村民对于参与治理缺乏热情。他们较少，且大多不愿参与村庄公共设施的维护，也鲜少参与本村志愿服务活动，大部分相关任务都由村集体负担。从受访者的回答来看，村民较少主动了解相关事务，缺乏主动参与治理的积极性，认为相关活动是村集体的责任，不清楚自己在乡村治理中的主体地位。而作为瓦子坝村推进数字化治理的平台——"川善治"最重要的功能之一就是"村民说事"。平台建立了相应的机制鼓励村民对村中事务提出意见，推动治理效率的提高，而村民积极性的缺失会使平台的效用无法达到预期。

（三）瓦子坝村提升"川善治"平台利用效能的可行措施

根据我们调查得知的瓦子坝村的具体情况和查阅的文献资料，我们认为以下措施可以帮助瓦子坝村更好地利用"川善治"平台，推动数字化治理。

1. 吸收其他村庄经验，提升本村平台构建

"川善治"平台的一大特色就是村庄评比制度，所有入驻村庄的信息在平台上都是透明的公开的，这给予村干部们吸收不同村优秀治理经验的机会。瓦子坝村目前的入驻时间并不长，村干部的相关技能和经验也较为缺乏，可以利用"川善治"的这一特色，选取评级高的五星村庄，学习相关村庄的积分规则制定、通知发布形式等，提升本村发布的内容质量，完善瓦子坝村在平台上的内容构建，组建完善的规则制度，为之后的治理打牢基础。

2. 加强相关培训，提升村民数字素养

瓦子坝村在推动数字治理中面临的一大难题就是村民数字技术水平低。但"川善治"平台本身为微信小程序，使用便捷，操作简单，实际上并不难掌握。村干部可以定期分批开展培训，对如何使用小程序进行教学，并且可以组织会使用的村民入户开展注册指引，提升本村村民的注册率。本村还可以将提升自身数字素养加入积分评比制度当中，鼓励村民学会使用相关平台并且相互帮助，对参与教学和帮扶的村民给予奖励或表彰，借此强化村民的主人翁意识，鼓励其主动学习使用各种数字化技术和数字化平台，激发村民内生动力，从而形成以村民参与为核心的乡村数字治理体系，强化乡村"自治"。

3. 线上线下协同推进，调动村民参与热情

村干部不能只"埋头苦干"，还应该多多宣传，让村民了解线上平台的使用方法和利好，并且在发布重要通知时多进行线下宣传，不能把宣传工作只放在线上，而要通过座谈会、线下走访通知等方式让村民知晓相关信息。在宣传过程中，可以挑选典型案例，鼓励村民参与相关问题的讨论和解决，激发村民主人翁意识。在问卷调查中，58.3%的受访者都提到希望能"多宣传，让群众了解政府政策"，33.3%的受访者也提到希望"多搞评比，大家比着干"，这从一个侧面反映出村民本身具有一定的参与热情，需要"村两委"做出适当的引导和鼓励,激发其内在的积极性,回应村民的真实诉求。

六、结　论

通过对具体村庄的走访和问卷调查,我们了解了瓦子坝村的基本状况,探析了基层乡村数字化治理推进中的问题,提出了完善瓦子坝村数字化治理的具体建议,以期为具体落实乡村数字治理提供借鉴。通过问卷调查和分析,我们得出以下结论:

(1) 基层乡村需要建立本村的数字化信息管理系统。以瓦子坝村为代表的乡村对本村人口、资源和经济发展等状况缺乏系统化的管理,滞后的数据资源对提升乡村治理的效能无明显帮助。建立整合相关数据的平台是治理者了解本村状况的重要工具,是数字化治理推进的基础。

(2) 上级政府提供的数字化治理平台仍需优化完善。以四川"川善治"和广东"粤治美"为代表的微信小程序为基层数字化治理提供了平台,减轻了基层压力。但平台的内容和功能设置仍有待完善,简化模块、突出重点、以村民使用体验为中心应当成为其未来的优化方向。

(3) 基层乡村应当充分发挥数字化治理平台的效能。瓦子坝村在平台搭建后,宣传工作有所缺失,村民参与程度较低,限制了数字化治理在本村的推进。基层干部应当根据本村情况,调动村民积极性,完善相关制度规则,为村民搭好"舞台",发挥农民在数字化治理中的主体作用,让平台发挥应有的效能。

参考文献

[1] 陈在,赵秀凤.以系统思维推进乡村数字治理:重要意义、运行逻辑与实践路径[J/OL].改革与战略,2023-08-01.

[2] 丁丽,鲍艺星.应急时期的乡村媒介行动与数字乡村建设——以抗击"新型冠状病毒肺炎"时期为例[J].西部学刊,2020(23):138-140.

[3] 高峰,王剑.数字乡村建设的国际经验及启示[J].江苏农业科学,2021,49(23):1-8.

[4] 宫晓东,丁海悦.论乡镇档案信息化建设的四个维度[J].档案与建设,2022(4):40-43.

[5] 国家图书馆研究院.中国互联网络信息中心发布第51次《中国互联网络发展状况统计报告》[J].国家图书馆学刊,2023,32(02):39.

[6] 李健.数字技术赋能乡村振兴的内在机理与政策创新[J].经济体制改革,2022(3):77-83.

[7] 李妮,陈敬敬.农民主体性视域下乡村数字治理如何从"云端"走向"基层"[J].四川行政学院学报,2023-6-13.

[8] 马春林."访惠聚"村民信息采集与综合管理服务系统的设计与实现[J].测绘与空间地理信息,2020,43(5):93-95.

[9] 庄文玲.高职计算机专业人才培养在乡村振兴中的作用研究[J].农业工程与装备,2022,49(1):57-59.

[10] 邓佳媛.数字化时代乡村治理现代化问题研究[A].智启雄安——第九届公共政策智库论坛暨乡村振兴与"一带一路"国际研讨会论文集[C],2021:299-303.

[11] 阚莹莹. 经济观察丨助力村级治理数字化,"川善治"小程序来了[N/OL]. 四川在线,2023-5-9. https：//sichuan.scol.com.cn/ggxw/202305/58888272.html.

[12] 唐福升,康勇. "川善治"助力乡村"智"理[N]. 农民日报,2023-6-2(5).

[13] 赵荣昌,任鸿. 四川启动新时代基层干部主题培训行动计划[N]. 四川日报,2021-8-2(2).

[14] 段波. 党的十八大以来中国乡村数字治理政策文本研究[D]. 辽宁师范大学,2023.

智能手机使用对农户收入影响实证分析
——基于四川内江十村的调研数据

吴沁钰[①]　杨珂凡[②]

摘　要：随着信息技术的快速发展，智能手机的使用在农村农户中更加普及。本文根据上海财经大学2023年"千村调查"内江市东兴区定点调研问卷数据，结合相关理论分析，构建计量模型，研究智能手机使用对农户收入的影响。研究发现：个人家庭特征差异影响智能手机在农业生产上的应用；智能手机使用能对农户生计产生显著积极影响，增加农户收入。本文结论表明，为提高农民的生产效率和收入水平，应当大力推动数字农村发展，加大农村教育与培训，促进智能手机在农村农业中的广泛应用。

关键词：智能手机　农户收入　ETR模型

一、引　言

（一）研究背景

解决"三农"问题的核心在于推动农村经济的发展。农户作为农村经济的基本单位，其收入水平直接关系到乡村振兴的推进和共同富裕的实现。因此，研究如何提高农户的收入、缩小城乡收入差距具有重要的理论价值和现实意义。

随着信息技术的快速发展和普及，农户智能手机的使用率正在逐渐增加。国内智能手机市场提供了多样化多层次的产品，智能手机平价化为其走进千家万户提供可能性。农村网络通信基础设施建设加快推进，网络全覆盖的实现为智能手机的普及提供坚实基础。同时，短视频应用降低了智能手机使用门槛，极大扩展了人们使用智能手机的频率和时长。《中国乡村振兴综合调查研究报告2021》指出，全国近两成村庄实现"户户通"宽带，九成以上农户家庭拥有至少1部智能手机。研究智能手机的接入与使用对农户收入影响，对于促进农村经济的发展和农民收入的增加具有重要意义。

[①]　吴沁钰，上海财经大学法学院2022级法律硕士（非法学）硕士生。
[②]　杨珂凡，上海财经大学财经研究所2022级农业经济学博士生。

（二）研究目的

本次研究基于四川内江地区的十村调研数据，通过实证分析，探究智能手机使用对农户收入的影响。研究目的在于：第一，调研智能手机在农村地区的普及程度，并分析其与农户收入之间的关系；第二，调查农户使用智能手机的主要方式和目的，以了解智能手机在农村生活中的实际应用情况；第三，分析农户个人家庭特征对智能手机使用和收入影响的差异，例如年龄、教育水平、性别、家庭人口规模等因素；第四，探讨智能手机的普及如何改变农村居民的生活方式和经济活动，以及其对农村经济的潜在贡献。

农户智能手机的使用可以分为农业用途和非农业用途。在农业用途上，农户可以通过智能手机及时获取市场行情、天气预报、农业技术等各种信息，打破信息障碍，从而增加收入；也能够及时调整生产经营策略，减少风险和损失；可以通过社交媒体、电子商务等平台与外界进行交流和合作，拓宽销售渠道；移动支付和金融信贷功能便利了资金流转获取。农户的智能手机使用率不断提高为农村经济发展带来新的增长点。但同时，由于信息不对称和技术落后等问题，农户在获取信息和利用现代科技手段进行生产经营方面存在一定的困难。在非农业用途上，农户日常使用主要有娱乐和消费两方面需求，常见使用智能应用包括以抖音、快手为代表的短视频应用和以拼多多、淘宝为代表的电商平台。

本文主要关注智能手机使用在农户增收方面的影响作用，因此仅讨论智能手机在农业用途上的使用，不考虑娱乐消费的非农业用途。

（三）研究方法

本次研究综合运用了文献综述法、实地调研法、问卷调查法、统计分析法等多种调研方法，以深入分析智能手机使用对农户收入的影响。

1. 文献综述法

小组系统收集梳理了有关信息通信技术、智能手机对农村农业发展影响的期刊、论著、政府工作报告等文献资料，并对其进行研究分析，积累研究相关理论知识，为本研究提供理论基础和背景。

2. 实地调研法

小组通过四川内江东兴区十个村庄的实地调研，直接观察和了解该农村地区实际情况，并通过访谈对象了解其个人家庭特征情况，同时获取有关智能手机使用和农户经济活动的实际信息。

3. 问卷调查法

小组依托上海财经大学2023年"千村调查"大型调查项目问卷开展调研，问卷包含家庭基本信息、乡村振兴及数字乡村三大模块，其中包括住户的智能手机使用情况以及数字化带来的影响等具体问题，能够获取大规模精确数据样本用于后续统计分析和量化研究。

4. 统计分析法

本研究对于智能手机的农业应用、农户个人家庭特征等进行描述性统计分析，考虑到选择偏差和内生性问题，采用ETR模型分析智能手机使用与农户收入之间的关联和影响程度，并探讨相关因素的作用与建议。

本次调研综合运用多种研究方法,有助于深入探讨智能手机农业应用对农户收入的影响,提供全面的研究视角。并通过具体实证分析结果,关注智能手机使用在农户增收方面的影响作用,以支持对农村发展政策的制定和农民生计的改善。

二、文献综述

（一）文献分布

通过中国知网平台检索,以"智能手机""农村"为关键词的文献共1 356篇,年份分布主要在2016年之后,并呈上升趋势,反映智能手机在农村地区的应用越来越受到学界关注,体现了中国农村地区数字化转型的重要性和潜力。

现有研究关注了智能手机如何影响农村居民、老年人以及留守儿童等农村不同群体,探讨了新媒体、短视频、数字普惠金融、手机银行、移动支付等智能手机功能的应用和影响。同时反映了研究者对于智能手机、移动互联网等工具如何帮助缩小城乡数字鸿沟,推动社会工作开展,促进农村振兴的强烈关注。

（二）智能手机

1. 智能手机定义

智能手机(Smart Phone),通常为具备高度计算和通信能力的便捷移动电话设备的总称。不同于仅提供短信通话服务的传统手机,智能手机有更多的功能特性:(1)能够连接互联网,支持Wi-Fi或移动数据网络,用户能够浏览网页、发送电子邮件、使用社交媒体等;(2)具备智能操作系统和开放的应用程序生态系统,如Android、iOS,用户可以下载并安装各种应用程序以满足其不同需求;(3)支持移动支付和金融交易功能,用户可以进行在线购物、进行金融交易和贷款申请等。

《中国互联网络发展状况统计报告(2023)》显示,截至2023年6月,我国网民规模达10.79亿人,使用手机上网的网民比例达99.8%。智能手机已经在我国范围广泛普及使用,成为人们日常生活不可或缺的一部分。

2. 智能手机在农村地区的普及和影响

智能手机在农村地区普及程度提升。《中国数字乡村发展报告(2022年)》显示,截至2022年6月,农村网民规模达2.93亿,农村互联网普及率达到58.8%。马亮(2018)认为,智能手机是农村居民最主要的上网设备,调查中超九成的农户每天都使用智能手机。

智能手机的使用往往被认为是判断是否掌握互联网技能(李怡等,2021)、是否存在数字鸿沟的重要指标(星焱,2021)。郭小良(2022)认为,不会使用智能手机意味着成为数字媒介接触弱势群体,也意味着不会为自己以及所在地区创造新的价值。

在农村老年人群体,研究表明,该群体使用智能手机来源主要为子代赠与或淘汰(赵庆婷等,2021);智能手机使用有助于老年人社会适应与社会融入(宋佳琳,2021)。在农村留守儿童群体方面,主要关注智能手机引发家庭秩序的失衡与重构以及农村留守儿童手机依赖问题(王清华等,2022;詹华旺等,2021)。在数字金融方面,智能手机提升了农村金融的效率,使用智能手机的人群其农村消费性正规信贷需求增加(傅秋子等,2018)。

(三)农户收入构成和影响因素

农户收入主要由工资性收入、经营性收入、转移性收入、财产性收入四个部分组成。按照国家现行的统计口径和内容,农户的工资性收入是指农村住户成员受雇于单位和个人而得到的劳动报酬收入,主要包括以下三个部分:一是在本地企业中从业收入,二是本地常住农村人口在外地的从业收入,三是农民工在非企业中的从业收入。

1. 工资性收入

工资性收入近年来是农村居民的主要收入来源,也被认为是我国农民收入增长的重要来源和动力(汪远忠等,2009)。人力资本在工资性收入中起到重要作用,农户素质、技能、受教育程度均会影响工资性收入(Zhang et al.,2005;杨园争,2019)。

2. 经营性收入

以农为主业的农户家庭收入来源比较单一,经营性收入相比工资性收入在总收入中占比更高。从经营性收入来源审视,经营性收入主要来自种植业和养殖业。为规避疫病风险和环境污染,养殖业的经营以适度规模的家庭农场、合作社和农业企业居多,散户获得的养殖收入对家庭经营性收入的贡献极为有限。反之,种植业领域中低收入农户数量更多,分布更为分散,经营性收入在其收入中占比更大。

3. 转移性收入

疫情防控期间,农村居民人均可支配收入面临较大降幅,而转移性收入却有着较大增幅。地方政府注重对低收入人员家庭的救助,其中最主要的手段就是通过增加转移收入的方式保障其生活。转移性收入主要包含政府转移性收入和私人转移性收入,其中政府转移性收入包括低保金、农业补贴、养老金收入以及其他各种补贴项目,私人转移性收入包括赡养收入、赠送收入等。

4. 财产性收入

财产性收入主要指农村住户的私有资金以储蓄、信贷、入股等方式取得的利息、股金、红利收入,以及农村住户的私有财产(如住宅)以出租方式取得的租金收入,另外还包括从集体得到的集体公共财产的财产性收入和土地征用补偿等。

(四)智能手机使用对农户收入影响

1. 国内研究

智能手机是农村居民接触互联网的主要途径,普遍观点认为智能手机使用从多层次上对于农户各类收入具有显著的促进作用。

智能手机使用对农村居民工资性收入的影响主要通过增加就业和提升人力资本两个方式。在就业方面,智能手机能够使农户便捷地接触到各类就业招聘平台,促进农户就业与市场需求的匹配,增加农民收入(张宏伟,2020)。在提升人力资本方面,智能手机的普遍使用极大地拓宽了农村居民信息获取的渠道,这使其更容易了解就业市场动态、职业培训机会、技能提升知识等信息,从而提高农民的工资性收入。

陈韵(2023)认为,智能手机的普及能够培养农户数字金融使用习惯,有助于农户实现工资性收入、经营性收入和转移性收入的增加。解天骄(2020)认为,智能手机等新通信模式能够帮助农村居民更好地开拓域外社会网络,带来信息、人脉优势,帮助农村居民转化优惠政策和资金资助所带来的创富效应。

但目前学者在智能手机使用对收入差距影响等观点存在较大分歧。张永丽等(2022)学者认为,智能手机的使用在一定程度上缩小了农户之间的收入差距,其对贫困户的收入促进作用更大。吴彬彬等(2021)学者指出互联网使用对于增加个人收入的影响程度具有城乡差异,与城市居民相比,互联网的使用对农村居民的工资性收入增加效果更明显。同时也有观点认为,智能手机等互联网的使用扩大了居民间的收入差距(刘晓倩,2018),加大了数字鸿沟。

同时,智能手机对农户收入的促进作用存在门槛,由于信息不对称和技术落后等问题,农户在获取信息和利用现代科技手段进行生产经营方面存在一定的困难,互联网使用对部分贫困群体的增收作用难以充分发挥(张永丽等,2022)。

在实证研究方面,通过来自中国农村1 110户家庭的横断面调查数据,学者发现智能手机的使用通过增加女性的非农就业显著增加了女性的决策权(Zheng et al.,2022);通过浙江省"浙样施"这一能为农民提供土壤配方肥料建议的微信应用程序使用数据研究,表明基于智能手机的农业服务能够增加田地的农业收入和农场总收入(Zhuo et al.,2023)。

2. 国际研究

在国际上也有众多研究探讨了智能手机对农村地区,尤其对于发展中国家农村地区的影响。Amber(2023)通过巴基斯坦社会和生活水平测量调查(2019—2020),得出结论为拥有智能手机提高了巴基斯坦妇女对劳动力市场的参与,使得女性更容易获得信息、联系他人、寻找就业机会和参与经济活动。

智能手机的使用对于就业的促进作用还体现在通过互联网的普及能够创造更多的就业机会,降低劳动力市场的搜寻成本,提高劳动力就业率(Atasoy,2013)。同时使用智能手机上网,能够更好获取工作信息,减少在家待业的时间,提高收入(Fountain,2005)。

生产上,智能手机能够帮助农户获得更多生产信息,从而增加收入。智能手机通过互联网的接入,为农户提供了更加广泛及时的生产信息来源,如价格、需求等农产品市场信息,气象预报、种养技术、病虫害防治等农业生产信息。农户可以通过手机应用、农业网站、社交媒体等渠道获取信息,提高决策效能,减少盲目行为带来的生产浪费和亏损,提高农业生产的利润。农户会改变种植策略,转而种植获利更多的农作物(Fafchamps and Minten,2012)。同时,智能手机使用还能够减少获取信息的相关成本,提升农户信息获取效力和精准度(Aker,2010)。

综上,各类文献中分别讨论了智能手机和信息化对于农户的作用和影响。未来,智慧农业将成为推动农业升级、农村发展、农民增收,助力乡村振兴的新引擎,智能手机则是受众最广、使用最为便捷的智能工具。因此,本文研究智能手机使用对农户收入影响具有较强的研究意义和价值。调研得知,越来越多的农户开始使用智能手机,并逐渐掌握和熟练各类功能,在此时讨论智能手机的使用与农户进一步增收的关系,也具有很强的现实意义。

三、实证分析

(一)数据来源

实证数据来源于上海财经大学2023年"千村调查"内江市东兴区定点调研,收集到的210份问卷分别来自辖区内具有代表性的10个村庄。内江市是成渝地区双城经济圈建设中的重要节点城市,东兴区则是该地区重要的现代农业发展区域,布局有多处特色农业基地、智慧农业片区、现代农业园区,信息化发展程度较高,以其作为研究样本具有较强的典型性。

2023年"千村调查"主体为"数字技术赋能乡村振兴",该大型调查项目包含家庭基本信息、乡村振兴及数字乡村三个模块,其中还有单独小节询问住户的智能手机使用情况以及数字化带来的影响。同时,调研团队采用村调查问卷的方式,收集村庄的地理、经济、数字基础设施等信息。所有访问员在调查前都经过筛选和强化培训,每次访谈都在村庄中进行,持续约2小时,访谈结束后,每一份完成的问卷都由另一位调查员检查一致性和合理性,然后由带队老师检查。如果收集到的信息不可信或相互矛盾,负责的访谈者必须通过电话或再次上门收集信息。

(二)变量与描述性统计

在本文中,"智能手机的农业应用"被定义为一个0~1虚拟变量。不同于以往研究主要集中在"是否使用智能手机或手机"的宽泛概念,我们将智能手机在娱乐休闲方面的使用剔除,主要关注智能手机使用在农户增收方面发挥的真正作用,而不是一般定义的智能手机使用情况。根据问卷题目设置,对智能手机的农业用途进行识别。包括:(1)F004网络销售农产品;(2)F004生产经营的网络信息化;(3)K004获取生产性贷款;(4)K015-K017获取农业保险。如果受访者将智能手机用于以上任意目的,则赋值为1,否则为0。

农户收入指的是指一年以内家庭从农业生产、商业投资、工资、财产、汇款等产生的收入总额,以"元/人"统计。同时为了有助于改善数据的分布特性,减小极端值的影响,在实证部分中取对数处理。

在控制变量方面,我们选取了受访者的人口统计学特征变量(年龄、性别、教育水平、婚姻状况、政治面貌、健康状况、家庭规模和户主工作类型)。

表1给出了调研地智能电话的接入与农业应用情况。可以发现,样本中拥有智能手机的农户占比达到91.5%,但用于农业目的的农户仅占比31%,这表明,尽管中国农村的智能手机普及率很高,但主要使用目的仍然是娱乐休闲,与农业生产的脱钩较为严重,数字技术应用仍有巨大潜力。在将手机用于农业用途的农户中,有23%的用于网络销售农产品,3%用于获取农产品信息,8%用于经营类贷款,3.5%用于农业保险服务。

表 1　　　　　　　　　　　智能手机电话使用比例

智能手机使用概况	使用人数	占受访者比例(%)
无智能手机	17	8.5
拥有智能手机(未用于农业目的)	121	60.5
拥有智能手机并用于农业目的	62	31
智能手机在农业方面的应用	使用人数	占受访者比例(%)
网络销售农产品(F004)	46	23
获取农产品信息(F005)	6	3
获得经营类贷款(K004)	16	8
购买农业保险服务(K015)	7	3.5

注：四类用途分别对应问卷中的 F004、F005、K004、K015 统计项。

表 2 显示，农村受访者的平均年龄约为 58 岁。他们中的大多数人受教育程度低，平均学历为初中，中共党员比例为 18%。其中，56% 的受访者是男性，已婚受访者占绝大多数，家庭平均规模接近 4 人，家庭人均收入在 3.68 万元。

表 2　　　　　　　　　　　变量定义与描述性统计

变量	定义	样本量	Mean	Std. Dev.	Min	Max
ln_income_yearly	年收入/元	200	10.02	1.11	5.99	12.67
Age	年龄	200	58.19	13.57	14.00	87.00
Edu	教育水平	200	2.50	1.14	1.00	6.00
$Gender$	性别	200	0.56	0.50	0.00	1.00
$Health$	健康情况	200	2.41	1.09	1.00	5.00
$Family\_size$	家庭规模	200	3.93	2.08	1.00	11.00
$Poli$	政治背景	200	0.18	0.39	0.00	1.00
$Marriage$	婚姻情况	200	2.13	0.56	1.00	4.00
Job_type	工作类型	200	1.74	1.39	1.00	5.00

表 3 显示智能手机应用组和非应用组之间变量均值的差异及 T 检验结果。可以发

现,除健康情况、婚姻状况和工作类型,大部分所选变量均具有显著平均差异。其中,将智能手机用于农业用途的农户通常更年轻,教育年限更高,更可能拥有党员身份,并且可能获得较高的收入。此外,男性智能手机用户更有可能将其用于农业生产用途,并且家庭规模也通常更小。各变量平均差异的显著性也证明智能手机的农业应用组和非应用组存在系统性差距,农民选择自己作为数字技术应用者或非应用者。因此,在实证分析中不能忽视与智能手机应用变量相关的选择偏差和内生性问题。

表3　　　　　　　　　数字技术应用组与非应用组变量的平均差异

变　量	智能手机的农业用途		T 检验结果			
	非应用组	应用组	均值差异	标准差	T 值	P 值
年收入	30 990.90	49 621.71	−18 630.81	6 554.59	−2.85	0.01
年龄	60.36	53.34	7.02	2.02	3.50	0.00
教育年限	2.32	2.89	−0.57	0.17	−3.35	0.00
性别	0.47	0.62	0.15	0.08	3.75	0.06
健康情况	2.46	2.31	0.15	0.17	0.90	0.37
家庭规模	4.12	3.52	0.60	0.32	1.90	0.06
政治背景	0.12	0.32	0.21	0.06	3.60	0.00
婚姻情况	2.17	2.06	0.10	0.09	1.20	0.23
工作类型	1.70	1.84	−0.14	0.21	−0.65	0.50
样本量	62	138				

(三)估计策略

家庭决定是否将智能手机应用到农业生产,取决于观察到的个人和家庭特征(如年龄、性别、教育水平等)和未观察到的个人特征(如与智能使用相关的个人能力和动机)。因此,智能手机应用是一个内生变量,要对智能手机应用对农户收入的影响产生无偏和一致的估计,解决其内生性是至关重要的。因此,我们在本研究中采用了 ETR 模型,因为它允许我们解决由观察到的和未观察到的异质性引起的选择偏差。

ETR 模型包括两个阶段,同时评估两个方程。方程(1)衡量受访者将智能手机用于农业用途的偏好,方程(2)确定智能手机应用对收入的影响。

在第一阶段,我们在一个随机效用框架内模拟受访者智能手机应用的决定——如果将手机用于农业用途的效用超过不使用的效用,受访者就会实现数字技术应用。更具体地说,让 IU_i^* 表示家庭 i 在农业中使用智能手机(I_{iU})和不使用(I_{iN})之间的效用差异。只

有当 $IU_i^* = I_{iU} - I_{iN} > 0$ 时,家庭才将智能手机用于农业目的。然而,这两个效用值并不能在现实生活中被观察到。

因此,我们在隐变量模型中将它们表示为可观测的函数:

$$IU_i^* = \gamma_i X_i + \delta_i IV_i + \varepsilon_i, \quad IU_i = \begin{cases} 1, & \text{if } IU_i^* > 0 \\ 0, & \text{otherwise} \end{cases} \quad (1)$$

其中 IU_i^* 是一个潜在变量,它指定了受访者 i 应用和不应用智能手机之间的效用差异;IU_i 是一个 0-1 的离散变量,$IU_i = 1$ 表示农户实现了智能手机应用,否则赋值为 0;γ_i 和 δ_i 是待估计的参数;ε_i 是误差项;IV 为工具变量。

在第二阶段,我们检验了智能手机对结果变量的影响,即农户收入的自然对数。结果方程如下:

$$Y_i = \alpha_i IU_i + \beta_i X_i + \mu_i \quad (2)$$

其中 Y_i 表示农户年收入的对数,α_i 和 β_i 为待估计参数;μ_i 为误差项。式(1)和式(2)可以用极大似然估计量联合估计。两个误差项之间相关系数的显著性即能证明智能手机应用存在的内生性问题。

本研究使用 L023 是否认为上网是现实生活中的一部分作为 IV。因为该问题的结果能够表明受访者对数字化的信念强度,可能影响他们使用智能手机的过程,但不会直接影响年收入。

(四)实证结果

实证结果见表 4。

表 4 ETR 模型结果

	(1) ETR 模型	
	一阶段	二阶段
$Smart\_use$		0.13*** (0.02)
Age	−0.02* (0.01)	0.00 (0.01)
Edu	0.10*** (0.02)	0.32*** (0.09)
$Gender$	0.31** (0.19)	0.10 (0.16)
$Health$	0.09 (0.10)	−0.00 (0.07)

续　表

| | (1) ETR 模型 ||
	一阶段	二阶段
$Family\_size$	−0.09* (0.05)	0.34 (0.23)
$Poli$	0.59* (0.50)	−0.19 (0.15)
$Marriage$	−0.12 (0.20)	0.16*** (0.06)
Job_type	−0.00 (0.08)	−0.17 (0.16)
IV	0.362*** (0.028)	
$\_Cons$	1.26*** (0.33)	8.86*** (0.71)

注：括号内为标准差；* 表示 $p<0.1$，** 表示 $p<0.05$，*** 表示 $p<0.01$。

表 4 的第二列显示了家庭特征与智能手机应用之间的关联，这些结果对应 ETR 模型的一阶段。从结果来看，年龄项系数为负且显著，表明年轻人更倾向于把智能手机用于农业生产的目的。通常来讲，年轻一代更精通技术，在使用手机的过程中更有学习新技能、开展新业务、寻求实用知识的偏好。

相反的，教育水平与智能手机的农业应用呈正相关。这表明高学历人群将手机用于农业生产的可能性更强，这与预期相符。因为教育能够使得农户获取利用智能手机所需的技能，同时增强他们的数字化生产意识，从而通过手机获取更多服务，所以更有可能利用其潜力。此外，户主性别对智能手机应用具有显著的正向影响。这意味着，与女性相比，男性户主更有可能将智能手机用于农业目的。原因可能是调研地区的大多数农户仍然由男性户主控制着大部分家庭资源。同时，家庭规模项的系数表明，人口规模越小的家庭，将手机用于农村生产的可能性越大。

表 4 的最后一列汇报了包含智能手机应用等变量对农户年对数收入的影响，研究结果表明，智能手机应用与农户年收入呈显著正相关。这意味着智能手机在农业生产方面的使用显著提高了农民的生产回报率。更具体地说，将智能手机用于农业生产使农户年对数收入增加了 13%。这与我们的预估是一致的，因为通过智能手机接入实现的数字技术赋能，可以为农民提供有关生产、技术、投入和产出价格的知识和信息，使他们能够提高生产效率。

四、研究结论和政策建议

基于上述研究,我们发现:第一,家庭特征对智能手机应用的影响具有一定的差异。年轻人、高学历人群、男性户主、人口规模较小的家庭更有可能将智能手机用于农业生产。第二,智能手机在农业生产中的应用能对农户生计产生显著的积极影响。它可以帮助农民提高生产效率、降低生产成本、拓宽市场渠道,从而增加收入。

基于以上结论,我们提出以下政策建议,以促进智能手机应用在农村农业中的更广泛应用,并提高农民的生产效率和收入水平:一是推动数字农村发展。政府应加强对农村地区的数字基础设施建设,包括网络覆盖和智能手机普及。特别是在偏远和贫困地区,应加大资金投入,以确保农民都能享受到数字技术带来的便利。二是加大农村教育与培训。为提高农民对智能手机应用的技能和认识,政府和农村发展机构可以组织培训课程,教授农民如何有效地使用智能手机进行农业生产。这将有助于提高他们的数字素养,更好地利用手机获取农业信息。三是扩展农村金融服务。发展数字金融服务,让农民可以通过智能手机进行金融交易和贷款申请。这将有助于解决农村金融服务不足的问题,提高农民的金融包容性。

参考文献

[1] Aker, J. C. (2010). Digitization from Markets Near and Far. Mobile Phones and Agricultural Markets in Niger. American Economic Journal: Applied Economics, 2(3), 46 - 59.

[2] Amber, Chichaibel (2023). Narrowing the Gender Digital Divide in Pakistan: Mobile Phone Ownership and Female Labor Force Participation. Review of Development Economics, 27(3), 1354 - 1382.

[3] Atasoy, H. (2013). The effect of broadband internet expansion on labor market outcomes. ILR Review, 2013(2), 315 - 345.

[4] Fafchamps, M., & Minten, B. (2012). Impact of SMS-based Agricultural Information on Indian Farmers. The World Bank Economic Review, 26(3).

[5] Fountain, C. (2005). Finding a Job in the Internet Age. Social Forces, 83(3), 1235 - 1262.

[6] ZHANG, J., ZHAO, Y., PARK, A., et al. (2005). Economic returns to schooling in urban China, 1988 to 2001. Journal of Comparative Economics, 33(4), 730 - 752.

[7] Zheng, Zhou, Rahut (2022). Smartphone Use, Off-farm Employment, and Women's Decision - making Power: Evidence from Rural China. Review of Development Economics, 27(3), 1327 - 1353.

[8] Zhuo, Li, Zhu, Ji (2023). Smartphone-based Agricultural Extension Services and Farm Incomes: Evidence from Zhejiang Province in China. Review of Development Economics, 27(3), 1383 - 1402.

[9] 陈韵. 数字普惠金融对农户收入的影响[D]. 四川大学, 2023: 53.

[10] 傅秋子, 黄益平. 数字金融对农村金融需求的异质性影响——来自中国家庭金融调查与北京大学数字普惠金融指数的证据[J]. 金融研究, 2018(11): 68 - 84.

[11] 郭小良.乡村振兴视域中的农村居民媒介接触:数字赋能与纾困释能[J].编辑之友,2022(07):54-62.

[12] 解天骄.农村贫困地区居民社会网络条件对脱贫影响的经济学研究[D].中国社会科学院研究生院,2020:110-111.

[13] 李怡,柯杰升.三级数字鸿沟:农村数字经济的收入增长和收入分配效应[J].农业技术经济,2021(08):119-132.

[14] 刘晓倩.中国农村居民互联网使用及其对收入的影响研究[D].中国农业大学,2018:90-92.

[15] 马亮.中国农村的"互联网+政务服务":现状、问题与前景[J].电子政务,2018(05):74-84.

[16] 宋佳琳.强关系-弱关系视角下农村老年人智能手机使用影响因素研究[J].文献与数据学报,2021(2):91-101.

[17] 汪远忠,孙少娟.农民收入构成与农民增收的实证分析——以河北W村调查为基础[J].生产力研究,2009(12):42-44.

[18] 王清华,郑欣.数字代偿:智能手机与留守儿童的情感社会化研究[J].新闻界,2022(03):37-47.

[19] 吴彬彬,沈扬扬,卢云鹤等.互联网使用与用途如何影响农村居民工资性收入差距[J].劳动经济研究,2021,4:99-116.

[20] 星焱.农村数字普惠金融的"红利"与"鸿沟"[J].经济学家,2021(02):102-111.

[21] 杨园争.农民工资性收入流动的解构与影响因素——来自我国8省的微观证据[J].调研世界,2019,No.310(07):15-22.

[22] 詹华旺,杜杰.社会工作介入农村留守儿童问题研究[J].产业与科技论坛,2021(13):83-84.

[23] 张宏伟.智能手机对农民收入增加的影响研究[D].华中师范大学,2020:13-15.

[24] 张永丽,李青原.互联网使用对贫困地区农户收入的影响——基于甘肃省贫困村农户的调查数据[J].管理评论,2022,1:130-141.

情系椒梓，辣味沙湾

——"互联网＋"助力沙湾破解特色辣椒产业销售困局

丁古丽[1] 王思茹[2] 陈 嘉[3]

摘 要：我国在不断推进乡村振兴战略的过程中，始终坚持因地制宜，科学把握农业农村差异性，注重地域特色，循序渐进、实事求是地将资源优势转化为经济优势。

本研究聚焦于新疆沙湾市安集海镇特色经济作物——辣椒，通过采访安集海镇政府相关干部、行镇村村委会干部、禧安骄企业领导以及向安集海椒农发放调研问卷收集一手数据。对于问卷数据，本文首先进行描述性统计，而后利用SPSS软件进行专业分析，基于专业的分析后，本文得出了以禧安骄为代表的沙湾特色辣椒品牌面临的销售后劲不足、产旅融合困难、人才资源短缺三个问题并提出解决方案。

本研究最终基于以上分析与检验，得到了一个对于乡村特色经济作物发展具有普适意义的机制。针对调研和分析结果，本文给出了创新产品文化、强化产旅融合、人才培养和引进、拓展销售渠道、政策支持与资金投入的发展建议，并对安集海辣椒产业的未来发展作出了展望。

关键词：乡村振兴 特色经济作物 安集海辣椒 卡方检验 经济效益

一、项目背景与意义

（一）沙湾市的地理条件

沙湾市位于国家规划的天山北坡经济区中心，位于北疆经济高速发展区域的中心位置，也是天山北坡经济区两小时经济圈的核心位置，地处乌鲁木齐到昌吉、石河子、克拉玛依、塔城、阿勒泰、博乐、伊犁等7地(州、市)的交通干线上，东接石河子市、西邻奎屯市、独山子区、北连克拉玛依市，西可直达霍尔果斯、阿拉山口、巴克图、吉木乃等四个国家级一类陆路口岸，并直通中亚各国。石河子乌兰乌苏机场距县城15千米，县境内交通发达，国防公路(S101)、北疆铁路和115省道、连霍高速公路、克榆公路自东向西横穿县境，219、

---

[1] 丁古丽，上海财经大学会计学院2022级会计学专业本科生。
[2] 王思茹，上海财经大学公共经济与管理学院2022级公共管理类本科生。
[3] 陈嘉，上海财经大学信息管理与工程学院2022级数据科学与大数据技术本科生。

223、224三条省道和3条县道自南向北纵贯全县,形成"五横六纵"的交通网络,商贸流通快捷方便。

（二）沙湾市的特色产品

沙湾县盛产棉花、小麦、酱用番茄、蔬菜、瓜果,素有瓜果之乡、辣椒之乡之美誉,辣椒、花生、马铃薯、红薯、大葱、枸杞等农产品均获得无公害农产品认证。

其中,安集海镇素有"中国辣椒之乡"的美誉。因为日照时间长,昼夜温差大,水土资源独特,安集海镇出产的辣椒品质上乘。据统计,2018年安集海镇辣椒种植面积约4万亩,已成为全疆辣椒种类最全、品质最优的种植基地和交易集散。且安集海镇自身镇上距离与村队距离非常近,镇上距离最近的国道仅仅3千米,并且因为新疆面积辽阔,安集海镇也拥有了百亩大晒场,基于如此得天独厚的条件,当地已初步建立形成辣椒加工产业链,然而其产业链并不完整、成熟,打造品牌并未占有市场较大份额,近些年来,电商发展迅速,能否在此机会上帮助农民进一步增加收入,实现乡村振兴,这既是挑战,也是机遇。从上可看出沙湾市安集海镇具有较强的优势背景。

（三）项目的意义

研究此项目的意义主要是通过社会观察和社会实践,在与当地的政府官员访谈了解和当地村民进行深入沟通后,对于安集海镇目前形成的产业链和电商情况有一个更加深刻又清晰的认知。在此之上,对于我们已有的数据进行分析后,指出安集海镇存在的问题,提出我们的建议。最终希望政府、企业、农民三者成为有机统一整体,共同发力,为乡村振兴添砖加瓦。

二、文献综述

（一）"互联网＋"

"互联网＋"是当今时代的热门话题,2015年7月4日,国务院印发《国务院关于积极推进"互联网＋"行动的指导意见》,在互联网迅速普及应用及政府大力推动下,不断汇聚成为经济发展新动能。我国正在迎来第四波创业创新的浪潮,新疆的红色产业也朝着红色产业＋互联网的形势发展(方芹,2019)。现有的发展着力点主要位于新疆农村电商,吴文娟分析得出农村电商在多民族的乡村发展理念,在某些村民观念中无法理解认同,且新疆地处偏远,对于电商发展的重中之重的物流有运费高、时间长等硬伤,除此之外,发展电商,需要相关人才,能否寻求到高素质、愿意助力当地发展的人才等都是突出问题。(吴文娟,2023)

（二）"红色"产业

在新疆这片土地,"红色"格外重要,新疆自古以来都是祖国神圣不可分割的一部分,但某些国外敌对势力不断地破坏,新疆人民更应该守好边疆重地,利用好"一带一路"的有利因素,大力发展二、三产业。近年来,辣椒、西红柿等在种植技术方面的提升,迅速成为"红色"文化的重要支柱(樊慧,2023)。方芹等(2019)在提出在"互联网＋"时代应该将其与"红色"产业互相融合发展。如何让辣椒等"红色"作物更加红红火火地发展,找到适合的销路尤为重要。

（三）人才

创新是第一动力，人才是第一资源。无论是相关农业如何找销路，如何提升产量、质量，到最后的销售，都需要相关领域的人才尽心尽力，发挥自己的实力。而如何推动人才选择留在新疆发展，助力新疆发展是挑战与难题。同时，提伟钢等（2023）提出在高校培养人才中出现一些问题，即"人才"是否能胜任市场的挑战与需求。这些都需要高校中如何培养人才有关。除此之外，王会艳等（2022）在"双循环"背景下从供需视角的人才政策扎根研究，主要着力于新疆目前已有的七个国家高新区和开发区已有的政策对于人才吸引的路径。但对于如何更吸引人才在更多需要被帮助之地，地理位置、资源等并不被卓越之地，有关方面应该如何做，相关研究较少。

综上而言，我们通过文献梳理出以安集海镇辣椒为代表的新疆农村地区如何拓展更多的发展路径中，能够利用的资源与短板（曾照美和林晓燕，2011）。而本文的研究思路则为，分析当地村民对于电商的发展态度，当地形成的产业链，政府提供的相应帮助等多角度分析得出安集海镇发展的模式，某些方面需要如何改进的建议。

三、调研设计与调研过程

（一）调研设计

调研流程如下：

1. 确定调研范围与目标

在项目启动阶段，明确调研的范围和目标，明确关注辣椒产业的销售环节问题。

2. 制定调研计划

设计调研计划，安排实地考察、数据收集和专家咨询的时间和内容。

3. 实地考察与访谈

第一阶段：前往安集海地区的辣椒种植基地，与农户交流，了解种植过程、销售策略和所面临的问题。第二阶段：访问辣椒加工厂、销售市场等企业代表，了解销售环节的运营情况和市场反应。

4. 市场数据收集与分析

收集销售数据：获取辣椒产业的销售数据，包括销售量、价格、销售渠道等信息。

数据整理与分析：对数据进行整理和分析，揭示销售环节中的趋势和问题。

5. 专家咨询与讨论

邀请专家：邀请农业产业和市场营销领域的专家学者，组织座谈会和讨论会。

讨论问题：就辣椒产业销售环节问题进行深入讨论，获取专业意见和建议。

6. 问题识别与解决方案

基于实地调研、市场数据分析和专家咨询，准确识别销售环节存在的问题，如销售后劲不足、产旅融合困难、人才资源短缺等。针对问题，提出创新产品文化、强化产旅融合、人才培养和引进等一系列解决方案。

(二)调研过程

1. 确定调研范围与目标

在项目启动会议上,团队成员明确了调研的范围和目标,即关注辣椒产业的销售环节问题,探索解决方案,促进产业协同发展和乡村经济振兴。

2. 实地考察与访谈

第一阶段:团队成员分别前往不同的辣椒种植基地,与农户深入交流。通过开放式访谈,了解种植技术、销售策略、收入情况等信息。第二阶段:在辣椒加工厂、销售市场等地,团队成员与企业代表进行面对面访谈。从加工和销售角度,了解产业的运营情况、市场反应和问题。

3. 数据收集与分析

团队成员协同收集了辣椒产业的市场数据,包括销售量、价格、销售渠道等信息。通过数据的整理和统计,团队进行了定量分析,揭示销售环节中的趋势和问题。

4. 专家咨询与讨论

团队联系了农业产业和市场营销领域的专家学者,邀请他们参加调研的座谈会和讨论会。在座谈会上,专家从专业角度出发,对辣椒产业销售环节问题进行深入讨论,提供了有益的意见和建议。

5. 问题识别与解决方案

在调研过程中,团队收集到大量的信息,通过分析和整合,准确识别了销售环节存在的问题。团队成员根据问题,集思广益,提出了创新产品文化、强化产旅融合、人才培养和引进等一系列解决方案。

(三)调研过程中的困难与克服

在调研过程中,团队遇到了一些困难,如时间紧迫、部分农户不愿配合等。为克服这些困难,团队采取了以下措施:

其一,合理安排时间,确保调研工作的有序进行;其二,加强沟通,提前与农户沟通,解释调研目的,争取他们的理解和支持。

四、调研结果

(一)政府调研结果

在与政府的调研中,主要为沙湾市政府与安集海镇镇政府,与沙湾市政府相关人员进行交流访谈,我们得知了沙湾市主要发展特色产业的企业的销售情况,在互联网发展势头较猛的情况下,是否也在及时调整销售渠道。沙湾市商务和工业化信息局局长表示,近几年来各大企业都在积极转型,不断发展线上销售。对于各大企业的稳定发展,他表示"在不断发展的社会之下,更应该知道消费者需要什么,人民需要什么,企业就应该积极进行改变"。

在安集海镇政府的调研中,我们主要和负责乡村振兴与对应相关企业的马镇长交流,他对于我们大学生返乡实践调查给予了高度肯定,对于我们想要了解安集海镇辣椒的产业链发展情况,他为我们详细介绍了安集海镇辣椒加工产业链的情况,发展优势与亟须解决的问题。对于我们之后的实践调研活动,他希望我们能接着深入农户,了解其所需,才能顺利完成此次调研。

(二)禧安骄企业调研结果

为了更好地了解禧安骄线上销售的情况,以及企业对帮助农户拓展销路、提升销量的贡献情况,我们采访了新疆沙湾市广海记农业科技发展有限公司禧安骄电商的杨总,获得了一些相关信息。访谈记录见附录。

杨总首先介绍了禧安骄的原料——安集海辣椒的相关信息,随后介绍了禧安骄的品牌发展历程、业务板块、上下游情况等。

杨总还分享了禧安骄电商营销的模式。其主要分为两类,一类是传统的淘宝、京东等平台电商,另一类是抖音、快手等媒体电商。根据不同电商平台的特点,禧安骄投入了不同的资源、采用了不同的营销模式。

此外,关于安集海辣椒"走出去",走向全国的可能性,杨总认为,现在市场不断细分,禧安骄更倾向于本土化发展及更贴合本地人口味的辣椒酱发展。在新疆市场,占有率排在前三。要想将禧安骄做大做强,受限于新疆人口,走向内地市场,是个选择。但也会由于原料成本、物流成本等在竞争中不占优势,因此要想"走出去",一是要解决物流问题;二是要做好品牌溢价,讲好品牌故事。

杨总表示,乡村振兴的基础是农业和牧业,本质是让生活在乡村中的人有一个好的收入,促进城乡协调发展。而安集海镇具备很好的产业基础及乡村市场,发展前景会越来越光明!杨总也对我们青年人寄予厚望:"当代青年要做小事做实事,用所学所长,真正解决农民困境及乡村难题。"

(三)农户调研结果

1. 农户走访结果

在与安集海镇下设的11个行政村,我们一共调研了具有代表性的6个行政村,一共收到528份调研问卷,在与农户进行问卷调查前,我们都与各个村委会进行交流,听其介绍村内大概种植等全面宏观情况。在与每一个农户进行交谈时,我们认真倾听其种植经验与种植过程中的难题,真正想要做到,知民心中所想,为民做实事。

2. 农户调研问卷描述性统计

调研中我们共发放针对安集海辣椒种植户的调研问卷600份,最后回收有效问卷528份。问卷主要调查了农户种植的基本信息、与电商销售相关的情况、与禧安骄企业相关的情况、农业机械化和数字化相关情况等。

(1)基本信息

在种植规模方面,小规模(小于30亩)种植户187户,中规模(30~50亩)种植户263户,大规模(大于50亩)种植户78户,中小规模种植户占比超85%。

在辣椒品种方面,早熟种植户167户,占比31.63%,中熟种植户246户,占比46.59%,晚熟种植户115户,占比21.78%。中熟种植户最多。

72.73%的农户有对辣椒进行初加工,其中66.1%进行了清洗,58.9%进行了晾晒,占比较高;39.02%进行了去籽去蒂,28.6%进行了切割切片,占比稍低。从用途来看,初加工主要是用于线下销售(35.61%)和线上销售(28.03%)。

(2) 与电商销售相关的情况

农户主要使用淘宝、天猫、京东、1688等电商平台进行线上销售,其中淘宝最多(59.66%),天猫次之(53.41%)。

在线上销售辣椒时,农户们会遇到物流配送问题(40.72%)、产品质量问题(43.75%)、价格竞争激烈(50.76%)、线上宣传推广困难(48.86%)、支付和结算问题(17.23%)等。

大部分农户对于提升线上销售销量的热情都很高,89.77%的农户表示愿意加入农产品电商合作社或平台来增加线上销售的机会,90.53%的农户表示愿意接受线上销售相关的培训和指导,他们希望通过电商平台搭建指导(47.92%)、推广宣传支持(52.65%)、物流配送解决方案(55.3%)、价格补贴政策(47.54%)等方式来获得线上销售的帮助。

(3) 与禧安骄企业相关的情况

76.33%的农户表示知道禧安骄企业。528户农户中,201户与禧安骄企业合作过(38.07%),327户则未与其合作过(61.93%)。

但是,调研发现,禧安骄企业在农户所在地区设立后,62.12%的农户表示自己的辣椒销售价格下跌了,24.43%的农户表示没有明显变化,仅有13.45%的农户表示自己的辣椒销售价格上涨了。

(4) 农业机械化和数字化相关情况

528名农户中,527名都表示使用过数字化种植技术,可见数字化种植技术推广得很好,88.64%的农户都表示数字化种植技术在自己的辣椒种植中是否取得了明显效果。农户使用数字化种植技术的目的不同,占比接近,包括提高产量(21.02%)、减少成本(26.07%)、提高质量(24.81%)、优化种植管理(27.27%)。

绝大多数(94.89%)的农户了解或使用过智能灌溉、无人机喷洒等现代农机设备,他们认为,这些现代农机设备相较于传统种植方式的优势有提高作业效率(46.02%)、减少劳动力成本(36.17%)、精准施肥灌溉(39.77%)、增加产量(46.59%)、降低用药量(32.58%)等。

87.5%的农户表示自己目前的辣椒收种是否更依赖大型机器而不依赖人工,他们认为使用大型机器进行辣椒收种相较于传统人工收种的优势有提高收割效率(46.97%)、降低人工成本(52.46%)、减少收割时间(59.09%)、保证收割质量(44.89%)等。

五、调研结果分析及建议

(一)问题识别与分析

通过实地考察、市场数据分析和专家咨询,我们准确识别了沙湾市安集海辣椒产业销售环节存在的问题,主要集中在以下几个方面:

1. 销售后劲不足问题

我们发现辣椒产业具有明显的销售季节性，销售季节集中在较短的时间段内，导致部分农户在销售淡季面临销售后劲不足的问题。这种周期性的销售模式使得部分农户的收入呈现波动性，难以维持家庭经济稳定。

2. 产旅融合困难问题

尽管辣椒产业和旅游资源在安集海地区都丰富，但在实际运营中，产旅融合存在困难。农户和企业代表普遍认为，尽管存在旅游潜力，但缺乏有效的模式将产业和旅游有机结合，导致两者难以实现良性互动。这也限制了辣椒产业的附加值提升。

3. 人才资源短缺问题

在企业代表的访谈中，我们了解到部分企业在市场营销和品牌建设方面缺乏专业人才支持。辣椒产业的经营者对市场推广、渠道拓展等缺乏系统的了解，无法有效地将产品推向市场，影响了销售效果和竞争力。

(二) 农户调研问卷结果初步分析

为探究不同群体在线上销售一般会遇到的问题及希望通过哪些方式获得线上销售帮助，我们根据种植规模和是否初加工，将农户分为六类：小规模（加工）、小规模（未加工）、中规模（加工）、中规模（未加工）、大规模（加工）、大规模（未加工）。

我们发现，不同群体遇到的问题既有共性，如支付结算问题较少，价格竞争和推广宣传问题较严重；不同群体也有特性，如小规模（未加工）群体在产品质量问题方面遇到的困难相对较多，需要重点关注，大规模（未加工）群体则面临着更为严重的物流配送问题，等等。

表 1　　　　　　　　不同群体在线上销售一般会遇到的问题类型

	物流配送问题	产品质量问题	价格竞争激烈	线上宣传推广困难	支付和结算问题	其他
小规模（加工）	41.79%	43.28%	44.78%	47.01%	20.15%	0.00%
小规模（未加工）	32.08%	50.94%	50.94%	54.72%	18.87%	0.00%
中规模（加工）	38.62%	42.33%	60.85%	50.26%	13.76%	0.00%
中规模（未加工）	41.89%	43.24%	50.00%	44.59%	16.22%	0.00%
大规模（加工）	47.54%	44.26%	36.07%	52.46%	21.31%	19.67%
大规模（未加工）	52.94%	41.18%	41.18%	35.29%	17.65%	5.88%

同样，不同群体希望获得线上销售的帮助方式也不同。如大规模（加工）群体对各方面的支持的期待程度都高于其他群体，加工群体对各方面的支持的期待程度基本上比未加工群体高。

表 2　　　　　　　不同群体希望通过哪些方式获得线上销售的帮助

	电商平台搭建指导	推广宣传支持	物流配送解决方案	价格补贴政策	其他
小规模(加工)	41.79%	55.22%	55.97%	44.03%	0.00%
小规模(未加工)	35.85%	54.72%	47.17%	49.06%	0.00%
中规模(加工)	51.85%	50.26%	55.56%	50.26%	0.00%
中规模(未加工)	40.54%	45.95%	55.41%	39.19%	0.00%
大规模(加工)	68.85%	60.66%	62.30%	57.38%	1.64%
大规模(未加工)	47.06%	52.94%	47.06%	41.18%	0.00%

在问卷中,我们还收集了农户对于未来农业发展的期望和建议,并将他们的答案绘制成了下方的词云图(见图1)。可以看出,农户对于农业机械化的期望非常高,"机械化""机器""仪器""精密度"等相关词汇占据了视野的一大部分,"成本""便利""干净"等词汇也从降低成本、提高效率、提高环境友好性等多角度提出了期待和建议。

图 1　农户对于未来农业发展的期望和建议词云图

(三)禧安骄与农户辣椒价格关系分析

在描述性统计中,我们发现,禧安骄企业在农户所在地区设立后,62.12%的农户表示自己的辣椒销售价格下跌了,24.43%的农户表示没有明显变化,仅有13.45%的农户表示自己的辣椒销售价格上涨了。可见禧安骄与农户之间并没有形成一个良性的合作共赢关系,这种局面是应该被改善的。

我们认为,农户辣椒价格下跌与否,与农户的辣椒种植规模、是否与禧安骄企业合作有关系。基于问卷结果进行整理,我们得到了表3中的数据。

表3 农户种植规模、是否合作与其辣椒价格变化的关系

	辣椒价格下跌	辣椒价格未下跌
小规模（合作）	38.24%	61.76%
小规模（未合作）	36.97%	63.03%
中规模（合作）	39.42%	60.58%
中规模（未合作）	32.70%	67.30%
大规模（合作）	55.17%	44.83%
大规模（未合作）	42.86%	57.14%

可以初步判断，农户辣椒价格的变化与其种植规模、是否与禧安骄企业合作都有关：大规模的种植户、未与禧安骄合作的种植户辣椒价格更易因收到禧安骄企业设立的影响而下跌。

为检验推测结论的正确性，我们选用卡方检验，分别检验农户辣椒价格的变化与其种植规模、是否与禧安骄企业合作的相关性（详见表4）。

表4 农户种植规模与其辣椒价格变化的关系

	辣椒价格下跌	辣椒价格未下跌	总　计
中小规模	287	163	450
大规模	41	37	78
总计	328	200	528

H_0 表示农户种植规模与其辣椒价格变化无明显关系。

我们在90%的置信度上，采用卡方检验进行结果检验。利用SPSS得到了如表5所示的结果。可以看出，皮尔逊卡方检验的 p 值为 0.059<0.1，故拒绝 H_0，农户种植规模与其辣椒价格变化存在一定的关系。

表5 农户种植规模与其辣椒价格变化的关系卡方检验结果

数量	值		自由度	渐进显著性（双侧）	精确显著性（双侧）	精确显著性（单侧）
37	皮尔逊卡方 有效个案数	0 37				
41	皮尔逊卡方 有效个案数	0 41				

续 表

数量	值		自由度	渐进显著性（双侧）	精确显著性（双侧）	精确显著性（单侧）
163	皮尔逊卡方 有效个案数	0 163				
287	皮尔逊卡方 有效个案数	0 287				
总计	皮尔逊卡方	3.552a	1	0.059	0.076	0.040
	连续性修正	3.092	1	0.079		
	似然比	3.479	1	0.062		
	费希尔精确检验					
	线性关联	3.546	1	0.060		
	有效个案数	528				

我们认为大规模的种植户与禧安骄企业具有更多相似点,因此在禧安骄企业设立后,其辣椒价格有比中小规模种植户更为明显的下跌(见表6)。大规模种植户要注意这一问题:一方面要探索与禧安骄合作共赢的可能性,另一方面要走出自己的特色,开拓新的销售渠道。

同理检验农户辣椒价格的变化与其是否与禧安骄企业合作的相关性。

表6　农户是否与禧安骄合作与其辣椒价格变化的关系

	辣椒价格下跌	辣椒价格未下跌	总　计
有合作	83	118	201
无合作	117	210	327
总计	200	328	528

H_0:农户是否与禧安骄合作与其辣椒价格变化无明显关系。

可以看出,皮尔逊卡方检验的 p 值为 0.205<0.1,故接受 H_0,农户是否与禧安骄合作与其辣椒价格变化无明显关系(见表7)。

表7　农户是否与禧安骄合作与其辣椒价格变化的关系卡方检验结果

数量	值		自由度	渐进显著性（双侧）	精确显著性（双侧）	精确显著性（单侧）
83	皮尔逊卡方 有效个案数	0 83				

续 表

数量	值		自由度	渐进显著性（双侧）	精确显著性（双侧）	精确显著性（单侧）
117	皮尔逊卡方 有效个案数	0 117				
210	皮尔逊卡方 有效个案数	0 210				
总计	皮尔逊卡方	1.608ª	1	0.205	0.230	0.120
	连续性修正	1.382	1	0.240		
	似然比	1.602	1	0.206		
	费希尔精确检验					
	线性关联	1.605	1	0.205		
	有效个案数	528				

但是，我们分析认为是否合作还是能够对辣椒价格产生一定影响的，第二个检验不通过的原因可能是受到合作规模、合作时长、合作方式等其他因素的干扰，需要我们进一步探究。

六、调研总结与评价

（一）解决方案与建议

基于调研结果和分析结果，我们提出了以下解决方案和建议，旨在解决辣椒产业销售环节中的问题，促进产业的协同发展和乡村经济的振兴：

1. 创新产品文化

鼓励辣椒产业在产品种类、包装设计等方面进行创新，推出多样化、特色化的辣椒产品。通过不断创新，满足不同消费群体的需求，提升产品的市场吸引力。

2. 强化产旅融合

提倡将辣椒产业与农业旅游有机结合，开发一系列体验项目，如农事体验、采摘游等。同时，鼓励农户开设农家乐，为游客提供当地特色美食，实现产业和旅游的深度融合。

3. 人才培养和引进

支持地方政府、行业协会等组织开展培训活动，提升辣椒产业经营者的市场营销和品牌建设能力。同时，引进专业的市场营销人才，为企业提供专业指导，提高产业的竞争力。

4. 拓展销售渠道

鼓励农户和企业多元化拓展销售渠道，除传统市场外，还可以考虑通过电商平台、线上直播等方式推广产品,拓展更广阔的市场。

5. 政策支持与资金投入

地方政府应制定相应政策,支持辣椒产业的发展和协同发展。提供资金支持,鼓励产业升级、技术创新,促进产业的可持续发展。

(二)安集海辣椒未来展望

在解决问题的基础上,我们对沙湾市安集海辣椒产业的未来发展提出以下展望:

1. 产业协同发展

通过实施提出的解决方案,辣椒产业将与农业旅游等相关产业有机结合,实现协同发展,提升产业整体附加值。

2. 市场影响力提升

将创新产品文化与强化产旅融合,会使安集海辣椒产业逐渐形成独具特色的品牌,提升市场影响力和知名度。

3. 就业机会增加

产业的升级发展和市场拓展将带来更多的就业机会,吸引更多年轻人投身农业产业,推动乡村振兴。

4. 乡村经济振兴

通过解决问题,促进产业的协同发展,将为沙湾市安集海地区的乡村经济振兴提供有力支持,实现乡村振兴战略的目标。

(三)实践的评价与展望

本次实践,我们在调研中将实地走访所见、政府及农户调研所闻、禧安骄企业采访所得与所学知识技能结合起来,发现问题、分析问题、解决问题,在实践中体悟乡村振兴的真谛,在解决问题、撰写报告的过程中用实际行动助力乡村振兴。这不仅仅是一次简单的调研,更是一次宝贵的人生经历。身为当代大学生的我们应该积极地走出象牙塔,到社会中去,去实践、去了解国情、去服务社会。

但是,本次实践也存在一些不足之处:第一,沟通效率不够高。我们在联络政府、禧安骄企业时,都因准备工作不充分、调研需求表达不够细致、明确,造成了一些无效的沟通,所幸最终都得到了较好的解决。第二,问卷的设置不够合理,问卷一些选项的设置不够灵活,不够精简,不能吸引调查对象的兴趣,达不到原定的效果;同时,部分问题较为冗余,对评价分析的帮助不大。

我们对本次实践的展望是:希望有机会能够对禧安骄与农户辣椒价格关系预测模型进行有效的试验,了解该预测模型是否存在问题并及时做出调整改善,使得我们的分析结果及建议正确有效并为当地政府所采纳使用,让安集海辣椒的销售更上一层楼,助力农户致富,为乡村振兴贡献我们的力量!

参考文献

[1] 方芹."互联网+"时代下新疆红色产业的创新发展[J].北方经贸,2019(02):42-43+46.30d.

［2］吴文娟.农村电商助力新疆乡村振兴的问题及对策研究［J］.中共伊犁州委党校学报,2023,(01):82-85.

［3］樊慧.(2023).新疆辣椒产业发展现状及对策——以安集海辣椒为例［J］.现代园艺,2023,46(06).48-50.DOI:10.14051/j.cnki.xdyy.2023.06.045.

［4］提伟钢,黄永洁,邵士凤.乡村振兴背景下职业院校助推农业人才振兴的路径研究［J］.湖北开放职业学院学报,2023,36,08:82-84.

［5］王会艳,吴娜.双循环背景下新疆人才聚集机制与路径选择——基于供需视角的人才政策扎根研究［J］.宝鸡文理学院学报(社会科学版),2022,42(04):75-82+88.

［6］曾照美,林晓燕.安集海:小辣椒激活大产业［N］.塔城日报(汉),2011-03-16(010).

乡村振兴视角下农村数字技术普及影响因素分析

——基于浙江省嘉兴市嘉善县十村的调研数据

戴佳琪[①]　张楚玥[②]　张怡萌[③]

摘　要：农村数字技术普及对于提升农村治理水平，全面推进乡村振兴有着重要作用。本文采用上海财经大学千村调查浙江省嘉兴市嘉善县十个村的调研数据，对嘉善当地数字技术普及状况进行客观梳理，尝试厘清农村数字技术普及的影响因素，并给出相关政策建议。研究发现，农村电脑普及存在资本禀赋和老龄化进程两大阻碍，同时，家中是否有村干部、户籍人口数、村镇政府平台使用频率和使用喜好、线上农业相关服务推行等对是否经常使用电脑有显著促进作用，而收入情况和网购消费情况对使用电脑的影响并不显著。

关键词：乡村振兴　数字技术普及　影响因素　有序逻辑回归模型

一、引　言

乡村振兴战略作为当前最重要的国家发展战略之一，长期受到全国上下的密切关注。习近平总书记指出，"脱贫攻坚取得胜利后，要全面推进乡村振兴，这是'三农'工作重心的历史性转移。"在数字经济高速发展的今天，我国城乡发展差距问题中的"数字鸿沟"日益凸显。党中央、国务院面向未来准确把握时代趋势，高度重视数字乡村建设，把数字乡村作为全面推进乡村振兴的着力方向和建设数字中国的重要内容。2022年，中央网信办、农业农村部启动联合制订《数字乡村建设指南2.0》，旨在更好地指导各地建设数字乡村，现代化的信息技术、数字技术，对于人员流动频繁，治理单元化的乡村而言有着精准、精细的优势，在农村普及数字技术，促进乡村治理数字化，对于提升现代农村治理水平，推进乡村全面振兴有着重要作用。因此，在乡村振兴视角下，从微观角度把握农村数字技术普及的影响因素，客观评估当前农村数字技术普及情况，对于提升农村治理水平，推进农业现代化，城乡多维度差距缩小，建设和谐有序的善治农村有着重要理论与实践意义。

当前，我国乡村具有人口老龄化和资本禀赋较低两大特点，但这并不表示农村地区缺

[①]　戴佳琪，上海财经大学金融学院2022级金融学专业本科生。
[②]　张楚玥，上海财经大学金融学院2022级金融学专业本科生。
[③]　张怡萌，上海财经大学金融学院2022级金融学专业本科生。

乏数字发展潜能。国内外学者对乡村数字普及可能的影响因素开展了大量研究。针对亚洲乡村视角的研究发现网络使用将赋能乡村发展，其作用尤其体现于劳动力、受良好教育者和长者对电脑的熟练使用上(Zhao, 2020)。这表明从个体层面上，向老年人普及数字技术具有可行性且对乡村振兴有不容小觑的作用。另外，国内相关研究指出填补农村老龄人口数字鸿沟需要政府改革、社区赋能、代际反哺的合力。同时向老年人普及数字技术有助于推进乡村智慧康养进程，实现长寿时代的"长寿红利"(杨菊华，2023)。由此可见，农村数字普及的影响因素来自政府、社区、家庭三个层面。从信息接收的视角来看，"数字鸿沟"体现在四个信息接收环节，即互联网接入与使用渠道(Access)、基本的数字化技能(Basic Skills)、网上内容(Content)和个人上网动机与兴趣(Desire)(王逊，2013)。结合两种填补"数字鸿沟"的视角，乡政府基层治理中的数字技术渗透水平、社区提供数字化服务水平、年轻人反哺老年人数字素养的程度、家庭结构与禀赋等均可能影响农村人口数字技术相关的认知、技能、意愿，进而影响农村数字技术普及程度。

总体上，国内学者对农村数字技术的应用价值、创新点、可行性等进行了较为详实的研究，但在如何在农村推广数字技术方面还有着巨大的研究空白。本文将着眼浙江嘉善，通过千村调查采集的微观数据，分析嘉善县的农业数字技术普及现状，探究中国乡村普及数字技术的影响因素，并为提升农村治理水平，推进农村治理数字化，农业现代化提出有效措施和政策建议。

二、调研基本情况

（一）调研情况概述

此次千村调查三位作者前往浙江省嘉兴市嘉善县，走访十个村子，涵盖魏塘镇、惠民街道、西塘镇、姚庄镇、陶庄镇、天凝镇、干窑镇以及大云镇，以"数字技术赋能乡村振兴"为主题，通过一对一调研的方式合计发放200份入户问卷，并进入农户家中进行深度访谈，在村委会与村书记、村主任深入沟通，收集了村庄人口、土地、集体财务情况等，合计发放10份入村问卷，作者归纳整理了农村、农户信息，删除了缺失大量有效信息的问卷35份，合计收回有效问卷165份，入户问卷有效率为82.5%，入村调查问卷信息核对无误，合计收回有效问卷10份，入村问卷有效率为100%。

（二）乡村治理数字化技术普及情况

本文将重点着眼农村治理板块，通过整理调研数据，考察调研区域的农村治理数字化技术应用情况，普及情况，并作为典型案例进行分析。在经过初步筛选后，嘉善县172名受访者基本信息统计如下表1。可以发现，受访者的性别分布均匀，受访者的主要年龄段集中于51~60岁和60岁以上，正是数字技术需要被普及对象所覆盖的年龄段，受访者家庭年收入均值处于10万~20万元。综上所述，样本各项指标分布均匀合理，受访者来自的村镇覆盖嘉善县大部分地区，可以较为准确地反映嘉善县农村家庭的基本特征，其具有较强的典型性和代表性。

中国互联网信息中心(CNNIC)发布的第51次《中国互联网络发展状况统计报告》显

示,截至2022年12月,我国互联网普及率达75.6%,从城乡网民规模差距看,城市互联网普及率约为81.3%,而农村地区互联网普及率约为61.9%。从接入互联网的设备来看,网民使用手机上网的比例高达99.8%,而使用台式电脑、笔记本电脑、平板电脑上网的比例分别为34.2%、32.8%和28.5%。从年龄来看,60岁及以上老年群体是非网民的主要群体。

互联网普及率呈现出明显的地区差异,城市互联网普及率约为农村互联网普及率的1.5倍。而使用技能缺乏、文化程度限制、设备不足和年龄因素是非网民不上网的主要原因。从图1可以直观地看出,当前电脑普及率低,仅为43.6%,且由表1可知,40岁以下受访者占比达到了37.2%,也就是说,大部分40岁以上受访者不使用,或极少使用电脑。

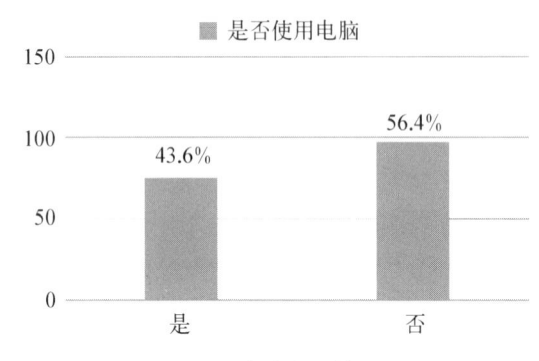

图1 电脑使用情况

表1 样本基本信息统计

浙江省嘉兴市嘉善县		
	样本数	百分比(%)
受访者性别		
男	73	42.4
女	99	57.6
合计	172	100
受访者年龄		
30岁以下	32	18.6
31~40岁	32	18.6
41~50岁	9	5.2
51~60岁	42	24.4
60岁以上	57	33.2

续表

浙江省嘉兴市嘉善县

	样本数	百分比(%)
合计	172	100
受访者家庭年收入(元)		
5万以下	29	16.9
5万～10万	33	19.2
10万～20万	65	37.8
20万～30万	41	23.8
30万以上	4	2.33
合计	172	100

该报告还表明无论是城镇居民还是农村居民在互联网接入设备的选择上都呈现出对智能手机的倾向，截至2022年12月，农村网民群体短视频使用率已超过城镇居民0.3%，即时通信使用率与城镇网民差距仅为2.5%。嘉善县的调研数据也表明与电脑较低的普及情况不同的是，大部分受访者懂得如何使用智能手机，不使用手机的受访者仅占比17%，但是，受访者使用移动端的技能与用途均表现出单一化的特点，娱乐是大多数村民使用智能手机的目的。据嘉善县的调研数据，71.4%的受访者表示使用电脑或移动终端的主要目的是看视频等娱乐，而约76%的受访者表示使用电脑和移动端存在技术、知识、使用界面设计复杂等困难。对于这部分人群而言，手机使用技能的缺失意味着他们无法使用网上政务平台处理相关事务，不能使用手机银行，不能在网上便捷的办理业务，而如何更好地消化这部分人群，普及智能手机，让他们熟练地掌握手机的更多功能，是推进农村治理数字化的重要议题。

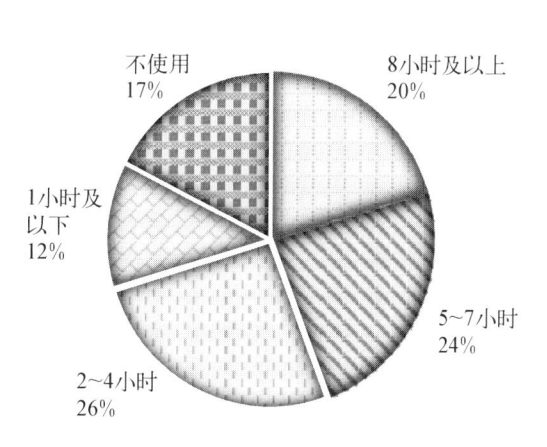

图2 受访者平均每天使用智能手机或iPad的时长

三、实证研究过程

(一)样本选取和数据来源

为了进一步研究农村数字技术普及的影响因素，本文拟采用上文筛选后的样本对研究问题做进一步的分析,数据由千村调查入户入村问卷整理、计算而得。

（二）变量定义与说明

1. 被解释变量

参考杨菊华(2023)等相关文献,选取"您是否经常使用电脑"问题答案"是"或"否"处理为有序变量来量化村民的数字技术普及程度。

2. 解释变量

本文解释变量主要来自家庭特征和环境特征两个方面。对户籍人口数、网购花销、电脑台数等变量保留原变量,对年收入、使用乡村治理数字平台频率等变量采取定序变量处理,对使用政府平台满意度等采用虚拟变量处理。

3. 控制变量

参考 CNNIC 发布的第 51 次《中国互联网络发展状况统计报告》,本文重点考虑了家庭结构和乡村治理对推进数字技术普及的影响,选择了部分个人特征(文化水平、年龄等)和村镇特征(发达程度、地理位置等)作为控制变量。

（三）模型设定

为探究影响农村数字技术普及的相关因素,考虑到被解释变量为有序分类变量,本文采用了有序逻辑回归模型。

有序逻辑回归模型包括 $n-1$ 组逻辑回归,具体形式如下:

$$\text{Log}\left(\frac{\pi_1}{1-\pi_1}\right) = C_1 - (\beta_1 x_1 + \beta_2 x_2 + \cdots + \beta_k x_k)$$

$$\text{Log}\left(\frac{\pi_1+\pi_2}{1-(\pi_1+\pi_2)}\right) = C_2 - (\beta_1 x_1 + \beta_2 x_2 + \cdots + \beta_k x_k)$$

……

$$\text{Log}\left(\frac{1-\pi_{n-1}}{\pi_n}\right) = C_{n-1} - (\beta_1 x_1 + \beta_2 x_2 + \cdots + \beta_k x_k)$$

其中,π_i 为因变量 Y 取到第 i 组的概率。

潜变量(Latent Variable)作为与因变量 Y 之间存在联系的一个无法直接观测到的变量 Y^*,决定了因变量 Y 的分类,将回归拟合出的系数代入公式(其中 ε 服从标准逻辑分布)

$$Y^* = \beta_1 x_1 + \beta_2 x_2 + \cdots + \beta_k x_k + \varepsilon \tag{1}$$

可以得到 Y^* 的预测值。预测值 Y^* 与临界值 C_i 的大小比较,可以确定其分组。

$$Y^* \leqslant C_1 \qquad Y=1(第一组)$$
$$C_1 < Y^* \leqslant C_2 \quad Y=2(第二组)$$
……
$$C_{n-1} < Y^* \qquad Y=n(第\ n\ 组)$$

在实际应用中,我们可以使用 STATA 完成有序逻辑回归。

由于本文所采用的数据 $N>T$,在这样的面板数据中伪回归往往是不严重的,所以不用做单位根检验和协整检验。

比例优势假设是有序逻辑回归模型的重要基础,即系数 $\beta_1,\beta_2,\beta_i,\cdots,\beta_k$ 在不同式子中应当相等。为检验是否满足比例优势,需要进行平行性检验,检验结果如表2所示。

表 2　　　　　　　　　　　　　平行性检验

Chi2(30)	42.37
Prob>Chi2	0.066 6

其中统计量 Chi2 对应的 p 值大于 0.05,LL1 与 LL2 不存在显著区别,通过平行性检验。本文主要关注回归系数、临界值以及发生比的实证结果,由此判断解释变量与被解释变量之间的关系。

（四）描述性统计

表 3 给出了本文主要变量的描述性统计结果。

表 3　　　　　　　　　　　　　描述性统计

变　量	(1) N	(2) Mean	(3) SD	(4) Min	(5) Max
变量名、变量含义	样本量	均值	标准差	最小值	最大值
您家是否有成员是村干部或政府干部 1. 是;0. 否	168	0.303 571 4	0.461 174 3	0	1
目前您家户籍人口数	168	4.178 571	1.368 252	1	8
平均每个月收入多少元	168	3 355.202	2 412.148	0	20 000
本村有没有通过网络提供与乡村振兴相关的服务(比如帮助销售农产品、提供农业技术支持、帮助贷款等) 1. 不了解;2. 没有;3. 有	166	2.108 434	0.838 643 2	1	3
[家庭资产情况-主要耐用品拥有情况] 电脑(　)台	166	1.259 036	1.038 243	0	6
您使用本地的在线政务服务平台(比如政府 APP、网上平台等)的频率如何?(　) 1. 不知道/不使用;2. 非常低;3. 比较低;4. 一般高;5. 比较高;6. 非常高	167	3.257 485	1.978 694	1	6

续　表

变　量	(1) N	(2) Mean	(3) SD	(4) Min	(5) Max
变量名、变量含义	样本量	均值	标准差	最小值	最大值
您更接受或者更喜欢以下哪种使用政务应用平台的形式?(　) 1.微信小程序;1.公众号;1.网页; 1.手机APP;0.不使用	167	0.784 431 1	0.412 453 1	0	1
您对县级以上政府的政务应用平台(政府网站、政务微博、微信公众号等,如"随申办""浙里办")是否满意?(　) 1.不使用;2.极不满意;3.不满意; 4.基本满意;5.比较满意;6.很满意	167	4.203 593	2.146 836	1	6
最近一月,您家网络购物花了多少钱? (　)元	167	1 721.144	4 513.835	0	50 000
您是否经常使用电脑?(　) 1.是;0.否	166	0.451 807 2	0.499 177 9	0	1

(五)相关性分析

表4为模型中主要变量的相关系数矩阵。由表2结果可以看到,被解释变量"您是否经常使用电脑?(　)"与解释变量"您家是否有成员是村干部或政府干部1是;0否""平均每个月收入(　)元""最近一月,您家网络购物花了多少钱?(　)元""您更接受或者更喜欢以下哪种使用政务应用平台的形式?""您对县级以上政府的政务应用平台是否满意?""本村有没有通过网络提供与乡村振兴相关的服务,比如帮助销售农产品、提供农业技术支持、帮助贷款等?""您使用本地的在线政务服务平台的频率如何?"的相关性分别为0.209、0.346、0.289、0.447、0.537、0.377、0.670,在1%的置信水平下显著;与解释变量"目前您家户籍人口数人"的相关系数为-0.134,在10%的置信水平下显著;能初步检验影响农村数字技术普及的相关因素(相关性分析详见表4)。

表4　　　　　　　　　　　　　　相关性分析

	a.	b.	c.	d.	e.	f.	g.	h.	i.
a)您是否经常使用电脑?(　) 1.是;0.否	1								

续 表

	a.	b.	c.	d.	e.	f.	g.	h.	i.
b）您家是否有成员是村干部或政府干部 1.是；0.否	0.209***	1							
c）目前您家户籍人口数	−0.134*	0.094 0	1						
d）平均每个月收入（　）元	0.346***	0.031 0	0.046 0	1					
e）最近一月，您家网络购物花了多少钱？（　）元	0.289***	0.136*	−0.061 0	0.142*	1				
f）您更接受或者更喜欢以下哪种使用政务应用平台的形式 1.微信小程序；1.公众号；1.网页；1.手机APP；0.不使用	0.447***	0.063 0	0.075 0	0.174**	0.168**	1			
g）您对县级以上政府的政务应用平台（政府网站、政务微博、微信公众号等，如"随申办""浙里办"）是否满意？（　）1.不使用；2.极不满意；3.不满意；4.基本满意；5.比较满意；6.很满意	0.537***	0.010 0	−0.006 00	0.239***	0.209***	0.547***	1		
h）本村有没有通过网络提供与乡村振兴相关的服务（比如帮助销售农产品、提供农业技术支持、帮助贷款等）	0.377***	0.132*	0.012 0	0.082 0	0.139*	0.296***	0.358***	1	

续　表

	a.	b.	c.	d.	e.	f.	g.	h.	i.
i) 您使用本地的在线政务服务平台的频率如何？1. 不知道/不使用；2. 非常低；3. 比较低；4. 一般高；5. 比较高；6. 非常高	0.670***	0.144*	0.002 00	0.328***	0.272***	0.526***	0.639***	0.354***	1

（六）有序逻辑回归模型

基于回归模型的结果如表 5 所示。

表 5　　　　　　　　　　有序逻辑回归结果(1)

	(1)
您家是否有成员是村干部或政府干部 1. 是；0. 否	1.641*** (2.58)
目前您家户籍人口数	−0.653*** (−2.86)
平均每个月收入（　）元	0.000*** (2.78)
最近一月您家网络购物花了多少钱？（　）元	0.000** (2.13)
您更接受或者更喜欢以下哪种使用政务应用平台的形式；1. 微信小程序；1. 公众号；1. 网页；1. 手机 APP；0. 不使用	2.061* (1.66)
您对县级以上政府的政务应用平台(政府网站、政务微博、微信公众号等,如"随申办""浙里办")是否满意？（　） 1. 不使用；2. 极不满意；3. 不满意；4. 基本满意；5. 比较满意；6. 很满意	0.336* (1.80)
本村有没有通过网络提供与乡村振兴相关的服务(比如帮助销售农产品、提供农业技术支持、帮助贷款等)	0.622* (1.88)
您使用本地的在线政务服务平台(比如政府 APP、网上平台等)的频率如何？（　） 1. 不知道/不使用；2. 非常低；3. 比较低；4. 一般高；5. 比较高；6. 非常高	0.556*** (3.22)
Constant	−6.314*** (−3.81)

注：括号内为 z 统计值；* $p<0.1$，** $p<0.05$，*** $p<0.01$。

在表 5 中，y 表示回归系数，根据公式 $\frac{odds_{n+1} - odds_n}{odds_n} = e^{\beta_n} - 1$ 可得到以下结论：自变量每增加一个单位，则

（1）因变量"您家是否有成员是村干部或政府干部"对应的发生比增加 415.8%；

（2）因变量"目前您家户籍人口数人"对应的发生比减少 48.0%；

（3）因变量"平均每个月收入"对应的发生比增加 0.03%；

（4）因变量"最近一月您家网络购物花了多少钱"对应的发生比增加 0.04%；

（5）因变量"您更接受或者更喜欢以下哪种使用政务应用平台的形式"对应的发生比增加 685.3%；

（6）因变量"您对县级以上政府的政务应用平台是否满意"对应的发生比增加 40.0%；

（7）因变量"本村有没有通过网络提供与乡村振兴相关的服务"对应的发生比增加 86.2%；

（8）因变量"您使用本地的在线政务服务平台的频率"对应的发生比增加 74.4%。

（七）稳健性分析

本文的稳健性检验基于对被解释变量的替换。本文首先使用"您是否经常使用电脑？（　）1. 是；0. 否"作为被解释变量；其次使用"平均每天的使用智能手机或 iPad 的时长是？（　）1. 不使用；2. ≤1 小时；3. 2~4 小时；4. 5~7 小时；5. ≥8 小时"作为被解释变量。具体回归结果见表 6。

表 6　　　　　　　　　　　　有序逻辑回归结果（2）

变　量　名	(1) y
您家是否有成员是村干部或政府干部 1. 是；0. 否	0.832** (2.45)
目前您家户籍人口数	−0.259** (−2.21)
平均每个月收入（　）元	0.000* (1.73)
本村有没有通过网络提供与乡村振兴相关的服务比如帮助销售农产品 1. 不了解；2. 没有；3. 有	0.119 (0.62)
您使用本地的在线政务服务平台比如政府 APP 网上平台等的频率 1. 不知道/不使用；2. 非常低；3. 比较低；4. 一般高；5. 比较高；6. 非常高	0.366*** (3.43)
您更接受或者更喜欢以下哪种使用政务应用平台的形式 1 微 1. 微信小程序；1. 公众号；1. 网页；1. 手机 APP；0. 不使用	2.248*** (4.55)

续　表

变　量　名	(1) y
您对县级以上政府的政务应用平台政府网站政务微博微信公众号等 1. 不使用；2. 极不满意；3. 不满意；4. 基本满意；5. 比较满意；6. 很满意	0.123 (1.32)
最近一月您家网络购物花了多少钱？（　）元	0.000 (1.11)
/cut1	0.639 (0.97)
/cut2	1.991*** (2.87)
/cut3	3.891*** (5.29)
/cut4	5.489*** (7.09)
Observations	165

注：括号内为 z 统计值；* $p<0.1$，** $p<0.05$，*** $p<0.01$。

在表6中，可以看到，改变解释变量农村技术使用情况的代理变量进行回归，仍能够研究影响农村数字技术普及的相关因素。

四、研究结果和政策建议

（一）研究结果

运用嘉善县十村的调研数据，采用统计描述、相关性分析和有序逻辑回归模型分析了农村数字技术普及状况及其影响因素。研究发现：

农村电脑普及存在资本禀赋和老龄化进程两大阻碍。当前，农村电脑普及率仍较低，而智能手机普及率较高。大多数村民因技术门槛低、娱乐沟通需求等倾向于选择手机。

家中是否有村干部、户籍人口数、村镇政府平台使用频率和使用喜好、线上农业相关服务推行等对是否经常使用电脑有显著影响。其中户籍人口数增加一个单位，对应经常使用电脑的发生比降低48%，根据实际采访所得数据情况，户籍人口数较大的一般为有多个子女的年长者，子女在外务工的情况较多，可能导致家庭中数字素养代际反哺的作用小；另一方面，由于子女不在乡村工作，因此家中有电脑的可能也相应减少，从而不经常使用电脑。

家庭特征中除户籍人口数外，收入情况和网购消费情况对使用电脑的影响并不显著。而对使用电脑影响最为显著的几个变量为家中是否有村干部、使用线上政务平台的频率和喜好、线上农业相关服务的推行。家中有村干部、线上政务平台使用频率高、倾向于使用线上政务平台、推行线上农业相关服务等均能提高村民使用电脑的积极性。这从侧面说明,提高乡村治理的数字化水准、合理提高乡村线上服务比例有助于调动村民使用电脑的积极性、提高农村农业现代化水平进而推动乡村振兴进程。从与村民自身相关的日常琐碎、村务决策的线上服务渗透推进数字技术普及进程是具有一定可行性的。

（二）政策建议

1. 结合乡土实际,降低技术的操作门槛

城乡资本禀赋差距大,城市数字化速度和规模远超乡镇,不宜按着城市数字化的步伐,而应结合乡土实际高质量推进数字化进程。技术门槛越高,越不利于相关技术的普及。技术门槛较低的数字技术才能走进乡镇,走进田野,走进农民的家门。对于农村数字技术的推广,要从较为简单实用、与生活结合紧密的数字技术开始,循序渐进。

2. 持续推进乡村治理、政务平台数字化

乡村治理的数字化水平和政务平台提供线上服务的比例对农村数字技术普及影响显著。乡村治理数字化与数字乡村进程的推进相辅相成。一方面,一些线上政务平台的发展将提高数字技术在村民生活中的渗透力,让村民有学习使用数字技术的动机,切实体会到数字技术提高业务效率的作用。另一方面,数字乡村进程的推进,将提升村民的数字素养,推进农村现代化,弥补城乡"数字鸿沟",从而有利于更高水平的乡村治理数字化。

3. 发展乡村特色产业,鼓励人才回流

一个乡村有一个乡村的特色,一个乡村有一个乡村的产业。特色乡村产业是吸引人才回流的强力抓手,而年轻血液注入乡村有助于"代际反哺",推进乡村数字化进程。目前,我国老龄化呈现出明显的城乡倒置状态,农村老龄化进程比城市更快,数字乡村的建设离不开农村空心化背景。鼓励人才回流,吸引年轻人来乡村发展,就有更多年轻人带动老年人学习数字技术,对推动乡村数字化、现代化具有重要意义。

五、研究不足与展望

本文的数据样本不足,采用的模型较为简单,控制变量的选择上可能存在遗漏。在后续的研究中,可以进一步扩大样本数量,采用更为适用的模型,补充相关控制变量,并关注对异方差和自相关的检验和修正。

参考文献

[1] 崔理想. 乡村数字贫困特征与城乡数字鸿沟弥合策略研究[J]. 北方经济,2023(01):68-71.

[2] 吴梦萧. 西部数字乡村建设中的农村老年"数字鸿沟"探析[J]. 中北大学学报(社会科学版),2022,38(04):83-88.

[3] 杨菊华. 农村老龄人口的数字鸿沟与智慧康养的现状、问题与应对思路[J]. 社会科学辑刊,2023(04):72-81+238.

[4] 陆彩兰,吉万年,王慈. 农村老年人智能手机运用的数字反哺现象分析——基于南京、扬州和连云港地区的问卷调查[J]. 扬州职业大学学报 2022,26(03):44-48. DOI:10.15954/j.cnki.cn32-1529/

g4.2022.03.011.

［5］王逊.难以跨越的"数字鸿沟"——新生代农民工移动互联网使用行为研究［J］.前沿,2013(04):107-109.

［6］杨静慧.空心化背景下农村养老的困境与破解［J］.社会科学辑刊,2019(05):112-119.

［7］ZHAO J. Internet Usage and Rural Self-Employment in China［J］. Asian Perspective,2020,44(1):77-101.

［8］CONNOLLY M,LEE C,TAN R. The Digital Divide and Other Economic Considerations for Network Neutrality［J］. Review of Industrial Organization,2017,50(4):537-554.

［9］中国互联网络信息中心(CNNIC).(第51次)中国互联网络发展状况统计报告［R/OL］.2023. https://www.cnnic.net.cn/n4/2023/0303/c88-10757.html.

［10］中央网信办,农业农村部.数字乡村建设指南2.0［EB/OL］.2022. http://ppkjjt.cn/newsDetails/1646317701778563073.html.

［11］中央网信办,农业农村部.数字乡村发展行动计划(2022—2025年)［R/OL］.2022. https://www.cac.gov.cn/rootimages/uploadimg/1644801128013209/1644801128013209.pdf?eqid=8e0ed4540005753800000006644bc3ed&eqid=a3bab94f001179f4000000036497226e.

探寻数字经济背景下"网红村"发展的正确道路
——永康市大陈村数字化建设调查报告

李坤洁[1]　胡月榕[2]

摘　要：在数字化发展背景下，无数的乡村走上了靠"网红村"生产视觉景观的道路。"网红村"的道路优缺点并存，一方面它促进了乡村振兴，提高了乡村知名度，另一方面让本来淳朴的乡村文化变得有些面目全非。所以我们要做到避免过分的视觉景观生产，与此同时，减少网红村之间的同质化现象，寻找正确发展道路。

关键词：数字化　网红村　视觉景观　乡村振兴　同质化

一、前　言

"黄昏了。湖上的蓝天渐渐变成浅黄，橘黄，又渐渐变成紫色，很深很深的紫色。这种紫色使人深深感动。我永远忘不了这样的紫色的长天。闻到一阵阵炊烟的香味，停泊在御码头一带的船上正在烧饭。像我的老师沈从文常爱说的那样，这一切真是一个圣境。"[3]（汪曾祺，1998）三十多年前，汪曾祺先生描述着自己心爱的家乡，是那样地纯朴自然，寂静中又透着些许神秘。我想起了木心笔下的少年时分，在那个车、马、邮件都慢的时代里，便连从前的日色亦变得慢悠悠的[4]。可是时间啊，却偏偏是最快最不经意间便从指缝中溜走的东西了。在村庄里，睡一百年，都不会有人喊醒你，一场风过，或许有些东西就再也看不到了。

2018年，"数字乡村"的概念横空出世，紧接着，中央一号文件《中共中央国务院关于实施乡村振兴战略的意见》对实施乡村振兴战略进行了全面部署。2019年，国务院办公厅印发《数字乡村发展战略纲要》，明确分四个阶段实施数字乡村战略。2020年，中央网信办等四部门印发《2020年数字乡村发展工作要点》，部署8个方面22项重点任务。就这样，数字经济以星火燎原之势如火如荼地蔓延至大江南北多地的农村发展工作中。打造互联网

---

[1] 李坤洁，上海财经大学法学院国际金融法专业2022级本科生。
[2] 胡月榕，上海财经大学法学院国际金融法专业2022级本科生。
[3] 汪曾祺.我的家乡[M].北京：北京师范大学出版社，1998，5：189-190。
[4] 木心.云雀叫了一整天[M].桂林：广西师范大学出版社，2009：20。

加产业链、推动农业产业智慧化精细化,当数字技术赋能乡村产业振兴,带来无法想象的"数字红利"之时,当许多年后眼前的所有成为定局,时间改变了村子里的一切之时,是否仍有些许是值得我们作为清醒的现代人,去回溯、去审视、去洞察的?

二、文献综述

(一)网红经济

作为一种社会热点话题,网红经济是以走在时代前沿的时尚达人为形象标志,以网络名人的审美为符号,开始视觉推广和款式选择,在网络社交媒体上吸引流量和眼球,背靠庞大的受众执行定向营销,从而将受众粉丝向上形成购买力的一个循环。事实上当前"网红"一词已经不再局限于个人,而逐渐成为描述地方的修饰词。"网红村"即是借由视觉景观生产实现视觉消费的空间。

(二)视觉营销

视觉营销最开始起源于20世纪70—80年代的美国,作为营销技术的手段,同时是一种视觉体验;是指以视觉为媒介,以求产品营销或品牌推广视觉营销作为一种视觉呈现的营销技术,是大众最直观的视觉体验表现方法,通过大众直观的视觉广告进行产品的营销,进而形成"视觉营销"。

(三)视觉景观

"景观"作为景观社会理论的核心范畴,本身是个很复杂的术语,只有通过景观特征的描述才能较为清晰地理解它:景观是对现实的一种遮蔽,是现实颠倒地再颠倒;景观是客观历史性的缺失;是物化的意识形态。德波明确指出景观概念与分离概念密切相关,因为分离是景观发生的现实基础,正是通过分离的四个维度才能实现景观统治的目标,即景观与现实的分离;生产与消费的分离;人与人之间关系的分离;劳动时间与闲暇时间的分离。德波最终的意图是对景观社会的批判和改造,马克思在资本主义市场经济条件下进行的是商品拜物教的批判,德波试图把商品生产的抽象化过程追溯得更远,从而开辟出景观社会独有的影像拜物教批判的新路径。批判是为了变革当下的现实,德波指出,通过"漂移""异轨""构境"等策略,促成每个个体积极地参与日常生活的建构,以获得更加完善的生存状态(文丰安,2023)。

(四)同质化

同质化就像一个茧房,对于有品牌意识的厂家而言,要突破这个茧房就需要在核心技术研发上加大力度,提前对终端消费市场做出前瞻性的判断并及时改变革新,以求在同质化现象下的各类市场中脱颖而出。"同质化"是指同一范围中不同品牌的商品在各种方面诸如外观、商品本身内在性能甚至营销手段等上的相互模仿,慢慢形成近乎相似的现象,所以在商品同质化基础上产生的市场竞争行为被称为"同质化竞争",这个概念可指在某个领域中存在部分模仿,即有着大致相同的制作手段、制作流程、传播内容、传播类型等各类信息的现象。

三、永康市大陈村介绍

大陈村是永康市前仓镇下辖的一个自然村,由大陈村及后陇村两个自然村组成,现有341户,967人,耕地1 060亩,山林5 000余亩。大陈村与枫林村、前仓村、前仓社区、光瑶村、漳川村、善塘村、世彰村、后吴村、溪坦村、麻车店村、荆州村、塘头村、石雅村、秀山村相邻。

近年来,大陈村主要发展旅游业,新建了综合广场1个、社区卫生服务站1个、农家书屋1个,对陈氏宗祠、"荆川桥"、牌坊等文物保护点重新修缮,还新装修了老年食堂。此外,还将土地种植和网红村特色产业相结合。大陈村主要生产的农产品有葡萄、毛芋、番薯、水稻、柿子、西瓜、甘蔗、玉米、生姜、丝瓜、萝卜、土豆、荸荠和油菜。

2014年因村中水果难以卖出去,大陈村委会开始了发展旅游业的道路,而这一重要的决策对于村民人均可支配收入产生了非常显著的影响,2005—2022年收入变化如图1所示。

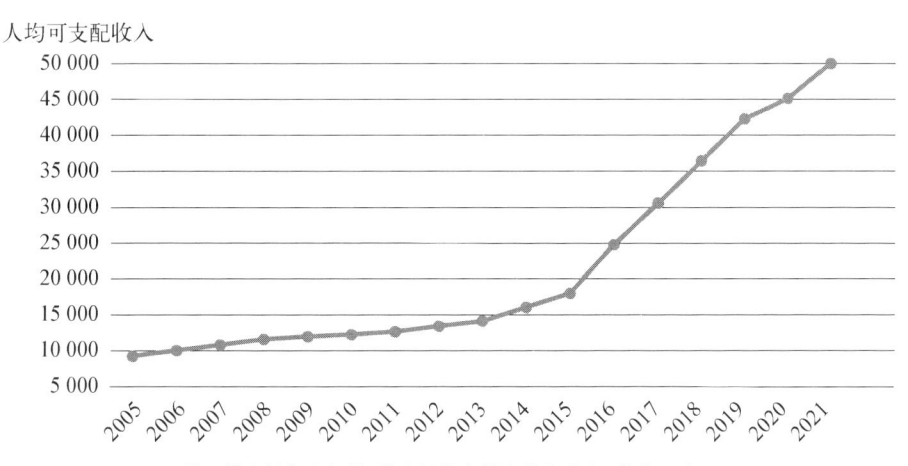

注:横坐标代表年份,纵坐标代表村人均年收入(单位:元)。
资料来源:大陈村村委会统计。

图1 2005—2022年大陈村村民人均可支配收入变化

从上图中我们可以看到,虽然大陈村历年以来的收入都在增长,但是自2014年以来增幅出现了明显的提升,可见大陈村发展旅游业已经取得了很好的成效,近年来还拿到了以下的奖项:

2023年1月,浙江省农业农村厅、浙江省乡村振兴局将大陈村纳入2022年浙江省乡村振兴示范村创建名单。

2020年12月,大陈村入围第一批浙江省商贸发展示范村名单。

2019年12月,国家林业和草原局公布第二批国家森林乡村名单,大陈村榜上有名。

2019年6月,大陈村被列入第五批中国传统村落名录。

四、生态现状及原因分析

（一）优势部分

1. 数字技术推动农业生产销售一条链深度转型

永康市前仓镇多以种植毛芋、葡萄、番薯、白菜等农作物为特色农产品，在拥有1 060亩地的大陈村，多数农户主要依靠种葡萄与舜芋的收入为生。实地走访过程中，在无意间的一次路过村民种植园地，我们调查团清晰拍摄到了村民使用无人机喷洒农药的珍贵画面。烈日炎炎下的酷暑，偌大的葡萄基地中只有无人机工作的身影，这大大减轻了农民们耕地中暑的风险，降低了工作强度与辛苦。自动化智能化的无人打药机的出现，正不断提高这农业劳作的效率，解放劳动力。除此，大陈村作为浙江榜上有名的特色明星村落，其打造了一系列极为完备的配套基础设施，其中就包括了第六空间——农产品销售直播间。大陈村聘请专业的直播带货人员，同时建立了极具古风特色的农产品直播间，专门宣传大陈的葡萄毛芋。我们的问卷调查显示，村中90%以上的村民十分了解这一售货渠道，农产品的销量也正因此而不断攀升。至此，从农业生产加工到销售，大陈村依托数字技术实现了完备的农业链条深度转型。

2. 促进乡村生态旅游业深度发展

走进大陈村，首先映入眼帘的便是精美绝伦的大陈村文化长廊。叮咚的石板路上，木质的桥廊长椅，悬挂的一盏盏大红灯笼上印刻着千年前的大陈文化，两旁是具有悠久历史的陈氏宗祠与大会堂。近年来，大陈村在数字经济的助力下，在改造之路上不停歇发展。依托携程等线上旅游平台，目前村中已有40家民宿、超1 500个床位，同时打造了永康网红打卡地——第五空间5G旅游公厕，实现全自动化，除此舜耕巷、猪栏咖啡等相关配套旅游餐饮业也在不断发展。在这里，每逢秋天，旅游采摘便会吸引大量游客，村民因此不断发家致富，越来越多的年轻人也因而选择回家发展。我们在大陈村走访的几天中，看到了许多年轻的血液活跃在乡村的振兴发展中。

3. 数字技术扩展乡村文化，带领周边村庄实现共同富裕

大陈村依托数字经济成功实现产业转型、带领村民走向共同富裕的案例深深影响着其周边的其他村落。大陈村作为成功代表的典范，其发展过程也推动着周边村庄勇于走向转型之路。学习大陈以历史文化为旅游发展纽带，前仓镇厚吴村以举办花灯节、庙会等民俗表演为契机，借助互联网等数字媒体宣扬其刺绣、打铁等民间手艺，吸引了广大游客们的目光；除此，在石柱镇塘里村，参考大陈村完备的配套设施，在修建诸如顾盼廊、家训馆、孙权文化园等人文景点的同时，牦牛奶体验馆、牛栏咖啡等相关产业也让游客们在此更深入地体验古村之美。在永康，村落之间互相学习、传播文化，数字技术的普及推广让他们在更便捷交流的同时，不断推陈出新，一起朝着实现共同富裕的目标不断前进。

在调查中，我们了解到，大陈村原先是永康市著名的贫困村，村集体收入少，村民收入低，日常生活水平落后。在这种穷苦的环境下，村民们多数都出村打工寻找出路，村内精神面貌和风气也较差，时有发生打架斗殴事件。虽然在村委会换届两次之后，大陈村终于

摘掉了旧时的"帽子",但我们调研小组仍然还是发现了不少大陈村发展过程中需要注意的问题。

(二)劣势部分

1. 已有村集体设施维护不当

殷忧启圣,多难兴村。大陈村作为永康市头一号的村庄,初始建设或许不是最难的地方,毕竟出事建设的时候,一旦资金、村委两者到位,或许就离成功不远了。真正难的是要在浮华中保持本心,经得起人性的考验,时刻保持警惕,才有可能让村子更加长远地发展下去。

走访过程中,我们就发现大陈村村口所谓的网红打卡地点——5G轻松驿站,内部卫生环境已经堪忧,这还不是最严重的。"5G厕所",顾名思义,势必要体现数字化的迹象,可在我们调查小组进去体验的时候,网速没有出现明显的变化,厕所内部的QR出纸机和充电设备都是无法使用的,这与它最开始的面貌无疑差别很大,该厕所的维修无疑也没有提上村委会的日程。与此相同,村民活动大厅门口的老式水泵、临水街桌椅的卫生、摩拜单车站点等都需要维护。

2. 本土文化流失,同质化之嫌

大陈村现在对自己的定位是文化底蕴深厚的网红村庄,"网红"一词本不含褒贬之意,但网红村之间的争相模仿势必导致本村在前瞻性规划中走入误区。

在我们挨家挨户走访的时候,不少村民对我们表现得十分热情,问到村子里有哪些景点可以去游玩的时候,村民们不约而同提到了"第六空间"的露营点以及"第五空间"网红厕所。我们首先去了"第五空间",这里不愧是上了几次央视的公共厕所,厕所内环境舒适清新,两侧中间的隔间里还摆放了各种各样的茶壶和保温杯,前者是当地居民爱喝茶的体现,后者则是深处"世界五金之都"的永康市较为拿手的产品保温杯。

而反观"第六空间",主打的是露营。我想这和大陈村的文化底蕴并没有很大关系,倒像是为了吸引游客而设,却缺少了最本质的农村的纯真。

此外,我们在入户调查的时候,时不时地会"踩雷",就是被采访的对象,是别处来务工的。在了解了这一情况之后,我们发现大陈村内部的农家乐和图书馆都是外来人开的,对于本村的风土人情并不了解,他们知道的,只是如何来搭建一个吸引人的网红村,这也直接导致我们在欣赏村内风光时,看到一些不合时宜的网红秋千、露营帐篷等,或许他们的想法是对的,但总是少了一些味道。在和村民们的交谈中,我们还了解到,经常来大陈村的多是周围村庄的村民,而城市里的人们大多是生面孔,一般只来一次。这也给大陈村足够的警示,应该始终以文化为利刃,避免同质化的误区。

3. 存在虚假宣传的情况,价格设置不合理

坐车前往大陈村的途中,我们看到前仓镇主打种植的是毛芋。而毛芋一贯的做法是煲汤或者煎炒。刚进到村口,"芋见大陈"映入眼帘,不远处的网红打卡点临水街更是将"芋奶""菜卤芋""芋饺"高高挂起,可就在我们问到村民们哪里有芋奶卖的时候,他们给的回答却是"不知道""很早就没有了""很少有人来吃这个"。很少有人来,这在我看来并不

能算作一种理由,而我们在当地的农家乐吃饭的时候,在菜单上除了"毛芋汤"之外并没有看到所谓"芋奶""菜卤芋""芋饺"的身影,那这些招牌的意义何在?

想去农村的冲动往往起源于对农产品的欲望,我们对于"芋奶"的执着也没有到此结束,因此,我们又去了一个打卡点——猪栏咖啡。这里会不会有芋奶呢?结果同样让人失望,这家咖啡店主打的是橙汁、柠檬红茶和咖啡。我们点了一杯柠檬红茶,口感和冰红茶差不多,而且里面的柠檬片感觉像是摆设,可就是这样一杯"冰红茶",价格是25元一杯。第二天我们还在第六空间点了一杯西瓜汁,价格同样"感人",28元一杯。虽然西瓜汁是鲜榨的,但在盛产西瓜的夏季,这价格还是难以让人信服。点单过程中更是出现菜单与实际并不相符的情况,店内工作人员却以人少为由以求解释没有对应饮品的正当性。

五、重点模型解析——网红村文化发展误区

在进行调查时,因为大陈村是广大网红村的一员,经常被浙江卫视、央视等平台报道,在当今这个网红村横空出世的时代,更好地对其提供指导性的建议和让所有通过新媒体了解网红村的人明确方向势在必行。本部分的案例分析主要是对网红村发展过程中出现的误区的分析和对网红村同质化的横纵向分析,即横向分析其起源、形成和结果,加之纵向分析多个被冠以网红村的ABCD等村。以下是我们归纳的三个具体结构关系图(见图2至图4)。

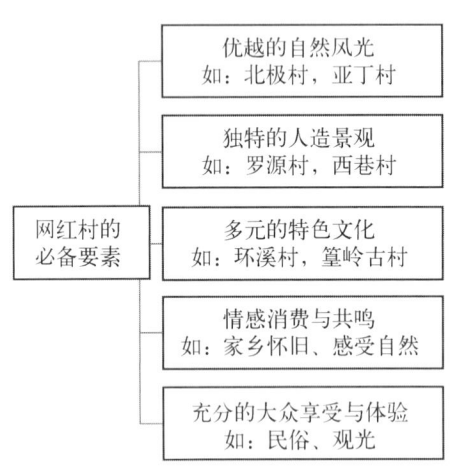

资料来源:李文嘉,唐嘉蔚.引爆点传播理论视角下的网红村构建路径研究[J].新闻知识,2020(07):10-15.

图2 网红村的必备要素

网红村的必备要素:
- 优越的自然风光 如:北极村,亚丁村
- 独特的人造景观 如:罗源村,西巷村
- 多元的特色文化 如:环溪村,篁岭古村
- 情感消费与共鸣 如:家乡怀旧、感受自然
- 充分的大众享受与体验 如:民俗、观光

(一)网红村起源

近年来,伴随着数字化技术与乡村振兴的滚滚浪潮,网红村的出现逐渐成为新一代人们呼吸新鲜空气、感受自然风光的旅游胜地。目前,网红村作为依托互联网发展下乡村致富的创新平台,正吸引着四面八方的热烈目光。然而,事实上并不是每一个村落都可以高举着"网红村"的大旗,真正成为网红村落带领村民走上致富之路的。

这其中,多项必备条件发挥着至关重要的作用。首先,从村庄自身的客观优势而言,拥有绚烂多彩的神秘极光吸引广大游客是北极村驰名大江南北的关键所在,因而优越的自然资源十分必要;然而并不是所有村庄都拥有宝贵的自然资源,故而独特的人造景观或是多元的特色文化便造就了另一类特色网红村落。例如,环溪村作为周敦颐后人居住地,深度挖掘"莲"文化、发展"莲"产业,成为著名的国际休闲乡村。除此之外,从游客自身角度考虑,更值得网红村们警惕的便是过度的虚假浮夸,让游客们仍旧能够在网红村中寻找到来自乡村的独特情感共鸣,或是觅得感念家乡的怀旧之情或是对大自然的美好赞叹。当然,在这些必备要素之外,必要的配套产业设施同样需要跟进,如此才能充分地让大众

有休闲旅游的体验与享受之感。

（二）网红村具体形成发展

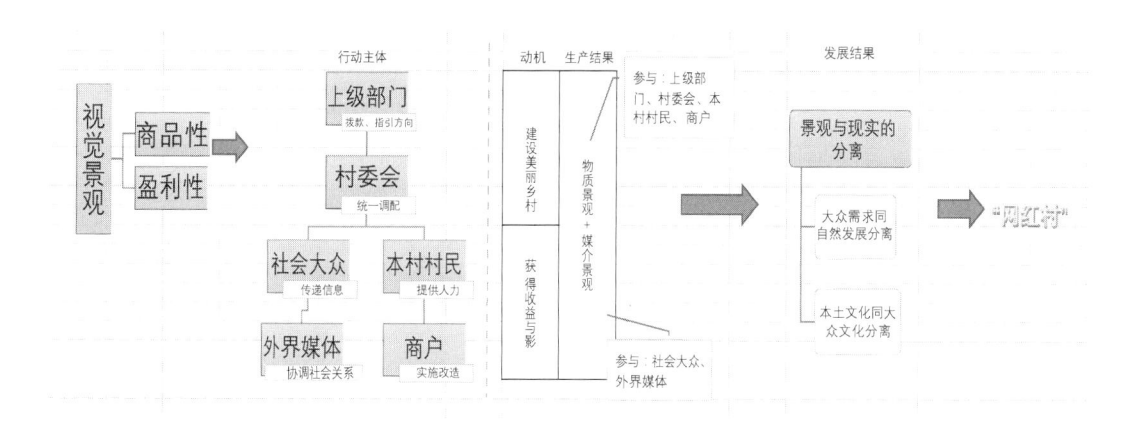

资料来源：参考德波的景观社会理论。
图 3　网红村的具体形成发展

从图 3 中我们可以看到网红村的产生是一种农村迎合大众的产物，当一个乡村里布满咖啡馆、餐厅的时候，它就不能再叫作农村了。大陈村作为新一代的网红村，它的致富成果毋庸置疑，但也不禁走入了发展的误区：它营造了一种充斥商品性和营利性的视觉景观，通过上级部门宏观调控，村委会实地开展，积极调动社会大众、媒体、村民和外来的入驻商户，不同的动机让他们聚集到了一起。从源头上，我们就能感觉到，最终营造的景观为了解决乡村发展难以持续的问题，走上视觉营销的道路了，可文化底蕴不能单凭一句口号或布置几幅字画就可以产生的，将城市生活中的必备品——咖啡等引入农村，既不正宗也不持久，能在城市找到的东西又何苦来乡村呢？网红村也就丧失了乡村本貌。

（三）网红村之间同质化

或许是当前乡村旅游业的发展缺乏统一的制定标准，或许是村民们缺乏创新意识、人云亦云的跟风行为严重与普遍，抑或是在乡村振兴改造中本土特色文化的不断流失，在永康市前仓镇的实地走访调研中，调查团在着重走访大陈村后选取的其他几家网红村落中，深刻观察并意识到了同质化现象正在乡村中蔓延开来。

仅从基础餐饮业入手，在前仓镇大陈村一家名为"猪栏咖啡"的饮品店火爆异常，无独有偶，在距其不远处的塘里村同样开设了一家名为"牛栏咖啡"的饮品店，除此之外，还有白雁口村的"库川咖啡馆"、秀岩村的"晓白楼咖啡馆"……似乎受前人开设饮品店的成功经验影响，几乎每一个成功网红村落的背后都有这么一家就连名字都大同小异的咖啡馆。或许开设同质化咖啡馆早已不仅仅是受同一镇上的其他网红村落的影响，据调查，事实上不止在浙江，四川、贵州、成都等多地都有"猪栏咖啡"的成功打造经验史。或许网红咖啡馆的同质化进程不过是村落之间实行同质化的一个小小的模板范例。在这背后，网红文化长廊、网红民宿、网红餐厅等许多网红产品正接受着"同质化"的影响。

正如图3中所示,当甲镇网红村A的特有优势在镇上的B村、C村间不断传播与复刻,最终扩散到乙镇,而同样乙镇的特有优势D经过相似的过程最终扩散到了甲镇,或许终有一天,我们会坐在环境相同的网红咖啡馆里,喝着味道相同的网红咖啡,拍着同样精致的网红照片……

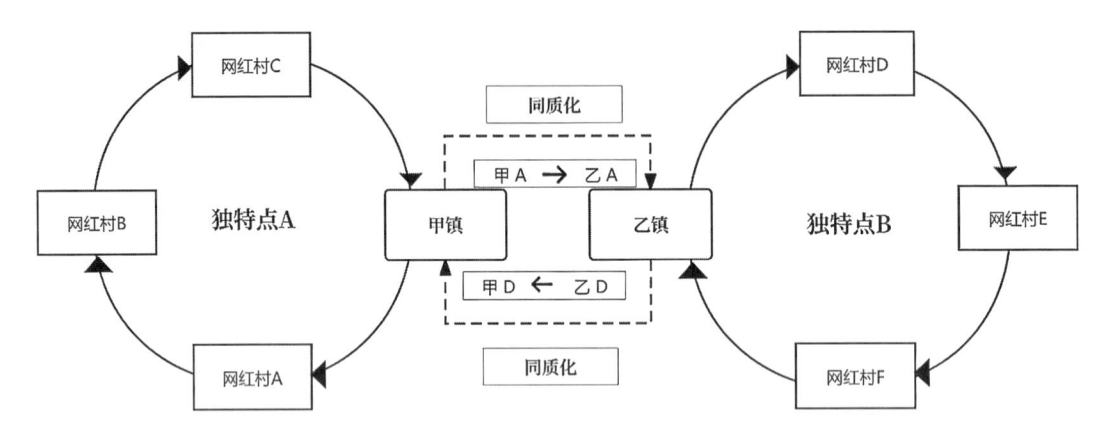

资料来源:谢思静.乡村旅游业态发展同质化问题探讨——以桠溪慢城为例[J].国土与自然资源研究,2019(03):86-88.DOI:10.16202/j.cnki.tnrs.2019.03.022.

图4 网红村间的同质化过程

(四)反思

在快速发展的时代,乡村文化面临着很多的困难和挑战。资金和资源的支持还不够,要想回归农村本位,资本的入驻绝不能当作重点来对待,资金要用到刀刃上,比如传统建筑维修翻新保护、保持乡村传统节日风俗、开发本村的特色品牌等。回归最本质的乡村风光,保留原汁原味,是金子总会发光的,不一定要迎合大众,农村真正要带给人们值得留恋的体验感一定是人们在城市中体验不到的。广大网红村尽可能不要走入误区,应该深思熟虑,寻找本村真正的特色产业,相信村庄间也是不同的哈姆雷特,从源头上减少同质化的可能也是十分重要的。

六、对 策

在对大陈村实地探访之后,结合其存在的问题提出以下几个政策性的建议:

(一)完善村内设施维护的有关政策

正如上文所述,大陈村在建设完网红设施之后,经过岁月的侵蚀,其功能日渐衰退,像摩拜单车这样的已经进入了停用的状态,实在有些可惜。在入村和入户调查中,我们了解到村民们对于设施维护的自愿出钱的意向度不高,而村委会对于如何调动村民的积极性方面却是经验有限。建议优先调动本村村民的积极性,自愿参与设施维护管理;另外,还可以鼓动上文中提到的外来商业主体,以劳抵资,减少他们要交给本村的费用转而提供劳务补偿。除却这些,还可以将上级拨给本村的款项适当用于设备维护和有关维护人员的工资发放,力求提高村公共设施的使用持久度。

（二）集思广益，加深文化渲染

一个网红村要想走得更为长远，一定要注重自身文化素养的提高，要及时去除一些看起来无必要的"糟粕"。虽然村子里有一些村里名家留下的书画字迹，但比起其他网红村，名家字画只能是画龙点睛，而不是根本的文化所在。这就需要本村的村委会集思广益，去伪存真。从一个游客的角度，我来到古村庄，我想要看到的是劳动人民智慧的体现：我们的祖先是怎样在那个时代存活下来的？他们当时所信奉的道德规范是什么？还有真正的"李唐遗风"又是什么？我想这些才是真正的文化底蕴，单凭几幅字画又怎么能够？所谓咖啡、图书馆、医生问诊，作为游客大可以在城市体验不是吗？皓首穷经，去探访真正的乡间文化，让来过的游客体验无法在别处接触到的直触心灵的文化冲击，与国内高校开展求古问今的相关活动，寻找村落最真实的本味，网红村也能拥有更多的不可替代性。

（三）完善定价制度，更新村庄招牌

作为新兴网红村，收获一定的流量固然重要，但这其中一定不能有虚假宣传的成分。通过大陈村的点评榜，我们了解到有不少游客是因为"芋奶"这一新奇的吃法来的。可是大陈村却看不到"芋奶"的痕迹，这让人很失望，这也可能是导致游客们只来一次的原因吧，所以，我们调研小组建议临水街将有关"芋奶""菜卤芋"一类的招牌撤下，改换村中实际存在的产品。

另外，建议仿照同类型的3A级旅游景区，适当地降低价格，建议村委会制定出一套适用于本村的定价制度以及对应的罚款制度，以杜绝更多被"坑"游客的可能。

参考文献

［1］汪曾祺.汪曾祺全集［M］.北京：北京师范大学出版社，1998，5：189-190.

［2］木心.云雀叫了一整天［M］.桂林：广西师范大学出版社，2009：20.

［3］文丰安.数字经济赋能乡村振兴：作用机理、现实困境与实践进路［J］.改革与战略，2023(04)：2-4.

［4］谢思静.乡村旅游业态发展同质化问题探讨——以桠溪慢城为例［J］.广国土与自然资源研究，2019(3)：1-3.

［5］李文嘉，唐嘉蔚.引爆点传播理论视角下的网红村构建路径研究［J］.新闻与知识，2020(07)：14-15.

［6］朱旭佳.视觉景观生产与乡村空间重构——"网红村"现象解析［D］.南京大学，2019.

［7］上海城市规划杂志.从视觉景观生产到乡村振兴：网红村的产生机制与可持续路径研究［EB/OL］. https://www.sohu.com/a/301288046_182272.

农村数字化生存的变与困
——基于重庆市巫山县十村的调研数据

匡　峡[①]　丁柯伊[②]　蓝一涵[③]

摘　要：数字乡村既是乡村振兴的战略方向，也是建设数字中国的重要内容。本文利用上海财经大学"千村调查"重庆市巫山县十村调研数据分析了互联网及数字化建设对乡村生活和乡村治理的影响。研究发现：重庆巫山县农村数字化仍存在一定问题与短板，这些问题包括但不限于乡村生活、乡村政务、乡村网络安全等。对此，需转变乡村治理思维、突出农民主体地位、提升农民数字素养、提升乡村政务平台治理效能，同时采取相关措施，提升农民网络安全意识。

关键词：数字乡村　乡村振兴　乡村生活　乡村治理　网络安全

一、引　言

美国学者尼葛洛庞帝1996年在《数字化生存》一书中阐释道数字化生存是指在数字化的生存活动空间里，人们运用数字技术（信息技术）顺利地进行信息传播、交流、学习、工作等活动所需要的个性心理特征。毫无疑问，我国在数字化发展中取得了举世瞩目的成就。在2022年的《中国网信》中提到，我国的网络基础设施实现了跨域式提升。但是在城乡数字化统筹发展中，乡村确实与城市网络发展存在"数字鸿沟"。首先，将网络信息技术在城市所取得的蓬勃发展快速移植到相对落后的乡村，导致原本方便快捷的数字网络未能发挥出其应有的作用，反而进一步产生一些短板与不足甚至弊端。其次，知识文化水平相对低下的大多数农村人对数字化变革渗透到乡村生活的方面产生了一定的迷茫感与不适应感，他们迷失在轰轰烈烈建设中的数字乡村当中。在乡村生活和乡村治理方面，乡村数字化建设仍有不少发展潜力与完善空间。在新时代，农村应该因地制宜，充分利用地域优势，持续地完善数字化基础设施，推动互联网、信息技术数字化相关产业在乡村落地发芽，提高农村人口对数字化的认识与应用。将现在农村数字化所遇到的问题进行化解，使

[①] 匡峡，上海财经大学信息管理与工程学院2021级计算机科学与技术本科生。
[②] 丁柯伊，上海财经大学信息管理与工程学院2022级电子商务专业本科生。
[③] 蓝一涵，上海财经大学外国语学院2022级商务英语专业本科生。

得数字赋能乡村,以乡村数字经济新形态助力乡村振兴。最终让农村由"数字化生存"质变为生活在数字化时代。

二、调研设计及过程描述

(一)调研方法

本次千村调查,作者三人共同前往重庆市巫山县。调研小组以"数字经济赋能乡村振兴"为主题,深入乡村,走入乡村农户家中,依托上海财经大学自主设计的调研问卷加之小组特别关注有关乡村数字化的相关问题,通过问卷法和实地调查法开展调研。

1. 问卷法

上海财经大学 2023 千村调查问卷分为入村和入户两种问卷。入村问卷主要分为村集体基本信息、乡村振兴模块、数字技术赋能乡村三个部分。入户问卷主要分为家庭基本信息、乡村振兴模块、数字乡村模块三个部分。问卷每个板块具体问题经过老师的科学设计具有较高的分析价值。依托问卷,我们对乡村的数字化发展有了较为真实和深入的了解。

2. 实地调查法

主要通过一对一或多对一的实地访谈形式采访当地农户和基层干部,以实事求是科学严谨的学术态度对乡村数字化进行深入调研。通过走入当地的村委会、村民生活广场、农户家中进行实地考察,笔者能更好地从调研中发现问题、分析问题、解决问题,探究对数字更好赋能乡村的有效措施和政策建议。

(二)调研地区

此次调研前往重庆市巫山县共涵盖下庄村、路口村、鸳鸯村、大娅村、伍佰村、新安社区、权发村、笔架村、安坪村、白坪村合计共 10 村。各组村分别发放 1 份入村问卷,20 份入户调查合计 10 份入村问卷 200 份入户问卷。作者将入村入户问卷当中的各项数据进行比对并剔除信息不完整或不对应的入户问卷 1 份,最终将 209 份调研问卷收录,入村问卷有效率 100%,入户问卷有效率 99.5%。

(三)乡村治理的走访情况

本次千村调查的主题是数字乡村,于是在重庆市巫山县的 10 个村子进行实地走访时,不论是问卷还是访谈以及对于村子环境的观察,都有刻意留意数字化给乡村整体环境带来的改变。199 户人家中仅有 20 户觉得自己村子的网络速度慢,不存在没有网络覆盖的村子,这与《中国数字乡村发展报告(2022 年)》中"全国行政村通宽带比例达到 100%"相符合,农村网络基础设施实现全覆盖,农村通信难问题得到历史性解决,网络已经是乡村不可忽视的生存因素了。在走访的十个村子中,村里村民不是通过开网店卖农产品,也没有通过网络进行创业的仅有两个村子(路口村和笔架村),其中 3 个村子(伍柏村、新安社区、权发村)更是"巫山脆李"的重要种植地,当地村民的主要收入就是卖李子,而李子主要通过电商平台销售,这其中离不开数字基础设施的助力。乡村与数字化的联系已经愈来愈紧密。

乡村整体环境的改变对新时代乡村治理提出了新要求。习近平总书记指出,"当今世界,信息技术创新日新月异,数字化、网络化、智能化深入发展,在推动经济社会发展、促进国家治理体系和治理能力现代化、满足人民日益增长的美好生活需要方面发挥着越来越重要的作用"。将互联网等数字技术与乡村治理融合,已经成为现代乡村治理的重要支撑。在本次走访的重庆市巫山十村中,利用网络(如微信群、推送、网页等)将本村的村务信息、财务信息对全村公开的只有一个(伍柏村),利用网络通信工具处理村庄事务的村子有9个(除了路口村),开始使用数字乡村服务平台的(比如网格化监控系统、乡村大数据主题展示、宅基地农房租赁管理信息等)有两个村子,但是没有一个村子利用官方微博账号、公共邮箱、QQ群或者微信群开展宣传的。"互联网+政务服务"的组合模式已经覆盖绝大多数乡村,在拥有自己的数字平台的8个村子中,认为这些数字平台能够及时解决本村事务问题或诉求的占比达到100%。数字政务平台有助于村务、财务、党务等信息公开透明,切实保障村民的监督权,降低在农村民主自治中村民民主权利遭受侵害的风险,乡村基层综合治理水平不断提高。村庄网络政务平台使用情况详见表1。

表1　村庄网络政务平台使用情况

	村里现在有没有村民通过开网店卖农产品或者通过网络进行创业	本村通常通过哪种方式处理村庄事务	本村是否开始使用数字乡村服务平台(比如网格化监控系统)	本村是否利用官方的微博账号、公共邮箱、QQ群或者微信群开展宣传	本村更新官方微博、微信群内容的频率	每周使用政务App、微信发布或分享村庄日常事务的频率	这些数字平台是否能够及时解决本村事务问题或诉求
下庄村	有	既有传统方式,也用网络通信工具	有	发布政策信息、民生信息	每天更新	很多	能够及时解决
路口村	没有	传统方式	没有	无	无	较多	无
鸳鸯村	有	既有传统方式,也用网络通信工具	有	发布本地特色产品、旅游等信息	每天更新	很多	能够及时解决,但比较缓慢
大娅村	有	既有传统方式,也用网络通信工具	有	发布本地特色产品、旅游等信息	每天更新	很多	能够及时解决,但比较缓慢
伍柏村	有	既有传统方式,也用网络通信工具	有	发布本地特色产品、旅游等信息	每天更新	很多	能够及时解决,但比较缓慢

续 表

	村里现在有没有村民通过开网店卖农产品或者通过网络进行创业	本村通常通过哪种方式处理村庄事务	本村是否开始使用数字乡村服务平台（比如网格化监控系统）	本村是否利用官方的微博账号、公共邮箱、QQ群或者微信群开展宣传	本村更新官方微博、微信群内容的频率	每周使用政务App、微信发布或分享村庄日常事务的频率	这些数字平台是否能够及时解决本村事务问题或诉求
新安社区	有	既有传统方式，也用网络通信工具	有	发布本地特色产品、旅游等信息	每周更新	较多	能够及时解决
权发村	没有	既有传统方式，也用网络通信工具	没有	发布政策信息、民生信息	每天更新	很多	无
笔架村	有	既有传统方式，也用网络通信工具	有	发布本地特色产品、旅游等信息	每周更新	很多	能够及时解决，但比较缓慢
安坪村	有	既有传统方式，也用网络通信工具	有	发布本地特色产品、旅游等信息	每周更新	很多	能够及时解决
白坪村	有	既有传统方式，也用网络通信工具	有	发布政策信息、民生信息	每周更新	很多	能够及时解决，但比较缓慢

资料来源：作者根据千村调查巫山县农户问卷整理计算所得。

（四）居民生活方式的走访情况

结合《数字乡村发展战略纲要》中涉及关于网络化、信息化和数字化在乡村振兴中的重要性和以安全保发展，以发展促安全的基本原则，笔者将重点落到重庆市巫山县农村居民生活方式中关于网络运用的现状，收集并整理分析数字乡村模块数据，试图掌握村民数字素养、村庄网络环境。基于此，笔者将阐述农民数字化生存现状与此次受调查者群像的联系。

1. 调查对象群像

本文对200份问卷进行数据筛选，通过输入年龄和收入与学历之间的不匹配，排除无效问卷50份后进行基本信息统计，包括受调查者年龄、家庭经济状况和文化程度等个人家庭情况（详见表2）。

表 2　　　　　　　　　　　　　　受调查者基本信息统计

基　本　信　息		人数（人）
年龄分布	20～30 岁	10
	30～40 岁	14
	40～50 岁	31
	50～60 岁	48
	60 岁以上	47
平均每月收入（单位：元）	1 000 以下	31
	1 000～3 000	62
	3 000～10 000	45
	10 000 以上	12
本人文化程度	小学以下	36
	小学	55
	初中	33
	高中	10
	大专	12
	本科及以上	4

资料来源：作者根据千村调查巫山县农户问卷整理计算所得。

从总体来看，在年龄方面，40 岁以上的受调查者占到 85%，以中老年人为主要群体，由于调研时间正值暑假，经过笔者与受调查者的交流，常住人口多为中老年群体。

在收入方面，1 000 元收入以下家庭占 20%，将近一半的受访者家庭收入在 1 000～3 000 元，30% 的受访者家庭收入在 3 000～10 000 元。据调查，各村利用独特地理优势，有特色农产品产业；部分村落有外来集团承包。另外，结合当地扶贫政策以及老年、医疗补贴等，所有受访者可以满足生活基本需要，多数受访者可以满足家庭教育、治病等开支。由于各个家庭构造不同，因此支出与收入情况的匹配程度也不同，大多数年支出与收入之间呈现赤字。

在文化程度方面，全样本受调查者的文化水平集中在初中及以下，其中文化水平在小学及以下的人数占全样本的 60.6%；大专和本科以上的人数仅占 10%，整体受教育水平较低。另外，据笔者勘察，存在部分中高龄群体不识字的现象。

另外,为进一步了解当地居民与外界交流情况,笔者梳理了他们是否外出务工的回答。其中大于50%的居民从未外出务工,将近50%的居民有外出务工经历。据笔者了解,大部分外出务工人员是在巫山城镇打工,但仍有小部分居民有外市打工经历。

2. 当代农民数字化生存现状

随着互联网向偏远地区农村和较高年龄群体不断渗透,有诸多现实因素阻碍农民生活数字化的进程,其中农民受教育程度整体低下、老龄化严重和农村相关知识的普及程度不足带来的影响较大。第一,重庆市巫山县农村地处山区,地势偏远,教育资源匮乏,加上当前整体网络环境复杂,因此农民对于接受网络安全知识和更复杂教学知识产生的抵触情绪愈发尖锐。第二,农村"老"龄化现象与"新"媒体时代产生了冲突,变革任务艰巨。老龄群体在对于新事物的接受上以及学习能力上较年轻群体比较迟钝。第三,网络相关知识的宣传手段仍具有持续优化的空间,包括宣传活动性质、考察指标体系和对象人群。

综上,为了提升农村网络信息安全程度,持续推进中国农村数字融入进程,笔者以巫山县农村为研究对象,围绕新媒体时代下农民生活方式的改变,采用问卷调查和访谈的方式,分析当地农民对于网络和多媒体设备的使用现状,此研究具有社会实践意义。

三、调研分析及结论

(一) 政务平台(生活环境)

鉴于"互联网+政务服务"在调研村庄80%的覆盖率,我们选择剔除剩下2个村庄,20户人家的数据,对剩余数据进行整理分析,针对性地探讨数字化与乡村政务服务相结合的实际工作中存在的问题(详见图1和图2)。

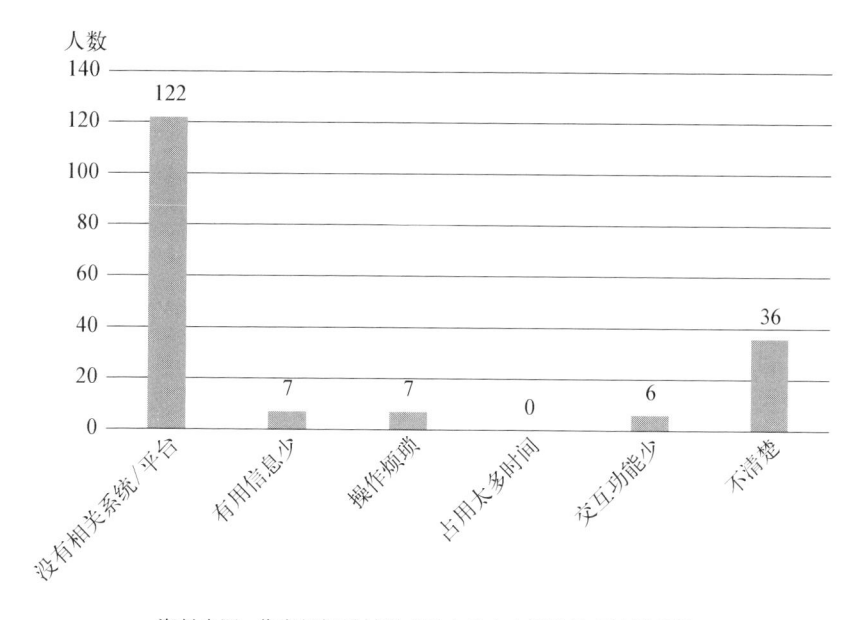

资料来源:作者根据千村调查巫山县农户问卷整理计算所得。

图1 认为目前村务信息管理系统/平台有存在问题的人数

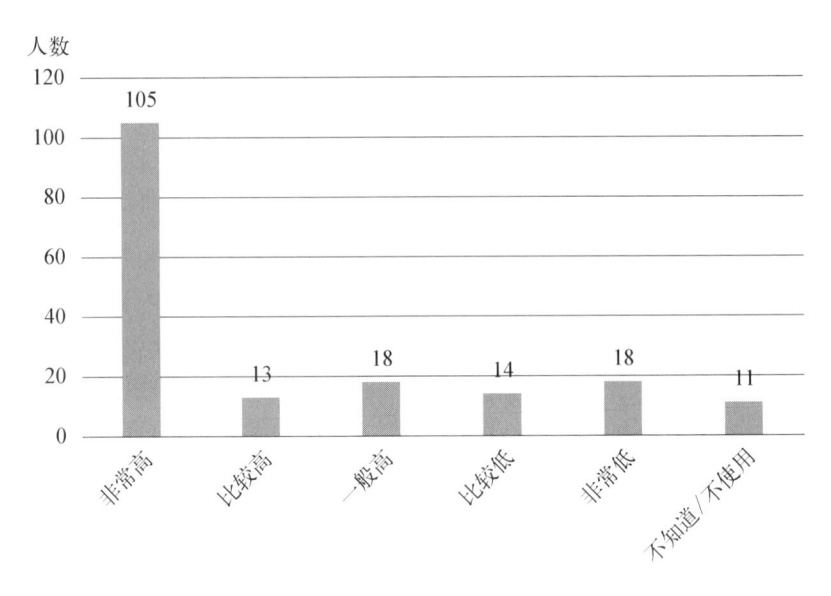

资料来源：作者根据千村调查巫山县农户问卷整理计算所得。

图 2　村民使用本地的在线政务服务平台(比如政府 App、网上平台等)的频率人数统计

根据上图中对村民使用本地的在线政务服务平台(比如政府 App、网上平台等)的频率以及认为目前村务信息管理系统/平台有哪些问题两个问题中，选择不知道/不使用在线政务平台和没有相关平台的分别占 59％和 69％，这还是删除村问卷中明确指出没有在线政务平台的两个村庄相关村民的相关数据之后的结果。将这两个问题显示出来的数据与村问卷中村里每周使用政务 App、微信发布或分享村庄日常事务的频率如何的数据进行对比，经分析得到以下结论：巫山本地乡村的数字化与乡村政务服务相结合的工作，村集体在认真负责地推行，但反映到村民的效果不太理想，农民对政府网站、政务微信、政务微博和移动客户端的知晓率、使用率和满意度都不高。造成这种结果的原因是什么呢？是村集体宣传力度不够？还是数字政务平台功能不够齐全，难以满足村民的日常需求？其实二者都不是。笔者在巫山当地做实地调查时，也是早早地发现了这个冲突，于是趁着空余时间，采访了伍柏村的书记。(在拥有自己的数字政务平台的八个村庄中随机抽取之后，我们选择了伍柏村)。在采访中，书记指出，伍柏村的数字政务平台是一个微信小程序，是外包给当地电信公司做的，在功能上，小程序不仅做到党务、财务、村务的"三务"公开和透明，更是因地制宜地加上了有关村民与李子的相关功能。例如告诉村民新品种的李子应该怎么种植，怎么施肥，怎么杀虫，这些村集体是有集中培训的，但还是选择在小程序上再放一次，为的就是满足村民方方面面的需要。同时，对书记的采访也为笔者的研究提供了新的思路。书记表明，村民使用率低的原因，并不是因为村子里没有做好宣传，相反，村集体每周都会组织一部分的村民进行数字政务平台的教学与培训，这是有国家指标的，村子是不可以擅作主张不去完成的。与村集体积极完善数字平台的功能，配合国家政策努力进行推广的行为相反，大多数村民在培训之外的时间很少打开政务平台，更有甚者

甚至在进行培训时需要村集体掏钱才去参加。与书记的交谈让笔者意识到,这次问卷反映出来的问题,不只是数字政务平台在村集体宣传力度和村民使用率不成正比,数字政务平台的价值未能得到有效发挥的矛盾,更是在新时代怎样将数字化相关新政策、新治理方式向农民推广,让农民主动接受并积极运用的问题。"互联网＋政务服务"的操作模式,不仅需要村集体的积极推广,而且需要村民的积极配合,在这样的条件下,数字化智能的红利才能真正造福乡村,乡村治理才能走出新模式,乡村振兴才能在这样一个数字化时代扎实地稳步推进,由此观之,实现乡村治理的数字化和现代化仍然任重道远。

（二）网络安全

1. 重庆市巫山县农村近年网络发展状况

重庆巫山县农村地区一直存在偏远与交通不便利的问题,同时老龄化现象较为严重,下面笔者将分别对此进行分析。

（1）交通

巫山县地理条件独特,多山且纵横交错,地势复杂,这导致了农村地区交通极不便利。大部分农村地区位于山区,道路蜿蜒曲折,交通要靠山路,多数路段狭窄陡峭,不适合大型交通工具,且大多数路没有做过硬化,使得交通更为困难。并且由于地势复杂,公共交通工具覆盖面狭窄,巴士线路有限,大部分地区依赖摩托车、电动车等非正规交通工具。另外,由于山路弯曲,前往县城或城市中心需要较长时间,因此农村居民出行成本增加,并因此限制了他们的就业机会和经济发展,也影响了物流、医疗救护等方面的服务。

（2）老龄化现象

同时,由于交通不便利,年轻人更愿意迁往城市谋求更好的就业机会,导致农村老年人口占比上升;医疗、养老等服务设施在偏远地区缺乏,老年人的健康和生活质量受到影响;老年人口与城市接轨的机会有限,社会交往受到限制,容易导致孤独和心理健康问题;老龄化意味着劳动力减少,农村农业生产和经济发展受到制约。

结合以上分析,笔者发现在巫山县城乡数字鸿沟仍然存在,且农村处于较弱势的地位。尽管政府大力推广用数字化手段赋能乡村振兴,但是农村依旧是信息狂欢中的匮乏者。

2. 村民普遍上网行为分析

（1）社交媒体占主导地位

首先,笔者横向分析了各类应用软件在村民中的使用情况(详见表3)。

表3　　　　　　　　　　各类应用软件在村民中的使用情况

各类App在村民中的使用情况	精通	熟练使用	能基本使用	了解但不会用	完全不会
对于网页浏览应用的掌控程度	16	19	34	26	59
对Office等办公软件应用的掌控程度	6	8	5	16	119

续表

各类App在村民中的使用情况	精通	熟练使用	能基本使用	了解但不会用	完全不会
对电子邮件的掌控程度	7	7	8	16	116
对于娱乐音视频应用(如快手抖音)的掌控程度	14	58	31	6	45
对教育教学类应用(如中国大学、MOOC)的掌控程度	4	5	7	10	128

资料来源：作者根据千村调查巫山县农户问卷整理计算所得。

经过横向对比各类软件使用趋势可以发现，除娱乐音视频应用之外，在其他软件中，大部分的村民处于完全不会或者仅限于了解过的程度。但是在娱乐音视频应用中，超过半数的人能够自主使用相关软件。由此可以推断，在巫山县农村中，娱乐软件和社交媒体占绝对主体地位(详见图3)。

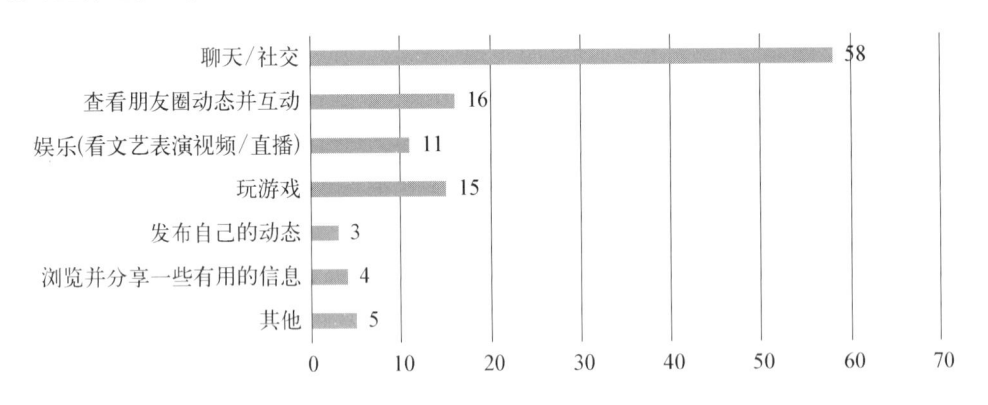

类别	数量
聊天/社交	58
查看朋友圈动态并互动	16
娱乐(看文艺表演视频/直播)	11
玩游戏	15
发布自己的动态	3
浏览并分享一些有用的信息	4
其他	5

资料来源：作者根据千村调查巫山县农户问卷整理计算所得。

图3 村民手机使用情况

图3显示，聊天和社交是绝大多数村民使用手机的原因，除此之外还有查看朋友圈动态并互动，以上二者属于社交手段。另外，小部分村民会利用娱乐软件看视频或者打游戏。基于此，笔者发现社交媒体和娱乐软件对于农村农民的重要性体现在它们是连接亲人、社会的工具。并且，由于其操作简单，大部分农民会使用其消磨时间。因此由软件使用所引出的隐私泄露问题和网络安全问题让笔者产生了更深的疑惑。村民使用的软件是否具有集中性？应该从同一群体入手还是从同一软件入手进行科普效率更高呢？

进一步分析村民使用频率较高的软件可以发现，除去不使用社交媒体的群体外，几乎所有村民都使用微信、抖音或者快手(详见图4)。如果要从实操加强村庄内村民信息安全，保障整体网络质量，则可以从加强这三个软件的使用培训开始，介绍软件内功能使用；宣传辨别不良消息的方法并给予适当的提醒。

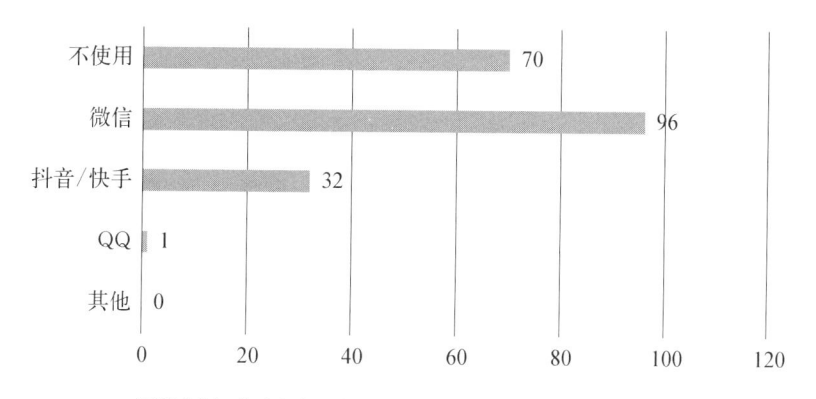

资料来源：作者根据千村调查巫山县农户问卷整理计算所得。
图4　村民常使用手机软件综合排名

（2）村民隐私保护行为

据数据显示（详见图5），来源可信度仍是在村民获取信息时最多考虑到的因素，但同时，第二手重视的因素是兴趣爱好。由于村民对于外界网络环境良莠不齐的认知的匮乏以及对于虚假信息的迟钝，在网上看到不真实或者不健康消息时的抵抗力较低。另外，由于农村与城镇联系不紧密，村民之间关系紧凑，因此熟人推荐也成为村民浏览信息的主要来源，如此网络不良信息容易在村中大规模扩散开来。

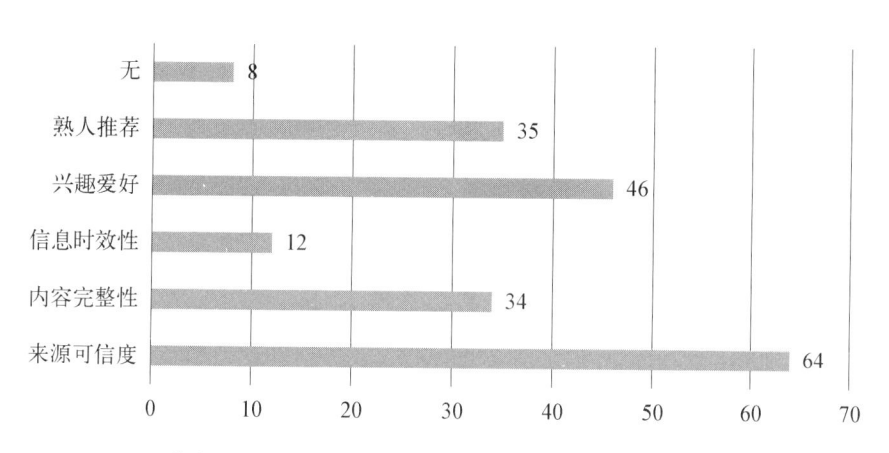

资料来源：作者根据千村调查巫山县农户问卷整理计算所得。
图5　村民获取信息主要考虑因素综合排名

经过数据分析可以发现，有40%的村民在使用网络时不知道如何分辨网络谣言和虚假信息（详见图6）。而在网络安全面前，只要给犯罪团伙或者不良消息一个缺口就会后患无穷。因此，巫山县农村急需要加强相关知识讲座。

（3）个人隐私保护的程度及态度

根据调查数据可以发现，绝大多数的村民认为个人信息隐私保护是重要的，只有5%左右的居民网络安全意识有待增强（详见图7）。由此可以得到近年来对于网络安全意识

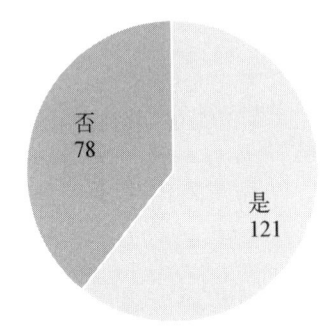

资料来源：作者根据千村调查巫山县农户问卷整理计算所得。

图6 在使用网络时是否了解如何识别和防范网络谣言和虚假信息对比图

的宣传有所成效的结论，因此结合当下状况，为了进一步加强农村网络信息安全和个人尹思堡保护，更重要的是提升村民实际操作的能力。

综上，对于网络安全知识，巫山县农村存在村民重视程度较高但是相关运用能力较落后的现象，据此，笔者将在后文提出具体建议。

3. 村庄数字化程度和网络环境现状匹配程度

近年来，巫山县网络扶贫工作开展得如火如荼。截至2020年，巫山县全县已实现4G网络城区、乡镇、行政村全覆盖，在任何一个角落，市民都可以享受到高品质的4G网络。全县共有4G基站1788个，实现了户户通信号。另外，在辖区传统产业中，巫山县积极推动转型升级，推动互联网、大数据、人工智能等与实体经济深度融合，以大数据引领高质量发展。

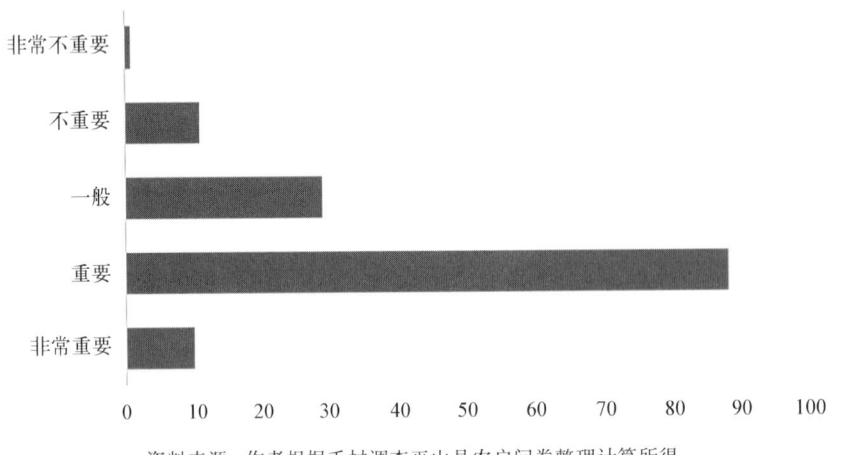

资料来源：作者根据千村调查巫山县农户问卷整理计算所得。

图7 村民对于个人信息隐私保护重要程度

据调研数据可知，60%的受访者认为网速较快或者很快，认为网速一般的受访者占总体样本的26.6%，仅有14%的受访者认为网速在网络使用上出现过网络卡顿或者网速较慢的情况（详见图8）。由此可得，如今村庄整体网络环境良好。

但实际上，目前巫山县农村村民在基础网络使用上仍然存在多种困难，其中"村民数字化程度和网络环境发展程度二者不匹配"的现象引发笔者思考。究竟是什么原因导致农村农民在4G流畅的网络环境和高配置的数字化乡村进程中感到窘迫？基于此，笔者对于居民网络使用情况的几个方面进行了数据统计。

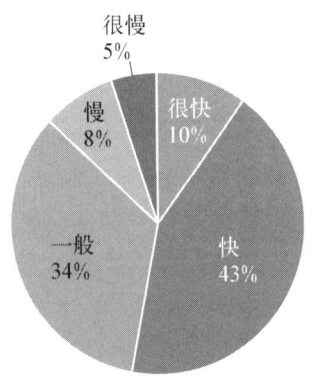

资料来源：作者根据千村调查巫山县农户问卷整理计算所得。

图8 居民家庭网络网速调查

笔者以网页浏览作为是否能够自主使用互联网，根据调查数据额可以发现，绝大多数受访者不会使用电脑，且有超过 80% 的受访者对于浏览网页应用掌握不熟练，更有 30% 的人完全不会网页浏览（详见图 9 和图 10）。

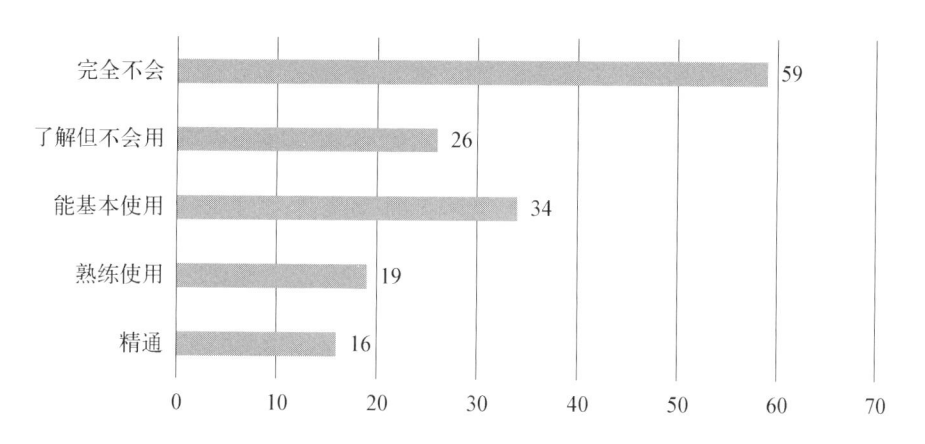

掌握程度	人数
完全不会	59
了解但不会用	26
能基本使用	34
熟练使用	19
精通	16

资料来源：作者根据千村调查巫山县农户问卷整理计算所得。

图 9　对于网络浏览使用的掌握程度

经过分析，笔者总结了以下两点主要原因：第一，网络知识宣传力度不够。笔者查阅重庆文明网巫山县的报道，发现大部分的网络使用以及网络安全知识普及宣传是通过志愿活动进行宣传。志愿者有中国电信网工作人员和高校学生、社会公益人士等，因此存在知识讲解力度不够稳、准、狠的现象。其次，面向对象主要为青少年学生和广大部门干部，对于农村较高年龄群体针对性不强，对于进一步扎根农村有提升空间。第二，宣传手段没有经过落实。据村干部说，大部分知识宣传考察指标为讲座到场人数和举办次数，没有后续落实情况的追踪，因此会产生部分居民在到场入席后仍然不会使用网络的现象。

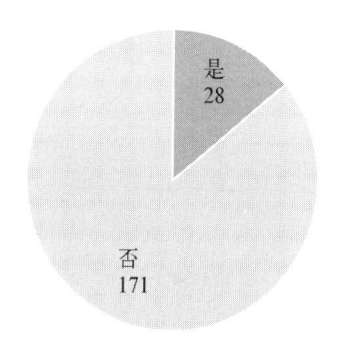

使用电脑情况：是 28；否 171。

资料来源：作者根据千村调查巫山县农户问卷整理计算所得。

图 10　农民使用电脑情况统计

综上，笔者认为有效提升农民网络素养是实现巫山县农村农民数字融入和网络振兴的必经之路。

4. 村民网络使用困境

图 11 显示，受访者在使用网络中遇到的障碍较丰富，其中令大多数农民感到困扰的是各类技术障碍，由此合理推理出村庄需要引进更多有网络知识的人才干部以解决常见的技术问题或提供技术支持。另外，使用界面复杂或者不直观、不安全和隐私问题也成为村民的疑惑，因此一方面需要加强农民网络媒介素养，另一方面需要针对信息系统安全和网络使用安全进行科普和有意识的强调。

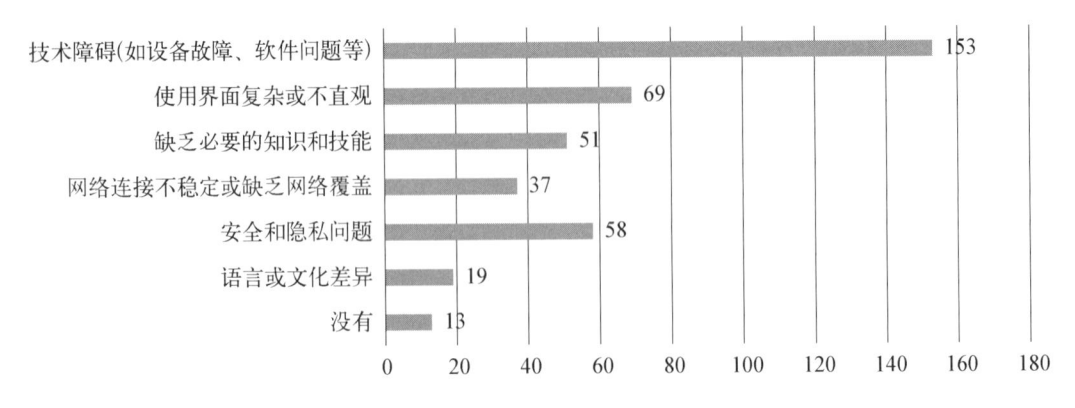

图中数据：
- 技术障碍(如设备故障、软件问题等) 153
- 使用界面复杂或不直观 69
- 缺乏必要的知识和技能 51
- 网络连接不稳定或缺乏网络覆盖 37
- 安全和隐私问题 58
- 语言或文化差异 19
- 没有 13

资料来源：作者根据千村调查巫山县农户问卷整理计算所得。

图 11　农民使用电脑困难和障碍

四、思考建议

（一）政务平台

在分析新时代乡村治理存在怎样将数字化相关新政策、新治理方式向农民推广并让农民主动接受并积极运用的问题后，笔者将对其进行深入剖析并提出自己的建议。

1. 提升农民数字素养

访谈表明，农民们参加培训后会使用数字政务平台进行相关操作，但他们不愿意去用，这是一种与数字化时代背道而驰的行为，农民要想在数字化时代生存，吃到数字化乡村治理的红利，就必须提升自我数字素养，不只是会用手机刷视频玩游戏那么简单，更要学会拍视频等数字技能，才能更从容地面对数字化浪潮，切身感受"互联网＋政务服务"给自己带来的便利，从而主动去配合数字化的乡村治理，构建政民良性互动格局。

2. 突出农民的主体地位

在调查中显示，数字政务平台在村集体宣传力度和村民使用率不成正比，数字政务平台的价值未能得到有效发挥，这是因为村集体错把宣传数字政务平台当作重点，没有去追踪农民的使用情况；是因为政府错把使用数字平台的村民数量当作重点，设立了参与数字政务平台使用培训的人数指标，重数量而轻了质量。二者都搞错了重点，错把达成目标的手段当作目的，忽视了农民在乡村治理的主体地位，忽视为农民服务才是乡村数字化转型的根本目的。针对此问题，政府应该从思想上做到构建数字政务平台以农民为主体地位，贯彻以人民为中心的发展理念，完善基层群众参与机制，提升人民群众话语权；从行动上构建新的推广监管体系，例如把参与数字政务平台使用培训的人数作为指标改为村民们在特定时间段内对于政务平台某些板块的浏览次数，让基层干部和村民们一起在日常生活中做到政务系统的频繁使用，村民们用得多了，政务平台解决问题多了，使用率和满意度就上去了。

3. 转变乡村治理思维

在乡村的数字化转型过程中,"互联网+政务服务"中数字技术本身只是一种工具,不具备什么价值,真正有价值的是用这份技术去满足农民的需求。调查显示,有些基层干部在日常工作中会使用9个政务平台、20个微信群,这似乎是一种新的形式主义,无疑在一定程度上分散了基层干部处理日常事务的注意力,影响工作效率。

基层干部是乡村改进数字政务的核心力量,政府应该加大财政支持力度,加强涉农资源整合,建立统一的一站式"互联网+政务服务"平台。以省级政府门户网站为基础,整合本地各层级面向乡村居民的政务服务资源,建立覆盖市、县、乡(镇)、村的统一的"融媒体+政务服务"综合门户,为农户提供一站式便民服务与政务服务,做到"单点登录,全网通办"。统一的数字政务平台,不仅可以为基层干部减"事"负增"事"权,而且便于全国各地农民进行统一的操作培训,减少不必要的开发各地政务平台的资源浪费,从根本上推动基层政务服务数据高效流通使用,为政府做出更加科学的决策提供数字技术支持。

(二)网络安全

在加强网络安全方面,考虑到当地村民整体教育水平低下、老龄化严重以及网络使用知识不足的特点,巫山县应该合理运用其4G全覆盖的网络环境优势,积极弥补其在安全意识上的不足,及时调动当地村民的积极性,利用其各个村庄之间连通的性质进行社区互助,进一步优化政府政策支持等途径来促进农村地区网络使用的综合发展。

1. 网络安全补贴计划

基于村民提升网络意识积极性不高的特点,政府可制定计划,旨在为低收入老年群体提供网络安全补贴或者物资,与网络安全讲座的签到相互绑定,补贴用于及时补充电子设备和网络安全软硬件,降低网络安全经济成本,提高居民参与网络安全社区活动的积极性和效率。可设置相关监督员及时跟进计划实施完成情况。

2. 设置巫山县农村"网络安全宣传车队"

据笔者了解,巫山县农村网络安全宣传活动以志愿形式为主,导致传达效率和落实率不高。可以组建"网络安全宣传车队"定时走访农村各地,在与当地干部对接网络安全工作的同时,在村内开展宣传活动,向老年居民普及安全知识,并且巩固本村在居民生活方式和政务信息安全的管理。

3. 设立"网络安全大使"

据笔者了解,目前村内存在各种网络使用障碍情况较明显且没有高效的解决方案。可以从村庄中评比出一位或者多位网络安全大使。该人员需要兼备一定的技术基础和良好的沟通能力,因此可以设立相应的奖励机制。网络安全大使可以保证村民在遇到技术障碍和困难时有人可问,同时可以调动村庄参与互联网发展的积极性。

4. 设置24小时农村互联网咨询热线

巫山县可以联系重庆当地的移动公司或相关事业单位进行合作,在偏远地区设立农村互联网咨询热线并配备相关服务专员,能够保证村民以及村干部有专业从事人员对口帮扶,同时帮助移动公司或事业单位获益,实现共赢,促进巫山县经济和互联网水平的发展。

5."定时定点定量"的网络基础设施修护政策

考虑到居民整体基础设施水平较低,并且不具备独立更换设备的身体状况和文化素质,可以制定政策来定时定点定量地进行网络基础设施的保养、修护和更换。

五、讨论与展望

本文主要探讨了新时代数字化浪潮带给乡村的变革以及在发展中的一些问题。根据调研数据,笔者发现,乡村数字平台特别是涉及政务类的治理平台未能切实有效地发挥出其全部功能。村民因其自身原因也未能很好地融入信息化,农村地区因此成为网络安全状况最薄弱的一环。通过分析及研究,我们得出一些政策性建议。现在我们迫切需要提高农民对信息数字化特别是对网络安全方面的认识,培养他们的媒介素养。政府同样需要承担起其主体责任,在对现在乡村数字治理所存在的一些做出相应的改进优化。

然而,本研究也同样存在一些局限性和不足之处。由于本文调研所得的样本数据有限,我们无法得到更加全面的数据和结论。本文调研对象范围较为局限,因此结论可能具有一定地域特点。

现阶段,在关于乡村数字化的研究已经涌现大量优秀学术文献,但乡村数字化建设研究仍然任重道远。党和国家高度重视数字乡村,数字乡村同样也是未来乡村振兴战略发展方向。

参考文献

[1] 尼葛洛庞帝. 数字化生存[M]. 海口:海南出版社,1996.

[2] 中国网络空间院. 数字中国建设发展成就与变革[J]. 中国网信,2022(10).

[3] 庄荣文. 营造良好数字生态(人民观察)[N]. 人民日报,2021-11-5.

[4] 汇智视野. 乡村治理数字化的发展现状和问题[EB/OL]. (2021-08-17). https://baijiahao.baidu.com/s?id=1708332411983533744&wfr=spider&for=pc.

[5] 迟明雪. 农村老年人社交媒体使用中隐私关注研究[D]. 硕士学位论文,辽宁大学新闻与传播系,2021年.

[6] 林志鸿. 乡村政务服务数字化转型的现实困境及优化路径[J]. 智慧农业导刊,2023(8).

自贸港建设背景下的海南农村电商发展问题与对策
——基于永德村、三更村、荣邦乡的调研数据

李若曦[①] 邱宝谊[②]

摘 要：当前,为了更好地解决"三农"问题这一中国改革发展焦点,我国大力推进乡村振兴国家战略。乡村振兴战略作为新时代"三农"工作的总抓手,正不断与互联网深入融合,农村电商逐渐成为乡村振兴的重要推手。在海南自贸港建设的背景下,文章结合海南自然环境、历史文化、政策与经济等方面,概括了海南农村电商现今发展模式与存在问题,并通过参考相关文献及分析当地特点,试寻找海南本土农村电商发展与乡村振兴之间的关系,探讨其优势、挑战和未来发展方向。

关键词：乡村振兴 农村电商 自贸港建设 电商模式

一、引 言

2020年中国现行标准下农村贫困人口全部脱贫,创造了人类减贫史上的伟大奇迹。世界上没有哪一个国家能在那么短的时间内帮助那么多人摆脱贫困,为了巩固这一伟大成就,2023年中央一号文件《关于做好2023年全面推进乡村振兴重点工作的意见》明确指出,必须坚持落实巩固拓展脱贫攻坚成果同乡村振兴有效衔接政策,全面推进乡村振兴,加快农业农村现代化,而"三农"问题仍是乡村振兴工作的重中之重。首先,城乡发展不平衡、农村发展滞后问题仍然突出；城乡居民收入差距仍在扩大；农村、城市基础设施建设仍是两个天地。为了更好地解决以上问题,乡村振兴作为我国的国家战略得到很好提出,旨在实现农村地区经济的可持续发展和社会的全面进步,随着互联网的快速发展,农村电商逐渐成为乡村振兴的重要推手。

首先,笔者在选取报告角度时考虑了这样一个问题：电商是解决"三农"问题的"灵丹妙药"吗？经阅读相关文件及提炼总结,得出了农村电商的"三大优势"与"五大可能"："三大优势",即解除了市场限制(地域限制、长尾市场、销售碎片化),解除了渠道限制(降低销

[①] 李若曦,上海财经大学商学院工商管理专业2022级本科生。
[②] 邱宝谊,上海财经大学法学院经济法专业2022级本科生。

售成本、解除对运销商的依赖),解除了话语权的限制(产销直通、信息对称、农民分得率上升);"五大可能",即提供了农民直接参与市场的可能,与消费者对接的可能,自主运营产业链主要环节的可能,解除要素约束的可能,降低信息不对称的可能。基于以上优势与可能,现阶段发展农村电商对于推动农村地区的经济发展从而促进乡村振兴伟大进程无疑具有积极的作用。

全国各地乡村振兴局,针对开展电商进农村这一可能也做出了大量探讨与实践。自2018年以来,海南省政府接连制定出适应海南各乡村的政策与方案,大力推动建立完善地区电子商务公共服务体系,建立健全电商振兴长效机制,鼓励创新,打造海南本土特色农产品品牌,促进相关产业集聚发展。2020年,中共中央、国务院印发《海南自由贸易港建设总体方案》,海南作为自由贸易港,是全国最早实现跨境电商零售进口试点地区之一。在此背景下,笔者通过走访调研海南海口、三亚、白沙三个市县及其管辖乡镇、村庄,试分析海南农村电商发展现状、发展模式及发展问题,并基于以三更村为代表的农村电商初步发展数据对其给出相关发展建议。

二、文献综述

农村电商是指通过互联网技术和电子商务为支撑,以农产品和农村旅游等资源为核心,为农民和农村地区提供互联网销售和推广,增进资源流通效率和增加创业机会的新兴商业模式(蔡苹,2023)。乡村振兴是指通过发展农村产业、加强农村基础设施建设、加强农村文化建设等一系列措施,解决农业、农村、农民的"三农"问题同时促进农村经济社会协调发展的战略目标(张岚博,2022)。乡村振兴推动城乡一体化发展,填补城乡二元结构的鸿沟,实现共同富裕和可持续发展(阎兴,2023)。

习近平总书记指出,"发展数字经济是把握新一轮科技革命和产业变革新机遇的战略选择。"数字经济赋能乡村振兴的重要表现形式之一就是农村电子商务网络的建立。根据中国政府网公布的数据,2021年以来,我国农村电商呈现加快发展新态势。商务部发布的商务大数据监测显示,2014年至2022年,农村网络零售额从1800亿元增长到2.17万亿元,扩大了11倍。这表明我国农村电商初具规模,发展态势良好、前景广阔。

目前,中共中央和国务院对乡村地区振兴发展高度重视和深切关注,在政策的扶持和互联网技术的春风下,农村电商呈现欣欣向荣的景象,它不仅可以推进农村产业融合发展、提高农村信息整合能力,也成为缩小城乡差距、解决三农问题,促进区域发展更平衡、更充分的重要手段之一(刘伟清,2023)。农村电商已经成为乡村振兴的有力助手,"数商兴农"为乡村社会进步和经济发展注入新的活力(顾鸿儒,2023)。

农村电商突破性变革带来了许多农村发展优势。首先,农村电商打破了传统销售模式的地域限制,促进信息交流,推动了农产品市场的扩大和满足了消费者的多样化需求(申姝红和郭晶,2023);其次,通过农村电商平台,农民可以直接面对消费者销售农产品,减少中间环节,加强农产品销售渠道和方式,提高利润空间,从而促进农民增收(赵若冰等,2023);最后,农村电商整合了农产品生产、流通和销售环节,优化供应链管理,提高产品的品质和安全性,满足消费者对优质农产品的需求(田光香,2023)。

但是,事物发展的道路是曲折的,农村电商现阶段依旧存在许多问题。其一,农村电商人才是乡村振兴的基础要素和活力来源,现代化电商人才队伍建设仍需努力(员雯洁和黄镕川,2023);其二,在网络新媒体背景下,农村电商的运营成本居高不下、品牌化理念明显缺乏、宣传力度有待提高(王紫薇和宋晓晴,2023);其三,产品自身标准缺失,市场狭窄,小型企业具有局限性,标准化、规模化程度低(任昭瞳等,2021);其四,缺乏特色电商模式和电商技术,不能因地制宜,只是盲目照搬,发展松散、没有针对性(付则晨,2021)。

上述研究由乡村振兴的视角入手,着重讨论农村电商于其中的地位及优势,代表着数字经济赋能乡村振兴一个重要里程碑。但值得注意的是,农村电商发展当下仍存在许多亟须填补的缺陷与不足。因此,本研究将以海南农村电商发展为切入点,着重解析农村电商发展现状,并以永兴镇永德村、崖州区三更村、白沙黎族自治县等地农村电商产业为范本,具体问题具体分析,耦合各地实践经验,由特殊到一般,创造性地探究一条具有普适性的电商发展之路。

三、主要调研地区介绍

海南省位于中国最南端,是中国最大的"热带宝地",土地总面积351.87万公顷,占全国热带土地面积的约42.5%。由于光、热、水等条件优越,农田终年可以种植,动植物资源丰富,海域辽阔,海域面积约200万平方千米。2022年,海南省地区生产总值6818.22亿元,三次产业结构调整为20.8∶19.2∶60.0(详见图1)。预计全年人均地区生产总值66602元。[①]

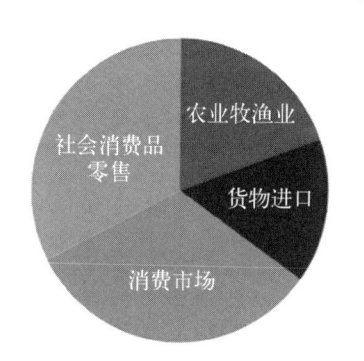

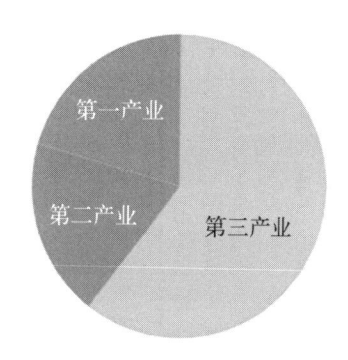

图源:海南省人民政府。

图1 海南全省产业结构

为了更加全面了解海南农村电商发展现状,笔者根据海南省产业园区分布情况,对于海南省北部、中部、南部地区相关代表案例进行了实地调研走访,涉及沿海渔村及中部山村、电商发展较早村庄和电商发展起步村庄,就海南地区而言,笔者所选取研究样本具有较强典型性。

三亚市三更村,位于梅山片区北部山区,全村地势海拔较高,常年缺水干旱。三更村

---

① 数据来源:百度百科。

委会作为行政村,下有3个自然村,由北往南依次为三更上村、三更中村、三更老村,并设立4个村民小组。村土地总面积25 500亩,山坡地3 692亩,主要种植芒果,共计239 980株;农耕地3 079亩,人均耕地2.37亩。① 村落为少数民族聚居区,奉行黎族文化,民风淳朴,热情好客,男青年健壮憨厚,女青年勤俭持家。

自2021年来,致力于发展村集体经济,三更村利用当地得天独厚的自然条件谋划发展三亚市市花三角梅种植,采用"专业公司+村集体公司+农户"模式,并与中国热带农业科学院建立技术合作,发展三角梅种植项目,带动村民就业300人次,发放务工补贴约20万元。2021年,以三角梅种植产业项目为重点的村集体产业收入超过50万元。此外,村集体还大力发展芒果、百香果、莲雾种植、木薯培育及本村百年古树的保护规划,2022年,村集体收入约62万元。三更村于2023年3月开始探索农村电子商务发展,助力推动特色农产品销售。为了解村民参与农村电商情况,根据样本初步分析可知现阶段三更村电商发展仍处于起步阶段,普及程度有待进一步提高(如图2所示)。

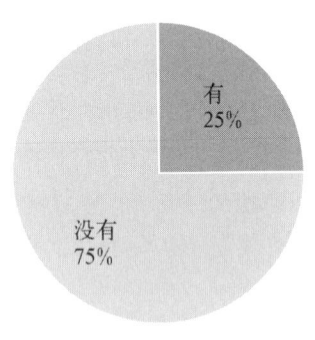

(问:您有通过网络来销售农产品或其他产品吗?)

图2 网络销售农产品或其他产品比例图

海口市永德村位于永兴镇西北部,辖区面积约14.58平方千米,永德村下辖纯雅、儒东、儒吴、儒扬、美梅、陈安、儒王、唐休、儒张、美宁等10个自然村。总户数1 055户,4 325人。网格2个,村民小组10个。永德村现有党员122人,积极分子10人,村"两委"干部9人(其中:致富带头人1人,能工巧匠带头人1人,返乡大学生2人)。全省首个镇级电商扶贫中心位于永德村辖区内,于2017年6月正式运营。2020年,通过电商平台带动线上线下销售累计超2.1亿元;成功帮助永兴镇建档立卡脱贫户百分百覆盖地开设个人网店,帮扶脱贫户、监测户农产品销售额超过1 042.2万元;并孵化出了林贻松、吴清河等直播达人。

白沙电子商务园区位于白沙黎族自治区市区,2016年白沙县召开白沙电子商务发展暨农村淘宝项目建设启动大会,电子商务工作正式启动;同年,白沙县电子商务产业园盛大开园,是全省首个县级电子商务产业园。截至2021年,白沙县农产品网络零售额累计突破2亿元,共推出超140款农产品,实现全国全网直播;同年,白沙电商《"1310"帮扶机制为海南电商扶贫探索新道路——海南省白沙黎族自治县"电商精准扶贫"的实践》荣获第二届全球减贫案例征集活动,成为最佳减贫案例。

四、样本基本情况及调研方法

(一)村委会问卷

为保障调研得以顺利展开,千村调查组成员入村调研前一天便提前联系好村委会,并于第二天与村支书面谈约一个半小时,从而掌握了本村基本情况以及相关产业概况。在

---

① 数据来源:地名网。

知悉基本信息后,村支书严肃、仔细地填写调查问卷,由于本村信息化水平较高,村务信息公开度高,各项数据及资料详尽完善,因此调查组获得了充分的数据支持。

(二)村民问卷

在村委会成员的介绍下,调查组成员分两路行动,对三更村及白沙黎族自治县共计十二户人家进行走访调查。

(三)其他访谈

调查组来到海南日报海南扶贫网总部采访负责人白杨先生有关海南电商扶贫问题。在此基础上,调查组走访了永兴镇永德村电商扶贫中心,认真记录相关负责人的介绍与讲解。最后,调查组来到白沙黎族自治县,走访荣邦乡电商基地及白沙电子商务中心,相对全面、深入地了解其发展历程及成果。

海南乡村振兴网负责人白杨表示,乡村振兴网作为一个电商平台,把扶贫产品向全省销售。并以南海网作为媒体,策划了许多相关的公益促进消费的帮扶活动,比如一些集市活动,在疫情防控期间帮助农民缓和滞销情况,帮助他们把产品第一时间卖出去。一年销售额约达5 000万元,目标市场针对省内群体,起初推广时是在海南省整个公务员系统、包括国企、事业单位等,在这些单位做一些消费要求,进行以购代捐。对于日后的发展规划将逐步对接更多的一些资源,比如说大的采购、批发商或批发超市,做产销对接,而非针对个人用户,给当地农民起到"嫁接"的作用,而目前发展首要的局限依然在于相关人才的缺乏。

在永兴电商服务中心,海口市永德镇组织部部长王湘翔介绍,永兴电商服务中心还有就业驿站的作用,将为村民提供就业平台信息,每月固定把一些就业的岗位发到村里面,发动群众来报名参与志愿工作,取得了一定的成效。尤其是解决一些特殊人群的就业,比如说社建社康人员,是永德镇的一个亮点。且其跟企业那边联系也较紧密,永兴的企业、靠近狮子岭的金鹿工业园区,会不定时地去发布岗位,从而促进我们村民的就业,是一个提高村民家庭收入的一个很好的一个平台。

临荔枝季永兴主要的产业就是荔枝产业,电商服务中心内设一个积分超市,现永兴社区积极开展乡村治理,以积分制作为有效抓手,简而言之即让村民积极参与到乡村治理当中,并给其一定的相应的奖励。此外,永兴开发了一个积分制的微信小程序,比如村民开展人居环境整治、监督秸秆燃烧行为,或者参与村里面的其他一些志愿服务活动,相应的积分就增加,到达一定积分额度后即可兑换奖励。对于永兴电商服务中心可持续发展问题聚焦于冷链冷库,依托于永兴的地理位置条件拟建一个集散中心。因其靠近主城区又在高速路口,海榆中线沿其穿行而过,而建设用地却难以对调出来。

关于白沙电子商务发展规划,白沙电商中心主任任重说道,为进一步促进农村电子商务发展,白沙电子商务园区拟搭建数据平台投入应用,如产品、产量、客户、供应商、果品等级等实现数据可视化处理。此外,借助平台实现全过程线上交易,避免交易过程买卖双方出现诚信交付货款问题,依托平台作为中间担保,平台实现信息与投融资整合,以更好地发挥当地农协作用,实现与市场端的连接(详见图3)。其"1310"帮扶机制,即1个村庄培育3个电商带头人,带头人又孵化10个电商达人,类似于村民导师。

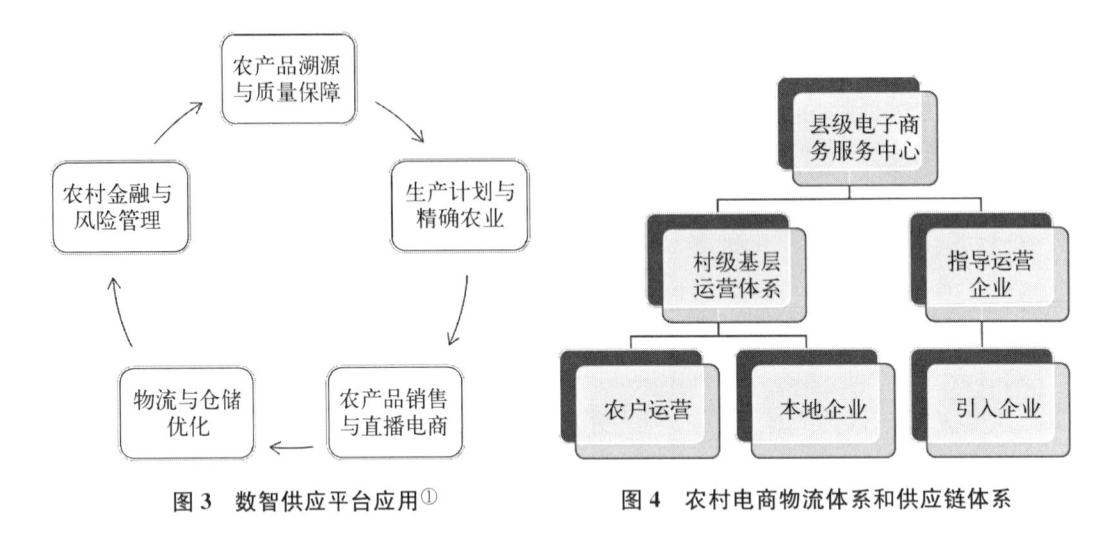

图3 数智供应平台应用①

图4 农村电商物流体系和供应链体系

五、海南农村电商发展现状及原因分析

(一)海南电商产业模式

通过笔者在多地的调查走访及参考总结,发现海南电商发展普遍具有以下特点:以电商公共服务中心为产业集聚中心和产业;以若干骨干企业领头;以邮政及其他快递企业为物流网络,以村级站点为基层支撑;由一般农产品为主逐步过渡到本地特色农村产品为主要产品支撑(如图4所示)。②

(二)海南农村电商发展存在的问题

1. 基础设施建设不完善

海南全岛各市县主要通过环岛高铁及"田"字形高速公路进行联通,中线高铁目前处于规划阶段,尚未建设投入使用,下至农村地区则主要通过省道、县道、乡道及无名道路进行联通。基础设施建设的不完善是海南电商在乡村地区推广应用的主要制约因素之一。乡村地区的网络覆盖和网络速度也存在不足,数字鸿沟的存在直接影响了直播电商的流畅运行和用户体验,笔者在三更电商全球服务中心走访时,其运营人员曾说就网络稳定性问题上,对于电商直播带来极大挑战。此外,乡村地区物流和配送体系的滞后也限制了农产品的快速发货和售后服务。

2. 农产品品质和标准化问题(品控)

作为供应商,首先需要确保农产品的品质和安全,保证消费者的权益。在乡村地区,农产品生产和质量管理的标准化水平相对较低,可能存在产品质量不稳定的问题,这对直

---

① 蔡子功.数智供应链赋能乡村振兴[D/OL].海口:海南大学.
② 陈新锋.农村电子商务发展模式与实践[D/OL].海口:海南大学.

播电商的信任和可持续发展带来了挑战。海南乡村振兴网负责人曾说,在海南电商发展起步初期,村民品控意识底下,也尚未形成相关监督管理机制,由此产生的交易纠纷时有发生。近年来,随着行业不断规范及经验总结,品控水平不断提高,但对于荔枝、芒果、百香果等热带水果,若想在达到熟果标准的情况下,保证商品交付时果品完好,也是农村电商发展亟须解决的又一问题。

3. 农民数字技能和创新意识相对薄弱

近年来,互联网虽得到了蓬勃的发展,极大地便利了人们生活,但对于"电商+扶贫"这一模式的实际应用,农民仍缺乏电商平台管理和运营的经验,需要相关培训和支持。为了使农产品更好销售,提高市场竞争力,农民需要学习和掌握直播电商平台的使用技巧,了解市场需求和消费者心理,同时具备创新能力,推动农产品的品牌建设和营销策略的创新。同时,由于农民的年龄、文化水平等差异,对于信息技术的接受程度也存在一定差异,影响了农民的电商服务能力。而就笔者所选取的三更村调查数据显示(如图5所示),有近一半人数认为网络、信息化等数字技术对自身生产经营并无影响,体现出对于农村数字技能培训与创新意识培养的急迫性。

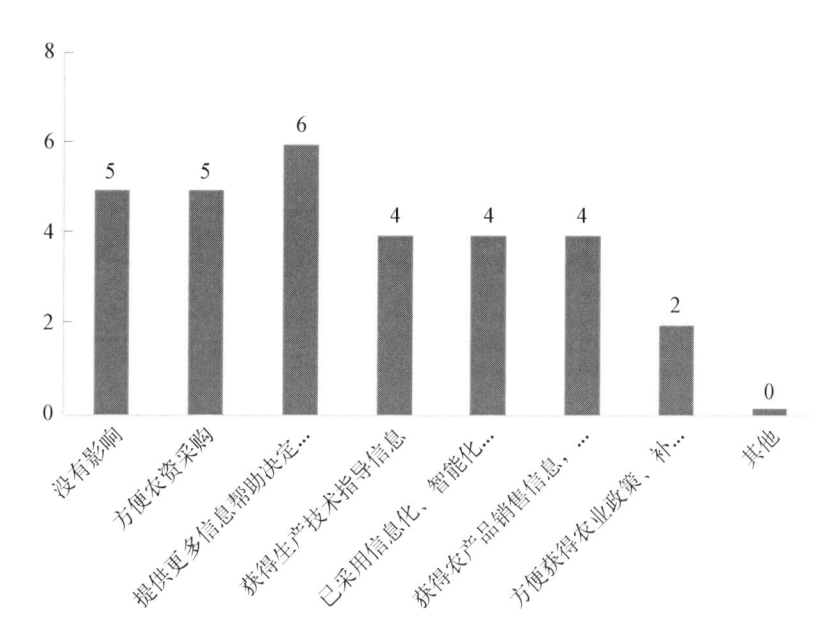

(问:您认为网络、信息化等数字技术对您的生产经营有哪些影响?)

图 5 网络、信息化等数字技术对生产经营的影响

4. 农产品单一性和季节性

农产品的特点是季节性和地域性强,笔者在走访永德村时了解到,诸如荔枝、黄皮、芒果等热带水果季节性尤其显著,这一性质直接导致农村电商产品销售受限于季节。不同农产品的销售时间和渠道存在差异,这给直播电商的运营和供应链管理带来一定的挑战。但同时,由于海南得天独厚的气候条件,海南蔬菜、瓜果具有市场早享性,这对其占领市场先机具有极大优势。如何利用好这一优势,打破产品单一性与季节性,则成为海南农村电商下一步发展值得思考所在。

六、典型案例分析

在千村调查过程中,调查组先后走访海南多地,其中永兴镇永德村作为一个十分典型的案例,值得我们展开详细分析。海南热带特色产品众多,但在全国打响知名度的不多。此案例是近年来农村电商以及"三产"融合的一个非常成功的案例,这条特别的致富路使得永德村成为一个通过内生动力实现摘帽的贫困村,受到媒体的广泛报道和社会各界的密切关注。

(一)案例的基本情况

近几年,"荔枝王"在社交媒体上大火了一把,笔者在未实地考察"荔枝王"故乡永兴时,就早已闻其鼎鼎大名。荔枝与香蕉、龙眼、菠萝并称"南国四大果品",而永兴镇素有"荔枝之乡"美称,因为该地具有独特的火山地貌生态资源,土壤中富含钙、铁、锌、锡等多种矿物元素,而且具有两千多年的荔枝栽培史,保存了近万株不同品系的原生荔枝植株,可谓是自然荔枝品种的博物馆。

永兴镇永德村"荔枝小镇"的兴起,除了依托得天独厚的自然资源外,与当地嗅觉灵敏、反应及时,抓住互联网电商商机及乡村旅游热潮密不可分。但是在此之前,永兴镇永德村是一个名副其实的贫困村,永兴荔枝的牌子名不见经传,品牌辨识度不高;且当地以第一产业为主,利润低、效率低,这样带来的结果便是积贫积弱,政府、农户、企业三方都不积极。当时的永德村依旧是以传统产业和传统交易方式为主,不仅市场流通体系建设迟缓,市场主体组织化专业化经营程度较低,而且农户种植技术落后,荔枝亩产量小,价值也较低。

2017年,永兴电商扶贫中心挂牌成立,成为永兴镇永德村命运的一个重大转折点。永兴电商服务中心位于永兴镇荔枝花海产业园区内,于同年6月正式运营,是全省首个镇级电商扶贫中心。

永兴电商服务中心通过开展"七进八销"多元渠道、扶贫爱心集市、建立线下消费扶贫馆、举办电商培训、孵化本地网红、永兴区域公共农产品品牌建设等方式和举措,形成了"互联网+农产品"的发展模式,有效帮助农户增收(详见表1)。如今的永兴荔枝王已经是荔枝界网红,一度盖过"一骑绝尘妃子笑"的风头,成为荔枝界的"爱马仕"。永德村也从曾经一贫如洗的落后面貌,摇身一变为如今行业的领跑者。

表1　　　　　　　　　　永兴镇直播前后年份数据对比

年　份	种植面积	总销量	平均收购价	总销售额	农户平均收入
2018	约10万亩	7.55万吨	5.14元/斤	7.78亿元	5万~6万元
2020	约10万亩	7.47万吨	7.03元/斤	10.5亿元	7万~8万元

资料来源:海南省永兴镇政府。

（二）案例分析

永兴镇永德村的荔枝产业由 2015 年发展至今，大致可以分为三个阶段。

第一阶段，永德村聚焦电商扶贫，初具品牌意识。2015 年，国务院办公厅发布了《关于促进农村电子商务加快发展的指导意见》，明确提出要培育农村电商市场主体，扶持农村电商企业发展，推动统一开放、竞争有序、环境友好的农村电子商务市场体系初步建立。也就是在这年，永德村电商之路起步。不过永德村虽然荔枝品类丰富，除了荔枝王之外，还有诸如大丁香、紫娘喜、南岛无核、玉潭密荔等，但有品类却无品牌，各地荔枝陷入一种同质化和低价竞争的恶性循环。在电商扶贫中心成立后，永德村的产品营销、品牌建设、网络推广等方面取得巨大进步，到 2018 年底，扶贫中心总销售额超 1.6 亿元，帮扶贫困户交易额超过 787 万。

第二阶段，永德村整合多方资源，创立荔枝品牌。永兴荔枝开始重视品牌效应，依托火山区域的文化和土壤，打造以火山为品牌标识的一系列不限于果蔬的农产品品牌矩阵，丰富了产品种类和产品结构，延长产业链。打造一个好的品牌不仅需要建立起一流的品牌标准，实现质量、物流、价格等统一化，而且需要推广宣传，营造口碑。永德村民委员会牵头，合作头部线上电商平台，进行第一、第三产业融合，打造火山荔枝休闲农业和乡村旅游品牌，促进品牌种子萌芽。

第三阶段，永德村搭载直播快车，打响品牌热度。2020 年受新冠肺炎疫情影响，火山荔枝滞销，于是扶贫中心开始尝试线上直播带货方式促销。火山荔枝电商直播体系初具雏形，直播前期利用快手、抖音等流量大的社交媒体宣传造势；直播期间，政府工作人员、网络红人明星轮番上阵，并鼓励农户自播，打造个人 IP；直播后期，协调调度物流单位跟进，保障运销畅通（火山荔枝品牌发展全过程详见图 6）。2020 年，电商市场带动线上线下销售累计超 2.1 亿元；成功帮助永兴镇建档立卡脱贫户百分百覆盖地开设个人网店，帮扶脱贫户、监测农户产品销售额超过 1 042.2 万元；并孵化出了林贻松、吴清河等直播达人。2021 年，先后协助中央电视台《今日中国》《新闻直播间》《行走的风物》《江山特别篇》等栏目拍摄永兴荔枝宣传专题片。主动承接永兴产品宣传活动，如上海亚洲果蔬博览会、海南冬季果蔬博览会、海口火山荔枝新闻通气会、永兴荔枝摄影大赛、永兴创业大赛等，充分展

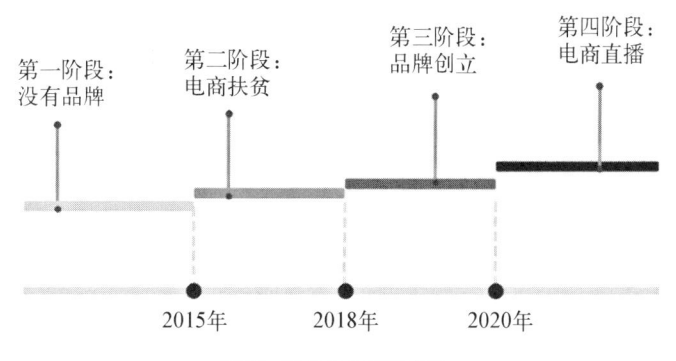

图源：海南省永兴镇政府。

图 6　海口火山荔枝品牌发展全过程

示和推介永兴当地各类特色农副产品,极大提升了永兴优质农产品的知名度和影响力,实现了产销精准对接。

（三）案例总结

永兴镇永德村的电商之路成功具有历史必然性。打铁还须自身硬,永德村在充分挖掘自身资源优势的同时,能紧随时代发展趋势,听从中央的政策号召,积极采用新业态新模式,借势互联网电商实现腾飞。

永德村电商品牌发展过程中存在的问题是海南热带农产品品牌的打造的通病。如品牌同质化、没有鲜明特色,市场竞争力弱,人才技术基础薄弱等短板,永德村以"电商＋N"模式,交出了一份优异的答卷。例如,打造"电商＋旅游＋扶贫"的乡村特色文旅之路。围绕乡村振兴、美丽乡村建设目标,打造永兴旅游服务中心,着力打造以"火山"品牌为基点的乡村文旅。荔枝花海盛放期间,还曾规划过3条火山乡村旅游路线。截至目前,永兴乡村旅游助农公益活动已举办16期,接待游客超过3 500人次。

此外,乡村的可持续发展需要长足的生力支撑,而知识型、技能型人才是发展的生力军。永德村采用"互联网＋人才培训学园"的方式,对脱贫户、企业、创业人群制定人才培养计划,重点为脱贫户开设电商法学习班、个人产品营销班、新手主播培育班、开设量身定制的课程,不断提升脱贫户劳动技能,激发内生动力,这是永德村发展之路与输血式扶贫道路的最本质差别,也是最大优势所在。

七、对　策

针对调研走访时所发现的问题及典型案例,结合海南实际情况与相关文献,笔者认为有以下几点对策：

（一）补齐基础设施建设短板

2023年"两会"期间,乡村基础设施和公共服务体系建设等相关话题一直是引发社会热议的话题。笔者认为海南农村电商发展存在问题的最直接原因就是农村配套基础设施的缺失。基础设施有两个方面的含义：一是包括交通、水电、网络等物质性基础建设;二是,包含了科教文卫等社会性基础设施。笔者在此重点讨论的是前者。

基础设施是公共物品,其特点是非竞争性和非排他性,这意味着这是一笔投资大、回报小的收益。因此,政府是负担基础设施建设的主体。中国有四个省会城市没有地铁,海口是其中一个,除了自然原因外,就是资金缺乏。加强资金筹措的力度,集中社会闲散流动资金兴办公路、铁路建设。而如何有效吸纳社会资本,是筹资过程中最大难题之一。故而,若想完善基础设施建设,则首先要强化思想观念,转变思想意识。只有社会认识到基础设施建设对农业生产及销售的重要性,才会自发地支持甚至参与基建。针对海南乡村的特点,"村村通"的公路和网络、"最后一公里"的物流,是最优先级的发展问题。政府有了资金后,要制定科学的计划,冰冻三尺非一日之寒,扎实推进、一步一脚印,目光长远,才能逐步实现社会主义新农村的战略目标。

（二）加强产业标准化管理

品控问题一直是市场贸易绕不开的命题，消费者都不希望自己花了相应的代价，得到的却是以次充好的残次品。在电商发展初期，个体经营农户缺乏电商意识和品控观念，常常会出现售卖的一箱果品里面夹杂好几个坏果的情况。要想产品质量符合国家标准，农村电商产业向前进步，集中分散的个体户，形成一个规模化、专业化的企业是一大解决方案。

关于农产品产业化的问题，三亚崖州区三更村和永兴镇永德村的经验值得我们交流借鉴。上述两者都在村内办了一个正式的电商扶贫中心，都通过电商直播等方式销售产品，提高知名度；且走"企业牵头、农企对接"的路线，企业大多有自己的监督管理机制，构建了标准化体系，农产品接受企业化的品质稽核和检验，自然而然提高了产品合格率。

除了外部的监测，农户自身也要提高品控意识。一条完整的产业链的上游是第一产业，第一产业很大部分是小型或分散的种植户，要想下游生产出的产品受到消费者青睐，必须从源头抓起。加强对农户电商观念的培训，树立诚信的交易意识，让农户扣好生产质量的第一颗扣子。

另外，海南所产的热带种植作物易腐易坏，由于气候因素，海南多风灾和降水，这对农业生产的影响是不可计量的。农产品品质的好坏离不开农业生产技术发展程度。三更村在农业生产过程中运用了全国遥遥领先的大棚技术，离三更村不远的三公里村更是运用了数字遥感等技术。在物流运输过程中，由于海南四面环海，因此运输多用海运。但海运航程时间长，充满不可控因素，发展冷链运输，能最大化降低运输途中的损失，增加利润率。

（三）培育现代化农业人才

要想发展现代化农业，必须要有现代化农民。在互联网时代，手机成了新农具，数据成了新农资，农民必须与时俱进，成为具备创新技术和创新意识的新农人。农业生产需要五类人才：经营、生产、技术、专业、服务。在"电商＋扶贫"模式下，拥有电商平台管理和运营知识的农民属于服务类人才。

在电商人才培育的领域上，海南扶贫网（海南乡村振兴网前身）打响了培训与服务的第一炮。扶贫要扶智，海南扶贫网举办了一个电商人才培训班，手把手带农户踏入电商的门槛，了解电商的概念，明白电商销售的规则和流程，孵化出一大批电商服务人才和电商带头人，由专门的客服部门处理人才培训事宜。此外，永兴镇永德村的电商扶贫中心"互联网＋农产品"模式也同样出色，对于个人或企业，他们都有相应的人才培养技能，且并不局限于电商经营人才，还成就了不少网红主播，通过直播带货的方式增进交易额。

因此，若要发展农村电商产业，各村就必须加强人才的引入或培养，制定有关的支撑性政策，鼓励当地企业合作开展电商人才培育项目，并与高校、专业机构联手，打造出属于自己的特色电商创新人才基地。

（四）丰富农业生产经营的时刻表

农产品的季节性和时效性是制约乡村经济发展的重要因素，在农业生产的空窗期，许多农民因为只有种植生产一个主业,从而陷入了经济收入的空窗期。笔者从一位农村电商经营者处了解到,当地主要农产品没成熟或没达到采摘条件时,他们会遇到没有产品可销售的境地,久而久之,账号的流量和热度也下去了。想要农村经济社会可持续发展,就必须解决第一产业占比大的产业结构单一性和农产品季节性带来的负面效果。

调查组走访海南的过程中,发现多地在解决农业生产空窗期方面有自己独特的方式。据了解,白沙黎族自治县元门乡为了积极鼓励贫困户发展林下经济,拓宽收入渠道,提高经济效率,给符合条件的贫困户发放益智苗、猪苗、羔羊及牛大力等动植物苗的方式扶助种养殖业发展,进一步增加致富道路。而永兴镇永德村则是大力发展乡村旅游项目,深化产业融合,打造特色的火山文旅品牌。在荔枝等应季期间,永德村举办荔枝月活动、各式各样的博览会等,丰富了产业结构;而在其他时刻,永德村依托火山古村落资源,打造精品乡村民俗——沐心石屋,主要发展民宿、农家乐、根雕、农产品加工销售、果饮品酿造、度假观光、学术交流等,还吸纳了不少村民就业,带动本村及周边发展。

综上,在农业生产的空窗期,也就是农闲时刻,村民可以适当发展一些错季农产品,或者手工业、加工业,并且结合乡村旅游趋势发展服务业,利用电商吸引的流量相互成就,双向促进。

(五)打响海南热带农产品品牌

要想走好农村电商这条路、增强市场竞争力,还需要打造属于海南本土的品牌。从永兴火山荔枝品牌建设经验可得,必须整合多方资源,打造好品牌的生态环境,其次必须挖掘好品牌文化,讲好品牌故事,规范品牌标准。

为了实现品牌构建的目标,与创新意识的培养息息相关。在自贸港政策的支持下,务必坚持开展"大众创新,万众创业",鼓励全民参与创新,成立相关组织机构,推进制度集成创新。此外,乘着自贸港建设的东风,扩大海南热带农产品品牌国际知名度。在做好品牌的同时,要加快推进品种培优、品质提升,打造产业链条,正如前段时间爆火的"国产榴莲",在国内得到极大关注。为扩大销售面,要加快整合线上线下渠道,显化品牌建设效益,同时探索多种电商经营方式,借助现有电商基础进一步得到优化。

参考文献

[1] 魏轩,张月芳,孙冰.基于海南电商扶贫的机遇探讨海南直播带货的电商模式[J].老字号品牌营销,2022(06):96-98.

[2] 黄媛媛.海南农业电商精准扶贫现状及对策[J].热带农业科学,2023,43(05):102-107.

[3] 杨榭.海南发展乡村电商的思考与对策[J].广东蚕业,2023,57(04):128-130.

[4] 顾鸿儒.乡村振兴迎来新品牌新基建新农人[N].国际商报,2023-09-05(004).

[5] 蔡苹.乡村振兴背景下农村电商发展存在的问题与解决对策[J].中国农业会计,2023,33(14):94-96.DOI:10.13575/j.cnki.319.2023.14.014.

[6] 申姝红,郭晶.数字经济模式下农村电商产业高质量发展研究[J].农业经济,2023(08):122-125.

[7] 郭继双.乡村振兴背景下数字技术助力农村电商品牌化发展的研究[J].商场现代化,2023(16):

41-43. DOI：10.14013/j.cnki.scxdh.2023.16.051.

［8］田光香.数字经济背景下农村电商发展现状及路径探析[J].中国商论,2023(15)：47-50.DOI：10.19699/j.cnki.issn2096-0298.2023.15.047.

［9］孙佳丽,章雨昂,林颖婷."村播"遇上"共富工坊",手机变成新农具[N].宁波日报,2023-09-03(002).

［10］王紫薇,宋晓晴.新媒体背景下农村电商品牌化发展探讨[J].商场现代化,2019(22)：27-28.DOI：10.14013/j.cnki.scxdh.2019.22.014.

［11］刘伟清.乡村振兴战略背景下我国农村电商发展路径分析[J].中国商论,2023(16)：43-46.DOI：10.19699/j.cnki.issn2096-0298.2023.16.043.

［12］赵若冰,杨琴,张御梁等.农村电商对乡村振兴的影响研究——以邵阳市隆县为例[J].智慧农业导刊,2023,3(16)：97-100.DOI：10.20028/j.zhnydk.2023.16.023.

［13］任昭瞳,张思瑾,籍砚宁等.精准扶贫视角下农村跨境电商品牌培育研究——以河北省乐亭县为例[J].河北企业,2021(08)：20-22.DOI：10.19885/j.cnki.hbqy.2021.08.006.

［14］员雯洁,黄镕川.乡村振兴背景下农村电商人才培育路径探究[J].中国集体经济,2023(24)：28-31.

［15］贾田天.产业融合背景下农村特色旅游业发展路径探究[J].农业经济,2023(03)：138-140.

［16］傅爱民,朱润喜.从海南荔枝销售状况看农村基础设施建设的缺失[J].中国热带农业,2006(05)：16-18.